Birgit Werkmann-Karcher, Jack Rietiker (Hrsg.)

Angewandte Psychologie für das Human Resource Management

Birgit Werkmann-Karcher, Jack Rietiker (Hrsg.)

Angewandte Psychologie für das Human Resource Management

Konzepte und Instrumente für ein wirkungsvolles Personalmanagement

Mit 67 Abbildungen und 35 Tabellen

 Springer

Birgit Werkmann-Karcher
Jack Rietiker
Zürcher Hochschule für Angewandte Wissenschaften
IAP Institut für Angewandte Psychologie
Merkurstrasse 43, 8032 Zürich
Schweiz

ISBN-13   978-3-642-12480-8   Springer-Verlag Berlin Heidelberg New York

Bibliografische Information der Deutschen Nationalbibliothek
Die Deutsche Nationalbibliothek verzeichnet diese Publikation in der Deutschen Nationalbibliografie;
detaillierte bibliografische Daten sind im Internet über http://dnb.d-nb.de abrufbar.

SpringerMedizin
Springer-Verlag GmbH
ein Unternehmen von Springer Science+Business Media
springer.de

© Springer-Verlag Berlin Heidelberg 2010

Planung: Joachim Coch, Heidelberg
Projektmanagement: Michael Barton, Heidelberg
Lektorat: Achim Blasig, Heidelberg
Umschlaggestaltung: deblik Berlin
Fotonachweis Überzug: © www.shutterstock.com
Satz: Crest Premedia Solutions (P) Ltd., Pune, India

SPIN: 12513208

Gedruckt auf säurefreiem Papier   26/2126   5 4 3 2 1 0

Vorwort

Dieses Buch steht in enger Verbindung zum Institut für Angewandte Psychologie in Zürich. Dort finden seit Jahrzehnten psychologisch fundierte Weiterbildungen für Fach- und Führungskräfte statt. Dazu gehört auch seit 2006 der berufsbegleitende Masterstudiengang »Master of Advanced Studies in Human Resource Management«, der in seiner fast 20-jährigen Vorgeschichte einmal Nachdiplomstudium und davor Personalmanagementseminar hieß.

Lehren im Feld von erfahrenen Rollenträgerinnen und -trägern, oder salopper ausgedrückt: von Profis, ist in hohem Maße ein gegenseitiges Lernen und ein gemeinsames Schärfen des Blickes, wie Theorien und Konzepte mit beruflicher Praxis zusammengehen können. Wir bedanken uns deshalb in allererster Linie bei unseren Absolventinnen und Absolventen und bei unseren derzeitigen Teilnehmenden dafür, dass sie für die Professionalisierung in ihrem Arbeitsfeld das IAP als Lernstätte ausgewählt und mit uns und unseren Vorgängern diesen Austausch gepflegt haben und es noch tun.

Viele Beitragsautorinnen und -autoren dozieren und beraten ebenfalls unter dem Dach des IAP. Ihnen und den »externen« Autorinnen und Autoren dieses Buches sei herzlichst für ihre Bereitschaft zur Mitarbeit gedankt und natürlich dafür, dass sie diese Bereitschaft in guter Zusammenarbeit eingelöst haben.

Vielen Dank dem Springer-Verlag und dort namentlich Herrn Coch, dem Programmplaner, und Herrn Barton, dem Projektmanager, für ihre ideelle Unterstützung und pragmatische Betreuung über eine sehr lange Zeitspanne hinweg sowie Herrn Blasig für seine aufmerksame und hilfreiche Lektoratsarbeit.

Vielen Dank an Sie als Lesende für Ihr Interesse.

Wir hoffen, dass dieses Buch Ihnen ein wirkungsvolles Hilfsmittel zum Navigieren in Ihrem komplexen Aufgabenfeld sein wird.

Birgit Werkmann-Karcher und Jack Rietiker
Zürich im Frühjahr 2010

IAP Institut für Angewandte Psychologie

Das IAP ist das führende Beratungs- und Weiterbildungsinstitut für Angewandte Psychologie in der Schweiz. Seit 1923 entwickelt das IAP auf der Basis wissenschaftlich fundierter Psychologie konkrete Lösungen für die Herausforderungen in der Praxis. Mit Beratung und Weiterbildung fördert das IAP die Kompetenz von

Menschen, Organisationen und Unternehmen und unterstützt sie dabei, verantwortlich und erfolgreich zu handeln. Im Zusammenspiel von Beratung, Weiterbildung, Forschung und Lehre befruchten sich neuste Erkenntnisse aus der Wissenschaft und langjährige Erfahrung in der Praxis gegenseitig. Das IAP bietet Weiterbildungskurse für Fach- und Führungskräfte aus Privatwirtschaft, Organisationen der öffentlichen Hand und sozialen Institutionen sowie für Psychologen/-innen und psychosoziale Fachpersonen. Das Lehrkonzept vermittelt Fach-, Methoden-, Sozial- und Persönlichkeitskompetenz. Für Unternehmen entwickelt das IAP maßgeschneiderte Weiterbildungsprogramme. Das Beratungsangebot des IAP umfasst Human Resources, Development und Assessment, Leadership, Coaching und Change Management, Verkehrs- und Sicherheitspsychologie, Berufs-, Studien- und Laufbahnberatung sowie Krisenberatung und Psychotherapie. Bei der Beratung liegt der Schwerpunkt auf den Soft Skills, die im persönlichen und wirtschaftlichen Umfeld erfolgsrelevant sind. Das IAP ist das Hochschulinstitut des Departements Angewandte Psychologie der ZHAW Zürcher Hochschule für Angewandte Wissenschaften.

Inhaltsverzeichnis

Mitarbeiterverzeichnis

Hannelore Aschenbrenner
Zürcher Hochschule
für Angewandte
Wissenschaften
Institut für Angewandte
Psychologie
Merkurstraße 43
8032 Zürich
Schweiz
E-Mail: hannelore.
aschenbrenner@zhaw.ch

**Verena Berchtold-
Ledergerber**
Zürcher Hochschule
für Angewandte
Wissenschaften
Merkurstraße 43
8032 Zürich
Schweiz
E-Mail: verena.berchtold@
zhaw.ch

Prof. Dr. Jürgen Deller
Leuphana Universität
Lüneburg
Institut für Strategisches
Personalmanagement
Wilschenbrucher Weg 84a
21335 Lüneburg
E-Mail: deller@uni-
lueneburg.de

Silvia Deplazes
Zürcher Hochschule
für Angewandte
Wissenschaften
Departement Angewandte
Psychologie
Minervastraße 30
8032 Zürich
Schweiz
E-Mail: silvia.deplazes@
zhaw.ch

Prof. Dr. Daniela Eberhardt
Zürcher Hochschule
für Angewandte
Wissenschaften
Institut für Angewandte
Psychologie
Merkurstraße 43
8032 Zürich
Schweiz
E-Mail: daniela.eberhardt@
zhaw.ch

Claus Dieter Eck
Zugerstraße 39
8810 Horgen
Schweiz
E-Mail: c.d.eck@
bluewin.ch

Volker Kiel
Zürcher Hochschule
für Angewandte
Wissenschaften
Institut für Angewandte
Psychologie
Merkurstraße 43
8032 Zürich
Schweiz
E-Mail: Volker.kiel@
zhaw.ch

Christoph Kohler
Avenir Consulting AG
Stockerstraße 12
8002 Zürich
Schweiz
E-Mail: christoph.kohler@
avenirconsulting.ch

Dr. Peter Kolb
Technische Universität
Chemnitz
Institut für Psychologie
Wirtschafts-, Organisations-
und Sozialpsychologie
Wilhelm-Raabe-Straße 43
09120 Chemnitz
E-Mail: peter.kolb@
psychologie.tu-chemnitz.de

Prof. Hansjörg Künzli
Zürcher Hochschule
für Angewandte
Wissenschaften
Merkurstraße 43
8032 Zürich
Schweiz
E-Mail: hansjoerg.
kuenzli@zhaw.ch

**Prof. Dr. Hermann
Laßleben**
Reutlingen University
ESB Reutlingen – Business
School, Human Resource
Management
Alteburgstr. 150
72762 Reutlingen
E-Mail: hermann.
lassleben@reutlingen-
university.de

Dr. Marcel Oertig
Avenir Consulting AG
Stockerstraße 12
8002 Zürich
Schweiz
E-Mail: marcel.oertig@
avenirconsulting.ch

Prof. Dr. Renate Ortlieb
Südwestkorso 76
12161 Berlin
E-Mail: Renate.Ortlieb@
fu-berlin.de

Dr. Philipp Ott
Zürcher Hochschule
für Angewandte
Wissenschaften
Institut für Angewandte
Psychologie
Merkurstraße 43
8032 Zürich
Schweiz
E-Mail: philipp.ott@
zhaw.ch

Prof. Dr. Sabine Raeder
Tobeleggweg 21
8049 Zürich
Schweiz
E-Mail
E-Mail: sraeder@ethz.ch

Jack Rietiker
Zürcher Hochschule
für Angewandte
Wissenschaften
Institut für Angewandte
Psychologie
Merkurstraße 43
8032 Zürich
Schweiz
E-Mail: jakob.rietiker@
zhaw.ch

Dr. Marc Schreiber
Zürcher Hochschule
für Angewandte
Wissenschaften
Institut für Angewandte
Psychologie
Merkurstraße 43
8032 Zürich
Schweiz
E-Mail: marc.schreiber@
zhaw.ch

Gisela Ullmann-Jungfer
Zürcher Hochschule
für Angewandte
Wissenschaften
Institut für Angewandte
Psychologie
Merkurstraße 43
8032 Zürich
Schweiz
E-Mail: gisela.ullmann-
jungfer@zhaw.ch

Birgit Werkmann-Karcher
Zürcher Hochschule
für Angewandte
Wissenschaften
Institut für Angewandte
Psychologie
Merkurstraße 43
8032 Zürich
Schweiz
E-Mail: birgit.werkmann-
karcher@zhaw.ch

Dr. Elke Winkler
Dachsteinweg 8
87657 Görisried
E-Mail: ef.winkler@
yahoo.de

Autorenportraits

Dipl.-Psych. Hannelore Aschenbrenner

Studium der Kunstgeschichte und Psychologie (FH). Leiterin HRM und Mitglied der Geschäftsleitung in einem internationalen Schweizer Elektronik-Konzern. Seit 1994 am Institut für Angewandte Psychologie (IAP) Zürich als Beraterin und Dozentin mit Schwerpunkt Personalmanagement, Development-Center, Coaching für Führungskräfte und Karrierecoaching tätig. Weiterbildungen in Systemischer Organisationsentwicklung und Systemischem Coaching.

Dipl.-Psych. Verena Berchtold-Ledergerber

Geboren 1959 in St. Gallen. Pädagogische Grundausbildung; langjährige Arbeitserfahrung als Fachlehrerin, Berufsjournalistin, Programmiererin und Personalassistentin. 2001 Studium der Angewandten Psychologie mit Vertiefung Arbeits- und Organisationspsychologie (FH/SPAB). Seither wissenschaftliche Mitarbeiterin und Lehrbeauftragte am Departement Angewandte Psychologie der Zürcher Hochschulen für Angewandte Wissenschaften (ZHAW) in den Themen Allgemeine Psychologie, Kommunikation und Arbeits- und Organisationspsychologie. Verschiedene Mandate als Dozentin und Trainerin, u. a. an der Hochschule für Wirtschaft Zürich (HWZ) innerhalb des Bachelors Business Communications.

Prof. Dr. Jürgen Deller

Geboren 1960 in Bielefeld. Nach Schulzeit in Gütersloh 3-jährige Tätigkeit bei der Commerzbank AG in Bielefeld und Berlin. Studium der Geschichte, Politologie und Volkswirtschaft an der Judson University, Elgin, Illinois, USA, später der Volkswirtschaft und Psychologie in Kiel. Nach Studienabschluss bis Ende 1999 in verschiedenen zentralen Personalfunktionen im Daimler-Konzern in Stuttgart und Berlin, zuletzt als Personalchef der oberen Führungskräfte der debis Systemhaus GmbH. Berufsbegleitende Promotion an der Helmut-Schmidt-Universität in Hamburg zu interkultureller Eignungsdiagnostik im Jahr 1998. Aktuell Universitätsprofessor für Managementauswahl und -entwicklung an der Leuphana Universität Lüneburg, dort Gründungssprecher des Instituts für Strategisches Personalmanagement. Seit 2007 Gastprofessor an der San José State University, Silicon Valley, USA. Mitgründer des Silver Workers Institute in Genf, Schweiz (www.silverworkers.ch).

Dipl.-Psych. Silvia Deplazes

Geboren in Chur, 1976. Studium der Angewandten Psychologie. 2005–2009 Organisationsberaterin für Betriebliches Gesundheitsmanagement (BGM) am BGM-Zürich, an der Abteilung Gesundheitsforschung und BGM des Zentrums für Organisations- und Arbeitswissenschaften der ETH Zürich und des Instituts für Sozial- und Präventivmedizin der Universität Zürich tätig. Neben der Beratung von Organisationen auch Projektleiterin in Entwicklungsprojekten und Mitarbeit in der Interventionsforschung. 2006–2008 MBA in systemischer Organisationsentwicklung und Beratung an der Universität Augsburg. Seit 2009 Dozentin und Studiengangsleiterin für die BSc und MSc Studiengänge in Angewandter Psychologie am Departement P der Zürcher Hochschule für Angewandte Wissenschaften (ZHAW). Dort auch Forschungstätigkeit zu Unbedenklichkeit von Coaching.

Prof. Dr. Daniela Eberhardt

Geboren 1966 in Ehingen/Do., Deutschland. Studium der Verwaltungswissenschaften in Mannheim und der Psychologie in Konstanz. Wissenschaftliche Mitarbeiterin an verschiedenen Universitäten in Deutschland und in den USA. Interdisziplinäre Promotion in Psychologie und Management. Freiberufliche Trainerin und Beraterin im Themengebiet Führung, HRM und Organisation. Leiterin Managemententwicklung in einem internationale IT-Unternehmen, Dozentin an der School of Management and Law der ZHAW Zürcher Hochschule für Angewandte Wissenschaften. Seit 2008 Leiterin des IAP Institut für Angewandte Psychologie der ZHAW. Aktuelle Forschungsthemen sind nachhaltiges HRM, psychologische Prozesse der Unternehmensnachfolge und individualisierte altersgerechte Führung.

Claus D. Eck

Nach dem Studium der Theologie und Sozialwissenschaften (Frankfurt/M und Lausanne) Tätigkeit im Bereich HRM eines internationalen Konzerns in Lausanne. Von 1966–2003 am Institut für Angewandte Psychologie (IAP) Zürich, dort stv. Direktor mit dem Schwerpunkt der Fachlichen Betreuung und Koordination. Langjähriger Lehrbeauftragter an den Universitäten Zürich (Gesprächsführung und Gruppendynamik) und seit 1989 in Aix-en-Provence (Organisationspsychologie). Gründer mehrerer berufsbegleitender Diplomausbildungen (MAS) am IAP in den Bereichen HRM, HRD, Supervision und Coaching in Organisationen. Neben der Lehrtätigkeit Managementberatung (inkl. Politikberatung) in der Schweiz und in Europa (Branchen: Banken – Pharma – EVU – Industrie), in Projekten des Change Management, der Konfliktmoderation, Strategic Conversation, Interkulturalität, Design und Leitung von AC-Verfahren zur Potenzialanalyse und

Teamentwicklung – Konzeption von Management-Development-Programmen, Coaching oberer Führungskräfte aus Wirtschaft, Verwaltung und Politik. Regelmäßige Veröffentlichungen.

Volker Kiel

Geboren 1969, Diplom-Pädagoge, Aus- und Weiterbildungen in Beratungsmethoden der Humanistischen Psychologie (BVPPT), Lösungsorientiertem Coaching (DBVC) und in systemischer Beratung (SG). Langjährige Erfahrung als Personal- und Organisationsentwickler bei der Bayer AG in Leverkusen, anschließend tätig als Senior Berater beim Malik Management Zentrum Sankt Gallen, Arbeitsschwerpunkte sind die Konzeption und Durchführung von Programmen zur Führungsentwicklung, Architektur und Begleitung von Veränderungsprozessen, Teamcoaching und Coaching von Führungskräften. Am IAP als Dozent und Berater tätig.

Christoph Kohler

Geboren 1971 studierte Betriebsökonomie an der HTW Chur mit den Vertiefungsrichtungen Organisation, Informatik und Marketing. Seine berufliche Laufbahn startete er bei Swisscom, wo er in den Bereichen Aus- und Weiterbildung, Interne Kommunikation und als Leiter Personal und Organisation der Tochtergesellschaft Conextrade AG tätig war. Danach war er als Leiter Personal und Mitglied der Geschäftsleitung für Ford Schweiz tätig. Seit 2006 ist er Managing Partner der Avenir Consulting AG, Zürich. Seine aktuellen Beratungsschwerpunkte liegen in den Bereichen Kompetenz- und Talentmanagement, HR-Prozesse, Performance Management, HR Outsourcing, Assessment und Development Center.

Dr. Peter Kolb

Geboren 1983 in Schweinfurt. Studium der Wirtschaftspsychologie an der Leuphana Universität Lüneburg. Ausbildung zum systemischen Coach. Mitarbeit in universitären Projekten zum Demografiemanagement an der Leuphana Universität Lüneburg und der Akademiengruppe »Altern in Deutschland«. Derzeit Promotion im Fach Wirtschaftspsychologie an der Technischen Universität Chemnitz.

Prof. Hansjörg Künzli

Geboren in Winterthur, 1962. Studium an der Universität Zürich und Weiterbildung in systemischer Organisationsentwicklung. Dozent für Allgemeine Psychologie und Methodenlehre und Leitung Forschungsschwerpunkt Beratung und Training an der Zürcher Hochschule für Angewandte Wissenschaften (ZHAW), Departement ‚Angewandte Psychologie. Langjährige Tätigkeit in der betriebswirtschaftlichen Erwachsenenbildung. Forschungs- und Entwicklungsprojekte an der Schnittstelle Qualitätssicherung und Wirksamkeitsforschung in den Bereichen Coaching, Berufs- und Laufbahnberatung, Training, Gesundheitsmanagement und Organisationsentwicklung.

Prof. Dr. Hermann Laßleben

Geboren 1962 in Regensburg. Studium der Soziologie an den Universitäten Regensburg und Bielefeld. 1988–1992 Tätigkeiten als Organisationsplaner bei der Wacker-Chemie AG, München und im Personalmanagement bei der Intel GmbH, Feldkirchen. 1992–1994 Forschungsmitarbeiter in einem DFG-Projekt zum Change Management. 1994–2000 Assistent am Lehrstuhl für Management der Universität Konstanz (Prof. Dr. Rüdiger Klimecki). Promotion mit einer Arbeit zum Organisationalen Lernen (2001). Seit 2000 Professor für Internationales HRM und Unternehmenskommunikation an der ESB Business School, Reutlingen. Gastprofessor an der Xi'an Polytechnic University, China. Trainer und Berater in Unternehmen. Forschungsinteressen: Internationales HRM, Self-Intitiated Expatriation, Cultural Diversity.

Dr. Marcel Oertig

Geboren 1963 studierte Betriebswirtschaftslehre und promovierte im Fachbereich Human Resource Management an der Universität St. Gallen (HSG). Seine berufliche Laufbahn begann er bei der Hilti AG als Leiter Weiterbildung und Berufsausbildung. Danach unterstützte er als Dozent und Leiter des Kompetenzzentrums für Personal- und Organisationsentwicklung den Aufbau der Fachhochschule in Chur. 1998 erfolgte der Einstieg in die Swisscom AG, wo er als Personalleiter und Geschäftsleitungsmitglied für verschiedene Konzern-Bereiche tätig war. Seit 2006 ist er Managing Partner der Avenir Consulting AG, Zürich. Seine momentanen Beratungsschwerpunkte liegen in den Bereichen HR-Strategie und -Geschäftsmodelle sowie Kompetenz- und Talentmanagement.

Prof. Dr. Renate Ortlieb

Studium der Betriebswirtschaftslehre an der Technischen Universität Berlin. Wissenschaftliche Mitarbeiterin im Bereich »Personalpolitik« an den Universitäten Konstanz, Essen (heute: Duisburg-Essen) und an der Freien Universität Berlin. 2002 Promotion an der Freien Universität Berlin. Anschließend wissenschaftliche Mitarbeiterin an der Universität Flensburg und Hochschul-Assistentin an der Freien Universität Berlin, dort 2009 Habilitation. Lehraufträge an verschiedenen Hochschulen. 2008/09 Vertreterin des Lehrstuhls für Management an der Universität Konstanz. Seit 2009 Professorin für Personal an der Karl-Franzens-Universität Graz. Arbeitsgebiete: Beschäftigung von Personen mit Migrationshintergrund, betrieblicher Krankenstand, betriebliche Altersvorsorge, Geschlechterverhältnisse in Organisationen, Macht- und Ressourcen-orientierte Ansätze in der Personalforschung.

Dr. Philipp Ott

Geboren 1962 in Zürich, Schweiz. Aufgewachsen im Großraum Zürich, Schweiz. Studium der Psychologie, Soziologie und Neuropsychologie an der Universität Zürich. Promotion 1995 über das Thema Psychodiagnostische Verfahren in der Leistungsmotivation. 1990–1996 Assistent und Lehrbeauftragter am Psychologischen Institut der Universität Zürich, Fachgruppe Psychologische Methodenlehre. 1996–1998 Leiter wissenschaftliche Evaluationen in einem ETH Spin-Off-Unternehmen. 1998–2009 Leiter eines interdisziplinären Teams für nationale und internationale Arbeits- und Organisationspsychologie-Projekten. Seit 2009 Dozent, Berater und Co-Studiengangleitung für den Studiengang MAS Leadership & Management am IAP Zürich, Institut für Angewandte Psychologie der Zürcher Hochschule für Angewandte Wissenschaften ZHAW. Besondere Forschungs- und Anwendungsinteressen: Führungspsychologie. Führung mit Zielvereinbarung (Management by Objectives MbO), Psychodiagnostik im Führungsbereich, Motiv- und Motivationspsychologie und Systemtheorie.

Prof. Dr. Sabine Raeder

Sie studierte Psychologie an der Universität München und promovierte an der Fakultät für Wirtschafts- und Sozialwissenschaften der Universität Augsburg. Während der Promotion arbeitete sie als wissenschaftliche Assistentin an der Universität St. Gallen und nach der Promotion als Assistentin und Oberassistentin an der ETH Zürich. Seit 2007 ist sie Privatdozentin am Departement Management, Technology and Economics der ETH Zürich und seit 2008 Associate Professor in Work and Organisational Psychology am Institut für Psychologie der Universität Oslo. Zu ihren Forschungsschwerpunkten gehören der psychologische Vertrag, organisationale Veränderungsprozesse, die Rolle des HR Managements in Veränderungsprozessen und Organisationskultur.

Dipl.-Psych. Dipl.-Ing. Jack Rietiker

Dipl.-Psych. FH (Arbeits- und Organisationspsychologie) und Dipl.-Ing. FH (Communication-Engineering-Management). Tätig als Berater in den Themenfeldern Personaldiagnostik und -entwicklung, Organisations- und Teamberatung. Am IAP seit 2007 als Berater und Dozent mit den Schwerpunkten: Personaldiagnostik, Führungskräfteentwicklung, Teamberatung, Erlebnispädagogik/ Outdoor, Kompetenz- und Gesundheits-Management. Mehrjährige internationale Erfahrung in verschiedenen Organisationseinheiten wie Einkauf, Logistik und Verkauf und Leitung von internationalen Projekten. Weiterbildungen in systemischer Organisationsaufstellung und Coaching.

Dr. Marc Schreiber

Geboren 1975 und aufgewachsen in St. Gallen. Studium der Psychologie, Volkswirtschaft und Politikwissenschaft an der Universität Zürich. Promotion 2005 im Rahmen einer schweizweit angelegten Jugendbefragung über das Thema Entscheidungstheoretische Aspekte der Ausbildungs- und Berufswahl von Jugendlichen. 2002 bis 2006 Wissenschaftlicher Assistent im Fachgebiet Laufbahn- und Personalpsychologie und Diagnostik an der Universität Zürich. 2006 bis 2008 Market Research Analyst bei einer Telekommunikationsunternehmung. Parallel dazu Weiterbildung zum Erlangen des Fachtitels Fachpsychologe für Laufbahn- und Personalpsychologie FSP an den Universitäten Zürich, Bern und Fribourg. Seit 2009 Berater und Dozent am Institut für Angewandte Psychologie (IAP) Zürich in den Bereichen Managementdiagnostik und Outplacement. Forschungsinteressen: Managementdiagnostik, Laufbahnpsychologie, Testpsychologie.

Gisela Ullmann-Jungfer

Geboren 1952 in Halberstadt, geprägt durch die Stadt Berlin. Studium der Sozialarbeit in Berlin und Supervision an der Gesamthochschule Kassel. 1984–2007 freiberufliche Tätigkeit als gruppendynamische Trainerin, Beraterin und Coach im Profit und Non-Profitbereich. Seit 2000 Studiengangsleitung (mit Dr. Eric Lippmann) des Master für Supervision und Coaching am IAP/ ZHAW in Zürich. Als Dozentin, Beraterin und Trainerin in den Bereichen Teamentwicklung, Kriseninterventionen und Veränderungsprozessen engagiert.

Dipl.-Psych. Birgit Werkmann-Karcher

Studium der Psychologie und Verwaltungswissenschaften an der Universität Konstanz. Weiterbildungen in Organisationsentwicklung, Supervision und Coaching und in Konfliktmanagement. Mehrjährige Tätigkeit in der internen Personal- und Organisationsentwicklung und als freiberufliche Beraterin. Am Institut für Angewandte Psychologie (IAP) Studienleiterin des »Master of Advanced Studies in Human Resource Management« und Dozentin und Beraterin in den Bereichen HRM, Führungskräfteentwicklung, Teamentwicklung und Coaching.

Dr. Elke Winkler

Geboren 1963. Studium der Verwaltungswissenschaft an der Universität Konstanz. Promotion 1992 im Fachbereich Psychologie im Rahmen eines von der Deutschen Forschungsgemeinschaft geförderten Projektes über Handlungsspielräume in Entscheidungsprozessen auf der Grundlage eines Praxisbeispiels. Seit 1991 in verschiedenen Funktionen im Bereich Personal tätig. Derzeit Leiterin der Personalentwicklung national beim internationalen Logistikunternehmen Dachser. Ebenfalls Lehrauftrag an der Dualen Hochschule Baden Württemberg in Ravensburg im Fach Personalmanagement.

Einleitung

Birgit Werkmann-Karcher und Jack Rietiker

1

Dieses Buch deklariert bereits im Titel den Anspruch, zwei Disziplinen zusammen zu bringen oder zumindest zusammen zu denken, die da wären: das Human Resource Management (HRM) und die Psychologie. Der Berührungspunkt ist offensichtlich, es geht hier wie da um den Menschen. In der Tat kann man sich das HRM vom Menschen als Mittelpunkt dieser Profession ausgehend denken. Man kann den Mittelpunkt aber auch anders sehen, und zwar vom Geschäftserfolg aus. Beide Perspektiven gehören in dieses Buch und repräsentieren gleichzeitig auch das Spannungsfeld, in dem sich HR-Verantwortliche befinden. Betrieblicherseits wird erwartet, dass sie die Humanressourcen möglichst gut bewirtschaften bzw. sie primär über Systemsteuerung managen und so zur Erfüllung des primären Unternehmensziels beitragen. Arbeitnehmerseitig wird die Wahrung all der Interessen erwartet, die aus individuellen und schließlich menschlichen Bedürfnissen wie dem nach Sinn, Sicherheit, Zugehörigkeit, Anerkennung, Gerechtigkeit resultieren. Es ist eine anspruchsvolle Aufgabe, beide Seiten im Blick zu haben und ihnen gerecht zu werden.

Spannungsfeld zwischen Organisation und Personal

Das geschieht nun nicht punktuell oder im Verborgenen, denn das HRM ist eine Unternehmensfunktion mit enormer Breitenwirkung. Die von ihr entwickelten und bewirtschafteten Systeme und Abläufe ermöglichen das Eine und verhindern das Andere, dadurch gestaltet sie Organisationskultur mit: Sie legt die Prozesse fest, in denen Menschen zu Personal der betreffenden Organisation gemacht werden, und auch, welche Menschen unter welchen Bedingungen dafür überhaupt in Frage kommen; sie legt auch fest, wie man sich dann trennt. Sie definiert, wie Leistungserbringung sichergestellt werden soll und auf welchem Weg Anerkennung finanzieller und immaterieller Art stattfindet. Entwicklungen werden hier gerahmt und eventuell gefördert, Pfade im Unternehmen gebahnt. Man könnte diese Aufzählung fortsetzen. Und auch falls das hier gezeichnete Bild einer strategisch und machtpolitisch bereits sehr gut positionierten HR-Unternehmensfunktion nicht an allen Orten gleicher Maßen realisiert ist, kann man dennoch sagen: Wir haben es zu tun mit einer zentralen, bedeutungsvollen und anstrengenden Funktion im Spannungsfeld zwischen Organisation und Personal. Um sie auszufüllen, braucht das HRM Persönlichkeiten, die sowohl unternehmerische als auch mitarbeiterbezogene Funktionsmuster und Bedürfnisse verstehen und in Einklang bringen oder ausbalancieren können. HR-Verantwortliche – sei es als HR-Leitung, HR-Manager, Business-Partner, Bereichspersonalleitung, Consultant, Spezialist oder in anderer Bezeichnung – benötigen nicht nur HR-Fachkompetenz, sondern auch ein systemisches Verständnis von Organisationen, Verständnis von personalen und interaktionellen Prozessen, ein klares Rollenverständnis und persönliche Glaubwürdigkeit.

Rollenverständnis und Rollengestaltung

spezielle Kooperationsaufgabe

Dafür bietet dieses Buch Orientierung. Das Rollenverständnis und die Rollengestaltung betrachten wir aus psychologischer Sicht als entscheidend, wenn es um die erfolgreiche und im Erleben stimmige Wahrnehmung von exponierten und zentralen Rollen in Organisationen geht. Eng damit verwoben ist eine weitere Perspektive, die in diesem Buch immer wieder eingenommen wird: die der speziellen Kooperationsaufgabe, die sich dem HRM und den Führungskräften einer Organisation stellt. Wenn wir uns das HRM als Bindeglied oder Interface zwischen Personen und Organisation vorstellen, dann stehen die Führungskräfte an genau der gleichen Stelle. Sie sind es, die sich im Rahmen der vom HRM entworfenen Systeme und Prozesse durch ihre Führungsaufgabe navigieren. Beide sind mit unterschiedlichen Vorzeichen auf beste Kooperation angewiesen, und beide haben ein vergleichbares Interesse daran, ihre Arbeit mit Wissen über psychologische Phänomene und Prozesse zu fundieren, zu erleichtern und wirksamer zu gestalten.

Dieses Buch verfolgt das Ziel, ein Nachschlagwerk für Fach- und Führungskräfte im HRM zu sein, das die Funktionen ihres Gebiets breit abdeckt. Es soll möglichst unabhängig von Geschäftsgröße und HR-Geschäftsmodell darin nützlich sein, fundierte praktische Anregungen für Vorgehensweisen und Arbeitsinstrumente zu erhalten und sich theoretische Grundlagen für das praktische Handeln in den verschiedenen Themenfeldern anzueignen. Die Wissensgebiete, aus denen dieses Buch schöpft, sind die Psychologie und ihre angrenzenden Nachbardisziplinen bis hin zur Betriebswirtschaftslehre. Es liegt in der Natur der Themen, dass die Beiträge sich in der Gewichtung zwischen Theorie und Praxis unterscheiden.

In **Teil I** werden »Grundlagen, Rollen und Kompetenzen des Human Resource Managements« beschrieben. Dazu gehört im ersten Beitrag die Auslegung der Theorien, auf die sich das HRM abstützen kann. Es folgt ein kurzer Abriss der Entwicklung, in dem aufgezeigt wird, wie sich Anspruch und Bedeutung der Personalfunktion in Organisationen verändert haben und es noch tun und wie die Bezeichnung der Unternehmensfunktion dies zum Ausdruck bringt. Der dritte Beitrag beschreibt Betrachtungsweisen von Organisationen als soziale Systeme und führt in das Rollenkonzept ein, das stark auf den Aushandlungscharakter und die psychologische Bedeutung von Rollenübernahme und -gestaltung abhebt. Dem schließen sich Ausführungen zu spezifischen HR-Kompetenzen und Rollen an.

Grundlagen, Rollen und Kompetenzen des Human Resource Management

Dieser Logik folgend, werden in **Teil II** Themen aus dem Feld der strategischen Kompetenzen abgehandelt, namentlich: »Strategie, Kultur und Wandel«. Die Verkoppelung von Unternehmensstrategie mit HR-Strategie und Erfolg fördernde HR-Praktiken sind das Leitthema des ersten Beitrags. Wie Kultur zu verstehen, zu analysieren und zu entwickeln ist, wird anschließend erörtert. Konzepte des Change Managements aus systemischer Perspektive schließen sich an und greifen das Thema des Organisationsverständnisses als Hintergrund jeglicher Steuerungsintentionen wieder auf.

Strategie, Kultur und Wandel

Einleitend mit der Gestaltung von HR-Strukturen und -Prozessen im neueren Rollenverständnis werden in **Teil III** die Kompetenzthemen der »HRM-Kernfunktionen« abgebildet. Arbeitszufriedenheit und Arbeitsgestaltung ist ebenso wie die Auslegung des Begriffs

HRM-Kernfunktionen

Kompetenz ein Grundthema, auf dem die folgenden Funktionen aufgebaut werden: Wie kann Personalauswahl erfolgen, wie können Feedbackprozesse einen Beitrag im Performance Management leisten, wie kann Personal entwickelt werden, wie können Laufbahnen in Organisationen gestaltet und Talente gefördert werden. Das Management von Kompetenzen der Mitarbeiter findet sich in allen diesen Kernfunktionen wieder. Am Ende von Teil 3 steht prototypisch das Thema des Beendens: Wie können Trennungen von Mitarbeitenden stattfinden, die zu einer guten Trennungskultur beitragen?

Rollengestaltung in speziellen Feldern

Teil IV geht auf die »Rollengestaltung in speziellen Feldern« ein und fokussiert Möglichkeiten und Grenzen des Handelns in der professionellen HR-Rolle. Ebenso wird bereits im ersten Beitrag die Kooperation zwischen HRM und Linie untersucht und Hintergrundwissen über Führungsstile, -rollen und -tätigkeiten beschrieben. Wie das HRM aus seiner Rolle heraus die Linie beraten und dies in Vorgehen und Interventionen umsetzen kann, schließt sich an. Diese Perspektive beibehaltend, handelt ein weiterer Beitrag von den Aufgaben des HRM im Management von Konflikten und ein letzter von Ansätzen in der Unterstützung organisationaler Teams und Gruppen in deren Arbeitsfähigkeit.

Ausblick

Teil V beinhaltet als letzter Teil einen Querschnitt durch Fragestellungen, die aus gesellschaftlichen Entwicklungen resultieren, sich in Organisationen spiegeln und vom HRM beantwortet werden müssen. Der erste Beitrag beschäftigt sich mit dem demographischem Wandel und seiner Bedeutung für die Zukunft der Arbeit. Es schließt die davon nicht unabhängige Frage an, was Betriebe zur Aufrechterhaltung der Gesundheit beitragen können und wie dies zu gestalten ist. Wie das HRM seine Aktivitäten auf internationales Engagement der Organisation abstimmen kann, beantwortet der letzte Beitrag in diesem Teil, der zum »Ausblick« gehört.

In den Funktionsbezeichnungen spiegeln sich sowohl hierarchische Positionierungen von HR-Fachleuten als auch das jeweilige HR-Geschäftsmodell und -Selbstverständnis. Wir haben nicht angestrebt, die Autorinnen und Autoren auf einheitliche Bezeichnungen einzustimmen, und es wäre in diesem sehr bewegten Feld des HRM auch nicht ganz einfach gewesen, eine klare und griffige Ordnung in diese Begrifflichkeiten zu bringen. Begrenzte Vielfalt findet sich in diesem Buch auch hinsichtlich der geschlechtsspezifischen Schreibweise. Wir haben uns dafür entschieden, auf konsequente Doppelnennungen zugunsten des Leseflusses zu verzichten. Wenn beide Geschlechter gemeint sind, wird mehrheitlich die neutrale, sonst die männliche oder weibliche Form verwendet.

Wir muten Ihnen als Leserinnen und Lesern diese Vielfalt also zu und wünschen Ihnen eine erkenntnisreiche und bereichernde Lektüre.

Grundlagen, Rollen und Kompetenzen im Human Resource Management

Theoretische Grundlagen des Human Resource Managements

Renate Ortlieb

2.1   Einleitung

»Human Resources«, »Personal« und »Individuen« sind komplexe Phänomene, die Gegenstand mehrerer wissenschaftlicher Disziplinen sind. Aus
der Fülle der theoretischen Ansätze werden im Folgenden solche vorgestellt, die besonders einflussreich und praxisrelevant sind. Ein Augenmerk liegt dabei auf Perspektivenvielfalt: Es werden ökonomische, managementorientierte und politikorientierte Ansätze vorgestellt. Damit
soll eine Grundlage für eine kritische Betrachtung von Konzepten und
Instrumenten des Human Resource Managements (HRM) sowie für das
reflektierte und verantwortungsvolle Entscheiden in der betrieblichen
Praxis geschaffen werden.

2.2   Was wird unter »Personal« oder »Human Resources« verstanden?

> **Personal**
>
> Unter Personal wird üblicherweise die Gesamtheit aller Personen
> verstanden, die mittels eines Arbeitsvertrages an eine Organisa-
> tion (ein Unternehmen, eine öffentliche Verwaltung, einen Ver-
> band o. Ä.) gebunden sind.

Arbeitsvertrag

Durch den Abschluss eines Arbeitsvertrags wird eine Beziehung zwischen Individuum und Organisation begründet, in deren Rahmen
Arbeitsleistung und Loyalität (von den Individuen zu erbringen)
gegen Entgelt und Fürsorgepflicht (von der Organisation zu erbringen) getauscht werden. Dabei existieren neben dem formalen Arbeitsvertrag weitere gegenseitige Erwartungen von Individuum und Organisation, die sich zum Beispiel auf die individuelle Entwicklung oder
die Arbeitsplatzsicherheit beziehen. Das Bündel solcher impliziter

psychologischer Vertrag

gegenseitiger Rechte und Pflichten wird auch »psychologischer Vertrag« genannt.

»Human Resources« ist eine derzeit gängige englische Bezeichnung für »Humanressourcen« bzw. »Personal«, die ursprünglich mit
den später noch vorzustellenden HRM-Konzepten verbunden war.
»Human Resources« ist mittlerweile auch in vielen deutschsprachigen Unternehmen gängig, zum Beispiel bei der Bezeichnung von
Abteilungen (»Human Resource Management« anstelle von »Personalabteilung«) oder von Positionen (»Head of Human Resources«
anstelle von »Personalleiter/in«). Diese Bezeichnung hat sich in den
letzten Jahren zwar in vielen Organisationen etabliert, dennoch ist sie
für viele Personen negativ konnotiert. So wurde etwa das mit »Human Resources« eng verwandte »Humankapital« im Jahr 2004 in
Deutschland zum »Unwort des Jahres« gekürt (s. auch die Stellungnahme der Jury zur Kritik an dieser Wahl unter: www.unwortdesjahres.
org/2004.html).

2.3 Perspektivenvielfalt und Theorienpluralismus in der Personallehre

Sowohl beim HRM wie auch beim Personal selbst handelt es sich um sehr vielseitige und komplexe Themengebiete. Zahlreiche wissenschaftliche Disziplinen beschäftigen sich damit. Neben der Betriebswirtschaftslehre sind dies insbesondere die Psychologie, die Soziologie und die Rechtswissenschaft, daneben auch die Arbeitsmedizin, die Arbeitswissenschaft und die Pädagogik.

Für einen Überblick über die theoretischen Grundlagen des HRMs gibt es zahlreiche Sortierungsversuche. Eine gängige grobe Einteilung differenziert zwischen ökonomischen und verhaltenswissenschaftlichen Ansätzen. Die verschiedenen Richtungen unterscheiden sich z. B. im Hinblick auf ihre Annahmen (insbesondere über Menschen und deren Verhalten), Methoden, typischen Gegenstandsbereiche und anderes mehr. Dabei wird seit mehreren Jahrzehnten darüber diskutiert, wodurch genau die beiden Richtungen gekennzeichnet sind, in welchem Verhältnis sie zueinander stehen und welcher Richtung der Vorzug zu geben ist (vgl. Alewell, 1996; Backes-Gellner, Bessey, Pull & Tuor, 2008; Süß, 2004; Weibler, 1996; Weibler & Wald, 2004 und den anschließenden Diskurs).

Für die folgende Darstellung wurde eine Dreiteilung in
- **ökonomische Perspektive**,
- **managementorientierte Perspektive** und
- **politikorientierte Perspektive** gewählt (vgl. zu ähnlichen Einteilungen: Breisig, 2005; Krell, 1996; Neuberger, 1997; Wächter, 1992).

Dabei handelt es sich nicht um eine disjunkte Einteilung. Das heißt, zum einen es gibt Überlappungen zwischen den Perspektiven und zum anderen lassen sich einzelne Ansätze und Forschungsarbeiten nicht immer eindeutig klassifizieren. Dennoch lassen sich die Perspektiven voneinander abgrenzen, und das Einnehmen der verschiedenen Perspektiven verspricht immer einen Erkenntnisgewinn sowohl für theoretische Analysen wie auch für die Gestaltung der betrieblichen Praxis.

> ❯ Perspektivenvielfalt und Theorienpluralismus ist nicht nur für die Wissenschaft, sondern gerade auch für die Gestaltung der betrieblichen Praxis besonders wertvoll. Das Einnehmen einer bestimmten Perspektive auf einen Gegenstand lässt sich dabei gut vergleichen mit dem Ausrichten eines Scheinwerfers auf einen Gegenstand: Aus der einen Richtung wird die Vorderseite des Gegenstandes gut ausgeleuchtet, und die Rückseite bleibt unerkannt. Aus einer anderen Richtung ist die linke Seite des Gegenstandes besser sichtbar als die rechte. Und je nach verwendetem Filter wird der Gegenstand mal vom Licht umschmeichelt und

ökonomische Ansätze, verhaltenswissenschaftliche Ansätze

2

weich gezeichnet oder aber ganz grell angestrahlt, sodass seine Kanten betont werden. Für die Praxis lohnt es sich jedenfalls immer, verschiedene Positionen und Einstellungen des Scheinwerfers auszuprobieren, um den Gegenstand insgesamt besser erkennen – und damit auch gestalten – zu können.

2.4   Ökonomische Perspektive

Faktoransatz

In der deutschsprachigen Personallehre haben ökonomische Ansätze eine längere Tradition: Zunächst spielte der Faktoransatz von Erich Gutenberg (1957), einem der »Väter« der deutschsprachigen Betriebswirtschaftslehre, die zentrale Rolle. Nach Gutenberg lässt sich eine Unternehmung als eine sog. Produktionsfunktion abbilden: Der Unternehmenszweck wird durch die Kombination von verschiedenen Produktionsfaktoren erreicht, und es gilt, diese Kombination – unter Berücksichtigung der Kosten – zu optimieren. Das Personal kommt in diesem Ansatz auf zweierlei Arten vor: Zum einen stellt die »ausführende Arbeit« neben Betriebsmitteln und Werkstoffen einen der »Elementarfaktoren« dar. Davon unterschieden wird der »dispositive Faktor«, der in etwa dem Management entspricht. Aufgabe des dispositiven Faktors ist es, den effizienten Einsatz der Elementarfaktoren zu planen, zu kontrollieren und zu organisieren.

Neue Institutionenökonomik

Seit etwa den 90er-Jahren hat sich in der Personallehre eine weitere ökonomische Theoriefamilie etabliert, nämlich die sog. Neue Institutionenökonomik. Diese Ansätze sind eine Weiterentwicklung der neoklassischen Tradition. Sie basieren auf 2. zentralen Annahmen:

- Die 1. Annahme lautet, dass Individuen **beschränkt rational** handeln. Das heißt, ihre Informationsaufnahme- und -verarbeitungskapazität ist nicht unendlich, wie dies in neoklassischen Ansätzen angenommen wird.
- Die 2. Annahme lautet, dass Individuen auch **opportunistisch** handeln können. Um ihre Ziele zu verfolgen, können Individuen auch lügen und betrügen.

Zum effektiven und effizienten Umgang mit unvollständigen Informationen und der Möglichkeit von opportunistischem Verhalten werden in Arbeitsverträgen bestimmte Vorkehrungen getroffen. Die Gestaltung der Verträge – bzw. ganz allgemein der Beziehung zwischen Arbeitgeber und Arbeitnehmer/in – stellt hohe Ansprüche an das HRM.

3 Theoriestränge

Innerhalb der Neuen Institutionenökonomik lassen sich mehrere Theoriestränge identifizieren. Die 3. einflussreichsten Theoriestränge werden im Folgenden kurz vorgestellt: die **Transaktionskostentheorie**, die **Theorie der Verfügungsrechte** und die **Agenturtheorie**.

2.4.1 Transaktionskostentheorie

Die Transaktionskostentheorie geht insbesondere auf Oliver E. Williamson (1975) zurück. Eine zentrale Frage dieses Ansatzes lautet, welches sog. institutionelle Arrangement für welche Art von Transaktion effizient ist.

> **Transaktionskosten**
>
> Transaktionskosten entstehen für die Anbahnung, den Abschluss, die Kontrolle und die Anpassung von Verträgen.

Je nach Beschaffenheit einer Transaktion ist entweder ein Fremdbezug des entsprechenden Produkts über den Markt oder aber eine Integration des Anbieters in die Organisation effizienter. Ausschlaggebend für die Höhe der Transaktionskosten ist dabei, wie häufig die entsprechende Transaktion durchgeführt wird, wie mehrdeutig sie ist (z. B. dass der Wert einer Transaktion nicht bestimmt werden kann, weil sie sehr spezifisch ist und es keine Vergleichsmöglichkeiten gibt) und wie unsicher die Umwelt ist (z. B. Nachfrageschwankungen).

Transaktionskostentheoretische Argumente lassen sich auf sehr viele Gegenstände anwenden, zum Beispiel auf jede Art von »Make-or-buy«-Entscheidungen oder auf die Wahl von effizienten Arbeitskräftestrategien.

Ein Maschinenbauunternehmen erhält überraschend einen Großauftrag, der mehr Personal – sowohl für einfache Tätigkeiten wie Schleifen als auch für komplexere Tätigkeiten wie Konstruktion und Projektleitung – erfordert. Das Management geht davon aus, dass es in naher Zukunft keine Folgeaufträge gibt. Nach einem Überschlagen der Transaktionskosten entscheidet das Management: Für die einfachen Tätigkeiten wird Personal von einer Personalleasingagentur »gekauft«, und für die komplexeren Tätigkeiten wird ein Werkvertrag mit einem Ingenieurbüro abgeschlossen. Fest eingestellt wird niemand.

2.4.2 Theorie der Verfügungsrechte

Nach diesem auf Ronald H. Coase (1937) zurückgehenden Ansatz werden Organisationen als ein Geflecht aus Verträgen betrachtet. Diese Verträge beziehen sich auf sog. Verfügungsrechte.

> **Verfügungsrechte**
>
> Verfügungsrechte bestimmen die Art und den Umfang der Nutzung einer Ressource, zum Beispiel das Recht zu ihrer direkten Nutzung, zur Nutzung ihrer Erträge, zur Veränderung oder zur Veräußerung der Ressource.

Die Organisation wird als ein Mechanismus zur Verteilung von Verfügungsrechten betrachtet. Ihre Aufgabe ist es, aus der Vielzahl von Verträgen, die den beteiligten Akteuren zur Verfolgung ihrer Interessen dienen und die quasi täglich neu ausgehandelt werden, ein Gleichgewicht herzustellen. Mit jeder (ganzen oder teilweisen) Übertragung von Verfügungsrechten an andere Akteure sind allerdings Transaktionskosten verbunden. Ziel ist es daher, die Verfügungsrechte so aufzuteilen, dass die Transaktionskosten minimal sind.

Beispiel

5 Studierende gründen ein Internetunternehmen. Sie stellen nach und nach immer mehr Personal ein, das ihnen direkt unterstellt ist. Plötzlich fällt ihnen auf, dass das Unternehmen so groß geworden ist, dass sie nicht mehr die Arbeitsleistung von jedem einzelnen Beschäftigten kontrollieren können. Sie vermuten, dass einige sich regelrecht vor der Arbeit drücken und beschließen daher, 3 ihrer besten Mitarbeiterinnen zu Abteilungsleiterinnen zu ernennen. Damit diese Abteilungsleiterinnen einen Anreiz haben, ihre ehemaligen Kolleg/innen zu überwachen, bekommen sie eine Gehaltserhöhung.

2.4.3 Agenturtheorie

Prinzipal und Agent

Auch bei der Agenturtheorie, die unter anderem auf Jensen und Meckling (1976) zurück geht, wird die Organisation als ein Netzwerk aus Verträgen konzipiert. Der Fokus dieses Ansatzes liegt auf der (Vertrags-) Beziehung zwischen einem Prinzipal (z. B. dem Kapital- oder Arbeitgeber) und einem Agenten (z. B. das Management einer Kapitalgesellschaft oder andere Beschäftigte), der Arbeitsaufträge für den Prinzipal ausführt und dafür eine Vergütung erhält. Die Beziehung zwischen Prinzipal und Agent ist durch 2 zentrale Probleme gekennzeichnet:

1. kann der Agent andere Ziele als der Prinzipal verfolgen.
2. können sich Prinzipal und Agent im Hinblick auf ihre Risikoneigung unterscheiden, weshalb sie sich uneinig über den optimalen Weg zur Zielerreichung sind.

Agenturprobleme

Aufgrund dieser Probleme entstehen für die Gestaltung von Verträgen – man kann auch ganz allgemein sagen: für die Delegation von Arbeitsaufgaben – sog. Agenturkosten.

> **Agenturkosten**
>
> Agenturkosten sind Kosten für die Anbahnung, Überwachung und Anpassung von Verträgen sowie für die Garantie des Agenten dafür, dass er die Interessen des Prinzipals tatsächlich verfolgt, und für den möglichen Wohlfahrtsverlust des Prinzipals.

Ziel der Organisation ist es, die Vertragsbeziehungen so zu gestalten, dass die Agenturkosten minimiert werden. Geeignete Lösungen sehen insbesondere eine Beteiligung des Agenten am Erfolg des Prinzipals vor.

Die praktische Relevanz der Agenturtheorie für die Gestaltung von Anreizsystemen in Organisationen ist offenkundig. Darüber hinaus sind die Argumente auch für die Analyse von anderen organisationalen Phänomenen wie Lügen oder »impression management« – das Aufbauschen von eigenen Leistungen gegenüber Vorgesetzten – und die praktische Gestaltung von entsprechenden Instrumenten und Verfahren aufschlussreich.

Anreizsysteme, »impression management«

2.4.4 Zusammenfassung und kritische Würdigung

> Die hier vorgestellten Ansätze der Neuen Institutionenökonomik stellen die vertraglichen Beziehungen zwischen organisationalen Akteuren sowie die damit verbundenen Kosten in den Mittelpunkt der Betrachtung. Als Forschungsmethode dominieren formale mathematische Modelle, die sehr präzise und empirisch gehaltvolle Aussagen ermöglichen.

Aufgrund ihres hohen Abstraktionsgrades und der »realitätsfernen« Annahmen wird oftmals kritisiert, dass diese Ansätze zu wenig anwendungsorientiert sind. Die dargestellten Beispiele zeigen allerdings, wie selbst einfache argumentative Überlegungen die praktische Gestaltung des HRMs unterstützen können.

2.5 Managementorientierte Perspektive

Konzepte zum HRM sind wegen ihrer starken Anwendungsorientierung für dieses Handbuch von besonderer Bedeutung. Ab den späten 70er-Jahren fand in der angelsächsischen Personallehre eine Abkehr von der Thematisierung als eine Verwaltungsfunktion (»personnel administration«) und eine Hinwendung zu einer Auffassung von Personal als Erfolgsfaktor statt. Um das Personal als »strategische Ressource« zu nutzen, sollte das HRM strategisch ausgerichtet werden, so die zentrale Aussage dieser Konzepte. Das heißt, zum einen soll das HRM mit der Unternehmensstrategie und zum anderen sollen die verschiedenen Handlungsfelder innerhalb des HRMs aufeinander abgestimmt werden.

Abkehr von »personnel administration«

In den 80er-Jahren haben sich zwei Richtungen von HRM-Konzepten entwickelt, die im Folgenden erläutert werden: die als **»Soft-HRM«** bezeichnete Richtung, die insbesondere durch den sog. **Harvard-Ansatz** repräsentiert wird, und die als **»Hard-HRM«**

strategische Ausrichtung des HRM

2

bezeichnete Richtung, die v. a. durch den sog. **Michigan-Ansatz** vertreten wird.

2.5.1 »Soft-HRM«: Harvard-Ansatz

HRM als Managementaufgabe

Der Harvard-Ansatz wurde im Wesentlichen in der Monographie »Human Resource Management: A general manager's perspective« von Beer, Spector, Lawrence, Mills und Walton (1985) entwickelt. Mit diesem Titel unterstreichen die Autoren ihre Auffassung, dass es sich bei »Personalarbeit« nicht nur um Verwaltung, die in einer speziellen Abteilung durchgeführt wird, sondern um strategisch relevante Aufgaben handelt, die vom gesamten Management übernommen werden sollten.

Dieser Ansatz wird auch als »**Developmental-humanism**«-Modell bezeichnet (Hendry & Pettigrew, 1990). Das Konzept basiert auf dem Menschenbild eines entwicklungsfähigen, proaktiven Individuums. Hervorgehoben wird die Bedeutung von vertrauensvoller Zusammenarbeit, die durch umfassende Partizipation von Individuen an organisationalen Entscheidungen geprägt ist.

entwicklungsorientiertes Menschenbild

Der Harvard-Ansatz betont außerdem die Bedeutung von situativen Faktoren und von verschiedenen Anspruchsgruppen, die auf eine Organisation und deren HRM einwirken. Die Beziehungen zwischen diesen Aspekten sind in ◘ Abb. 2.1 dargestellt.

4 Politikfelder

Im Rahmen des Harvard-Ansatzes werden 4 Politikfelder des HRM unterschieden:

- Beim Politikfeld »**Arbeitnehmereinfluss**« (»employee influence«) geht es um die Gestaltung von Instrumenten zur individuellen und kollektiven Partizipation an organisationalen Entscheidungen (z. B. Qualitätszirkel, Betriebsräte).
- Mit »**Fluss der Arbeitskräfte**« (»human resource flow«) werden sämtliche Verfahren der Personalbeschaffung und Personalauswahl, der Karriereentwicklung und des Personalabbaus bezeichnet.
- Unter »**Belohnungssysteme**« (»reward systems«) werden die Verfahren für materielle und immaterielle Anreize zusammengefasst und
- mit »**Arbeitssysteme**« (»work systems«) sind Modelle für die Gestaltung von Arbeitsplatz und Arbeitszeit angesprochen.

Stakeholder

Diese 4 Politikfelder werden zum einen von mehreren Interessengruppen (am wichtigsten: Anteilseigner und Gewerkschaften) und zum anderen von verschiedenen situativen Faktoren (am wichtigsten: die Unternehmensstrategie und die Produktionstechnologie) beeinflusst. Aufgabe des Managements ist es nun, die relevanten Interessengruppen und situativen Faktoren zu identifizieren, evtl. Widersprüche innerhalb dieser Kategorien auszugleichen und schließlich die Poli-

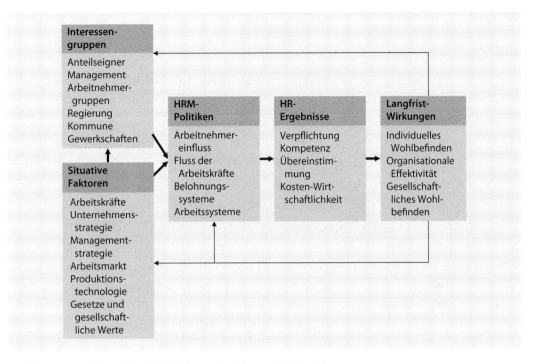

**Interessen-
gruppen**

Anteilseigner
Management
Arbeitnehmer-
    gruppen
Regierung
Kommune
Gewerkschaften

**Situative
Faktoren**

Arbeitskräfte
Unternehmens-
    strategie
Management-
    strategie
Arbeitsmarkt
Produktions-
    technologie
Gesetze und
    gesellschaft-
    liche Werte

**HRM-
Politiken**

Arbeitnehmer-
    einfluss
Fluss der
    Arbeitskräfte
Belohnungs-
    systeme
Arbeitssysteme

**HR-
Ergebnisse**

Verpflichtung
Kompetenz
Übereinstim-
    mung
Kosten-Wirt-
    schaftlichkeit

**Langfrist-
Wirkungen**

Individuelles
    Wohlbefinden
Organisationale
    Effektivität
Gesellschaft-
    liches Wohl-
    befinden

◘ **Abb. 2.1** Harvard-Ansatz: Das »HRM-Territory«. (Nach Beer et al., 1985, S. 17)

tikfelder entsprechend zu gestalten. Wie genau diese Gestaltung aussehen kann, beschreiben Beer et al. (1985) anhand von Fallbeispielen.

Eine gelungene Gestaltung des HRMs resultiert in 4 Ergebnissen (»**4**»**c**«**s**, mit Anspielung auf die Qualitätskriterien von Diamanten): Eine hohe »Verpflichtung« des Personals (»**commitment**«) bedeutet, dass Individuen eine starke innere Bindung an die Organisation haben, die hohe individuelle Leistung und Motivation bewirkt. Die »Kompetenz« des Personals (»**competence**«) bezieht sich sowohl auf Fachwissen wie auch auf soziale Fertigkeiten. Mit »Übereinstimmung« (»**congruence**«) ist gemeint, dass Interessen zwischen Organisation und Individuum, zwischen Arbeit und Privatleben u. Ä. in Ausgleich gebracht werden. Mit »Kosten-Wirtschaftlichkeit« (»**cost effectiveness**«) schließlich wird den Anforderungen an Wirtschaftsorganisationen im Hinblick auf das Arbeitsentgelt, auf zu erzielende Umsätze usw. Rechnung getragen.

Diese 4 Ergebnisse sind eingebettet in ein umfassenderes Zielsystem, das Aspekte wie hohe Gesundheit, möglichst geringe Konflikte mit Gewerkschaften und die Vermeidung von Entlassungen berücksichtigt. Die 4 Ergebnisse haben des Weiteren langfristige Wirkungen auf das individuelle Wohlbefinden (»**individual well-being**«), die organisationale Effektivität (»**organizational effectiveness**«) und das »gesellschaftliche Wohlbefinden« (»**organizational well-being**«). Die langfristigen Konsequenzen wirken wiederum auf die Politikfelder, die Interessengruppen und die situativen Faktoren zurück.

4 Ergebnisse

3 übergeordnete Ziele

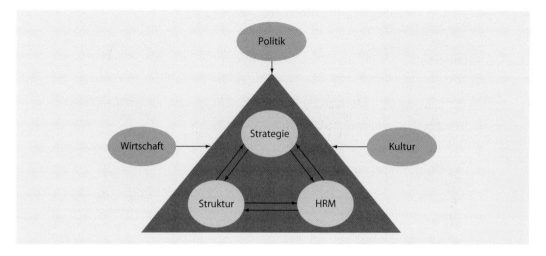

◘ Abb. 2.2 Michigan-Ansatz: Beziehung zwischen HRM und Unternehmensstrategie sowie Unternehmenskultur. (Tichy et al., 1982, S. 48)

2.5.2 »Hard-HRM«: Michigan-Ansatz

instrumentelles Menschenbild

Der Michigan-Ansatz wurde insbesondere durch den Aufsatz »Strategic Human Resource Management« von Tichy, Fombrun und Devanna (1982) sowie durch die Monographie »Strategic Human Resource Management« von Fombrun, Tichy und Devanna (1984) bekannt. Dieser Ansatz wird auch als »**Utilitarian-instrumentalism**«-**Modell** bezeichnet (Hendry & Pettigrew, 1990), da er – vergleichbar mit dem oben vorgestellten Faktoransatz von Gutenberg – v. a. auf die effiziente Nutzung der Arbeitskraft von eher passiven, eben zu managenden Individuen zur effektiven und effizienten Umsetzung der Unternehmensstrategie zielt.

Im Vergleich mit dem Harvard-Ansatz wird im Michigan-Ansatz stärker die Wichtigkeit der gegenseitigen Abstimmung derjenigen Bereiche, die für das HRM relevant sind, betont. Dabei geht es zum einen um die Abstimmung des HRM mit der Unternehmensstrategie sowie der Unternehmensstruktur und zum anderen um die Abstimmung der verschiedenen Handlungsfelder innerhalb des HRMs. Der erste Zusammenhang ist in ◘ Abb. 2.2 dargestellt.

Unternehmensstrategie, Unternehmensstruktur und HRM hängen in der Praxis unmittelbar miteinander zusammen. Die Forderung einer strategischen Integration dieser 3 Bereiche liegt daher nahe. Darüber hinaus werden auch im Michigan-Ansatz verschiedene Umgebungseinflüsse berücksichtigt, nämlich die Rahmenbedingungen des Wirtschaftssystems, der Politik sowie des kulturellen und gesellschaftlichen Umfelds. Im Unterschied zum Harvard-Ansatz wird hier allerdings die Wechselwirkung zwischen Organisation und Umwelt vernachlässigt.

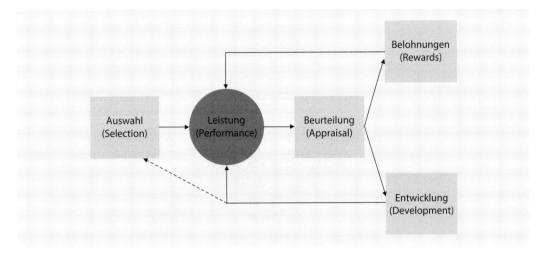

Abb. 2.3 Michigan-Ansatz: Der »Human Resource Cycle«. (Tichy et al., 1982, S. 50)

In Verbindung mit der strategischen Integration von Unternehmensstrategie, Unternehmensstruktur und HRM sollen nach dem Michigan-Ansatz auch die verschiedenen Handlungsfelder des HRMs aufeinander abgestimmt werden. Dieser Zusammenhang ist in ◘ Abb. 2.3 dargestellt.

Die zentrale Größe innerhalb dieses »Human Resource Cycle« ist die Leistung des Personals. Leistungsziele sollen aus der Unternehmensstrategie abgeleitet werden, und umgekehrt soll sich die Unternehmensstrategie an dieser Leistung orientieren. Vor diesem Hintergrund ist zunächst geeignetes Personal auszuwählen (»**selection**«). Die Kriterien, Verfahren und Instrumente der anderen Handlungsfelder sollen ebenfalls daran angepasst werden. Das heißt, die Personalbeurteilung (»**appraisal**«), die Belohnungs- und Anreizsysteme (»**rewards**«) sowie die Personalentwicklung (»**development**«) sollen so gestaltet sein, dass die Unternehmensstrategie umgesetzt werden kann. Beispiele für die konkrete Ausgestaltung solcher Systeme »aus einem Guss« liefern Fombrun et al. (1984).

HRM »aus einem Guss«

Ein europäischer Konsumgüterhersteller plant, zukünftig auf dem chinesischen Markt tätig zu sein. Die Organisationsstruktur wird an diese Strategie angepasst, indem die Marketingabteilung in Ländergruppen eingeteilt wird. Bei der Personalauswahl wird darauf geachtet, ob die Kandidat/innen über einschlägige Sprach- und Kulturkenntnisse sowie über multikulturelle Fähigkeiten verfügen. Bei der Leistungsbeurteilung werden diese ebenfalls berücksichtigt. Beschäftigte mit Nachholbedarf in diesem Bereich besuchen entsprechende Weiterbildungsveranstaltungen. Personen, die nach China entsandt werden, wird eine Beförderung verbunden mit einer Gehaltserhöhung in Aussicht gestellt. Als das Management feststellt, dass mehrere Beschäftigte über Kenntnisse und

Beispiel

Fähigkeiten verfügen, die für eine Tätigkeit auf dem japanischen Markt vorteilhaft sind, weitet es die Unternehmensstrategie dementsprechend auf Japan aus.

2.5.3   Zusammenfassung und kritische Würdigung

❯ Sowohl der Harvard-Ansatz als auch der Michigan-Ansatz des HRMs heben die strategische Bedeutung des Personals hervor. Beide Konzepte empfehlen eine entsprechende Ausrichtung der Kriterien, Instrumente und Verfahren und machen Vorschläge für die konkrete Ausgestaltung. Diese Praxisorientierung ist die Stärke dieser Perspektive.

Auch in theoretisch-konzeptioneller Hinsicht gibt es vielfältige Anschlussmöglichkeiten, zum Beispiel an die Strategieforschung oder – speziell für das »Soft-HRM« des Harvard-Ansatzes – an theoretische Ansätze zum »commitment« oder zu aktuell viel diskutierten »high commitment/high performance work systems«. Daneben sind die Konzepte auch an den Faktoransatz von Gutenberg (vgl. Ridder, 2002) und an die Transaktionskostentheorie anschlussfähig.

Die vorgestellten Ansätze sind allerdings auch Gegenstand von Kritik. Erstens ist eine wirkliche theoretische Fundierung der Konzepte nicht erkennbar. Zweitens unterstellen die Konzepte eine hohe Rationalität und Professionalität des Managements bei der Strategieentwicklung und -umsetzung. Dem wiedersprechen zahlreiche empirische Befunde. Drittens schließlich wird ein weitgehend harmonisches Bild von Personal wie auch von der Beziehung zwischen Organisation und Individuum gezeichnet. Dieses Bild verkennt, dass in Organisationen grundlegende Interessengegensätze bestehen und damit stets auch Konflikte schwelen. Um die oben verwendete Scheinwerfer-Metapher aufzugreifen: Dies sind die »blinden Flecken« des Harvard- und des Michigan-Ansatzes. Aus der im folgenden Abschnitt erläuterten politikorientierten Perspektive werden diese besonders hell ausgeleuchtet.

2.6   Politikorientierte Perspektive

Gesellschaft, Interessenpluralismus, Macht und Herrschaft

Aus einer politikorientierten Perspektive werden Organisationen als in die Gesellschaft eingebettete, interessenpluralistische Gebilde und als Herrschaftsgebilde verstanden (vgl. z. B. Sandner, 1993; Krell, 1996; Ortlieb, 2003; Ortlieb & Stein, 2008). Individuen werden als eigensinnige Subjekte betrachtet, die in und mit Organisationen ihre Interessen durchzusetzen versuchen. Ressourcen, Macht und Konflikt spielen daher auch eine zentrale Rolle für die Einführung und Umsetzung von Konzepten und Instrumenten des HRMs.

Ein weiteres Kennzeichen dieser Perspektive ist, dass entsprechende Analysen auf eine Kritik an bestehenden Strukturen und Praktiken abzielen (Nienhüser, 2004). Es handelt sich um ein Teilgebiet der »Critical Management Studies« (Alvesson & Deetz, 2000). Drei dieser Perspektive zuzuordnende Ansätze werden im Folgenden kurz vorgestellt: die **Arbeitsprozesstheorie**, **Ansätze in der Tradition von Foucault** und **mikropolitische Ansätze**.

> kritische Perspektive

2.6.1 Die Arbeitsprozesstheorie

Die im Jahre 1974 erschienene Monographie von Harry Braverman mit dem Titel »Labor and monopoly capital. The degradation of work in the twentieth century« bildet den Startpunkt für die **»Labor Process Debate«**. Im Rahmen dieser Debatte wird in der Tradition des Marxismus argumentiert, dass Managementstrategien insbesondere der Kontrolle des Personals und der Herrschaftssicherung dienen. So beurteilt Braverman (1974) tayloristische Praktiken der Arbeitsstrukturierung wie z. B. die Zerlegung der Arbeitsaufgabe in kleinste, repetitive Tätigkeiten und die Vorgabe von Ausführungswegen und -zeiten als besonders gut geeignete Kontrollstrategie. Edwards (1981) zeigt in seiner historisch angelegten Analyse, wie das Management auf verschiedene Produktionsformen (von der ganzheitlichen Arbeit in der Werkstatt hin zur fließbandunterstützten Massenfertigung) mit jeweils geeigneten Strategien zur Herrschaftssicherung reagiert.

> Kontrollstrategien

Ein besonderes Merkmal von aktuellen Analysen im Rahmen der Arbeitsprozesstheorie ist, dass sie explizit auf die konkrete Arbeitstätigkeiten des Personals fokussieren, und zwar insbesondere auf die »ausführende« Arbeit auf den unteren Hierarchieebenen. Dabei geht es nicht um die Frage, wie die Arbeit optimal gestaltet werden kann, sondern darum, wie die Individuen ihre Tätigkeit, ihre Organisation und ihre eigene Identität erleben.

> Stimme der Arbeiterinnen und Arbeiter

2.6.2 Ansätze in der Tradition von Foucault

Michel Foucault war (Sozial-) Philosoph und Historiker. Ansätze in dieser Tradition analysieren insbesondere die Machtwirkungen von betrieblichen Praktiken und anderen Diskursen (z. B. Townley, 1994; McKinlay & Starkey, 1998). Macht ist dabei nicht etwas, was jemand besitzt, sondern etwas, das sämtlichen organisationalen und gesellschaftlichen Praktiken innewohnt. Macht wirkt weitgehend unsichtbar und unbemerkt durch diese Praktiken auf Individuen ein.

Foucault unterscheidet verschiedene Arten von Macht. Die für die Analyse von Wirtschaftsorganisationen besonders relevante Art ist die Disziplinarmacht, die Personal als »Gehorsamsubjekte« erzeugt.

> **Disziplinarmacht**
>
> Sie bezieht sich nach Foucault (1995) auf die physische Isolierung und Anordnung von Individuen sowie auf deren Gewohnheiten und Verhaltensabläufe.

Objektivierung und Subjektivierung

Die Machtwirkungen von Diskursen und anderen Praktiken entstehen durch das Zusammenspiel von 2 speziellen Prozessen: den **Praktiken der Objektivierung** und den **Praktiken der Subjektivierung**. Gemeint ist damit vereinfacht gesprochen, dass Individuen vermessen und klassifiziert werden (= Objektivierung) und sich daraus ihre Identität konstituiert (= Subjektivierung).

Beispiel

Daniel Müller hat soeben sein Master-Studium in Business Administration an einer Elite-Hochschule mit Auszeichnung abgeschlossen. Aufgrund seiner Persönlichkeit, seinen sehr guten Studienleistungen und zahlreicher Unternehmenspraktika in der Schweiz hält er sich für eine sehr fähige Nachwuchsführungskraft. Er bewirbt sich auf entsprechende Trainee-Stellen in mehreren großen Schweizer Unternehmen. Die Bewerbungsphase gestaltet sich vergleichsweise zäh. Die Unternehmen wollen von Daniel Müller unter anderem wissen, wie viele Sprachen er fließend beherrscht (2), wie viele Praktika er im Ausland absolvierten hat (0) und ob er einen Doktorgrad hat (nein). Außerdem nimmt Daniel Müller an verschiedenen psychologischen Tests teil, darunter ist auch ein Intelligenztest, in dem er durchschnittliche Ergebnisse erzielt. Je mehr Absagen Daniel Müller von den Unternehmen erhält, desto mehr verändert sich sein Selbstbild: Er sieht sich immer mehr als den – minderwertigen – »2-Sprachen-null-Auslandspraktika-durchschnittlicher-IQ-Mann ohne Doktortitel«. Sein Befinden, seine Verhaltensweisen und Einstellungen unterscheiden sich fundamental von denen zu Beginn der Bewerbungsphase oder wenn er gleich eine passende, hoch dotierte Stelle gefunden hätte.

Wissen und Macht

In Foucault'schen Analysen spielt außerdem die Beziehung zwischen Wissen und Macht eine wichtige Rolle. Die Erzeugung, Verbreitung und Veränderung von Wissensbeständen ist danach zugleich Voraussetzung, Ausdruck und Konsequenz von Macht.

2.6.3 Mikropolitische Ansätze

Während die Arbeitsprozesstheorie und Ansätze in der Tradition Foucaults insbesondere von der Soziologie geprägt sind, werden mikropolitische Ansätze auch in der Psychologie behandelt. Auch darauf ist zurückzuführen, dass in diesen Ansätzen die gesellschaftliche Ebene und die grundlegend (gesellschafts-) kritische Position eine geringere Rolle spielt als in den soeben vorgestellten.

Mikropolitik

Unter Mikropolitik werden Prozesse und Ergebnisse der Interessendurchsetzung von Individuen und Koalitionen in Organisationen verstanden.

Nach Oswald Neuberger (1995), einem besonders prominenten Vertreter von mikropolitischen Ansätzen, lassen sich diese Ansätze durch die folgenden 8 Merkmale und dazu gehörigen Leitfragen kennzeichnen:

8 Merkmale des Politischen

Merkmale und Leitfragen von mikropolitischen Ansätzen

1. Akteursperspektive, Handlungsorientierung: Wer tut was (nicht)?
2. Interessen: Warum oder wozu handelt jemand?
3. Intersubjektivität: Welche interpersonalen Beziehungen existieren?
4. Macht: Wie wird das Geschehen beherrscht oder kontrolliert?
5. Dialektik der Interdependenz: Wie wird wechselseitige Abhängigkeit bewältigt?
6. Legitimation: Wie werden Handlungen oder Verhältnisse gerechtfertigt?
7. Zeitlichkeit: Wie wird mit Instabilität, Wandel, Chancen umgegangen?
8. Ambiguität: Welche Mehrdeutigkeiten, Widersprüche und Intransparenzen erlauben/erfordern »interessiertes« Handeln?

Die Klärung dieser Fragen ist für das Verständnis der betrieblichen Praxis ebenso wie für deren Gestaltung von entscheidender Bedeutung, wie zahlreiche Studien zu Reorganisationsprozessen oder zur Einführung von speziellen Praktiken des HRMs zeigen.

2.6.4 Zusammenfassung und kritische Würdigung

❯ Die politikorientierte Perspektive berücksichtigt die gesellschaftliche Einbettung von Organisationen sowie Aspekte von Macht und Herrschaft durch das HRM. Sie beleuchtet den Eigensinn bzw. die Interessen von Individuen, wodurch es Anschlussmöglichkeiten an die Neue Institutionenökonomik gibt.

Eine Schwachstelle der dargestellten Ansätze liegt darin, dass diese mehr auf ein Beschreiben und Verstehen von Organisationen abzielen als auf deren Gestaltung. So sehr politikorientierte Analysen hilfreich sind für das Verständnis von Phänomenen in Organisationen, so wenig liefern sie direkte Hinweise auf eine »bessere« Gestaltung; diese müssen im jeweiligen Einzelfall selbst erarbeitet werden.

Zusammenfassung

Für das HRM sind zahlreiche theoretische Grundlagen aus mehreren wissenschaftlichen Disziplinen relevant. Zur Sortierung der Fülle von theoretischen Ansätzen zum HRM wurde eine Dreiteilung in ökonomische Perspektive, managementorientierte Perspektive und politikorientierte Perspektive gewählt. Für die praktische Gestaltung des HRMs lassen sich aus den vorgestellten theoretischen Ansätzen direkt oder indirekt Gestaltungsempfehlungen ableiten. Dies ist immer dann besonders Erfolg versprechend, wenn das praktische Problem aus mehreren Perspektiven betrachtet wird.

Literatur

Alewell, D. (1996). Zum Verhältnis von Arbeitsökonomik und Verhaltenswissenschaften. *Die Betriebswirtschaft, 56,* 667–683.

Alvesson, M. & Deetz, S. (2000). *Doing critical management research.* Los Angeles.

Backes-Gellner, U., Bessey, D., Pull, K. & Tuor, S. (2008). What behavioural economics teaches personnel economics. *Die Unternehmung, 62,* 217–234.

Beer, M., Spector, B., Lawrence, P. R., Mills, D. Q. & Walton, R. E. (1985). *Human Resource Management. A general manager's perspective. Text and cases.* New York, London.

Braverman, H. (1974). *Labor and monopoly capital. The degradation of work in the twentieth century.* New York.

Breisig, T. (2005). *Personal. Eine Einführung aus arbeitspolitischer Perspektive.* Herne, Berlin.

Coase, R. H. (1937). The nature of the firm. *Economica New Series, 4,* 386–405.

Edwards, R. (1981). *Herrschaft im modernen Produktionsprozess.* Frankfurt/ Main, New York: Campus.

Fombrun, C. J., Tichy, N. M. & Devanna, M. A. (Eds.). (1984). *Strategic Human Resource Management.* New York.

Foucault, M. (1995). *Überwachen und Strafen,* 11. Aufl. Frankfurt/Main.

Gutenberg, E. (1957). *Betriebswirtschaftslehre als Wissenschaft.* Krefeld.

Hendry, C. & Pettigrew, A. (1990). Human resource management: An agenda for the 1990s. *International Journal of Human Resource Management, 1,* 17–44.

Jensen, M. & Meckling, W. (1976). Theory of the firm: Managerial behavior, agency costs, and ownership structure. *Journal of Financial Economics, 3,* 305–360.

Krell, G. (1996). Orientierungsversuche einer Lehre vom Personal. In: Weber, W. (Hrsg.), *Grundlagen der Personalwirtschaft* (S. 19–37). Wiesbaden.

McKinlay, A. & Starkey, K. (Eds.). (1998). *Foucault, management and organization theory: From panopticon to technologies of self.* London: Sage.

Neuberger, O. (1995). *Mikropolitik. Der alltägliche Aufbau und Einsatz von Macht in Organisationen.* Stuttgart.

Neuberger, O. (1997). *Personalwesen 1. Grundlagen, Entwicklung, Organisation, Arbeitszeit, Fehlzeiten.* Stuttgart.

Nienhüser, W. (2004). Politikorientierte Ansätze des Managements. In: Gaugler, E., Oechsler, W. A. & Weber, W. (Hrsg.), *Handwörterbuch des Personalwesens,* 3. Aufl. (Sp. 1671–1685). Stuttgart.

Ortlieb, R. (2003). *Betrieblicher Krankenstand als personalpolitische Arena. Eine Längsschnittanalyse.* Wiesbaden: Gabler.

Ortlieb, R. & Stein, S. (2008). »Ideen kann man nicht wie Kirschen vom Baum pflücken.« Eine politikorientierte Analyse des Betrieblichen Vorschlagswesens mit Fallbeispiel. *Zeitschrift für Personalforschung, 22,* 388–412.

Ridder, H. G. (2002). Vom Faktoransatz zum Human Resource Management. *Managementforschung, 12,* 211–240.

Sandner, K. (1993). *Prozesse der Macht. Zur Entstehung, Stabilisierung und Veränderung der Macht von Akteuren in Unternehmen,* 2. Aufl. Heidelberg: Physika.

Süß, S. (2004). Weitere 10 Jahre später: Verhaltenswissenschaften und Ökonomik. Eine Chance für die Personalwirtschaftslehre. *Zeitschrift für Personalforschung, 18,* 222–242.

Tichy, N. M., Fombrun, C. J. & Devanna, M. A. (1982). Strategic Human Resource Management. *Sloan Management Review, 24 (2),* 47–60.

Townley, B. (1994). *Reframing Human Resource Management. Power, ethics and the subject at work.* London.

Wächter, H. (1992). Vom Personalwesen zum Strategic Human Resource Management. Ein Zustandsbericht anhand der neueren Literatur. *Managementforschung 2*, 313–340.

Weibler, J. (1996). Ökonomische vs. Verhaltenswissenschaftliche Ausrichtung der Personalwirtschaftslehre – eine notwendige Kontroverse? *Die Betriebswirtschaft, 56*, 649–665.

Weibler, J. & Wald, A. (2004). 10 Jahre personalwirtschaftliche Forschung – Ökonomische Hegemonie und die Krise einer Disziplin. *Die Betriebswirtschaft, 64*, 259–275.

Williamson, O. E. (1975). *Markets and hierarchies: Analysis and antitrust implications*. New York.

Die Entwicklung des Human Resource Managements

Daniela Eberhardt

Das Human Resource Management (HRM) hat einen bestimmten Status, eine bestimmte Handlungsorientierung. Der Anspruch an das HRM hat sich – eingebettet in die gesellschaftliche, wirtschaftliche und unternehmerische Entwicklung – laufend verändert. Die Etablierung eines neuen oder anderen Rollenverständnisses des HRM bedarf einer Betrachtung der Entwicklung der Personalfunktion und des damit verbunden Verständnis des HRM.

3.1   Entwicklung von Funktion, Bezeichnung und Verständnis des HRM

die Entwicklung der Personalfunktion wird seit den 80er-Jahren beobachtet

In Wissenschaft und Praxis hat sich die aktive Beschäftigung und eigenständige Verortung aller Themen, die sich in der Zusammenarbeit und Auseinandersetzung von Organisation und den Mitarbeiterinnen und Mitarbeitern ergeben, erst in der Nachkriegszeit etabliert. Wenn man die Entwicklung der Personalfunktion, ihr Selbstverständnis, ihre Rolle und ihren Status nachvollziehen möchte, wird klar, dass Fragen der Verteilung verschiedener mitarbeiterbezogener Aufgaben auf verschiedene Personen oder Abteilungen und die Organisation des HRM nicht Gegenstand der Betrachtungen waren (vgl. Drumm, 1996; Bahnmüller & Fisecker, 2003). Erst in den 80er-Jahren begann eine intensivere Auseinandersetzung und Betrachtung zu diesem Thema. Auslöser war ein erhöhter Ökonomisierungsdruck; der Nutzen und die Art der Aufgabenerledigung durch das HRM wurde hinterfragt. Die historische Entwicklung ist von verschiedenen Autoren zeitlich eingeordnet und mit ihrer jeweils vorherrschenden Orientierung charakterisiert worden. Eine Gegenüberstellung verschiedener Autoren zu diesen Entwicklungen findet sich bei Bahnmüller und Fisecker (2003), eine sehr plakative und gut nachvollziehbare Einordnung liefern Wunderer (Wunderer, 1992; Wunderer & von Arx, 2002) und Oechsler (1996).

3.2   Bürokratisierung, Institutionalisierung und Humanisierung

Personalwesen, Personalwirtschaft

In den 50er- bis 80er-Jahren entwickelten sich das **Personalwesen** und die **Personalwirtschaft**. Dies geschah durch einen vorwiegenden Aufbau administrativer Personalfunktionen. Es ging um die Verwaltung von Personalkonten, die Lohnbuchhaltung, arbeits- und sozialversicherungsrechtliche Fragen. In größeren und später auch mittelgroßen Unternehmen entstanden eigenständige Personalabteilungen, meistens noch in unteren Führungsebenen im kaufmännischen Ressort angesiedelt; der kaufmännische Leiter war für dieses Themengebiet zuständig.

Diese Phase der **Bürokratisierung** oder Administration ging in den 60er-Jahren in die Institutionalisierung des Personalwesens über.

In Groß- und Mittelbetrieben entstand die Funktion des Personalleiters, das Personalwesen wurde zentralisiert, Spezialisierungen innerhalb der Personalfunktion entstanden (vgl. Wunderer, 1992). Diese Entwicklung wird auch als Phase der Anerkennung, Legitimation etc. des Personalwesens gesehen, der Anteil der Mitarbeitenden im Personal bezogen auf die Gesamtbelegschaft stieg und es etablierte sich ein neues Rollenverständnis des Personalwesens. Die Personalfunktion war für die Anpassung der Mitarbeitenden an die Organisation zuständig. Am Beispiel der Mitarbeitendenbeurteilung lässt sich aufzeigen, dass Hilfsmittel zu dieser Zeit mit dem Blick einer einheitlichen, kriterienorientierten Beurteilung entstanden, die für alle Mitarbeitenden gleichermaßen gültig waren und »top-down« eingesetzt wurden.

neues Rollenverständnis des Personalwesens

In den 70er-Jahren herrschte in Mitteleuropa Vollbeschäftigung und zunehmend Arbeitskräftemangel. Die starre Anpassung des Personals an die Organisation war gesellschaftlich nicht mehr durchsetzbar und es ging daher um Überlegungen, wie die Organisation an die Mitarbeitenden angepasst werden kann. Erste **Personalressorts** wurden in der Geschäftsleitung verankert, **Arbeitnehmervertretungen** entstanden, die Personalabteilung spezialisierte sich zunehmend und widmete sich Aufgaben wie der Humanisierung des Arbeitslebens, der Aus- und Weiterbildung, der Arbeits- und Arbeitsplatzgestaltung. Beispiele sind die Entstehung der ersten Formen an Gruppenarbeit, »Off-the-job«-Trainingsprogramme und Spezialprogramme zur Humanisierung der Arbeitswelt. In Deutschland gewann das Personalwesen auch durch eine umfangreichere Tarif- und Gesetzesänderung an Bedeutung, in dieser Zeit entstand das **Mitbestimmungsgesetz** (vgl. Bahnmüller & Fisecker, 2003). Die Organisation des Personalwesens erfolgte in dieser Zeit zumeist in einer zentralisierten Personalabteilung und mit spezialisierten Personen für die verschiedenen Aufgaben.

3.3 Ökonomisierung, Entre-/Intrapreneuring und Globalisierung

In den 80er-Jahren wurde der Beitrag des Personalwesens zur Messbarkeit des Unternehmenserfolgs diskutiert und erstmals auch in der empirischen Personalforschung überprüft. Ein wachsender **Ökonomisierungsdruck** führt zu einer »Trendwende in der machtpolitischen Platzierung des Personalwesens« (Bahnmüller & Fisecker, 2003, S. 11). Neue Arbeitsformen wie die schlanke Produktion mit ihren teilautonomen Arbeitsgruppen entstanden und neue erweiterte Aufgabenzuschnitte in den Linienfunktionen wurden diskutiert. Fragen der Gestaltung von Arbeit und Organisation wurden dabei auch Thema der Personalfunktion, wobei sich die starke Konzentration auf den Personalchef/die Personalchefin aufzulösen begann. Die Personalorganisation ist weiterhin durch ein zentrales Personalwesen gekennzeichnet, intern beginnt es sich zu dezentralisieren.

Ökonomisierungsdruck

Parallel zu dieser Entwicklung beginnt das Linienmanagement – als Folge der zuvor in den Phasen der Bürokratisierung und Institutionalisierung stattgefundenen Zentralisierung und Standardisierung – sich wieder vermehrt um personelle Themen zu kümmern. Der wissenschaftliche Diskurs bezieht sich zunehmend auf den strategischen Beitrag der Personalfunktion zur Unternehmensführung, eine führende Rolle der Personalfunktion in der Organisations- und Unternehmensentwicklung wurde postuliert. In diesem Kontext fand vielerorts – gekoppelt mit dem neuen Anspruch an Strategie, betriebswirtschaftlicher Verantwortung und Veränderungsmanagement an die Personalfunktion – auch eine begriffliche Neuorientierung statt. Im deutschen Sprachraum setzte sich zunächst der Begriff

Personalmanagement, HRM

des **Personalmanagements** und nach und nach auch der aus dem englischsprachigen Raum kommende Begriff des **Human Resource Managements** durch.

> ❯ HRM ist heute noch die umfassendste und zentralste Bezeichnung, wenn ein strategischer, integrierter und kohärenter Anspruch an die Beschäftigung, Entwicklung und das Wohlbefinden der Mitarbeitenden in Organisationen besteht.

In den 90er-Jahren entstanden kritische Stimmen, die sich mit den neuen Aufgaben und dem damit entstehenden Rollenanspruch kritisch auseinandersetzten. Einerseits wurde erkannt, dass die Einbettung des HRM in die Unternehmensführung in der Praxis überschätzt worden ist, andererseits gab es Postulate, die das HRM im Zusammenhang mit der wachsenden Wertschätzung gegenüber den Mitarbeitenden im Aufwind sahen (vgl. Scholz, 1999; Oechsler, 1996; Wunderer & Kuhn, 1993; Weber, 1989). Neue Vorstellungen und Organisationsmodelle entstanden, wie z. B. die des **Wertschöpfungs-Centers** (Wunderer, 1992). Die Mitarbeitenden werden als wichtigste und zentrale Unternehmensressource betrachtet, die es gilt zu gewinnen, zu entwickeln und an das Unternehmen zu binden. Aus der ökonomischen Diskussion gepaart mit der zentralen Relevanz des Mitarbeitenden entstanden Arbeiten und Modellvorstellungen zum **»Human**

»Human Capital Management«

Capital Management« (HCM). Das HCM fokussiert auf den Erhalt, die Analyse und das »Reporting« von Daten, die sich auf den »added value« des HRM konzentrieren und auf verschiedenen Ebenen des Unternehmens ansetzt (Geschäftsführung/Linienmanagement allgemein). Der Human-Capital-Ansatz setzt bei dieser ökonomischen Betrachtung umfassend an und berücksichtigt neben dem Wissen und Können auch Motivation, Lernen, Innovation und andere Facetten (vgl. Armstrong, 2009).

Konjunkturelle und wirtschaftliche Zwänge führen zwischenzeitlich vielerorts zu Kürzungen in den Personalbereichen. Vor allem große und mittlere Unternehmen haben die Spezialisierung der Personalfunktion an der Schnittstelle zum Linienmanagement aufgegeben und stellen v. a. den Linienvorgesetzten mit der Einführung von »HR-

Consultants« oder HR-Business-Partnern einen Kooperationspartner in allen Fragen der Gestaltung der Mitarbeitendenbeziehung zur Verfügung. Diese Strukturen sind in der heutigen Praxis der Großunternehmen oftmals eingebettet in eine Matrixorganisation, die neben den Beratungsrollen auch strategische und operative Einheiten (z. B. »Shared Service Center«) umfasst (Capgemini, 2009).

Zusammenfassung

Die Entwicklung des HRM, der Einsatz von Begriffen und Sprache zeigt auf, dass auch das Rollenverständnis des HRM davon geprägt ist. Der Wandlungsprozess im Selbstverständnis des HRM und im Fremdbild durch die Linienverantwortlichen setzt im Verständnis dieser Entwicklung, der Verortung der Aufgaben und Begrifflichkeit der Personalfunktion an. Für den Aufbau und die Wahrnehmung eines umfassenden Rollenverständnisses hilft das universelle Verständnis des HRM weiter.

Literatur

Armstrong, M. (2009). *Human Resource Management Practice*, 11th ed. London: Kogan-Page.

Bahnmüller, R. & Fisecker, C. (2003). *Dezentralisierung, Vermarktlichung und Shareholderorientierung im Personalwesen. Folgen für die Stellung und das Selbstverständnis des Personalwesens und die Interaktionsmuster mit dem Betriebsrat.* Ein Literaturbericht. Unveröffentlichtes Manuskript. FATK, Forschungsinstitut für Arbeit, Technik und Kultur e.V. an der Universität Tübingen.

Capgemini Consulting. (2009). *HR-Barometer 2009, Bedeutung, Strategien, Trends in der Personalarbeit, Schwerpunkt Strategic Workforce Management* (Arbeitspapier).

Drumm, H. J. (1996). Das Paradigma der Neuen Dezentralisierung. *Die Betriebswirtschaft, 56,* 7–20.

Oechsler, W. A. (1996). Historische Entwicklung zum Human Resource Management. In: P. Knauth & A. Woller (Hrsg.). *Human Resource Management* (Abschn. 3.3, S. 1–29). Deutscher Wirtschaftsdienst.

Scholz, Ch. (1999). Personalmanagement zwischen Frustration und Innovation. *Personalführung, Heft 3,* 14–20.

Weber, W. (1989). Betriebliche Personalarbeit als strategischer Erfolgsfaktor der Unternehmen. In: W. Weber & J. Weinmann (Hrsg.). *Strategisches Personalmanagement* (S. 3–15). Stuttgart: Poeschel.

Wunderer, R. (1992). Von der Personaladministration zum Wertschöpfungs-Center. *Die Betriebswirtschaft, 52,* Heft 2, 201–215.

Wunderer, R. & Kuhn, T. (1993). *Unternehmerisches Personalmanagement*. Konzepte, Prognosen, Strategien für das Jahr 2000. Frankfurt/New York: Luchterhand

Wunderer, R. & von Arx, Sabina (2002). *Personalmanagement als Wertschöpfungs-Center, unternehmerische Organisationskonzept für interne Dienstleister*, 3. Aufl. Wiesbaden: Gabler.

Organisationsverständnis und Rollen im Human Resource Management

Birgit Werkmann-Karcher

Das Human Resource Management (HRM) befasst sich gestaltend und steuernd mit dem Personal und den Kontextbedingungen von Arbeit in einer Organisation. Damit werden Grundlagen tangiert, die das Verständnis von Organisationen und der darin tätigen Menschen betreffen. Eine Auswahl dieser Grundlagen wird in diesem Kapitel skizziert. So werden Bilder beschrieben, die als implizite Theorien über den arbeitenden Menschen zu verschiedenen Zeiten existierten und sowohl Spiegel gesellschaftlicher Entwicklungen als auch Quelle von Steuerungsmaximen in Organisationen sind. Wie Organisationen gedacht und verstanden werden können, wird aus systemischer Perspektive beleuchtet. Mit dem Konzept der Rolle wird beschrieben, wie in Organisationen aus Aufgaben Rollen und aus Personen Rollenträger werden. Ein inhaltlich auf die Personalfunktion zugeschnittenes Rollen- und Kompetenzmodell und die Frage nach deren Realisierung in der Praxis schließen dieses Kapitel ab.

4.1   Menschenbilder

Das HRM ist angesiedelt im Kontext von Mensch, Arbeit und Organisation und entwickelt sich eingebettet in und beeinflusst von Umwelt und Gesellschaft weiter. Es operiert mit einigen Grundannahmen, die mit dem Zeitgeist variieren.

Grundannahmen über Menschen in der Arbeit

Zu den wichtigsten Grundannahmen zählen die Überzeugungen über den Menschen in der Arbeit, seine diesbezügliche Motivation, Werte, Beschaffenheit. Wir sprechen also von Menschenbildern.

Sie sind nicht stabil, sie verändern sich über die Zeit, und mit ihnen ändern sich die Konzepte und Theorien über Zusammenarbeit, geeignete Führung und geeignete Organisationsformen.

Im Folgenden werden die Menschenbilder in ihrer historischen Entwicklung beschrieben:

> **»Homo oeconomicus«/»rational man«**
>
> Der Mensch entscheidet und handelt rational. Er möchte seinen Nutzen und Gewinn maximieren. Insofern ist er durch monetäre Anreize motivierbar.

Im frühen 20. Jahrhundert entstand Frederick W. Taylors Werk über die wissenschaftliche Betriebsführung (Taylor, 1911). Er ging bzgl. der industriellen Fertigung davon aus, dass es durch systematische Analyse u. a. in Form von Bewegungsstudien bei der Arbeitsausführung möglich sei, den **»one best way«** zu finden und festzulegen, wie Arbeit – einmal in Teilschritte zergliedert – optimiert werden könnte. 11 Jahre später beschrieb Max Weber (1922) für die Organisationsform der Bürokratie sowohl das Prinzip der Aufgabenspezialisierung als auch das verschriftlichte Regelwerk für alle Aktivitäten innerhalb einer streng hierarchischen Organisationsstruktur und begründete so die Amtsautorität. Noch in der Tradition der wissenschaftlichen

Betriebsführung angelegt, wurden kurz darauf in den Hawthorne-Werken die unter gleichem Namen berühmt gewordenen Studien durchgeführt (beschrieben von Roethlisberger & Dickson, 1939). Diese sollten helfen herauszufinden, welche Variationen der Arbeitsbedingungen zu besseren Arbeitsergebnissen führen würden. Als man erkannte, dass nahezu jede Variation zu Produktivitätssteigerungen führte, suchte man nach Erklärungen hierfür. Man fand sie in der erhöhten sozialen Zuwendung, die den Fabrikarbeitenden während der Beobachtung, der begleitenden Interviews und den informellen Kontakten wohl vermittelt worden war.

Auch wenn diese Ergebnisse später aufgrund methodischer Mängel in Frage gestellt wurden, haben sie doch dazu beigetragen, zu einem erneuerten Verständnis des arbeitenden Menschen zu kommen, das der reinen Rationalität und monetären Motivation ein anderes Prinzip entgegensetzte.

> **»Social man«**
>
> Der Mensch ist mehr von sozialen als von materiellen Motiven geleitet. Er fühlt sich über seine sozialen Beziehungen der Organisation zugehörig, richtet sich nach den informellen Normen seiner Bezugsgruppe und ist motivierbar, indem man Kommunikation und Beteiligung bei Entscheiden ermöglicht.

Rationalität und monetäre Motivation

Das Bild des »social man« passte als Gegenentwurf in die Zeiten spezialisierter und segmentierter Tätigkeiten, die **Entwicklungsmöglichkeiten** und **Sinnhaftigkeit im Arbeitsalltag** vermissen ließen. Im sozialen Motiv, der Zugehörigkeit zu einer Gruppe, lag Sinnpotenzial.

Abgelöst wurde dieses Motiv in einer nächsten Phase, als das individuelle Streben nach Selbstverwirklichung zum dominanten Thema wurde:

> **»Self-actualizing man«**
>
> Der Mensch sucht nach Selbstverwirklichung in der Arbeit, erlebt Motivation durch sinnhafte Arbeit und ist an Entwicklung seiner Fähigkeiten interessiert.

soziale Beziehungen und Zugehörigkeit

Die Motivationstheorien von Maslow (1954), Herzberg, Mausner und Snyderman (1959) und Alderfer (1972) untermauern dieses Bild, in dem die **Selbstverwirklichung** als hohes oder gar höchstes anzustrebendes Arbeitsmotiv dieser Zeit beschrieben wurde.

Mit dem sich entwickelnden Bewusstsein für omnipräsente Komplexitäten erschien auch die Idee vom Menschen, der primär und ohne Ausnahme Selbstverwirklichung in der Arbeit sucht, zu vereinfachend. So synthetisierte schließlich Schein (1980) aus den bisherigen Menschenbildern ein wiederum neues:

Selbstverwirklichung

komplexe Motive

4

> **»Complex man«**
>
> Der Mensch ist komplex, er hat verschiedene Bedürfnisse, die
> variieren. Was ihn heute motiviert, kann morgen schon an Moti-
> vationskraft eingebüßt haben. Innerhalb der Organisation kann
> er durch verschiedene Zugehörigkeiten unterschiedliche Rollen
> einnehmen. Damit ist es ihm möglich, unterschiedliche Bedürfnis-
> se zu befriedigen. Nicht nur die Motivlage entscheidet über Per-
> formanz, sondern auch Faktoren wie Fähigkeiten oder Aufgaben-
> charakteristika. Was zu Leistung führt, muss also immer wieder
> aufs Neue geprüft und beantwortet werden.

Unterdessen haben das Fortschreiten der Technologisierung v. a.
im Kommunikationsbereich und die **Globalisierung** tief greifende
Veränderungen in den Arbeitswelten und ihren Strukturen hervorgebracht. Veränderte Lebenskonzepte und Wandel der Werte gehen
damit einher. Das aktuelle Menschenbild beschreibt dies:

**Freiheit und
Selbstverantwortung**

> **»Postmodern man«/»Wissensarbeiter«**
>
> Der postmoderne Mensch sucht auch in seiner Arbeit Freiheit und
> Selbstverantwortung. Wissen ist die wichtigste Ressource in der
> neuen Arbeitswelt, und sie ist an ihn gebunden. Kontrolle über
> den Inhalt der Arbeit ist zunehmend schwierig, da Arbeit von spe-
> zifischem Wissen getragen wird, das aufgrund der Spezifität kaum
> noch von Vorgesetzten beurteilbar ist. Dies erfordert eine andere
> Gestaltung von Führung.

Dass in der Praxis heute häufig neben Leistung auch Kompetenzen
und Potenziale beurteilt werden, fügt sich ins Bild vom postmodernen oder auch »flexiblen Menschen« (Sennett, 1998): sein Wert be-
misst sich nicht nur an erbrachten Leistungen, sondern setzt sich auch
aus Leistungsversprechungen (Kompetenzen, Potenziale) in einer un-
gewissen Zukunft zusammen. Das Wissen, über das er dabei verfügen
kann, hat zentrale Bedeutung.

In den HR-Trendthemen spiegelt sich dieses Bild: das Halten von
Wissensträgern wird unter dem Begriff »**Retention Management**«
abgehandelt, das Binden von Wissen an die Organisation wird als
Wissensmanagement diskutiert, und mit der Gewinnung neuer Wis-
sensträger in Zeiten demographisch bedingter Verknappung ist das
HR-Marketing und »**Employer Branding**« befasst.

Für weitergehende Ausführungen zu Menschenbildern und den
zuzuordnenden Organisationstheorien sei auf Kirchler (2008) verwiesen.

4.2   Organisationsverständnis

Äquivalent zu den Menschenbildern existieren auch Bilder von Organisationen (vgl. Morgan, 2000), in denen implizite oder explizite Grundannahmen über die Beschaffenheit der Organisationswelt zum Ausdruck kommen. Zu den dominanteren Bildern zählt die Metapher der Organisation als Maschine. Dies entspricht einer mechanistischen Vorstellung, in der aus Input durch klare Ziele in klaren Strukturen und koordinierten Abläufen kontrollierbarer Output hergestellt wird. Das Gegenbild dazu ist die Metapher der Organisation als Organismus oder auch als Gehirn. In dieser Konstruktion wird die Organisation in biologischen Kategorien gedacht, in denen Erzeugung, Anpassung und Überleben bzw. Informationsverarbeitung und Vernetzung Leitkategorien sind.

Beide Bilder beschreiben Sichtweisen von Organisationen, die sich in Theorien spiegeln, wie die Maschinenmetapher in der wissenschaftlichen Betriebsführung nach Taylor oder die Organismusmetapher in der Systemtheorie.

Wenn im Folgenden die Organisation als soziales System beschrieben wird, findet sich auch darin Bildergut der Organismusmetapher wieder.

> Organisation als Maschine,
> Organisation als Organismus

4.2.1   Die Organisation als soziales System

> **Organisation**
>
> Unter Organisation verstehen wir hier zunächst einmal ein strukturiertes soziales System, das aus Individuen und Gruppen besteht und sich in der Zusammenarbeit auf das Erreichen vereinbarter Ziele ausrichtet (vgl. Weinert, 2004).

In der schlichtesten Form lässt sich das Funktionieren einer Organisation als **Blackbox** denken. Beobachtet werden kann der Zusammenhang zwischen Input (Material, Information, Energie) und Output (Produkte oder Dienstleistungen). Eingebettet ist das soziale System in die es umgebende Umwelt, aus der der Input kommt und in die der Output freigesetzt wird. Was dazwischen, im »Throughput« oder Transformationsprozess innerhalb der Blackbox passiert, ist zunächst ungewiss (◘ Abb. 4.1).

Im systemischen Verständnis geht man davon aus, dass Organisationen als soziale Systeme komplex sind. Die Vorgänge in der Blackbox folgen keiner linearen Logik und sind daher nicht berechenbar. Die Funktionsweise eines sozialen Systems ist nicht in klaren Ursache-Wirkungs-Zusammenhängen erklärbar, was die Prognostizierbarkeit der Wirkung und mithin des Erfolgs von Eingriffen (sei es Management oder Beratung) schwierig und retrospektive Erklärungen etwas

> Organisationen als soziale
> Systeme, Gegenstück:
> technische Systeme

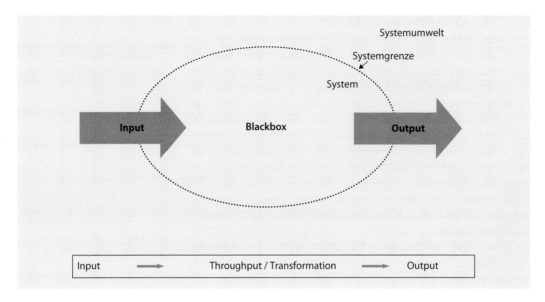

□ Abb. 4.1 Organisation als Blackbox

leichter machen. Das Gegenstück dazu sind technische Systeme, die kompliziert sein können, aber dennoch berechenbar bleiben, da sie kausallogisch funktionieren.

Verschiedene Organisationstheorien erklären bzw. modellieren nun das, was in dieser Blackbox passiert. Ein Modell wird im Folgenden dargestellt.

■■ Die Organisation als soziotechnisches System

Organisation als soziotechnisches System

Das soziotechnische Systemverständnis geht zurück auf die **Tavistock-Forschergruppe** in England und gründet u. a. auf Ergebnissen von Arbeitsstudien in englischen Kohlebergwerken (vgl. Emery & Trist, 1969). So wurde beschrieben, wie mit dem Einsatz neuer mechanisierter Fördertechnologie im Kohleabbau Produktivitätssteigerungen ausblieben und stattdessen vermehrte Fehlzeiten, höhere Fluktuation, mehr Unfälle und vermehrt Spannungen innerhalb der Arbeitsgruppen zu verzeichnen waren. Diese Entwicklung war unerwartet und mithin erklärungsbedürftig. Die Erklärung fand man schließlich in der veränderten Arbeitsorganisation unter Tage, die in Folge der neuen Technologie vorgenommen worden war und gravierende soziale sowie psychische Auswirkungen hatte (vgl. Trist & Bamforth, 1951): Aus ehemals komplexen Rollen, die innerhalb überschaubarer verlässlicher Arbeitsgruppen variabel gehandhabt worden waren, waren nun im sog. konventionellen System einfache Rollen mit starrer Zuteilung, wenig Tätigkeitsvielfalt und reduzierten sozialen Austauschmöglichkeiten geworden. Zudem waren die Arbeitsgruppen sehr groß und konnten nur wenig Verbundenheit und Vertrauen erzeugen. Als man unerwarteter Weise in einigen Bergwerken dann doch auf Arbeitsgruppen traf, die viele Merkmale ihrer früheren Arbeitsorga-

nisation auf die neue Technologie adaptiert hatten, konnte man die
Wirkungen beider Organisationsformen direkt vergleichen. Produktivität und Fehlzeiten belegten eindrücklich, dass das neue System
der Arbeitsorganisation (»composite system«) dem konventionellen
System klar überlegen war; die positiven Effekte umfassten auch die
persönliche Zufriedenheit sowie den Gruppenzusammenhalt. Be-
merkenswert war insbesondere die Tatsache, dass die Technologie
selbst dabei unverändert geblieben war, sodass diese Verbesserungen
der Anforderungs- und Tätigkeitsvielfalt, den Kommunikationsmög-
lichkeiten, der gegenseitigen Unterstützung, Verantwortlichkeit und
Autonomie innerhalb der Gruppe zuzurechnen waren.

Daraus wurde geschlossen, dass Organisationen aus 2 Komponenten bzw. **Subsystemen** bestehen, dem technischen und dem sozialen, die miteinander in enger Verbindung stehen (vgl. Emery &
Trist, 1969, S. 284–285). Aufgrund dieser engen Verbindung müssen
beide Subsysteme bei jeder Veränderung und jedem Organisations-
entwurf gleichermaßen berücksichtigt werden. Zum sozialen Subsystem gehören die Organisationsmitglieder und -gruppierungen
mit ihren Empfindungen, Bedürfnissen, Ansprüchen an die Arbeit,
Kenntnissen und Fertigkeiten. Das technische Subsystem umfasst die
Arbeitsmittel, -methoden und -prozeduren (Materialien, Maschinen,
Prozesse), mit denen die Organisation aus Input Output herstellt, und
das räumliche Gefüge, wo dies stattfindet.

> soziales Subsystem,
> technisches Subsystem

Veränderungen im technischen Subsystem hatten in den beobachteten Arbeitsgruppen und bei den einzelnen Mitgliedern zu Störungen der Funktionsbasis des sozialen Systems geführt, seines Zu-
sammenhalts, seines Vertrauens und der darin entstandenen Arbeitszufriedenheit.

Im soziotechnischen Systemverständnis wird also das technische
Subsystem als eine Komponente gesehen, die Anforderungen und
Restriktionen hinsichtlich möglicher Aufgaben und der Beschaffen-
heit der Arbeit setzt. Sie lässt allerdings Spielraum in der Art und Wei-
se, wie sich die Gruppenmitglieder angesichts dieser Herausforderun-
gen und Begrenzungen organisieren bzw. wie sie organisiert werden.
Wie die Studien zeigten, sind Formen der Arbeitsorganisation, der
Rollengestaltung und der Arbeitsprozesse eine Wahl, die das soziale
Subsystem trifft, und nicht etwa eine technologische Determiniert-
heit.

> ❯ Entscheidend für die Arbeitseffektivität ist letztlich die An-
> gemessenheit, mit der das soziale Subsystem mit den Auf-
> gabenanforderungen wie auch den persönlichen Anforde-
> rungen umzugehen weiß, die aus den Arbeitsrollen und der
> Arbeitsorganisation resultieren.

Bindeglied zwischen technischem und sozialem Subsystem und
idealerweise zugleich Fokus ihrer gemeinsamen Ausrichtung ist die
Primäraufgabe, die »primary task« (Rice, 1958/1970). Darunter wird
die zentrale Aufgabe der Organisation verstanden, die deren Exis-

> »primary task«

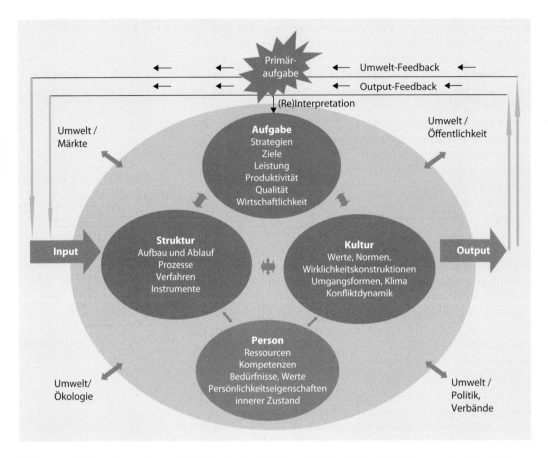

Abb. 4.2 Die Organisation als soziotechnisches System: Aufgabe – Struktur – Kultur. (In Anlehnung an das IAP-Modell nach Eck, 2001)

tenzgrund darstellt und deren erfolgreiche Erfüllung ihr Fortbestehen sichert. Die letztendliche Primäraufgabe einer Profit-Organisation besteht im Geldverdienen, die einer Non-Profit-Organisation einschließlich öffentlicher Verwaltungen im Bereitstellen einer Dienstleistung. Zum Zwecke deren Erfüllung müssen verschiedenste Aufgaben verfolgt und bewältigt werden, die Organisation muss sich aufteilen. Ergo gibt es für jede Organisationseinheit bis auf die Ebene einer einzelnen Funktion bzw. Rolle wiederum eigene Primäraufgaben. Je klarer und präziser sie jeweils interpretiert und formuliert werden können, desto stärker wirken sie motivierend und orientierend.

So ergibt sich folgendes Bild von der Organisation als soziotechnisches System (**Abb. 4.2**).

Aufgabe, Struktur, Kultur Person und Rolle, kybernetische Konzeption der Steuerung

Im Dienste der **organisationalen Existenzsicherung** muss die »primary task« interpretiert – und unter Beachtung von Umweltbedingungen mitunter reinterpretiert – werden: warum gibt es uns, und was müssen wir tun, um dieses Versprechen wirkungsvoll und erfolgreich einzulösen? Zur Erfüllung der Primäraufgabe werden Strategien, Ziele und eine Reihe von Aufgaben abgeleitet, Leistung wird erbracht. Strukturen, Prozesse und Verfahren sowie Instrumente zur Zielerreichung bilden sich aus. Sie können danach analysiert werden, wie gut sie für die Erfüllung der Primäraufgabe gestaltet sind. Es bilden sich bestimmte Annahmen und Überzeugungen darüber aus, wie die für das System relevanten Ausschnitte der Welt beschaffen sind. Werthaltungen entwickeln und zeigen sich, Normen entstehen und wirken auf die Umgangsformen; kurz: Kultur entsteht und wird tradiert. Personen sind über ihre Rollen darin eingebunden und nehmen so gestaltenden Einfluss. Dies alles geschieht eingebettet und im Austausch mit der Umwelt bzw. den für die Organisation relevanten Umwelten. Die kybernetische Konzeption der Steuerung über Rückführung von Informationen erklärt, wie Kontrolle über das Erreichen gewünschter Ergebnisse geschieht.

Beispiel

2 Absolventen eines Grafik- und Designstudiums eröffnen eine kleine Werbeagentur. Eine Werbeagentur ist dazu da, den Geschäftserfolg ihrer Kunden zu erhöhen, indem deren Produkte oder Dienstleistungen den Zielgruppen bekannter und kaufattraktiver gemacht werden. Das ist also ihre **Primäraufgabe**. Solange die Kunden daran glauben, dass Werbung und Geschäftserfolg positiv zusammenhängen und es sich also lohnt, Geld für Werbung auszugeben, um dadurch am Ende mehr Geld in der Kasse zu haben, wird diese Primäraufgabe existenzbegründend oder -sichernd sein. Vorausgesetzt man findet Kunden und kann sie von der eigenen Leistung überzeugen. Die Jungunternehmer eröffnen also ein Büro und sind auch im Netz präsent. Damit sind sie auffindbar und abgrenzbar nach außen, d. h. jenseits der beiden Personen existiert nun die Agentur als ein von der Umwelt **abgrenzbares System**, dem man bereits Eigenschaften zuschreiben könnte. Die beiden Partner haben nach eingehender Beobachtung der Umwelten und aufgrund ihrer im Studium und in den Praxissemestern erworbenen Erfahrungen die Überzeugung aufgebaut, dass sie sich auf ein bestimmtes Kundensegment spezialisieren und diesem das ganze Servicepaket der Werbemaßnahmen anbieten müssen, um erfolgreich zu sein. Das ist ihre **Strategie**, die sie aus ihrem **Aufgabenverständnis** abgeleitet haben. Ihr Ziel ist es, keinen Auftrag ablehnen oder aufsplitten zu müssen und dem Kunden immer nur einen umfassend kompetenten Ansprechpartner zur Seite zu stellen. Was nicht selbst ausgeführt werden kann, wird in auftragsbezogener Kooperation mit Spezialisten erledigt. Das hat Einfluss auf die **Strukturen**: man arbeitet in einem großen Netzwerk. Dies wiederum führt im **Ablauf** zu einem erheblichen Aufwand an Koordination, sowohl in der inhaltlichen Ausrichtung der Arbeit als auch im Zeitmanagement. Mit der Zeit werden einige der häufig nachgefragten Spezialisten schließlich angestellt, die Aufgaben und Zuständigkeiten werden neu besprochen und verteilt. Es bleibt aber dabei, dass die beiden Partner weiterhin die Kundenkontakte abwickeln, denn das hat sich bewährt. Die Umgangsformen in der Agentur sind unkompliziert, die Organisation erscheint chaotisch. Den Neuen fällt auf, dass es vorwiegend hektisch zugeht und es zur **Kultur** gehört,

4

zuerst und zuletzt an den Kunden zu denken und alles für ihn möglich zu machen. Wer höchst beschäftigt wirkend bis in die Nacht hinein an Ideen für den Kunden arbeitet, wird am nächsten Tag sehr gelobt, selbst wenn die Ideen nicht realisierbar sein sollten. Es gehört zu den Spielregeln, dass man auch in Besprechungen Kundenanrufe entgegennimmt oder sie gar für kurzfristig notwendige Kundentermine ausfallen lässt. So entsteht ein Mangel an ungestörter Zeit für fachlichen Austausch und Weiterentwicklung wie auch für selbstkritische Prüfung der Stärken, Schwächen und Repositionierungsmöglichkeiten. **Rückmeldung** über die Kundenzufriedenheit mit dem Arbeitsergebnis wird gesucht und verwertet, Rückmeldungen über Veränderungen in Umwelt und Markt hingegen nicht. Eine interne Auswertung der Profitabilität vergangener Aufträge, vom Steuerberater angeregt, lässt Zweifel daran aufkommen, ob die bisher gewählte Strategie auch weiterhin das Überleben der Agentur sichern kann. Doch der Versuch einer Entwicklung von Profitabilitätskriterien scheitert letztlich an den beiden Partnern, die – weiterhin ihrer Überzeugung treu bleibend – jeden resultierenden Gedanken an Spezialisierung ablehnen.

Zu einem erweiterten, vergleichsweise abstrakteren Verständnis von Organisationen tragen systemtheoretische Betrachtungen bei, die ergänzend aufgeführt werden.

■ ■ **Das systemtheoretische Organisationsverständnis**

Organisation im Verständnis soziologischer Systemtheorie

Die soziologische Systemtheorie stellt eine Reihe von Aussagen über komplexe soziale Systeme zur Verfügung. Sie empfiehlt sich daher für das Verständnis von Organisationen und hat in der 2. Hälfte des letzten Jahrhunderts in den Sozialwissenschaften starke Verbreitung gefunden.

Zu den wichtigsten Grundgedanken über das Funktionieren von Organisationen als soziale Systeme zählen die folgenden (vgl. Luhmann, 2006; Martens & Ortmann, 2006; Willke, 2006):

- Soziale Systeme bestehen aus **Handlungen (Operationen)** bzw. noch grundlegender aus **Kommunikation** und im Fall von Organisationen aus **Entscheidungen**. Nicht die Person als Träger einer Entscheidung ist die relevante Größe für das System, sondern die Entscheidung und der kommunikative Akt, in dem sie entsteht. So gesehen bestehen Organisationen letztlich aus der Kommunikation von Entscheidungen (Luhmann, 2006, S. 123). Manche Entscheidungskommunikationen sind materialisiert z. B. als schriftliche Regelwerke, Arbeitsplatzbeschreibungen, Leitbilder usw.
- Kommunikation setzt sich zusammen aus **Selektion von Information, Mitteilung und Verstehen**. Gegenseitiges Verstehen ist nicht selbstverständlich, weil Verstehen an den Bezugsrahmen des jeweiligen Systems mit seinen darin enthaltenen Selektionskriterien gebunden ist. Die erste Unvorhersehbarkeit rührt daher, dass das System festlegt, was ihm als Information »gilt« und demnach ausgewählt wird. Die darauf folgende Unvorher-

sehbarkeit liegt darin, wie die Information in Rückgriff und Bezug auf frühere Erfahrungen und Muster verarbeitet wird. Dieser Rückgriff auf sich selbst wird als **Selbstreferenz** bezeichnet und zeigt sich in der Fähigkeit zur Selbstbeobachtung, zur Reflexion über sich selbst und zur Selbstbeschreibung. All dies findet notwendigerweise immer unter Bezugnahme auf vorhandene Erinnerungen und Erfahrungen statt, die im **Systemgedächtnis** vorhanden sind.

- Die Organisationsbasis sozialer Systeme ist **Sinnaufbau und -erhalt**. In Kommunikation wird Bedeutung und Sinn produziert und vermittelt. So entsteht Orientierung.

- Soziale Systeme stabilisieren sich durch **Grenzziehung**, sie schließen ein (neue Mitglieder, die selektiert wurden) und schließen aus (die Nichtmitglieder). Der Einschluss, also die Aufnahme in eine Organisation erfolgt allerdings nicht bedingungsfrei. Die Akzeptanz organisatorischer Regeln (pauschal: Autoritätsunterwerfung gegen Gehalt) ist Voraussetzung.

- In Folge der Grenzziehung zur Umwelt können soziale Systeme in **operativer Geschlossenheit** eine eigene Identität erzeugen und sich selbst aus den eigenen Operationen reproduzieren (Autopoiesis). Sie können sich **selbst organisieren** durch die internen Prozesse: Kommunikation und Handlung. Da soziale Systeme **selbstreferenziell** sind und sich auf sich selbst beziehen in ihrer Weiterentwicklung, organisieren sie sich immer unter Bezugnahme auf das schon Vorhandene, weshalb sie zur Fortsetzung desselben tendieren.

- Die operative Geschlossenheit sozialer Systeme ist Voraussetzung dafür, dass sie zur **Umwelt** hin **offen** sind für die Aufnahme von materiellem Input und Information. Sie reagieren aber nicht grundsätzlich auf Umweltreize, sondern entscheiden, welche Informationen von außen überhaupt wahrgenommen werden. Auch die Verarbeitung der Informationen erfolgt im System autonom, nach den Regeln des Systems, die sich herausgebildet haben. Deshalb kann nicht vorhergesagt werden, wie Interventionen von innen oder von außen wirken werden. Interventionen können Systeme nur irritieren bzw. zu Informationsverarbeitung anregen, präzise steuern oder gezielt beeinflussen kann man sie nicht.

- Soziale Systeme sind **komplex**. Die darin vorhandenen Elemente nehmen selektiv Beziehung zueinander auf, was zu einer unüberschaubaren Anzahl von Relationen führt. Da Operationen im System aufeinander bezogen sind, entstehen nicht nur jetzt, sondern auch in der Vorausschau auf das Ergebnis viele potenzielle Handlungsmöglichkeiten, **Kontingenz** (im Sinne von Überzahl an Möglichkeiten) genannt. Aus dieser Vielfalt resultiert als permanente Aufgabe die Reduktion derselben. Sie ist nur durch immer wieder stattfindende Auswahl (Selektion) zu erreichen. Indem eine Entscheidung getroffen wird, wird eine andere Entscheidung nicht getroffen bzw. eine andere Option nicht realisiert. Gleichzeitig bedeutet Kontingenz ein notwendiges sich Einlassen auf Risiken. Aus der handelnden Perspektive wird Kontingenz als Freiheit erlebt, aus der nichthandelnden als Ungewissheit.

- **Strukturen** im Sinne festgelegter Kommunikationswege dienen in Organisationen der Unsicherheitsabsorption; sie müssen eingehalten werden, um Akzeptanz für eine Entscheidung zu erhalten (Luhmann, 2006, S. 207; 225). **Verändern** sich Kommunikationsmuster, verändern sich auch Kommunikationswege und damit Regeln und Strukturen.
- **Lernen** setzt eine Unterscheidung zwischen Erfolg und Misserfolg voraus, die systemintern getroffen wird. Erfolg oder Misserfolg sind wiederum Konstruktionen innerhalb des Systems, die je nach Misserfolgsbeeindruckbarkeit getroffen werden (Luhmann, 2006, S. 75).

Menschen als Systemgestalter, Menschen als »Gestaltete« des Systems

Schwer nachvollziehbar erscheint die wiederholt genannte Personenunbezogenheit, da Menschen das System tragen und aufrechterhalten. Eine hilfreiche Unterscheidung zu der Doppelrolle, die den Personen im System automatisch zukommt, nimmt Baitsch (1993) vor: Demnach werden Arbeitsorganisationen zunächst durchaus von Menschen absichts- und planvoll erschaffen, werden dann aber über einige der oben genannten Prozesse und Phänomene zu dem System, das seine überpersönliche Wirkung entfaltet. Einerseits gestalten Menschen die Organisation, sind also Systemgestalter. Gleichzeitig unterliegen sie in der freien Entfaltung ihrer Handlungen den Einschränkungen, die ihnen das System durch das bereits Erschaffene entgegenbringt. Aus dieser Perspektive sind sie immer auch in der passiven Rolle der »Gestalteten« des Systems (Baitsch, 1993, S. 40).

- **Systemisches Denken in Organisationen**
Obwohl sich die Systemtheorien aufgrund ihrer fehlenden operativen Rezepthaftigkeit gerade nicht dazu eignen, den Steuerungsaufgaben des Managements Anleitungen an die Hand zu geben, hat das systemische Denken in und über Organisationen dennoch Verbreitung gefunden.

> **Systemisches Denken**
>
> Systemisch Denken bedeutet Denken in Ganzheiten: Man fokussiert nicht die einzelnen Elemente eines Systems isoliert, sondern beschäftigt sich mit Wechselwirkungen zwischen den Elementen und mit deren Auswirkungen.

Wechselwirkungen, Muster, Beobachter als Konstrukteur der Wirklichkeit

Man versucht, in den Beziehungen zwischen den Elementen Muster zu erkennen, die dann »irritiert« werden können, um dem System einen Impuls zu seiner Neuordnung zu geben. Weiter geht man davon aus, dass jedes System sich und die Umwelt auf bestimmte Weise wahrnimmt und interpretiert, geprägt von der eigenen Geschichte bzw. Kultur. Es gibt keine linearen Ursache-Wirkungs-Beziehungen in Systemen, was Erklärungen von Ereignissen ebenso begrenzt wie Wirkungsvorhersagen von Interventionen. Was die Existenz einer Wirklichkeit betrifft, bedeutet systemisches Denken schließlich, von der Existenz *einer* Wirklichkeit Abschied zu nehmen. Wirklichkeit gilt als individuell konstruiert, weshalb sie immer auch etwas (oder gar sehr viel) über den Beobachter als Konstrukteur der Wirklichkeit selbst aussagt.

4.3 Rollen in Organisationen

Die Arbeitsrolle bildet die Schnittstelle zwischen Person und Organisation. Als Begriff ist die »Rolle« tief ins Organisationsverständnis und den Sprachgebrauch eingedrungen. Man spricht von neuen Rollen, von schwierigen, von interessanten, von konflikthaften. Was ist damit gemeint?

Aus Sicht der **soziologischen Rollentheorie** (vgl. Henecka, 2006, S. 104 ff.) besteht eine soziale Rolle aus einem Bündel an Erwartungen, die sich an das Verhalten von Positionsträgern knüpfen. Diese Erwartungen sind normiert und überindividuell. Sie sind also gebunden an die Rolle und richten sich zwar an die Person, die sie trägt, haften aber nicht an der Person selbst. Mit Verlassen dieser Rolle gehen dieselben Erwartungen an die nächste Person über, die dann Rollenträgerin wird. Die Redewendung »eine Rolle spielen« drückt diesen Unterschied zwischen Person und Rolle aus.

In der Theatermetapher gesprochen, findet jeder Rollenspieler auf der Bühne auch Mitspieler (= Rollensender, signifikante Andere, Bezugspersonen oder -gruppen) in komplementären Rollen vor. **Komplementäre Rollen** verleihen jeder Rolle ihren Sinn oder bilden sogar die Voraussetzung dafür, dass sie überhaupt gespielt werden kann. So zum Beispiel braucht ein Dirigent ein Orchester, um mit ihm als ko- bzw. interagierende komplementäre Rolle überhaupt das Musikstück zur Aufführung zu bringen. Eine Staatsanwältin braucht als kontraagierende komplementäre Rolle die des Verteidigers; hier sind die Interessen gegenläufig, dennoch gibt es ein gemeinsames Stück. Für die Business-Partnerin im HRM sind komplementäre Rollen das zugeteilte Business und darin je nach Perspektive – oder je nach Inszenierung – die Gesamtheit der Humanressourcen oder die Führungskraft, deren Partnerin sie ist. Ebenso komplementär sind z. B. die anderen Business-Partner, die Service-Center-Kollegen, die Chefin.

Da es zu jeder Rolle oft mehrere komplementäre andere Rollen gibt, übernommen von verschiedenen Bezugspersonen, existieren auch verschiedene Erwartungen an die Rolle. Diese Rollenerwartungen werden mit dem Mittel der sozialen Kontrolle zur Geltung gebracht bzw. durchgesetzt. Erleben die Bezugspersonen die Rollengestaltung

soziale Rolle

signifikante andere, komplementäre Rollen

soziale Kontrolle

als mit ihren Erwartungen übereinstimmend, also konform, werden sie positiv sanktionieren. Die Formen hierfür sind Zuwendung, Anerkennung, Kooperation, vielleicht finanzielle Belohnung. Erleben sie hingegen das Rollenverhalten als nonkonform, abweichend, stehen negative Sanktionsmöglichkeiten wie Kritik, Missbilligung, Abwendung oder Entlassung zur Verfügung.

> **Strauss (1993) hat darauf hingewiesen, dass soziale Ordnungen nie einseitig festgelegt werden, sondern immer Gegenstand von Aushandlungen sind (»Konzept der ausgehandelten Ordnung«).**

Selbsterwartungen

Ergo können auch Rollen nicht einseitig durch die Erwartungen signifikanter Anderer normiert werden. Hinzu kommen nun die Vorstellungen des Rollenträgers darüber, was innerhalb seiner Rolle getan und was nicht getan werden sollte. Derlei Selbsterwartungen konstruieren sich aus dem Erleben und Bewerten von Modellen (die guten Rollenvorbilder, denen man nacheifert, und die schlechten, von denen man sich abheben möchte), eigenen Erfahrungen, Werten, Bedürfnissen und Ansprüchen. Sie werden in die rollenbezogenen Interaktionen mit eingebracht, sodass jede Rolle letztlich als auszuhandelnd betrachtet werden kann – und dies geschieht nicht nur über Worte, sondern auch über Taten.

■ ■ **Prozess der Rollenübernahme in Organisationen**
Spezifisch auf Organisationsrollen beziehen sich die **Sozialpsychologen** Katz und Kahn (1978, S. 43): Sie beschreiben Organisation als ein offenes System von Rollen, und Rollen wiederum als ein Verhaltensmuster, das in einer bestimmten funktionalen Beziehung personenunabhängig einfach erwartet wird. Rollen werden darin übernommen und gestaltet (◘ Abb. 4.3):

– Wesentliche Schritte in diesem Prozess bestehen im »Senden« der Rolle (signifikante Andere kommunizieren ihre Erwartungen verbal oder nonverbal), im Interpretieren der Rolle (der Rollenträger nimmt die Fremderwartungen wahr und verbindet sie mit seinen eigenen Erwartungen zu einer Interpretation der Rolle) und im resultierenden Rollenverhalten. Persönliche Wahrnehmungsmuster und eigene Ansprüche wirken in die Interpretationsleistung ein.

Teile der Persönlichkeit

– Die Organisation braucht und will nicht die ganze Person für die Rolle. Es lassen sich nur die Teile der Persönlichkeit integrieren, die zur Rolle passen (»partial inclusion«).

Rollenambiguität,
Konfliktpotenzial
organisationsspezifische
Ausgestaltung der
Professionsrolle

– Rollenambiguität liegt vor, wenn Unsicherheit darüber besteht, was in einer bestimmten Rolle getan werden soll.

– Rollen enthalten Konfliktpotenzial: Intersenderkonflikte entstehen aus unterschiedlichen Erwartungen verschiedener komplementärer Rollenträger, die unmöglich gleichermaßen oder gleichzeitig erfüllt werden können. Interrollenkonflikte bestehen, wenn mehrere Rollen miteinander Unvereinbares verlangen.

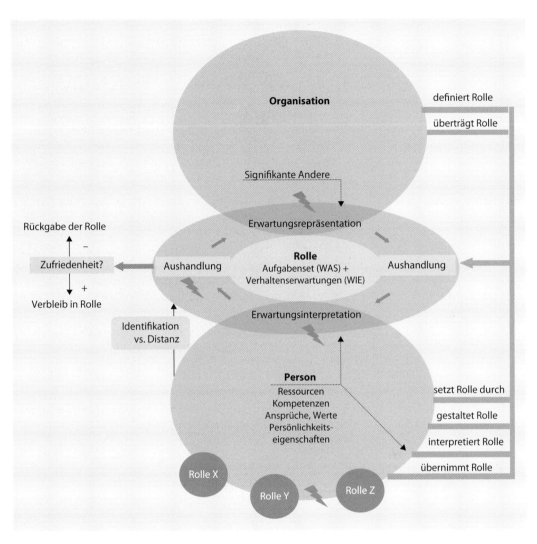

□ Abb. 4.3 Rollenübernahme und -gestaltung in Organisationen

Intrarollenkonflikte spielen sich innerhalb der Rollenträgerin als gefühlte Unvereinbarkeiten z. B. zwischen eigenen Ansprüchen und Werten ab. Von Person-Rolle-Konflikten spricht man, wenn die Anforderungen einer Rolle die Person in ihren Fähigkeiten überfordert.

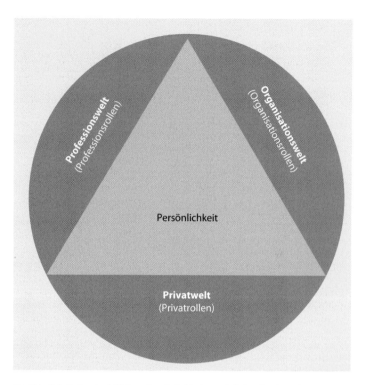

◘ Abb. 4.4 Rollen im 3-Welten-Persönlichkeitsmodell. (Nach Schmid, 2008)

Checkliste: Davon hängt eine gut gelingende Rollengestaltung ab

- Ob die Rollenkonfiguration[1] seitens der Organisation klar, eindeutig und möglichst spannungsfrei angelegt ist
- Ob die Organisation der Rollenträgerin genügend Mittel für die Durchsetzung der Rolle (Kompetenzen im Sinne des Dürfens und formale Autorität) und genügend Unterstützung z. B. durch kooperatives Handeln in komplementären Rollen oder durch Rollencoaching bietet
- Ob die Rollenträgerin den Rollenerwartungen entsprechen wird hinsichtlich Verhalten, Verhaltensstil und Ergebnissen und umgekehrt der Gestaltungsspielraum und der Erfolg in der Rolle dauerhaft den Ansprüchen der Rollenträgerin entsprechen
- Ob sich die Rollenträgerin hinreichend mit der Rolle identifizieren kann, um sie durch ihre Persönlichkeit und sich in ihr zu beleben, und gleichzeitig das nötige Maß an Distanz zur Rolle aufrechterhalten kann, um im Handeln hinreichend variabel zu bleiben

---

1 Die Konfiguration einer Rolle meint die inhaltliche Konzeption, ihrer Positionierung zu anderen Rollen und den damit ermöglichten Status.

Professionsrolle versus Organisationsrolle

Eigene Ansprüche an die Rollengestaltung resultieren immer auch aus dem Professionsfeld, dem man durch Aus- und Weiterbildung zugehörig ist, den darin vermittelten State-of-the-art-Praktiken, ethischen Haltungen und Geltungsansprüchen. Nun überträgt die Organisation ihre Rollen zwar an Professionszugehörige, aber höchst selten erwartet sie, dass diese die reine Lehre ihrer Profession im Organisationssystem realisieren. Stattdessen möge sich doch Fachlichkeit mit Kooperationsnotwendigkeiten vertragen und auf allzu eckige Berufscredos und Ausführungsfinessen zugunsten von Pragmatik verzichtet werden. Je höher die Identifikation mit dem Berufsbild und -stand, desto konflikthafter kann die organisationsspezifische Ausgestaltung der Professionsrolle erlebt werden. Das 3-Welten-Persönlichkeits-Modell von Schmid (2008) stellt die 3 Rollenwelten dar (◘ Abb. 4.4). Das folgende Beispiel beschreibt einen Intrarollenkonflikt, der aus der Spannung zwischen Organisations- und Professionsrolle entsteht.

Beispiel: Eine HR-Spezialistin coacht seit einiger Zeit eine junge Führungskraft, die einen schwierigen Start in ihrem neuen Verantwortungsbereich hatte und nun unterstützt werden soll. Diese Führungskraft hat sich für das interne Coaching gegenüber einem externen u. a. deshalb entschieden, um nicht alles neu erklären zu müssen. Die Diskretionsregelung »Verschwiegenheit in persönlichen Themen, Offenheit in strukturellen Fragen« gilt bei internen wie externen Coachs.

Im Laufe der Sitzungen verfestigt sich bei der HR-Spezialistin der Eindruck, dass die junge Führungskraft den täglichen Anforderungen immer weniger gerecht werden kann und ein »Burn-out« droht. Schlafstörungen werden berichtet, ebenso Gedächtnisprobleme und resultierende Fehler, die Mitarbeitende wie auch Kunden betreffen. Im Coaching spricht die Führungskraft sehr offen darüber. Die negativen Auswirkungen aufs Geschäft und die resultierende Notwendigkeit einer grundlegenden Veränderung – Gespräch mit dem Chef, vorübergehende Umschichtung der Aufgabenbereiche, evtl. »Time-out« – werden besprochen. Sie werden aber nicht angegangen. Die HR-Spezialistin weiß, dass sie Verschwiegenheit in persönlichen Themen versprochen hat. Ihre Professionsrolle verbietet ihr, ohne Einverständnis des Coachs mit dessen Vorgesetzten oder der Business-Partnerin über dieses Problem zu sprechen. Gleichwohl ist sie davon überzeugt, dass nur über eine begrenzende Intervention aus der Linie eine Änderung zu bewirken sein wird. In ihrer Organisationsrolle fühlt sie sich verpflichtet, möglichen Schaden vom Betrieb abzuwenden, dessen Eintreten sie für zunehmend wahrscheinlich hält.

Eine Verständigung über Rollenerwartungen jenseits faktischer Aufgaben- und Verantwortungsgebiete ist wichtig. Diese beinhalten neben dem scharfen »Was« auch das unscharfe »Wie« und darin die Möglichkeiten des mehr, weniger, neu oder anders als bisher Tuns.

Die Klärung beginnt mit der **Rollendefinition**, die in der Selektionsphase stattfindet. Hier wird sich die Organisation durch ihre Vertreter mit dem präferierten Rollenträger über die Konfiguration der Rolle verständigen.

Rollenkonfiguration,
Rollenidentifikation,
Rollendistanz

❯ Wenn bei der Rollenübernahme die Erwartungen Anderer im Vordergrund stehen, spricht man vom »**role-taking**« und betont damit das passive Element im Übernehmen der Rolle. Hingegen beschreibt »**role-making**« das aktive Gestalten der Rolle, in dem die Persönlichkeit des Rollenträgers in der Rolle zum Ausdruck gebracht wird.

»role-taking«, »role-making«, Rollenidentifikation oder -distanz

Manchmal ist es eine Funktion der Zeit, dass aus »role-taking« über das persönliche Aneignen der fachlichen und überfachlichen Anteile einer Rolle »role-making« wird.

Mit der offiziellen, formalen **Rollenübernahme** beginnt auch die Vielfalt rollenbezogener Interaktionen. Wechselseitige Erwartungen an das Verhalten der jeweils anderen werden ausgetauscht und ausgehandelt; so entsteht »**ausgehandelte Ordnung**«.

Ob sich beim Rollenträger Rollenidentifikation oder -distanz einstellen werden, wird sich daran entscheiden, wie sehr die Persönlichkeit in der Rolle Platz finden kann und das Selbstbild mit den Rollenerfordernissen übereinstimmt. Wenn der Platz zu klein und die Übereinstimmung zu gering sind, ist die Rolle in anderen Worten »nicht wesensgemäß« (Schmid & Wengel, 2001, S. 87). So gehört z. B. das Kontrollieren als unverzichtbarer Aspekt zur Führungsrolle dazu. Wenn er vom Rollenträger nicht positiv besetzt werden kann, sondern als nicht passend oder uninteressant empfunden wird und sich auch kein positives Bild davon entwickeln lässt, dann ist das ein Beispiel für eine Rolle, die letztlich nicht wesensgemäß ist. Sie kann zwar übernommen werden – »role-taking« –, deren Gestaltung wird aber anstrengend und vielleicht nicht überzeugend sein.

Rollengestaltung und -durchsetzung

Schließlich geht es bei einer übernommenen Rolle nicht nur um **Rollengestaltung**, sondern auch um **Rollendurchsetzung** – dem Handeln gemäß der Rollenkonfiguration und der eigenen Überzeugungen über Notwendigkeiten in der Rolle, das nicht auf Unterstützung der Mitspieler stößt und deshalb mitunter auch im Rückgriff auf formale Autorität realisiert wird.

Bestätigende oder korrigierende Rückmeldungen werden zu größerer Rollenklarheit führen. Wenn interne oder externe Veränderungen auf die Rolle einwirken, werden neue Aushandlungen und Klärungsschritte unter den Beteiligten nötig. Am Ende eines solchen Prozesses steht die Zurückgabe der Rolle bei Ausscheiden aus der Organisation oder bei horizontalen oder vertikalen Positionsveränderungen innerhalb der Organisation (s. auch ◘ Abb. 4.4, s. auch Exkurs »Professionsrolle versus Organisationsrolle«).

Theatermetapher für Planung, Gestaltung, Reflexion von Rollen

Für die Planung, Gestaltung und Reflexion einer Rolle bietet die bereits erwähnte Theatermetapher (vgl. Schmid & Wengel, 2001) einen intuitiv-bildhaften Zugang. Man stellt sich vor, dass die zu gestaltende Rolle auf einer imaginären Bühne in einem oder verschiedenen Stücken inszeniert wird. Mit den folgenden Fragen (Schmid & Wengel, 2001, S. 89–90) können Einsichten über die Dynamik einer Rolle und des umgebenden Rollengefüges angeregt werden:

- Auf welcher Bühne/welchen Bühnen kommt diese Rolle zum Einsatz?
- Wie heißt das Stück, das gespielt wird?
- Für wen wird es gespielt?
- Ist die Rolle passend zur Bühne und Besetzung konfiguriert?
- Wer spielt mit? Wie passen die Rollen der Mitspieler zusammen? Wenn das Zusammenspiel entgleist: liegt es an der Rollendefini-

tion oder an der Ausführung? Haben die Rollenspieler alle ausreichend Wissen über die Inszenierung?

— Wie könnte man die Rolle noch anlegen, und wie würde sich die Qualität des Stückes dann verändern?

Spezifisch für die Rollenträgerin und ihr Rollenidentifikationspotenzial:

— Welche Themen und Persönlichkeitsanteile sind mir im Leben wichtig? Kann ich meine Themen in dieser Rolle verwirklichen? Wo finde ich sie in dieser Rolle wieder?

— Gibt es in meiner Lebensgeschichte Inszenierungen mit ähnlichen Themen?

— Auf welche Bühnen zieht es mich, auf welche Bühnen passe ich?

— Kann ich diese Rolle spielen?

— Will ich diese Rolle spielen?

Im folgenden Abschnitt werden die Rollen im HRM beschrieben. Dabei steht der Aufgabenbezug in der Rollenthematik deutlich im Vordergrund, zusammen mit der dahinter liegenden Frage nach der Positionierung.

> ❯ **Der Erklärungswert der soziologischen und sozialpsychologischen Betrachtungsweise liegt im Wissen, dass Rollen nicht nur aus Aufgaben bestehen, die einmal benannt und akzeptiert werden und die danach ungestört ausgeübt werden können.**

Vielmehr müssen sie immer wieder in sozialen Interaktionen ausgehandelt und bestätigt werden. Das ist einerseits eine Funktion des Dürfens, der Legitimation, aber genauso ist es eine Funktion der Kompetenzen im Sinne des Könnens und dessen Zuschreibung. Auch darum geht es im folgenden Abschnitt.

Identifikationspotenzial von Rollen

4.4 · Rollen im HRM

Die Entwicklung der Personalfunktion (▶ Kap. 3) ist aufs Engste verbunden mit veränderten Rollenbildern. Denn jede neue oder neu interpretierte Herausforderung verlangt Aussagen darüber, mit welchen Aufgaben und welchem Selbstverständnis ihr begegnet werden soll. Dies gilt es zu beschreiben.

Im HRM haben sich die Beschreibungen von Dave Ulrich und seinen Kollegen (vgl. Ulrich & Brockbank, 2005) als prägend erwiesen. Deren Modelle, empirisch fundiert in breit angelegten HR-Kompetenzstudien, haben starke Verbreitung erfahren und entsprechenden Einfluss auf die Praxis ausgeübt.

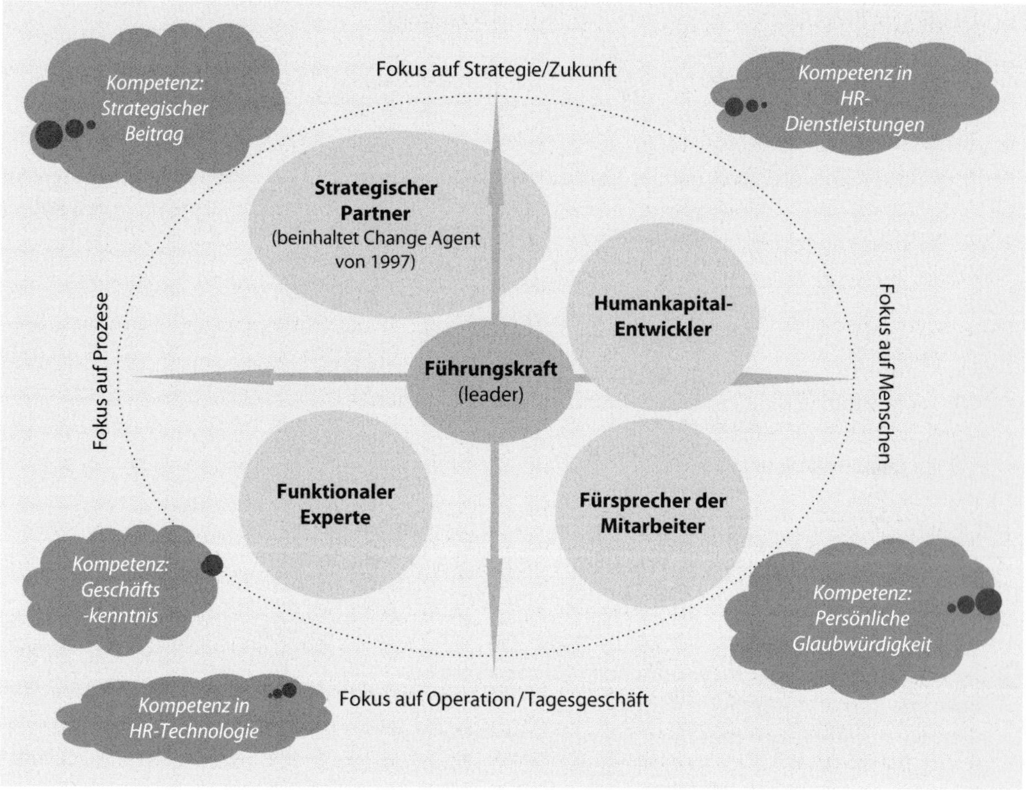

Abb. 4.5 HR-Rollen- und Kompetenzmodell. (In Anlehnung an Ulrich & Brockbank, 2005, S. 199; 221)

4.4.1 HR-Rollen- und Kompetenzmodell nach Ulrich

Business-Partner,
HR-Rollen

1997 beschrieb Ulrich (1997, S. 24) ein Modell, das dem HRM 4 Rollen zuordnete, die aus Kombinationen zwischen dem Fokus »Tagesgeschäft« versus »Zukunft« mit den Aktivitäten »Prozesse« versus »Menschen« resultierten. Die Rollenbezeichnungen lauteten: Strategischer Partner, »Change Agent«, Verfechter von Mitarbeiteranliegen (»Employee Champion«) und Administrativer Experte. Der Business-Partner wurde explizit als Summe aller 4 Rollen beschrieben (Ulrich, 1997, S. 37).

Im Rollenmodell neueren Datums (Abb. 4.5) werden 5 HR-Rollen beschrieben, die als Evolution aus den genannten 4 Rollen hervorgegangen sind (Ulrich & Brockbank, 2005, S. 201).

Kompetenzmodell

Es gab Verschiebungen in der Bedeutung einzelner Rollen, so z. B. eine Aufwertung des früheren administrativen zum funktionalen Experten und eine Subsumierung des »Change Agents« unter den strategischen Partner. Neu als Rollen konzipiert und damit hervorgehoben werden Aufgaben des HRM in der individuellen und gruppenbezogenen Kompetenzentwicklung und in der Führung, die sich auf die eigene Person, den eigenen Funktionsbereich und – mitgestaltend – auch

⊡ Tab. 4.1 Die HR-Rollen und Kompetenzen. (Nach Ulrich & Brockbank, 2005)

Rollen	Beitrag
Strategischer Partner	Strategiemitentwicklung (basierend auf gründlicher Geschäftskenntnis)
	Strategieumsetzung mittels darauf abgestimmter HR-Systeme
	Diagnose von Organisationsproblemen und Entwicklung von Lösungswegen
	Change Management
	Kulturentwicklung
	Verbreitung von Wissen und Lernen im Unternehmen
	Beratung der Linie (interner Consultant)
Entwickler des Humankapitals	Individuelle personale Kompetenzentwicklung unterstützen durch Entwicklungsperspektiven und -pläne, z. T. Durchführung von Maßnahmen
	Funktionieren von Teams unterstützen (Bsp. Teambildung)
Fürsprecher der Mitarbeiter	Bedürfnisse der Mitarbeitenden aufnehmen und beantworten
	Mitarbeiterperspektive und -interessen vertreten (inkl. Gesundheits- und Sicherheitsaspekte)
Funktionaler Experte	Kultur und Arbeitsklima überwachen und günstig beeinflussen
	HR-Kernfunktionen auf der Basis von Expertenwissen (d. h. Spezialisierung) in Strategie unterstützenden Prozessen realisieren
Führungskraft	Vorbildliche Führung des eigenen Funktionsbereichs
	Unternehmensführung mitgestalten und ethische Prinzipien vertreten
	Interne HR-Community führen
	Zuverlässigkeit und Verantwortungsübernahme zeigen

Kompetenz: **Strategischer Beitrag**	Kompetenz: **Persönliche Glaubwürdigkeit**	Kompetenz: **HR-Kernfunktionen**[a]	Kompetenz: **Geschäftskenntnis**	Kompetenz: **HR-Technologie**
Unternehmenskultur, Strategie unterstützend über HR-Praktiken weiterentwickeln	Mit höchster persönlicher Integrität seine Ergebnisse erzielen	Gewinnung, Erhaltung, Förderung und Trennung von Mitarbeitenden	Verstehen der Geschäftsprozesse im Unternehmen	Gezielter Einsatz der HR-Technologie
Schnellen Wandel unterstützen durch aktives Change Management	Aufbau effektiver Beziehungen (Vertrauen, Hilfsbereitschaft, Empathie)	Entwicklung von Person und Organisation	Kenntnis der Branche und Marktposition	
Aktive Teilnahme an geschäftlichen Entscheidungsprozessen	Schriftliche und mündliche Kommunikationsfähigkeiten	Gestaltung der Organisationsstruktur und -prozesse	Umgang mit Sozialpartnern	
Verbindung zum Markt pflegen		HR-Controlling		
		Kenntnisse des Arbeitsrechts		
		Gestaltung des Performance Managements		

[a] Ulrich spricht von »HR-Delivery«, womit die klassischen personalwirtschaftlichen Leistungen in den verschiedenen HR-Handlungsfeldern gemeint sind. Hier wird verkürzt von HR-Kernfunktionen gesprochen.

4

Kompetenz: Strategischer Beitrag und persönliche Glaubwürdigkeit

aufs Unternehmen bezieht (◨ Tab. 4.1). Mit dem Wandel des Selbstverständnisses vom Administrieren zum Managen haben sich aber nicht nur die Rollen verändert, sondern auch die Anforderungen. Sie haben sich über juristisches Fachwissen und allgemeine Organisationsfähigkeiten ausgedehnt auf Kompetenzen, die für das Verstehen der betriebswirtschaftlichen Unternehmung, für das Gestalten von HR-Systemen und -Instrumenten und das Wirken in anspruchsvollen Kommunikations- und Konfliktsituationen benötigt werden. Das Kompetenzmodell, das im Rahmen der bereits erwähnten Studien aus der Datenerhebung 2002 resultierte, fokussiert 5 Bereiche (◨ Tab. 4.1). Darunter wurde die Kompetenz im strategischen Beitrag als diejenige identifiziert, die mit dem Geschäftsergebnis am stärksten in Zusammenhang steht und in Kombination mit der Kompetenz in persönlicher Glaubwürdigkeit einen markanten Einfluss darauf hat.

Bei aller Ausrichtung auf Unternehmensstrategie und Geschäftserfolg ist das HRM gefordert, die menschliche Seite im Geschäft zu vertreten. Dieses Mal allerdings nicht aus humanistischen Gründen, die in Zeiten der »Human-Relations«-Bewegung (»Humanisierung der Arbeitswelt!«) genannt worden wären, sondern aus unmittelbar wirtschaftlichem Kalkül. So verspricht man sich vom Einbezug der HR-Perspektive in unternehmensstrategische Entwicklungen und dem konsequent abgestimmten Management der Humanressourcen einen klaren Wettbewerbsvorteil fürs Unternehmen (▶ Kap. 5). Steigerung der Wertschöpfung, der Kosteneffizienz und der Akzeptanz im Unternehmen sind die hauptsächlichen Argumente, die in Verbindung mit HR-Rollen- und -Geschäftsmodellen genannt werden (vgl. Oertig & Kohler, 2006, S. 163).

4.4.2 Umsetzung der HR-Rollen in HR-Geschäftsmodellen

HR-Rollen in großen Organisationen

Wie HR-Rollen über Geschäftsmodelle ihren Niederschlag in der Praxis finden, beschreiben Oertig und Kohler (2006, vgl. ▶ Kap. 8).

Darin wird auch das integrierte HR-Geschäftsmodell dargestellt, das den Business-Partner als strategischen Partner dem Management zur Seite stellt. Dieser berät die Führung des zugeordneten Geschäftsbereichs, begleitet Veränderungsprojekte darin und setzt HR-Strategien und -Initiativen zugeschnitten auf die Bedürfnisse des Geschäftsfeldes um.

Interne HR-Experten, die in einem Kompetenzzentrum zusammengefasst sind, sind fachlich in den Bereichen Systeme, Prozesse und Development (Organisation, Personal) spezialisiert und beraten in diesen Fragen Business-Partner oder die Linie, entwickeln aber auch ihr Thema für die Organisation weiter und setzen es um.

Komplexe Kundenanfragen zu operativen HR-Prozessen werden von HR-Spezialisten bzw. Case-Managern bearbeitet.

Einfache Kundenanfragen zu allen operativen HR-Prozessen und einfache Transaktionen werden in Service-Centers von Service-Center-Agenten bewältigt.

Solche Modelle existieren in großen und sehr großen Organisationen. In kleinen Organisationen ist das HRM zwangsläufig anders organisiert. In Kleinstunternehmen mit nur einer HR-Person muss diese die Rollen in sich vereinen, mit einer Schwerpunktsetzung auf die administrativ-funktionale HR-Rolle als Pflichtprogramm. Wo mehrere HR-Verantwortliche zusammenarbeiten, wird es eine HR-Leitung geben, die die strategische Partnerschaft übernimmt und Systementwicklung betreibt oder diese an eine Projektstelle delegiert. Für den Service gibt es entweder einen Pool, oder die Dienstleistungen werden von extern bezogen.

Speziell in kleinen Organisationen ist die Sichtbarkeit der HR-Verantwortlichen hoch, und sie geht einher mit sehr persönlich geprägten Beziehungen. Wenn man nochmals die Rollen nach Ulrich (1997) anlegt, steht zu vermuten, dass die Rolle des Fürsprechers für Mitarbeitende aufgrund hoher persönlicher Zugänglichkeit und der grundsätzlichen Erwartungen der Mitarbeitenden gegenüber der HR-Funktion stark wahrgenommen werden dürfte. Ebenso werden Prozess unterstützende Instrumente auf die betrieblichen Bedürfnisse zugeschnitten sein. Ob Zugang zu Geschäftsentscheidungen besteht oder nicht, wird (nicht nur, aber v. a.) bei kleinen Familienunternehmen vom Führungsstil und Selbstverständnis der Geschäftsführerin, vom Spielraum für ein Rollenaushandeln und v. a. von der Qualität der persönlichen Beziehungen abhängen. Wenn diese gut sind, wird dies die Rolle der strategischen Partnerschaft oder zumindest die Subrolle der Beraterin für Führungsprobleme beleben.

HR-Rollen in kleinen Organisationen

4.4.3 Realisierung der strategischen Partnerschaft in der Praxis

Die Forderung nach Positionierung des HRM als strategischer Partner mit einem hohen Gestaltungsbeitrag auf Unternehmensebene führt abschließend zu der Frage, ob sich denn in der Praxis die Theorie- und Modellwelt widerspiegelt. Das ist Gegenstand einiger Untersuchungen.

Die Realisierung der strategischen Partnerschaft des HRM innerhalb der Organisation kann zum Beispiel untersucht werden, indem die Vertretung des HRM auf höchster Unternehmensstufe festgestellt wird.

Capgemini befragte 80 Unternehmen im deutschsprachigen Raum und fand bei 54% eine solche Vertretung, wobei die Quote bei großen und umsatzstarken Unternehmen deutlich höher lag (Classen & Kern, 2009). Bei der Planung strategisch wichtiger Aktivitäten entscheiden 41% mit, bei der Umsetzung sind es 54%. Verglichen mit den Ergebnissen der 2007er-Befragung in denselben Fragekategorien

strategische Partnerschaft des HRM

(Classen & Kern, 2007) zeigt sich ein leichter Zuwachs in der HR-Präsenz in strategischen Entscheidergremien und -funktionen.

Alfes (2008) fragte 581 HR-Verantwortliche aus schweizerischen Unternehmen verschiedener Branchen und Größen, wie sehr ihre Personalabteilung in der Organisation als strategischer Partner wahrgenommen würde. Knapp die Hälfte der Befragten beurteilte die strategische Bedeutung als befriedigend bis ungenügend. Unter den Begründungen finden sich ebenso fehlendes Interesse des Top Managements wie Selbstzweifel am Vorhandensein der erforderlichen Kompetenzen, aber auch Unternehmensgröße. Die Rolle des strategischen Partners wird signifikant häufiger in Großunternehmen mit mehr als 5.000 Mitarbeitenden als verwirklicht wahrgenommen.

Business-Partner-Rolle

Weitere Untersuchungen richten sich breiter auf die Business-Partner-Rolle, die Linienmanager in vorwiegend strategischen HR-Themen aus deren Geschäftseinheiten unterstützen. In einer Selbsteinschätzung für den HR-Barometer 2009 (Classen & Kern, 2009) sahen weniger als die Hälfte der Rollenträger ihren HR-Bereich ganz oder auch nur ausreichend dem Business-Partner-Anspruch gerecht werden. Eine differenzierte Bewertung einzelner Dimensionen der Partnerrolle (Einfluss, Akzeptanz, Organisation, Aufgaben und Wertbeitrag) führte zu etwas besseren Einschätzungen, v. a. hinsichtlich Akzeptanz der Linie und Verankerung in den Geschäftsbereichen.

In einer global angelegten Studie[2] (HR Corporate Leadership Council, 2007) schätzten 34% der befragten Linienmanager ihre HR-Business-Partner als effektiv und 54% als neutral ein, was eine linienseitig verhaltene Wertschätzung der strategischen HR-Partner anzeigt. Besonders unterstützend wurden die Aktivitäten innerhalb der Business-Partner-Rolle wahrgenommen, die zukunftsgerichtete Beiträge fürs Geschäftsfeld lieferten, sei es in Form spezifisch benötigter Talente und Führungskräfte oder einer an Veränderungen adaptierten HR-Strategie und Strategie unterstützender Strukturen.

Fasst man diese Befunde zusammen, geht eine Zweiteilung durch die HR-Business-Partner. Eine Hälfte bleibt derzeit unzufrieden mit der Realisierung des neuen Selbstverständnisses. Gemäß »Leadership-Council-Studie« beurteilt das die komplementäre Rollenseite

Spielraum für Entwicklungen

ähnlich. Es bleibt also Spielraum für Entwicklungen. Aus Perspektive des Rollenkonzepts besteht die Herausforderung darin, die Selbsterwartungen in der Rolle gut zu klären, Kompetenzen gezielt weiterzuentwickeln und mit der Linie als komplementärem Rollenträger die Rollenbeiträge beider Seiten an den jeweiligen Aufgaben entlang auszuhandeln. Für die Optimierung der Rollengestaltung bedarf es schließlich von Zeit zu Zeit einer Bilanz über Erwartungen und Erwartungserfüllung im Zusammenspiel, die am Ende eines Auftrags oder im Rahmen einer regelmäßigen Auswertung stattfinden können.

---

2   Unternehmen: 101; befragte Business-Partner: 3.601; befragte Linienmanager: 16.635.

Zusammenfassung

- In Organisationen wandelt sich das Bild der darin arbeitenden Menschen mit der Zeit. Die Annahmen, die man über deren Motive und Bedürfnisse zugrunde legt, spiegeln den Zeitgeist. Sie beeinflussen auch die Praktiken, die man zur Leistungssicherung und -steigerung anwendet. Das ist das Thema des HRM.

- Wer professionell mit Organisationen befasst ist, braucht ein Organisationsverständnis. Organisationen können als soziotechnisches System verstanden werden. Darin wird das technische bzw. technologische Subsystem einer Organisation beschrieben und gleichzeitig ausgesagt, dass das soziale Subsystem damit vielfältig verwoben ist. Das Eine kann nicht ohne das Andere verstanden und auch nicht verändert werden. Weil Organisationen soziale Systeme sind, weisen sie darüber hinaus einige sehr spezielle Charakteristika auf, die der gezielten Beeinflussung von außen oder von innen Grenzen setzt und erklärt, warum Organisationen sich vorwiegend selbst treu bleiben, auch in wenig erfolgreichen Strategien.

- In der Gesellschaft und als deren Spezialfeld Organisation gibt es eine Menge an Rollen. Diese bestehen aus Verhaltenserwartungen relevanter Anderer und deren Interpretation durch die Rollenträger. Sie werden wirksam in einem Austauschprozess und sind von beiden beteiligten Seiten aus beeinflussbar. Rollen werden gestaltet und durchgesetzt, worin auch die Persönlichkeit – allerdings nur in Teilen – zum Ausdruck kommt. Sie werden auch von wahrgenommenen und zugeschriebenen Kompetenzen beeinflusst.

- Das Rollenverständnis des HRM hat sich vom Personalverwalter zum strategischen Mitgestalter der Organisation entwickelt. Damit verbunden werden Kompetenzen beschrieben, deren Vorhandensein oder Zuschreibung den Weg zur strategischen Partnerschaft und damit zu einer deutlichen und hohen Positionierung des HRM im Unternehmen befördern soll.

Literatur

Alderfer, C. P. (1972). *Existence, Relatedness and Growth: Human Needs in Organizational Settings*. New York: Free Press.

Alfes, K. (2008). *Rollen und Kompetenzen der Personalabteilung. Executive Summary*. Institut für Organisation und Personal der Universität Bern.

Baitsch, Ch. (1993). *Was bewegt Organisationen? Selbstorganisation aus psychologischer Perspektive*. Frankfurt: Campus.

Classen, M. & Kern, D. (2007). *HR Barometer 2007: Bedeutung, Strategien und Trends in der Personalarbeit*. Offenbach: Capgemini Consulting.

Classen, M. & Kern, D. (2009). *HR Barometer 2009: Bedeutung, Strategien und Trends in der Personalarbeit – Schwerpunkt Strategic Workforce Management*. Berlin München: Capgemini Consulting.

Corporate Leadership Council. (2007). *Building next Generation HR-Line Partnerships. Optimizing HR Business Partner Role Capability Investments*. Washington, Chicago, San Francisco, London, New Delhi: Corporate Leadership Council.

Eck, C. D. (2001). *Die Unternehmung als sozio-technisches System. Seminarunterlage im Studiengang Arbeits- und Organisationspsychologie*. Hochschule für angewandte Psychologie, IAP Zürich.

Emery, F. E. & Trist, E. L. (1969). Socio-technical Systems. In: F. E. Emery (Hrsg.), *Systems thinking*. Middlesex: Penguin Books.

Henecka, H. P. (2006). *Grundkurs Soziologie* (8. Aufl.). Konstanz: UVK.

Herzberg, F., Mausner, B. & Snyderman, B. (1959). *The Motivation to Work*, 2nd ed. New York: Wiley.

Katz, D. & Kahn, R. L. (1978). *The Social Psychology of Organizations*, 2nd ed. New York: Wiley.

Kirchler, E. (Hrsg.). (2008). *Arbeits- und Organisationspsychologie* (2. Aufl.). Wien: facultas.wuv.

Luhmann, N. (2006). *Kommunikation und Entscheidung* (2. Aufl.). Wiesbaden: Verlag für Sozialwissenschaften.

Martens, W. & Ortmann, G. (2006). Organisationen in Luhmanns Systemtheorie. In: A. Kieser & M. Ebers (Hrsg.), *Organisationstheorien* (6. Aufl.). Stuttgart: Kohlhammer.

Maslow, A. H. (1954). *Motivation and personality*. New York: Harpers.

Morgan, G. (2000). *Bilder der Organisation*, 4. Aufl. Stuttgart: Klett-Cotta.

Oertig, M. & Kohler, Ch. (2006). Wege zu einem neuen Geschäftsmodell im Personalmanagement. In: M. Oertig (Hrsg.), *Neue Geschäftsmodelle für das Personalmanagement*. München: Luchterhand.

Rice, A. K. (1958 / 1970). *Productivity and Social Organization: The Ahmedabad Experiment*. London: Tavistock.

Roethlisberger, F. J. & Dickson, W. J. (1939). *Management and the Worker*. Cambridge: Harvard University Press.

Schein, E. (1980). *Organizational Psychology*, 3rd ed. Englewood Cliffs: Prentice Hall.

Schmid, B. (2008). The Role Concept of Transactional Analysis and Other Approaches to Personality, Encounter, and Cocreativity for All Professional Fields. *Transactional Analysis Journal, 38* (1), S. 17–30.

Schmid, B. & Wengel, K. (2001). Die Theatermetapher. Perspektiven für Coaching, Personal- und Organisationsentwicklung. *Profile, 2001* (1), 81–90.

Sennett, R. (1998). *Der flexible Mensch. Die Kultur des neuen Kapitalismus*. Berlin: Berlin Verlag.

Strauss, A. L. (1993). *Continual permutations of action*. New York: de Gruyter.

Taylor, F. W. (1911). *Grundzüge der wissenschaftlichen Betriebsführung*. München: Oldenbourg.

Trist, E. L. & Bamforth, K. W. (1951). Some social and psychological consequences of the longwall method of coal-getting. *Human Relations, 4*, 3–38.

Ulrich, D. (1997). *Human resource champions. The next agenda for adding value and delivering results*. Boston: Harvard Business School Press.

Ulrich, D. & Brockbank, W. (2005). *The HR Value Proposition*. Boston: Harvard Business School Press.

Weber, M. (1922). *Wirtschaft und Gesellschaft*. Tübingen: Mohr.

Weinert, A. B. (2004). *Organisations- und Personalpsychologie*, 5. Aufl. Weinheim: Beltz.

Willke, H. (2006). Systemtheorie I: Grundlagen. Eine Einführung in die Grundprobleme der Theorie sozialer Systeme (7. Aufl.). Stuttgart. Lucius und Lucius.

Human Resource Management und Strategie, Kultur und Wandel in Organisationen

Strategisches Human Resource Management

Daniela Eberhardt

Strategisches Human Resource Management (HRM) bietet den Rahmen für alle mitarbeiterbezogenen Praktiken in einer Organisation/eines Unternehmens. Ziel des strategischen HRM ist es, einen Beitrag zum Geschäftserfolg zu leisten, indem alle mitarbeiterbezogenen Praktiken und Aktivitäten so ausgerichtet werden, dass schlussendlich ein ökonomischer Erfolg erzielt werden kann. Bei einer nachhaltigen und sozial verantwortlichen Ausgestaltung des HRM wird dieser ökonomische Erfolg durch soziale Interventionen erreicht, die mittelbar oder unmittelbar soziale Wirkungen mit ökonomischen Wirkungen verbinden. In diesem Kapitel werden zunächst die Modellvorstellungen, Entwicklungen und Vorgehensweisen des strategischen Managements vorgestellt, um darauf aufbauend die Entwicklungen und Vorstellungen des strategischen HRM einordnen zu können. Am Beispiel des nachhaltigen HRM wird ein umfangreiches Vorgehen in der Entwicklung und Umsetzung einer HR-Strategie beschrieben. Dieser Beitrag endet mit einer vertieften Betrachtung zur Übernahme und Ausgestaltung der Rolle des HRM als strategischem Partner des Linienmanagements.

5.1 Strategisches HRM – integrativer Bestandteil des strategischen Managements

Strategisches Management entstand aus der Tradition der Harvard Business School und hat sich vielfältig weiterentwickelt. Bis heute existiert kein einheitlich definierter Strategiebegriff (vgl. Lombriser & Abplanalp, 2005).

> ❯ Im strategischen HRM geht es darum, einen Rahmen für alle mitarbeiterbezogenen Praktiken in einer Organisation/einem Unternehmen zu bieten und mit Hilfe von Prozessen, Verfahren, Instrumenten, Beratung etc. zu unterstützen.

Rahmen für alle mitarbeiterbezogenen Praktiken

Mit der Gestaltung des strategischen HRM wird das Fundament für eine erfolgreiche Zusammenarbeit gelegt, Erleben und Verhalten beeinflusst. Ziel ist es, für die Zusammenarbeit und das Unternehmen förderliche Verhaltensweisen aufzubauen und zu unterstützen.

In der wissenschaftlichen Literatur ist das Konzept des »Intellectual Capital« eng mit dem strategischen HRM verbunden. Armstrong und Baron (2008) fassen die verschiedenen Begrifflichkeiten und Unterscheidungen hierzu folgendermaßen zusammen: Im »**Human-Capital**«**-Ansatz** geht es um die Individuen und darum wie sie Wissen generieren, erhalten und nutzen. Im »**Social-Capital**«**-Ansatz** werden die Beziehung zwischen verschiedenen Personen und der Nutzen dieser Interaktionen und Netzwerke für das Unternehmen betrachtet. In den Modellvorstellungen des »**Organisational-Capital**«**-Ansatzes** steht das institutionalisierte Wissen im Zentrum der Betrachtung. Die Integration des »Social-Capital«- und »Organisational-Capital«-Ansatzes in das strategische HRM ermöglicht breiter gefasste Gestaltungsmöglichkeiten und eine Neudefinition der Rolle des HRM.

5.1.1 Modellvorstellungen und Entwicklungen des strategischen Managements

Die Pioniere des strategischen Managements orientierten sich an den Modellvorstellungen der strategischen Planung und definieren unter Unternehmensstrategie rationales, planendes, längerfristig ausgerichtetes Handeln.

Chandler (1962) sieht darin beispielsweise die Langzeitziele eines Unternehmen oder Ansoff und McDonnell (1990) Entscheidungsregeln, um das organisationale Verhalten auszurichten. Dieser traditionelle Ansatz sieht ausgehend von der Unternehmensstrategie die Ableitung von Bereichsstrategien, die weniger umfassend sind und die Produkt-/Marktkombinationen pro Geschäftsbereich definieren. Grundsätzlich folgen nahezu alle auf dieses Grundmodell aufbauenden Strategiemodelle immer der Logik, dass zwischen Strategieformulierung und -umsetzung unterschieden wird.

Die Strategieformulierung orientiert sich an der Umwelt/an den Märkten und leitet daraus eine Strategie ab. Die **Grundstrategie** basiert – nach dem klassischen Ansatz von Porter (1986) – auf einer Entscheidung, welche Wettbewerbsvorteile (Kosten und/oder Differenzierung) ein Unternehmen erlangen möchte und welches Innovationsverhalten es anstrebt. Bei einer Kostenführerschaft ist beispielsweise eine kostengünstige Leistungserbringung das Ziel, für die Gestaltung des HRM bedeutet dies, die Lohnkosten tief zu halten und durch ein geschickt gestaltetes »Performance Management« die Effizienz der Leistungserbringung zu steigern. Bei einer **Differenzierungsstrategie** hingegen sollen einerseits die Bedürfnisse der Kunden optimal befriedigt werden und andererseits das Leistungsangebot so gestaltet werden, dass es sich von der Konkurrenz abhebt (durch Qualität, Image, Sortiment etc.).

Bei der Strategieimplementation werden Struktur (Organisation/Technologie) und HRM angepasst. Im Fokus der Betrachtung steht der Prozess oder die Frage, wie man zu einer Strategie kommt. Die Herausforderung bei diesem Vorgehen liegt darin, für das HRM »Policies« und Praktiken zu entwickeln, die auf die Unternehmensstrategie abgestimmt sind (▶ HRM in der traditionellen Modellvorstellung des strategischen Managements). In den neueren Entwicklungen dieses Ansatzes wird von »**Best-fit**«-**Modellen** gesprochen (vgl. Armstrong, 2006), die HR-Strategie soll auf die Geschäftsstrategie, den organisatorischen Kontext und die Kultur eines Unternehmens abgestimmt werden. Als Startpunkt dient die Kontext- und Unternehmensanalyse. Kritiker an diesen Konzepten der strategischen Planung nennen v. a. die einseitige Betrachtung von postulierten Zusammenhängen, die in aller Regel unzureichende Strategieimplementation, das zugrunde gelegte Entscheidungsmodell, das von einer rein rationalen Wahl ausgeht und die überwiegend externe Marktorientierung (vgl. Staehle, 1989). Purcell, Kinnie, Hutchinson, Rayton und Swart (2003) spezifizieren die Thematik der postulierten Zusammenhänge nochmals:

Unternehmensstrategie als rationales Handeln

Strategieimplementation

traditionelle Modellvorstellungen, strategisches Management

HRM in der traditionellen Modellvorstellung des strategischen Managements

Das HRM wird in dieser Betrachtungslogik auf die Strategie ausgerichtet. Alle Aktivitäten im HRM müssen demzufolge der Logik der Unternehmensstrategie folgen. Werden beispielsweise innovative Produkte im Markt nachgefragt, kann Innovationsführerschaft zur Unternehmensstrategie werden.

Wird Innovation im Unternehmen als Kernaufgabe betrachtet, geht es darum, Organisationsmodelle/Formen der Zusammenarbeit zu entwickeln, die einen offenen Austausch sowie innovative und kreative Prozesse unterstützen. In der Selektion von Mitarbeitenden werden beispielsweise innovative Personen gesucht; das Entlohnungssystem sieht im »Total-Compensation«-Modell Anreize für Innovationen vor etc. In der Praxis kann das bedeuten, dass z. B. das Unternehmen »aufgrund des bestehenden »Employer Brandings« nicht attraktiv ist für innovative Personen oder die strukturellen Gegebenheiten. Oder Einstellungen und Verhaltensweisen von Entscheidungsträgern im Unternehmen sind nicht so leicht veränderbar, um dieser neuen strategischen Ausrichtung Erfolg zu verschaffen.

1. Es ist nahezu unmöglich alle Einflussgrößen zu identifizieren und in HR-Aktivitäten zu übersetzen.
2. Ein solches Vorgehen wäre, sollte es annähern gelingen, immer noch viel zu statisch.

fähigkeitsorientierter Ansatz

Ende der 80er-Jahre wurden den Modellvorstellungen der (externen) strategischen Planung die Fähigkeiten eines Unternehmens als gleichwertig gegenüber gestellt. Die für die Strategieimplementation erforderlichen Mitarbeitenden waren nicht kurzfristig beschaffbar oder fortzubilden, und der fehlende Erfolg von Strategien wurde intensiver betrachtet. Die Vertreter des fähigkeitsorientierten Ansatzes wie z. B. Hayer (1985) oder Porter (1991) stellten sich die Frage, welche Eigenschaften ein Unternehmen braucht, um erfolgreich zu sein.

Im strategischen Management wurde es relevant, zusätzlich zu den Produkt-/Markt-Strategien die System-Umwelt-Beziehungen zu betrachten, interne Kompetenzen mit strategischer Planung gleichzusetzen und die notwendigen Veränderungsprozesse zu managen. Diesem fähigkeitsorientierten Ansatz sind auch die Modellvorstellungen der Strategischen Erfolgspotenziale (SEP) von Pümpin (1992) zuzuordnen (▶ HRM im fähigkeitsorientierten Ansatz). Idealerweise haben nach Purcell et al. (2003) die Mitarbeitenden eines Unternehmens eine höhere Qualität als die des Wettbewerbers, das intellektuelle Kapital des Unternehmens ist aufgebaut und wird weiterentwickelt, die Organisation lernt und hat spezifische Werte und Kulturvorstellungen.

gelebte Strategie

Mintzberg (1994; 1999) sieht Strategien (auch wenn sie erfolgreich sind) selten als Resultat rationaler, bewusster Planung, sondern formuliert einen eigenen kritischen Ansatz (▶ HRM und gelebte Strategie).

Er sieht in einer Strategie das, was ein Unternehmen plant und was es macht. In seiner »Strategy Safari« empfiehlt er ungeplante Strategien sichtbar zu machen und zu realisieren. Unternehme-

HRM im fähigkeitsorientierten Ansatz

Ausgehend von den Modellvorstellungen des fähigkeitsorientierten Ansatzes werden in der Strategieentwicklung explizit die Fähigkeiten des Unternehmens betrachtet und sind Teil der strategischen Entwicklungsmöglichkeiten des Unternehmens. In einer solchen Logik kommt zumeist der HR-Leiterin/dem HR-Leiter die Aufgabe zu, diese Fähigkeiten in der Strategieentwicklung mit einzubringen und in der Strategieumsetzung übergeordnet dafür zu sorgen, dass die Fähigkeiten der Mitarbeitenden zum Einsatz kommen, kombiniert werden und sich weiterentwickeln. Für das HRM bedeutet das z. B. die vielfältigen Kompetenzen der Mitarbeitenden, im fachlichen, methodischen und im Bereich ihrer Persönlichkeiten und Verhaltensweisen zu kennen und weiterzuentwickeln. Es gilt, Voraussetzungen zu schaffen, damit diese Kompetenzen und Fähigkeiten im Unternehmen transparent sind, aktiv genutzt werden und v. a. sich im Austausch untereinander zu Fähigkeiten des Unternehmens kombinieren, die so nicht leicht kopierbar sind für andere Unternehmen.

HRM und gelebte Strategie

In vielen Unternehmen gibt es keine explizit ausformulierte Unternehmensstrategie und in den anderen ist sie nicht präsent oder in der Praxis nicht umgesetzt. Jedes Unternehmen hat aber eigene Muster wie miteinander, mit Personen außerhalb des Unternehmens und auch bezogen auf den Unternehmenszweck umgegangen wird. Mit Hilfe des HRM besteht die Möglichkeit Muster der Zusammenarbeit, Denkmuster, Fähigkeiten und Ressourcen sichtbar zu machen. In Diskussionen und Auseinandersetzungen mit Linienvorgesetzten können diese Erkenntnisse in Feedbackschleifen zurückgespiegelt werden und Lernprozesse initiieren, die auf der Ebene der einzelnen Mitarbeitenden und im Austausch auf der Ebene der Organisation stattfinden. Damit kann das HRM einen Beitrag leisten zu erkennen, welche Ressourcen und Vorgehensweisen vorhanden sind sowie genutzt und gefördert werden können. Es wird Transparenz bei den Entscheidungsträgern erzeugt, welche Fähigkeiten, Einstellungen, Methodenwissen, Handlungen etc. benötigt werden, um besser zu werden.

risches Lernen und Kreativität sind hierbei Kernkompetenzen, die genutzt werden sollten. Noch weiter darüber hinaus gehen Hamel und Prahalad (1994). Sie sehen in der Strategie hauptsächlich eine Denkauffassung und von den Unternehmen wird erwartet, dass sie Ziele verfolgen, die über ihre Fähigkeiten und Ressourcen hinausgehen. Ziele werden durch den Aufbau und Einsatz von Ressourcen erreicht.

Fazit ist, dass im strategischen Management verschiedene Modellvorstellungen vorliegen und nebeneinander existieren:

- Der fähigkeitsorientierte Ansatz des strategischen HRM ist darauf fokussiert, das intellektuelle Kapital in all seinen 3 Dimensionen (»Human Capital«, »Social Capital«, »Organisational Capital«) eines Unternehmens zu nutzen und zu erweitern.
- Im traditionellen Ansatz steht die generelle Entwicklung des HRM und die strategische Passung, der »strategic fit« von HR-Strategie, -umsetzung und Unternehmensstrategie im Fokus der Betrachtung.
- In der Praxis hat die gelebte Strategie von Mintzberg einen hohen Stellenwert.

> ❯ Diese Vorstellungen und Ideen zeigen auf, dass Strategie
> nicht nur formalisiert existiert und ein bewusster Umgang
> mit den gelebten Praktiken eine Weiterentwicklung von
> Mitarbeitenden und Unternehmen herbeiführen kann.

Je nach Betrachtungsweise lässt sich ein unterschiedlicher Stellenwert des HRM in der Entwicklung und Umsetzung der Strategie ableiten.

5.1.2   Unternehmensstrategie und HR-Strategie

Zusammenhang zwischen HR-Strategie und Unternehmensstrategie

Bei einem umfangreichen Vorgehen der Strategieentwicklung und -umsetzung stellt sich die Frage nach dem Zusammenhang zwischen HR-Strategie und Unternehmensstrategie. Zudem ist offen, wer für das strategische Management zuständig ist und welche Rolle das HRM hat.

Scholz (1994) unterscheidet formal 4 Möglichkeiten, um das strategische HRM in Bezug zur Unternehmensstrategie zu platzieren:

- Personalstrategie und Unternehmensstrategie sind voneinander unabhängig.
- Personalstrategie folgt der Unternehmensstrategie.
- Unternehmensstrategie folgt der Personalstrategie.
- Personalstrategie ist Teil der Unternehmensstrategie.

Ausgehend von den Gemeinsamkeiten der Überlegungen des strategischen Managements lässt sich die Forderung aufstellen, dass jedes Management implizit oder explizit Vorstellungen über die aktuellen und kommenden Verhaltensweisen seines Unternehmens haben sollte. Eine solche **integrative Unternehmensentwicklung** kann nach den heutigen Modellvorstellungen nicht singulär erfolgen und aufgrund der umfangreichen und ständig stattfindenden Umweltveränderungen nicht ausschließlich planend sein bzw. ausgehend von den Fähigkeiten eines Unternehmens gestaltet werden (▶ Abschn. 5.1). Ausgehend von der Vision des Unternehmens empfiehlt sich ein integratives Vorgehen in der Entwicklung der Unternehmensstrategie. Staehle (1989) fordert eine Unternehmensentwicklung als Lernprozess, die eine Strategieentwicklung, Organisationsentwicklung und auch Personalentwicklung integrativ umfasst. Es bleibt somit die Forderung bestehen, dass die Personalstrategie als Teil der Unternehmensstrategie entwickelt werden soll.

empirisch beobachtbare Entwicklungen in der Unternehmenspraxis

Ergänzend zu diesen Grundsatzpositionen im strategischen HRM lassen sich empirisch beobachtbare Entwicklungen in der Unternehmenspraxis aufzeigen. Capgemini (2009) hat einen HR-Barometer mit Angaben zur Strategie, Organisation, Systeme und künftige Entwicklungslinien von HR im deutschsprachigen Raum branchenübergreifend (Deutschland, Österreich, Schweiz) unter Mitwirkung von 80 Unternehmen erstellt. In dieser Studie konnte nachgewiesen werden, dass die Unternehmen davon ausgehen, dass wesentliche Punkte der Unternehmensstrategie in die HR-Strategie übersetzt werden müssen. In ihrer neuesten Befragung geben nahezu die Hälfte der Unternehmen an, dass die HR-Strategieentwicklung im eigenen Unternehmen ein klar definierter, systematischer und periodisch ablaufender Prozess ist. Bei rund 40% wird der Strategieprozess durch bestimmte Geschäftsereignisse ausgelöst. Nur noch 16% der Unternehmen geben an, dass es keine explizite HR-Strategie gibt oder der Strategieprozess zufällig abläuft.

Wunderer und Dick (2007) haben in der Schweiz bei rund 40 Unternehmen nach rund 10 Jahren eine Standort- und Prognosestudie repliziert/durchgeführt. Sie konnten aufzeigen, dass die Personalstrategie zunehmend als integrativer Teil der Unternehmensstrategie gesehen wird. Während für das Jahr 1999 noch 70% der Befragten angaben, dass die Personalstrategie der Unternehmensstrategie folgt, gehen fürs Jahr 2010 nur noch 15% davon aus. Dafür sehen nur 19% der Befragten fürs Jahr 1999 die Personalstrategie als Teil der Unternehmensstrategie und im Jahr 2010 81%.

5.1.3 Strategieentwicklung und -umsetzung

Für den Prozess des strategischen Managements empfiehlt sich das von Lombriser und Abplanalp (2005) vorgeschlagene Prozessmodell, das in 4 Phasen mit verschiedenen Teilschritten unterteilt ist und das sehr umfangreich das Vorgehen dokumentiert. Es orientiert sich am klassischen und in der Praxis am weitesten verbreiteten Vorgehen der Strategieentwicklung und -implementation. In der klassischen Vorstellung wird die HR-Strategie von dieser Unternehmensstrategie abgeleitet und ergänzt als funktionale Strategie der Unternehmensstrategie. Bei einem fähigkeitsorientierten Vorgehen erhalten – in Ergänzung zu den klassischen Vorstellungen – die Betrachtung und Entwicklung der internen Fähigkeiten wesentlich mehr Bedeutung. Bei der Identifikation der gelebten Strategie wird ein besonderes Augenmerk auf die Organisationsanalyse und -gestaltung gelegt.

> **Prozessmodelle der Strategieentwicklung**

In einem umfassenden Strategieprozess nach Lombriser und Abplanalp (2005) werden die folgenden Phasen unterschieden:

> **Phasen des Strategieprozesses**

1. **Informationsphase**: Vor der eigentlichen Strategieentwicklung wird die **strategische Ausgangslage**, d. h. die bisherigen Entwicklungen, Tätigkeiten und Strategie, analysiert. Intern werden in einer **Unternehmensanalyse** die Stärken und Schwächen des Unternehmens, extern in einer **Umweltanalyse** das globale Umfeld, die Branche und die wichtigsten Konkurrenten analysiert. Diese Vielfalt der gesammelten Informationen wird in einer strategischen Analyse zu Schlüsselaussagen verdichtet. Fähigkeiten, Kompetenzen und Mitarbeitermotivation werden als Teil der internen Unternehmensanalyse erhoben und aufbereitet.
2. **Strategieentwicklung**: Als Ausgangspunkt zur Strategieformulierung und Leitplanken für die Ausrichtung des Unternehmens wird der zukünftig erwünschte Zustand des Unternehmens in

einer **Vision** zusammengefasst. Das **Unternehmens-Leitbild** definiert das Selbstbild des Unternehmens und beantwortet Fragen wie »Wer wollen wir sein? Wie wollen wir den Umgang mit unseren Kunden und Mitarbeitenden gestalten?« Die eigentliche Strategieformulierung geht konkreter darauf ein, wie die Vision verfolgt werden soll. Das geschieht einerseits auf der Ebene von **strategischen Geschäftseinheiten** oder Divisionen, die für bestimmte Teilmärkte definieren wie Wettbewerbsvorteile erzielt werden können. Übergeordnet werden andererseits auf der Ebene des **Gesamtunternehmens** die gesamte Ausrichtung definiert, Synergien geschaffen und Prioritäten gesetzt. Die mitarbeiterbezogene Dimension findet sich in Teilaussagen der Vision und des Leitbildes wieder, die HRM-Strategie ist als funktionale Strategie Teil der Unternehmensstrategie (vgl. Lombriser & Abplanalp, 2005).

3. **Strategieumsetzung**: Die Strategieumsetzung ist ein kritischer Erfolgsfaktor, weil schlussendlich viele gut durchdachte Strategien letztendlich an der Umsetzung scheitern. Als erfolgskritische Faktoren gelten hier die Führung (Leadership), Organisationsstruktur und Unternehmenskultur sowie Managementinstrumente wie z. B. die »Balanced Scorecard« (BSC). Gerade bei Führungsinstrumenten wie der »Balanced Scorecard« werden auch mitarbeiterbezogene Kennwerte erarbeitet und erhoben. Das HRM selbst kennt eine große Palette an HR-Instrumenten, die in den unterschiedlichen Handlungsfeldern des HRM (z. B. Personalentwicklung, Entlohnung) eine strategiekonforme Ausgestaltung und Umsetzung ermöglicht. Bei der Strategieimplementation empfiehlt sich ein gesteuerten Prozess der internen Veränderung, die Gestaltung des Strategieprozesses im Sinne des »Change Management«.

4. **Strategiekontrolle**: Die Überwachung und Lenkung des Strategieprozesses kann erfolgen, in dem einerseits die getroffenen Annahmen und andererseits die Durchführung der Strategie sowie die Wirksamkeit der eingeleiteten Maßnahmen überprüft werden.

5.2   Modellvorstellungen des strategischen HRM

»Hard«- und »Soft«-HRM

In der HRM-Literatur wird häufig zwischen »Hard«- und »Soft«-Faktoren unterschieden. Boxall und Purcell (2003) fordern eine HR-Planung, die die Ziele der zentralen Anspruchsgruppen (z. B. Anteilseigner, Unternehmer, Mitarbeitende) berücksichtigt. Strategisches »Soft«-HRM engagiert sich für die Gestaltung der Mitarbeitendenbeziehung, Arbeitsplatzsicherheit und »Employability«, Entwicklung, Kommunikation etc. Von zentraler Bedeutung ist die ethische Ausrichtung des HRM. Strategisches »Hard«-HRM hingegen betrachtet die Investition ins HRM als Teil der ökonomischen Interessen eines

Unternehmens. Im Idealfall wird in der Praxis im strategischen HRM die Balance zwischen »Hard«- und »Soft«-Faktoren angestrebt, zumal ein nachhaltiges und sozial verantwortliches HRM die Chance beinhaltet, via soziale Wirkungen die erwünschten ökonomischen Wirkungen zu erzielen.

Die als klassisch geltenden Modellvorstellungen des strategischen HRM, das Michigan-Modell und das Harvard-Konzept werden in ► Kap. 2 dargestellt. In diesem Abschnitt werden verschiedene neuere Ansätze in ihren Grundzügen skizziert.

5.2.1   »Best-Practices« im HRM

Pfeffer (1994; 1998) ist ein zentraler Vertreter des »Best-Practice«-Ansatzes. In einer Langzeitstudie in 5 erfolgreichen Unternehmen hat er herausgefunden, dass die Unternehmen durch Einsatz bestimmter HR-Praktiken langfristig Wettbewerbsvorteile durch die eigenen Mitarbeitenden erzielen können. Zunächst hat er diese Erkenntnisse zu 16 Praktiken zusammengefasst, die er später nochmals zu 7 Praktiken verdichtet hat. Wie auch andere Vertreter von »Best-Practice«-Ansätzen (z. B. Guest, 1999 oder Patterson et al., 1997) geht Pfeffer (1998) davon aus, dass durch (universellen) Einsatz dieser Praktiken eine »gute Praxis« entsteht und Unternehmen in der Folge durch ihre Mitarbeitenden Wettbewerbsvorteile erzielen können. Im Folgenden sind die 7 Praktiken einer erfolgreichen Organisation aufgeführt:

»Best-Practice«-Ansätze im HRM

> **Checkliste: 7 Praktiken einer erfolgreichen Organisation**
> - Arbeitsplatzsicherheit
> - Selektive Auswahl neuer Mitarbeitender
> - Selbstgesteuerte Arbeitsgruppen und Dezentralisation der Entscheidungsprozesse als Basisprinzipien des organisationalen Designs
> - Vergleichsweise hohe Löhne/hohes »Total Compensation« in Abstimmung mit der Unternehmensleistung
> - Extensives Training und Weiterbildung
> - Reduzierte Statusunterschiede und Barrieren (inklusive Kleidung, Sprache, Büroausstattung und Lohnunterschiede zwischen den Mitarbeitendenkategorien)
> - Extensiver Austausch über Leistungs- und finanzielle Informationen innerhalb der gesamten Organisation

Obwohl diese Praktiken sich umfangreich bewährt haben liegt die Kritik in dieser Betrachtungsweise (v. a. aus der Optik des »Best-Fit«-Ansatzes) darin, dass Strategie, Kultur, Umfeldbedingungen, Managementstil etc. unberücksichtigt bleiben und die gewählten Praktiken nicht in jedem Unternehmen und in allen Umweltbedingungen passen. »Best-Practice«-Ansätze sind Grundlage der HR-Strategie, strategisches HRM im Sinne der »Best-Practice«-Modelle bedeutet, dass das HRM in Zusammenarbeit mit den Linienverantwortlichen diese Praktiken umsetzt.

5.2.2 »High-performance«-, »High-commitment«-, »High-involvement«-Unternehmen

»High-performance«-,»High-commitment«-,»High-involvement«-Unternehmen

Armstrong (2006) sowie Armstrong und Baron (2008) unterscheiden bei den Modellen des strategischen HRM zwischen »high-performance working model«, »high-commitment management model« und »high-involvement management model«. Jede Modellvorstellung ist ein in sich geschlossenes Konzept des strategischen HRM, es werden verschiedene Praktiken gebündelt und Ansätze zur unternehmensspezifischen Konkretisierung und Einführung beschrieben. Die Abstimmung der HR-Strategie erfolgt »im Paket«, zu einer »High-performance«-Kultur gehört eine HR-Strategie im »high-performance working model«. Die Umsetzung erfolgt durch die Bündelung entsprechender Performance-steigernder Aktivitäten.

Als Haupttreiber, Supportsysteme und Kultur des »High-performance-Managements« wird die Dezentralisierung von Entscheidungskompetenzen, Teamarbeit, individuelle und organisationale Lernprozesse, die Gestaltung von operativen und leistungsorientierten Abläufen sowie der Aufbau von Vertrauen und Enthusiasmus eingeschätzt. Beim Aufbau von »High-commitment«-Unternehmen stehen Karrieremodelle für Führungskräfte, Weiterbildungsmöglichkeiten für die Mitarbeitenden, die Reduktion von Hierarchien, der Aufbau von Teamstrukturen etc. im Vordergrund. »High involvement Management« schlägt vor, die Mitarbeitenden wie Partner zu behandeln, deren Interessen respektiert werden. HR-Praktiken zur Umsetzung sind starke Arbeitsgruppen, Job Rotation, Vorschlagswesen und die Dezentralisierung von Qualitätsansprüchen.

5.2.3 Mitarbeitende als Kostenfaktor, Anspruchsgruppe und Wertschöpfungspotenzial

Mitarbeitende als Kostenfaktor, Anspruchsgruppe und Wertschöpfungspotenzial

Meyer-Ferreira und Lombriser (2003) sowie Meyer-Ferreira (2008) haben ein eigenes Geschäftsverständnis für das HRM entwickelt und sehen als einen zentralen Geschäftsbereich des HRM die Mitentwicklung der Unternehmensstrategie und die Entwicklung der HR-Strategie. Im strategischen HRM unterscheidet Meyer-Ferreira 3 Perspektiven, unter denen die Mitarbeitenden gesehen werden können. Zunächst sind Mitarbeitende das wichtigste Wertschöpfungspotenzial des Unternehmens, »das es zu erhalten, zu fördern und zu entwickeln gilt« (Meyer-Ferreira, 2008, S. 16).

Es wird somit zum Asset, ein Teil des Unternehmensvermögens. Weiterhin werden Mitarbeitende als Anspruchsgruppe und Kunde eingestuft, die zwischen verschiedenen Arbeitgebern wählen können. In der 3. Perspektive werden Mitarbeitende zu Lieferanten von zu bezahlenden Arbeitsleistungen und damit zum Kostenfaktor. Grundsätzlich werden immer alle 3 Perspektiven eingenommen. Im strategischen HRM wird gefordert, das Verhältnis dieser 3 Perspektiven zueinander zu definieren und daraus eine HR-Strategie aufzubauen, die eine entsprechende Wettbewerbsposition im Unternehmen unterstützt. Je nach Gewichtung der mitarbeiterbezogenen Perspektiven wird nun das Management der Arbeitsmarkt- und Mitarbeiterbeziehungen (Kunden und Anspruchsgruppe), das Kompetenzenmanagement (Asset und Wertschöpfungspotenzial) oder das »Performance Management« (Lieferanten und Kostenfaktor) stärker fokussiert. Welche der 3 Perspektiven eingenommen wird, kann nicht frei gewählt werden, sondern ist Teil der Unternehmensstrategie. Ein Unternehmen, das Kostenführerschaft anstrebt, wird in der Folge die Mitarbeitenden als Lieferanten von Arbeitsleistung und Kostenfaktoren einstufen und durch Aktivitäten im Bereich des »Performance Managements« optimieren.

Meyer-Ferreira (2008) empfiehlt in der HR-Strategieentwicklung, dass sich diese – falls vorhanden – auf die explizite Unternehmensstrategie ansonsten aber auf die impliziten Muster und Orientierungen im Unternehmen abstützt. Wenn die HR-Strategie direkt aus der Unternehmensstrategie abgeleitet werden kann, können einzelne Handlungsbereiche hieraus konkretisiert und Techniken aus der strategischen Unternehmensführung eingesetzt werden. Hierfür werden z. B. in der Logik einer »Balanced Scorecard« strategische Zielbereiche konkretisiert und daraus abgeleitet kritische Erfolgsfaktoren für das HRM identifiziert und die HR-Strategie formuliert. Die Strategieumsetzung erfolgt dann durch Maßnahmen in den oben genannten 3 Handlungsbereichen. Wenn keine explizite Unternehmensstrategie vorliegt, soll das HRM eine eigene strategische Analyse vornehmen und dabei die Unternehmensumwelt wie auch die Innensicht des Unternehmens ausleuchten. Die Formulierung der HR-Strategie basiert auf dieser Analyse und folgt wiederum den 3 Schwerpunkten (»Labour-Market & Employee Relationship Management«, »Performance & Labour Cost Management«, »Competence & Human Asset Management«).

5.2.4 Personalstrategische Grundtypen

Gmür und Thommen (2007) stellen bei der Personalstrategie 2 Grundsatzfragen in den Vordergrund: Einerseits geht es darum, die strategische **Positionierung** des Unternehmens im Markt vorzunehmen, andererseits geht es um das **Leitbild**, das die Unternehmensleitung ihrer Personalpolitik zugrunde legen will. Aus der Kombi-

personalstrategische
Grundtypen

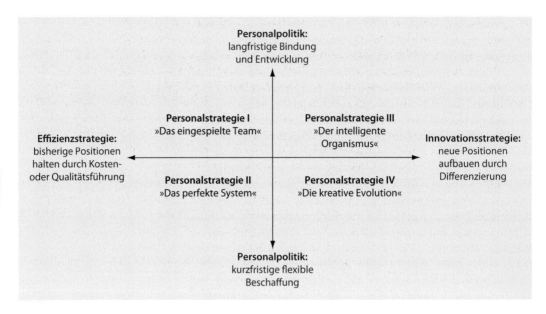

Abb. 5.1 Personalstrategische Grundtypen. (Gmür & Thommen, 2007, S. 21)

nation der Marktstrategie und des personalpolitischen Leitbildes ergeben sich dann 4 verschiedene Personalstrategien, die bei Gmür und Thommen (2007) personalstrategische Grundtypen genannt werden (■ Abb. 5.1).

Gmür und Thommen (2007) konkretisieren für alle 4 Personalstrategien und für verschiedene Personalfunktionen Möglichkeiten der Umsetzung. Zum Beispiel wird für die Personalfunktion Personalentwicklung unterschieden in die vorrangigen Inhalte, die Prozesse und die Karrieremuster. Karrieremuster im eingespielten Team sind die Fachlaufbahn, im perfekten System gibt es kaum Aufstiegschancen, beim intelligenten Organismus zählt die Fach- und Führungslaufbahn nach Bewährung und in der kreativen Evolution geht es um den schnellen Aufstieg bei individuellem Erfolg. Erfolgskritisch ist die Auswahl der Personalstrategie pro Unternehmensbereich, da hier dem Anspruch Rechnung getragen wird, dass verschiedene Aufgaben wie z. B. Forschung und Entwicklung oftmals ganz andere Rahmenbedingungen haben wie andere Unternehmenseinheiten.

5.3   Nachhaltiges HRM

Konzepte der erweiterten Geschäftsverantwortung der Unternehmen

Eine sinnvolle Ausrichtung des HRM erfordert eine Ausrichtung an der explizit formulierten oder gelebten Unternehmensstrategie. Von den Unternehmen wird aufgrund der vielfältigen gesellschaftlichen und wirtschaftlichen Entwicklungen verstärkt gefordert, sich mit den ökologischen aber auch den sozialen Wirkungen ihrer Handlungen auseinanderzusetzen und hier Verantwortung zu übernehmen. Gerade in der aktuellen Wirtschafts- und Finanzkrise wird Kritik an Managementpraktiken formuliert, die auf kurzfristige Optimierung und wenig auf nachhaltiges Handeln ausgerichtet wurden. Die Konzepte der erweiterten Geschäftsverantwortung der Unternehmen (z. B. »Corporate Social Responsibility«, »Corporate Citizenship«, nachhaltige Entwicklung) setzen an diesem Punkt an und benennen – trotz Unterschiedlichkeit in den Ansätzen – ähnliche Themen.

Alle diese Konzepte fokussieren nicht mehr auf den »Shareholder-Value« und allein auf die Ansprüche der Kapitalgeber, sondern richten sich an den Ansprüchen verschiedener Stakeholder und deren Vorstellungen sowie den gesellschaftlichen Wirkungen, die durch Unternehmen erzielt werden, aus. Stakeholder können z. B. neben den Kapitalgebern, die öffentliche Hand oder aber die Mitarbeitenden des Unternehmens sein. Das nachhaltige HRM ist Teil der nachhaltigen Unternehmensführung und konkretisiert die Anforderungen an die Gestaltung der Mitarbeitendenbeziehung im Sinne einer nachhaltigen und sozial verantwortlichen Unternehmensführung. Der Beitrag des HRM zum Unternehmenserfolg wird darin gesehen, die soziale Dimension so zu gestalten, dass sie den ökonomischen Erfolg der Unternehmen auch mittel- und langfristig unterstützt. Und dieser »Mechanismus« funktioniert z. B. via »Employer Branding«, die Steigerung der Unternehmensreputation, eine erhöhte Mitarbeitermotivation und Effizienzsteigerung in den operativen Abläufen (World Economic Forum's Global Corporate Citizenship Initiative, 2004; Studie bei mehr als 1.000 Unternehmen und einer Befragung von CEOs und CFOs aus 14 Ländern).

❯ Nachhaltige Unternehmensführung erfordert eine Stakeholder-, Management- und Umsetzungsorientierung für alle Aspekte der Unternehmensführung, auch für das HRM.

5.3.1 Stakeholder-Orientierung

Um betriebswirtschaftliches Gewinnstreben mit sozialer (und ökologischer) Verantwortung in Einklang zu bringen, werden die Ziele und Vorstellungen verschiedener Personengruppen, die Ansprüche an das Unternehmen haben, berücksichtigt. Für die Gestaltung der Mitarbeitendenbeziehung bedeutet dies, dass die Vorstellungen und Prioritäten verschiedener Anspruchsgruppen identifiziert und hinsichtlich ihrer Relevanz für das Unternehmen bewertet werden (vgl. Winistörfer, Teuscher & Dubielzig, 2006).

Für die HR-Strategie werden diese Ansprüche für die mitarbeiterbezogene Dimension konkretisiert. ◻ Abb. 5.2 zeigt beispielhaft auf, welche Stakeholder für ein Unternehmen relevant sein können und was deren zentralen Anforderungen an die Gestaltung der Mitarbeiterbeziehung sind. Diese Ansprüche sind in der Formulierung der HR-Strategie (im Kontext der Unternehmensstrategie) abzuwägen, zu

Stakeholder-Orientierung

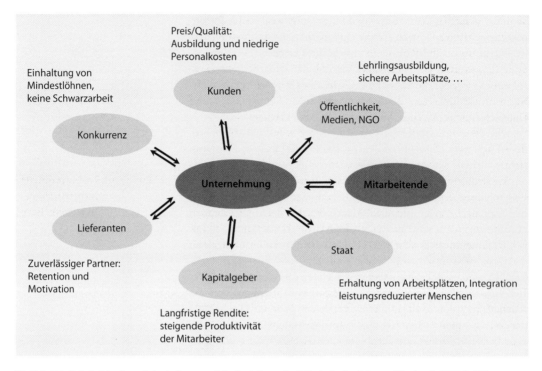

◘ Abb. 5.2 Stakeholder-Ansprüche in Bezug auf die Gestaltung der Mitarbeiterbeziehung. (Eberhardt, 2007, S. 102)

gewichten und später dann durch eine entsprechende Ausgestaltung der HR-Praktiken umzusetzen.

5.3.2   Managementorientierung

Managementorientierung

Nachhaltigkeit in der Unternehmensführung ist in der Umsetzung komplex und weder auf der Ebene des Gesamtunternehmens noch für die mitarbeiterbezogene Dimension der Unternehmensführung systematisch betrieben worden. Wird die Unternehmenspraxis hinterfragt, so werden meistens Einzelbeispiele benannt, die nicht aufeinander abgestimmt sind und eher als »anekdotisch« bezeichnet werden können (vgl. Eberhardt, 2007).

Damit die Aktivitäten auf die strategische Ausrichtung des Unternehmens erfolgen und untereinander abgestimmt sind, ist der Einsatz entsprechender Managementsysteme oder – bezogen auf das HRM – eine Systematisierung verschiedener Handlungsoptionen sinnvoll.

Vor einer **Systematisierung der Handlungsoptionen** braucht es – analog zum »Best-Practice«-Ansatz im HRM – eine Identifikation von HR-Praktiken, die sich für die nachhaltige und sozial verantwortliche Ausgestaltung des HRM eignen. Eine solche Diskussion ist immer eine normative Auseinandersetzung mit der Frage, welche HR-Praktiken und insbesondere welche Varianten der Ausgestaltung führen zur nachhaltigen Gestaltung der Mitarbeitendenbeziehung. Im

Modell des nachhaltigen HRM basiert diese normative Ausrichtung auf einer Systematisierung der von verschiedenen internationalen Organisationen oder Interessengruppen diskutierten und verabschiedeten Regelungen und Vorschläge. Die z. B. von der internationalen Arbeitsorganisation (ILO) oder speziellen Interessengruppen (z. B. Netzwerk für sozial verantwortliche Wirtschaft in der Schweiz) formulierten Vorschläge sind vielfältig und beziehen sich auf Sicherheit, Gesundheit und Lernmöglichkeiten am Arbeitsplatz, »Worklife-Balance«-Konzepte, flexible Arbeitszeitmodelle, differenzierte Entlohnungskonzepte, Mitwirkungsmodelle etc.

Ausgangspunkt für die **Entwicklung der Handlungsfelder** war eine inhaltsanalytische Aufbereitung und Auswertung einer Vielzahl an nationalen und internationalen Normen- und Regelwerke, in denen im Austausch von verschiedenen Entscheidungsträgern aus Politik, Gesellschaft und Wirtschaft Standards im Bereich der Ethik und soziale Verantwortung definiert wurden (z. B. »United Nations Global Compact«, »Global Reporting Initiative« (GRI), »Standard for Social Accountability« (SA 8.000), »International Standards Organisation« (ISO) 9.000/14.000; 26.000, Soziallabel Schweiz). Ergänzend wurden das »Best-Practice«-Modell von Pfeffer (1994; 1998) sowie empirische HR-Studien zur Praxis des nachhaltigen HRM (vgl. Thom & Zaugg, 2002) in diese neue Systematik integriert.

nationale und internationale Normen sozialer Verantwortung

Die 10 Handlungsfelder sind umfangreich dokumentiert bei Eberhardt, Winistörfer und Merz (2005a, b). Dort finden sich auch Beispiele der praktischen Umsetzung bei der ABB-Schweiz.

10 Handlungsfelder des nachhaltigen HRM

Checkliste: Die 10 Handlungsfelder des nachhaltigen HRM

1. **Nachhaltigkeit und soziale Verantwortung normativ und strategisch ausrichten**: HR-Praktiken werden in der Umsetzung explizit oder implizit nach strategischen und normativen Werthaltungen und Vorstellungen, die den Mitarbeitenden gegenüber existieren, ausgerichtet. Dieses 1. Handlungsfeld befasst sich mit der Stakeholder-Orientierung, HR-Philosophie, HR-Strategie und den Werten des Unternehmens

2. **Ausgewogene HR-Demographie und »Diversity« ermöglichen**: HR-Demographie und »Diversity« betrachtet als Handlungsfeld 2 die Mitarbeitendenstruktur und Zusammensetzung aller Mitarbeitenden im Unternehmen. Gleichstellungs- und »Diversity«-Themen sind Bestandteil dieses Themengebietes

3. **Nachhaltig Mitarbeitende gewinnen und erhalten**: Selektion und Integration der Mitarbeitenden ist Ausgangspunkt einer nachhaltigen und längerfristigen Gestaltung der Mitarbeitendenbeziehung. Handlungsfeld 3 befasst sich mit den Aspekten des HR-Marketings und der Rekrutierung

sowie Arbeitnehmerschutzrechten, Möglichkeiten der Karriereentwicklung und des »Performance Managements«

4. **Führung und Zusammenarbeit kooperativ umsetzen**: Handlungsfeld 4 befasst sich mit der Gestaltung der Mitarbeiterbeziehung aus der Optik der Linienvorgesetzten. Zur kooperativen Führung und Zusammenarbeit gehört auch der Einsatz der Mitarbeitenden, das Fördern und Weiterentwickeln der Fähigkeiten in der täglichen Zusammenarbeit von Mitarbeiter oder Mitarbeiterin und dem oder der Vorgesetzten. Eine wertorientierte Führung verhindert Mobbing, Diskriminierung und andere belastende Formen der Zusammenarbeit und fördert die Zusammenarbeit, Integration und Entwicklung der Mitarbeitenden

5. **Partizipation und Mitbestimmungsmöglichkeiten unterstützen**: Kollektiven Mitbestimmungsmöglichkeiten in Form von Informations-, Mitsprache- und Mitwirkungsrechten sind Inhalte des Handlungsfeldes 5. Information und Interessenvertretung sind die beiden zentralen Aspekte, Gewerkschaften und die unabhängigen Arbeitnehmerorganisationen sind Teil dieses Handlungsbereichs. Ein weiterer Schwerpunkt innerhalb dieser Kategorie stellt die transparente Informationspolitik dar

6. **Lernen fördern**: Handlungsfeld 6 beinhaltet alle Formen des lebenslangen Lernens, z. B. Ausbildung und Personalentwicklung, Laufbahnplanung und Weiterbildungsmöglichkeiten in verschiedenen didaktischen Konzepten am Arbeitsplatz und »off-the-job«

7. **Lohnsystem differenziert gestalten**: Handlungsfeld 7 befasst sich mit einem differenzierten Umgang zum Thema Lohn. Ein differenziertes Lohnsystem sichert soziale Sicherheit und Leistungsorientierung. Mindest-, respektive marktübliche Löhne, die differenzierte Gestaltung des Lohnsystems, die Schaffung von Lohntransparenz und eine angemessene Lohnspanne sind Gestaltungsoptionen

8. **Arbeitssicherheit und Gesundheit managen**: Handlungsfeld 8 beinhaltet die gesundheitsförderliche Arbeitsgestaltung, Gesundheitsmanagement und Arbeitssicherheit (inklusive Unfallverhütung)

9. **Vereinbarkeit von Lebensbereichen ermöglichen (»life domain«)**: »Life domain« umfasst Themenaspekte, die es ermöglichen, Arbeit und Privatleben in Ausgleich zu bringen. Diverse Arbeitszeitmodelle und familienfreundliche Unterstützungsangebote sind Beispiele für dieses 9. Handlungsfeld

10. **Arbeit und »Employability« sicherstellen**: Handlungsfeld 10 fokussiert auf HR-Praktiken, die Arbeit und/oder Arbeitsmarktfähigkeit sicherstellen

Die Ausgestaltung der Handlungsfelder kann durch verschiedene Maßnahmen geschehen. Es ist Bestandteil des Strategieprozesses, die Gewichtung der Handlungsfelder auf die Unternehmensstrategie abzustimmen (laterale Abstimmung), Akzente zwischen den Handlungsfeldern zu setzen und die Ausgestaltung der Aktivitäten aufeinander auszurichten (horizontale Abstimmung).

5.3.3 Wirkungsorientierung

In der Praxis werden die Unternehmen zumeist an ihrem ökonomischen Erfolg gemessen. Soziales Engagement soll direkt oder indirekt (z. B. über Reputationsgewinn) zu diesem ökonomischen Erfolg beitragen.

soziale und ökonomische
Wirkungen vereinen

> **Nachhaltiges und sozial verantwortliches HRM muss sich der Herausforderung stellen, dass durch soziales und mitarbeiterbezogenes Engagement positive soziale Wirkungen erzielt werden, die schlussendlich dazu führen, dass durch die Mitarbeitenden der Unternehmenserfolg erhöht wird.**

Innerhalb der strategischen Auseinandersetzung zur Gestaltung der HR-Strategie ist es deshalb notwendig, die sozialen sowie die ökonomischen Wirkungen der ausgewählten HR-Praktiken abzuschätzen und in die Entscheidungsfindung zu integrieren.
◼ Abb. 5.3 fasst die Modellvorstellungen des nachhaltigen HRM zusammen.

5.3.4 Entwicklung und Umsetzung einer nachhaltigen HR-Strategie

Die Entwicklung einer nachhaltigen HR-Strategie ist eng mit der unternehmensstrategischen Ausrichtung verbunden. Im Idealfall kann die HR-Strategie abgestützt auf die Unternehmensstrategie entwickelt werden oder erste Ansätze der HR-Strategie sind bereits Teil der Diskussionen während der Entwicklung der Unternehmensstrategie. Die Palette des nachhaltigen und sozial verantwortlichen HRM ist reichhaltig. Es braucht eine Abstimmung der Aktivitäten mit der Unternehmensstrategie und zwischen den einzelnen Handlungsfeldern des nachhaltigen HRM. Sobald die strategische Bedeutung der einzelnen Handlungsfelder geklärt ist, geht es um die Akzentuierung von HR-Praktiken, die aufgebaut und unterstützt werden sollen sowie um die inhaltliche Ausrichtung und Abstimmung der gewählten Maßnahmen untereinander (auch bezogen auf die Unternehmensstrategie).

Entwicklung einer
nachhaltigen HR-Strategie

Wichtig für die Gestaltung der mitarbeiterbezogenen Dimension der Unternehmensführung ist (analog zur gesamten nachhaltigen Unternehmensführung) eine **Orientierung an den verschiedenen**

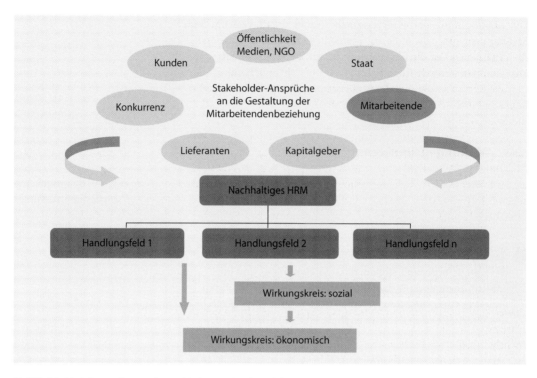

□ Abb. 5.3 Modellvorstellungen des nachhaltigen HRM. (In Anlehnung an Eberhardt, 2007, S. 101)

Anspruchsgruppen (Stakeholder). Sind die verschiedenen Ansprüche identifiziert, braucht es eine Management- und Wirkungsorientierung, die verschiedenen Handlungsoptionen müssen so ausgewählt werden, dass sie einen bestmöglichen Beitrag zum Unternehmenserfolg beisteuern.

Folgendes Vorgehen wird in der Entwicklung einer nachhaltigen HR-Strategie empfohlen. Existiert keine explizite Unternehmensstrategie mit Aussagen zu den Stakeholdern und deren Anliegen, ist es Aufgabe des HRM im Rahmen der Erarbeitung einer HR-Strategie eine entsprechende Analyse, zumindest bezogen auf die Relevanz für die mitarbeiterbezogene Dimension, vorzunehmen und – je nach Unternehmenskultur und Möglichkeiten im Unternehmen – in einem Abstimmungsprozess mit den Linienverantwortlichen auszuarbeiten.

■ ■ **Identifikation aller Stakeholder und Bewertung der Relevanz der Stakeholder**

Stakeholder und Ansprüche priorisieren

Im 1. Schritt wird bei der Entwicklung einer nachhaltigen Unternehmensstrategie und parallel dazu auch für die HR-Strategie der Frage nachgegangen, wer alles (berechtigte) Ansprüche an das Unternehmen hat. Häufig sind die zentralen Anspruchsgruppen oder Stakeholder die Kunden, die Kapitalgeber, aber auch der Staat und die Standortgemeinde, häufig Verbände oder spezielle Organisationen, die Mitarbeitenden, die Lieferanten etc. Wenn in einer strategischen Diskussion der Entscheidungsträger (i.d.R. die Geschäftsleitung oder die Bereichsleitungen) – idealerweise unter Einbezug der HR-Leiterin oder des HR-Leiters – diese Stakeholder identifiziert wurden, gilt es diese Stakeholder zu priorisieren.

Nicht alle sind für das Unternehmen gleich bedeutend und oftmals beinhalten die Erwartungen verschiedener Anspruchsgruppen Zielkonflikte. Dem HRM wird in einer solchen strategischen Diskussion die Rolle der Interessenvertretung der Mitarbeitenden zuteil; es wird für eine entsprechende Priorisierung der Anspruchsgruppe Mitarbeitende einsetzen.

▪▪ Identifikation und Priorisierung der Ansprüche an das Unternehmen

Nach einer Definition und Priorisierung der Stakeholder geht es darum, die Ansprüche der Stakeholder an das Unternehmen zu identifizieren, zu gewichten und bezogen auf die mitarbeiterbezogene Dimension zu konkretisieren. In der ◗ Abb. 5.3 wurden hierfür Konkretisierungen aufgeführt. So kann die Erwartung des Kapitalgebers »steigende Rendite« eine kontinuierliche Steigerung der Leistung oder Senkung der Lohnkosten bedeuten und gleichzeitig im Zielkonflikt mit den Ansprüchen der Mitarbeitenden stehen. Diese erwarten voraussichtlich eine kontinuierliche Steigerung des Lohns und andere Dinge wie gesundheitsförderliche Arbeitsplätze oder die Möglichkeiten Einfluss zu nehmen und sich persönlich weiter zu entwickeln.

▪▪ Interne und externe Unternehmensanalyse

Den Stakeholder-Ansprüchen gegenübergestellt wird eine Analyse der aktuellen und erwünschten Unternehmenssituation. Ein solches Vorgehen trägt auch dem Umstand Rechnung, dass die Stakeholder situativen Faktoren ausgesetzt sind und deren Ansprüchen, und die Entwicklung ihrer Ansprüche immer auch mit der Veränderung der situativen Faktoren verbunden sind. In Anlehnung an das Harvard-Konzept sollten als **situative Faktoren** die Beschäftigungsstruktur, Arbeitsmarktbedingungen, Gesetze, Technologie sowie gesellschaftliche Werte betrachtet werden. Für die marktbezogene Optik, die im Harvard-Konzept unterrepräsentiert ist, können Verfahren der Marktanalyse eingesetzt werden.

Die umfassende Analyse der situativen Faktoren und Marktgegebenheiten des Unternehmens wird durch eine Standortbestimmung zu den vom Unternehmen verfolgten Aktivitäten (interne Unternehmensanalyse) ergänzt. Fragen nach dem »Was tun wir aktuell?« und »Worin sind wir stark?« konkretisieren die Ausgangssituation, v. a. auch bezogen auf die HR-Praktiken, und leiten strategische Diskussionen um den konkreten Handlungsbedarf ein.

Unternehmensanalyse durchführen

Geschäfts- und Strategiefelder definieren

■ ■ Definition von HR-»Policies« und HR-Strategiefeldern

Einer ausführlichen Analyse der Ausgangssituation und der Stakeholder-Interessen führt dazu, dass einerseits die Möglichkeiten und Chancen wie aber auch die Schwierigkeiten und Zielkonflikte transparent werden und damit für strategische Grundsatzdiskussionen zwischen oder mit den Entscheidungsträgern sichtbar werden. In einer Strategieentwicklung kann kein Entscheidungsautomatismus angewendet werden, verschiedene Positionen müssen abgewogen und bewusste Entscheidungen getroffen werden. Schlussendlich besteht nach intensiver Betrachtung der Stakeholder-Erwartungen und situativen Faktoren die Möglichkeit, passend zur Unternehmensstrategie Schwerpunkte und Vorgehensweisen in der HR-Strategie zu definieren. Nach Identifikation übergeordneter Strategiefelder, die für dieses Unternehmen oder diese Branche relevant sind, können Richtlinien oder »Policies« verabschiedet werden, um der späteren Umsetzung noch mehr Gewicht zu geben. Innerhalb der definierten HR-Strategiefelder werden Akzente, Anforderungen und die Art der Ausrichtung dieses Strategiefeldes konkretisiert. Zum Beispiel »Lernen fördern« im Sinne von arbeitsplatzspezifischen Kompetenzen, die erworben werden müssen, weil das Beispielunternehmen ganz spezifische Produkte anbietet.

> ❯ Bei einer Strategieentwicklung und -umsetzung spielt der Prozess eine wichtige Rolle. Strategieentwicklung ist immer ein Führungsprozess, schlussendlich sind die Führungskräfte für die strategische Ausrichtung eines Unternehmens verantwortlich.

Das HRM kann für die Prozessgestaltung und -begleitung die Verantwortung übernehmen. Hierfür ist eine Rolle und Kompetenzklärung notwendig. Es ist sehr gut möglich und erstrebenswert durch eine breite Abstützung bei den Mitarbeitenden einerseits deren Know-how in die Strategiebildung zu integrieren und andererseits die Umsetzung entsprechend breit abzustützen. Dieser Prozess ist unterschiedlich gestaltbar und im Umfang der Mitarbeitereinbindung und -kommunikation auf die Unternehmenskultur abzustimmen. Möglichkeiten der Prozessbegleitung bestehen viele, z. B. in der Erarbeitung der Ausgangssituation, in der Konkretisierung strategischer Kernaussagen, in der Umsetzung der Strategie in Maßnahmen und Projekte. Für eine spätere Umsetzung der HR-Strategie wird der identifizierte Handlungsbedarf aufgeführt und erste Ideen für die Umsetzung generiert.

Selbst im Falle einer unabhängig von der Unternehmensstrategie entwickelten HR-Strategie empfiehlt sich die breite Abstützung in Zusammenarbeit mit den Linienverantwortlichen und eine spätere Stellungnahme zu der HR-Strategie.

HR-Praxis gestalten

■ ■ HRM in der Praxis nachhaltig umsetzen

Die Möglichkeiten zur Ausgestaltung eines nachhaltigen HRM können in den verschiedenen Handlungsfeldern unterschiedlich erfolgen. Je nach Branche, Stakeholder-Ansprüchen, Umfeld- oder Unternehmenssituation sind verschiedene Handlungsfelder prioritär zu gewichten und bestimmte Maßnahmen von besonderem praktischen Interesse. Es bleibt die Aufgabe der Praxis, sich mit der Fragestellung auseinanderzusetzen: »In welchen Bereichen wollen wir uns besonders engagieren?«

»Mit welchen Maßnahmen des nachhaltigen HRM wollen wir die Umsetzung der nachhaltigen (Unternehmens-) Strategie zum jetzigen Zeitpunkt unterstützen?« »Welche Wirkungen sollen durch nachhaltiges HRM erzeugt werden?« Zur Beantwortung dieser Fragen bietet das integrative Bezugssystem des nachhaltigen HRM eine wertvolle Diskussionsgrundlage.

■■ **Anforderungen an die praktische Umsetzung**
Bei der Gestaltung des nachhaltigen HRM bleibt zu bedenken, dass

- ökonomische Wirkungen durch soziale Interventionen und soziale Wirkungen erreicht werden können und müssen; eine Transparenz über die erwünschten Wirkungen erleichtert die Auswahl und Ausgestaltung der möglichen Maßnahmen;
- eine umfassende Analyse immer auch eine Identifikation von Stakeholder-Interessen umfasst;
- das nachhaltige HRM immer normative Aussagen enthält und die breite Palette möglicher Handlungsoptionen der Modellvorstellungen des nachhaltigen HRM auf das Unternehmen angepasst werden muss;
- die gewählten Maßnahmen auf die Gesamtstrategie und untereinander abgestimmt sein müssen. Zum Beispiel passt es gut, wenn innovative Marktführer in ihrer HR-Strategie sich Handlungsfeldern zur Erhöhung der Arbeitsmarktfähigkeit/»Employability« (Handlungsfeld 10) und zum Lernen (Handlungsfeld 6) engagieren. Bei der Ausgestaltung der Handlungsfelder kommt es dann darauf an, dass Lernfelder und Möglichkeiten geschaffen werden, die eine Vertiefung, Anwendung und Reflexion des Gelernten ermöglichen, damit dieses langfristig zur Verfügung steht.

■■ **Instrument zur Selbstbewertung »Erfolgsfaktor Mitarbeitende«**
Durch Einsatz des Instrumentes »Erfolgsfaktor Mitarbeitende« (vgl. Eberhardt, 2007) besteht die Möglichkeit, eine Selbstbewertung der HR-Aktivitäten im Unternehmen in den 10 Handlungsfeldern des nachhaltigen HRM vorzunehmen. Diese Selbstbewertung ist besonders effektiv, wenn sie beispielsweise in einem moderierten Workshop vom HRM unter Hinzuziehung ausgewählter Linienverantwortlicher durchgeführt wird. Das Instrument zur Selbstbewertung eignet sich für eine strukturierte strategische Auseinandersetzung im Unternehmen.

Sollte ein solches Vorgehen nicht möglich sein, besteht die Möglichkeit innerhalb des HRM eine Selbstbewertung vorzunehmen und

Instrument zur
Selbstbewertung

diese HR-spezifische Analyse dann im Rahmen der Entwicklung von Maßnahmen zur Umsetzung der HR-Strategie zu Grunde zu legen. Empfehlenswert ist bei einem HR-internen Vorgehen eine Stellungnahme zu dem daraus abgeleiteten Maßnahmenplan. Das Instrument zur Selbstbewertung der HR-Aktivitäten ist ergänzt um eine weitergehende Identifikation von Handlungsoptionen. Es baut auf die vorhergehenden Schritte der Analyse und Strategiebildung auf (inkl. Stakeholder- und Themenanalyse).

Folgende Schritte sind vorgesehen:

– Beschreibung der Ausgangssituation im HRM: In welchen Handlungsfeldern und mit welchen Maßnahmen engagieren wir uns aktuell?
– Bewertung des HR-Engagements in Bezug auf die nachhaltige Wirkung: Mit welchen Maßnahmen erzielen wir die sozialen und ökonomischen Wirkungen, die wir anstreben?
– Identifikation eines weitergehenden Handlungsbedarfs und neuer Ideen für ein Engagement in weiteren Handlungsfeldern oder mit zusätzlichen Maßnahmen: »Was könnten oder müssten wir zusätzlich tun?«

Der Selbstbewertungsbogen beinhaltet alle 10 Themengebiete und erfordert auf einer 5-stufigen Skala eine Einschätzung, wie intensiv im eigenen Unternehmen oder des betrachteten Unternehmensbereiches/der entsprechenden Organisationseinheit das nachhaltige HRM umgesetzt wird. Die eigene Einschätzung wird konkretisiert durch die Umsetzungsbeispiele, auf die sich diese Einschätzung abstützt. Wertvoll ist bei der Erarbeitung dieser Einschätzung die Integration der Sicht aller, die an diesem Prozess beteiligt sind. In der Diskussion ergeben sich erste wertvolle Hinweise für einen weitergehenden Handlungsbedarf und Konsequenzen für die weitere Umsetzung. Die Selbstbewertung beinhaltet auch eine Perspektivenübernahme und integriert die Sichtweise der relevanten Stakeholder.

Aufbauend auf diese Selbstbewertung des aktuellen Engagements des Unternehmens werden Handlungsfelder identifiziert und Prioritäten gesetzt.

Die ◘ Tab. 5.1 illustriert den Selbstbewertungsbogen »Erfolgsfaktor Mitarbeitende«.

▪▪ Umsetzungscontrolling

ökonomische und soziale Dimension überprüfen

Nachhaltiges HRM möchte ökonomische und soziale Wirkungen durch soziale Interventionen erzielen. Bei der Überprüfung der Wirksamkeit der nachhaltigen HR-Strategie und ihrer Umsetzungsmaßnahmen sind das **Monitoring** und die **Überprüfung der Maßnahmen** von zentraler Bedeutung. In Anlehnung an Führungsinstrumente der »balancierten Führung« gilt es Prozessmerkmale und Kenngrößen zu definieren, die sowohl die soziale als auch die ökonomische Dimension erfassen.

⊡ **Tab. 5.1** Erfolgsfaktor Mitarbeitende

Nachhaltigkeit und soziale Verantwortung im HRM – 10 Themengebiete der Umsetzung	Bewertung					Praktische Umsetzung, Beispiele	Handlungs-felder
	1	2	3	4	5		
1. Nachhaltigkeit und soziale Verantwortung normativ und strategisch ausrichten							
2. Ausgewogene HR-Demographie und Diversity ermöglichen							
3. Nachhaltig Mitarbeitende gewinnen und erhalten							
4. Führung und Zusammenarbeit kooperativ umsetzen							
5. Partizipation und Mitbestimmungsmöglichkeiten unterstützen							
6. Lernen fördern							
7. Lohnsystem differenziert gestalten							
8. Arbeitssicherheit und Gesundheit managen							
9. Vereinbarkeit von Lebensbereichen ermöglichen (»life domain«)							
10. Arbeit und »Employability« sicherstellen							

Dabei ist es empfehlenswert, durch unterschiedliche in der Organisation verankerte Feedbacksysteme Rückmeldung über diese Wirkung zu erhalten sowie diese Beobachtungen in den weiteren Prozess der HR-Strategieentwicklung zu integrieren.

5.4 HRM als strategischer Partner der Unternehmensführung

Ulrich formulierte (1996; 1999) 5 große Herausforderungen für Unternehmen, die erfolgskritisch sind und die von den Mitarbeitenden bewältigt werden müssen. Um den Herausforderungen der Globalisierung, der Sicherung des geistigen Kapitals (wer bekommt und erhält sich die besten Mitarbeitenden), des unaufhörlichen Wandels, dem Druck den Ertrag zu steigern und der technischen Entwicklung gewachsen zu sein, fordert er das Rollenverständnis des HRM neu zu überdenken. Ulrich kommt bei einer zusammenfassenden Beurteilung der neuen Herausforderungen zu dem Schluss, dass die »einzig verbliebene Wettbewerbswaffe« (1999, S. 38) die Organisation ist. Er

5

Die Rollen des HRM (Nach Ulrich, 1996; 1999)

- **Partner bei der Strategie-umsetzung werden**

Als strategischer Partner für die Linienverantwortlichen soll das HRM die strategischen Planungen aufgreifen und in der Umsetzung unterstützen.

- **Wirkliche Verwaltungsex-perten werden**

Als Experte für die Organisation und Abwicklung von Aufgaben soll das HRM zur administrativen Effizienz beitragen und so sicher-

stellen, dass die Kosten gesenkt, die Qualität hoch und die Effizienz gesteigert wird.

- **Verfechter von Mitarbei-teranliegen werden**

Das HRM soll die Beziehung zu den Mitarbeitenden professionell und zum Wohle des Unternehmens und der Beschäftigten gestalten. Dazu soll es als »Anwalt« der Beschäftigten deren Interessen in der Unternehmensführung vertreten und gleichzeitig dafür sorgen, dass

der Beitrag der Beschäftigten und ihre Fähigkeiten gesteigert und die Ergebnisse erhöht werden.

- **Zum »Change Agent« wer-den**

In der Rolle des »Change Agent« soll das HRM ein Handlungsbeauftragter für den kontinuierlichen Wandel werden, der die Abläufe und Kultur des Unternehmens so gestaltet, dass das Unternehmen Veränderungen und Wandel proaktiv gestalten kann.

geht davon aus, dass alle bisherigen Wettbewerbsmuster sich kopieren lassen (Technik, Produkteigenschaften, Vertrieb etc.). Erfolgskritische Faktoren werden Lernvermögen, Beweglichkeit und andere Fähigkeiten sein, die dazu dienen Geschäftsstrategien erfolgreich an die Umweltbedingungen anzupassen und umzusetzen.

Rollen des HRM

Damit die Unternehmen sich diesen Herausforderungen erfolgreich stellen können, fordert Ulrich (1996; 1999) vom HRM ein »neues Selbstverständnis«. Dem HRM werden 4 Rollen zugeschrieben, die dazu führen, dass die Unternehmen zu Spitzenleistungen fähig sind. Ulrich und Brockbank (2005) ordnen diese Rollen später neu und ergänzen sie um die Perspektive des HR-Leaders. Die Rolle des strategischen Partners kommt in den ursprünglichen und neueren Arbeiten vor, die Konkretisierungen der Rolle beziehen sich auf die ursprünglichen Arbeiten, weswegen das besser bekannte und ursprüngliche Rollenmodell von Ulrich (1996; 1999) hier konkretisiert wird (▶ Die Rollen des HRM).

Wie kann sich ein Unternehmen diesen neuen Herausforderungen stellen und was verbirgt sich hinter der Rolle des strategischen Partners? Ulrich (1996; 1999) fordert vom HRM ein »neues Selbstverständnis«. Vom HRM wird gefordert sich weniger bürokratisch in der »Rolle eines Ordnungsdienstes« (Ulrich, 1999, S. 34) als vielmehr unternehmerisch und zum Wohle der Mitarbeitenden auszurichten.

5.4.1 Inhaltliche Akzentuierung der Rolle des HRM als strategischer Partner

Aus den Ausführungen zum Zusammenspiel von Unternehmensstrategie und HR-Strategie lassen sich 2 zentrale Aspekte für die Rolle des strategischen Partners in der Strategieentwicklung ableiten:

1. Das HRM ist in der internen und externen Unternehmensanalyse Experte und gefordert, wenn es um die Einschätzung und Bewertung des externen Arbeitsmarktes und der HR-Praktiken im Unternehmen geht.
2. Ein Strategieprozess umfasst einen Analyse- und Entscheidungsprozess, der schlussendlich immer aufgrund verschiedener (menschlicher) Einschätzungen der Entscheidungsträger zustande kommt. Das HRM kann mit seiner Fach- und Prozesskompetenz in Themen der Zusammenarbeit und Entscheidungsfindung die Verantwortung für die Gestaltung des Strategieprozesses und die Moderation der entsprechenden Austauschgremien übernehmen.

Die Rolle des HRM in der Strategieumsetzung wurde von Ulrich (1996; 1999) nochmals aufgegliedert:

- Organisationsarchitektur gestalten,
- Revision des Unternehmens durchführen,
- Methodenspezialist in Kultur- und Strukturentwicklung sein,
- Priorisierungen vornehmen und Erfolgskontrolle durchführen.

Die strategische Ausrichtung eines Unternehmens ist die Aufgabe des Führungsteams/der Geschäftsleitung eines Unternehmens. Das HRM bzw. die Personalabteilung sollte Teil dieses Führungsteams sein und die »Baumuster« für die interne Organisation des Unternehmens entwerfen/einbringen. Das heißt das HRM bekommt die Rolle des »**Organisationsarchitekten**« zugewiesen. Damit wird die Kompetenz für die Integration verschiedener Aspekte (z. B. Kultur und Werte, Aufbau- und Ablauforganisation, Ausrichtung der Mitarbeiterstruktur sowie Nutzung von Fähigkeiten und Interessen) in der Verantwortung des HRM gesehen. Dem HRM kommt in dieser neuen Rolle die Aufgabe zu, die Zusammenhänge zwischen den Gestaltungsmöglichkeiten von Kultur, Strategie und Struktur zu erkennen, mit ihren Auswirkungen auf das Erleben und Verhalten der Mitarbeitenden zu verstehen und für das Linienmanagement Analysen durchzuführen sowie Umsetzungsvorschläge zu erarbeiten. Eine 2. Konkretisierung der Rolle des strategischen Partners wird dem HRM bei der Durchführung einer Revision des Unternehmens/der Organisation zugeschrieben. Durch eine Rückkoppelung der Realität des Unternehmens zu der gewünschten Kultur und den strategischen Zielen wird eine Diskussion mit dem Management möglich und die Umsetzung erfolgt im gesamten Unternehmen aufeinander abgestimmt.

Konkretisierung der Rolle des strategischen Partners

Die 3. Rolle als strategischer Partner wird im methodischen Vorgehen identifiziert. Das HRM muss in diesem neuen Rollenverständnis in der Lage sein, Systeme und Strukturen (weiter) zu entwickeln, die den kulturellen Wandel unterstützen und in der Lage sind, die Umsetzung der Strategie bestmöglich zu gestalten. Die Möglichkeiten hierfür sind vielfältig, z. B. im »Performance Management«, im Aufbau von Teamorganisationen und -kulturen, in der wertorientierten Führung, »Lifelong Learning« etc. Schlussendlich wird das HRM der Rolle als strategischem Partner aber nur gerecht, wenn es innerhalb der Vielzahl an Handlungsoptionen klare Prioritäten setzt, die verschiedene Initiativen aufeinander abstimmt und auch in ihrem Erfolg überprüft.

5.4.2 Prozess der Rollenübernahme als strategischer Partner

Prozess der Rollenübernahme

Anspruch und Wirklichkeit des HRM in seiner Rolle als strategischer Partner der Unternehmensführung entsprechen sich heute in einer Vielzahl an Unternehmen nicht. Aufbauend auf die von Ulrich definierten Teilrollen des strategischen Partners und dem Prozess der Rollenübernahme (▶ Kap. 4) werden Möglichkeiten zur Gestaltung der Rollenübernahme von Mitarbeitenden des HRM als strategischer Partner des Linienmanagements aufgezeigt.

Die Rollenübernahme ist immer ein 2-seitiger Prozess, der auf der Ebene der Organisation und ihrer Mitglieder und der Person stattfinden muss. Steiger (2008) unterscheidet die 3 Prozessschritte »Rollendefinition«, »Rollengestaltung« und »Rollendurchsetzung«. ◘ Tab. 5.2 systematisiert den Prozess der Rollenübernahme in allen 3 Prozessschritten für die 4 Teilanforderungen an die Rolle des strategischen Partners (Organisationsarchitekt, Revisor, Methodenexperte, Controller) auf der Ebene Individuum und Organisation.

Zusammenfassung

Die Modellvorstellungen und die Praxis der strategischen Unternehmensführung sind unterschiedlich und damit auch die Vorstellungen und die Praxis des strategischen HRM. Es gilt ein Vorgehen zu identifizieren, das zu der Umwelt, der Kultur und den Möglichkeiten des Unternehmens passt. Ziel ist es, die erwünschten ökonomischen Wirkungen im Unternehmen durch ein sozial verantwortliches HRM zu erreichen. Das HRM selbst kann in diesem Prozess eine wichtige Rolle einnehmen und steht der Aufgabe gegenüber, die eigene Rolle als strategischer Partner zu klären. Hierfür sind erweiterte Kompetenzen und Handlungsweisen erforderlich.

■ **Tab. 5.2** Rollenanforderungen an das HRM als strategischer Partner

	Organisation	Individuum
Rollendefinition	**Klärung von Aufgaben und Kompetenzen der HR-Organisation**	**Klärung der Aufgaben und Kompetenzen der im HRM für die strategische Partnerschaft zuständigen Person(en)**
Organisationsarchitekt	Strukturen, Systeme, Abläufe etc. entwickeln und integrativ aufeinander abstimmen	Beratung und Gestaltung bei der Strategieumsetzung als Aufgabe definieren
Revisor	Teilbereiche identifizieren, die verändert werden müssen, um die Strategieumsetzung zu erleichtern	Unternehmensanalyse als Teil der HR-Aufgaben verstehen
Methodenexperte	»Best Practices« und Vorgehensweisen vorschlagen, entwickeln und diskutieren	Konzeptionell-methodische Kompetenzen entwickeln
Controller	Strategieumsetzung und die HR-Aktivitäten überprüfen	Aufgabenverständnis entwickeln, das eine strategische Orientierung und Wirkungsmessung umfasst
Rollengestaltung	**Strukturelle Voraussetzungen schaffen**	**Strategische Fähigkeiten, Kompetenzen und Interessen aufbauen**
Organisationsarchitekt	Leitung HRM in Geschäftsleitung verankern und Gesamtverantwortung für Organisationsarchitektur übergeben	Kompetenzaufbau fördern: z. B. Organisationsanalyse und -gestaltung; Anspruchsgruppenorientierung, Umgang mit Komplexität, Mikropolitik
Revisor	Organisationsanalyse im HRM verankern, inhaltliche Führungsaufgaben in der Linienverantwortungen behalten und die Zusammenarbeit klären	Kompetenzaufbau in der Organisations- und Prozessanalyse, »Survey-Feedback«-Methoden und in der Moderation von Projektgruppen; Handlungskompetenz in der Wahrnehmung von Aufgaben innerhalb von Feedback-Systemen und im Konfliktmanagement
Methodenexperte	Fragen der Strategie-, Struktur- und Kulturentwicklung im HRM auf- und ausbauen	Fach-, Methoden- und Sozialkompetenz in strategischer Führung aufbauen: z. B. Performance Systeme, wertorientierte Führung; Entwicklungsprozesse; Prozessreflexion auf der Ebene von Organisationseinheiten und Teams
Controller	Wirkungsanalyse zu HR-Themen ins Controlling integrieren, Verantwortung des HRM für die inhaltliche Ausgestaltung der Erhebungsdaten klären	Methoden und Vorgehensweisen zur Strategieentwicklung/»Business Development« erwerben und in der Moderation von Gruppenprozessen anwenden können; Grundkompetenzen im HR-Controlling aufbauen
Rollendurchsetzung	**Institutionelle Ermächtigung**	**Personelle Ermächtigung**
Alle Teilrollen	Organisatorische Einbettung der HR-Abteilung und der HR-Funktionen klären	Die Rolle des strategischen Partners ist abhängig vom Zuschreibungsprozess der »Linie«. Fach- und Persönlichkeitskompetenz der HR-Mitarbeitenden fördern

Literatur

Ansoff, H. I. & McDonnell, E. (1990). *Implanting Strategic Management*, 2nd ed. New York, London: Prentice.

Armstrong, M. (2006). *Human Resource Management Practice*, 10th ed. London: Kogan-Page.

Armstrong, M. & Baron, A. (2008). *Handbook of strategic HRM*, 4th ed. Noida: Gayatri Enterprise.

Beer, M., Spector, B., Lawrence, P. R., Miles, D. Q. & Walton, R. E. (1985). *Human Resource Management. A general manager's perspective.* New York: Free Press.

Boxall, P. & Purcell, J. (2003). *Strategy and Human Resource Management.* Basingstoke: Palgrave Macmillan.

Capgemini Consulting. (2009). *HR-Barometer 2009, Bedeutung, Strategien, Trends in der Personalarbeit, Schwerpunkt Strategic Workforce Management.* Arbeitspapier.

Chandler, A. (1962). *Strategy and Structure.* Cambridge, MA: MIT Press.

Devanna, M. A., Fombrun, Ch. & Tichy, N. M. (1981). Human Resources Management: A Strategic Perspective. *Organizational Dynamics,* Winter 1981, 51–67.

Eberhardt, D. (2007). Nachhaltiges Human Capital Management. In B. Haas, R. Oetinger, A. Ritter & M. Thul (Hrsg.), *Nachhaltige Unternehmensführung – Excellence durch Verknüpfung wirtschaftlicher, sozialer und gesellschaftlicher Forderungen* (S. 97–114). München: Hanser.

Eberhardt, D., Winistörfer, H. & Merz, R. (2005a). Erfolgsfaktoren: Nachhaltigkeit und soziale Verantwortung. *HR Today, 11,* 22–25.

Eberhardt, D., Winistörfer, H. & Merz, R. (2005b). Fallstudie ABB: Nachhaltigkeit und soziale Verantwortung im Human Resources Management. In: ÖBU, TSF und zsa-ZHW (Hrsg.), *Das Unternehmen in der Gesellschaft – Die soziale Dimension der Nachhaltigkeit in Theorie und Praxis – Was leisten Schweizer Unternehmen* (S. 67–68)? ÖBU-Schriftenreihe, SR 26.

Gmür, M. & Thommen, J. P. (2007). *Human Resource Management – Strategien und Instrument für Führungskräfte und das Personalmanagement,* 2. überarbeitete und erweiterte Auflage. Zürich: Versus.

Guest, D. E. (1997). Human resource management and performance: a review of the research agend. *The International Journal of Human Resource Management. Vol. 8, No. 3,* 263–276.

Guest, D. E. (1999). Human resource management: the workers verdict. *Human Resource Management Journal, 9 (2),* 5–25.

Hamel, G. H. & Prahalad, C. K. (1994). *Wettlauf um die Zukunft.* Wien: Überreuther Wirt.

Hayer, R. L. (1985). Strategic Planning – forward in reverse? *Harvard Business Review, 6,* 111–119.

Kesler, G. (2002). *Four Steps to Buiding an HR Agenda for Growth: HR Strategy Revisited.* www.chrs.net/images/CHRS%20papers/HR_strat.pdf, Download 17.04.2008.

Lombriser, R. & Abplanalp, P. A. (2005). *Strategisches Management, Visionen entwickeln – Strategien umsetzen – Erfolgspotenziale aufbauen,* 4. Aufl. Zürich: Versus.

Meyer-Ferreira, P. (2008). *Strategisches HRM; Analyse – Entwicklung – Implementierung.* Zürich: SPEKTRAmedia.

Meyer-Ferreira, P. & Lombriser, R. (2003). Marktbasiertes strategisches Human Resource Management. http://www.zhaw.ch/fileadmin/user_upload/management/zhcm/das_zentrum/pdf/marktbasiertes_strategisches_hrm_zhcm.pdf.

Mintzberg, H. (1994). *The Rise and Fall of Strategic Planning.* New York: Free Press.

Mintzberg, H. (1999). *Strategy Safari – eine Reise durch die Wildnis des strategischen Managements.* Wien: Überreuther Wirt.

Patterson, M. G., West, M. A., Lawthom, R. & Nickell, S. (1997). *Impact of People Management Practices on Performance.* London: IPD.

Pfeffer, J. (1994). *Competitive Advantage Through People.* Boston: Harvard Business School Press.

Pfeffer, J. (1998). *The Human Equation, Building Profits by putting people first.* Harvard College.

Porter, M. E. (1980). *Competetive Advantage: Creating and sustaining superior performance.* New York: The Free Press.

Porter, M. E. (1986). *Wettbewerbsvorteile. Spitzenleistungen erreichen und behaupten.* Frankfurt, New York: Campus.

Porter, M. E. (1991). Towards a Dynamic Theory of Strategy. *Strategic Management Journal, 12,* Special Issue, 95–117.

Pümpin, C. (1992). *Strategische Erfolgs-Positionen. Methodik der dynamischen strategischen Unternehmensführung.* Bern, Stuttgart: Haupt.

Purcell, J., Kinnie, N., Hutchinson, S., Rayton, B. & Swart, J. (2003). *Understanding the People and Performance Link: Unlocking the black box.* London: CIPD.

Scholz, Ch. (1994). *Personalmanagement – Informationsorientierte und verhaltenstheoretische Grundlagen,* 4. Aufl. München: Vahlen.

Staehle, W. H. (1989). Human Resource Management und Unternehmensstrategie. *Mitteilungen aus der Arbeitsmarkt- und Berufsforschung, 3,* 388–396.

Steiger, T. (2008). Das Rollenkonzept der Führung. In T. Steiger und E. Lippmann (Hrsg.), *Handbuch Angewandte Psychologie für Führungskräfte,* 3. Aufl. (S. 35–61). Heidelberg: Springer.

Thom, N. & Zaugg, R. (2002). Das Prinzip Nachhaltigkeit im Peronalmanagement – Ausgewählte Ergebnisse einer Befragung in europäischen Unternehmen und Institutionen. *Personalführung, 7.*

Tichy, N. M., Fombrun, Ch. J. & Devanna, M. A. (1982). Strategic Human Resource Management. *Sloan Management Review, 2,* 47–61.

Ulrich, D. (1996). *Human Resource Champions. The next Agenda for Adding Value and Delivering Results*. Boston: Harvard Business School Press.

Ulrich, D. (1999). *Das neue Personalwesen: Mitgestalter der Unternehmenszukunft* (S. 33–51). München: Hanser.

Ulrich, D. & Brockbank, W. (2005). *The HR Value Proposition*. Boston: Harvard Business School Press.

Winistörfer, H., Teuscher, P. & Dubielzig, F. (2006). *Sozialmanagement im Unternehmen – ausgewählte Instrumente für die Praxis*. Zürcher Hochschule Winterthur, Winterthur, Beiträge zur nachhaltigen Entwicklung Nr. 5.

Wunderer, R. & Dick, P. (2007). *Personalmanagement – Quo vadis? Analysen und Prognosen zu Entwicklungstrends*. Köln: Luchterhand.

Organisationskultur – Analyse, Gestaltung und Entwicklung

Sabine Raeder

In Unternehmen steht Kultur oftmals für das Selbstverständliche und Typische, aber auch für das Unerklärliche. In diesem Kapitel wird zunächst die Vielfalt von Kultur in Organisationen anhand von Definitionen und Analysemethoden dargestellt. Forschungsergebnisse zeigen dann Zusammenhänge zu Unternehmenserfolg, Führung und Human-Resource-Praktiken auf, beschreiben Entwicklungs- und Veränderungsprozesse, führen Kultur als Voraussetzung für »Diversity« ein und zeigen internationale Vergleiche auf. Wo möglich schließen Empfehlungen die entsprechenden Themen ab.

6.1   Definition von Organisationskultur

Kontroverse um Nutzen und Gestaltbarkeit

Die Blütezeit der Organisationskulturforschung lag in den 80er- und 90er-Jahren. Damals wurden Konzepte entworfen, die heute noch Verwendung finden, es wurden Theorien diskutiert und Kontroversen ausgetragen. Zu Beginn dieser Zeit wurde Kultur als Managementthema entdeckt, und in populärwissenschaftlichen Studien wurden Erfolgskriterien für Unternehmenskulturen dargestellt (z. B. Deal & Kennedy, 1987; Peters & Waterman, 1983). Zudem verglichen kritische Forscher den aus der Anthropologie und Ethnologie stammenden Kulturbegriff systematisch mit Ansätzen der Managementforschung (z. B. Smircich, 1983). Angeregt durch die aus der Anthropologie und Ethnologie stammende Vielfalt von Zugängen erweiterte sich das Verständnis von Kultur in Organisationen, und der einseitige Fokus auf erfolgreiche Kulturen wurde sichtbar. Während die Unternehmenskulturansätze annehmen, dass geeignete Kulturen zum Erfolg des Unternehmens beitragen und in diesem Sinne gestaltet und optimiert werden können, kennen die in anthropologischen Kulturtheorien verankerten Ansätze viele Schattierungen von Nutzen und Gestaltbarkeit.

> ❯ Erfolg und Nutzen der Kultur sowie ihre Gestaltbarkeit und Formbarkeit entsprechen jeweils nur einer Position auf einem Kontinuum von Zweckfreiheit zu Nutzbarkeit und von selbstgesteuerter Entwicklung zu Gestaltbarkeit.

Heute finden die damals entwickelten Konzepte in Unternehmenspraxis und Wissenschaft Anwendung, und viele Annahmen wurden seither in umfangreichen Forschungsarbeiten überprüft. Obwohl Organisationskultur nicht mehr zu den intensiv diskutierten Themen gehört, erlaubt erst der Forschungsfortschritt der letzten Jahrzehnte klarere Aussagen zu den frühen Annahmen und Positionen. In diesem Kapitel wird Organisation als neutraler Begriff für Unternehmen verwendet, da dieser auch Nonprofit- oder staatliche Organisationen einschließt. In diesem Sinne ist auch Organisationskultur der neutrale Begriff, der außerhalb der Unternehmenswelt häufig verwendet wird. Unternehmenskultur steht für einen spezifischen Organisationskulturansatz (❏ Tab. 6.1). Oftmals reicht auch die Kurzform Kultur.

◘ **Tab. 6.1** Vergleich von anthropologischen Kulturtheorien und Organisationskonzepten. (Smircich, 1983)

Ansatz	Kulturtheorie
Variablenansatz	Interkulturelles Management Unternehmenskultur
Metaphernansatz	Organisationale Kognition Organisationaler Symbolismus Unbewusste Prozesse

Es bestehen unzählige Möglichkeiten, Organisationskultur zu definieren, und profilierte Autoren prägten ihre eigenen Definitionen. Linda Smircich (1983) gab in ihrem Vergleich von anthropologischen Kulturtheorien und Organisationskonzepten einen guten Überblick über das Spektrum möglicher Definitionen. Der Vergleich resultierte in 5 organisationalen Kulturkonzepten, die sie in 2 Bereiche unterteilte: den **Variablen-** und den **Metaphernansatz** (◘ Tab. 6.1).

Der **Variablenansatz** definiert Kultur als Variable. Einerseits kann Kultur eine Kontextvariable wie die Landeskultur sein, die durch das Umfeld vorgegeben ist und Einfluss auf die Organisation ausübt. Andererseits kann Kultur eine Variable innerhalb des Unternehmens sein, die in Abstimmung mit den Organisationszielen gezielt gesteuert und verändert werden kann. In beiden Fällen gilt es als Zielsetzung, **Kultur vorherzusagen oder zu kontrollieren**, um den wirtschaftlichen Erfolg der Organisation sicherzustellen. Die zugehörigen Kulturtheorien sind:

▬ **Interkulturelles Management**: Nationale Kulturen wirken als Kontext auf Organisationen ein, sodass sich Kulturen innerhalb eines Unternehmens von Land zu Land unterscheiden können. Beispiel hierfür ist der Ländervergleich der GLOBE-Studie (► Abschn. 6.8).

▬ **Unternehmenskultur**: Organisationen entwickeln eine spezifische Kultur, die sich auf die Effizienz des Systems auswirkt. Die Beschreibung der Kultur erfolgt in Werten, Überzeugungsmustern, Mythen, Geschichten, Symbolen und Ritualen mit dem Hauptanliegen, ein reibungsloses Funktionieren der Organisation zu ermöglichen. Als Beispiele dienen ältere Ansätze von Schein (1995), Peters und Waterman (1983) sowie Deal und Kennedy (1987) oder neuere Untersuchungen zum Zusammenhang von Kultur und Unternehmenserfolg (► Abschn. 6.3).

Der **Metaphernansatz** begreift Organisationskultur als Perspektive oder als erkenntnisleitende Annahmen, um Organisationen zu verstehen. Kultur entsteht durch Interaktionen der Organisationsmitglieder, und es entwickelt sich daraus ein von allen geteiltes Verständnis der Organisation. Dieses Verständnis wirkt dann als System von Bedeutungen auf die Mitglieder der Organisation zurück und lässt be-

Vergleich von anthropologischen Kulturtheorien und Organisationskonzepten

Variablenansatz: Organisation hat Kultur

interkulturelles Management, Unternehmenskultur

Metaphernansatz: Organisation ist Kultur

stimmte Verhaltens- und Denkweisen als natürlich oder unerwünscht erscheinen. Die Organisation ist nicht unabhängig von diesen symbolischen und kulturellen Bedeutungen denk- und beschreibbar. In diesem Modell tritt der Gestaltungsanspruch zugunsten von Bedeutungsinhalten und deren Interpretation zurück. Die entsprechenden Kulturtheorien sind:

organisationale Kognition, organisationaler Symbolismus, unbewusste Prozesse

- **Organisationale Kognition**: Organisationen sind Systeme geteilten Wissens und geteilter Überzeugungen. Sie existieren im Netzwerk der Bedeutungen, das die Organisationsmitglieder zu einem bestimmten Grad teilen. Beispiele sind unter anderem Ansätze organisationalen Lernens wie von Argyris (1999).
- **Organisationaler Symbolismus**: Organisationen sind Systeme von Bedeutungen und Symbolen, die von den Organisationsmitglieder geteilt werden. Als Managementaufgabe kann die Gestaltung dieser Bedeutungen und Interpretationen gelten. Ein Beispiel für eine symbolische Kulturanalyse ist die Darstellung der versteckten Symbole und Botschaften in Unternehmen beispielsweise von Rosen (1988; ▶ Abschn. 6.2.1).
- **Unbewusste Prozesse in Organisationen**: Organisationen sind Projektionen unbewusster Prozesse und ihre Analyse bedient sich psychoanalytischer Ansätze (z. B. de Vries, 1984).

Der Variablenansatz nimmt an, dass Kultur gestaltbar und formbar ist mit dem Ziel, die Effektivität und Effizienz in der Organisation zu steigern. Kultur zur Erreichung der Unternehmensziele einzusetzen, wird hingegen vom Metaphernansatz explizit abgelehnt und die Möglichkeit einer gezielten Veränderung von Kultur angezweifelt.

Scheins 3-Ebenen-Modell:
– Artefakte,
– bekundete Werte,
– Grundprämissen

Eine der bekanntesten Definitionen der Unternehmenskultur im engeren Sinne stammt von Edgar Schein (1995), der **Kultur in 3 Ebenen** teilt. Auf der obersten Ebene sind Artefakte angesiedelt, zu denen Sichtbares, wie Architektur und Gestaltung der Innenräume, Sprache, Geschichten im Unternehmen, Technologie und Traditionen, gehört. Die bekundeten Werte auf der mittleren Ebene beschreiben normative Zielsetzungen, wie sie beispielsweise in Leitbildern nach außen kommuniziert werden. Die Grundprämissen auf der untersten Ebene sind nicht direkt erkenn- oder erfahrbar, stellen aber die eigentliche Kultur dar. Sie müssen erschlossen werden, um die beiden oberen Ebenen der Artefakte und Werte in ihrer Bedeutung verstehen und die Organisationskultur als Ganzes darstellen zu können. Gesamthaft definiert Schein Kultur als:

>> Ein Muster gemeinsamer Grundprämissen, das die Gruppe bei der Bewältigung ihrer Probleme externer Anpassung und interner Integration erlernt hat, das sich bewährt hat und somit als bindend gilt; und das daher an neue Mitglieder als rational und emotional korrekter Ansatz für den Umgang mit diesen Problemen weitergegeben wird. (Schein, 1995, S. 25) <<

Der Ansatz von Schein (1995) gehört als Unternehmenskultur zum Variablenansatz, da er den Nutzen und die Gestaltbarkeit betont. Er nimmt an, dass Unternehmensgründer Kulturen gestalten, und Führungspersonen später ein wesentlicher Einfluss auf Kultur zukommt, und es daher ihre Aufgabe ist, diese im bestmöglichen Sinne zu prägen. In Scheins Modell finden auch Elemente des Metaphernansatzes Eingang wie die durch die 3 Ebenen entstehende Tiefenstruktur mit den unbewussten Grundprämissen auf der untersten Ebene. Durch seine Einfachheit erhält Scheins Modell große Plausibilität, doch besticht es als Teil eines Beratungsansatzes eher durch die Praxisnähe und wurde nicht durch eine kritische wissenschaftliche Prüfung herausgefordert und belegt.

6.2 Analyse von Organisationskulturen

Die theoretische Ausrichtung entscheidet über die Analysemethoden, und diese bestimmen die Art oder Reichhaltigkeit der Ergebnisse. Studien, die dem Variablenansatz verpflichtet sind, gehen davon aus, dass Kultur objektiv abgebildet, gemessen und zwischen Unternehmen verglichen werden kann (▸ Abschn. 6.1). Studien des Metaphernansatzes legen den Schwerpunkt auf die Interpretation und Deutung von Kulturen und führen zu einer reicheren Beschreibung der Kultur, die aber weniger standardisierbar und methodisch aufwendiger ist.

Messung vs. Beschreibung

6.2.1 Beschreiben von Organisationskulturen

Die häufigsten zur Beschreibung, Interpretation und Deutung angewendeten Methoden sind Interviews und teilnehmende Beobachtung. Die **Ethnographie** – eine Form teilnehmender Beobachtung, die auf der anthropologischen Kulturforschung beruht, – ist die typischste Methode. Interviews werden wahrscheinlich am häufigsten eingesetzt. Beide Methoden produzieren reichhaltige und spannende Analysen und Berichte, aber Kulturen verschiedener Organisationen sind oftmals damit nicht vergleichbar.

Ethnographie

Ethnographische Studien sind Analysen einzelner Organisationen durch intensive Beobachtung über einen längeren Zeitraum (z. B. ein Jahr) hinweg. Dabei lebt der Beobachter in dem zu beobachtenden Kontext mit und schlüpft so weit wie möglich in die Rolle eines Mitglieds der Organisation. Während des Beobachtungszeitraums kann der Beobachter verschiedene Bereiche der Organisation betrachten, einzelnen Personen für eine Weile folgen, bei Gesprächen zugegen sein und an Sitzungen teilnehmen. Aufzeichnungen, während der Beobachtungen stellen die Datengrundlage dar und können durch zusätzliche Interviews ergänzt werden. Im Prozess der Analyse und Deutung werden das beobachtete Verhalten und ergänzende Informationen mit zuvor bestehenden Bedeutungen und Interpretationen der Forschenden verknüpft. Das Endprodukt der Analyse ist ein Bericht oder eine Geschichte über die Kultur der Organisation. Ein Beispiel für eine ethnographische Beschreibung ist das Weihnachtsfest in einer Werbeagentur (Rosen, 1988; ▶ Das Weihnachtsfest einer Werbeagentur). Der Autor verfolgte mit seiner Beschreibung ein kritisches Interesse, indem er die Verführung durch Kultur sowie die Statussymbole (Kleidung, Club) und Machtstrukturen (Partner als Gastgeber, kritischer Ton der Sketche) in der Werbeagentur darstellt. Die zwar oberflächliche, aber strahlende Darbietung der Unternehmenskultur kommt dem Wunsch der Organisationsmitglieder nach Zugehörigkeit entgegen. Die kulturellen Symbole werden jedoch von den Führenden manipuliert und dafür instrumentalisiert, die Macht- und Statusunterschiede zu verfestigen.

Das Weihnachtsfest einer Werbeagentur

Beispiel

An einem Freitagnachmittag vor Weihnachten trafen sich die Mitarbeitenden und Partner einer Werbeagentur zum Weihnachtsfest in einem Club. Gegen 18 Uhr standen alle ins Gespräch vertieft in kleinen Gruppen bei einem Aperitif. Obwohl die Kleiderordnung informelle Kleidung vorsah, waren die meisten – mit Ausnahme der Partner – eleganter gekleidet als an einem Bürotag. Gegen 19 Uhr bewegte sich die Gruppe in den Saal und nahm an großen runden Tischen Platz, meistens zusammen mit Freunden. Während dem Essen ging der Geschäftsführer in der Rolle des Gastgebers von Tisch zu Tisch und sprach ein paar Worte mit allen Mitarbeitenden. Nach dem Essen begann eine Show mit Sketchen, die von Mitarbeitenden vorbereitet und vorgetragen wurden und die sich meistens um die Personen im Management drehten. Diese Sketche waren direkter und kritischer gehalten als normale Gespräche zwischen Mitarbeitern und Management und kommentierten persönliche Ereignisse wie die Ehescheidungen der Partner auf witzige Weise. In einem Sketch beispielsweise nahm die Sekretärin nacheinander die Anrufe der Scheidungsanwälte der Ehefrauen der Partner entgegen und verband sie weiter. Bei diesem Anlass war ein spitzer, witziger Ton erlaubt und brachte das Publikum zum Lachen. Das Fest dauerte bis kurz nach Mitternacht, und dann gingen auch die letzten Gäste nach Hause (Rosen, 1988).

Interviews

Durch Interviews lassen sich die bewussten Werte und Denkweisen der Organisationsmitglieder erfassen. Diese können nach Bedarf durch Beobachtungen beispielsweise bei Sitzungen ergänzt werden. Die **Interviewauswertung** ist stärker strukturiert als die Auswertung und Interpretation in einer ethnographischen Studie. Sie folgt i.d.R. vorher oder im Prozess der Auswertung festgelegten Kategorien und beabsichtigt eine inhaltliche Beschreibung der Kultur. Je mehr die Organisationsmitglieder an der Auswertung und Interpretation beteiligt werden, umso eher gibt die Beschreibung der Kultur die Besonderheiten der Organisation und nicht der Beratenden oder Forschenden wieder (vgl. Raeder, 2000). Als Beispiel für eine Interviewstudie dient hier die Entwicklung von 3 zentralen Perspektiven zu »Diversity« (Ely & Thomas, 2001; ▶ Abschn. 6.7). Nach den Interviews entwickelten die Autoren diese 3 Perspektiven in einer gemeinsamen Diskussion. Die weitere Auswertung der Interviewdaten orientierte sich dann an diesen 3 Perspektiven.

6.2.2 Messen von Unternehmenskulturen

Die beiden in diesem Abschnitt vorgestellten Fragebogen dienen als Beispiele für Messinstrumente, die in Unternehmen und in der Forschung angewendet werden.

Organisationskulturinventar

Das Organisationskulturinventar (»Organizational Culture Inventory«, www.humansynergistics.com; Cooke & Rousseau, 1988) unterscheidet 12 Stile, die 3 Dimensionen zugeordnet sind (◘ Tab. 6.2). Diese Stile messen die in einer Organisation vorherrschenden Normen und Erwartungen, sind jedoch stark wertend. Das Inventar bildet Unterschiede zwischen Unternehmen ab. Die Autoren illustrierten dies an 2 Beispielen und zeigten damit, dass eine inhaltlich informative und reichhaltige Beschreibung einer Kultur möglich ist (▶ Konstruktive Kultur in einer Nonprofit-Organisation und ▶ Defensive Kultur in einer Versicherung).

Konstruktive Kultur in einer Nonprofit-Organisation

Beispiel

Diese Nonprofit-Dienstleistungsorganisation wird von ihren Mitgliedern und Kunden als exzellent bewertet. Die Kultur der Organisation ist konstruktiv ausgeprägt, das heißt sie erzielt hohe Werte in den Stilen Menschlichkeit/Motivation, Kontaktfreudigkeit, Leistung und Selbstverwirklichung. Dieses Profil entspricht einer idealen Ausprägung der Kultur.

Im Unternehmen zeigt sich die Kultur in einem offenen und unterstützenden Arbeitsumfeld, in Teamarbeit, persönlichen Entwicklungsmöglichkeiten und ehrgeizigen Leistungszielen. Die Kunden können aus einem großen Angebot von innovativen Programmen wählen und damit die verschiedenste Bedürfnisse abdecken. Der Kader handelt in der Tradition des Unternehmensgründers sehr kundenorientiert.

Defensive Kultur in einer Versicherung

Beispiel

Diese kleine Versicherungsgesellschaft wurde in den letzten Jahren mehrfach reorganisiert und dabei kam es zu ausgeprägter Fluktuation. Sie weist hohe Werte in den defensiven Stilen auf insbesondere in den Stilen Macht und Abhängigkeit.

Im Unternehmen wird diese Kultur dadurch sichtbar, dass nach einer Phase der Reorganisation und vollständigen Restrukturierung Innovation und Risikofreudigkeit kaum gelobt oder belohnt, aber kritisiert wird. Die Kritik an Misserfolgen führt dazu, dass die Manager Risiken vermeiden. Die Unsicherheit bei den Mitarbeitenden, wie das Unternehmen nun funktioniert, und die fehlende Kommunikation zwi-

◙ Tab. 6.2 Bedürfnisse und Stile des Organisationskulturinventars. (Cooke & Rousseau, 1988)

Bedürfnisse	Stile
Befriedungsbedürfnisse (konstruktive Stile)	**Leistung** steht für Organisationen, die gute Leistungen erbringen und in denen Mitglieder ihre Ziele enthusiastisch verfolgen und auch erreichen **Selbstverwirklichung** ist charakteristisch für Organisationen, die Kreativität, Qualität und individuelle Weiterentwicklung fördern. Die Mitglieder arbeiten gerne, entwickeln sich weiter und übernehmen neue interessante Aufgaben **Menschlichkeit/Motivation** kennzeichnet Organisationen, die partizipativ und mitarbeiterorientiert geführt werden, und in denen Mitarbeitende kooperativ und offen zusammenarbeiten **Kontaktfreudigkeit** beschreibt Organisationen, die konstruktive Arbeitsbeziehungen pflegen, und in denen die Mitglieder freundlich, offen und sensibel gegenüber Teammitgliedern sind
Personenorientierte Sicherheitsbedürfnisse (passive/defensive Stile)	**Zustimmung** herrscht in Organisationen, in denen Konflikte vermieden werden und Arbeitsbeziehungen oberflächlich freundlich sind, um die gegenseitige Zustimmung zu erhalten **Konvention/Tradition** weist auf konservative und bürokratische Organisationen hin, in denen sich die Mitglieder konform verhalten, die Regeln befolgen und einen guten Eindruck hinterlassen wollen **Abhängigkeit** findet sich in hierarchischen Organisationen, in denen Partizipation nicht erwünscht ist und alle Aufgaben mit den Vorgesetzten abgeklärt werden müssen **Ausweichverhalten** beschreibt Organisationen, die Misserfolg bestrafen, aber Erfolg nicht belohnen. Dieses negative Belohnungssystem führt dazu, dass Mitglieder Verantwortung auf andere abschieben, um nicht getadelt zu werden
Aufgabenorientierte Sicherheitsbedürfnisse (aggressive/defensive Stile)	**Oppositionsverhalten** heißt, dass Konfrontation und Kritik gefördert werden. Die Mitglieder erwerben Status und Einfluss, indem sie kritisch sind und sich gegen die Ideen von anderen stellen **Macht** herrscht in nichtpartizipativen Organisationen, in denen Mitglieder dafür belohnt werden, dass sie Verantwortung übernehmen, ihre Mitarbeiter kontrollieren und den Anforderungen ihrer Vorgesetzten entsprechen **Wettbewerb** bedeutet, dass Organisationsmitglieder durch ein Gewinner-Verlierer-Verständnis eher gegeneinander als miteinander arbeiten **Perfektionismus** besteht in einer Organisation, in der Leistung, Ausdauer und harte Arbeit geschätzt werden. Die Mitglieder vermeiden Fehler und arbeiten auf die Erreichung eng definierter Ziele hin

schen den Hierarchieebenen, erhöht die Abhängigkeit von den Vorgesetzten. Fehlende Entwicklungsmöglichkeiten führen zu geringen Werten im Stil Menschlichkeit/Motivation (Cooke & Rousseau, 1988).

Modell konkurrierender Werte

Viele Fragebogen zur Messung der Unternehmenskultur bauen auf dem Modell konkurrierender Werte (Quinn & Rohrbaugh, 1983) auf, das zur Analyse der Effektivität von Unternehmen entwickelt wurde. Die konkurrierenden Werte werden in einem Koordinatensystem auf den beiden Achsen Struktur und Fokus dargestellt. Die Strukturachse trägt die Pole Flexibilität und Kontrolle und die Fokusachse die Pole intern und extern. Die Bezeichnung konkurrierende Werte bringt zum Ausdruck, dass ein Unternehmen entweder in hohe Flexibilität

☐ Tab. 6.3 Merkmale und Indizes des Denison-Organisationskulturfragebogens. (Denison et al., 2003)

Merkmale	Indizes
Anpassungsfähigkeit	Wandel schaffen Kundenorientierung Organisationales Lernen
Mission	Strategische Ausrichtung und Absicht Ziele und Richtwerte Vision
Kontinuität	Koordination und Integration Übereinstimmung Kernwerte
Mitwirkung	Kompetenzentwicklung Teamorientierung Übertragung von Verantwortung

oder in gute Kontrolle investiert und sich entweder gut an die Anforderungen der Umwelt anpassen kann oder die Integration ihrer Mitglieder fördert (☐ Abb. 6.1).

Der Denison-Organisationskulturfragebogen entwickelte das Modell konkurrierender Werte zur Erfassung von Kultur weiter (Denison »Organizational Culture Survey«, www.denisonconsulting. com; Denison, Haaland & Goelzer, 2003; Denison & Mishra, 1995). Zu Beginn wurden die Kulturmerkmale Anpassungsfähigkeit, Mission, Kontinuität und Mitwirkung gemessen, die den Quadranten im Modell konkurrierender Werte entsprechen (☐ Tab. 6.3; ☐ Abb. 6.1). Später wurde jedes Merkmal in 3 Indizes unterteilt, die an Unternehmensfunktionen orientiert sind.

Die beiden vorgestellten Fragebogen sind ähnlich, aber nicht direkt vergleichbar. Während das Denison-Modell Bereiche oder Praktiken des Managements abfragt, erhebt das Organisationskulturinventar Werte, Verhalten und Interaktionsmuster. Das Denison-Modell analysiert die Stärken des Unternehmens, aber das Organisationskulturinventar wird dem Ziel einer ganzheitlichen Beschreibung von Kultur eher gerecht. Das Denison-Modell einerseits sieht hohe Werte in allen Merkmalen und Indizes als optimal an und das Organisationskulturinventar andererseits hohe Werte in den konstruktiven Stilen und niedrige Werte in den defensiven Stilen.

In der Forschung werden weitere Abwandlungen des Modells konkurrierender Werte wie der FOCUS-Fragebogen (van Muijen et al., 1999) oder 2 Versionen von Organisationskulturtypen (Deshpandé & Farley, 2004; Ogbonna & Harris, 2000) angewendet (☐ Abb. 6.1).

Denison- Organisationskulturfragebogen

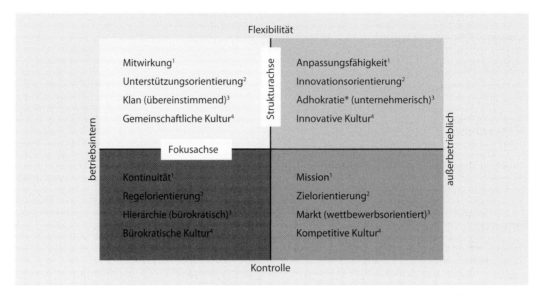

Abb. 6.1 Aus dem Modell konkurrierender Werte abgeleitete Kulturmodelle. [1] Denison-Organisationskulturfragebogen (Denison et al., 2003), [2] FOCUS-Fragebogen (van Muijen et al., 1999), [3] Organisationskulturtypen (Deshpandé & Farley, 2004), [4] Organisationskulturtypen (Ogbonna & Harris, 2000), * Adhokratie = dezentrale, wenig standardisierte Organisationsform

6.3   Erfolgreiche Unternehmenskulturen

Erfolg durch konstruktive Kulturen

Mit der These, dass starke und erfolgreiche Kulturen zum Unternehmenserfolg beitragen, wurden Peters und Waterman (1983) sowie Deal und Kennedy (1987) bekannt. Nur wenige Jahre später wurde das Modell von Peters und Waterman dadurch in Frage gestellt, dass ein guter Teil der zuvor erfolgreichen Unternehmen von ihren führenden Plätzen abgerutscht waren (vgl. Gordon & DiTomaso, 1992). Der These erfolgreicher Kulturen sind seither viele Forscher nachgegangen und haben umfangreiche Untersuchungen dazu durchgeführt. Ebenso wie die angewendeten Methoden zur Erfassung der Unternehmenskultur variieren auch die Kriterien für Erfolg von Studie zu Studie und reichen von Kundenzufriedenheit über Finanzzahlen bis zu Mitarbeiterzufriedenheit und Qualität.

Erfolg durch alle Kulturmerkmale

Eine zentrale Annahme des Organisationskulturinventars (Tab. 6.2) ist, dass konstruktive Kulturen erfolgreicher und daher idealer sind als defensive Kulturen. In konstruktiven Kulturen sind Motivation, Leistung und Arbeitszufriedenheit, Teamarbeit und Dienstleistungsqualität höher und Stress niedriger ausgeprägt als in defensiven Kulturen (Cooke & Szumal, 2000).

Der Denison-Organisationskulturfragebogen (Tab. 6.3; Abb. 6.1) geht davon aus, dass **hohe Werte** in allen Kulturmerkmalen oder Indizes auf **Unternehmenserfolg** hinweisen. Eine Befragung der obersten Führungsebene von mehreren 100 Unternehmen zeigte, dass eine höhere Ausprägung in allen Kulturmerkmalen mit besseren Werten in einer Reihe von Leistungsindikatoren zusammenhängt, und zwar in:

- Wachstum der Verkaufszahlen,
- Gewinn,
- Produktqualität,
- Mitarbeiterzufriedenheit,
- Leistung des Unternehmens und
- Gesamtkapitalrendite (Denison & Mishra, 1995).

In einer späteren Untersuchung, die US-amerikanische und russische Firmen verglich, ließ sich dieses ideale, den theoretischen Annahmen entsprechende Ergebnis nicht vollständig bestätigen (Fey & Denison, 2003). Zum einen unterschieden sich die Firmen der beiden Länder und zum anderen bildete sich der Zusammenhang zwischen Kultur und Unternehmenserfolg weniger ausgeprägt ab. In den russischen Firmen trug das Kulturmerkmal Mitwirkung zu allen Bereichen des Unternehmenserfolgs bei; dies waren: Gesamterfolg, Marktanteile, Wachstum der Verkaufszahlen, Gewinn, Mitarbeiterzufriedenheit, Qualität, Produktentwicklung und ein Gesamtindex dieser Masse. Die Kulturmerkmale Anpassungsfähigkeit und Mission wirkten auf einige Aspekte des Unternehmenserfolgs und Kontinuität blieb ohne Folgen. In den US-amerikanischen Firmen stellte Mission die meisten Bereiche des Unternehmenserfolgs sicher, Mitwirkung und Kontinuität halfen etwas und Anpassungsfähigkeit blieb ohne Folgen. Die national unterschiedlichen Muster führten die Autoren unter anderem auf die wirtschaftliche Entwicklung in Russland zurück. Dort wurde Erfolg früher staatlich bestimmt und ein Fokus nach innen (Mitwirkung, Kontinuität) war daher angemessen. Zudem waren die Organisationsmitglieder an Gruppenarbeit gewöhnt und schätzten daher Mitwirkung.

Es gibt also keine eindeutige Bestätigung für die Annahme, dass erfolgreiche Unternehmen in allen Kulturmerkmalen hohe Werte erzielen. Unternehmen in Asien, Europa und den USA mit einem Fokus nach außen (◻ Abb. 6.1) erwiesen sich als im Wettbewerb erfolgreicher (Deshpandé & Farley, 2004; Ogbonna & Harris, 2000). Unternehmenserfolg wurde dabei auf viele verschiedene Arten gemessen von Kundenzufriedenheit und Anstieg der Verkaufszahlen bis hin zu Marktanteil und Gewinn. Kulturen mit einem Fokus nach außen trugen durch ihre Sensibilität gegenüber dem Unternehmensumfeld zur Unternehmensleistung bei, aber Kulturen mit einem Fokus nach innen boten keinen Vorteil für die Leistungsfähigkeit der Organisation.

Unterschied zwischen Ost und West

Erfolg durch Fokus nach außen

Kultur muss zum Geschäftsfeld und zur Strategie des Unternehmens passen

Die Pflege der Unternehmenskultur zahlt sich aus, aber die Forschungsergebnisse bilden nur einzelne Zusammenhänge ab und bestätigen den Gesamtzusammenhang zwischen Kultur und Erfolg nicht. Es ist daher nur eine allgemeine Schlussfolgerung möglich: Kultur muss zur Strategie und zum Geschäftsfeld des Unternehmens passen. Die Orientierung nach außen schnitt in der Mehrzahl der Studien als erfolgreicher ab, sie passt jedoch zu Unternehmen, die sich am Markt orientieren müssen. Für Organisationen, bei der interne reibungslose Abläufe wichtiger sind als Innovation und Wettbewerb wie beispielsweise in einer Schule, trägt wahrscheinlich eine nach innen orientierte Kultur mehr zum optimalen Funktionieren bei. Die Differenzierung der Kulturmerkmale je nach Geschäftsfeld und Strategie der Organisation ist also wesentlich.

6.4   Kulturgestaltung durch Führung

Die populärwissenschaftlichen Unternehmenskulturansätze (z. B. Deal & Kennedy, 1987; Peters & Waterman, 1983; Schein, 1995) betonen die Rolle der Führenden in der Gestaltung von Kultur. Ihnen obliegt es, die Unternehmenskultur zu schaffen und später auf ihre Veränderung hinzuwirken. Es gibt jedoch nur wenige Belege für den Zusammenhang von Führung und Unternehmenskultur und diese beleuchten nur spezifische Fragestellungen (▶ Kap. 16).

partizipativer Führungsstil
unterstützender Führungsstil

Beispielsweise fördert ein **partizipativer**, die Mitarbeitenden aktiv einbeziehender **Führungsstil** eine kompetitive und innovative Kultur und ein **instrumenteller**, rein aufgabenorientierter Führungsstil behindert diese (Ogbonna & Harris, 2000; ◘ Abb. 6.1). Ein **unterstützender**, mitarbeiterorientierter Führungsstil ist ebenfalls günstig für eine kompetitive Kultur.

Persönlichkeit des CEO

Die Persönlichkeit des CEO hängt stärker als erwartet mit der Kultur eines Unternehmens zusammen (Giberson et al., 2009). CEOs mit einer höheren emotionalen Stabilität fanden sich in Unternehmen mit den Kulturtypen: Adhokratie, Markt und Klan (◘ Abb. 6.1). CEOs mit einer angenehmen und verträglichen Persönlichkeit standen Unternehmen des Typs Markt und Klan vor. Extraversion und Offenheit für Neues trafen auf hierarchische Kulturtypen zu. Die Bedeutung der Werthaltungen der CEOs war demgegenüber geringer. Allein eine statusorientierte Werthaltung zeigte einen Zusammenhang zu Unternehmenskultur, nämlich zu den Kulturtypen Markt und Klan. Die weniger steuerbare Ausprägung der Persönlichkeit spielt also eine wichtigere Rolle gegenüber Kultur als bewusst gepflegte Werthaltungen.

Es bleibt ungeklärt, ob sich Führungskräfte Unternehmenskulturen suchen, die zu ihrem Persönlichkeitstyp passen, oder ob diese Kulturen unter ihrer Führung entstehen.

Effektivität in der Führung

In diesem Sinn ist es auch denkbar, dass die Unternehmenskultur ein bestimmtes Führungsverhalten als sinnvoll oder unpassend erscheinen lässt. So erhöhte erwartungsgemäß eine konstruktive Organisationskultur (◘ Tab. 6.2) die Effektivität in der Führung, während eine aggressiv-defensive Kultur die Effektivität verringerte (Kwantes & Boglarsky, 2007). Ebenso verwendete das Top-Management in Firmen mit einer hohen Flexibilität (◘ Abb. 6.1) Systeme zur Leistungsmessung eher dafür, die Aufmerksamkeit zu fokussieren, strategische Entscheidungen zu fällen und Entscheidungen zu legitimieren. Zudem verwendeten sie mehr Informationsquellen (Henri, 2006).

International vergleichende Studien liefern weitere Ergebnisse zum Zusammenhang von Führung und Unternehmenskultur (► Abschn. 6.8).

Führungspersonen nehmen auf die Unternehmenskultur Einfluss, obwohl sie die Kultur nicht nach ihren Wünschen gestalten können. Die folgenden »Good Practices« dienen dazu, das sich ihr Verhalten günstig auf die Entwicklung der Kultur auswirkt:

»Good Practices« in der Führung

- Den Führungsstil bewusst pflegen, um die erwünschte Wirkung auf Kultur zu ermöglichen
- Ein Bewusstsein dafür entwickeln, dass Persönlichkeit und Verhalten von Führungskräften auch ungewollt Kultur beeinflussen
- Den Zusammenhang von Kultur und Führung reflektieren, um eine möglichst vorteilhafte Kultur zu schaffen

6.5 Kulturgestaltung durch Human-Resource-Praktiken

In der Unternehmenspraxis ist die Gestaltung und die Pflege der Kultur oftmals Aufgabe des Human Resource Managements (HRM), sei es durch die Einführung neuer Mitarbeitender in die Unternehmenskultur oder durch Programme zur gezielten Gestaltung der Unternehmenskultur. Generell können jedoch auch im HRM angewendete Praktiken bestimmte kulturelle Ausprägungen fördern.

So führen leistungsfördernde Human-Resource-Praktiken – wie eine Human-Resource-Strategie, ein Leitbild, strikte Auswahlprozesse mit Tests und »Assessment Centers«, Ausbildung zur Erneuerung von Wissen und Fähigkeiten, interne Aufstiegsmöglichkeiten und Führungsentwicklung – zu höheren Werten in allen Kulturmerkmalen (◘ Abb. 6.1; Den Hartog & Verburg, 2004). Einzelne Zusammenhänge zeigten sich außerdem zwischen Arbeitsanalyse und dem Kulturmerkmal Innovationsorientierung und zwischen Leistungslohn und Zielorientierung. Nur eine höhere Autonomie verringerte die Werte in der Regelorientierung. Spezifischer unterstützen innovationsfördernde Human-Resource-Praktiken, zu denen Weiterbildung, leistungsbezogene Entlohnung und Teamentwicklung zählen, die Entwicklung einer Unternehmenskultur, in der Innovation und Weiterentwicklung geschätzt werden, und diese trägt schließlich zu Innovationen bei (Lau & Ngo, 2004).

Human-Resource-Praktiken:
– leistungsfördernde
– innovationsfördernde

Zur Kulturgestaltung sollten Human-Resource-Praktiken hohen Anforderungen genügen. Zu berücksichtigen sind die folgenden Punkte:

> **»Good Practices« im HRM**
> ▬ Durch leistungsfördernde Human-Resource-Praktiken hoher Qualität die Entwicklung einer erfolgreichen Unternehmenskultur ermöglichen
> ▬ Human-Resource-Praktiken auf erwünschte Unternehmenskultur abstimmen

6.6   Entwicklungs- und Veränderungsprozesse

Kultur entwickelt und verändert sich, aber bewusste Prozesse der Kulturgestaltung üben nur einen begrenzten Einfluss auf die in der Organisation gelebte Kultur aus. **4 Fallstudien** zeigen, dass die bewusste Kulturgestaltung nicht immer zum gewünschten Ergebnis führt und es sinnvoll ist, Kulturveränderung mit Trainingsprogrammen für die Mitarbeitenden zu begleiten (▶ Kap. 7):

Programm zur Kulturgestaltung

1. In einem Detailhandelsunternehmen wurde vom obersten Management ein Programm zur Kulturgestaltung eingeführt, das Teambildung, eine bessere Auswahl und Einführung von neuen Mitarbeitenden und bessere Kommunikation zum Ziel hatte (Ogbonna & Wilkinson, 2003). Die Manager in den Regionen wurden angehalten, den Fortschritt der Umsetzung in den Filialen, so weit dieser im Verhalten der Filial- und Abteilungsleiter und der Mitarbeitenden sichtbar wurde, zu beobachten. Die Filial- und Abteilungsleiter schätzten die Zielsetzung des Kulturprogramms, offene Kommunikation und Mitwirkung zu fördern, beklagten jedoch einen Vertrauensverlust. Sie fürchteten, von ihren Vorgesetzten kontrolliert und unter Druck gesetzt zu werden, falls sie das Kulturprogramm nicht perfekt umsetzen und die erwartete Leistung nicht erreichen. Das mittlere Management dieses Unternehmens stand also nur teilweise hinter dem eingeführten Kulturprogramm, was v. a. durch dessen Widersprüchlichkeiten bedingt war. Es kam daher nicht zu einer von allen

getragenen Kultur und die Top-down-Umsetzung funktionierte nicht vollständig.

2. In einem weltweit tätigen Industrieunternehmen gelang die Kulturveränderung als Teil eines Prozesses des Total-Quality-Managements vergleichsweise besser, da sie durch ein zeitintensives Trainingsprogramm begleitet wurde, an dem viele Ingenieure teilnahmen (Silvester, Anderson & Patterson, 1999). Besonders die Trainingsteilnehmer äußerten sich positiv über den Veränderungsprozess und ihre Erwartungen für die Zukunft und bewerteten das Trainingsprogramm als hilfreich und unterstützend. Die Trainer und Manager sahen die Kulturveränderung und das Trainingsprogramm wesentlich kritischer und erwarteten keine Verbesserung für die Zukunft.

> **Trainingsprogramm**

3. In einem Regierungsdepartement äußerten sich die Mitarbeitenden in einer Meinungsumfrage unzufrieden über die Führungspraxis, da Informationen nicht weitergegeben wurden und sie an Entscheidungen nicht beteiligt waren (Zamanou & Glaser, 1994). Es gab kaum Zusammenarbeit, und die Mitarbeitenden sahen wenige Möglichkeiten, Probleme gemeinsam zu lösen. Nach dieser Meinungsumfrage einigte sich die Geschäftsleitung auf eine Mission, auf Werte und auf Ziele einer Intervention. Dann wurden Leitungsteams auf Divisionsebene gebildet und Problemstellungen gesammelt, die Arbeitsgruppen bearbeiteten. Das Forscherteam führte Teamentwicklung und Kommunikationstraining als Intervention durch. Die Veränderungen wurden unter anderem durch die Einführung von regelmäßigen Sitzungen und eines Mitarbeiterhandbuchs, durch die Überarbeitung des Mitarbeiterbeurteilungssystems sowie durch die Teilnahme von Mitarbeitenden an den Leitungssitzungen unterstützt. Nach ca. 2 Jahren wurde eine 2. Befragung durchgeführt, in der die Organisationsmitglieder eine Verbesserung im Informationsfluss, in den Sitzungen, in der Beteiligung sowie in Betriebsklima und der Arbeitsmoral berichteten. Zusammenarbeit und Führung blieben jedoch unverändert. Die Kultur des Departements ließ sich teilweise verändern, und diese Aspekte blieben nach der Veränderung stabil.

> **Intervention: Teamentwicklung und Kommunikationstraining**

4. Wie die Analyse des Zusammenschlusses von 3 Universitäten jeweils mit kleineren Institutionen der tertiären Bildung zeigt, spiegeln Organisationskulturen die Besonderheiten, Fehler und Erfolge der organisationalen Veränderungsprozesse (Kavanagh & Ashkanasy, 2006):
    - In der 1. Universität wurden 6 Jahre lang Gespräche geführt, ohne dass strukturelle Veränderungen erfolgten, bis schließlich die Zeit drängte. Die Beschäftigten kritisierten den erfolgten Veränderungsprozess und beschrieben den kulturellen Wandel von einer ausgeprägten Mitarbeiterorientierung hin zu einer machtorientierten Führung.

▬ In der 2. Universität reagierte das Management sofort und organisierte den Umzug der Institutionen der tertiären Bildung auf einen neuen Campus. Nach dem Zusammenschluss konnte die Organisation neue Probleme angehen. Die ursprünglichen Universitätsmitarbeitenden waren mit dem Veränderungsprozess zufriedener als ihre Kollegen aus den anderen Bildungsinstitutionen, da deren Bedürfnisse nicht respektiert wurden. Alle Mitarbeitenden beklagten das Verschwinden der Kultur, da der kollegiale Umgang dem Wettbewerb und das persönliche Gespräch dem intellektuellen Austausch gewichen war.

▬ In der 3. Universität fanden nacheinander Verhandlungen mit den Institutionen der tertiären Bildung statt, und zunächst wurden die Institutionen integriert, die daran interessiert waren. Die anderen Institutionen blieben noch einige Zeit unabhängig. Die Beschäftigten äußerten sich in der Universität und den angeschlossenen Institutionen tertiärer Bildung am positivsten über den Veränderungsprozess und akzeptierten die Veränderungen. Die kulturellen Veränderungen glichen jedoch dem Verschwinden der Kultur in der 2. Universität.

❯ **Veränderungsprozesse wirken sich immer auch auf die Kultur der Organisation aus, dennoch erfordert die gezielte Veränderung von Kultur große Sensibilität und führt nicht unbedingt zum gewünschten Ergebnis.**

Wirkung organisationaler Veränderungsprozesse

In Veränderungsprozessen ist Kultur besonders verletzlich und es besteht die Gefahr, dass sie sich in eine unerwünschte Richtung entwickelt. Es gilt daher mit den folgenden »Good Practices« für die Unternehmenskultur Sorge zu tragen, ohne diese vollständig gestalten zu können:

»Good Practices« in Veränderungsprozessen

- Bei Kulturprogrammen auf deren Widerspruchsfreiheit und Annehmbarkeit achten
- Kulturveränderung durch Trainingsprogramme und stützende Maßnahmen begleiten
- Bedürfnisse der Betroffenen bei organisationalen Veränderungen berücksichtigen
- Kultur während und nach organisationalen Veränderungsprozessen bewusst pflegen

6.7 Kulturelle Bedingungen für den Umgang mit »Diversity«

Als Folge von Globalisierung und Internationalisierung entsteht die Notwendigkeit, in Teams mit Mitgliedern unterschiedlicher Herkunft und unterschiedlichem demographischen Hintergrund zu arbeiten. Eine wichtige Bedingung, dass die Zusammenarbeit in diversen Teams gelingt, ist der kulturelle Umgang mit »Diversity«.

In individualistischen und kollektivistischen Organisationskulturen gehen Teams unterschiedlich mit »Diversity« um (Chatman, Polzer, Barsade & Neale, 1998). In kollektivistischen Kulturen ist die Zugehörigkeit zur Organisation stärker identitätsstiftend als demographische Unterschiede wie Geschlecht, Nationalität oder Rasse, und demographisch verschiedene Personen interagieren daher häufiger miteinander. Konflikte zwischen Personen mit verschiedenem Hintergrund werden als konstruktiv erlebt. Diverse Teams in kollektivistischen Kulturen verbringen viel Zeit mit Austausch, sind aber kreativ wegen des größeren Pools an neuen Ideen der sich stärker unterscheidenden Teammitglieder und wegen des Vertrauens, dass neue Ideen zum Nutzen des Teams verwendet werden. In individualistischen Kulturen finden Interaktionen hingegen häufiger zwischen Personen mit gleichem Hintergrund statt. Daher sind in individualistischen Kulturen homogene Teams produktiver. Diverse Teams sind in beiden Kulturen gleich produktiv (▶ Abschn. 6.8).

Auf einer übergeordneten Ebene bestimmen kulturelle Einstellungen gegenüber »Diversity« den Umgang mit »Diversity« (Ely & Thomas, 2001). Die Autoren fanden 3 Haltungen gegenüber »Diversity« in 3 Firmen, in denen der Mehrheit von weißen Männern eine Minderheit von Frauen und Farbigen gegenüberstand. Die Haltungen waren nicht typisch für ein Unternehmen, sondern entwickelten sich im Zeitverlauf und unterschieden sich zwischen Funktionsgruppen. Die Integrations- und Lernperspektive sieht Teammitglieder mit einer anderen kulturellen Herkunft als wertvolle Ressource, um Aufgaben zu bewältigen und das Produktportfolio zu verbessern. Die anderen Teammitglieder waren bereit, sich neues Wissen anzueignen. Lernprozesse wurden durch konstruktive Auseinandersetzungen möglich, in denen die Beteiligten ihre unterschiedlichen Standpunkte argumentativ vertraten. Die Mitarbeitenden fühlten sich respektiert und geschätzt von ihren Kollegen, und ihre Kompetenz wurde anerkannt. Das Team funktionierte effizient durch die kulturübergreifenden Auseinandersetzung und Lernprozesse.

In der Zugangs- und Legitimationsperspektive dienen Beschäftigte mit einer anderen kulturellen Herkunft dazu, den Zugang zu einer diversen Kundschaft zu erleichtern, aber »Diversity« übt keinen Einfluss auf zentrale Funktionen aus. Die Beziehungen zwischen Personen verschiedener kultureller Herkunft wurden als freundlich beschrieben, aber Statusunterschiede blieben erhalten und führten zu Privilegien für Weiße in zentralen Funktionen. Die Farbigen waren

individualistische und kollektivistische Organisationskulturen

Haltungen gegenüber »Diversity«, Integrations- und Lernperspektive

Zugangs- und Legitimationsperspektive

zufrieden, aber es war klar, dass sie nicht die gleichen Chancen erhalten. Sie äußerten sich ambivalent über ihre kulturelle Identität, da sie sich unter Gleichen für ihre Gruppe stark machten und gegenüber anderen ihre Herkunft herunterspielten. Die Teams funktionierten jedoch im Rahmen der vorgegebenen Arbeitsteilung effizient.

In der Diskriminierungs- und Fairness-Perspektive gilt »Diversity« als gerechte Behandlung von Personen mit verschiedenem Hintergrund in der Gesellschaft. Es wurde erwartet, dass sich die Minderheiten an die Mehrheit anpassen. »Diversity« wurde nicht für die Erledigung der Arbeitsaufgaben genutzt. Gruppen verschiedener kultureller Herkunft kritisierten sich gegenseitig, fanden aber keinen Weg zum offenen Gespräch. Die Farbigen fühlten sich machtlos und weder respektiert, noch geschätzt. Hinderlich waren die geringe Motivation der Mitarbeitenden und die fehlenden Möglichkeiten, ihre Fähigkeiten einzubringen.

❯ Das kulturelle Verständnis von »Diversity« bestimmt, ob »Diversity« im Unternehmen gelebt werden kann und Mitarbeitenden verschiedener Herkunft gleiche Chancen geboten werden und angemessene Wertschätzung entgegengebracht wird.

Diskriminierungs- und Fairness-Perspektive

Mit den folgenden »Good Practices« kann Unternehmenskultur dazu beitragen, das »Diversity« im Unternehmen gelebt werden kann:

»Good Practices« für »Diversity« und Zusammenarbeit im Team
- Die unvoreingenommene Auseinandersetzung mit »Diversity« fördern
- Den Zusammenhalt in der Organisation und gemeinsames Handeln im Sinne einer kollektivistischen Kultur fördern
- Die Unterschiedlichkeit von Teammitglieder im Sinne der Integrations- und Lernperspektive als Ressource betrachten

---

6.8 Unternehmenskultur im internationalen Vergleich

internationaler Vergleich von Landes- und Unternehmenskulturen

Der internationale Vergleich von Landes- und Unternehmenskulturen wurde von Smircich (1983) als interkulturelles Management bezeichnet (▶ Abschn. 6.1; ▶ Kap. 22). Die Annahme, dass Unternehmenskulturen von nationalen Kulturen beeinflusst sind, wurde 1980 im ersten mehr als 70 Länder umfassenden Vergleich untersucht, der nur in einer Firma – bei IBM – durchgeführt wurde (Hofstede, 1980). Aus bestehenden Daten der Mitarbeitendenbefragung entstanden **5 Kulturdimensionen:**

— **Machtdistanz:** Übereinkunft über eine ungleiche Machtvertei-
lung.
— **Vermeidung von Unsicherheit:** Intoleranz für Unsicherheit und
Uneindeutigkeit.
— **Individualismus vs. Kollektivismus:** Personen kümmern sich
nur um sich selbst und ihre Familie vs. Personen gehören Gruppen an, in denen sich die Mitglieder unterstützen und loyal verhalten.
— **Maskulinität vs. Femininität:** Die dominierenden Werte sind
Erfolg, Geld und Sachwerte vs. Sorge für andere und Lebensqualität.
— **Langfristige vs. kurzfristige Orientierung:** zukunfts- vs. gegen-
warts- und vergangenheitsorientierte Lebensziele.

Die in 62 Ländern durchgeführte GLOBE-Studie (GLOBE = »**G**lobal
Leadership and **O**rganizational **B**ehavior **E**ffectiveness«) griff die Dimensionen von Hofstede auf und erweiterte diese auf **9 Kulturdimensionen** (House, Hanges, Javidan, Dorfman & Gupta, 2004; ▶ Checkliste: 9 Kulturdimensionen der GLOBE-Studie).

GLOBE-Studie

**Checkliste: 9 Kulturdimensionen der GLOBE-Studie
(House et al., 2004)**
— Vermeidung von Unsicherheit: Intoleranz für Unsicherheit
und Uneindeutigkeit
— Machtdistanz: Übereinkunft über eine ungleiche Machtver-
teilung
— Kollektivismus I (gesellschaftlicher Kollektivismus): Institu-
tionalisierte Handlungsweisen ermutigen und belohnen die
gemeinsame Verteilung von Ressourcen und gemeinsames
Handeln
— Kollektivismus II (Gruppenkollektivismus): Stolz, Loyalität und
Zusammenhalt in der Organisation
— Geschlechtergleichheit: Unterschiede zwischen Geschlech-
terrollen und geschlechtbedingte Diskriminierung werden
minimiert
— Durchsetzungsfähigkeit: Bestimmtes, konfrontierendes und
aggressives Verhalten in sozialen Beziehungen
— Zukunftsorientierung: Zukunftsorientiertes Verhalten wie
Planen, Investieren in die Zukunft und Aufschieben von Be-
lohnungen
— Leistungsorientierung: Leistungssteigerung und Spitzenleis-
tung werden ermutigt und belohnt
— Humane Orientierung: Faires, freundliches und sorgendes
Verhalten werden belohnt

Zum einen zeigten die Ergebnisse **Unterschiede** in diesen Dimensionen zwischen den **Ländern** und **Regionen**. Beispielsweise bewegt sich die Machtdistanz in den deutschsprachigen Ländern im mittleren Bereich und liegt in der Schweiz und in Österreich niedriger als in Deutschland. In Vermeidung von Unsicherheit und Leistungsorientierung belegt die deutschsprachige Schweiz den Spitzenplatz und wird nur in Vermeidung von Unsicherheit dicht gefolgt von Deutschland und Österreich. Zum anderen beschreiben die Ergebnisse detailliert Wechselwirkungen zwischen Kulturen und Führungsmerkmalen. Beispielsweise wirkte sich Leistungsorientierung am deutlichsten auf Führung aus und bewirkte charismatischere, teamorientiertere und partizipativere Führungsstile. Kulturen mit einer Tendenz zur Vermeidung von Unsicherheit förderten einen statuserhaltenden, aber auch einen teamorientierten Führungsstil. Gruppenkollektivismus erhöhte partizipative und charismatische Führung und Machtdistanz führte zu einem statuserhaltenden Führungsstil.

■ ■ Kulturellen Kontext nicht außer Acht lassen

❯ Die GLOBE-Studie macht deutlich, dass sich der nationale Kontext für vergleichbare Unternehmen stark unterscheidet und dass dieser Kontext auf Kulturen und Führung in Unternehmen wirkt. Es ist also ratsam das kulturelle Umfeld und dessen Einflüsse auf Unternehmensprozesse zu berücksichtigen.

Zusammenfassung

Die Analyse von Unternehmenskulturen war ursprünglich davon motiviert, Kultur zu gestalten und damit zum Unternehmenserfolg beizutragen. Aus heutiger Sicht lässt sich dieser Gestaltungsanspruch nicht vollständig umsetzen, sondern es geht darum, günstigere und ungünstigere Kontextfaktoren für Kulturen zu kennen und auf diese so weit möglich Einfluss zu nehmen. Die folgenden zentralen Aussagen lassen sich zusammenfassen:

- Unternehmenskulturen mit einem Fokus nach außen tragen stärker zum Unternehmenserfolg bei, eine Bedingung hierfür ist jedoch, dass Innovation und Wettbewerb auch zur Strategie der Organisation passen.
- Der Einfluss von Führung auf Kultur wird tendenziell überschätzt. Dennoch ist es von Vorteil, wenn Führungskräfte sensibel für die Wechselwirkungen zwischen Führung und Kultur sind.
- Leistungsfördernde Human-Resource-Praktiken tragen zu erfolgreichen Unternehmenskulturen bei.
- Kulturprogramme führen nicht zwingend zur gewünschten Veränderung der Organisationskultur.
- Organisationsmitglieder schätzen die Begleitung von kulturellen Veränderungsprozessen durch Trainingsprogramme.

- Kulturelle Veränderungen als unbeabsichtigte Folge von organisationalen Veränderungsprozessen sollten nicht unberücksichtigt bleiben.
- Kulturen sind eine wesentliche Grundlage für Zusammenarbeit im Team insbesondere bei einem hohen Grad von »Diversity«.
- Um mit kulturellen Unterschieden auf internationaler Ebene umgehen zu können, ist es ratsam das kulturelle Umfeld und dessen Einflüsse auf Unternehmensprozesse zu berücksichtigen.

Literatur

Argyris, C. (1999). *Die lernende Organisation: Grundlagen, Methode, Praxis.* Stuttgart: Klett Cotta.

Chatman, J. A., Polzer, J. T., Barsade, S. G. & Neale, M. A. (1998). Being different yet feeling similar: The influence of demographic composition and organizational culture on work processes and outcomes. *Administrative Science Quarterly, 43,* 749–780.

Cooke, R. A. & Rousseau, D. M. (1988). Behavioral norms and expectations: a quantitative approach to the assessment of organization culture. *Group Organization Management, 13,* 245–273.

Cooke, R. A. & Szumal, J. L. (2000). Using the organizational culture inventory to understand the operating cultures of organizations. In N. M. Ashkanasy, C. P. M. Wilderom & M. F. Peterson (Eds.), *Handbook of organizational culture and climate* (pp. 147–162). Thousand Oaks CA: Sage.

Deal, T. & Kennedy, A. (1987). *Unternehmenserfolg durch Unternehmenskultur.* Bonn: Norman Rentrop.

Den Hartog, D. N. & Verburg, R. M. (2004). High performance work systems, organisational culture and firm effectiveness. *Human Resource Management Journal,* 14, 55–78.

Denison, D. R. & Mishra, A. K. (1995). Toward a theory of organizational culture and effectiveness. *Organization Science, 6,* 204–223.

Denison, D. R., Haaland, S. & Goelzer, P. (2003). Corporate culture and organizational effectiveness: Is there a similar pattern around the world? *Advances in Global Leadership, 3,* 205–227.

Deshpandé, R. & Farley, J. U. (2004). Organizational culture, market orientation, innovativeness and firm performance: an international research odyssey. *International Journal of Research in Marketing, 21,* 3–22.

de Vries, K. (1984). *The neurotic organization: Diagnosing and changing counterproductive styles of management.* San Francisco: Jossey-Bass.

Ely, R. J. & Thomas, D. A. (2001). Cultural diversity at work: The effects of diversity perspectives on work group processes and outcomes. *Administrative Science Quarterly, 46,* 229–273.

Fey, C. F. & Denison, D. R. (2003). Organizational culture and effectiveness: Can American theory be applied in Russia? *Organization Science, 14,* 686–706.

Giberson, T. R., Resick, C. J., Dickson, M. W., Mitchelson, J. K., Randall, K. R. & Clark, M. A. (2009). Leadership and organizational cultures: Linking CEO characterstics to cultural values. *Journal of Business and Psychology, 24,* 123–137.

Gordon, G. G. & DiTomaso, N. (1992). Predicting corporate performance from organizational culture.

Journal of Management Studies, 29, 783–798.

Henri, J.-F. (2006). Organizational culture and performance measurement systems. *Accounting, Organizations and Society, 31,* 77–103.

Hofstede, G. (1980). *Culture's consequences: International differences in work-related values.* London: Sage.

House, R. J., Hanges, P. J., Javidan, M., Dorfman, P. W. & Gupta, V. (Eds.). (2004). *Culture, leadership, and organizations. The GLOBE study of 62 societies.* Thousand Oaks CA: Sage.

Kavanagh, M. H. & Ashkanasy, N. M. (2006). The impact of leadership and change management strategy on organizational culture and individual acceptance of change during a merger. *British Journal of Management, 17,* 81–103.

Kwantes, C. T. & Boglarsky, C. A. (2007). Perceptions of organizational culture, leadership effectiveness and personal effectiveness across six countries. *Journal of International Management, 13,* 204–230.

Lau, C.-M. & Ngo, H.-Y. (2004). The HR system, organizational culture, and product innovation. *International Business Review, 13,* 685–703.

Ogbonna, E. & Harris, L. C. (2000). Leadership style, organizational culture and performance: empirical evidence from UK companies. *International Journal of Human Resource Management, 11,* 766–788.

Ogbonna, E. & Wilkinson, B. (2003). The false promise of organizational culture change: a case study of middle managers in grocery retailing. *Journal of Management Studies, 40*, 1151–1178.

Peters, T. J. & Waterman, R. H. (1983). *Auf der Suche nach Spitzenleistungen. Was man von den bestgeführten US-Unternehmen lernen kann*. Landsberg: Verlag Moderne Industrie.

Quinn, R. E. & Rohrbaugh, J. (1983). A spatial model of effectiveness criteria: towards a competing values approach to organizational analysis. *Management Science, 29*, 363–377.

Raeder, S. (2000). *Wer definiert die Organisation? Konzept einer postmodernen Organisationskultur*. Heidelberg/Kröning: Asanger.

Rosen, M. (1988). You asked for it: Christmas at the bosses' expense. *Journal of Management Studies, 25*, 463–480.

Schein, E. H. (1995). *Unternehmenskultur. Ein Handbuch für Führungskräfte*. Frankfurt: Campus.

Silvester, J., Anderson, N. R. & Patterson, F. (1999). Organizational culture change: An inter-group attributional analysis. *Journal of Occupational and Organizational Psychology, 72*, 1–23.

Smircich, L. (1983). Concepts of culture and organizational analysis. *Administrative Science Quarterly, 28*, 339–358.

van Muijen, J. J., Koopman, P., De Witte, K., De Cock, G., Bourantas, D., Papalexandris, N., et al. (1999). Organizational culture: the Focus Questionnaire. *European Journal of Work and Organizational Psychology, 8*, 551–568.

Zamanou, S. & Glaser, S. R. (1994). Moving toward participation and involvement. Managing and measuring organizational culture. *Group and Organization Management, 19*, 475–502.

Wandel in Organisationen – Grundlagen und Prinzipien des Change Managements aus systemischer Perspektive

Volker Kiel

Organisationen werden aus systemischer Perspektive als lebende offene Systeme beschrieben, die in Wechselwirkung mit ihrer jeweiligen Umwelt stehen. Die Umwelt ist durch steigende Komplexität, hohe Dynamik und häufige Turbulenzen gekennzeichnet. Wandel in Organisationen ist eine geplante und zielgerichtete Anpassung der Strategie, Struktur und Kultur an die sich kontinuierlich verändernde Umwelt, um die Legitimität und somit die Lebensfähigkeit zu erhalten. Je nach Auslöser und Notwendigkeit kann der Wandel eher eine radikale oder evolutionäre Form annehmen, wobei zwischen der sachlogischen Ebene, dem Gegenstand der Veränderung, und der psychosozialen Ebene, den tatsächlichen Auswirkungen der Veränderungen im sozialen System, unterschieden wird. »Change Management« ist die bewusste und zielgerichtete Gestaltung und Steuerung von Veränderungsprozessen in sozialen Systemen. Auf der Basis systemtheoretischer Ansätze können Veränderungen nicht direkt verordnet oder instruiert werden, sondern werden durch das soziale System selbstorganisiert hervorgebracht. Berater in Veränderungsprozessen sollten dabei bestimmte Prinzipien beachten, um die Selbstorganisation des sozialen Systems zu nutzen und damit die notwendigen Veränderungen langfristig in der Kultur zu verankern.

7.1   Phänomene des Wandels – Wechselwirkungen zwischen Umwelt und Organisation

» Ich glaube, dass es auf der Welt einen Bedarf von vielleicht 5 Computern geben wird. (Thomas Watson, Chef von IBM, 1943) «

» Es gibt bereits über 15 verschiedene ausländische Automarken auf dem Markt. Da haben die Japaner überhaupt keine Chance mehr. (Business Week, 1968) «

Sicherung der Lebensfähigkeit in einem immer komplexer werdenden Umfeld

Wandel und Entwicklung sind wesentliche Phänomene aller Lebewesen und notwendige Voraussetzung dafür, durch Anpassung an die sich stetig verändernden Umweltbedingungen die **Lebensfähigkeit** zu sichern. An sich geschieht Wandel kontinuierlich und autonom.

Organisationen befinden sich in einem äußerst dynamischen und immer komplexer werdenden **Umfeld**. Die Umweltbedingungen bewegen sich im ständigen Fluss und sind nicht als statische Größe festzumachen.

> Seit den 90er-Jahren ist die Umwelt z. B. durch die demographische Entwicklung, Internationalisierung der Märkte und Produktionsstätten, transparente und gesättigte Märkte, steigende Kundenanforderungen, verschärfenden Konkurrenzdruck und schnellere Produktlebenszyklen, rasanten technologischen Wandel, steigende Vernetzung und atemberaubenden Informationsfluss gekennzeichnet.

Gerade die weltweite Vernetzung, der rasante Informationsfluss und die hierdurch steigende Komplexität führen dazu, dass Wandel sich immer schneller vollzieht. Organisationen stehen in immer kürzeren Intervallen vor der Fragestellung, wie sie auf die Instabilitäten im Umfeld angemessen reagieren können.

Eine **Anpassungsleistung** vieler Organisationen ist die Neuausrichtung der Strategie und Optimierung der Struktur, um langfristig den Kundennutzen und somit zukünftige Erfolgspotenziale zu sichern. Dies führt zu massiven Kostensenkungsprogrammen, Restrukturierungen, Akquisitionen oder Verkäufen von Organisationseinheiten, zu Konzentration auf Kerngeschäfte und Veränderung des Produktportfolios. Zusammengefasst liegt der Veränderungsfokus auf 4 Bereichen:

- Innovationen (neue Entwicklungen, Dienstleistungen, Produkte und Produktdifferenzierungen),
- Qualität (Auslieferqualität, Termintreue, Produktqualität, Image),
- Zeit (Fertigungszeiten, Durchlaufzeiten, Prozesszeiten, flexible Zeitmodelle) und
- Finanzen (Fixkostenoptimierung, Personalabbau, Outsourcing, Verlagerungen, Sanierungen).

Mögliche **Konsequenzen** dieser Veränderungen für die Betroffenen sind z. B. höhere Führungsspannen, Leistungsverdichtung, mehr Entscheidungs- und Gestaltungsfreiräume, höhere Anforderungsprofile, Tätigkeitsverlagerungen oder auch Standardisierung von Prozessen und Abläufen.

Organisationen, die diese Leistung nicht erbringen, können ihre Legitimität verlieren und vom Markt verschwinden.

Die digitale Entwicklung hat vielen traditionsreichen Unternehmen die Existenzgrundlage entzogen, da die Entwicklungen nicht frühzeitig erkannt wurden und der trügerische Schein der damals bestehenden Erfolge die notwendige Anpassung an neue Technologien nicht erkennen ließ. »Die Digitaltechnik ist nur Intermezzo« wird 2004 der damalige Vorstandschef des Kameraherstellers Leica Hanns-Peter Cohn in einem Spiegelinterview zitiert. So ähnlich werden wahrscheinlich die Vorstände von Grundig, Saba, Nordmende, Agfa und vielen anderen Traditionsunternehmen auf Innovationen im Markt geantwortet haben. (Quelle: DER SPIEGEL 39/2004)

Weitere Phänomene des Wandels sind **Rückbezüglichkeit** und **steigende Dynamik**.

> ❯ Jede Organisation ist immer auch Bestandteil der Umwelt von anderen Organisationen. Veränderungen und Entwicklungen einer Organisation beeinflussen demnach andere

Anpassungsleistung

Konsequenzen

Rückbezüglichkeit
und steigende Dynamik

Organisationen und wirken durch deren Veränderungen wieder auf sie selbst zurück. Veränderung ist wechselseitig und dynamisierend.

Dies führt insgesamt zu einer zirkulären sich aufschaukelnden Spirale der Veränderung. Organisationen handeln demnach nicht nur reaktiv auf Umweltbedingungen, sondern gestalten auch gleichzeitig Zukunft mit.

Beispiel

In der schnelllebigen und sehr preissensiblen Telekommunikationsbranche führt jede Tarifveränderung oder Produktinnovation eines Anbieters zu Anpassungen bei den Mitbewerbern, um auf diesem Markt zu bestehen. Die Reaktion der Mitbewerber hat wiederum Auswirkungen auf den Anbieter, der die Veränderung eingeleitet hat.

richtige Balance zwischen Wandel und Stabilität

Vorausschauende und zielgerichtete Veränderungen sind notwendig, um die Lebensfähigkeit von Organisationen zu erhalten. Das erfordert ein hohes Maß an Veränderungsbereitschaft, Flexibilität und Lernfähigkeit der Menschen innerhalb der Organisation. Menschen haben neben dem Bedürfnis nach **Veränderung und Wandel** auch das Bedürfnis nach **Stabilität und Kontinuität**. Daneben sind routinierte Abläufe, Regelmäßigkeit und Orientierung grundlegende Voraussetzung für hohe Produktivität und Effizienz einer Organisation. Es gilt im Veränderungsprozess die richtige Balance zwischen dem Bedürfnis nach Stabilität und erforderlicher Routine auf der einen Seite und der notwendigen Anpassung und Optimierung der Organisation auf der anderen Seite zu finden.

7.2   Der systemische Blickwinkel auf die Organisation

》 Die Theorie bestimmt, was wir wahrnehmen. (Albert Einstein) 《
　　》 Wir wissen nicht was wir sehen, sondern wir sehen was wir wissen. (Johann Wolfgang Goethe) 《

Es ist von zentraler Bedeutung mit welchem theoretischen Ansatz Organisationen betrachtet und beschrieben werden. Je nach **Perspektive** entsteht ein Modell oder eine Landkarte von der Organisation, wobei bestimmte Aspekte in den Vordergrund und andere in den Hintergrund geraten. Die Perspektive bestimmt auch die Grundannahmen über die Ansätze, Möglichkeiten, Grenzen und Gestaltung von Veränderungen. Im Folgenden wird die Organisation aus einem systemischen Blickwinkel beleuchtet (vgl. z. B. Probst, 1987; Malik, 2003).

Organisationen als lebende offene Systeme

Organisationen werden aus systemischer Perspektive als **lebende offene Systeme**[1] beschrieben, die sich in einer stetig verändernden

---

1   Nach der allgemeinen Definition von Hall und Fagen (1956) sind Systeme offen, wenn sie mit ihrer Umwelt Stoffe, Energie oder Information austau-

Umwelt befinden, mit dieser in Wechselwirkung stehen und Materialien, Energie und Informationen austauschen. Innerhalb der definierten Umwelt erfüllt die Organisation eine **Funktion**, woraus sie ihre Legitimation erhält. Sie erzeugt einen Zweck oder Nutzen für die Umwelt, was sie zur Existenz berechtigt. Eine Veränderung der Funktion kann radikale Auswirkungen auf die gesamte Organisation zur Folge haben.

Organisationen erfüllen eine Funktion in ihrer jeweiligen Umwelt

Die Geschichte des Industriekonzerns Mannesmann geht zurück auf die Brüder Reinhard und Max Mannesmann, die 1885 in der väterlichen Feilenfabrik in Remscheid ein Walzverfahren zur Herstellung nahtloser Stahlrohre erfanden. Mannesmann war bis 1990 im Schwerpunkt ein Industriekonzern der Eisen- und Stahlverarbeitung sowie des Maschinen- und Anlagenbaus. 1990 stieg der Mannesmann-Konzern in ein neues Geschäftsfeld ein. Er erwarb die Lizenz zum Aufbau und Betrieb des 1. privaten Mobilfunknetzes D2 in Deutschland. Der dynamische Bereich der Telekommunikation bekam in den 90er-Jahren innerhalb des Mannesmann-Konzerns immer größere Bedeutung. Mit seinen damals hohen Gewinnspannen dominierte er bald alle anderen Geschäftsbereiche. Der Mannesmann-Vorstand beschloss daher 1999, den Konzern auf den Geschäftsbereich Telekommunikation zu konzentrieren und fasste die meisten industriellen Aktivitäten zusammen, die in den kommenden Jahren an der Börse verselbstständigt werden sollten. Jedoch erwarb Anfang 2000 das britische Telekommunikationsunternehmen Vodafone im Rahmen einer spektakulären Übernahmeschlacht die Aktienmehrheit der Mannesmann AG. Der Mannesmann-Konzern verlor nach dem erfolgreichsten Geschäftsjahr seiner Unternehmensgeschichte seine Selbstständigkeit und wurde in der Folge aufgespalten. Im August 2001 fand die letzte Hauptversammlung der Mannesmann AG statt, auf der die Umfirmierung in Vodafone beschlossen wurde. (Quelle: Mannesmann Archiv, Salzgitter AG)

Beispiel

Zur Erfüllung ihrer Funktion entwickelt jede Organisation mehr oder weniger explizit beschrieben eine **Strategie, Struktur und Kultur**, die sich wechselseitig beeinflussen und gegenseitig bedingen.

Strategie – Struktur – Kultur als Elemente der Organisation

Die **Strategie** legt die erwünschte mittel- bis langfristige Ausrichtung der Organisation fest, um diese für die Zukunft zu sichern. Folgende Fragen werden z. B. durch die Strategie beantwortet:
- Wie können derzeitige Erfolge gesichert und künftige Erfolgspotenziale aufgebaut werden?
- Welche Märkte sollen künftig erschlossen, durchdrungen oder aufgegeben werden?
- Was ist unser Kerngeschäft? Was sind neue Geschäfte?

---

schen. Ein System ist geschlossen, wenn ein Export oder Import von Energie in irgendeiner Form nicht stattfindet. In geschlossenen Systemen werden demnach keine Bestandteile mit der Umwelt ausgetauscht.

— Welche Produkte sollen entwickelt, differenziert oder eingestellt werden?
— Wer sind unsere Kunden bzw. Nichtkunden? Welche Kunden wollen wir halten, neu gewinnen oder vernachlässigen?

Die Strategie beschreibt die Zielrichtung der Organisation, um den derzeitigen und hypothetisch vorausgesetzten künftigen Bedingungen der Umwelt gerecht werden zu können. Gleichzeitig bedeutet Strategie auch Zukunft machen, gestalten, da jede Entwicklung der Organisation künftige Umwelten mitprägt.

Aus der Strategie können die Anforderungen an die **Struktur** hergeleitet werden. Aufbau der Organisation, Prozesse und Abläufe sollten so angepasst werden, dass diese dazu beitragen, die Strategie in Zukunft möglichst zu realisieren. Aus dieser Perspektive folgt die Struktur der Strategie. Jedoch kann nur selten die künftige Ausrichtung der Organisation auf der grünen Wiese entstehen. Die Strategie erwächst überwiegend auf dem Boden der vorhandenen Struktur. Insofern hat die bisherige Struktur auch immer Einfluss auf die künftige Strategie. Darüber hinaus wird die Strategie auch durch die Struktur, Prozesse und Abläufe realisiert.

Kultur ist ein emergentes Phänomen

Ein weiteres systemrelevantes Element ist die **Kultur**. Die Kultur ist die Summe der Überzeugungen und Regeln, die ein soziales System im Laufe ihrer Geschichte entwickelt hat. Strategie und Struktur haben zwar erhebliche Auswirkungen auf die Entwicklung der Kultur einer Organisation, können diese jedoch nicht direkt bestimmen. Die Kultur ist ein **emergentes[2] Phänomen**, welches aus den Wechselwirkungen und Interaktionen der Menschen innerhalb der Organisation von selbst entsteht. Die hervorgebrachten Werte, Normen, Denk- und Verhaltensmuster sind wesentlich für die Motivation, Produktivität und Effizienz einer Organisation sowie für das Gelingen oder Misslingen erwünschter Veränderungen. Es sind immer Menschen, die durch ihr Verhalten und Handeln die Strukturen und Prozesse kontinuierlich reproduzieren, am Leben erhalten und Veränderungen möglich oder unmöglich machen.

> ❯ Es sind immer Menschen, die durch ihr Handeln und Verhalten die Organisation zum Leben bringen, Strategien entwickeln, Strukturen und Prozesse definieren, optimieren oder einhalten, Maschinen und Computer bedienen, Veränderungen gestalten, implementieren oder umsetzen bzw. durch diese mehr oder weniger betroffen sind.

Aus dieser Betrachtung erscheinen Organisationen als **offene soziale Systeme**, die aus einer Vielzahl von Kommunikationen und Handlungen bestehen, die sich gegenseitig beeinflussen (▶ Kap. 4).

---

2   Emergenz (lat. emergere): auftauchen, hervorkommen, sich zeigen.

7.3 Möglichkeiten und Grenzen von Veränderungen in Organisationen aus systemischer Perspektive

>> Wir sehen nun etwas anderes und können nicht mehr naiv weiterspielen. (Ludwig Wittgenstein) <<

Die Theorie autopoietischer Systeme von Huberto Maturana und die Theorie der Selbstorganisation nach Hermann Haken haben seit den 90er-Jahren das Verständnis von Veränderung offener Systeme und damit auch von sozialen Systemen deutlich geprägt. Beide Ansätze beschreiben die allgemeinen Prinzipien des Funktionierens von offenen Systemen und zeigen die Möglichkeiten und Grenzen von Veränderung auf. Im Folgenden werden beide Ansätze kurz skizziert, da diese als theoretischer Rahmen für das Verständnis vom Wandel in Organisationen grundlegend sind.

7.3.1 Die Theorie autopoietischer Systeme

Die Theorie autopoietischer[3] Systeme wurde von dem chilenischen Biologen Huberto Maturana (vgl. Maturana, 1985; Maturana & Varela, 1987) entwickelt und hat das Veränderungsverständnis von psychischen und sozialen Systemen weitreichend beeinflusst. Der Begriff der »Autonomie« nimmt in der Theorie autopoietischer Systeme einen zentralen Stellenwert ein. Das Konzept der Autonomie beinhaltet, dass psychische und soziale Systeme sich selbst erzeugen, regulieren und erhalten. Autopoietische Systeme sind **operational geschlossen**, das bedeutet, sie können nur mit ihren Eigenzuständen operieren und nicht mit systemfremden Komponenten. Die Außenwelt wird nur so weit zur relevanten Umwelt (und von dort kommende Informationen werden nur so weit zu relevanten Informationen), wie sie im System Eigenzustände anzustoßen, zu »verstören« vermag.

Autonomie

operationale Geschlossenheit

Die Annahme, dass psychische und soziale Systeme autopoietisch sind, hat zur Folge, dass sie nicht direkt beeinflussbar sind. Direkt steuernde bzw. determinierende Interventionen des Beraters führen nicht zwangsläufig zu dem erwünschten Ergebnis.

>> Das System spielt seine eigene Melodie und kann nur seine eigene Musik hören. Sogar für Manager mit Linienfunktionen ist die Frage zu stellen, inwieweit sie ihre Mitarbeiter bzw. Organisationen direkt steuern können. (Königswieser, Exner & Pelikan, 1995, S. 55) <<

---

3   Der Begriff Autopoiese ist aus den griechischen Wörtern autos (selbst) und poiein (machen) hergeleitet worden und bedeutet wörtlich »Selbstmachung«.

Der Berater kann das System nicht direkt beeinflussen, sondern nur Veränderungen anregen, d. h. Informationen in das System geben, die von dem System aufgenommen werden, und innerhalb des Systems ggf. Veränderungen bewirken.

operative Anschlussfähigkeit

Als Voraussetzung für den Erfolg von Interventionen gilt deren **operative Anschlussfähigkeit** an die Struktur des Systems und deren Irritationspotenzial, die Befähigung, das System zu »verstören« (vgl. Königswieser et al. 1995, S. 55).

7.3.2 Die Prinzipien der Selbstorganisation sozialer Systeme

Die Theorie der Selbstorganisation, die von dem Physiker Hermann Haken (1981) unter der Bezeichnung Synergetik[4] im naturwissenschaftlichen Bereich ausgearbeitet wurde, hat die **Phänomene der Ordnungsbildung** und die **allgemeingültigen Prinzipien der Selbstorganisation** in offenen Systemen zum Gegenstand.

» In diesem Sinne kann die Synergetik als eine Wissenschaft vom geordneten, selbstorganisierten, kollektiven Verhalten angesehen werden, wobei dieses Verhalten allgemeinen Gesetzen unterliegt. (Haken, 1981, S. 21) **«**

mikroskopische und makroskopische Ebene von Systemen

Haken hat einheitliche Gesetzmäßigkeiten herausgearbeitet, die die Dynamik von Chaos auf der Mikroebene zur Struktur auf der Makroebene in offenen Systemen erklären und »sich wie ein roter Faden durch alle Erscheinungen der Selbstorganisation hindurch ziehen« (Haken, 1981, S. 19).

»Attraktor«

Nach den Grundprinzipien der Selbstorganisation wirken in offenen Systemen auf der **mikroskopischen Ebene** die Einzelkomponenten derart zusammen, dass sie auf der **makroskopischen Ebene** sprunghaft ein bestimmtes geordnetes Muster, den sog. **»Attraktor«**[5] bilden. Das Verhalten der Einzelkomponenten wird von einem **»Ordner«** bestimmt, der das geordnete Muster auf der makroskopischen Ebene hervorbringt und über einen gewissen Zeitraum stabil hält. Dieser dynamische Prozess verläuft in einer **zirkulären Kausalität**, da die Einzelkomponenten des Systems den Ordner selber schaffen, durch welchen sie wiederum in ihrem Verhalten bestimmt werden.

---

4   Das Wort Synergetik stammt aus dem Griechischen und heißt übersetzt: Die Lehre vom Zusammenwirken.

5   Kriz definiert »Attraktor« als »eine Struktur (auch: ‚Muster‘, ‚Regel‘, ‚Ordnung‘ eines dynamischen Prozesses – im Gegensatz z. B. zur statischen Ordnung eines Mosaiks) …, auf die hin sich eine Systemdynamik entwickelt und dann (zumindest über einen gewissen Zeitraum während hinreichend gleicher Randbedingungen) stabil bleibt bzw. sich sogar gegenüber mäßigen Störungen wieder durchsetzt« (Kriz 1995b, S. 205).

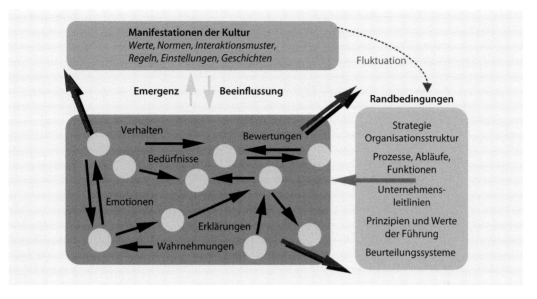

◘ Abb. 7.1 Prinzipien der Selbstorganisation in sozialen Systemen. (In Anlehnung an Tschacher & Schiepek, 1997, S. 6)

» Wir werden erkennen, dass sich die einzelnen Teile wie von einer unsichtbaren Hand getrieben anordnen, andererseits aber die Einzelsysteme durch ihr Zusammenwirken diese unsichtbare Hand erst wieder schaffen. Diese unsichtbare Hand, die alles ordnet, wollen wir den ‚Ordner' nennen. ... Der Ordner wird durch das Zusammenwirken der einzelnen Teile geschaffen, umgekehrt regiert der Ordner das Verhalten der Einzelteile. (Haken, 1981, S. 19) «

Das Konzept der Synergetik wird in der systemischen Beratung als Modell verwendet, um die **Prinzipien der Selbstorganisation sozialer Systeme** (◘ Abb. 7.1) zu beschreiben und auf diese Weise die Möglichkeiten und Grenzen von Veränderung zu erkennen (vgl. Brunner, 1993; Kriz, 1992; 1995a; 1995b).

In sozialen Systemen sind die Elemente des Mikrobereichs z. B. die vielfältigen Kommunikationen, Kognitionen, Wahrnehmungen, Emotionen, aus deren Wechselwirkungen eine gemeinsame Struktur auf der makroskopischen Ebene hervorgeht. Diese Struktur beinhaltet die gemeinsamen Werte, Normen, Rituale, Interaktionsmuster, Regeln oder Geschichten und Legenden, die wiederum die Wahrnehmungen, Gedanken und Verhaltensweisen der Menschen des sozialen Systems regulieren und koordinieren, um ein Gleichgewicht des Systems herzustellen. Die hervorgebrachte Struktur auf der Makroebene ist die **Manifestation der Kultur** des sozialen Systems. Die Stabilität dieser Struktur kann durch Veränderungen innerhalb des Systems oder durch Veränderung der **Randbedingungen** wie Prozesse, Abläufe, Standards, Funktionen, Unternehmensleitlinien, definierte Prinzipien und Werte oder Beurteilungssysteme gestört werden.

Manifestation der Kultur auf der Makroebene des sozialen Systems

Die Phase der Instabilität ist durch auffällige **Fluktuationen** gekennzeichnet, die sprunghaft zu einem neuen Ordnungszustand führen können (◘ Abb. 7.1).

Der Zusammenhang zwischen der Veränderung der Randbedingungen und der Strukturveränderung des Systems ist dabei nicht linear.

>> Je nach Systemzustand (d. h. der bisherigen ‚Geschichte‘ des Systems) können große Umgebungsveränderungen ggf. überhaupt nichts bewirken, während andererseits minimalste Einflüsse große Veränderungen auslösen können – d. h. die ‚klassische‘ Regel, dass große Wirkungen auf große Ursachen zurückgehen, gilt für solche Systeme also nicht. (Kriz, 1995a, S. 160) **《**

Störung des Gleichgewichts   Der Berater kann Veränderungen durch **Störung des Gleichgewichts** herausfordern, hat aber in der Phase der Instabilität **keinen direkten Einfluss** hinsichtlich der Entwicklung des Systems. Der Berater wird sich demnach »in Bescheidenheit üben müssen und weniger die Rolle eines ‚Machers‘ einnehmen als die eines ‚Anregers‘« (Brunner, 1993, S. 108).

>> Aus der Tatsache, dass selbst das Management keine vollständige Kontrolle haben kann, dass Organisationen ein Eigenleben führen und eine Eigendynamik einwickeln, folgt, dass der Beratung enge Grenzen der Machbarkeit gesetzt sind. (Brunner, 1993, S. 107) **《**

7.4   Gestaltung und Steuerung von Veränderungen in Organisationen

>> Erst wirbeln wir den Staub auf und behaupten dann, dass wir nichts sehen können. (George Berkeley) **《**

Veränderungen in Organisationen sind komplex, können nicht zuverlässig gesteuert werden und sind nicht eindeutig vorhersagbar. Diese Annahme könnte die Schlussfolgerung nahelegen, dass man nun nichts tun könne, da ja alles von selbst geschehe. Dieser Rückschluss wäre fatal und äußerst wirklichkeitsfremd.

> ❯ **»Die Tatsache, dass man soziale Systeme nicht zuverlässig steuern kann, heißt nicht, dass man sie nicht steuern kann.« (Fritz Simon)**

Der Bauer verfällt auch nicht im Frühjahr in Passivität, weil er nicht voraussagen kann, wie seine Ernte im Herbst ausfallen wird. Veränderungen in Organisationen können und müssen trotz der fehlenden Zuverlässigkeit und Voraussagbarkeit gestaltet und gesteuert werden. **Selbstorganisation**   Die Komplexität und die Kräfte der **Selbstorganisation** des sozialen

Systems sollten sogar genutzt werden. Dabei sind folgende Fragen in Betracht zu ziehen:

— Wie können Organisationen der Notwendigkeit von Veränderungen gerecht werden?
— Welche Strategien sind eher Erfolg versprechend?
— Was sind mögliche Stellhebel?
— Wie können Berater Veränderungen bewirken bzw. auslösen?

Das komplexe Feld von Veränderungen lässt sich grob ordnen, indem zwischen **Formen, Strategien** und **Ebenen der Veränderung** unterschieden wird. Es entsteht eine Landkarte, die die wichtigsten Formen, verschiedene Vorgehensweisen und mögliche Stellhebel von Veränderungen in Organisationen skizziert.

7.4.1 Formen der Veränderungen – radikaler und evolutionärer Wandel

Veränderungen sind entweder eine reaktive Anpassungsleistung der Organisation an die sich stetig verändernden Umweltbedingungen, um den derzeitigen Erhalt zu sichern, oder eine antizipierende Entwicklungsleistung, um künftige Erfolgspotenziale zu schaffen (▶ Abschn. 7.1).

Je nach Notwendigkeit der Veränderung erfolgt eher ein radikaler oder eher ein evolutionärer Wandel. Diese unterscheiden sich in ihrem Umfang, in ihrer Dynamik, Gestaltung und Steuerung (◘ Abb. 7.2).

Auslöser für den radikalen Wandel sind z. B. Liquiditätskrisen und damit akute Insolvenzgefahr oder das Scheitern von mehreren Veränderungsvorhaben in der Vergangenheit; die Lebensfähigkeit der Organisation ist bedroht. **Anlässe für evolutionären Wandel** sind z. B. kontinuierliche Optimierung der vorhandenen Prozesse, Förderung der Kultur oder die Etablierung von Wissens- bzw. Innovationsmanagement; die Organisation entwickelt sich innerhalb einer relativ beständigen Struktur weiter.

Je nachdem inwieweit der Wandel eine radikale oder evolutionäre Form annimmt, desto mehr oder weniger sind die betroffenen Menschen an der Gestaltung der Veränderung beteiligt.

Radikaler Wandel wird vom Topmanagement schnell, straff und ergebnisorientiert im kleinen Kreis geplant und gesteuert, um die Not zu wenden. Radikaler Wandel ist reaktiv, direktiv und kurzfristig und wird in großen schnellen Schritten umgesetzt. Die Veränderungen werden in das soziale System eher hineingedrückt und deren Umsetzung in kurzen Intervallen kontrolliert.

Häufig geht der radikale Wandel mit Macht- und Zwangsstrategien einher, wobei auf die Menschen Druck ausgeübt, gedroht und im Zweifel Personal ausgetauscht wird (▶ Abschn. 7.4.2). Veränderungen werden von den Betroffenen tendenziell aus Furcht vor negati-

radikaler Wandel

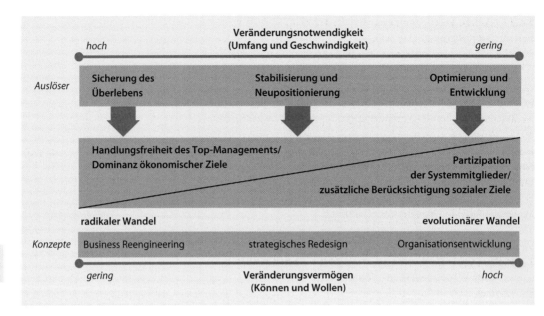

Abb. 7.2 Merkmale des radikalen und evolutionären Wandels

ven Konsequenzen umgesetzt. Es ist in bestimmten Situationen gegebenenfalls möglich, durch Macht- und Zwangsstrategien Menschen kurzfristig zu Veränderungen zu bewegen, die Nebenwirkungen und -kosten sind jedoch erheblich. Zum Beispiel die Energie, die durch Anweisungen und Kontrolle dauerhaft aufgebracht werden muss, Ängste und Unsicherheiten, die die Produktivität, Effizienz und Innovationskraft mindern, hohe Fluktuation und fehlende Nachhaltigkeit.

Das soziale System befindet sich in massiver Instabilität und erstarrt häufig in Angst und Unsicherheit. Die bisherige Selbstorganisation ist gestört, es fehlt Orientierung und Ordnung, wobei die Effizienz und Produktivität i.d.R. sinken. Paradoxerweise führt gerade der hohe Handlungsdruck nach schnellem Wandel zur Lähmung des sozialen Systems, wodurch die Realisierung der notwendigen Veränderung erschwert wird.

evolutionärer Wandel   Beim **evolutionären Wandel** werden eher viele Menschen der Organisation in der konkreten Ausgestaltung und Umsetzung der Veränderung beteiligt (**◘** Abb. 7.2). Die Erfahrungen und das Wissen der Menschen wird genutzt, deren Sichtweisen, Meinungen und Bewertungen werden einbezogen. Evolutionärer Wandel geschieht daher langsamer, vielschichtiger und ist ergebnisoffener. Evolutionärer Wandel ist antizipierend, partizipativ und langfristig und wird in kleinen kontinuierlichen Schritten durchgeführt. Die Veränderungen sind demnach anschlussfähiger an die bestehende Selbstorganisation des sozialen Systems, wodurch sie eher akzeptiert, integriert und verwirklicht werden.

7.4.2 Strategien der Veränderungen – Einsicht, Zwang oder Partizipation

Es gibt verschiedene Vorgehensweisen, um Prozesse, Funktionen, Abteilungen oder ganze Organisationen zu verändern. Letztendlich können alle Wege in Anlehnung an Jäger (2004) auf 3 grundlegende Veränderungsstrategien zurückgeführt werden: Auf **rationale Strategien, Macht- oder Entwicklungsstrategien**. In der Praxis entsteht meistens eine Verzahnung dieser Strategien, in Abhängigkeit von der Notwendigkeit, Radikalität sowie dem Veränderungsvermögen der Organisation. Wobei beim radikalen Wandel tendenziell eher Machtstrategien und beim evolutionären Wandel eher Entwicklungsstrategien zum Einsatz kommen.

rationale Strategien, Macht- oder Entwicklungsstrategien

■ ■ **Rationale Strategien (Veränderung durch Einsicht)**
Die Rationalen Strategien basieren auf der Annahme, dass Menschen primär rational handeln und vorrangig ihren Eigeninteressen folgen. Nach dieser Auffassung werden Veränderungen dann akzeptiert, wenn sie den Betroffenen als vorteilhaft erscheinen und wenn sie von den Veränderungen profitieren. Dementsprechend löst Einsicht allein schon Veränderung aus, wobei Änderungen der Einstellungen oder Werte nicht notwendig sind. Experten analysieren ein Problem und erarbeiten nach sachlichen Aspekten Lösungsvorschläge. Zahlen, Daten, Fakten, empirische Untersuchungen und Expertenmeinungen haben dabei einen hohen Stellenwert. Die Lösungen werden i.d.R. im kleinen Kreis mit dem Topmanagement erarbeitet. Die Betroffenen werden erst in der Umsetzungsphase informiert und in den Prozess einbezogen. Die beauftragende Organisation unterstellt dem Fachexperten einen Wissensvorsprung in Bezug auf die Sachlage und erwartet eine Präsentation der richtigen Lösung und Vorgehensweise.

Veränderung durch Einsicht

■ ■ **Machtstrategien (Veränderungen durch Einflussnahme und Zwang)**
Macht gibt Menschen die Möglichkeit, innerhalb des sozialen Systems Veränderungen gegen den Willen – notfalls auch gegen Widerstand – der Betroffenen durchzusetzen. Man unterscheidet formale Macht, die man auch als »Macht kraft der Position« bezeichnen kann und personale Macht, die an die Persönlichkeit und das Verhalten einer Person gekoppelt ist. Macht in ihren unterschiedlichen Formen und Ausprägungen ist zentraler Bestandteil jedes sozialen Systems (vgl. Jäger, 2004, S. 41). Die Macht in Organisationen kann z. B. durch hierarchische Positionen, Entscheidungskompetenzen oder fachliche Überlegenheit gestützt sein. Kennzeichnend für die Machtstrategie ist, dass eine kleine Gruppe von Personen die Realität für das gesamte soziale System definiert. Die Führung erarbeitet Lösungen und setzt diese mit Macht, Zwang und Druck durch. Häufig wird die Führung durch externe Fachberatung (z. B. Experten, Stabsmitarbeiter, Wis-

Veränderungen durch Einflussnahme und Zwang

senschaftler) unterstützt und fühlt sich dadurch in der Durchsetzung noch stärker legitimiert. Die Betroffenen werden durch Anweisungen, Verordnungen, Vorschriften durch enge Kontrollen und ggf. mit Sanktionen zu Veränderungen bewegt. Im Vordergrund steht die Annahme, dass nur das äußere Verhalten der Menschen beeinflusst werden muss, um das Ziel zu erreichen. Eine Änderung der inneren Einstellungen oder Denkgewohnheiten der Betroffenen erscheint nicht als notwendig, solange das erwünschte Ziel erreicht werden kann.

Veränderung durch Partizipation

■■ **Entwicklungsstrategien (Veränderung durch Partizipation)**

Die Entwicklungsstrategien basieren auf der Grundannahme, dass Verhalten nicht allein durch Rationalität erklärt werden kann und eine reine Sachargumentation daher an Grenzen stößt. Aus diesem Grunde werden die bestehenden Werte, Normen und Überzeugungen berücksichtigt und emotionale Faktoren des sozialen Systems mit einbezogen.

Entwicklungsstrategien gehen davon aus, dass die betroffenen Personen selbst die passenden Lösungen erarbeiten können, da die Fähigkeiten, Erfahrungen und das Wissen im sozialen System vorhanden sind. Die Betroffenen werden möglichst früh an dem Prozess der Veränderung beteiligt, sodass die Lösungen gemeinsam erarbeitet werden und somit die Akzeptanz steigt. Darüber hinaus erhöht sich die Bereitschaft bei den Betroffenen, die Umsetzung aktiv zu lenken und bewusst mitzutragen. Die Berater liefern keine inhaltlichen Problemlösungen, sondern sind Experten für die methodische Gestaltung und Architektur des Veränderungsprozesses. Fachexperten werden bei Bedarf situativ zu bestimmten Fragestellungen eingeladen, um sachbezogene Impulse zu geben.

Entwicklungsstrategien entsprechen am ehesten dem Verständnis der Autonomie und den Prinzipien der Selbstorganisationen von sozialen Systemen und kommen tendenziell beim evolutionären Wandel stärker zum Tragen.

7.4.3   Ebenen der Veränderungen – sachlogische und psychosoziale Aspekte

Aus systemischer Perspektive ist Wandel in offenen Systemen vielschichtig und kann nicht instruiert oder zuverlässig gesteuert werden, sondern wird durch Impulse von außen selbstorganisiert von dem System hervorgebracht. Selbst dann, wenn Menschen sich durch hohen Druck oder Drohungen verändern, geschieht diese Veränderung autonom. Jede Reaktion auf die äußere Welt ist immer eine durch den Organismus selbstbestimmt hervorgebrachte Antwort.

> ❯ Die Komplexität von Wandel in Organisationen wird überschaubarer, indem zwischen der sachlogischen und psychosozialen Ebene der Veränderungen unterschieden wird.

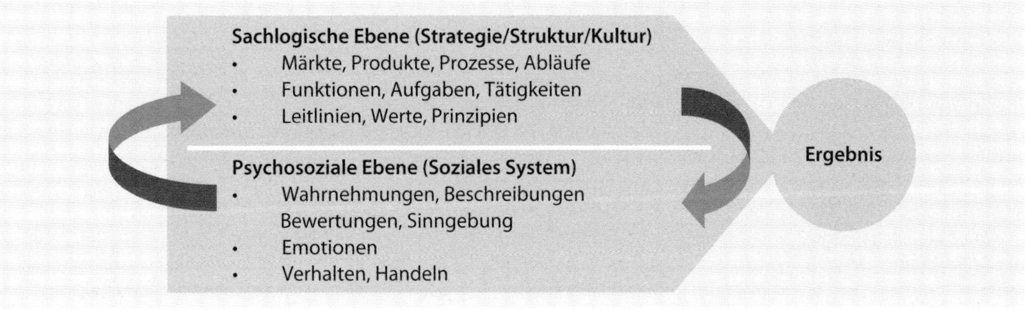

Abb. 7.3 Sachlogische und psychosoziale Ebene der Veränderung

Auf der **sachlogischen Ebene** handelt es sich um den Gegenstand und das Ziel der Veränderung (■ Abb. 7.3). Welche Prozesse, Abläufe, Funktionen, Tätigkeiten, Technologien usw. mit welchem Ziel verändert werden sollen. Dabei können auch Aspekte der Kultur wie z. B. Unternehmensleitlinien oder Werte und Prinzipien der Führung und Zusammenarbeit Gegenstand der Veränderung sein. Die sachlogische Ebene beschreibt die geplante Veränderung, den erwünschten und optimierten Zustand der Organisation in der Zukunft.

Es geht um die inhaltliche Konzeption und das Design der künftigen Organisation, um die organisierte und zielgerichtete Gestaltung von Strategien und Strukturen, Produkten und Technologien oder von Elementen der Kultur. Diese Veränderungen betreffen die Strategie, Struktur und Kultur einer Organisation: Das **Was** und **Wozu** der Veränderung.

Die **psychosoziale Ebene** beinhaltet die Auswirkungen dieser Veränderungen auf die Werte, Einstellungen, Emotionen, auf das Verhalten und Handeln der Menschen innerhalb der Organisation. Wie die sachlogischen Veränderungen sich auf das soziale System auswirken: Das **Wie** des Verarbeitungsprozesses der Veränderung.

Die psychosoziale Ebene beleuchtet, in welcher Beziehung die Menschen zu der geplanten Veränderung stehen, wie sie auf das Veränderungsvorhaben reagieren und dieses integrieren (■ Abb. 7.3).

Die psychosoziale Ebene beschreibt den **kognitiv-emotionalen Verarbeitungsprozess** der Veränderung auf individueller und kollektiver Ebene im sozialen System. Der kognitive Prozess beinhaltet z. B. die individuellen und kollektiven Wahrnehmungen, Beschreibungen, Bewertungen, Sinngebungen, Erklärungen und Schlussfolgerungen der geplanten Veränderungen. Der kognitive Prozess wird begleitet von emotionalen Reaktionen. Diese werden einerseits durch den kognitiven Verarbeitungsprozess ausgelöst, andererseits beeinflussen sie diesen, in dem die Emotionen z. B. die Wahrnehmungen und Bewertungen der äußeren Ereignisse einfärben. Der kognitive und der emotionale Verarbeitungsprozess beeinflussen sich gegenseitig und können nicht unabhängig voneinander betrachtet werden. Des Weiteren wird dieser Prozess wesentlich durch die bisherigen Erfah-

sachlogische Ebene der
Veränderung

psychosoziale Ebene
der Veränderung

kognitiv-emotionaler
Verarbeitungsprozess

Konstruktivismus

Der erkenntnistheoretische Ansatz des Konstruktivismus vertritt die grundlegende Annahme, dass wir Menschen die Wirklichkeit nicht erfassen können, sondern dass wir ein Modell von Wirklichkeit konstruieren. Das Modell ist nicht die Wirklichkeit selbst, sondern ein kognitives Konstrukt von der Wirklichkeit, das als Orientierungsgrundlage für Wahrnehmung, Denken und Handeln dient.

»Das vermeintlich *Gefundene* ist ein *Erfundenes*, dessen Erfinder sich des Aktes seiner Erfindung nicht be-wusst ist, sondern sie als etwas von ihm Unabhängiges zu entdecken vermeint und zur Grundlage seines ‚Wissens‘ und daher auch seines Handelns macht« (Watzlawick, 1991, S. 9).

Maturana und Varela (1987; Maturana, 1985) zeigen auf, dass Erkennen auf der Basis biologischer Mechanismen nicht als eine Repräsentation der »Welt da draußen« zu verstehen ist, sondern »als ein andauerndes Hervorbringen einer Welt durch den Prozess des Lebens selbst« (Maturana & Varela, 1987, S. 7).

Die Erfahrung von der Welt spiegelt nicht die Welt wider, wie sie ist, sondern wird durch die Struktur des Menschen determiniert. Erkennen wird folglich als Handlung verstanden, dessen Ergebnis von der Struktur des Erkennenden bestimmt wird.

»Die Erfahrung von jedem Ding ‚da draußen‘ wird auf eine spezifische Weise durch die menschliche Struktur konfiguriert, welche ‚das Ding‘, das in der Beschreibung entsteht erst möglich macht« (Maturana & Varela, 1987, S. 31).

---

rungen, die persönlichen Wertvorstellungen sowie durch den Grad der Betroffenheit bestimmt. Der individuelle Verarbeitungsprozess mündet in sichtbares Verhalten, welches vom Protagonisten subjektiv als angemessene Reaktion auf die erlebten Ereignisse bewertet wird. Darüber hinaus bereitet der Verarbeitungsprozess den Referenzrahmen, innerhalb dessen die Veränderungen in Gesprächen mit Mitarbeitern, Kollegen oder Vorgesetzten beschrieben, kommentiert und bewertet werden. Aus der Interaktion entstehen gemeinsame Erklärungen, Sinngebungen und Geschichten als emergentes Phänomen der **kollektiven Konstruktion von Wirklichkeit** (▶ Konstruktivismus), wobei sich einige durchsetzen und als »**Attraktor**« den weiteren Verarbeitungsprozess bestimmen. Die »Attraktoren« dienen im Sinne der Theorie der Selbstorganisation als **ordnungsbildendes Phänomen**, die aus dem Zusammenwirken der einzelnen Interaktionen von selbst hervorgebracht werden und die weiteren Verarbeitungsprozesse und Interaktionen bestimmen (▶ Abschn. 7.3.2). Dabei gibt es keinen direkten Zusammenhang, wie die Veränderungen auf der sachlogischen Ebene tatsächlich gemeint sind. Es besteht ein Unterschied zwischen den Absichten der Gestalter und Begleiter von Veränderungen auf der einen Seite und den Bedeutungszuschreibungen durch die Betroffenen auf der anderen Seite. Die Erfahrung von der Welt spiegelt nicht die Welt wider, wie sie ist, sondern wird durch die Struktur des Menschen bestimmt.

Die Beschreibungen, Erklärungen und Geschichten, die über die Veränderungen konstruiert werden, entwickeln sich häufig unabhängig von dem auslösenden Ereignis in einer **eigenen Dynamik und Logik** weiter. Die Auswirkungen dieser individuellen und sozialen Realitätskonstruktionen auf die Akzeptanz und Bereitschaft, die Veränderungen mitzutragen, und damit auf die Ergebnisse des Veränderungsprojektes werden in den meisten Fällen von dem verant-

kollektive Konstruktion von Wirklichkeit als ordnungsbildendes Phänomen

Eigendynamik und Eigenlogik von Wirklichkeitskonstruktionen

wortlichen Management unterschätzt. Da durch diese Eigendynamik und -logik 2 Welten nahezu unabhängig voneinander hervorgebracht werden, ist es besonders herausfordernd, Veränderungsprozesse zu initiieren und zu begleiten. Folglich sollten Veränderungen auf beiden Ebenen mit verschiedenen Schwerpunkten durch Beratung unterstützt werden.

7.5 Beratung von Veränderungsprozessen in Organisationen

>> Im Leben gibt es keine Lösungen. Es gibt nur Kräfte, die in Bewegung sind: man muss sie aktivieren und die Lösungen werden folgen. (Saint-Exupery) <<

Veränderungen in Organisationen geschehen auf 2 Ebenen und können jeweils durch externe oder interne Berater begleitet werden. Beratung auf der sachlogischen Ebene legt den Fokus darauf, die Handlungsfelder, Inhalte und Ziele der Veränderung zu definieren und konsistent aufeinander abzustimmen. Strategie, Prozesse, Abläufe, Technologien, IT-Systeme oder Kulturaspekte sind z. B. der Gegenstand der Beratung. Hier geht es um **Expertenberatung bezüglich der Inhalte**. Beratung auf der psychosozialen Ebene setzt den Schwerpunkt auf die Umsetzung der Veränderung, die Veränderung gemeinsam mit den Betroffenen wirksam zu gestalten und in der Kultur langfristig zu verankern. Hier geht es um **Expertenberatung bezüglich der methodischen Umsetzung** von Veränderungen im sozialen System. Berater können bei entsprechender Qualifikation auf beiden Ebenen tätig sein. Der Schwerpunkt wird durch den Beratungsauftrag definiert.

Expertenberatung bezüglich der Inhalte

Expertenberatung bezüglich der methodischen Umsetzung

7.5.1 Beratungsauftrag im Veränderungsprozess

Die Rolle des Beraters und die damit verbundenen Aufgaben und Schwerpunkte werden durch den Beratungsauftrag definiert, wodurch die Komplexität im zu beratenden Feld erheblich reduziert werden kann. Der Auftrag stellt die Grundlage für die Zusammenarbeit dar, der alle wesentlichen Bedingungen, die **Ziele, Beiträge, Verantwortlichkeiten, Erwartungen, Verpflichtungen und Grenzen** enthält (▶ Kap. 17). Der Auftrag ergibt sich aus der langfristigen Strategie, der Notwendigkeit der Veränderung und dem derzeitigen Bedarf der Organisation sowie aus den Kompetenzen und Fähigkeiten des Beraters. Der Berater ist dafür verantwortlich, dass er einen klar definierten und abgegrenzten Auftrag erhält, der i.d.R. durch ein Gespräch mit dem Auftraggeber geklärt wird. Der Sinn und die Bedeutung der Veränderung müssen für den Berater verständlich, nachvollziehbar und vertretbar sein, da er diese im Veränderungsprozess glaubwürdig darstellen muss. Im Allgemeinen sorgt der Auftrag für Transparenz, Sicherheit, Verbindlichkeit und Grenzen in der Kooperation zwischen Berater und Auftraggeber (vgl. Schwing & Fryszer, 2007, S. 104 ff.).

Aspekte der Auftragsklärung
- **Transparenz:** Die Beteiligten wissen, wer was tut oder lässt
- **Sicherheit:** Die Beteiligten wissen, auf was sie sich einlassen, was von ihnen erwartet wird
- **Verbindlichkeit:** Die Beteiligten verpflichten sich, die vereinbarten Spielregeln einzuhalten
- **Grenzen:** Die Beteiligten wissen, wer was leistet, was erreicht werden kann, was nicht zu erwarten ist

Der Auftrag vom Top-Management ist v. a. bei evolutionärem Wandel und Entwicklungsstrategien bezogen auf die konkrete Umsetzung der Veränderung häufig vage und allgemein formuliert. Er dient als Rahmen für den Veränderungsprozess, innerhalb dessen eine Konkretisierung oder Lösungen gemeinsam mit den Betroffenen erarbeitet werden können. Für den Klärungsprozess dieser vielschichtigen Auftragslage dient das **Vertrags-Dreieck** von Fanita English (1987) aus der Transaktionsanalyse als äußerst nützliche Orientierungshilfe (◘ Abb. 7.4; ► Neues Arbeitszeitmodell).

Vertrags-Dreieck als Orientierungshilfe

◘ **Abb. 7.4** Beispiel für Vertrags-Dreieck

Beispiel

Neues Arbeitszeitmodell

Ein HR-Spezialist eines Automobilkonzerns wurde von seiner zu beratenden Geschäftseinheit beauftragt, ein neues Arbeitszeitmodell für den Standort Deutschland zu entwickeln und zu implementieren, um die Arbeitszeiten flexibler an den Produktionsbedarf anzupassen.

Das Vertrags-Dreieck diente im 1. Schritt als Modell zur Klärung der allgemeinen Zielsetzung und der Vorgehensweise zwischen dem HR-Spezialisten und dem Management der Geschäftseinheit.

Im nächsten Schritt wurden zwischen dem HR-Spezialisten und dem zuständigen Betriebsrat die Rahmenbedingungen für das neue Arbeitszeitmodell aus Mitarbeiterperspektive geklärt und abgestimmt. Daraufhin wurde ein weiteres Gespräch zwischen dem Management und dem Betriebsrat zur Klärung der Interessen und der Rahmenbedingungen eines gemeinsamen Konzeptes geführt. Bei diesem Vorgehen wurde sichergestellt, dass alle Perspektiven und Interessen möglichst früh berücksichtigt und die Rahmenbedingungen definiert wurden, innerhalb dessen das neue Arbeitszeitmodell entwickelt werden konnte. Obwohl die Gespräche zeitweise sehr schwierig waren, haben sich alle Parteien am Ende verpflichtet gefühlt, die gemeinsamen Vereinbarungen zu vertreten.

Der Auftrag vom Topmanagement und damit der Rahmen, innerhalb dessen die Veränderungen von den Betroffenen konkretisiert und gestaltet werden können, sind als **Leitplanken** für den Umsetzungsprozess da. Diese Leitplanken sollten sehr sorgfältig erarbeitet werden, da diese als Orientierung für das Handeln der Betroffenen dienen.

der Auftrag vom Topmanagement als Leitplanken für den Umsetzungsprozess

> **❯** Der vom Top-Management definierte Rahmen ist eine Einschränkung, innerhalb dessen die Betroffenen Freiheitsgrade und Wahlmöglichkeiten bezogen auf die konkrete Gestaltung und Umsetzung der Veränderungen haben. Je enger oder weiter die Leitplanken definiert werden, desto mehr oder weniger wird die Autonomie des sozialen Systems berücksichtigt und dessen Selbstorganisation genutzt.

7.5.2 Prinzipien für die Beratung von Veränderungsprozessen

Prinzipien regeln die Wahrnehmung, das Denken und Handeln von Beratern. Prinzipien sind grundlegend dafür, mit welcher Haltung und Einstellung Berater den Veränderungsprozess begleiten, wie sie die Beziehung zu den Beteiligten gestalten und worauf sie die Aufmerksamkeit fokussieren.

Je nachdem, nach welchen Prinzipien Berater bewusst oder nicht bewusst ihr Verhalten regulieren, ergeben sich verschiedene Beratungsansätze, die z. B. eher dem »Macher« oder eher dem »Entwickler«, eher dem »Sherlock Holmes« oder eher dem »Columbo« entsprechen können.

Im Folgenden werden auf der Grundlage der Theorie autopoietischer Systeme sowie der Prinzipien der Selbstorganisation Prinzipien für die Beratung von Veränderungsprozessen in sozialen Systemen dargestellt. Es geht um das Umsetzen von geplanten Veränderungen im Sinne einer Entwicklungsstrategie, wobei der Rahmen, in welchem die Veränderung durch die Betroffenen konkretisiert werden kann, durch das Topmanagement vorgegeben ist.

> **❯** »Change Management« ist in diesem Sinne die Gestaltung und Steuerung von Veränderungsprozessen in sozialen Systemen und sorgt dafür, dass notwendige Veränderungen von den Betroffenen gestaltet, nachhaltig umgesetzt und gelebt werden (Verankerung in der Kultur).

Die folgende Darstellung hat keinen Anspruch auf Vollständigkeit. Weitere Prinzipien und Hinweise zur Vorgehensweise in Veränderungsprozessen werden z. B. von Doppler und Lauterburg (1997) oder von Kotter (1996) beschrieben.

»ankoppeln« an die Landkarten einzelner Personen

■ ■ **An die inneren Landkarten »ankoppeln«**

Eine grundlegende Voraussetzung für wirksames »Change-Management« ist, das die Gestaltung und Durchführung der Veränderung der bestehende Kultur der Organisation entspricht, um die eigenständige und selbstgesteuerte Konkretisierung und Umsetzung der Veränderungsvorhaben durch die Beteiligten zu ermöglichen. Die Kultur besteht aus den latenten Wahrnehmungen und Sinngebungen und Glaubenssätzen, die durch Sprache und Handeln zum Ausdruck gebracht werden. Die Aufgabe des Beraters besteht darin, sich an die **innere Landkarte** einzelner Personen oder des sozialen System zu koppeln, um möglichst passende und annehmbare Lösungen gemeinsam entwickeln zu können. »Ankoppeln« bedeutet hier, dass der Berater durch Aufmerksamkeit, sensibles Wahrnehmen und Fragen, die Perspektive der Beteiligten erfährt, nachvollzieht und diese anerkennt und respektiert. Bezogen auf die Veränderung können folgende Fragen gestellt werden:

Checkliste: Fragen des Beraters zur Veränderung
- Was glauben Sie, was sich konkret für Sie verändern wird?
- Was befürchten Sie durch die Veränderung? Was erhoffen Sie sich?
- Wie bewerten Sie die Veränderungen? (erwünscht oder unerwünscht, nützlich oder schädlich)
- Welche Risiken und Chancen sehen Sie?
- Was glauben Sie, wozu diese Veränderung Sinn macht?
- Welche Schlussfolgerungen ziehen Sie daraus?
- Welche Geschichten werden über die Veränderung erzählt?
- Welchen Preis bezahlen Sie für die Veränderung? Welchen Nutzen könnten Sie davon haben?
- Durch welches Bild oder durch welche Metapher wird die Veränderung für Sie am ehesten zum Ausdruck gebracht?

Voraussetzung für den Prozess des »Ankoppelns« ist, dass der Berater sich fragend, neugierig und offen zu den beteiligten Personen verhält. Er hat dabei eine forschende und lernende Haltung; er ist offen für Überraschungen in dem Sinne, dass er nicht vorgedachte Konstruktionen und Hypothesen bestätigt sehen oder hören will. Die weiteren Interventionen werden auf dem Hintergrund der Perspektive bzw. inneren Landkarte des sozialen Systems durchgeführt.

■ ■ **Sinn und Bedeutung erzeugen**

Menschen sind bereit umfangreiche und tief greifende Veränderungen mitzutragen, Opfer zu bringen und einen hohen Preis dafür zu bezahlen, wenn sie den dahinterliegenden Sinn und die Bedeutung erkannt haben. »Wer ein Warum im Leben kennt, der erträgt fast jedes Wie« wird Friedrich Nietzsche zitiert.

Die Betroffenen konstruieren sich aufgrund der **Informationen**, die sie erhalten oder selber erzeugen, ein eigenes inneres Bild oder Modell von der geplanten Veränderung. Dieses Bild impliziert, in welcher Beziehung der Betroffene zu der Veränderung steht, ob er diese akzeptiert oder ablehnt, welche Bedeutung diese für ihn hat und wie sinnvoll oder sinnlos diese für ihn erscheint. Das Bild oder Modell ist eine **individuelle Konstruktion der äußeren Welt**. Antworten auf folgende innere oder offen gestellte Fragen fließen in das Bild mit ein (vgl. Doppler & Lauterburg, 1997, S. 89 f.).

Information

individuelle Konstruktion der äußeren Welt

Checkliste: Fragen Betroffener bei Veränderungsvorhaben
- Wozu diese Veränderung?
- Weshalb kann nicht alles so bleiben, wie es ist?
- Was machen denn andere, die sich in einer ähnlichen Lage befinden?
- Was ist eigentlich das konkrete Ziel des Vorhabens?
- Gibt es keine Alternativen?
- Warum gerade so vorgehen und nicht anders?
- Was würde passieren, wenn wir nichts verändern würden?
- Welche Risiken kommen da auf uns zu? Was können wir verlieren?
- Was werden wir künftig anders oder neu machen müssen?
- Gibt es überhaupt eine Zukunft für uns, für mich?
- Welche Rolle sollen wir bei dieser Veränderung spielen?
- Können wir uns diesen Veränderungsschritt zutrauen?
- Können wir denen vertrauen, die das Ganze geplant haben?
- Könnten wir uns nicht noch etwas Zeit lassen?

Mit solchen oder ähnlichen Fragen setzen sich Menschen auseinander, wenn sie mit einem bestimmten Veränderungsvorhaben konfrontiert werden. Durch Austausch und Gespräche mit anderen Betroffenen entstehen gemeinsame Beschreibungen, Bedeutungen und Bewertungen der Situation. Ein **gemeinsames Konstrukt von der Wirklichkeit**, das als **Ordner** künftige Wahrnehmungen wiederum beeinflusst. Der Berater sollte auf diese Art von Fragen gut vorbereitet sein, um bei der Sinngebung und Bedeutungszuschreibung mitwirken zu können. Der Berater hat die Möglichkeit, durch Informationen wie z. B. durch Aufzeigen von Trends, Entwicklungen, Szenarien, Vergleiche, Fokussierung auf aktuelle Probleme und künftige Herausforderungen den Sinn und die Bedeutung der geplanten Veränderungen mit zu prägen. Durch diese Impulse kann das gemeinsame Bild bzw. Konstrukt des sozialen Systems in die erwünschte Richtung beeinflusst werden. Gerade in der Anfangsphase der Veränderung scheint es besonders wichtig zu sein, durch häufige und konstant wiederholte Informationen, durch zahlreiche Gespräche und Workshops auf den Prozess der Sinngebung und Bedeutungszuschreibung einzuwirken, sodass es

gemeinsame Konstruktion von der Wirklichkeit als Ordner

für die Betroffenen sinnvoll erscheint, den Veränderungsprozess aktiv mitzutragen und auszugestalten. Erst durch Sinn und Bedeutung wird die Bereitschaft erzeugt und Energie in die erwünschte Richtung mobilisiert. Der Sinn von Veränderungen lässt sich letztendlich von der Strategie ableiten, den Erhalt und die Lebensfähigkeit der Organisation zu sichern.

■ ■ **Auf Ressourcen und Lösungen fokussieren**

Wahrnehmung, Denken und Empfinden als Ergebnis der Aufmerksamkeitsfokussierung

Wahrnehmung, Denken und Empfinden sind das Ergebnis der **Fokussierung von Aufmerksamkeit** (vgl. Schmidt, 2008, S. 34 ff.). Der Berater kann durch Fragen und Kommentare den Scheinwerfer auf bestimmte Aspekte der Wirklichkeit richten und gleichzeitig andere unbeachtet lassen. Der Berater sollte die Wahrnehmungen auf die vorhandenen Ressourcen, Stärken und künftigen Lösungen fokussieren, gleichzeitig die bisherige Geschichte, das bisher Erreichte würdigen. Auf der einen Seite werden die Betroffenen in ihrer vergangenen und gegenwärtigen Leistung anerkannt und gestärkt, auf der anderen Seite werden sie eingeladen, sich konstruktiv mit den künftigen Veränderungen auseinanderzusetzen. Die Fokussierung findet innerhalb des vorgegebenen Rahmens der geplanten Veränderung und der im Auftrag definierten Ziele statt.

> **Checkliste: Fragen des Beraters zur Fokussierung auf Lösungen**
> — Welche Lösungen schlagen Sie vor?
> — Was ist Ihr Ziel im Rahmen dieser Veränderung?
> — Was kann aus Ihrer Sicht optimiert werden?
> — Welche Vorteile könnte die Veränderung für Sie haben?
> — Welche vorhandenen Stärken und Fähigkeiten können Sie für die künftige Veränderung nutzen?
> — Was möchten Sie künftig bewahren? Wozu?
> — Was würde mittel- oder langfristig passieren, wenn wir nichts verändern würden?
> — Unter welchen Bedingungen bzw. Voraussetzungen wären Sie bereit, den Veränderungsprozess mitzutragen?

Respekt und Respektlosigkeit

Die Wahrnehmungen richten sich auf die künftigen Entwicklungen, wobei Leistungen der Vergangenheit anerkannt und gewürdigt werden. **Respekt** vor dem, was die Menschen erfolgreich in der Vergangenheit hervorgebracht haben und eine gewisse **Respektlosigkeit** in dem Sinne, dass diese Anpassungsleistung künftig nicht mehr genügen könnte. Im Kontext der Vergangenheit waren die Prozesse, Abläufe, Funktionen aber auch Einstellungen und Werte effizient und nützlich. Sie waren eine adäquate Anpassungsleistung an die Bedingungen vergangener Umwelten und haben dazu beigetragen, dass die

Organisation sich bis in die Gegenwart entwickeln und erfolgreich funktionieren konnte. Unter den gegenwärtigen oder antizipierten Bedingungen der Zukunft erscheinen die gleichen Prozesse in einem anderen Licht.

■ ■ **Autonomie berücksichtigen und Selbstorganisation nutzen**

Menschen und soziale Systeme sind autonom und haben das **Bedürfnis nach Eigenständigkeit und Selbstbestimmung**. Gerade in Veränderungen regt sich häufig Widerstand, da sich Menschen gestaltet und fremdbestimmt fühlen und in Folge dessen, ihre Autonomie gefährdet sehen.

Um Menschen für die erforderlichen Veränderungen zu mobilisieren, deren Motivation in die erwünschte Richtung zu unterstützen, ist es wesentlich, deren Autonomie so weit wie möglich zu berücksichtigen. Der Berater sollte die **Handlungsfreiheiten und Wahlmöglichkeiten** innerhalb des vorgegebenen Rahmens der geplanten Veränderungen nutzen und hier die Betroffenen weitestgehendaktiv einbeziehen. Im Folgenden sind Beispiele aufgeführt, wie die Betroffenen beteiligt werden können:

- Gestaltung der Veränderung, dass möglichst viele vorhandene Stärken und Fähigkeiten sowie die Erfahrungen und das Wissen der Betroffenen aktiviert und gefordert werden.
- Verantwortung für Aufgaben oder Teilprojekte an die Betroffenen übertragen.
- Möglichkeiten eröffnen, sich selbst Ziele zu setzen und zu erfahren, ob diese Ziele auch erreicht werden.
- Möglichkeiten, Wege zum Ziel selbst zu bestimmen und sich selbst zu organisieren.

Die Beteiligung hat auf der einen Seite den Vorteil, dass die Betroffenen sich in ihrer Autonomie berücksichtigt fühlen und dadurch eher die Bereitschaft erzeugen, die Veränderungen aktiv mitzutragen und folglich sich mit dem Ergebnis in höherem Maße identifizieren. Auf der anderen Seite wird die Energie, die Erfahrung und das Wissen des sozialen Systems genutzt, um die Veränderungen konkret auszugestalten, von Menschen an der Basis, die sich wohl als Experten für die jeweiligen Prozesse oder Abläufe bezeichnen dürfen. In dem Sinne als Experten für die Konkretisierung der Veränderungsvorhaben auf der sachlogischen Ebene. An dieser Stelle schließt sich der Kreis:

❯ »Change Management« berücksichtigt die psychosoziale Ebene der Veränderung, um die Selbstorganisation des sozialen Systems für die Konkretisierung der notwendigen Veränderungen auf der sachlogischen Ebene zu nutzen. Die Komplexität des sozialen Systems wird für das Erschließen konkreter Lösungen genutzt.

Bedürfnis nach Eigenständigkeit und Selbstbestimmung

Handlungsfreiheiten und Wahlmöglichkeiten

▪▪ Loyalität zeigen und Ambivalenzen anerkennen

Loyalität bedeutet im Kontext von Veränderungsprozessen, dass der Berater sich den vom Topmanagement definierten Zielen und dem vorgegebenen Rahmen der Veränderung verpflichtet fühlt und diese Bedingungen nach außen transparent und glaubwürdig vertritt. Daher sollte der Berater während der Auftragsklärung genau prüfen, ob er den Sinn und die Bedeutung der Veränderung aus der Perspektive des Topmanagements verstehen, nachvollziehen und vertreten kann, ob die Veränderungsvorhaben mit seinen persönlichen Werten im Einklang sind und glaubwürdig befürwortet werden können.

Auf der anderen Seite hat jede Veränderung für die Betroffenen Anstrengungen und ggf. erhebliche Opfer und Einbußen zur Folge.

Loyalitätskonflikt

Loyalitätskonflikte können dann entstehen, wenn der Berater gleichzeitig die Perspektive der Betroffenen nachvollziehen kann und für die mit der Veränderung verbundenen individuellen oder gemeinsamen Schicksale Verständnis hat. In dieser Situation ist es von besonderer Bedeutung, den vom Topmanagement vorgegebenen Rahmen der Veränderung nicht in Frage zu stellen und gleichzeitig die möglichen Anstrengungen, Opfer und Einschränkungen der Beteiligten ernst zu nehmen und zu würdigen. Nach dem Motto: »Ich kann gut nachvollziehen, dass Ihnen die Veränderungen schwer fällt, viele Opfer und Anstrengungen verlangt; *und* sie sind notwendig und unvermeidbar für den langfristigen Erhalt der Organisation. Wie können wir mit dieser Situation umgehen?«

»Sowohl-als-auch«

Der Berater macht das **»Sowohl-als-auch«** der Situation transparent. Er zeigt Verständnis für die individuelle Situation der Betroffenen und bleibt loyal gegenüber den vorgegebenen Rahmenbedingungen der Veränderung. Der Berater macht die Ambivalenz zwischen den persönlichen Bedürfnissen und Interessen der Betroffenen auf der einen Seite und den Notwendigkeiten und Erfordernissen der Organisation auf der anderen Seite deutlich. Er würdigt, dass es für die Betroffenen schwer ist, diesen Weg zu gehen, und bewertet die Anstrengungen als Beitrag für den Erhalt der Lebensfähigkeit der Organisation. Er fokussiert die Aufmerksamkeit auf das Suchen nach Lösungen, mit dieser Ambivalenz künftig umzugehen. Hierdurch wird gleichzeitig bei den Betroffenen die Selbstverantwortung für den Umgang mit der Veränderung gestärkt.

Zusammenfassung

Aus systemischer Perspektive sind vorausschauende und reaktive Veränderungen in Organisationen notwendig, um deren Lebensfähigkeit durch Anpassungsleistung in einem turbulenten Umfeld zu sichern. Der Fokus des Managements von Veränderungen richtet sich auf die psychosoziale Ebene, auf die Auswirkungen der geplanten Veränderungen im sozialen System und auf deren langfristige Verankerung in der Kultur. Berater auf dieser Ebene sind eher Experten für die methodische Vorgehensweise der Implementierung der erwünschten Veränderungen im sozialen System.

Die Charakterisierung psychischer und sozialer Systeme als autopoietisch und selbstorganisierend beinhaltet, dass instruktive Interventionen nicht möglich sind. Veränderungen in psychischen und sozialen Systemen können nur angeregt werden, wobei die Art und das Ausmaß der Veränderung allein durch die Struktur des Systems bestimmt wird.

Der Berater sollte bestimmte Prinzipien beachten, um die Menschen für die vom Topmanagement als notwendige erachtete Veränderung zu mobilisieren und die Selbstorganisation des sozialen Systems in die erwünschte Richtung zu fördern. Die Prinzipien beinhalten, dass der Berater an bestehende Denk- und Verhaltensmuster anknüpft, Sinn und Bedeutung der Veränderung vermittelt, auf Lösungen und Ressourcen fokussiert, Autonomie berücksichtigt und die Kräfte der Selbstorganisation nutzt sowie Loyalität zum Auftrag beachtet und mögliche Ambivalenzen anerkennt.

Literatur

Brunner, E. J. (1993). Organisationsdynamik. In W. Schönig, E. J. Brunner (Hrsg.), *Organisationen beraten. Impulse für Theorie und Praxis* (S. 95–110). Freiburg: Lambertus.

Doppler, K. & Lauterburg, Ch. (1997). *Change Management – Den Unternehmenswandel gestalten* (6. Aufl.). Frankfurt a. M.: Campus.

English, F. (1987). Der Dreiecksvertrag. *Zeitschrift für Transaktionsanalyse in Theorie und Praxis, 2,* 99–111.

Haken, H. (1981). *Erfolgsgeheimnisse der Natur. Synergetik: Die Lehre vom Zusammenwirken* (2. Aufl.). Stuttgart: Deutsche Verlags-Anstalt.

Hall, A. D. & Fagen, R. E. (1956). Definition of System. *General Systems Yearbook, 1,* 18–28.

Jäger, R. (2004). *Kompetent führen in Zeiten des Wandels.* Weinheim: Beltz.

König, E. & Volmer, V. (1994). *Systemische Organisationsberatung. Grundlagen und Methoden* (2. Aufl.). Weinheim: Beltz.

Königswieser, R., Exner, A. & Pelikan, J. (1995). Systemische Intervention in der Beratung. *Organisationsentwicklung, 14* (2), 52–65.

Kotter, J. P. (1996). *Leading Change.* Boston, MA: Harvard Business School Press.

Kriz, J. (1992). *Chaos und Struktur. Grundkonzepte der Systemtheorie.* München: Quintessenz.

Kriz, J. (1995a). Naturwissenschaftliche Konzepte in der gegenwärtigen Diskussion zum Problem der Ordnung. *Gestalt Theory, 17/2,* 153–163.

Kriz, J. (1995b). Probleme bei der Beschreibung von Strukturbildung im psychosozialen Bereich mittels naturwissenschaftlicher Konzepte. *Gestalt Theory, 17/3,* 205–216.

Malik, F. (2003). *Systemisches Management, Evolution und Selbstorganisation. Grundprobleme, Funktionsmechanismen und Lösungsansätze für komplexe Systeme* (3. Aufl.). Bern, Stuttgart, Wien: Haupt.

Maturana, H. R. (1985). *Erkennen: Die Organisation und Verkörperung von Wirklichkeit* (2. Aufl.). Braunschweig: Vieweg.

Maturana, H. R. & Varela, F. (1987). *Der Baum der Erkenntnis* (2. Aufl.). München: Goldmann.

Probst, G. J. B. (1987). *Selbstorganisation. Ordnungsprozesse in sozialen Systemen aus ganzheitlicher Sicht.* Berlin, Hamburg: Paul Parey.

Schmidt, G. (2008). *Einführung in die hypnosystemische Therapie und Beratung* (2. Aufl.). Heidelberg: Carl-Auer-Systeme.

Schwing, R. & Fryszer, A. (2007). *Systemisches Handwerk. Werkzeuge für die Praxis.* Göttingen, Zürich: Vandenkoeck & Ruprecht.

Tschacher, W. & Schiepek, G. (1997). Eine methodische Einführung in die synergetische Psychologie. In G. Schiepek & W. Tschacher (Hrsg.), *Selbstorganisation in Psychologie und Psychiatrie* (S. 3–31). Braunschweig, Wiesbaden: Vieweg Verlag.

Watzlawick, P. (1991). In P. Watzlawick (Hrsg.), *Die Erfundene Wirklichkeit. Wie wissen wir, was wir zu wissen glauben?* (7. Aufl.). München.

Human Resource Management – Kernfunktionen

Gestaltung von HR-Strukturen und -Prozessen

Marcel Oertig und Christoph Kohler

Ausgehend vom strategischen Kontext und dem veränderten HR-Rollenverständnis werden die Anforderungen an die HR-Organisation und -Prozesse beschrieben. Zunächst werden die Entwicklungsschritte der HR-Strukturen hin zu einem integrierten HR-Geschäftsmodell aufgezeigt. Dabei werden auch Überlegungen zur HR-Sourcing-Strategie im Sinne des »Make or buy« aufgenommen. In einem weiteren Teil wird ein ganzheitliches HR-Prozessmodell von den HR-Managementprozessen über die HR-Kernprozesse bis hin zu den HR-Supportprozessen beschrieben. Neben den wichtigsten Inhalten zu den Teilprozessen werden auch die Kennzahlen (»Key Perfomance Indicators«) zur Steuerung der HR-Prozesse vorgestellt. Da die Gestaltung von HR-Strukturen und -Prozessen immer auch mit Veränderungen einhergeht, werden zum Abschuss die wichtigsten Erfolgsfaktoren für das Change Management von HR-Organisationen zusammenfassend beschrieben.

8.1   Strategischer Kontext und wichtigste Einflussfaktoren

Die Gestaltung von HR-Strukturen und -Prozessen darf kein Selbstzweck sein, sondern muss in den strategischen Kontext des Unternehmens gestellt werden und die Erreichung der Unternehmensziele unterstützen (◘ Abb. 8.1).

strategischer Bezug
    Abgeleitet aus der Ausrichtung von Unternehmensstrategie, -struktur und -kultur werden die normativen Leitplanken der HR-Politik formuliert und in der HR-Strategie konkretisiert. Zur Umsetzung der HR-Strategie und der Ausrichtung der HR-Funktion auf die (internen) Kundenbedürfnisse ist ein HR-Geschäftsmodell zu erarbeiten. Dieses wiederum wird durch entsprechende HR-Strukturen und -Prozesse umgesetzt. Schließlich wird der Regelkreis durch ein HR-Controlling und entsprechendes HR-»Risk«-Management geschlossen.

8.1.1   Veränderung des HR-Rollenverständnis

Veränderung der HR-Rollen
Erhöhte strategische Anforderungen und das veränderte Rollenverständnis wirken sich auch auf die organisatorische Gestaltung des Personalbereiches aus. Die Steigerung von Effektivität und Effizienz der Personalarbeit erfordert eine nachhaltige Verlagerung von mehrheitlich administrativen Tätigkeiten zu mehr wertschöpfenden, strategisch ausgerichteten HR-Aktivitäten (◘ Abb. 8.2).

Erhöhung von Effizienz und Beitrag zur Wertschöpfung
    Einerseits müssen substanzielle Effizienzsteigerungen und Kostenreduktionen durch Prozessautomatisierung und -standardisierung sowie der Zusammenfassung von administrativen Tätigkeiten über z. B. »Pooling« bis hin zu »Shared Service Center« (je nach Größe des Unternehmens) realisiert werden. Andererseits wird vom HR-Management ein verstärkter Beitrag in der Entwicklung und ins-

◨ **Abb. 8.1** Eingliederung der HR-Strukturen und -Prozesse im strategischen HR-Management

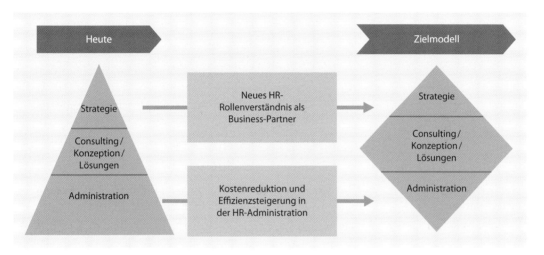

◨ **Abb. 8.2** Von der Administration zum Business-Partner

besondere in der Umsetzung der Unternehmensstrategie erwartet. Beispielsweise bei der – quantitativen und qualitativen – Personalplanung im Rahmen einer veränderten Geschäftsstrategie oder der Ausgestaltung von **Kompetenzmodellen**, die zur Umsetzung der Unternehmensstrategie notwendigen Fähigkeiten über die nächsten Jahre sicherstellen. Daneben ist HR v. a. im **Change Management** stark gefordert. Großflächige Veränderungsprojekte wie beispielsweise Firmenzusammenschlüsse oder Restrukturierungen mit größerem Personalabbau bedingen ein professionelles Change Management. Die Entsprechung dieser Anforderungen ist zumeist mit einem fundamentalen Wechsel im **Rollenverständnis des HR-Managements** verbunden.

8.1.2 Einflussfaktoren für die Gestaltung von HR-Strukturen und -Prozessen

Bei der Gestaltung der HR-Strukturen und -Prozesse sollten folgende Fragen berücksichtigt werden:

Fragen zur HR-Organisation

> **Fragen zur HR-Organisation**
> Wie gut …
>
> ▬ passen die HR-Strukturen und -Prozesse zur Größe, der Füh-
>   rungskultur und dem Entwicklungsstand des HR-Manage-
>   ments des Unternehmens?
> ▬ unterstützen HR-Strukturen und -Prozesse die Umsetzung der
>   Unternehmens-/Bereichsstrategie bzw. die daraus abgeleite-
>   ten strategischen HR-Initiativen?
> ▬ können die HR-Strukturen und -Prozesse auf Veränderungen
>   des Umfeldes reagieren?
> ▬ werden Synergien genutzt und eine optimale Ressourcenallo-
>   kation unterstützt?
> ▬ können Effizienz- und Kostenziele realisiert werden?
> ▬ können die Einhaltung von HR-Prozessstandards und Quali-
>   tätszielen sichergestellt werden?
> ▬ ist die Steuerung und Führung des HR-Bereiches gewährleis-
>   tet?
> ▬ wird die Weiterentwicklung des HR-Bereiches und der HR-Mit-
>   arbeitenden gefördert?

externe und interne Einflussfaktoren

Die Gestaltung von HR-Strukturen und -Prozessen ist von verschiedenen externen und internen Einflussfaktoren abhängig.

> ❯ **Treiber können zum einen »Benchmark«-Vergleiche und
> Diskussionen über »State-of-the-Art«-HR-Strukturen und
> -Prozesse sein, zum anderen aber auch klare Vorgaben zu
> Kosteneffizienz und stärkerer strategischer Ausrichtung des
> HR-Bereiches (wie vorn dargelegt).**

Dabei können folgende Haupteinflussfaktoren unterschieden werden:

■ ■ **Unternehmensstrategie und HR-Strategie**

Unternehmensstrategie und HR-Strategie

Eine Veränderung der strategischen Ausrichtung wirkt über die HR-
Strategie auch auf die Organisation des HR-Bereiches und damit die
HR-Prozesse. Eine internationale Markterweiterungen oder eine
Akquisition, aber auch eine Desinvestition oder größere Restruktu-
rierung werden nachhaltige Auswirkungen auf die Gestaltung der
HR-Organisation haben. Auch andere strategische Einflussfaktoren
wie eine Angebotsverknappung bei Nachwuchskräften und Fachspe-
zialisten durch die demografische Entwicklung oder eine Kompetenz-
lücke durch technologische Veränderungen können organisatorische
Implikationen nach sich ziehen.

■ ■ **Unternehmensorganisation und -prozesse**

Unternehmensorganisation und -prozesse

In den meisten Unternehmen wird die HR-Organisation stark an der
übergeordneten Unternehmensorganisation und deren Führungs-
prinzipien ausgerichtet. Wird das Unternehmen sehr dezentral über

starke »Business Units« geführt, wird auch das HR eher dezentral mit Unterstellung in den Divisionen oder »Business Units« geführt werden und nur eine kleine Zentrale aufweisen. Gibt es hingegen eine starke Konzernführung mit einer entsprechend zentralen »Governance« wird auch der HR-Bereich sinnvollerweise stärker zentral geführt. Wesentliche Treiber sind auch die Unternehmensgröße und Internationalität. Große Konzerne werden bezüglich den Skaleneffekten schneller zu größeren Investitionen in die HR-IT und der Bildung von »HR-Shared Services« neigen und stark internationale Unternehmen brauchen zusätzlich eine regionale bzw. landesspezifische HR-Struktur. Eine starke Prozessorganisation auf Gesamtunternehmensebene wird die prozessorientierte HR-Organisation vorantreiben. Schließlich ist der Stand der HR-IT (z. B. »Employee« oder »Manager Self Services«, »eRecruiting« oder »Talent Relationship Management«) und die Frage, in welchem Ausmaß über die nächsten Jahre in deren Weiterentwicklung investiert wird ein wesentlicher Treiber für die Gestaltung von HR-Prozessen und -Strukturen.

■■ **Unternehmens- und Führungskultur**
Eingangs wurde die Wirkung des veränderten Führungsverständnisses auf die Entwicklung des HR-Managements und das HR-Rollenverständnis diskutiert. Die Ausprägung der **Mitarbeiterorientierung** und der Anspruch an ein modernes HR-Management der Führungskräfte sind starke Treiber der HR-Strukturen und -Prozesse. Eine hohe **Kundenorientierung** muss organisatorisch über eine professionelle HR-Beratung und Einbezug der entsprechenden Experten der HR-Kompetenzzentren sichergestellt werden und prozessmäßig entsprechend unterstützt werden.

Unternehmens- und Führungskultur

8.2 Gestaltung von HR-Strukturen

8.2.1 Klassische HR-Organisationsformen

In der Entwicklung der HR-Organisation standen zunächst **funktionale** und **divisionale** Organisationsformen im Vordergrund. Die Komplexität in der Praxis führte jedoch bei größeren, international tätigen Unternehmen sehr rasch zu einer **Matrix-Organisation**. Eine übergreifende Sichtweise verlangte in den letzten Jahren auch im HR eine stärker prozessorientierte Sichtweise und eine Organisation entlang von HR-Kernprozessen.

Entwicklung der HR-Strukturen

■■ **Funktionale HR-Organisation**
In der funktionalen HR-Organisation wird klassisch nach HR-Aufgaben gegliedert, z. B. Personalmarketing und -selektion, Personalentwicklung und -ausbildung, Personalbetreuung, Personalsysteme und -instrumente, Lohn und Gehalt, Anstellungsbedingungen und Arbeitsrecht. Dies erlaubt eine Spezialisierung in den jeweiligen

klassische Strukturen

Funktionen und erhöht somit das HR-Expertenwissen, kann aber gleichzeitig zu einem funktionalen »Silo-Denken« führen. Viele HR-Fragestellungen verlangen eine Vernetzung mehrerer Funktionen und stoßen eine funktionale HR-Organisation an ihre Grenzen.

▪▪ Divisionale HR-Organisation

Bei divisionalen Unternehmensstrukturen wird in der Regel auch der HR-Bereich entsprechend organisatorisch ausgerichtet. Den Geschäftsbereichen werden HR-Bereichsleiter zugeordnet, die die volle Verantwortung für sämtliche HR-Prozesse übernehmen. In den meisten Fällen werden aber auch in divisionalen HR-Strukturen einige HR-Funktionsbereiche wie beispielsweise Lohnabrechnung oder Personalentwicklung und Ausbildung zentral geführt. Hier sind die Effizienz- und Synergie-Gewinne zu offensichtlich.

Mit zunehmendem Kostendruck wird das klassische Bereichsleiter-Modell mit dezentraler HR-Assistenz vielfach von einem Modell mit Assistenz-Pool abgelöst. Diese organisatorische Lösung wird insbesondere von mittelgroßen Unternehmen, die den Schritt zu einem »HR-Shared Service« (noch) nicht machen wollen oder können gewählt.

▪▪ HR-Matrix-Organisation

HR-Business-Partner-Organisation

Die Umsetzung eines integrierten HR-Geschäftsmodells (► Abschn. 8.2.2) führt in der Regel zu einer HR-Matrix-Organisation (◨ Abb. 8.3). Die HR-Business-Partner bzw. HR-Berater greifen auf spezialisierte Leistungen aus den HR-Kompetenzzentren und dem HR-Servicecenter zu. Umgekehrt können Aufträge aus der Geschäftsleitung über die Kompetenzzentren zu Umsetzung in den Geschäftsbereichen an die HR-Business-Partner abgegeben werden. Es ist ein Zusammenspiel aller HR-Partner im Sinne einer optimalen Leistungserbringung für den HR-Kunden notwendig. Ob die HR-Berater den HR-Business-Partnern unterstellt oder eigenständig geführt werden hängt in der Regel von der Größe des Unternehmens und anderen Zielen ab.

▪▪ Stand der Praxis

HR folgt der Business-Organisation

In der Praxis zeigt sich, dass die »beste« HR-Organisation nicht ohne weiteres umzusetzen ist. HR folgt der Businessorganisation und muss deren Komplexität abbilden. Nach einer Studie von Capgemini (HR-Barometer 2009) sind von den 80 befragten Unternehmen fast die Hälfte bereits als Matrixorganisation aufgestellt, mehr als ¼ sogar mit einer **3-fachen Reporting-Linie** aus Funktion, Unternehmensbereich und Geographie. Die starke Zunahme der Matrixorganisation lässt sich einerseits auf die Internationalisierung und andererseits auf die neuen HR-Geschäftsmodelle zurückführen.

Jedes 5. Unternehmen ist jedoch nach wie vor funktional entlang klassischer HR-Aufgabenfelder ausgerichtet. Analog zu den Unternehmensbereichen (also divisional) ist knapp ¼ der befragten Unter-

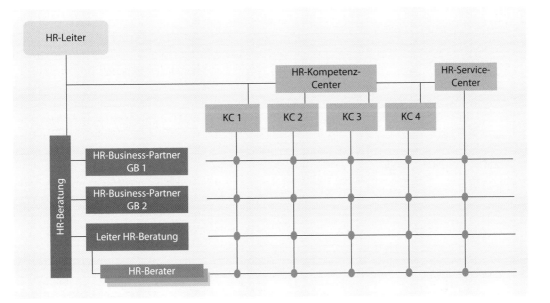

Abb. 8.3 Beispiel HR-Matrix-Organisation (HR-Business-Partner-Organisation)

nehmen aufgestellt. Hier ist der HR-Business-Partner die erste ordnende organisatorische Dimension. Unterhalb dieser Dimension ist bei größeren Unternehmen in der Regel wieder von Matrixstrukturen auszugehen. Eine rein geographische Ausrichtung (nach Regionen oder Länder) ist hingegen immer weniger anzutreffen.

8.2.2 Integriertes HR-Geschäftsmodell

In einem integrierten HR-Geschäftsmodell[1] werden sowohl die automatisierten »Massenprozesse« wie die individualisierten, persönlichen Beratungskontakte in ihrer Gesamtheit erfasst und die Schnittstellen verlässlich geregelt (□ Abb. 8.4). Ausgangspunkt muss dabei die strategische Orientierung und der Kundenfokus sein. Unter diesem Primat wird eine kostenoptimierte Standardisierung gesucht, diese kann je nach Unternehmensanforderung auch unterschiedlich ausgestaltet werden.

HR-Geschäftsmodell: Zusammenspiel aller HR-Partner

▪▪ HR-Servicecenter

Das HR-Servicecenter (oder »HR-Shared Service Center«) fasst die operativen, stark standardisierten HR-Prozesse und -Transaktionen zusammen. Dazu gehören insbesondere die Personaladministration mit den Mutationen sämtlicher Personaldaten, die Lohnverarbeitung,

HR-Servicecenter für die standardisierten HR-Prozesse

---

1 Vgl. ausführlich dazu Oertig (2007). Hier finden sich auch verschiedene Umsetzungsbeispiele und Lernerfahrungen großer Konzerne der Schweiz und Deutschlands.

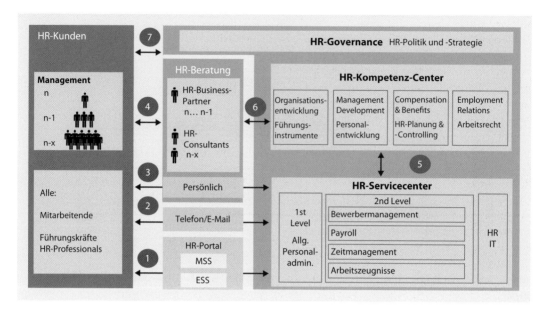

◘ Abb. 8.4 Integriertes HR-Geschäftsmodell. (Oertig, 2007, S. 24)

die standardisierten Rekrutierungsprozesse, die Erfassung von Beurteilungen oder Mitarbeiterumfragen. Im Vordergrund stehen Kosteneinsparungen über die Realisierung von Skaleneffekten und Prozessstandardisierung bei klar definierten Qualitätsstandards, die in der Regel über »Service Level Agreements« vereinbart werden.

Zur effizienten Organisation des »HR-Shared Services« ist die Unterscheidung der **interaktiven Zugangskanäle** von hoher Bedeutung.

Definition der Service-Levels

Die Schnittstellen 1–3 im HR-Geschäftsmodell sind nach »Service-Levels« auszudifferenzieren:

Definition der Service-Levels
- Service-Level 0: »Self-Service« über e-HR
- Service-Level 1: Beratung durch »Service-Agents« des »Contact-Centers« (1st Level)
- Service-Level 2: Bearbeitung und Beratung durch HR-Spezialisten (2nd Level)
- Service-Level 3: Bearbeitung und Beratung durch Spezialisten des »Expertise Centers«

Für administrative HR-Anfragen gilt diese Zugangslogik ebenso wie für die Führungskräfte und »HR-Professionals«.

■■ **HR-Beratung**

HR-Business-Partner und HR-Consultants als wichtigstes Bindeglied zur Linien-Führung

In der HR-Beratung sind die HR-Business-Partner und HR-Consultants der Linie zusammengefasst. Diese sind auf die Bedürfnisse und die Strukturierung der Geschäftsbereiche ausgerichtet und in deren

Management-Teams integriert. Während die HR-Business-Partner in der Regel auf den obersten Ebenen einem oder 2 Geschäftsbereichen direkt zugeteilt sind, können die HR-Consultants bei größeren Unternehmen für die Betreuung der stärker operativen HR-Prozesse auch geografisch organisiert werden. Grundsätzlich können die HR-Business-Partner direkt der Linie unterstellt oder als »Berater-Gruppe« innerhalb HR disziplinarisch verankert werden. Im hier vorgestellten Modell wird die Verankerung im HR-Bereich aus Gründen der erhöhten Unabhängigkeit, aber auch um die Anwendung einheitlicher Beratungsmethoden und die gemeinsame Kompetenzentwicklung sicherzustellen, vorgezogen.

Die HR-Beratung stellt das wichtigste Bindeglied zum Linien-Management dar (Schnittstelle 4). Der Fokus der HR-Business-Partner liegt auf den strategischen HR-Aufgaben, dem Talent Management und der professionellen Begleitung der Veränderungsprozesse. Die Linie agiert als Auftraggeber. Ein klares »Contracting« mit Jahres- und Projektzielen sowie deren Messung sind wichtige Instrumente der Zusammenarbeit zwischen dem Linienmanager und seinem HR-Business-Partner. Die Erfüllung der Jahresvereinbarung und der »Contracts« sollte in der Zielvereinbarung des HR-Business-Partners von der Linie beurteilt und maßgeblich im Leistungslohn Einfluss finden.

Eine weitere wesentliche Schnittstelle bildet die Zusammenarbeit der HR-Business-Partner mit den Experten der Kompetenzzentren (Schnittstelle 6). Die HR-Business-Partner »übersetzen« die Anforderungen der Linie und binden die Ressourcen und das spezialisierte Know-how der Kompetenzzentren in ihren Projekten ein. Dabei wird auf Basis eines Auftrages und mit entsprechender Leistungsverrechnung gearbeitet.

In ähnlicher Weise können die stärker operativ ausgerichteten Tätigkeiten der HR-Beratung auf mittlerer und unterer Führungsstufe durch HR-Consultants übernommen werden. Die unterstützen die Führungskräfte dieser Stufe über alle HR-Prozess von der Gewinnung, Beurteilung, Entwicklung, Honorierung bis zur Trennung. Wesentlicher Einflussfaktor für die Organisation innerhalb der HR-Beratung wird die Größe eines Unternehmens sein.

■■ HR-Kompetenzzentrum

Im HR-Kompetenzzentrum (oder »HR-Center of Expertise«) wird das spezialisierte HR-Fach- und Methoden-Know-how zusammengefasst. Darunter fallen beispielsweise Personal- und Managemententwicklung, Organisationsberatung und -entwicklung, Vergütungssysteme und Performance Management, Umfragen und deren statistische Auswertung und Interpretation sowie Arbeitsrecht und Fragen der Sozialpartnerschaft. Geleitet wird die Bildung der Kompetenzzentren vom Hintergrund der Synergie-Nutzung und der Professionalität. Die HR-Experten beraten einerseits die HR-Business-Partner bzw. sind in deren Linienprojekte integriert und andererseits können

HR-Kompetenzzentren für spezialisiertes HR-Know-how

sie im HR-Serviceprozess bei komplexen Fragen auf Level 3 des HR-Servicecenters einbezogen werden (Schnittstelle 5).

▪▪ »HR-Governance«[2]

Ein HR-Geschäftsmodell, das eine möglichst hohe Wertsteigerung für das Unternehmen erreichen will, muss nahe am Puls des Kerngeschäftes sein. Im übergeordneten »HR-Governance Board« (Schnittstelle 7) ist deshalb eine starke Vertretung der Kundenseite wichtig. Dem »HR-Governance Board« kommt die politische und strategische Führung der HR-Organisation zu. Darin sind Angebots- und Nachfragesteuerung abzustimmen, größere Investitionsentscheide und Projekte zu bewilligen sowie die Sourcing-Politik zu verabschieden. Zudem fungiert das »HR-Governance Board« als Eskalationsinstanz. Die HR-Business-Partner als Bindeglied zum Linienmanagement übernehmen hier eine wichtige »Relationship-Management«-Funktion.

Gemäß einer Studie von Kienbaum (2008/2009) sind die im »HR-Benchmark« besten Unternehmen in der Implementierung neuer HR-Geschäftsmodelle den Übrigen zeitlich klar voraus.

8.2.3 HR-Sourcing-Strategien

Das HR-Sourcing beschäftigt sich mit der Frage, durch wen (interne Mitarbeitende oder externe Partner) und in welcher Form (zentral oder dezentral) die HR-Aufgaben ausgeführt werden sollen. Dieser Entscheid sollte für alle Teilaufgaben des HR einzeln geklärt werden. Als Resultat liegt die HR-Sourcing-Strategie vor, die ein wichtiger Bestandteil des strategischen HR-Managements bildet (vgl. Oertig, Kohler & Abplanalp, 2009).

Im Zusammenhang mit der Wahl des passenden »Sourcings« spielen folgende Fragen eine wichtige Rolle:

Fragen zur Sourcing-Strategie
- **Was?** Hier geht es um den Leistungsumfang. Soll ein gesamter Aufgabenbereich betrachtet werden (»Full Outsourcing«) oder nur einzelne Geschäftsprozesse (»Business Process Outsourcing«)?
- **Wo?** Hier geht es um die Frage des Standorts. Sollen Leistungen vor Ort (»on site«) oder an einem externen Standort im In- oder Ausland (»Near/Off Shoring«) erbracht werden?
- **Wer?** Hier ist zu klären, in welchem Verhältnis der Leistungserbringer zum Unternehmen steht. Sollen Leistungen durch

---

2   Dem Thema »HR-Governance« kommt in den letzten Jahren eine zunehmende Bedeutung zu. Eine vertiefte Behandlung dieser Thematik mit neuesten Ergebnissen aktueller Studien findet sich in Hilb & Oertig (2010).

interne Mitarbeitende oder durch externe Partner erbracht
werden?

- **Wie viele?** Hier geht es um die Anzahl der Leistungserbringer.
  Soll nur ein Partner ausgewählt werden (»Single-Sourcing«)
  oder sollen mehrere Partner eingebunden werden (»Multi-
  Sourcing«)?

In einem 1. Schritt sind die zu prüfenden HR-Tätigkeiten bzw. -Funk-
tionen nach der strategischen Wichtigkeit bzw. den möglichen Auslager-Barrieren einzuschätzen (◘ Abb. 8.5).

Für die Einschätzung der strategischen Bedeutung ist besonderes
Augenmerk auf folgende Punkte zu richten:

- Welche Bedeutung hat die Aufgabe für die erfolgreiche Umsetzung der Unternehmensstrategie? (Beitrag zu übergeordneten
  Zielsetzungen)
- Welche Bedeutung hat das Know-how, das durch ein »Outsourcing« an externe Partner übergeben würde (und somit nicht
  mehr im Unternehmen vorhanden wäre)?
- Welchen Einfluss hat die Tätigkeit auf geschäftskritische Prozesse, die man selbst kontrollieren will?
- Welche Bedeutung hat die interne Ausübung der Tätigkeit insgesamt für die Positionierung als Arbeitgeberin? (Akzeptanz gegen
  Innen, Image gegen Außen)

Einschätzung der strategischen Bedeutung

Für die Einschätzung möglicher Auslager-Barrieren können folgende
Aspekte geprüft werden:

- Ist für die Ausübung der Tätigkeit firmenspezifisches Fachwissen
  notwendig?
- Ist die Aufgabe starken Veränderungen unterworfen?
- Ist die Verfügbarkeit der Dienstleistung zeitkritisch?
- Kann die Leistung in der geforderten Qualität auf dem Markt
  eingekauft werden?
- Könnte eine Auslagerung eine Rückwirkung auf die Reputation
  des Unternehmens haben?

Barrieren zur Auslagerung

Je nach Situation des Unternehmens werden weitere Kriterien für die
Einschätzung mit berücksichtigt. Für eine seriöse Analyse des »Outsourcing«-Potenzials ist wichtig, dass die Einschätzungen breit abgestützt und nach gemeinsamen Kriterien erfolgt. Unterschiedliche
Beurteilungen durch Linienführungskräfte und HR-Verantwortliche
sollten ausdiskutiert und geklärt werden. Nebst dem »Outsourcing«-
Potenzial bringt ein solcher Prozess oftmals wichtige Erkenntnisse
mit sich, welche Rolle HR insgesamt im Unternehmen wahrnehmen
soll und welche Aufgaben und Beiträge dabei zu leisten sind.

In einem 2. Schritt werden die grundsätzlichen Stoßrichtungen
weiter konkretisiert. Soll die Leistung intern verbleiben ist eine **Opti-**

»Sourcing-Portfolio« als Hilfsmittel

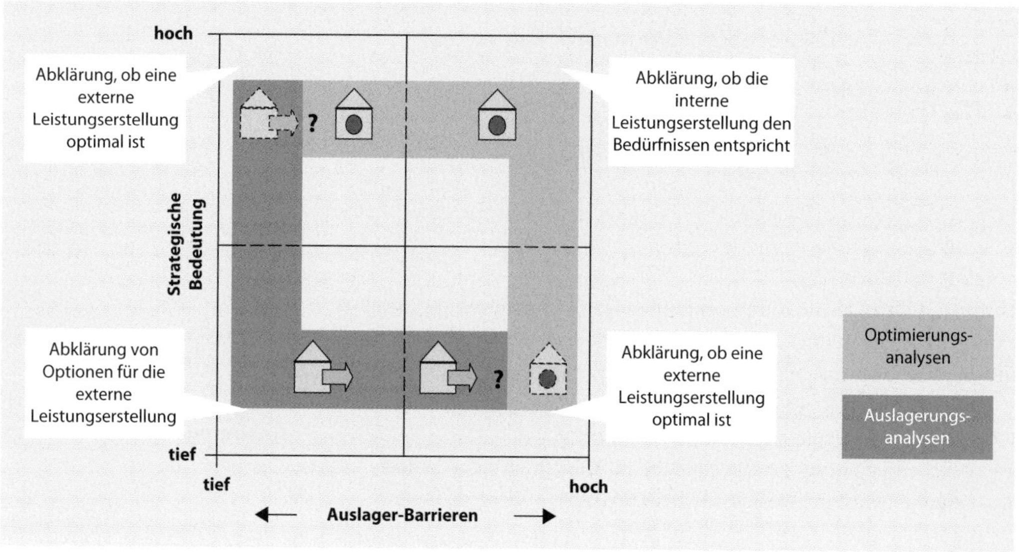

Abb. 8.5 Prüfung von HR-Outsourcing-Potenzial

mierungsanalyse sinnvoll, kommt eine externe Vergabe in Betracht, sollte diese durch eine **Auslagerungsanalyse** vertieft werden.

■ ■ **Optimierungsanalyse**

Optimierung bei interner Leistungsvergabe

Verbleibt die Ausführung einer HR-Aufgabe im Unternehmen, so soll analysiert werden, ob diese in der geforderten Qualität und mit sinnvollem Ressourceneinsatz erbracht wird. Bei der Überprüfung der Qualität ist zunächst auf Mindeststandards zu achten, die im Rahmen der Leistungserbringung zwingend eingehalten werden sollen. Dies lässt sich anhand von Leistungsindikatoren messen, die Auskunft geben, welche Kriterien die Qualität des Arbeitsprozesses maßgeblich beeinflussen – auf Englisch sog. »Key Performance Indicators« (KPIs). Weiter soll geprüft werden, ob die Tätigkeit in einer Qualität ausgeführt wird, die gegebenenfalls über den Erwartungen der Leistungsempfänger liegt. Werden für HR-Dienstleistungen keine internen Kosten verrechnet, so besteht die Gefahr, dass diese zu aufwändig und somit zu nicht wettbewerbsfähigen Kosten erbracht werden. Um diesem Umstand entgegenzuwirken sollen intern erbrachte HR-Dienstleistungen zu Vollkosten mit den Leistungsbeziehern verrechnet werden. Erst dies erlaubt einen fairen und transparenten Vergleich mit alternativen Sourcing-Varianten.

■ ■ **Auslagerungsanalyse**

Prüfung von Qualität, Kosten und Risiken bei externer Vergabe

Bei der Beurteilung externer Leistungen ist nebst Qualität und Kosten auch noch auf mögliche Risiken zu achten, die durch eine Auslagerung von HR-Aufgaben entstehen. Einerseits entsteht durch die Auslagerung eine gewisse Abhängigkeit vom »Outsourcing«-Partner. Andererseits sind Qualitätsanforderungen und Kostenaspekte zu berücksichtigen. Bei der Wahl eines geeigneten »Outsourcing«-Partners spielen deshalb Referenzen, HR-Fachkompetenzen sowie Branchenwissen eine zentrale Rolle. Um die Risiken zu minimieren ist darauf zu achten, dass die vertragliche Vereinbarung vollständig und Leistungskriterien messbar definiert sind. Vollständig bedeutet in diesem Zusammenhang, dass sämtliche durch den externen Partner zu erbringende **Leistungen schriftlich festgehalten** werden. Zusätzlich sind Leistungskriterien festzulegen, anhand derer sich die Qualität der Arbeiten des externen Partnern messen lässt. Diese Punkte sind in einem sog. »**Service Level Agreement**« schriftlichen festzuhalten.

Die Herausforderung liegt darin, die Chancen wie beispielsweise die Variabilisierung der Kosten oder Steigerung der Qualität zu nutzen und gleichzeitig möglichen Risiken entgegenzuwirken. Insbesondere die weichen Faktoren wie eine grundsätzliche Ablehnung eines »Outsourcings« oder die Angst vor einem Arbeitsplatzverlust verhindern es oftmals, eine differenzierte Diskussion zum Thema zu führen.

8.3 Gestaltung von HR-Prozessen

In diesem Abschnitt wird aufgezeigt, wie ein HR-Prozessmodell ausgestaltet und einzelne Prozesse definiert werden. Ausgehend vom Unternehmensprozessmodell werden HR-Prozesse als Unterstützungsprozesse verstanden, wobei in den letzten Jahren der Anspruch gestiegen ist, dass die sog. sekundären Aktivitäten (vgl. dazu Porter, 2000, S. 66) einen wertschöpfenden Beitrag zum Unternehmenserfolg leisten sollen. So gilt es, nebst der zielgerichteten Erstellung einer Leistung auch den **Wertschöpfungsbeitrag** einer HR-Aktivität im Rahmen eines Prozessmodells auszuweisen.

Das nachfolgende HR-Prozessmodell unterscheidet folgende Prozesstypen:

■ ■ Führungsprozesse
Hier wird festgelegt, nach welchen Grundsätzen und Regeln die Führung in den zentralen Fragestellungen des Personalmanagements erfolgt. Dabei sind insbesondere die HR-Politik, HR-Strategie sowie die Grundsätze für die Ausgestaltung der Arbeitgeber-/Arbeitnehmerbeziehungen zu klären. Weiter werden die Grundsätze bezüglich der Organisation des HR-Bereiches definiert. Zusätzliche Themen wie beispielsweise die Ausgestaltung der Mitarbeiterkommunikation oder Grundsätze zu Change Management können je nach Situation des Unternehmens ebenfalls im Rahmen der Führungsprozesse festgelegt werden.

Führungsprozesse zur normativen und strategischen Ausrichtung von HR

■ ■ Kernprozesse
Die Kernprozesse beschreiben die eigentlichen Leistungen des HR-Bereiches. Dazu gehören die -**Personalgewinnung, -beurteilung, -entwicklung, Honorierung** und **Transfer/Trennung**. Bei der Defi-

Kernprozesse zur Steuerung der Hauptaktivitäten des HR-Bereiches

Abb. 8.6 HR-Prozessmodell

nition der Kernprozesse ist festzulegen, wie die einzelnen Aufgaben bearbeitet werden, wobei eine detaillierte Beschreibung der Arbeitsschritte sicherstellen soll, dass Schnittstellen klar definiert sind und die Prozesse effizient und in der geforderten Qualität abgewickelt werden. Ergänzend zu der Beschreibung der einzelnen Arbeitsschritte wird festgelegt, wer für die Erledigung der Aufgabe zuständig ist und welche Hilfsmittel dazu zur Verfügung stehen. Zu den einzelnen Prozessen sollen zudem Kennzahlen definiert werden, die aufzeigen, in welcher Qualität die Prozesse abgewickelt werden und welche Wertschöpfung dabei geleistet wird.

■■ **Supportprozesse**

Supportprozesse zur Unterstützung der HR-Leistungserbringung

Dies sind unterstützende Prozesse, die die Leistungserbringung der Kernprozesse erst ermöglichen. Darunter fallen die **Personaldatenpflege**, das **Reporting** und **Controlling**, die **IT-Systeme** sowie Spezialaufgaben wie **Arbeitsrecht**, **Qualitäts-** und **Prozessmanagement**. Bei der Definition der Supportprozesse ist ein besonderes Augenmerk auf die Anforderungen der IT-Systeme zu richten, um Redundanzen zu vermeiden und kosteneffiziente Lösungen sicherzustellen.

Die HR-Prozesse lassen sich im Überblick wie in ■ Abb. 8.6 darstellen.

8.3.1 Vorgehen zur Erarbeitung eines Prozessmodells

Ausrichtung der HR-Prozesse an den unternehmensspezifischen Bedürfnissen

Bei der Entwicklung eines HR-Prozessmodells ist darauf zu achten, dass dieses auf unternehmensspezifische Bedürfnisse angepasst wird, sowohl hinsichtlich der Aufgabenteilung wie auch in Bezug auf die Bezeichnung der einzelnen Aktivitäten. In diesem Sinn sind die nachfolgend verwendeten Terminologien als möglicher Lösungsansatz zu verstehen. Die Einführung eines Prozessmodells bietet stets auch die Möglichkeit, bestehende Abläufe und Strukturen zu hinterfragen und Optimierungspotenziale zu realisieren. So ist die Einführung eines Prozessmodells oftmals auch mit einer Reorganisation des HR-Bereiches verbunden. Diese Themen werden in den Abschnitten »Gestaltung von HR-Strukturen« (▶ Abschn. 8.2) sowie »Erfolgsfaktoren des Change Managements im HR« (▶ Abschn. 8.4) weiter vertieft.

Im Rahmen der Entwicklung des HR-Prozessmodells sind folgende Ebenen zu berücksichtigen:

Entwicklung des
HR-Prozessmodells

- Vorgaben aus dem **Unternehmensprozessmodell:** Welche Grundsätze und Vorgaben für das Prozessmanagement bestehen unternehmensweit und sind zu berücksichtigen? Dazu zählen Regelungen bezüglich der Verantwortlichkeiten für die Prozesse (wer ist »Prozess-Owner« usw.), Terminologien des Prozessmanagement, IT-Systeme für die Abbildung von Prozessen sowie Anforderungen hinsichtlich der Dokumentation und Qualität.
- Grundlagen des **HR-Geschäftsmodells:** Wie ist die HR-Organisation aufgestellt? Welche Rollen sind definiert? Und wie erfolgt die Leistungserbringung? – Dies sind wichtige Fragestellungen, die geklärt sein müssen, sodass die Prozesse darauf ausgerichtet werden können.
- Definition der Aufgabenteilung in einem **Prozess-»Grid«:** Hierbei handelt es sich um eine Übersicht, wer innerhalb der Organisation welche Aufgaben ausführt. Dabei werden Verantwortlichkeiten zugeteilt und bestimmt, wer bei der Ausführung einer Aufgabe mitwirkt und wer informiert werden soll. Die Erstellung des Prozess-»Grids« bringt oftmals grundsätzliche Diskussionen, denn hier entscheidet sich, wer sich im Detail für welche Aufgaben verantwortlich zeichnet.
- Detaillierte Beschreibung einzelner Arbeitsabläufe in einem **Flussdiagramm:** Hierbei handelt es sich um die Dokumentation der einzelnen Arbeitsschritte, die zwischen Auftragsauslösung (Input) und dem Ergebnis (Output) des Arbeitsprozesses ausgeführt werden. Dabei wird beschrieben, wie die Arbeitsschritte ausgeführt werden sollen, durch wen dies geschieht und welche Hilfsmittel zur Verfügung stehen.

Schematisch lassen sich die Ebenen wie in ◘ Abb. 8.7 darstellen.

Die einzelnen Prozesse werden in einem Flussdiagramm detailliert beschrieben. Das Flussdiagramm ist wie in ◘ Abb. 8.8 strukturiert.

8.3.2 Strategische HR-Prozesse

Zu den strategischen HR-Prozessen zählen sämtliche normativen und strategischen Aufgaben innerhalb des Personalmanagements. Dabei sind folgende Themen zu definieren:

Inhalte strategischer
HR-Prozesse

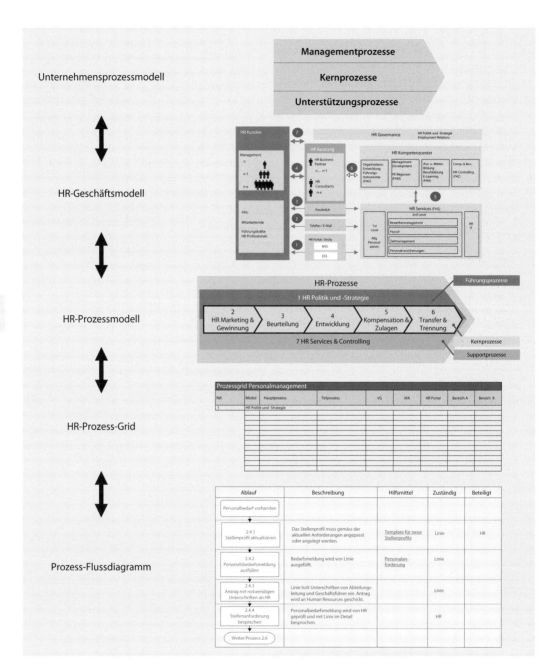

□ **Abb. 8.7** Prozessebenen

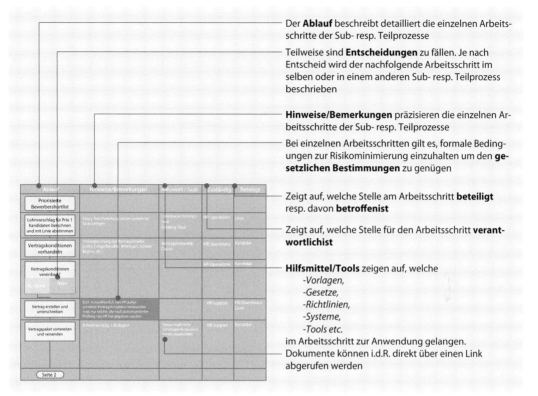

Der **Ablauf** beschreibt detailliert die einzelnen Arbeitsschritte der Sub- resp. Teilprozesse

Teilweise sind **Entscheidungen** zu fällen. Je nach Entscheid wird der nachfolgende Arbeitsschritt im selben oder in einem anderen Sub- resp. Teilprozess beschrieben

Hinweise/Bemerkungen präzisieren die einzelnen Arbeitsschritte der Sub- resp. Teilprozesse

Bei einzelnen Arbeitsschritten gilt es, formale Bedingungen zur Risikominimierung einzuhalten um den **gesetzlichen Bestimmungen** zu genügen

Zeigt auf, welche Stelle am Arbeitsschritt **beteiligt** resp. davon **betroffen ist**

Zeigt auf, welche Stelle für den Arbeitsschritt **verantwortlich ist**

Hilfsmittel/Tools zeigen auf, welche
    -Vorlagen,
    -Gesetze,
    -Richtlinien,
    -Systeme,
    -Tools etc.
im Arbeitsschritt zur Anwendung gelangen.
Dokumente können i.d.R. direkt über einen Link abgerufen werden

◻ **Abb. 8.8** Struktur des Flussdiagramms

Inhalte strategischer HR-Prozesse
- HR-Strategie und HR-Politik (inkl. der Grundlagen zu Arbeitszeit, Vergütung und Honorierung)
- Ausgestaltung der Arbeitgeber-/Arbeitnehmerbeziehungen
- Entwicklung der Organisation (inkl. Veränderungsmanagement)
- Struktur des HR-Bereiches (HR-Geschäftsmodell)
- »HR-Service-Delivery«-Modell (inkl. der Sourcing-Strategie)

Die einzelnen Themen sind dabei nach folgender Struktur zu beschreiben:

- **Grundsätze:** Welche grundlegenden Regelungen sind definiert und anzuwenden.
- **Vorgaben:** Definition der Eckpunkte, die eingehalten werden sollen.
- **Leistungsindikatoren:** Die KPIs (»Key-Performance«-Indikatoren) geben vor, wie die Leistungserbringung gemessen wird und welches die Mindeststandards sind, die eingehalten werden sollen.

Beispiel: HR-Strategie und Planung

Nachfolgendes Beispiel zeigt die Definition der Grundsätze, Vorgaben und KPIs für den Prozess HR-Strategie und Planung:

Definitionen für den Prozess HR-Strategie und Planung
Grundsätze: HR beeinflusst durch die Teilnahme im Strategieprozess proaktiv die Entwicklung der Geschäftsstrategie. Die HR-Systeme und -Prozesse werden konsequent auf die Anforderungen der Geschäftsstrategie ausgerichtet. Die Umsetzung der HR-Strategie wird regelmäßig überprüft.

Vorgaben: »Corporate« HR legt die übergeordneten HR-Ziele in einer rollenden Planung fest, definiert und überwacht die Standards und Messgrößen für die HR-Prozesse.

Der HR-Planungsprozess ist im Businessplanungsprozess integriert und terminlich abgestimmt.

KPI: Jährlich werden die HR-Ziele und »Key Performance Indicators« (KPI) für die »Corporate«-HR-Initiativen definiert. Das »Reporting« zu den strategischen HR-Initiativen erfolgt quartalsweise.

Die enge Verknüpfung der HR-Planungs- und Steuerungsprozesse mit den übergeordneten Strategie- und Budgetprozessen ist eine wichtige Voraussetzung, um das HR-Prozessmodell gut zu verankern. Die Vorgaben aus übergeordneten Prozessen wie beispielsweise Planungsinstrumente, Termine etc. sind dabei zu berücksichtigen und in die HR-Prozesse einfließen zu lassen.

8.3.3 HR-Kernprozesse

Inhalte HR-Kernprozesse

Zu den HR-Kernprozessen zählen die klassischen Teilfunktionen des Personalmanagements (▶ Checkliste: Inhalte der HR-Kernprozesse).

8.3.4 HR-Supportprozesse

Zu den HR-Supportprozessen zählen sämtliche Support- und Controlling-Aufgaben innerhalb des Personalbereichs. Je nach Struktur des Personalbereichs werden diese Aufgaben zentral oder dezentral wahrgenommen. In der nachfolgenden Beschreibung wird auf diesen Aspekt nicht weiter eingegangen, sondern die Inhalte der Tätigkeiten umschrieben:

Inhalte HR-Supportprozesse

Zu den Support und Controlling-Aufgaben zählen insbesondere folgende Tätigkeiten: (siehe Übersicht S. 160).

Checkliste: Inhalte der HR-Kernprozesse

- HR-Marketing und Gewinnung
- Beurteilung
- Entwicklung
- Kompensation und Zulagen
- Transfer und Trennung

(Die einzelnen Teilprozesse werden nachfolgend beschrieben, wobei typische Prozessinhalte aufgezeigt sowie mögliche Prozesskennzahlen aufgeführt werden.)

■ **Unter das HR-Marketing und Gewinnung fallen folgende Aktivitäten**

1. Hochschulmarketing
   a. Inhalt:
      - Analyse hinsichtlich zukünftigen Rekrutierungsbedarf (Anzahl, Qualifikationen)
      - Analyse der Zielgruppe (wo sind diese Personen anzutreffen? Wie können sie am besten angesprochen werden?)
      - Planung von Maßnahmen wie Messebesuche, »Recruiting Days«, Sponsoring von Lehrgängen etc.
   b. KPIs:
      - Anzahl Bewerbungen von Studienabgängern
      - Anzahl Rekrutierungen von Studienabgängern
      - Bekanntheitsgrad bei Studierenden

2. Spontanbewerbermanagement
   a. Inhalt:
      - Erfassen der Bewerbungseingänge
      - Antwortschreiben an Bewerber
      - Prüfung bezüglich der Eignung des Dossiers
      - Ggf. Einladung zu einem Erstgespräch
      - Terminierung bis wann ggf. eine Absage zu erfolgen hat
   b. KPIs:
      - Anzahl eingegangener Blindbewerbungen
      - Anzahl Einstellungen aus Blindbewerbungen (relativ im Verhältnis zu der Gesamtzahl der Blindbewerbungen auszuweisen)

3. Personalbedarfsmeldung
   a. Inhalt:
      - Personalbedarf beantragen
      - Personalbudget prüfen
      - Anforderungsprofil überprüfen resp. erstellen
      - Auftrag zur Rekrutierung auslösen
   b. KPIs:
      - Bearbeitungsdauer von Meldung bis Auftragserledigung

4. Personalrekrutierung
   a. Inhalt:
      - Anforderungsprofil finalisieren
      - Ausschreibung vorbereiten und mit Auftraggeber prüfen
      - Geeignete Suchkanäle definieren
      - Ggf. Prüfung des internen Kandidatenpools
      - Schaltung von Inseraten (Print, elektronisch)
      - Ggf. Erteilen von Suchmandaten
      - Eingehende Bewerbungen beantworten
      - Kandidaten prüfen
      - »Longlist« erstellen
      - Interviewführung
      - Weitere Interviews führen
      - Shortlist erstellen
      - Anstellungsentscheid treffen und Vertragsentwurf erstellen
      - Abschluss des Suchmandates, Absage an weitere Kandidaten
      - Eintrittsvorbereitungen treffen (Infrastruktur und Einführungsprogramm)
   b. KPIs:
      - Anzahl Einstellungen (pro Jahr; pro »Recruiter«)
      - Durchschnittliche Besetzungsdauer
      - Durchschnittliche Kosten je Besetzung (Insertionskosten, Vermittlungsgebühren, Mandatskosten etc.)
      - Anzahl Bewerber pro Inserat, interne Besetzungsquote (insb. bei Führungspositionen zu beachten)

■ **Teilprozesse der Beurteilung sind folgende Aktivitäten**

1. Systeme und Instrument bereitstellen
   a. Inhalt:
      - System und Instrument zur Ziel- und Kompetenzvereinbarung entwickeln; Regelmäßige Prüfung hinsichtlich der Aktualität des Instrumentes und ggf. Anpassungen vornehmen
   b. KPIs:
      - Qualitative Befragung der Anwender bezüglich der Zufriedenheit mit der Ziel- und Kompetenzbeurteilung

2. Schulung und Anwendungsunterstützung

a. Inhalt:
- Beratung und regelmäßige Schulung von Vorgesetzten und Mitarbeitenden für die Instrumentenanwendung

b. KPIs:
- Anzahl durchgeführte Beratungen
- Anzahl Schulungstage

3. Qualität sichern
a. Inhalt:
- Ziele konsolidieren und Qualität im Prozess prüfen
- Regelmäßiges Controlling durchführen
- Handlungsbedarf evaluieren und ggf. Maßnahmen einleiten

b. KPIs:
- Qualität der Ziele (z. B. nach SMART-Regel)
- Verteilung der Beurteilungen
- Termineinhaltung

- **Aufgaben der Entwicklung sind**
1. Kompetenzmodell
a. Inhalt:
- Definition eines unternehmensspezifischen Kompetenzmodells
- Regelmäßige Überprüfung des Kompetenzmodells hinsichtlich der Aktualität und ggf. Anpassungen vornehmen

b. KPIs:
- Qualitative Prüfung der Kompetenzbeschreibungen (Vollständigkeit, Trennschärfe, Vollständigkeit)

2. Laufbahnmodell
a. Inhalt:
- Definition von Laufbahnmodellen (Fach/ Führung/Projekt)

- Definition von Funktionsgruppen
- Festlegen der Anforderungsprofile (Sollprofile)

b. KPIs:
- Anzahl Funktionsgruppen/Anforderungsprofile
- Qualitative Prüfung der Funktionsgruppen und Anforderungsprofile

3. Kompetenzevaluation
a. Inhalt:
- Definition der Form, wie Kompetenzen eingeschätzt werden (Vorgesetztenbeurteilung, »Assessment-Center«, Testverfahren)
- Zielgruppen und Evaluationsverfahren definieren
- Vergleich der Ergebnisse mit den erforderlichen Sollprofilen
- Analyse der Abweichungen und Definition von Entwicklungsmaßnahmen

b. KPIs:
- Anzahl durchgeführte Kompetenzevaluationen
- Erfüllungsgrad hinsichtlich der Sollprofile
- Anzahl der definierten Entwicklungsmaßnahmen

4. Personalportfolio
a. Inhalt:
- Einschätzung von Leistungs- und Potenzialkriterien zur Evaluation des vorhandenen Humankapitals

b. KPIs:
- Prozentuale Verteilung der evaluierten Personen innerhalb des Portfolios

- Relative Veränderung der Verteilung zur Vorperiode

5. Aus- und Weiterbildung
a. Inhalt:
- Ermittlung des Entwicklungsbedarfs
- Definition spezifischer Entwicklungsprogramme
- Evaluation von Trainern
- Organisation von Kursen und Workshops
- Beratung von Mitarbeitenden
- Lerntransfer und Controlling sicher stellen

b. KPIs:
- Anzahl Ausbildungstage pro Jahr/pro Mitarbeiter
- Ausbildungskosten pro Jahr/pro Mitarbeiter
- Kosten pro Schulungstag (intern/extern)

6. Management Entwicklung
a. Inhalt:
- Entwicklung spezifischer Programme für Führungskräfte auf allen Stufen
- Beratung von Führungskräften in der individuellen Entwicklungsplanung
- Nachwuchsführungskräfte identifizieren und entwickeln (auf der Grundlage des Personalportfolios)

b. KPIs:
- Anzahl Managementausbildungstage pro Jahr/pro Führungskraft
- Kosten für Managemententwicklung pro Jahr/pro Führungskraft
- Besetzungsrate von vakanten Führungspositionen mit internen Kandidaten

- **Dem Bereich Kompensation und Zulagen sind folgende Aufgaben zugeteilt**

1. Vergütungs- und Entlohnungsmodell
   a. Inhalt:
      - Definition eines Vergütungs- und Entlohnungsmodell
      - Definition der Lohnnebenleistungen
      - Definition variabler Lohnbestanteile
      - Grundlagen zu Beteiligungsprogrammen (Aktien, Optionen)
   b. KPIs:
      - Entlohnungsstruktur
      - Variabler Vergütungsanteil
      - Anteil der Lohnnebenkosten
      - Wertentwicklung von Beteiligungsprogrammen
      - Beteiligungsquote bei Beteiligungsprogrammen (sofern diese freiwillig ist)

2. Lohnvergleiche
   a. Inhalt:
      - Funktionsbewertungsmodell definieren
      - Funktionsbewertung durchführen
      - Planungsgrundlagen für Lohnrunde bereitstellen
   b. KPIs:
      - Lohnkostenentwicklung
      - Branchen- und Funktionsvergleich
      - Betriebsinterne Vergleiche

3. Gehaltserhöhungen
   a. Inhalt:
      - Verhandlungen vorbereiten und führen
      - Budget für Lohnerhöhungen erstellen
      - Planung der individuellen Lohnerhöhungen durchführen
      - Abstimmung der Planung mit Linienvorgesetzten
      - Verabschiedung und Kommunikation
   b. KPIs:
      - Generelle Lohnerhöhungen in% und absolut
      - Individuelle Lohnerhöhungen in% und absolut
      - Gesamterhöhung in% und absolut

4. Lohnadministration
   a. Inhalt:
      - Führen der Lohnbuchhaltung
      - Mutationen von Personal- und Gehaltsdaten
      - Wechsel von Beschäftigungsgraden
      - Spesenabrechnung
      - Administration von Ein- und Austritten
      - Administration der Zahlungen von Lohnnebenleistungen und Beteiligungsprogrammen
      - Quellensteuerabrechnung
      - Auszahlung von Überstunden
      - Durchführung des monatlichen Lohnlaufs
      - Inkasso
      - Abrechnung der Personalvorsorgebeiträge
      - Administration der Krankheits- und Unfallfälle
   b. KPIs:
      - Durchschnittliche Administrationskosten pro Mitarbeiter
      - Anzahl Mutationen
      - Anzahl Krankheitstage
      - Anzahl Unfalltage
      - Anzahl Pensionierungen

- **Zu den Prozessen Transfer und Trennung zählen folgende Aktivitäten**

1. Betriebsinterne Wechsel
   a. Inhalt:
      - Definition von Transfermodellen
      - Im Falle von Restrukturierungen Prüfung von internen Weiterbeschäftigungsmöglichkeiten
      - Regeln zur Abwicklung interner Stellenwechsel
   b. KPIs:
      - Interne Stellenbesetzungsquote
      - Anzahl Umschulungen/Funktionswechsel

2. Trennung
   a. Inhalt:
      - Kündigung seitens der Mitarbeitenden
      - Kündigung seitens des Unternehmens
      - Austritt durch Pensionierung
      - Austritt administrativ abwickeln (Rückgabe von Arbeitsmitteln, persönlichen Gegenständen)
   b. KPIs:
      - Fluktuationsrate
      - Pensionierungsrate
      - Quote der ungewollten Kündigungen
      - Quote der Kündigungen durch das Unternehmen
      - Frühfluktuation (innerhalb der Probezeit; innerhalb eines Jahres)
      - Fluktuation je Führungsstufe

Inhalte der HR-Supportprozesse
- **»HR-Benchmarking«:**
  - Vergleiche von qualitativen und quantitativen Kennzahlen innerhalb und außerhalb des Unternehmens
- **HR-Qualitäts- und Prozessmanagement:**
  - Kontinuierliche Messung der Qualität und Einleitung von Verbesserungsmaßnahmen
  - Prozesspflege und -optimierung
- **HR-Planung und Controlling:**
  - Grundlagen zur strategischen Personalplanung bereitstellen
  - Unternehmensweiten Planungs- und Budgetprozess unterstützen
  - Struktur und Inhalt des »Reportings« definieren
  - Regelmäßiges Reporting in Abstimmung mit übergeordneten Controlling-Prozessen
  - Analyse der Resultate und Definition von Maßnahmen
- **Rechtsberatung:**
  - Arbeitsrechtliche Beratung
  - Beurteilung von Rechtsfällen
  - Unterstützung in der Führung Prozessen
  - Beratung und Begleitung in Verhandlungen mit Arbeitgebervertretern
- **IT-Systeme:**
  - Anforderungen an IT-Systeme definieren
  - Systeme entwickeln und in Betrieb überführen
  - Release-Management
  - Systeme betreiben und warten
  - Anwenderschulung

8.4   Erfolgsfaktoren des Change Managements im HR

HR-Transformation ist ein komplexer Change-Prozess

Die Transformation einer HR-Organisation und deren Kernprozesse ist ein komplexer Change-Prozess, der nicht nur für die Mitarbeitenden der HR-Abteilung, sondern insbesondere auch für die Linie mit erheblichen Veränderungen verbunden ist.

❯ Gerade deshalb ist es wichtig, bei der Gestaltung des Change Managements das Hauptaugenmerk nicht nur auf die HR-Funktion zu lenken, sondern Führungskräfte und Schlüsselpersonen aus der Linie früh und systematisch in den Veränderungsprozess einzubinden.

Von besonderer Bedeutung ist die langfristige Planung des Veränderungsprozesses. Eine maßgebliche Umgestaltung der HR-Organisa-

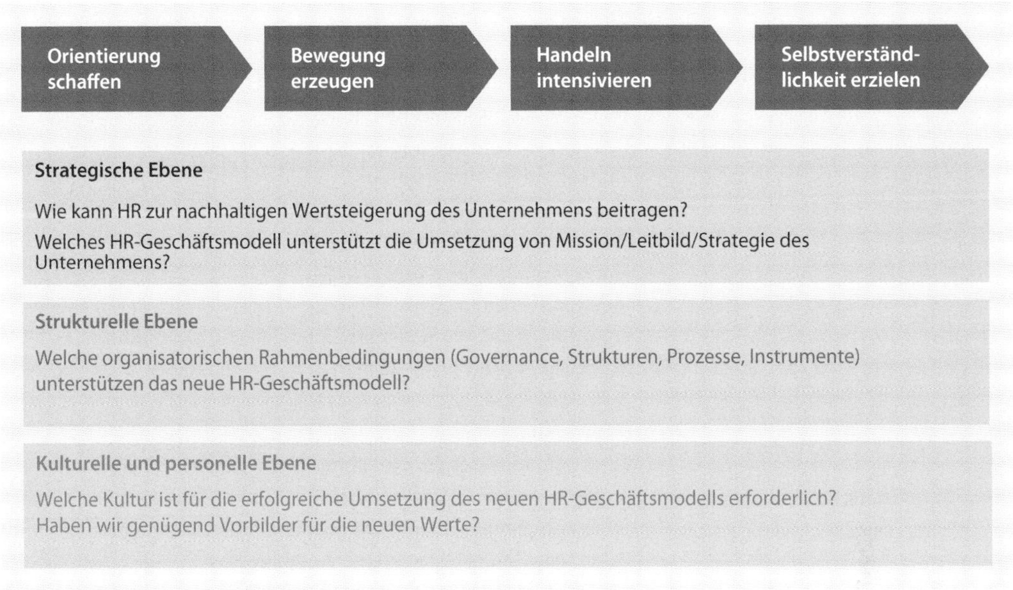

| Orientierung schaffen | Bewegung erzeugen | Handeln intensivieren | Selbstverständlichkeit erzielen |

Strategische Ebene

Wie kann HR zur nachhaltigen Wertsteigerung des Unternehmens beitragen?
Welches HR-Geschäftsmodell unterstützt die Umsetzung von Mission/Leitbild/Strategie des Unternehmens?

Strukturelle Ebene

Welche organisatorischen Rahmenbedingungen (Governance, Strukturen, Prozesse, Instrumente) unterstützen das neue HR-Geschäftsmodell?

Kulturelle und personelle Ebene

Welche Kultur ist für die erfolgreiche Umsetzung des neuen HR-Geschäftsmodells erforderlich?
Haben wir genügend Vorbilder für die neuen Werte?

Abb. 8.9 Phasen und Ebenen der HR-Transformation. (Oertig, 2007, S. 41)

tion und Prozesse benötigt in der Regel einen Zeitraum von 2–3 Jahren, bis das neue HR-Verständnis innerhalb von HR aber auch in der Linie aufgebaut ist und die neuen Prozesse eingeschliffen sind. In der Praxis hat sich die Gestaltung des Veränderungsvorhabens entlang der 4 Phasen:

1. »Orientierung schaffen«,
2. »Bewegung erzeugen«,
3. »Handeln intensivieren« und
4. »Selbstverständlichkeit erzielen« bewährt (nach Anwander 2002).

Dabei sollte nebst der strategischen und strukturellen Ebene insbesondere auch die kulturelle und personelle Ebene gestaltet werden, wie dies in der ◘ Abb. 8.9 aufgezeigt wird.

Zusammenfassend sind bei der Gestaltung und Begleitung von größeren HR-Reorganisationsvorhaben folgenden Aspekten besondere Aufmerksamkeit zu schenken:

Erfolgsfaktoren für das »Change Management« im HR

Zusammenfassung

- **Vision und »Governance«**
- Entwickeln einer gemeinsam getragene HR-Vision und eines HR-Rollenverständnisses, das sowohl auf Effizienzsteigerung als auch nachhaltige Wertsteigerung ausgerichtet ist.
- Klärung der »HR-Governance« zusammen mit dem Aufsichts- bzw. Verwaltungsrat, der Geschäftsleitung und dem HR-Management.

- Entwurf eines integrierten HR-Geschäftsmodells, das eine Gesamtsicht von Kunden – HR-Servicecenter – HR-Kompetenzzentrum – HR-Business-Partner enthält.

- **»Stakeholder«-Management**
- Sich um eine aktive Unterstützung durch Geschäftsleitung und Top-Management bemühen.
- Klares »Commitment« und aktives Engagement der »Key Players« innerhalb HR einfordern.
- Frühzeitiges und permanentes Einbinden von Linienführungskräften im Projekt sicherstellen.

- **Projektmanagement**
- Klare Definition des Projektauftrages und der Zielsetzungen einfordern.
- Erfahrenen und anerkannten Projektleiter beauftragen und professionelles Projekt-Management etablieren.
- Verfügbarkeit von Ressourcen mit geforderten Fähigkeiten sicherstellen.
- Gezielt externes Know-how (»Benchmarks«/Berater) einsetzen.

- **Organisationsprinzipien**
- Kostentransparenz und Marktprinzipien bei »Shared Services« beachten, »Service Level Agreements« transparent kommunizieren.
- Prozessstandardisierung durchsetzen und laufend optimieren.
- Möglichkeiten der HR-Technologie (abgestimmt auf Entwicklungsstand und Größe des Unternehmens) gezielt nutzen.
- Schnittstellen zu Kompetenzzentrum und HR-Business-Partner eindeutig klären.
- Out- und Co-Sourcing-Strategien frühzeitig einbeziehen.
- HR-Vendor-Management systematisch aufbauen.

- **Change-Management**
- Einen starken Promotor an die Spitze der Transformation stellen (vorzugsweise ein starkes und anerkanntes Mitglied der Geschäftsleitung).
- Change-Management-Architektur mit Berücksichtigung der strategischen, strukturellen und kulturellen Ebene erstellen.
- Zielgruppenspezifische Kommunikation von Beginn weg beachten (aktiver Einbezug von z. B. »Sounding Boards« und Monitoring-Teams).
- Change-Management hinsichtlich des neuen HR-Rollenverständnisses auch bei Linienführungskräften aktiv angehen.

- **Kompetenzentwicklung**
- Rollenbezogene Kompetenzentwicklung von HR-Mitarbeitern konsequent vorantreiben.

- Keine Kompromisse bei der Qualität der personellen Besetzungen eingehen.
- HR-Fachlaufbahn und Strategien des Wissensmanagements etablieren.
- HR-Cockpit zur Messung der HR-Beratungs- und Servicequalität verankern.

Literatur

Anwander, A. (2002). *Strategien erfolgreich verwirklichen: Wie aus Strategien echte Wettbewerbsvorteile werden* (2. Aufl.). Berlin: Springer.

Capgemini Consulting. (2009). *HR-Barometer 2009 – Bedeutung, Strategien, Trends in der Personalarbeit.* Berlin: Capgemini.

Hilb, M. & Oertig, M. (2010, in Vorbereitung). *HR-Governance – Wirksame Führung und Steuerung des Personalmanagements.* Köln: Luchterhand.

Kienbaum Management Consultants GmbH. (2009). *Studie zu Strategie und Organisation des Human Resources Management im deutschsprachigen Raum.* Berlin: Kienbaum.

Oertig, M. (Hrsg.). (2007). *Neue Geschäftsmodelle für das Personalmanagement – Von der Kostenoptimierung zur nachhaltigen Wertsteigerung* (2. Aufl.). Köln: Luchterhand.

Oertig, M., Kohler, C. & Abplanalp, C. (2009). *HR-Organisation – Von der Administration zum HR-Business-Partner-Modell.* Zürich: Spektramedia.

Porter, M. (2000). *Wettbewerbsvorteile – Spitzenleistungen erreichen und behaupten* (6. Aufl.). Frankfurt: Campus Fachbuch.

Ulrich, D. & Brockbank, W. (2005). *The HR Value Proposition.* Boston: McGraw-Hill Professional.

Ulrich, D. (1996). *Human Resources Champion.* Boston: Harvard Business School Press.

Arbeitsmotivation und Arbeitszufriedenheit

Verena Berchtold-Ledergerber

Fragen wir nach der Motivation eines Menschen für seine Arbeit, fragen wir implizit nach seinen persönlichen Vorstellungen und Zielen, d. h. wir fragen nach den Voraussetzungen, die Motivation entstehen lassen. Fragen wir nach der Zufriedenheit, fragen wir nach der persönlichen Einstellung zu den Inhalten der Arbeit und zu der Umwelt, die seine Arbeit umgibt. Arbeitsmotivation und -zufriedenheit lassen sich nicht fein geordnet messen. Motive, die zu Motivation führen, sind sehr individuell und beeinflusst von allerlei Bedingungen; sehr oft sind sie nicht bewusst. Zufriedenheit wiederum wird ganz verschieden interpretiert – was für die einen mit Arbeitszufriedenheit umschrieben wird ist für die anderen Akzeptanz der Aufgabe, notwendiges Übel, herausfordernde Wirkung und anderes mehr. Es sind unerschöpflich viele Faktoren, die Menschen für Ihre Arbeit motivieren und Zufriedenheit auslösen. Auch wenn diese ganz persönlich und schwer fassbar sind, gibt es doch Theorien und Modelle, die über die Jahre den Praxistransfer gut überstanden haben und wertvolle Inputs liefern können.

9.1 Bedürfnis und Motiv

Bedürfnis und Individualität

Motivation ist ein Antrieb. Sie ist eine Energie, die auf ein oder mehrere Ziele fokussiert ist. Allerdings ist die Motivation in ein äußerst komplexes System eingebunden – nur zusammen mit anderen Prozessen wie Wahrnehmen, Denken und Fühlen und dank unserer Erinnerung an frühere Erfahrungen und Erkenntnisse ist es möglich, dass sich Motivation entwickelt.

Die psychologische Erklärung für die Voraussetzungen für ein Verhalten liegt in unseren **Motiven**. Motive entstehen aus Bedürfnissen. Bedürfnisse sind Produkte des lebenslangen Lernprozesses, ausgestaltet durch die individuellen Voraussetzungen, die soziale Umgebung, die wirtschaftlichen Gegebenheiten und den gesellschaftlichen Rahmen. Bedürfnisse entstehen also durch individuelles Lernen, das wiederum von Bedingungen geprägt ist: Als MitarbeiterIn erfahren wir ein Arbeitsleben lang verschiedene Arbeitsbedingungen. Wir erleben eigene wie fremde Erfolge und Misserfolge. Wir sehen andere Menschen bei der Arbeit und beobachten ihre Reaktionen darauf. Wir gestalten Bilder davon, was Arbeit ist und sein könnte.

9.2 Arbeitsbezogene Bedürfnisarten

Bedürfnis und Abhängigkeit

(Arbeits-) Bedürfnisse sind Teil unserer persönlichen Eigenschaften – neben unseren Einstellungen und Erwartungen gegenüber uns selbst, gegenüber Gesellschaft, Umwelt, Arbeit usw. und neben unseren Fähigkeiten, unserer Konstitution, unserem Alter, unserem Lebensstil.

Unterschiede in den Bedürfnissen sind abhängig von der Person als auch von der Situation, in der sie sich befindet. Jost (2008) zeigt

◻ Tab. 9.1 Arbeitsbezogene psychologische Bedürfnisarten. (Nach Jost, 2008)

Verfügbare Mittel	Geld ist unter den gegebenen gesellschaftlichen Bedingungen für fast alle lebensnotwendig. Arbeit ist in diesem Sinn ein Mittel, viele unserer Bedürfnisse befriedigen zu können – sowohl Bedürfnisse nach Nahrung oder Kleidung als auch Bedürfnisse nach sozialer Geltung, Macht, Status usw.
Sicherheit	Die schnelllebige, hoch technisierte Gesellschaft kann aus dem Wunsch nach Sicherheit ein starkes Bedürfnis machen. Das Sicherheitsbedürfnis bezüglich der Arbeit bezieht sich dabei sowohl auf den Erhalt des Arbeitsplatzes, die Absicherung des Lebensabends und die Sicherung vor Invalidität als auch auf die Wahrung immaterieller Werte wie Macht, Status und Erfolg
Status	Der Status einer Person zeigt auf, welche relative Wertschätzung das soziale Umfeld dieser Person zuweist. Strebt eine Person nach Status, ist sie daran interessiert, im Werturteil durch andere einen möglichst hohen Rang einzunehmen
Zugehörigkeit	Soziale Aspekte wie persönliche Beziehungen zu KollegInnen, gegenseitige Wertschätzung und emotionale Wärme sind Bedürfnisse, die innerhalb der Arbeitswelt befriedigt werden können. Durch den Wechsel von der Groß- zur Kleinfamilie bzw. zum Dasein als Single stellt die Arbeitsumgebung für viele die primäre soziale Einbettung außerhalb der Familie dar, d. h. das Bedürfnis nach Zugehörigkeit gewinnt an Bedeutung
Leistung	Das Bedürfnis nach Leistung umfasst das Bestreben, ein bestimmtes Ziel durch eigene Tüchtigkeit zu erreichen. Das Bedürfnis wird dann befriedigt, wenn das gesetzte Ziel erreicht ist und der Zusammenhang zwischen dem Leistungsergebnis und dem eigenen Beitrag hergestellt werden kann. Dabei spielt das Anspruchsniveau der Person eine wichtige Rolle, da dieses erst die Beurteilung der Leistung erlaubt und Erfolg und Misserfolg definiert
Macht	Machtbedürfnisse lassen sich unterteilen in: – Selbstbezogene Macht: Streben nach persönlicher Durchsetzung mit dem Ziel, andere eigennützig zu unterdrücken – Sozialisierte Macht: Andere dazu bewegen, was im Dienste des Unternehmens zu tun ist – Macht durch Wissen: der alleinige Zugang zu Informationen oder der Aufbau von besonderer Sachkenntnis
Selbstverwirklichung	Umfasst das Bedürfnis, eigene Fähigkeiten, Begabungen und Potenziale einzusetzen. Das Bedürfnis kann sich auch im Wunsch nach mehr Autonomie und Entscheidungskompetenzen äußern, z. B. im Bedürfnis nach Selbstbestimmung oder Mitbestimmung über die Arbeitsinhalte, -methoden, -zeit und der Aus- und Weiterbildung. Dieses Bedürfnis hat allerdings einen expansiven Charakter, es kann sich laufend ausdehnen und inhaltlich verändern

psychologische Bedürfnisarten auf (im Unterschied zu den physiologischen Bedürfnissen nach Luft, Nahrung usw.), die als wesentlich für die **berufliche Arbeit** angesehen werden können (◻ Tab. 9.1).

Diese Bedürfnisse können nach Jost (2008) in unterschiedlichen Mischungsverhältnissen stehen. So kann das Bedürfnis nach Sicherheit *auch* die Wahrung von Status beinhalten oder auch die Suche nach Zugehörigkeit. Auch kann ein beobachtetes Arbeitsverhalten nicht ohne weiteres auf ein bestimmtes (und nicht geäußertes) Bedürfnis bezogen werden: die Leistungsmotivation eines Mitarbeiters muss nicht zwangsläufig aus dem beschriebenen Bedürfnis nach Leistung entstehen, sondern kann sich ebenso auf Bedürfnisse nach Zugehörigkeit, Sicherheit, Macht u. a. beziehen.

Bedürfnis und Erscheinungsform

Zudem kann die Erfüllung eines Bedürfnisses andere Bedürfnisse erst wecken: Legen Mitarbeitende Wert darauf, das Bedürfnis nach Zugehörigkeit in der Arbeitsumgebung zu finden, desto mehr kann der Druck wachsen, auf jeden Fall zur Arbeit gehen zu müssen. Damit erhält die Vermeidung von Arbeitslosigkeit einen zusätzlich wichtigen Stellenwert.

9.3   Motiv, Motivation und Handlung

Ermöglicht es die persönliche und arbeitsbezogene Situation, ein entdecktes Bedürfnis Ernst zu nehmen, wird das Motiv **kreiert**:

> ❯ **Motive sind also sozusagen Bedürfnisse, die eine Chance zur Erfüllung erhalten. Durch Motive zeigen wir eine Bereitschaft, auf eine gegebene Situation in einer charakteristischen Weise zu reagieren.**

Motive signalisieren, Reaktionsbereitschaft

Widmen sich Mitarbeitende mit Enthusiasmus ihrer Arbeit, können sie dies aus einer ganzen Reihe von Motiven tun – den Motiven Selbstverwirklichung, Autonomie, Ansehen usw.

Eine Motivation ist das Ergebnis von Motiven einer Person und den einwirkenden Elementen der aktuellen Situation, die sowohl als Chance oder als Bedrohung interpretiert werden kann. Neben den Elementen der aktuellen Lebenssituation spielen die Arbeitsaufgabe selbst sowie die Arbeitsumgebung resp. die Organisation eine vielfältige Rolle. Zudem wirken Elemente von vorherigen Situationen in die aktuellen situativen Bedingungen mit ein, z. B. wenn Veränderungen geplant oder eingeführt werden.

Erst mit der Aktivierung von Motiven beginnt der Prozess der Motivation. Dieser ist geprägt durch mehr oder weniger lange Abwägungs- und Entscheidungsphasen, die in eine Handlung führen können. Entwickeln Mitarbeitende aufgrund ihrer erlebten Unzufriedenheit die Absicht, sich sofort um eine Lohnerhöhung zu kümmern, werden sie – je nach persönlicher Voraussetzung – diese Handlungsmöglichkeit so rasch wie möglich umsetzen, sie sorgfältig abwägen, hin und her entscheiden oder die Idee unter Umständen wieder verwerfen (vgl. auch Heckhausen & Heckhausen, 2006; Nolting & Paulus, 2000).

9.4   Motivation und (Arbeits-) Zufriedenheit

pro- und retrospektives Erleben

Motivation und Zufriedenheit sind eng verwandt. Allerdings kann Motivation als prospektives und Zufriedenheit als retrospektives Erleben betrachtet werden: Eine Motivation richtet sich auf noch zu erreichende wichtige persönliche Ziele, die durch eigenes Handeln erreicht werden können. Zufriedenheit entsteht, wenn diese Ziele erreicht wurden, resp. aufgrund einer (Arbeits-) Leistung, die als zufriedenstellend interpretiert wird. Zufriedenheit entsteht auch dann, wenn die persönliche Situation so wahrgenommen wird, dass nicht nur rückblickend Ziele erreicht werden konnten, sondern dies auch zukünftig als wahrscheinlich gilt.

Untersuchungen zur Arbeitszufriedenheit zeigen sehr unterschiedliche Erkenntnisse, weil die Auffassungen, was Arbeitszufriedenheit ist, ungleich ausfallen. Einig ist sich die arbeits- und organisationspsychologische Literatur darin, dass Arbeitszufriedenheit als emotionale Reaktion eingestuft werden kann, die sich als Einstellung zu Arbeit und zur Arbeitssituation, resp. als »wertende Stellungnahme zur Arbeit oder ihren Teilaspekten« zeigt (von Rosenstiel, 2007).

Für besondere Aufmerksamkeit hat die groß angelegte Untersuchung bei Beschäftigten in 14 Schweizer Callcenter gesorgt: Die Call-Center-Agents sind nur mäßig zufrieden mit ihren Arbeitsbedingungen – Stress, Eintönigkeit und Einsamkeit bei der Arbeit belasten sie. Sie vermissen Möglichkeiten zur Weiterentwicklung, klagen über gleichförmige Aufgabenstellungen und geringe Entscheidungskompetenzen. Folge der mäßigen Arbeitszufriedenheit sind eine geringe emotionale Bindung an das Unternehmen sowie eine hohe Fluktuationsrate (Gerber Rüegg, 2003).

Andere Ergebnisse aus Untersuchungen in der Schweiz beschreiben Motivationsfaktoren, die zu Arbeitszufriedenheit führen: Einerseits sei es die Offenheit der Unternehmensleitung für neue Ideen und andererseits die Möglichkeit, Entscheidungen im Arbeitsbereich beeinflussen zu können (Perrin, 2007). Wie Grote formuliert, werden Motivation, Zufriedenheit und gute Arbeitsleistungen entstehen, wenn die Ziele von Arbeitgeber und -nehmer in Übereinstimmung gebracht werden können. Damit müssen auch Bedingungen geschaffen werden, die eine Erreichung der persönlichen Ziele der Mitarbeitenden gewährleisten (Grote, 2007).

> **Stress, Eintönigkeit und Einsamkeit bei der Arbeit belasten**

9.5   Der Mensch als Teil der Organisation

>> Im Allgemeinen ist die Organisation umso leistungsfähiger, je zufriedener ihr Personal ist [...] Aber in jeder Organisation gibt es eine Grenze, jenseits derer Zufriedenheit und Leistungsfähigkeit aufhören, sich gegenseitig zu ergänzen. Nicht jede Tätigkeit kann gut bezahlt werden oder befriedigend sein, und nicht jede Vorschrift und jede Anforderung wird freudig befolgt. (A. Etzioni, 1967, US-amerikanischer Soziologe) <<

Innerhalb der letzten 100 Jahre hat der Mensch in der Organisation einen sehr unterschiedlichen Stellenwert erfahren: Erst wird er als streng anzuleitendes und maschinenartiges Wesen betrachtet, das nur durch materielle Werte zur Arbeit zu motivieren ist – einige Jahrzehnte später postuliert die Wissenschaft, dass sich der arbeitende Mensch in erster Linie selbst verwirklichen soll. Heute zeigen Wissen und

> **Mitarbeiter sind Teil eines funktionellen Systems**

Erfahrung, dass der arbeitende Mensch weder als Maschine noch als rein autonomes Wesen betrachtet werden kann, sondern als Teil der Organisation: Er ist als Mitarbeiter Teil eines Systems, das neben ihm als Individuum auch die Gestaltung einer effektiven Organisation und den Einsatz von Technik im Auge behalten muss.

In den letzten Jahrzehnten sind in der Arbeits- und Organisationspsychologie gut begründete Modelle zur Gestaltung von Arbeit in Organisationen entwickelt und in die Praxis umgesetzt worden. Elementare Punkte zur Arbeitsgestaltung unter Berücksichtigung von Mitarbeitenden und Organisation sind nach Jost (2008):

- die Effektivität und Produktivität der Organisation, resp. der Arbeit zu steigern,
- die Fähigkeiten der Mitarbeiter zu erkennen, zu erhalten und Lernangebote zur Weiterqualifizierung zu schaffen,
- die Entwicklung der Persönlichkeit zu fördern, die psychische Gesundheit zu erhalten sowie körperliche Beschwerden zu vermeiden.

Im Folgenden werden jene Erkenntnisse aus der arbeits- und organisationspsychologischen Forschung und Anwendung in der Praxis vorgestellt, die sich auf den Gewinn aus der Arbeit an sich sowie auf die umfassende Gestaltung von menschengerechten und motivationsfördernden Arbeitsaufgaben beziehen.

9.6   Funktionen der Erwerbsarbeit

Arbeit übernimmt psychosoziale Funktionen

Besonders am Beispiel der Auswirkungen von Arbeitslosigkeit wird deutlich, wie sehr die Erwerbsarbeit neben der Sicherung des Einkommens vielfältige sog. **psychosoziale Funktionen** übernimmt und in Bezug auf die Persönlichkeitsentwicklung eine der wichtigen Lebenstätigkeiten darstellt. Ganz allgemein betrachtet heißt dies, dass regelmäßige und gesicherte Arbeit einen hohen psychischen und sozialen Nutzen bringt.

Zu den psychosozialen Funktionen von Erwerbsarbeit werden diejenigen Faktoren gezählt, die sich – in Ergänzung zu Teil I – an persönliche Bedürfnisse richten (◗ Tab. 9.2).

9.7   Menschengerechte Arbeitsgestaltung

realistische Anforderungen und menschengerechte Gestaltung

In regelmäßigen Abständen, resp. dann, wenn neue Modelle in der Praxiserprobung nicht die erwünschte Wirkung gebracht haben, werden vermeintlich verstaubte Theorien zu Rate gezogen. So wird Eberhard Ulich und seine Theorie der menschengerechten Arbeitsgestaltung jeweils mit gutem Grund wieder zum Thema:

◼ **Tab. 9.2** Psychosoziale Funktionen von Erwerbsarbeit. (Ergänzt nach Schuler, 2004)

Aktivität und Kompetenz	Aktivität, resp. das Meistern der kognitiven und sozialen Anforderungen längerfristig ausgeübter Tätigkeiten sind wichtige Vorbedingungen für die Entwicklung von Qualifikationen. Durch sie können Fähigkeiten und Kenntnisse erworben und ein Gefühl von Handlungskompetenz entwickelt werden
Zeitstrukturierung	Arbeit strukturiert den Tages-, Wochen- und Jahresablauf. Damit kommt der Arbeit eine organisatorische Rolle zu, die gerade bei Arbeitslosigkeit selbst übernommen und oft erst erlernt werden muss
Kooperation und Kontakt	Da viele der Arbeitsaufgaben nur oder besser in Zusammenarbeit mit anderen Menschen erledigt werden können, ist der Erwerb von Kooperationsfähigkeit eine wichtige Funktion von Arbeit. Zudem erfüllt die Arbeit die Möglichkeit, soziale Kontakte zu knüpfen und zu pflegen
Soziale Anerkennung	Durch Leistung und Kooperation lässt sich soziale Anerkennung erarbeiten. Zudem kann das Empfinden gestärkt werden, einen nützlichen Beitrag zur Gesellschaft zu leisten
Persönliche Identität	Der Menschen entwickelt und verändert laufend seine Empfindungen von Identität und Selbstwert. Die Berufsrolle, die Arbeitsaufgabe, die erworbenen Erfahrungen, Kenntnisse und Fähigkeiten bilden die arbeitsbezogene Grundlage dafür

❯ Sind Arbeitsaufgaben so gestaltet, dass engagiertes und motiviertes Handeln möglich ist, sind die Voraussetzungen für die Erbringung der Arbeitsleistung aus Sicht der Arbeits- und Organisationspsychologie optimal vorhanden. Dies ist besonders dann der Fall, wenn die Arbeitsaufgabe realistische Anforderungen stellt und dem Menschen gerecht wird (▶ Individuelle Bedürfnisse und subjektive Wahrnehmung von Arbeit).

Ulich (2005) definiert menschengerechte Arbeit als
— ausführbar,
— nicht schädigend,
— erträglich und zumutbar sowie
— persönlichkeitsförderlich.

Nachfolgend werden jene Merkmale von Arbeitsgestaltung kurz zusammengefasst, die als besonders menschengerecht, persönlichkeits- und motivationsfördernd definiert werden (ergänzt nach Ulich, 2005; ▶ Checkliste: Merkmale von Arbeitsgestaltung).

9.8 Aufgabenorientierung und äußere Anreize

Die im vorherigen Abschnitt besprochenen Merkmale erfüllen die Kriterien einer sinnvollen Arbeitsgestaltung. Eine solche Arbeit weckt das Interesse der Person, ermöglicht den Einsatz und die Weiterentwicklung von Wissen, fördert Fähigkeiten und Fertigkeiten und trägt zur psychischen wie physischen Bewältigung der Arbeitssituation bei.

intrinsische versus extrinsische Motivation

Individuelle Bedürfnisse und subjektive Wahrnehmung von Arbeit

Merkmale von menschengerechter Arbeitsgestaltung beziehen sich auf zugrunde liegende menschliche Bedürfnisse und praxiserprobte Erkenntnisse. Dabei ist zu differenzieren, dass diese Bedürfnisse nicht als allgemein vorhanden betrachtet werden können. So wie eine Person ein ausgeprägtes Bedürfnis nach sozialen Kontakt haben kann, ist für andere dieser Aspekt zugunsten höher eingestufter Bedürfnisse zweitrangig.

So individuell die menschlichen Bedürfnisse sind, so subjektiv geprägt ist auch die Wahrnehmung: Arbeit wird mit ihren Anforderungen, ihren Inhalten, ihren Möglichkeiten und Begrenzungen und ihrem Umfeld sehr individuell wahrgenommen und interpretiert. Was von den einen als förderlich betrachtet wird, kann für die anderen des Guten zu viel sein.

Genauso individuell sind die Ziele, die sich Menschen betreffend ihrer Arbeit setzen: Nicht jede Person will eine Arbeit ausführen, die eine hohe Flexibilität und laufende Weiterentwicklung fordert. Andererseits wird eine eng begrenzte, zeitlich stark strukturierte und über einen längeren Zeitraum inhaltlich definierte Arbeit gerade die entsprechenden individuellen Ansprüche an die Arbeit befriedigen. Das heißt: Nicht alle Mitarbeitenden suchen dieselbe Verantwortung und dieselben Bewegungsfreiheiten in ihrer Arbeitssituation und nicht alle bewältigen gleich viel Verantwortung und gleich große Bewegungsräume.

Checkliste: Merkmale von Arbeitsgestaltung

- **Ganzheitlichkeit (Vollständigkeit)**
  - Die Arbeitsaufgabe enthält planende, kontrollierende und ausführende Anteile. Die Aufgabe ist also nicht hochgradig zerstückelt und unübersichtlich, sondern ermöglicht den Überblick
  - Bedeutung und Stellenwert der Aufgabe werden erkannt, wenn Folgendes ermöglicht wird:
    - Das eigenständige Setzen der Ziele
    - Die Planung geeigneter Vorgehensweisen
    - Die selbstständige Handlungsvorbereitung und Entscheidung bei der Abstimmung der Tätigkeiten innerhalb eines gegebenen Rahmens
    - Persönlich geprägte Arbeitsweisen bei der Ausführung der Tätigkeit einsetzen zu können
    - Ausreichende Rückmeldungen über die Resultate anhand der vereinbarten Zielsetzungen zu erhalten

- **Anforderungsvielfalt**
  - Die Aufgaben enthalten Anforderungen an Körperfunktionen und Sinnesorgane und bieten eine Mischung von intellektuellen Problemlöse- und Routineaufgaben. So werden unterschiedliche Fähigkeiten und Fertigkeiten eingesetzt und die Gefahr vermieden, sich einseitig auszurichten

- **Soziale Interaktion**
  - Die Aufgaben ermöglichen Kooperation und Kommunikation mit anderen. Damit wird Austausch und Feedback möglich, Schwierigkeiten können gemeinsam bewältigt werden: Gegenseitige Unterstützung hilft hohe Belastungen und Stress besser zu bewältigen

- **Autonomie**
  - In der Arbeitsaufgabe sind Handlungs- und Entscheidungsspielräume vorhanden. Zudem ermöglicht die Kontrolle über die Arbeitsschritte die Selbstregulierung des Arbeitsprozesses. Damit wird die Erfahrung vermittelt, Einfluss und Bedeutung zu haben, das Selbstwertgefühl wird gestärkt, zur Übernahme von Verantwortung motiviert und insgesamt die Identifikation mit Arbeit und Organisation gefördert. Dazu gehört auch die **Zeitautonomie**, die einen angemessen zeitlichen Spielraum bei der Aufgabenerfüllung erlaubt

- **Lern- und Entwicklungsmöglichkeiten**
  - Die Aufgaben enthalten Herausforderungen. Dadurch, dass diese bewältigt werden können, können Kompetenzen erweitert oder neu angeeignet wer-

den. Zudem besteht die Möglichkeit, aus Fehlern zu lernen (wozu aber auch eine entsprechende Fehlerkultur in der Organisation entwickelt sein muss).

Die allgemeine geistige Flexibilität kann bewahrt werden, berufliche Qualifikationen werden erhalten und weiterentwickelt. Zudem wirkt das Merkmal als

Ansporn für Engagement – besonders dann, wenn der Mitarbeitende selbst sich das Ziel gesetzt hat, sich weiterzubilden und weiterzuentwickeln

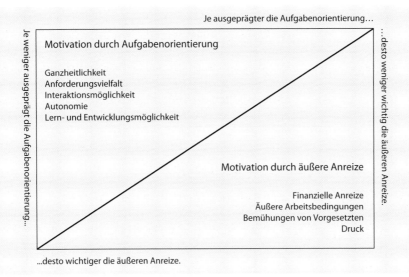

◨ **Abb. 9.1** Arbeitsmotivation durch Kombination von Aufgabenorientierung und äußeren Anreizen. (Nach Emery, 1959; Grote, 1997)

Dieser Blick auf den Inhalt und die Gestaltung einer Arbeitsaufgabe steckt auch hinter dem Konzept der **Motivation durch Aufgabenorientierung** (Emery, 1959; Grote, 1997).

Orientierten sich Mitarbeitende am Inhalt der Aufgabe, kann intrinsische Motivation entstehen, d. h. entsprechen die Merkmale der Aufgabe den Bedürfnissen der Mitarbeitenden, können sich diese »aus sich selbst heraus« zur Erbringung der Arbeitsleistung motivieren. Die intrinsische Motivation bedingt allerdings auch die Einsicht in das **Wofür** der Arbeitsaufgabe. Sie setzt voraus, dass das Ziel der Arbeit hinlänglich definiert, nachvollziehbar und den Mitarbeitenden bekannt ist. Die extrinsische Motivation dagegen bezieht sich auf die Wahrnehmung und Interpretation von äußeren Anreizen, die ihrerseits als motivationsfördernd erlebt werden können (◨ Abb. 9.1).

intrinsische Motivation verlangt Zieldefinition

Aufgrund des Modells lässt sich die Arbeitsmotivation durch eine **Kombination** von Aufgabenorientierung und äußeren Anreizen fördern. Dabei gilt:

– Je ausgeprägter die Aufgabenorientierung (intrinsische Motivation), desto weniger wichtig die äußeren Anreize.

— Je weniger ausgeprägt die Aufgabenorientierung, desto wichtiger die äußeren Anreize (extrinsische Motivation).
— Und: Auch bei besonders ausgeprägter Aufgabenorientierung reduziert sich die Motivation durch äußere Anreize nicht auf Null.

9.9   Der Leistungs-Zufriedenheits-Motor (LZ-Motor)

Auf Borg (2003) geht ein Instrument zurück, das die Voraussetzungen, Verknüpfungen und Spielarten von Zufriedenheit (und Leistung) in einem Netzwerk darstellt (Borg, 2003, ergänzt mit Schuler, 2004). Der LZ-»Motor« (Motor als Sinnbild für »etwas zum Laufen bringen«) kommt besonders in der gezielten Verbesserung der 3 wichtigen Themen aus Mitarbeiterbefragungen zur Anwendung: Zufriedenheit der Mitarbeiter, erreichen der gegenwärtigen Ziele und setzen/erreichen neuer Ziele.

Das Instrument beruht auf bewährten Motivationstheorien und konfrontiert grundsätzlich

— die Voraussetzungen, die zu arbeitsbezogenen Ergebnissen führen mit der
— individuell wahrgenommenen, eigenen und fremden Beurteilung dieser Ergebnisse, resp. den Folgen- und Nutzenerfahrungen.

Die folgende Übersicht umschreibt die unmittelbaren Bedingungen für Leistung und Zufriedenheit (die fett gesetzten Begriffe verweisen auf die Grafik von Borg, 2003; ◨ Abb. 9.2; ▸ Unmittelbare Bedingungen für Leistung und Zufriedenheit).

Dieses komplexe Netzwerk an Themen soll dazu dienen, ein Gesamtbild über die Einstellung von Mitarbeitenden erhalten zu können. Zudem soll es die Suche nach Themenbereichen erleichtern, die nach Borg eine Mitarbeiterbefragung aufnehmen muss (◨ Abb. 9.2).

9.10   Der psychologische Vertrag

juristischer versus psychologischer Vertrag

Zufriedenheit der Arbeitnehmenden ist für ein Unternehmen bedeutsam, weil es eine wichtige Voraussetzung für ihr Engagement und eine hohe Leistungsbereitschaft ist (Semmer & Udris, 2005). Zur aktuellen Forschung gehört die Frage, inwiefern der psychologische Vertrag und verschiedene Formen von Zufriedenheit (mit der Arbeit, mit dem Leben als Ganzes, mit der »Work-Life-Balance«, mit der beruflichen Laufbahn) zusammenhängen.

Der psychologische Vertrag beschreibt die wechselseitigen Erwartungen zwischen Arbeitnehmenden und Arbeitgebenden. Erwartungen können in formalen, juristischen Verträgen erfasst werden;

Unmittelbare Bedingungen für Leistung und Zufriedenheit

- **Befähigung, Know-how, Skills:** Wie sehr fühlt sich der Mitarbeiter qualifiziert für seine Arbeit?
- **Anstrengung:** Wie gut werden Leistungserwartungen eingehalten? Hilfreich ist die Erfassung dieser Erwartungen nach der Regel SMART, d. h. sie sollen spezifisch (S), messbar (M), anfordernd aber erreichbar (A), relevant für die Person und schriftlich formuliert (R) sowie zeitbezogen (T) gestaltet sein
- **Chance, org.-techn. Umfeld:** Stehen ihm die entsprechenden Arbeitsmittel zur Verfügung? Erhält er die Möglichkeit, sich beweisen zu können?

- **Daneben spielen die eigene und fremde Wahrnehmung der Ergebnisse und das Feedback ihre Rolle**
  - **Erkennen und Zuordnen der Produkte:** Fehlt die Rückmeldung oder folgt sie lediglich zeitverzögert? Wie oft erhält der Mitarbeiter von den Vorgesetzten das Feedback, wie sie seine Leistung sehen? Wie nimmt der Mitarbeiter seine Leistung wahr? Erlebt er sie als von ihm selbst verursacht oder als Folge der Umstände? Fehlt das Feedback, fehlt nach Borg die Klarheit über das eigene Handeln, weder **Lernprozesse** werden angeregt noch das **Selbstvertrauen** aufgrund positiver Rückmeldung **gestärkt.** Zudem kann keine Anstrengung zur **Verbesserung** der Rahmenbedingungen entstehen

- **Weitere Themen betreffen die Folgen aus den Ergebnissen**
  - **Geld, Bonus, Sicherheit (materiell)** und **Lob, Anerkennung, Status (sozial-emotional):** Welche **Folgenerfahrungen** macht der Mitarbeiter aufgrund der wahrgenommenen Belohnung/Bestrafung, resp. welche Erwartungen für kommende **Folgen-/Nutzenerwartungen** bilden sich aus? Entsprechen die Folgen den Sollerwartungen und den Vorstellungen von Angemessenheit und Fairness, also der **Verteilungsgerechtigkeit?**
  - Bezahlt die Firma im Marktvergleich gut? Wie wird Schichtarbeit entlohnt? Wird gute Arbeit anerkannt? Fällt diese **Bewertung relativ zu den Ansprüchen** positiv aus, entsteht **Ergebniszufriedenheit,** was wiederum zu einer **Nutzenerwartung** für Anstrengung und Leistung führt
  - Ist diese Ergebniszufriedenheit von Dauer, kann der Mitarbeiter die Bereitschaft zu neuen Herausforderungen (»**High-Performance**«) mit Wirkung auf **Ziele, Aufgaben** und **Leistungserwartungen** entwickeln

- **Bei der Zuweisung von Belohnungen/ Bestrafungen spielt die Auffassung der**
  - **Verfahrensgerechtigkeit** ihre Rolle. Fällt diese Bewertung positiv aus, führt sie zu **Systemvertrauen und -zufriedenheit.** Diese Bewertungen sind be-

sonders relevant für den psychologischen Vertrag (s. unten), da sie direkt mit der Einhaltung von ex- oder impliziten Versprechen in Zusammenhang stehen

- **Ergebnis- und Systemzufriedenheit sind**
  - Zusammen mit **Extra-Inputs des Systems** in Form von freiwilliger Zuwendung wiederum Voraussetzung für die **klimatische Zufriedenheit**
  - Klima und Vertrauen wirken sich nach Borg auch aus auf »Darf-Überzeugungen« wie »Kann ich mir einen Fehler leisten?« oder »Darf ich mir Kritik erlauben?« und auf das »**Commitment**« zur **Organisation,** die emotionale Bindung an das Unternehmen
  - Durch diese Bindung wird **Verständnis, Akzeptanz** gegenüber den Zielen gefördert und selbst eine **Identifikation** mit ihnen möglich

- **Die Systemzufriedenheit, zusammen mit sog. Minimalstandards bezüglich Gesundheitsschutz, Legalität, Höflichkeit u. a. führt schließlich nach Borg**
  - zu einer weiteren Leistung, dem **prosozialen Verhalten,** das geprägt ist von »Uneigennützigkeit, Gewissenhaftigkeit, Respekt für andere, Fairness und Engagement für das Gemeinwohl«. Dazu passt die Frage »Engagiere ich mich für die Firma, auch wenn keiner das sieht?«

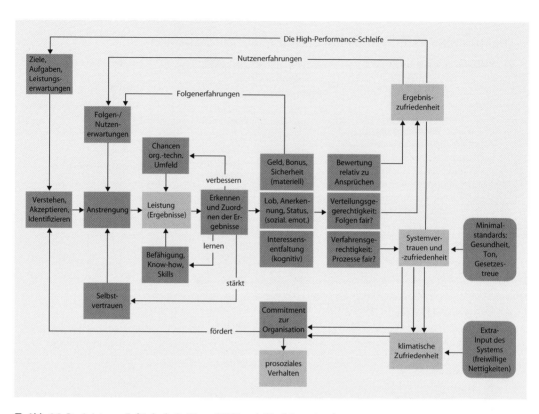

◘ Abb. 9.2 Der Leistungs-Zufriedenheits-Motor (LZ-Motor). (Nach Borg, 2003)

Folgen einer Verletzung des psychologischen Vertrages

darüber hinaus entwickeln sich aber auch implizite, nicht verbalisierte Erwartungen aus Einstellungsgesprächen, aus Beobachtungen, aus dem Austausch mit Kollegen aber auch aus schriftlichen Vereinbarungen oder Leitbildern. Dabei können innerhalb dieses psychologischen Vertrages eher traditionelle Erwartungen und Angebote im Raum stehen und/oder solche, die besonders durch die Veränderung der Wirtschaftslage wichtig geworden sind: Diese Veränderung macht die Arbeitsmarkfähigkeit zum zeitgemäßen Schlagwort und beinhaltet die Forderung nach einem flexiblen und eigenverantwortlichen Arbeitnehmenden (◘ Tab. 9.3).

Sowohl traditionelle wie neue Inhalte des psychologischen Vertrages spielen für die Arbeitnehmenden eine wichtige Rolle: So zeigt die Studie 2008 des Schweizer HR-Barometers an über 1.300 Arbeitnehmenden, dass die Erwartungen und Angebote bezüglich Loyalität und Eigenverantwortung am höchsten sind; gleichzeitig erwarten die Befragten gegenüber den Vorjahresstudien weniger Entwicklungsmöglichkeiten und erfahren ein kleineres diesbezügliches Angebot (Grote & Staffelbach, 2008).

☐ Tab. 9.3 Erweiterter psychologischer Vertrag. (Nach Grote & Staffelbach, 2008)

Traditioneller psychologischer Vertrag	Erweiterter »neuer« psychologischer Vertrag
Arbeitsplatzsicherheit	Verantwortung für die eigene Beschäftigung
Lebenslange Beschäftigung	Den Fähigkeiten angepasste interne Entwicklungsmöglichkeiten
Gegenseitige Loyalität	Erweiterung/Entwicklung der Fähigkeiten
Interner Aufstieg	Verantwortung für die eigene Entwicklung
Spezialisierung	Zielorientierung/Leistungsorientierung

> **❯** Der psychologische Vertrag wird dann als erfüllt betrachtet,
> wenn die Erwartungen des Arbeitnehmers an das Unternehmen und die Angebote desselben als übereinstimmend
> wahrgenommen werden. Liegen die Angebote des Unternehmens deutlich unter den Erwartungen, wird von einer
> Verletzung des Vertrages gesprochen. Mögliche Folgen
> davon sind »geringere Arbeitszufriedenheit und Arbeitsleistung, weniger ,Commitment´, Loyalität und Vertrauen
> gegenüber dem Arbeitgeber sowie eine größere Kündigungsabsicht«.

Wie Grote und Staffelbach deutlich machen, finden sich tragfähige
psychologische Verträge besonders in Unternehmen mit »positiv
ausgeprägtem« Human Resource Management, wobei beispielsweise
Partizipation und interessante Arbeitsgestaltung Inhalte solcher Prägung sind.

tragfähige psychologische Verträge

Zusammenfassung: Wie wichtig sind zwischenmenschliche Beziehungen im Betrieb?

Obwohl Messungen zur Arbeitszufriedenheit und -motivation gerne
als interne Angelegenheit durchgeführt werden und die Messwerte
auch häufig intern bleiben, können veröffentlichte Untersuchungen
stellvertretend Aussagen zu Einstellungen zur Organisation, Arbeit
und Arbeitsumfeld aufzeigen. Gutknecht (2005 / 06) befragte zwischen
2003 und 2005 knapp 400 Arbeitnehmende aus der IT-Branche und dem
Berufsmilitär bezüglich ihrer organisationsspezifischen Einstellungen.
Seine Ergebnisse beziehen sich besonders auf die Wahrnehmung von
belastenden zwischenmenschlichen Beziehungen in der Organisation.
Gutknecht geht davon aus, dass diese Wahrnehmung sich indirekt negativ auf die Einstellung der Organisation gegenüber auswirkt.

Nachfolgend sind jene Ergebnisse dargestellt, die besonders deutlich hervorgetreten sind:

— Das »Commitment« hat sich in allen Stichproben als der beste
  Prädiktor hinsichtlich der Kündigungsabsichten herausgestellt. Als
  besonders relevant zur Vorhersage des »Commitments« bezeichnet Gutknecht die Kontextfaktoren: »Während die Zufriedenheit

mit den Kollegen, mit der Arbeitsplatzsicherheit und in geringerem Ausmaß mit der Höhe des Lohns verhältnismäßig groß ist, werden die Facetten Lohngerechtigkeit, Zukunftsaussichten und der Führungsstil in der Organisation weniger gut beurteilt«.

- Der Führungsstil ist durchweg kritisch beurteilt worden – sowohl auf Stufe der Organisation wie auch in Bezug zu Chef-Mitarbeiter-Beziehungen. Dabei zeigt sich, dass die Beziehung zwischen Arbeitnehmenden und Vorgesetzten bedeutsam sein kann: »Unabhängig von Rang, Alter oder auch Arbeitszeit sind Personen, die von einer guten Beziehung zum Vorgesetzten berichten, allgemein zufriedener, resignieren weniger und generieren auch in unsicheren Zeiten weniger Kündigungsabsichten. Zudem beurteilen sie das intrinsische Motivationspotenzial wie auch die Kontextfaktoren vorteilhafter, selbst wenn in vielen Fällen diese Aspekte vom direkten Vorgesetzten kaum aktiv beeinflusst werden dürften«.
- Die Frage, ob »der direkte Vorgesetzte die Entwicklungsmöglichkeiten des Unterstellten erkennt«, verneinen viele der Befragten in beiden Stichproben. Darüber hinaus werden aber auch mangelnde Unterstützung, fehlender Respekt und mangelnde Fairness als Mangel in der Beziehung zum Vorgesetzten mitgeteilt.

Literatur

Borg, I. (2003). *Führungsinstrument Mitarbeiterbefragung* (3., überarb. und erw. Aufl.). Bern: Hogrefe.

Drucker, P. F. (1998). *Die Praxis des Managements*. Düsseldorf: Econ.

Emery, F. E. (1959). *Characteristics of Socio-Technical Systems*. Tavistock: Institute of Human.

Etzioni, A. (1967). *Soziologie in Organisationen*. München: Juventa.

Gerber Rüegg, J. (2003). *Arbeitszufriedenheit, Wohlbefinden und Motivation. Erkenntnisse aus der Studie »Call Centers in der Schweiz« des Instituts für Arbeitspsychologie der ETH Zürich*. Kaufmännischer Verband Zürich.

Grote, G. (1997). *Autonomie und Kontrolle – Zur Gestaltung automatisierter und risikoreicher Systeme*. Zürich: vdf Hochschulverlag.

Grote, G. (2007). Mitarbeiterzufriedenheit ist keine Garantie für Leistung – Motivation aus tragfähigen psychologischen Verträgen. In A. Jäggi & V. Egli (Hrsg.), *Interne Kommunikation in der Praxis* (S. 43–56). Zürich: Verlag Neue Zürcher Zeitung.

Grote, G. & Staffelbach, B. (Hrsg.). (2008). Schweizer HR-Barometer 2008. Schwerpunktthema Lohnzufriedenheit und psychologischer Vertrag. Zürich: NZZ-Verlag.

Gutknecht, S. P. (2005/06). *Arbeitszufriedenheit und Commitment in Zeiten organisationalen Wandels: zum Einfluss von Persönlichkeitsmerkmalen auf organisationsspezifische Einstellungen – eine Untersuchung in Militär und Wirtschaft*. Diss. Universität Zürich.

Heckhausen, J. & Heckhausen, H. (Hrsg.). (2006). *Motivation und Handeln*. Heidelberg: Springer.

Jost, P-J. (2008). *Organisation und Motivation. Eine ökonomisch-psychologische Einführung* (2., akt. und überarb. Aufl.). Wiesbaden: Gabler.

Kirchler, E. (Hrsg.). (2005). *Arbeits- und Organisationspsychologie*. Wien: Facultas.

Nolting, H. P. & Paulus, P. (2000). *Psychologie lernen: Eine Einführung und Anleitung* (3. Aufl.). Weinheim: Beltz.

Perrin, T. (2007). *Was Mitarbeiter bewegt und Unternehmen erfolgreich macht*. Towers Perrin Global Workforce Study.

Rosenstiel, L. v. (2007). *Grundlagen der Organisationspsychologie* (6. Aufl.). Stuttgart: Schäffer Poeschel.

Schuler, H. (Hrsg.). (2004). *Lehrbuch Organisationspsychologie* (3., vollst. überarb. und erw. Aufl.). Bern: Huber.

Semmer, N. & Udris, I. (2005). Bedeutung und Wirkung von Arbeit. In H. Schuler (Hrsg.), *Organisationspsychologie*. Bern: Huber.

Ulich, E. (2005). *Arbeitspsychologie* (6., überarb. und erw. Aufl.). Zürich: vdf/Stuttgart: Schäffer Poeschel.

Kompetenzen und Anforderungsanalyse

Claus D. Eck und Jack Rietiker

10.1   Kompetenzen modellieren

Claus D. Eck

»Kompetenzen«, im Singular oder Plural, gehört zu den zeitgenössischen Begriffen mittels derer es leicht erscheint, sich zu verständigen. In der Bildungslandschaft ist der Kompetenzbegriff gängige Münze, aber auch außerhalb der Spezialistenzunft hat jeder/jede zumindest eine vage Vorstellung darüber, was damit gemeint sein könnte. Und: der Begriff, als Substantiv oder Adjektiv, ist **positiv** konnotiert. Kompetenz ist gut, erstrebenswert, bedeutet Fähigkeit, Stärke; ist jemand kompetent, so ist er/sie entscheidungs- und handlungsfähig. Das Gegenteil, die Inkompetenz, lässt Handlungen scheitern, kann Schaden anrichten – oder gibt der Lächerlichkeit preis; führt in Abhängigkeit und Hilflosigkeit. Also: kompetent werden, kompetent sein, lautet die Devise!

10.1.1   Worum es geht

Das Wort Kompetenz leitet sich ab aus dem lateinischen **competēns**: zuständig, passend; competēns leitet sich wiederum ab von **competo**: zusammentreffen. Als **competentia** (Kompetenz) kann das Wort 4 verschiedene Sachverhalte bezeichnen:

Zuständigkeit

Eine Institution (z. B. ein Gericht), eine »Stelle« (in einer Organisation) oder eine Person ist für die Beurteilung oder Entscheidung in einer Sache **competēns**, zuständig. Das ist der **Machtaspekt** von Kompetenz. Diese Zuständigkeit kann eingeschränkt (z. B. bis 50.000 CHF) oder letztinstanzlich sein (vgl. **Entscheidungsbefugnis**).

---

wer ist zuständig – für was?

Die Zuständigkeit sollte (und ist es auch in der Regel) klar definiert sein. Die hochgradige Arbeitsteilung, die Kompliziertheit und Komplexität moderner Organisationen und Institutionen bringt es aber mit sich, dass immer wieder ein »Kompetenz-Streit« bzw. ein »Kompetenz-Konflikt« entsteht. Die Kompetenz, in einem solchen Streit bzw. Konflikt regelnd einzugreifen wird **Kompetenz-Kompetenz** genannt. So kann z. B. das Schweizerische Bundesgericht jeden Rechtsfall an sich ziehen, ohne dass der Instanzenweg zuvor durchschritten worden wäre. Auch außerhalb des Staatsrechts ist das möglich, insbesondere in den stark hierarchisch strukturierten Organisationen. Dort kann eine höhere hierarchische Stufe (z. B. Konzernleitung, Generaldirektion) in die Kompetenzen der unteren Stufen eingreifen, deren Entscheidungen umstoßen oder deren Befugnisse verändern, verlagern, usw. Ob das immer klug ist, ist eine andere Frage. Denn worauf beruht die **Zuständigkeit**? Es wäre riskant wenn die Zuständigkeit nur auf der formalen Macht beruhte. Das führt zur 2. Hauptbedeutung des Wortes Kompetenz, insbesondere des Adjektivs **kompetent**.

Fähigkeit, Befähigung

Die Zuständigkeit sollte eben nicht nur eine **formale** sein, sondern eine **inhaltliche**, materielle. Wer für eine bzw. in einer Sache zuständig ist, ist es, weil er/sie die Sache (die Aufgabe, die Situation) kennt, versteht, beherrscht, in der Lage ist, Probleme verlässlich zu lösen.

Das ist unmittelbar einleuchtend – aber nicht immer einfach und klar zu entscheiden. **Wer** beurteilt, welche Kompetenz(en) und in welchem Ausmaß (Grad der **Vertiefung**; J. F. Herbart, 1806) notwendig, ausreichend sind und wer über sie verfügt? Die Antworten auf diese Fragen können aus unterschiedlicher Perspektive zu unterschiedlichen Ergebnissen kommen. Kompetenz als Fähigkeit, Befähigung bringt immer auch einen **Finalnexus** zum Ausdruck. Nicht **Wissen** allein, bestimmte **Inhalte**, die zu lernen sind, sind die Voraussetzung für erfolgreiches Handeln, richtiges Entscheiden. Sondern Wissen, Erfahrung, etc. sind in dem Ausmaß und Vertiefungsgrad notwendig, um zu …, als damit … Aufgaben gelöst, Probleme bewältigt, Situationen gemeistert werden können. Die Frage nach der Finalität, dem »wozu?«, ist nicht nur in der allgemeinen Bildungsdebatte sondern gerade im betrieblichen Bildungsraum, in der sog. Lernenden Organisation, eine höchst relevante Frage, die entsprechend vielstimmig und kontrovers diskutiert wird.

Diese 2. Bedeutung des Wortes Kompetenz, nämlich **Kompetenz als Fähigkeit** bzw. **Befähigung** ist die Zentralperspektive dieses Beitrags.

kompetent ist, wer es kann

Anspruch

Competere bezeichnet seit dem römischen Recht und seither auch, dass jemandem etwas **zusteht, zukommt**, er/sie **Anspruch** darauf hat. Zum Beispiel »Kost und Logis«, »Sold«, »Dienstkleidung«, »Dienstwagen«, »Dienstwohnung« »Schutzpflichten des Arbeitgebers« etc. **Kompetenzstücke** sind im schweizerischen Recht jene Vermögensobjekte eines Schuldners die *nicht* gepfändet werden dürfen.

Dieser wichtige und traditionsreiche Aspekt des Wortes Kompetenz ist auch im Zusammenhang unserer Themenstellung von Bedeutung. Er besagt, dass Kompetenz erwerben und erhalten an bestimmte **Verhältnisse** gebunden ist. Instabile, ausbeuterische, die Grundbedürf-

was einem zusteht

nisse einer Person, einer Gruppe, missachtende Verhältnisse erschweren bis verunmöglichen den Aufbau und die Nutzung von Kompetenzen im Sinne von Fähigkeiten, Befähigung. Das ist auch eine der gesicherten Erkenntnisse der Lernforschung (vgl. unten).

Competo hat noch eine 4. Wortbedeutung:

Konkurrenz

Competo kann heißen: etwas **gemeinsam** bzw. **zugleich erstreben** bzw. zu erreichen suchen. Zum Beispiel einen Ort oder sich um eine bestimmte Stelle, oder eine Person **bewerben**. Der Sachverhalt von Konkurrenz, von Wettbewerb, ist damit angesprochen.

Kompetenz nicht ganz frei von Konkurrenz

Die leicht militarisierende Rhetorik des Neoliberalismus »Kampf um Talente« zum Beispiel oder die Drohung »Weg vom Fenster«, verstärken diesen Konkurrenzaspekt von Kompetenz(en). Aber auch hier ist zu fragen, ob Konkurrenz und sublime »Up-or-out«-Drohungen das geeignete angstfreie **Lernklima** zu schaffen vermögen, welches nicht nur für den Kompetenzerwerb fruchtbar ist, sondern v. a. auch für den **Wissenstransfer** und die unerlässliche **Kooperation**. »Copy with pride – share with delight« ist sicher die diesbezüglich lernförderlichere Devise, die sich die eine oder andere Unternehmung zu Eigen gemacht hat.

In den Naturwissenschaften, Biologie, Immunologie genauer, hat das Wort Kompetenz noch weitere Bedeutungen als Ausdruck bestimmter physiologischer Zustände lebender Organismen. Diese sind aber für unsere Themenstellung nicht relevant.

Dem **Wortsinn** nach verstehen wir jetzt Kompetenz. Das ist umso wichtiger, als das Wort Kompetenz eine erfolgreiche und teilweise verwirrende Wortkarriere durchlaufen hat und zunehmend ein **inflationärer Wortgebrauch** zu beobachten ist. Aber wir haben mit dem Wortsinn noch »keinen Begriff« von Kompetenz und noch weniger Praxisfiguren, wie Kompetenz modelliert werden kann und was es bedeutet, über Kompetenzen zu verfügen.

Die weiteren Ausführungen gliedern sich deshalb in
- die Arbeit am Begriff »Kompetenz«,
- Kompetenzentwicklung und Lernen,
- Metakompetenz – Schlüsselkompetenz und
- Arbeiten mit Kompetenzen.

10.1.2 »Arbeit am Begriff«

Stichwort, Schlagwort oder Begriff?

Wenn ein Ausdruck wie z. B. Kompetenz nicht nur ein **Wort** sein soll, das eine bestimmte **Einzelanschauung** (wie interessant auch immer) bezeichnet, sondern einer **allgemeinen Vorstellung** entsprechen soll, so muss das Lexem »Kompetenz« zu einem **Begriff** werden. Begriffe sind mentale und kommunikative Instrumente mit denen **gearbeitet** werden soll und tatsächlich auch gearbeitet werden kann, z. B. weil sie **operationabel** sind. Die Arbeit, die Anstrengung (G. W. F. Hegel) des Begriffs dient dem **Begreifen** als Kenntnis (Wissen) und Verstehen der Sache, des Gegenstandes, die mit dem Begriff als einer allgemeinen Vorstellung abgedeckt werden soll. Dabei steht der **Inhalt des Begriffs**, also das was er **aussagt**, genau meint, und sein Umfang, d. h. auf welche Gegenstände oder Sachverhalte er angewendet wird, in einem wechselseitigen Verhältnis. Je größer der **Umfang** eines Begriffs ist – wie z. B. Kompetenz – desto geringer sein **Inhalt**, also das was er **spezifisch**, »wesenhaft« über den Gegenstand aussagt und umgekehrt.

Die Arbeit am Begriff ist nicht primär eine sprachliche, gar wortschöpferische. Sondern sie ist gekennzeichnet durch folgende Elemente:

Arbeit am Begriff ist eine

- **theoretische**, d. h. distanzierende, betrachtende,
- **analytische**, d. h. zergliedernde (Komponenten), auflösende, unterscheidende,
- **konzeptuelle**, d. h. zusammenfassende (was zusammengehört),
- **systematische**, d. h. Ordnungen und Beziehungen feststellende,
- **definitorische**, d. h. bestimmende und begrenzende und
- **kommunikative**, d. h. klare, verständliche, nachvollziehbare, mitteilende Arbeit, die zu leisten ist.

Welchen **heuristischen Wert** ein Begriff hat, was der Begriff ermöglicht, leistet (oder an der immer viel komplexeren Wirklichkeit verstellt) und wie weit ein Begriff sich »durchsetzt«, d. h. wie produktiv man damit in welchen Zusammenhängen arbeiten kann, das hängt nicht nur, aber v. a. von der **Qualität** und **Empirie** (vs. rein spekulativer Begriffe) der in obiger Auflistung angedeuteten Arbeit (»Anstrengung«) ab. Da diese Arbeit niemals abschließend geleistet werden kann, verändert sich der Begriff im Laufe der Zeit bzw. in den verschiedenen Feldern und Kontexten und es entsteht die **Begriffsgeschichte**.

Das **Anspruchsniveau** und die **Performanz** der Arbeit am Begriff ist sehr unterschiedlich, je nach dem ob diese Arbeit im Kontext der (einer) **Wissenschaft** oder **Profession** oder der **Praxis** geleistet wird. In der Wissenschaft ist tendenziell der Begriffsumfang klein, dafür der Begriffsinhalt groß. In der Praxis ist es tendenziell umgekehrt: Begriffsumfang groß, Begriffsinhalt (z. B. Präzision, »differentia specifica«) klein. Die Profession hat diesbezüglich eine mittlere Stellung. Es ist aber ein Qualitätsmerkmal professioneller Arbeit, dass die von ihr verwendeten Begriffe (oft in Anlehnung an wissenschaftliche Begriffe) gleicherweise präzise, akkurat, robust sind als auch verständlich, erhellend und handlungsrelevant. Sichtet man die vorhandene Literatur der »Professionals« (Berater, Experten, Trainer, etc.) so

von wo aus wird definiert?

wird man feststellen, dass diese Anforderungen in sehr unterschiedlichem Ausmaß erfüllt sind. Der inflationäre Gebrauch des Ausdrucks »Kompetenz(en)« bringt es mit sich, dass es sich in manchen Fällen um einen wohl modischen aber nicht weiter reflektierten Begriff, also eigentlich um einen Pseudo-Begriff von entsprechend geringer Nützlichkeit handelt.

definieren bewahrt vor imponieren

Ein eindrucksvolles Vokabular aber »keinen Begriff« bezüglich Kompetenz haben z. B. Bleis und Helpup (2009) in ihrem Buch »Management – Die Kernkompetenzen.« Management (managen) beruht nach diesen Autoren auf 4 Hauptkategorien von Kompetenzen, nämlich: Ausrichtungskompetenz – Gestaltungskompetenz – Interaktionskompetenz – Systemkompetenz. Innerhalb dieser Kategorien werden verschiedene Kompetenzen unterschieden. Die Gestaltungskompetenz kennt beispielsweise eine Ordnungskompetenz; die Interaktionskompetenz umfasst Ich-Ich-Kompetenz; Ich-Du-Kompetenz; Ich-Wir-Kompetenz. Die Systemkompetenz kennt sogar eine Kompetenz der Beweglichkeit. Das **Wort Kompetenz** ist nirgends mit einer festgelegten Bedeutung gefüllt und kann somit nicht zum **Begriff** werden. Kompetenz, als Wort, ist ein Synonym für z. B. Fähigkeit, Anforderung, usw. und damit entbehrlich, denn das Wort bringt – wenn dergestalt verwendet – keinen Erkenntnisgewinn sondern benutzt lediglich ein modisches Vokabular.

Im Weiteren fällt auf, dass mit dem **Kompetenz-Vokabular** oft enthusiastische Erwartungen und ein missionarischer Eifer verbunden sind. Das Konstrukt »Kompetenz« ist nicht etwa eine Ergänzung und Weiterentwicklung der bisherigen Konzepte wie z. B. Wissen – Können – Fähigkeiten – Qualifikation usw., sondern es hat »ein Paradigmenwechsel von der Weiterbildung zur Kompetenzentwicklung stattgefunden« (Staudt & Kriegsmann, 2002, S. 25). Dieser Paradigmenwechsel ist allerdings mehr ein Postulat als eine Vollzugsmeldung, denn der »Mythos der Weiterbildung wird an der Kompetenzentwicklung zerbrechen« (Staudt & Kriegsmann, 2002, S. 71–125; dort S. 114). Aber offenbar ist es noch nicht so weit, denn die Autoren stellen fest, dass »ein Mythos nicht so leicht zerbricht« (S. 71). Angesichts solcher und in anderen Publikationen vorgetragenen wirtschaftspädagogischen Heilsversprechungen (mit oft erstaunlicher Polemik formuliert) könnte man dazu neigen Schuler (2006) zuzustimmen:

» Von fragwürdiger wissenschaftlicher Dignität ist ein Trend, der sich in der Personalpraxis derzeit großer Beliebtheit erfreut – die Aufstellung sog. **Kompetenz-Modelle**. Der typische Weg, »competencies« zu postulieren, besteht darin, ein Sammelsurium von Fähigkeiten, Fertigkeiten und Erfahrungen, Verhaltensbereitschaften und Verhaltensergebnissen zusammenzustellen, dabei Voraussetzungen und Konsequenzen – also Prädiktoren und Kriterien – zu vermischen, taxonomische Oberbegriffe und ihre Teilaspekte aneinanderzureihen, Synonyme nicht als solche zu erkennen und auch in jeder weiteren Hinsicht hinter alle Entwicklung zurückzufallen, die die Arbeits- und Anforderungsanalyse in den letzten 50 Jahren genommen hat. **«**

Wenn Schuler in dem gleichen Beitrag feststellt: »Kompetenz-Modelle stellen bislang keine überzeugende Alternative zur Anforderungsanalyse und zu Klassifikationssystemen wie das ‚Occupational Information Network‘ (O*Net) dar« (Peterson, Mumford, Borman, Jeanneret & Fleishman, 1999, S. 62) so fragt man sich: Muss es denn eine Alternative im Sinne »von Entweder – Oder, unabdingbarer Entscheidungen sein?«, und man erinnert sich gerne an die 2. Bedeutung von Alternative: »Möglichkeit des Wählens zwischen 2 oder mehreren Dingen« (vgl. DUDEN, 2003, S. 83). Der Kompetenzbegriff löst nicht wirklich andere Begriffe (wie z. B. Qualifikation, Fähigkeit) ab und macht sie »unbrauchbar«. Sondern der Kompetenzbegriff erlaubt klarere Unterscheidungen (Differenzierungen) zu machen, einen schärferen Blick auf den Gegenstand zu werfen und eröffnet somit auch neue Methoden und Vorgehensweisen (Angebote). Immer unter der Voraussetzung, dass man einen Begriff hat und nicht nur eine gängige Worthülse gebraucht.

Die Zugangsperspektive Kompetenz als *ein* wichtiges Ziel der Personal- und Organisationsentwicklung hat gerade wegen der unvermeidlichen Unschärfen einen hohen **heuristischen Wert** bzgl. der **Finalität**, der **Inhalte** und **Prozesse** der sog. Weiterbildung.

■ ■ **Eine anthropologische Perspektive**

Der Psychologe R. W. White führte den Begriff »**competence**« (Kompetenz) 1959 in die Motivationspsychologie ein. Er fasste unter diesem Begriff seine Beobachtungen des Strebens der höher entwickelten Tiere und insbesondere der **Menschen**, ihre Interaktionen mit der Umwelt **effektiv** (wirkungsvoll) zu gestalten und Aufgaben bzw. Situationen zu **meistern**. Die in diesen Interaktionen mit der Umwelt eingesetzten bzw. sich entwickelnden Fertigkeiten, »Tricks«, in der Absicht, erfolgreich zu sein, nannte R. W. White »**competence motivation**«. Das ist bis heute ein wichtiges Element in dem gegenwärtigen Kompetenzbegriff: **Effektiv, wirksam** zu sein, etwas **bewirken** können.

R. W. White selbst stellte seine diesbezüglichen Arbeiten in einen größeren theoretischen, psychoanalytisch beeinflussten Rahmen. Das bringt uns zu Sigmund Freud (1856–1939). In seiner Schrift »Triebe und Triebschicksale« (1915) skizziert Freud wie nebenbei eine Metapsychologie. Er schreibt: »…, dass das Leben überhaupt von **3 Polaritäten** beherrscht wird, den Gegensätzen von:

- Subjekt (Ich) – Objekt (Außenwelt),
- Lust – Unlust und
- Aktiv – Passiv.

Die 3 seelischen Polaritäten gehen die bedeutsamsten Verknüpfungen miteinander ein« (Freud, 1915, S. 227). Freud entwickelt die verschiedenen Modalitäten der Verknüpfung (die »Triebschicksale«) am Beispiel der grundlegenden Erfahrung des Liebens und fasst seinen Aufsatz zusammen:

Kompetenzstreben angeboren?

3 seelische Prioritäten

◨ Tab. 10.1 Die 3 Polaritäten, ihre Finalität und wie sie sich in Verhaltensmustern konkretisieren

Terminologie (S. Freud)	Finalität (was letztlich bezweckt ist)	Persönlichkeitsspezifische Grundtendenzen	Konkretisierung
Lust – Unlust	Lebenserhaltung und Steigerung des Lebens	Vermeidung von Gefahren und Bedrohungen (Risiken) Suche nach befriedigenden, lohnenden Erfahrungen	Die unabschließbare Fülle der Konkretisierungen geschehen im Rahmen: – physischer – psychischer Konstitution, Ressourcen – Begabungen, – sozialer Kontexte und Konstellationen, – verfügbaren Wissens und Technologien, – epochaler, kultureller Strukturen, – religiöser, philosophischer Wahrnehmungssysteme u. a.
Aktiv – Passiv	Muster der Anpassung und Veränderung	Versuchen, sich in einer gegebenen Umwelt auf Dauer »wohnlich« einzurichten Die gegebene Umwelt verändern, optimieren, nutzen	
Subjekt – Objekt	Strategien der reproduktiven Kontinuitätssicherung	»Andere«, nähren, pflegen, sorgen für …, bewahren Eigene Potenziale verwirklichen, einbringen	

10

» Wir dürfen zusammenfassend hervorheben, die Triebschicksale bestehen im Wesentlichen darin, dass die **Triebregungen den Einflüssen der 3 großen das Seelenleben beherrschenden Polaritäten unterzogen werden.** Von diesen 3 Polaritäten könnte man die der Aktivität – Passivität als die **biologische**, die (von) Ich – Außenwelt als die **reale**, endlich die von Lust – Unlust als die **ökonomische** bezeichnen. (Freud, 1915, S. 232) «

Theodore Millon (2003) konstruiert aus dieser Universalie der 3 grundlegenden **Polaritäten** der menschlichen Evolution ein Gerüst der primären, lebensdienlichen Zusammenhänge von Kompetenz als dem Bestreben, durch Effektivität die gegebenen Lebensbedingungen zu **meistern** und die gegebenen Lebensbedingungen zu **verändern**, günstiger, ergiebiger zu gestalten. Ich gebe hier seine Ausführungen (Millon, 2003, S. 8–24) tabellarisch wieder (◨ Tab. 10.1).

Schon aus diesen universellen Polaritäten des menschlichen Lebens und Erlebens lassen sich eine ganze Typologie von Ausprägungen, Präferenzen, Verhaltenstendenzen und damit **Kompetenzen** bzw. **Inkompetenzen ableiten.**

10.1.3 Kompetenz als Kompensation

Der Mensch, »weder Engel noch Tier« (Blaise Pascal), muss immer auch als **Mängelwesen** verstanden werden. Protagoras, in Platons gleichnamiger Schrift, beschreibt den Menschen von seiner Natur her als »nackt, unbeschuht, unbedeckt, unbewaffnet« (321c); »… die zum Leben nötige ‚Wissenschaft‘ erhielt er« (von Prometheus; 321d). Von

Platon über G. Herder (1744–1803), der den Begriff »Mängelwesen« prägte, zu A. Gehlen (1940), der ihn entfaltete, zu H. Plessner (1928) und J. P. Sartre (1943; 1991), der den Begriff auf die Welt ausdehnt: »(Mangel) erscheint in der Welt nur mit dem Auftauchen der menschlichen Realität. Nur in der menschlichen Welt kann es Mängel geben« (Sartre, 1991, S. 184). Das heißt auch, dass die Intuitionen, Entwürfe, Forderungen, Projekte, Erfindungen und Innovationen von Menschen sich dem **Mangel** verdanken. Der Mangel ist das was **ist**, die Entwürfe, Visionen, Träume wie es »besser« wäre, sein sollte, sind das was **nicht** (oder **noch nicht**) ist. Aber vielleicht **werden** könnte.

Es sind jedoch nicht nur **Privationen** (unbeschuht, unbedeckt, unbewaffnet, »unbehaust« etc.), die der Mensch mit Intelligenz, Kreativität, Technologie und Institutionen zu kompensieren hat. Auch sein **Wollen**, Streben ist mangelhaft. Das »Ich ist nicht Herr im eigenen Hause« (S. Freud), der Verstand ist kontaminiert vom **Unbewussten**, zwischen Intention und Wirkung klaffen oft große Unterschiede, der Mensch ist in seinem Wollen **ambivalent**, widersprüchlich und das Vermögen der Person stößt immer wieder an innere und äußere **Grenzen**. Das alles führt zur Erfahrung der **Inkompetenz**, die sich zu Gefühlen der Hilflosigkeit verdichten können. Strebungen, Verstand, Kreativität (Einfallsreichtum), die Wissenschaft, die Technologie, usw. sind zwar Kompensationsmöglichkeiten und Quelle von Kompetenzen. Aber sie sind nicht immun sondern ganz im Gegenteil sehr anfällig für moralische **Korruption**. Und auch das muss kompensiert werden, die moralische, soziale Inkompetenz.

Odo Marquard beschreibt den Menschen deshalb als »**homo compensator**«, der sich häufig mit dem »Stattdessen« zufrieden geben muss (oder gibt) und er attestiert dem Menschen eine Kompensationstüchtigkeit (Marquard, 2000). Diese ist nicht nur in der **Restitutionstendenz** des menschlichen Organismus begründet, wie sie durch die Forschungen von Kurt Goldstein (1878–1965) im Zusammenhang mit Hirnverletzungen zu einem bedeutenden Forschungsbereich der Medizin wurde, sondern hat ihre Wurzeln in der von R. W. White beobachteten und beschriebenen **Kompetenz**. Kompetenz als prinzipielles Streben, effektiv, wirkungsvoll zu sein. Unter Zuhilfenahme von Versuch und Irrtum, Nachahmung (Mimesis), Intelligenz, Kreativität, List, Beharrlichkeit, usw. Deshalb spricht Odo Marquard von einer ausgeprägten Befähigung des Menschen, die er – man könnte meinen ironisch, es ist aber sehr ernsthaft gemeint – nennt: die **Inkompetenzkompensationskompetenz** (Marquard, 1981).

Vielleicht kann es die Enthusiasten und Trompeter des Kompetenzmanagements in ihrer Aufgeregtheit etwas beruhigen, wenn sie zur Kenntnis nehmen, dass Kompetenz einerseits ein **Proprium**, eine Eigentümlichkeit des Menschen ist, von sich aus, »sua sponte«, in seinen Interaktionen effektiv zu sein, andererseits aber diese Kompetenz in dem »status corruptionis« des Menschen, der sich als Mängelwesen verstehen muss, gegründet ist.

Kompetenzen sind Kompensationen

■■ Wie ist das Konstrukt Kompetenz konstruiert?

Kompetenz, analog zu Intelligenz, Arbeitszufriedenheit, Identität, Lebensqualität usw. lässt sich nicht direkt beobachten. Es handelt sich hierbei nicht um **Realien** (wirkliche Dinge, Tatsachen) sondern um **Konstrukte**.

Es sind theoretische Begriffe, welche entweder eine Fülle von beobachtbaren Daten zusammenfassen, ordnen, erklären oder postulatorisch einen erwünschten Zustand einfordern, zu verwirklichen suchen, wie z. B. »Gerechtigkeit«, »Fairness«, »Glück« usw.

Konstruktion des Konstrukts Kompetenz

Damit solche Ausdrücke, wie z. B. Kompetenz, nicht nur **Worte** sind (»mit Worten lässt sich trefflich streiten, mit Worten ein System bereiten«, J. W. Goethe, »Faust«, 1. Teil; Studierzimmer), sondern zum **Begriff** werden, bedarf es der methodischen Reflexion. Diese umfasst das Wechselspiel von **Theorie – Empirie** (beobachtbare Befunde) – **Präskription** (im Sinne von Handlungsempfehlungen). Die **Komplexität** der Gegenstände bzw. Sachverhalte, die unter einen Begriff fallen, die **Perspektivität** jeder Analyse, und die mit jeder Erkenntnis verbundene **Interessenlage** (vgl. Habermas, 1968; 2008) bringen es mit sich, dass es bezüglich eines Gegenstandes/Sachverhaltes nicht nur eine sondern mehrere Theorien gibt und unter einem Konstrukt – in unserem Fall: **Kompetenz** – ganz unterschiedliche Inhalte verstanden werden. So schreibt Treier (2009, S. 102):

»Kompetenz ist der beliebteste Begriff in der Personalpsychologie. Diese Beliebtheit korreliert mit der inhaltlichen Vielfalt des Begriffes. Einer der dringlichsten Aufgaben der Personalpsychologie besteht deshalb darin, diesen Begriff inhaltlich fassbar und methodisch messbar zu machen.«

Über das »messbar« wird noch zu reden sein. Es ist ein Scharnier zu dem genannten Interessensaspekt. Das »Handbuch Kompetenzmessung« (Erpenbeck & von Rosenstiel, 2007) listet fast 60 Instrumente, Methoden und Verfahren zur Feststellung und Bewertung von Kompetenzen auf! Auch die Kompetenz-Frage steht in Gefahr, wie die Zertifizierungs- und Qualifizierungsindustrie, zu einer immensen Bürokratie und einem kommerziell erfolgreichen »Geschäft« zu werden.

Unterschied von Fertigkeiten und Kompetenzen

Wichtiger noch als die Frage »Was ist das **neue** am Kompetenzbegriff« erscheint mir die Frage »Was ist das **andere**« am Begriff Kompetenz? Der Begriff Kompetenz hat andere Begriffe wie z. B. Wissen, Können, Fähigkeit, Anforderung, Qualifikation usw. teilweise abgelöst, mehr noch aber ergänzt, erweitert, präzisiert. Es sind im praktischen Gebrauch Teil-Synonyme. Daher stellt sich die Frage nach der »differentia specifica«, d. h. nach dem **artbildenden Unterschied**: Was macht eine Kompetenz zur Kompetenz? Als ein Beispiel der zahlreichen Versuche der Unterscheidung (nicht so sehr Abgrenzung) von Fertigkeiten (»skills«) und Kompetenzen vgl. Kanungo und Misra (1992) deren Ausführungen ich hier tabellarisch zusammenfasse (■ Tab. 10.2).

Tab. 10.2 Unterscheidung von Fertigkeiten und Kompetenzen. (Nach Kanungo & Misra, 1992)

Beschreibungs- bzw. Analysekriterien	Fertigkeiten (»skills«)	Kompetenzen (»competencies«)
Generelle Umschreibung	Wissen, Können, Fähigkeiten, die präzisen Standards entsprechen und dadurch konkrete, messbare Anforderungen erfüllen	Set von Fähigkeiten, Strategien und Einstellungen mittels denen Situationen und Probleme gemeistert werden können (»coping« – »mastery«)
Erscheinungsweise	Beobachtbares Handlungssystem oder Verhaltenssequenz	Vorwiegend kognitiv vermittelte und damit nicht beobachtbare Aktivitäten, die sich vorwiegend in den Ergebnissen zeigen
Aufgabenentsprechung (Indikation)	Aufgaben mit Routinecharakter oder starkem Programmierungsgrad	Aufgaben, deren Ergebnis (Lösung) bzw. Lösungsmethoden kontingent, vielfältig oder unterschiedlich bewertbar sind
Umfeldcharakteristiken	Handhaben ein stabiles Umfeld	Steuern ein komplexes veränderliches Umfeld
Verallgemeinerung bzw. Transferierbarkeit auf andere Aufgaben und Situationen	Begrenzt auf gleiche oder sehr ähnliche Aufgaben und Situationen	Anwendbar auf eine große Breite unterschiedlicher Aufgaben und Situationen
Herkunft	Aus Arbeitsanforderungen abgeleitet	Personenabhängig (Begabung, Lust, Stil, Identifikation etc.)
Heuristisches Potenzial	Präzise, festgelegt, daher gering	Offen, hohes Wachstumspotenzial, offen auf Innovation und Meta-Kognition

Kompetenzen und Schlüsselqualifikationen

Konvergierend mit dieser Beschreibung des Kompetenzbegriffs sind auch die Charakteristika die Wunderer und Bruch (2000, S. 69) von Schlüsselqualifikationen aus der Literatur gewinnen. Die Autoren verwenden die Begriffe Kompetenz und Schlüsselqualifikationen weitgehend synonym. Das was sie bezeichnen ist gekennzeichnet als:

- Inhaltlich potenziell unbestimmt,
- nur begrenzt operationalisierbar,
- kontext- und tätigkeitsspezifisch ausgeprägt,
- ergebnis- und leistungsbezogen,
- persönlichkeitsgebunden,
- überdauernd,
- situationsübergreifend,
- grundsätzlich modifizierbar, aber
- in unterschiedlichem Maße veränderbar.

Kompetenzen als Verhaltensset

Bündiger fassen es Robertson, Callinan und Bartram (2002): »Competence is a set of behaviours that are instrumental in the delivery of desired results or outcomes« (S. 7). Und auch in dieser »Definition«: Es bleibt richtiger Weise **offen**, welche Verhaltenssets erforderlich sind; sie müssen aber **zielführend, effektiv** sein (instrumental) für **gewollte**, beabsichtigte Ergebnisse und es handelt sich dabei nicht um einen »Automatismus«: Verhalten X führt zu Ergebnis Y, sondern das (variable) Verhaltensset ist ein grundlegender Aspekt, Beitrag im Zusammenhang der Entstehung eines bestimmten Ergebnisses.

10.1.4 Faktorenbündel, welche den Kompetenzbegriff konstituieren

keine Wortlisten, sondern Konstitutionsprinzipien

Von eindrücklicher bis verwirrender Länge sind die in der Literatur und Praxis gebräuchlichen nominellen Listen von sog. Kompetenzen. Vergleicht man z. B. die Kompetenzlisten für die Managementfunktion bei Kasper und Mühlbacher (2004; 2006); da ist kein Aspekt des komplexen Phänomens »Management« aus dem nicht Kompetenzkapital geschlagen wird. Die deutsche Sprache mit ihren Komposita macht es leicht, fast jedem Substantiv als Bestimmungswort das Grundwort »Kompetenz« beizufügen. Entsprechend vage ist die Aussagekraft. Es gibt trotz aller Listen und Kataloge kein plausibles Reservoir an festgelegten Kompetenzen, die »entdeckt« und abgerufen werden könnten. Was Kompetenz bzw. kompetent vom **Ergebnis** (Produkt, Performanz) und/oder vom **Prozess** (auf welche Art und Weise etwas gemacht wird, entsteht) her ist, das erschließt sich in der Konstellation und im Zusammenwirken der folgenden 4 Faktorenbündel (◘ Abb. 10.1). Die Beschreibung, Operationalisierung, Gewichtung und die Konkretionen bzw. die tatsächlichen oder erwünschten Interaktionen zwischen diesen Faktoren, das wird die Grundlage des für eine bestimmte Institution, Organisation, Profession oder Funktion relevanten Kompetenzmodells sein.

Je **klarer, präziser, einheitlicher** und **verbindlicher** diese Faktoren bestimmt oder zu bestimmen sind, umso mehr handelt es sich um sog. **Anforderungen** (»requirements«) bzw. lassen sich die Anforderungen daraus ableiten. Diese sind nur beschränkt verhandelbar und/oder **kompensierbar**. Das Ausmaß der Erfordernis, das Vorhandensein der erforderlichen Ausprägung der Anforderungen muss durch geeignete Verfahren (z. B. Tests, ACs) festgestellt und ihre Erfüllung beurteilt, optimiert, entwickelt werden.

Je **offener, vager, vielfältiger** und **optionaler** diese Faktoren zu beschreiben sind, desto mehr benötigen sie als korrespondierende Antwort **Kompetenzen**. Wenn auch nicht beliebig, aber in einem bestimmten Ausmaß sind sie **kompensierbar**. Die diesbezüglichen Führungs- und HRM-Aufgaben sind:

- »Matching« (optimale Passung) der einzelnen Faktoren,
- Erkennen der Entwicklung **zukünftiger** Kompetenzen,
- Erkennen der Kompetenzpotenziale und ihre Entwicklung sowie
- Aufbau **fördernder** und Abbau **hemmender** organisationeller und kontextueller Konstellationen und Konfigurationen (im Rahmen des jetzt und jeweils Möglichen; ► Kap. 13, u. a. ► Tab. 13.3).

Person/Subjekt	Aufgabe (Task)
• **Wissen** [1] (das gespeicherte oder zu generierende Wissen) • **Können** (skills: Fertigkeiten, Fähigkeiten) • **Wollen** (Motivationen, Ethos) • **Selbstreflexion** (Bewusstseinsbildung, Distanz) • **Problemlösungsverhalten** (strategisch – faktisch; innovativ; proaktiv – reaktiv) • **Relatedness** (Bezogenheit; Ausmaß der Wahrnehmung Anderer und Impact auf Andere)	• **Eindeutigkeit** der Definition (Inhalte, Bewertbarkeit von Erfolg/Misserfolg) • **Komplexität** und **Variabilität** • **Zukunftshorizont** (Zukunftsrelevanz, Veränderungsdynamik) • **Methoden** und **Instrumente** (gegeben, zu adaptieren, noch zu schaffen, usw.)

Kompetenzen als Performanz und Prozess

Kontext	Organisation
• Kompetenzrelevante **Einflüsse**/Bedingungen **geographischer, kultureller, professioneller** (z. B. Berufskooperationen) Kontexte • wer oder was hat die **Definitionsmacht** über »richtig – falsch«; »genügend – ungenügend«; »durchschnittlich – exzellent«; usw. • **Stabilität**/Instabilität und Veränderungsrhythmus (Voraussehbarkeit, Plötzlichkeit, etc.)	verstanden als **CAS** (complex adaptive systems) [2] • **Strukturen** (Größe, Grad der Zentralisierung, Makro-Meso-Mikroebene, etc.) • **Netzwerke, Gruppen** • **Normen** und **Regelwerke** • **Technologie** (Art der Verfahren) • **Ressourcen** (Kapital / Mittel als »hard«- bzw. »soft-factors«)

[1] Zum Wissensbegriff vgl. Eck (1997); Becker, Brauner und Duschek (2006). Im Zusammenhang mit Kompetenz schlüsseln Kunz und Bartram (2002, S. 236) den Wissensbegriff wie folgt auf:
- »**Knowing what**«: Data, facts and information – using facts about things and processes; e.g. fact sheets, data.
- »**Knowing why**«: Theories, principles, models – understanding the rationale, the reasons why.
- »**Knowing how**«: Methods, techniques, procedures – applying techniques and procedures; e.g. how to analyse date, how to conduct an interview etc.
- »**Knowing when**«: Experience, exposure, practice – recognizing problems, timing of intervention, coordinating conflicting information and making timely judgements.

[2] Zu CAS vgl. M. Luomo (2006, S. 101–123)

◘ **Abb. 10.1** Quadrat der Faktoren, welche Kompetenz konstruieren

Kompetenz ist also zunächst nicht etwas vorgegebenes, bereits definiertes, wie dies z. B. bei den Anforderungen der Fall sein kann. Kompetenz ist ein **heuristisches Konzept** das eher wenig mit »den aus der Berufspädagogik stammenden und in der Öffentlichkeit viel gebrauchten Konzepten der Sach-, Methoden-, Sozial- und Personalkompetenz« (Erpenbeck & v. Rosenstiel, 2007, S. XIII) zu tun hat.

Der privilegierte **Ort**, ein Kompetenzmodell zu entwickeln, ist je eine gegebene Organisation, Profession, Funktionsgruppe, die in

was leistet der Kompetenzbegriff für das HRM?

ihrer **kontextuellen Einbettung**, bezüglich ihrer »**Treiber**« und in ihren **Zukunftsvektoren** multiperspektivisch erfasst werden. Daraus und für die gewählte **strategische Zielrichtung** kann und muss dann das relevante, zielführende Kompetenzmodell entwickelt werden.

Werner Sarges (2006) der sich in einem kürzeren Beitrag sehr differenziert zur Karriere des Kompetenzmodells geäußert hat und durchaus auch die kommerziellen Aspekte der »Competencies-Bewegung« sieht, die der wissenschaftlich-professionellen Arbeit mit diesem Modell nicht immer förderlich ist (Sarges, 2006, S. 134), sieht folgende geeignete Neuerungen, die durch das Kompetenzmodell ermöglicht werden:

- Größere Nähe zur **Alltagssprache** der **Arbeitswelt** als es bei den Fachtermini der Psychologie (Differenzielle Psychologie) oft der Fall ist. Allerdings bedarf diese Nähe zur Alltagssprache einer sorgfältigen Beschreibung, was mit einer »Kompetenz« – und in welchem Kontext – jeweils wirklich gemeint ist.
- **Zukunftsausrichtung**: Gemeint sind damit nicht Spekulationen über zukünftige Entwicklungen von z. B. Märkten, Professionen, Tätigkeiten, sondern eine Ausrichtung der Lern- und Entwicklungsziele auf die **Unternehmensziele** und -**Strategien** und die sich daraus ergebenden Erfordernisse.
- Kompetenzmodelle können für das HRM einer gegebenen Organisation zu einem wichtigen **Bezugsrahmen** für viele HR-relevante Aspekte des Managements werden. Die immer wieder geforderte **Integration, Bezugnahme** und **Koordination** der verschiedensten HR-Aktivitäten und HR-Instrumente kann für die Mitarbeitenden, die Linie und die HR-Professionals durch ein organisationsbezogenes Kompetenzmodell wesentlich erleichtert werden.
- Es ist notwendig die i. o. Sinne **zukunftsorientierten Profile** (»**Passungen**« von Person – Rolle – Position) mit den **generalisierbaren Potenzialen** wie z. B. Basiskompetenzen, bestimmte Persönlichkeitsvariablen zu verbinden, d. h. spezifische Kompetenzen und generalisierbare Anforderungsmerkmale. Denn, so W. Sarges, die Entwicklungen sind gekennzeichnet durch »zunehmende Unvorhersagbarkeit« (Sarges, 2006, S. 142) und »viel Unbestimmtheit«. Weder die jeweils erforderlichen Kompetenzen noch die jeweiligen Kompetenzträger (Person, Gremien usw.) lassen sich kurzfristig (»per Knopfdruck«) aufbauen und abrufen.
- Kompetenzmodelle erfüllen ihre Zwecke nicht nur im Rahmen von Unternehmungen, Unternehmungstypen und Branchenorganisationen. Auch die **Ausbildungsinstitutionen** und die Institutionen von **Forschung** und **Beratung** gewinnen durch das grundsätzliche Modell »Kompetenz« die Möglichkeit, »Schlüsselqualifikationen«, »Meta-Kompetenzen« (»Generic Competencies«) zu erkennen, zu beschreiben und zu entwickeln.

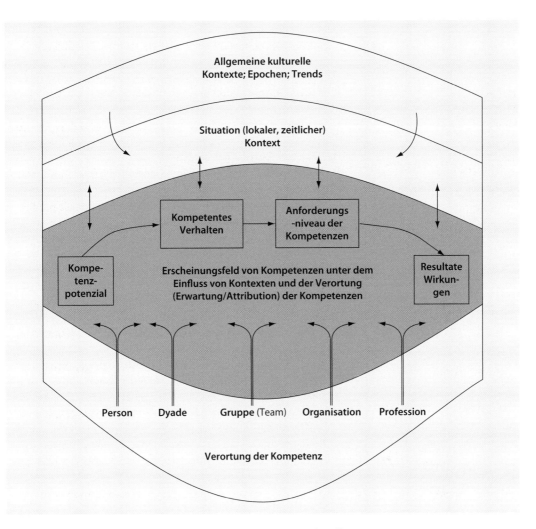

Abb. 10.2 Multiperspektivität und Interaktionsdynamik des Kompetenzbegriffs

Multiperspektivität und Interaktionsdynamik des Kompetenzbegriffs ist aus ■ Abb. 10.2 zu ersehen. Ein relevantes Kompetenzmodell für eine gegebene Unternehmung (Institution) muss Antworten, Zuordnungen und Interdependenzen dieser Faktoren ermöglichen.

10.1.5 Metakompetenz – Schlüsselkompetenz

Es wurde verschiedentlich darauf hingewiesen, dass der »neue« Begriff »**Kompetenz**«, der gegenüber den bisher gebräuchlichen Begriffen wie Wissen, Können, Fähigkeit, Qualifikation usw. zusätzliche Begriffselemente einführt und akzentuiert, diesen semantischen Mehrwert riskiert, wieder zu verlieren. Vor allem durch einen inflationären

Gebrauch; Kompetenz wird zum wirtschaftspädagogischen Modewort, entweder überhaupt nicht oder fast beliebig definiert.

Definitionen (begrenzen) würden hier sehr nützlich sein. Die Schwierigkeit ist nur, dass Definitionen an sich nicht zwingend sind, sondern auf Übereinkunft beruhen. Insbesondere in den **Sozial- und Kulturwissenschaften** gibt es (im Unterschied zu den »exakten«, den Naturwissenschaften) viel weniger formale epistemologische (wissenslogische) Anforderungen an Definitionen bzw. die Tätigkeit des Definierens. Gebräuchlich sind

lexikalische und stipulative Definitionen

- lexikalische Definitionen wie sie idealerweise in den »Großen«, in einem bestimmten Fachgebiet allgemein anerkannten Lexika (Wörterbuch) gegeben werden. Sie basieren auf dem Konsens des sog. Mainstreams der Fachdisziplin.

- stipulative Definitionen. Ich bezeichne sie auch als **Autorendefinitionen**. Das heißt, ein **Autor** oder eine Gruppe von Autoren, eine »**Schule**« (Richtung), Lehrstuhl, Institut, ein »**Zitierkartell**« (auch eine etwas problematische Form von Netzwerken!) definiert einen Begriff in *ihrem* Sinn. Der kann von der lexikalischen Definition oder von anderen Autorendefinitionen mehr oder weniger stark abweichen. Oft haben sie auch etwas **kapriziöses**, begriffliche Steckenpferde werden geritten. Stipulative Definitionen i. e. Sinne sind entweder neue Ausdrücke (z. B. Wortschöpfungen) oder fordern (stipulari) für bisherig verwendete Begriffe einen neuen Gebrauch (inhaltliche Bedeutung). Viele dieser stipulativen Definitionen haben einen börsenmäßigen Kursverlauf hinsichtlich ihrer Verwendung; viele verschwinden, manche erlangen eine lokale, schulperspektivische Bedeutung, einige setzen sich durch und bedeuten einen Fortschritt (Zuwachs) an Erkenntnis und Praxis.

Lexikalisch an den Definitionen von Kompetenz – und damit »consensus omnium« (allgemeine Zu- bzw. Übereinstimmung) – sind gegenwärtig lediglich jene, die sehr nahe bei der wortgeschichtlichen Bedeutung bleiben und nicht eins, 2 Begriffselemente als privilegiertes »**definiens**« (das Definierende) des Begriffsinhaltes (definendum) nehmen. Wie z. B. Kompetenz = »**Innovation**«! (Staudt, u. a. 2002). Die meisten der in der Literatur dokumentierten, oft sehr anregenden, interessanten, anschlussfähigen Definitionen von Kompetenz, sind Autorendefinitionen oder stipulative Definitionen, deren Nutzen und Erfolg (Durchsetzungspotenzial) vorerst aber noch offen ist oder abhängig von ihrer kontextuellen Verwendung.

Definitionen des Kompetenzbegriffs in der Praxis

In der **Praxis**, z. B. der Personalentwicklung, der Personalauslese, ist die Lage noch wildwüchsiger. Als Begriff (aber eigentlich mehr als ein Wort) wird er breit verwendet, ist völlig akzeptiert. Jeder »weiß« was damit gemeint ist, obwohl, auf Nachfrage, viele eher verlegen sind, präzise anzugeben, was sie denn unter Kompetenz oder X-Y-Kompetenz verstehen, das einen erkenntnismäßigen und praktischen **Mehrwert** darstellt, gegenüber Begriffen wie z. B. Anforderung,

Fähigkeit, Qualifikation, Selbständigkeit, usw. Die **Kompetenzmodelle,** mit denen gearbeitet wird, sind selten wirklich **branchen-** oder unternehmens- oder **funktions-** oder **positionsspezifisch** erarbeitet worden, etwa auch mit einer sorgfältigen externen fachwissenschaftlichen Unterstützung. Die Kompetenzmodelle sind mehrheitlich einfach **übernommen** worden, evtl. mit etwas Lokalkolorit angereichert ohne groß in die methodisch anspruchsvolleren Schritte zu investieren wie z. B.: »**Appreciative Inquiry**« (wertschätzende Analyse der bisherigen Erfolgsfaktoren) – **Zukunftsorientierung – unternehmerische Ziele und Strategien** – und die daraus abgeleitete **Definition** und **Beschreibung** von Kompetenzen – **Kompetenzprofile.** Entsprechend gering sind die Begriffsschärfe, das heuristische Potenzial und der komparative Nutzen des neuen Vokabulars. W. Sarges frug, wie oben zitiert: »Alter Wein in neuen Schläuchen?«

Im Zusammenhang von Definition stellt sich immer auch die Frage der **Definitionsmacht. Wer** oder **was** befindet verbindlich darüber, was unter Kompetenz zu verstehen sei (Begriffsinhalt und -umfang) und unter welchen Bedingungen festgestellt wird, eine Person, eine Vorgehensweise, ein Ergebnis sei kompetent im definierten Sinne? Die Definitionsmacht liegt in der Regel bei den klassischen Institutionen des **Wissens,** d. h. Universitäten, Hochschulen, Wissenschaftsgesellschaften; dann aber auch, mit einem stärker politischen Akzent, bei den **Berufs-** bzw. **Fachverbänden** oder Expertengremien. In den einzelnen Organisationen (Unternehmungen, Betriebe) verbindet sich die **Fachautorität** (funktionale Autorität; z. B. HRM, HRD) mit der **Verwaltungsautorität** (Hierarchie, Linie). Das ist an sich schon spannungsreich. Was ist aber mit Aussagen, die wir auch aus dem **Qualitätsmanagement** kennen, wie z. B. »Der **Markt** (oder Kunde) definiert ...«?

Kompetenzdefinitionen und -zuschreibungen bewegen sich meistens im Rahmen klassischer neuerer Berufe bzw. von **Professionalisierungsprozessen,** z. B. Human Resource Management, Berater, Dozent, Trainer, Supervisor, Coach, PR-Spezialist, Journalist etc. Abeles (1994, S. 276) stellt am Beispiel der Psychologen völlig zu Recht fest: »Licensure as a psychologist in no way implies that other individuals may not be qualified, since a number of other professions also provide similar services«. Der Autor referiert auch die Kontroverse, ob Lizenzierung und Zertifizierung nicht eher freiwillig als vorgeschrieben sein sollten. Könnte der Nutzer, Anwender, Kunde, Klient nicht auch sehr wohl selber in der Lage sein, Kompetenz zu beurteilen, sich davon ein durchaus zutreffendes Bild zu machen? Können die korporatistischen, ständischen Praktiken der Definitionsmacht (Interessen!) nicht auch einiges verhindern oder auch monopolisieren?

> wer sagt was/wer kompetent ist?

■■ Systematisierungsversuche
Kompetenzen sind
1. **Erwartungen** (→ Forderungen) vom Typus »**Was-gegeben-sein-muss**«, damit eine Aufgabe als erfüllt, ein Problem als gelöst, eine Situation als gemeistert, akzeptiert werden kann. Sie sind

2. die **Grundlage** der **Handlungsfähigkeit**, um Aufgaben zu erfüllen, Probleme zu lösen, Situationen zu meistern. Und sie sind

3. eine **Projektion** bzgl. der Herausforderungen **zukünftiger** Entwicklungen und Situationen und der dafür dann erforderlich seienden Strukturen und Inhalte des **Handlungsfähig-bleibens**.

Wie können Kompetenzen synchronisiert werden?

Diese Dynamik des Kompetenzbegriffs ermöglicht, einen prinzipiell unabschließbaren Katalog von Kompetenzen aufzulisten in welchem irgendwelche, sich als nützlich erweisende, physische, mentale, soziale Bestimmungswörter mit dem Grundwort Kompetenz verbunden werden. Resultat: Kompetenzlisten von zig Wörtern bei denen dem Substantiv das Grundwort Kompetenz hinzugefügt wird. Da müssen natürlich Fragen wie präzise **inhaltliche Bestimmung – Operationalisierung – Erfassung** und **Bewertung – Entwicklung** der X-Y-Z-Kompetenz offen bleiben.

Modell der Rollenkompetenz

Man ist deshalb dazu übergegangen, die Fülle möglicher Kompetenzbenennungen in **Kategorien** und **Begriffstaxonomien** zu fassen und zu gliedern, in den sog. Kompetenzmodellen. Bevor einzelne dieser Modelle kurz vorgestellt werden, möchte ich eines der grundlegenden soziologischen Kompetenzmodelle skizzieren. Es ist das Modell der **Rollenkompetenz** von Jürgen Habermas (1972) der dieses Modell als eine Entwicklungslogik von Bildungsprozessen konzipiert hat. Die Zentralperspektive sind die **Rollen** mit ihren **Regelsystemen**, wie sie im Laufe des individuellen und gesellschaftlichen Lebens erforderlich werden und deren Übernahme und Gestaltung durch Bildungsinstitutionen und Bildungsprozesse ermöglicht werden soll. Rollendefinition, Rollenübernahme, Rollengestaltung und Rollendurchsetzung sind in ganz besonderer Weise in der Organisation- und Managementpsychologie von hoher theoretischer und v. a. praktischer Bedeutung (vgl. u. a. Eck, 1990).

Ich habe dieses teilweise auf entwicklungspsychologischen Modellen von J. Piaget und L. Kohlberg beruhende **Modell der Rollenkompetenz** tabellarisch zusammen gefasst (◘ Abb. 10.3).

Der Ansatz »**Rollenkompetenz**« von J. Habermas rückt den Kompetenzbegriff einerseits in eine **Lebensperspektive** und zeigt auf, dass Kompetenzen ganz wesentlich von den **Interaktionen** her erforderlich und auch durch sie gefördert werden. Vom Beginn unseres Lebens bis zu seinem Ende sind wir eingebettet in ein veränderliches Normen- und Regelsystem der Gesellschaft auf Makro-, Meso- und Mikroebene. Lebenslang sind wir Teil sozialer Netze, strukturiert als **Zugehörigkeits-** und **Nichtzugehörigkeitsgruppen**, die in allen Bereichen unserer Lebensführung Teil von uns selbst und von denen wir selbst Teil sind (»Mitglied«), oder von denen wir uns unterscheiden bzw. sogar abgrenzen (hoffentlich friedlich). Und immer sind wir auf eine bestimmte **Rollenkompetenz** angewiesen, die ihrerseits auf 3 Kernelementen beruht: **Reziprozität** (Gegen- bzw. Wechselseitigkeit) – **verinnerlichte Kontrolle** unserer Impulse, Projektionen, Verhaltensweisen – **Identitätsformen** als Anspruch an uns selbst; Erwar-

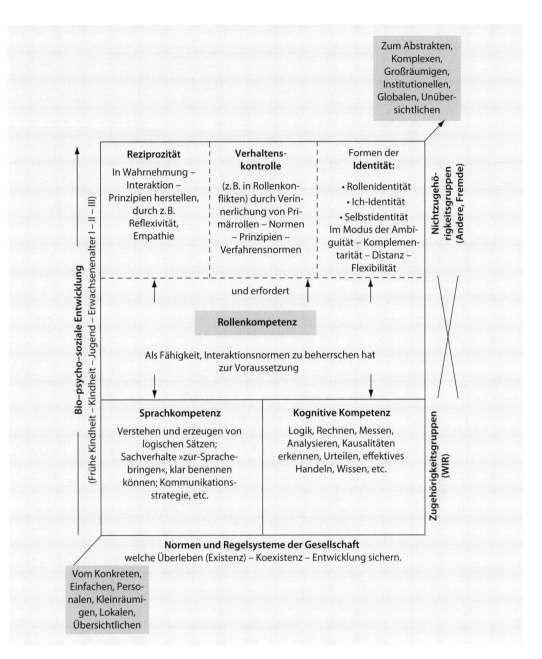

Abb. 10.3 Rollenkompetenz

tung von Anderen und Kampf um Anerkennung. Rollenkompetenz wiederum hat zur Voraussetzung **Sprachkompetenz** und **kognitive Kompetenz**. Nimmt man nun noch die **Horizonterweiterung** hinzu, vom Konkreten, Persönlichen, Einfacheren, Lokalen etc. zum Abstrakten, Institutionellen, Komplexen, Globalen, so handelt es sich beim Habermas'schen Ansatz »Rollenkompetenz« um einen unverzichtbaren **Bildungsauftrag**. In diesen Zusammenhang hat Habermas seine »Notizen« auch gestellt.

Das wirft, losgelöst vom Modellansatz von Habermas, die Frage nach dem Verhältnis **Kompetenz** und **Bildung** auf. Auf die Tendenz, dem Begriff Kompetenz einen zu weit gefassten Bedeutungsumfang zu geben und ihn mit übertriebenen Erwartungen zu belasten, die nur enttäuscht werden können und in einigen Jahren einem anderen sozial- und wirtschaftspädagogischen »Heilswort« Platz zu machen, wurde schon hingewiesen.

Wie berühren sich Bildung und Kompetenz?

Es besteht die Gefahr, dass ein überfrachteter Kompetenzbegriff zu einem (schlechten) Platzhalter für **Bildung** wird. Bildung ist ein Begriff, der dem einen oder anderen zu idealistisch und leicht antiquiert erscheinen mag, der aber der Sache und dem Inhalt nach völlig unverzichtbar ist. Unter anderem auch aus emanzipatorischen Gründen, d. h. aus dem Bestreben der Menschen heraus, »nicht dermaßen regiert zu werden« (Foucault, 1992, S. 13). Denn Bildung ist die Basis auf der Menschen befähigt sind, sich ihres eigenen Verstandes zu bedienen, Fragen zu stellen und Antworten nur als vorläufige anzuerkennen. Michael Gessler (2006) hat einige der Berührungspunkte von Kompetenz und Bildung herausgearbeitet wie z. B.:

- Der Kern jeder Kompetenz besteht in der Verfügbarkeit, Bewertung und Einordnung von **Wissen**, welches – auch im Wissen um das Nichtwissen – **handlungsfähig** macht.
- Gebildet ist, wer nicht nur weiß und entsprechend kompetent handelt, sondern wer **Erfahrungen** macht, diese **reflektiert** und **verantwortet**. Und das heißt, sich fragen und in-Frage-stellen-lässt. Das verhindert Handlungsstrategien, die Philip Zimbardo charakterisiert: »Evil is knowing better, but doing worse.«
- Kompetenz ist eine Relation von bestimmter Qualität zwischen einem Individuum und einer Aufgabe bzw. Situation.
- Bildung ist eine trianguläre Beziehung: **Intersubjektivität**, d. h. immer notwendig auf andere angewiesen zu sein und **sachbezogen**, d. h. das Objekt, die Aufgabe, die Situation um die es geht, von der aber immer auch andere mit betroffen sind (vgl. dazu v. a. »Deutscher Ausschuss für das Erziehungs- und Bildungswesen 1960« in Bohnenkamp, Dirks & Knab, 1966, S. 872–873).

Das wohl verbreitetste, pragmatische Strukturierungsschema für Kompetenzen ist die bekannte Unterscheidung bzw. Gliederung in ❏ Tab. 10.3.

Vierer-Kompetenz-Schema als pragmatische Strukturierung

Dieses Vierer-Schema hat zwar sehr viel Kritik erfahren, was seiner Popularität aber keinen Abbruch tat. Neben abqualifizierenden Kommentierungen wie z. B. »Worthülsen«, »Slogan« ist es v. a. die mangelnde **Trennschärfe** bzw. die faktische **Überschneidung** im Vollzug einer Tätigkeit, welche bezüglich dieser Kompetenzsystematik hervorgehoben werden. Der erkenntnismäßige und heuristische Gewinn dieses Schemas (manchmal angereichert durch neue Kategorien wie »Führungskompetenz« oder »Betriebliche Handlungs-

Tab. 10.3 Schema der 4 Kompetenzkategorien

Fachkompetenz	Methodenkompetenz	Sozialkompetenz	Selbstkompetenz
Bergmann, 1999	Bergmann, 1999	Bergmann, 1999	Bunk, 1994
Erpenbeck & Heyse, 1999	Erpenbeck & Heyse, 1999	Erpenbeck & Heyse, 1999	Erpenbeck & Heyse, 1999
Münch, 2002	Münch, 2002	Kanning, 2005	Erpenbeck & v. Rosenstiel, 2007
u. a. Autoren	u. a. Autoren	u. a. Autoren	u. a. Autoren

kompetenz«) ist tatsächlich eher bescheiden. Geht man aber davon aus, dass in der Praxis der Personalentwicklung diese Oberbegriffe in jedem Fall (hoffentlich) mit auf die eigene Unternehmung und ihre strategische Entwicklung ausgerichteten Beschreibungen »was-wir-darunter-genau-verstehen-wollen« konkretisiert werden, so kann dieses pragmatische Schema durchaus einer ersten Orientierungs- und Suchphase dienlich sein (vgl. Kauffeld, 2006, S. 29).

S. Kauffeld (2006) hat eine solche spezifizierte Verwendung des obigen Kompetenzschemas vorgelegt. Es handelt sich um das »Kas-seler-Kompetenz-Raster«, welches der »Messung« (würde »Beurtei-lung« nicht auch reichen?) »beruflicher Handlungskompetenz der Mitarbeiter bei der Bewältigung von Optimierungsaufgaben in Grup-pen dient« (Kauffeld, 2006, S. 113), also für Gruppenarbeiten im Rah-men von »Quality Circles«, Problemlösungsworkshops, »Task-forces« etc. Die Kompetenzen gewinnen an Tiefenschärfe, wenn nicht nur (wie üblich) vom **positiven Pol** ausgegangen wird, sondern auch vom **negativen Pol** (Tab. 10.4; vgl. dazu u. a. auch Eck, 2007, S. 44 und S. 202–205).

Noch zielführender erscheint es mir jedoch, statt von einem hohen (oder evtl. zu niedrigen) Abstraktionsgrad, von einer mittle-ren Abstraktion auszugehen und z. B. **Kompetenz-Faktoren**, dann **Kompetenz-Dimensionen** und **Komponenten der Kompetenzen** auszugehen. Kurz und Bartram (2002) haben ein solches Verfahren tabellarisch im »Universal Competency Framework« zusammenge-fasst. Das »SHL-Group-Modell« besteht aus 3 Ebenen beinhaltend 8 Kompetenzbereiche, 20 Kompetenzdimensionen und 112 detaillier-te Kompetenzen. Dieser Ansatz (als ein Beispiel) führt uns zu dem Konzept der Meta-Kompetenz.

UCF als Beispiel eines Kompetenzmodells

■■ Meta-Kompetenzen

In der kognitiven Psychologie ist durch die Arbeiten von Flavell et al. (1979; 2002) das Konzept »**Metakognition**« gebräuchlich. Damit wird das **Bewusstsein** und **Wissen** sowie die **Kognition** über **kognitive Prozesse** bezeichnet. Es handelt sich um die beiden Metaebenen:

- **Meta-Wissen** über Personen, Aufgaben, Strategien deren Inhalte spezifiziert sind und
- **Meta-Überwachung** und **Selbstregulierung**: d. h. Aktivitäten die über die eigenen Lernfortschritte bzw. Handlungsergebnisse

Wie konstituieren sich Metakompetenzen?

Tab. 10.4 Facetten, Aspekte und Kriterien des Kasseler-Kompetenz-Rasters (Kauffeld, 2006, S. 129)

Fachkompetenz	Methodenkompetenz	Sozialkompetenz	Selbstkompetenz
Differenziertheit: Probleme **Problem (P)** (Teil-) Problem benennen **Problemerläuterung (PE)** Problem veranschaulichen	*Positiv (Strukturierung)* **Zielorientierung (Z)** auf Thema verweisen bzw. zurückführen **Klärung/Konkretisierung (K)** Beitrag auf den Punkt bringen, klären **Verfahrensvorschlag (VV)** vorschlagen des weiteren Vorgehens **Verfahrensfrage (VF)** Frage zum weiteren Vorgehen **Priorisieren (PRIO)** Schwerpunkte setzen **Zeitmanagement (ZT)** auf Zeit verweisen **Aufgabenverteilung (A)** Aufgaben und Diskussion delegieren/übernehmen **Visualisierung (VIS)** benutzen von Flipchart und Metaplan o. Ä. **Kosten-Nutzen-Abwägung (KN)** wirtschaftliches Denken **Zusammenfassung (ZSF)**	*Positiv (Interaktion)* **Ermunternde Ansprache (EA)** z. B. Stillere ansprechen **Unterstützung (ZUST)** Vorschlägen, Ideen etc. zustimmen **Aktives Zuhören (AZ)** Interesse signalisieren (»mmh«, »ja«) **Ablehnung (ABL)** sachlich widersprechen **Rückmeldung (RM)** z. B. signalisieren, ob etwas angekommen, neu, bekannt ist **Atmosphärische Auflockerung (ATM)** z. B. Späße **Trennung von Meinung und Tatsache (IB)** eigene Meinung als solche kennzeichnen **Gefühle (G)** Gefühle wie Ärger, Freude ansprechen **Lob (LOB)** z. B. positive Äußerungen über andere Personen	*Positiv (Mitwirkung)* **Interesse an Veränderung (IN)** Interesse signalisieren **Eigenverantwortung (EV)** Verantwortung übernehmen **Maßnahmenplanung (MP)** Aufgaben zur Umsetzung vereinbaren *Negativ (Mitwirkung)* **Kein Interesse an Veränderung (KI)** z. B. leugnen von Optimierungsmöglichkeiten **Jammern (J)** Betonung des negativen Ist-Zustandes, Schwarzmalerei, auch Killerphrasen **Allgemeinplatz (AL)** inhaltloses Gerede, Worthülsen **Schuldigensuche (S)** Probleme personalisieren
Vernetztheit: Probleme **Verknüpfung bei der Problemanalyse (V)** z. B. Ursachen und Folgen aufzeigen			
Differenziertheit: Lösungen **Sollentwurf (SL)** Visionen, Anforderungen beschreiben **Lösungsvorschlag (L)** (Teil-) Lösung benennen **Lösungserläuterung (LE)** Lösung veranschaulichen			
Vernetztheit: Lösungen **Problem zu Lösung (PL)** Einwände gegen Lösung **Verknüpfung mit Lösung (VL)** z. B. Vorteile einer Lösung benennen Äußerungen zur Organisation **Organisationales Wissen (WO)** Wissen über Organisation und Abläufe	*Negativ (Strukturierung)* **Themen springen (TS)** neues Thema ohne Bezug zu Vorangegangenem **Verlieren in Details und Beispielen (DB)** nichtzielführende Beispiele, Monologe	*Negativ (Interaktion)* **Tadel/Abwertung (TD)** Abwertung von anderen »kleinen Spitzen« **Unterbrechung (UNT)** Wort abschneiden **Seitengespräch (SEIT)** Seitengespräche beginnen oder sich darin verwickeln lassen **Reputation (R)** Verweis auf Diensterfahrung, Betriebszugehörigkeit etc.	**Betonung autoritärer Elemente (AE)** auf Hierarchien und Zuständigkeiten verweisen **Abbruch/Ende (E)** Diskussion vorzeitig beenden (wollen)
Äußerungen zum Wissensmanagement **Wissen wer (WW)** Verweis auf Spezialisten **Frage (F)** Frage nach Meinung, Inhalt, Erfahrung			

informieren, was kognitive und/oder emotionale Erlebnisse (Reaktionen) auslösen kann (z. B. »Aha-Erlebnis«, »Unsicherheit«, »Zweifel«, »Gewissheit« usw.).

Es handelt sich dabei im Vollzug des »Denkens über das Denken« nicht um getrennte Ebenen, sondern vielmehr um zirkuläre, wechselseitige Prozesse; in graphischer Visualisierung häufig spiralförmig dargestellt.

Es besteht sehr viel strukturelle Konvergenz zwischen Meta-Kognition und **Meta-Kompetenz**. Im Englischen werden die Meta-Kompetenzen als »**generic competencies**« bezeichnet, also Kompetenzen, aus denen sich **andere, weitere** Kompetenzen ableiten; Meta-Kompetenzen generieren andere Kompetenzen. In dem Ausmaß in dem sie das (tun) können, sind es Meta-Kompetenzen. Der gelegentlich etwas ironisch apostrophierte **Autodidakt**, aber sehr zu Ehren gekommen in dem Konzept des »**Selbstgesteuerten Lernens**«, braucht die Meta-Kompetenzen, welche sein (weitgehend) selbstinitiiertes und selbstreguliertes Lernen überhaupt erst produktiv möglich machen, z. B. Bewusstsein (Reflexion) seiner Interessenlage, Selbsteinschätzung, Suche nach geeigneten Informationsquellen, sein Lernen organisieren, Konzentration und Disziplin, sich Unterstützung (Ressourcen) beschaffen, Mit-anderen-lernen-können usw. Das war übrigens schon das Programm der Aufklärung, z. B. Kants (1724–1804) der 1784 in seiner »Aufklärungsschrift« formulierte:

> … Unmündigkeit ist das Unvermögen, sich seines eigenen Verstandes ohne Leitung eines anderen zu bedienen … sapere aude (Wage zu wissen). Habe Mut, dich deines eigenen Verstandes zu bedienen! ist also der Wahlspruch der Aufklärung. (I. Kant, 1784) **«**

Als ein für die Personalentwicklung (und v. a. »Management Development«) sehr anregendes Modell von Meta-Kompetenz (eigentlich von Meta-Kompetenzen) haben Wunderer und Bruch (2000) vorgelegt. Sie nennen diese Meta-Kompetenz(en) »**Umsetzungskompetenz**«, die in ihren Augen der »zentrale Innovationsengpass« ist (S. 3). Die Situation und Herausforderungen der modernen Organisation mit ihren häufig festzustellenden Innovationsengpässen wird an verschiedenen Zitaten festgemacht, u. a. von Jetter (1996, S. 12):

Innovationen brauchen die Kompetenzen zur Umsetzung

> Moderne Organisationen zeichnen sich dadurch aus, dass der Grad der Reglementierung, Vorgabe und Kontrolle drastisch reduziert ist, sodass an die Stelle klarer Anweisungen zwangsläufig »neue Maßstäbe des Handelns« treten. Bezogen auf die Träger unternehmerischer Prozesse impliziert dies, dass Befehlsempfänger vergangener Tage zu verantwortungsbewussten und initiativen Mitarbeitern werden müssen, die selbst erkennen, was zu tun ist, dies auch ‚unternehmen'. (Jetter, 1996, S. 12) **«**

Das erfordert Antworten, welche in Richtung der bekannten, allerdings oft zu inhaltsleeren Schlagworten verkommenen Konzepte wie »**Empowerment**«, »**Intrapreneurship**«, »**Mitunternehmer**«, u. a. gehen. Eine Konkretisierung dieser eher allgemeinen und vagen Konzepte ist die **Umsetzungskompetenz**. Sie hat 5 Dimensionen der Analyse und Interpretation (Quelle: Wunderer & Bruch, 2000, S. 81):

> **5 Dimensionen der Analyse und Gestaltung der Umsetzungskompetenz**
> — **Person als Kerndimension** – Umsetzungskompetenz hängt zunächst in erster Linie von dem Akteur selbst ab:
>   — **Zielorientierung**: Die Innovationsumsetzung erfolgt nicht zufällig, sondern geht auf einen motivationalen Antrieb zurück und bildet ein intentional angesteuertes Handlungsergebnis
>   — **Bewusstheit**: Handlungen werden vom Akteur im Prozess der Umsetzung kontrolliert und kritisch reflektiert
>   — **Subjektivität**: Handlungskompetenz geht auf ein individuelles personales Potenzial zurück, das von einer Persönlichkeit und ihren subjektiven Maßstäben abhängt
> — **Gegenstands- oder Objektbezogenheit** – Bezug zur innovativen Idee
> — **Kontextabhängigkeit** – Beziehung zum Kontext
> — **Prozesshaftigkeit** – Zusammenwirken im Umsetzungsprozess
> — **Ergebnisgerichtetheit** – Umgang mit ErgebnisInnovation

Die Autoren fassen die Ergebnisse ihrer diesbezüglichen Analyse und Gestaltungsansätze in einem Arbeitsmodell der verschiedenen Variablen, Faktoren und Ebenen zusammen – deren Beschreibung und Gestaltung Gegenstand ihres Buches ist (◘ Abb. 10.4).

Es sind solche analytisch wie heuristisch gleich ergiebigen Konzepte, welche tatsächlich zu verstehen geben, was Kompetenz bzw. Metakompetenz wirklich bedeuten und nicht nur Synonyme für bisher bekannte Begriffe, versehen mit einigen neuen Bedeutungsnuancen.

▪▪ Schlüsselkompetenzen

Schlüsselkompetenzen als verinnerlichte Lösungsmuster

Bernadette Kadishi (»Schlüsselkompetenzen wirksam erfassen« (2001), Bd. 8 der Reihe Führungspraxis), verwendete den Begriff »Schlüsselkompetenzen« im Sinne eines emanzipatorischen und Diskriminationen vermeidenden Ansatzes. Dazu wurde auch ein Arbeitsinstrument entwickelt (als CD-Beilage im Buch), das unter dem Kürzel IESKO-Instrument zur Erfassung von Schlüsselkompetenzen sehr nützlich sein kann. Ausgegangen wird von der unbestreitbaren aber viel zu wenig gewürdigten Tatsache, dass Wissen, Können, Kompetenz, Einstellungen (»attitudes«), Qualifikation, nicht nur in Schulen und Aus- bzw. Weiterbildungsinstitutionen erworben werden. Die Lern-, Entwicklungs- und Bewährungsorte sind in erheblichem Ausmaß verbunden mit der **praktischen Arbeit** in Betrieben, aber auch in der **Freiwilligenarbeit**, in **Freizeit- und Sportaktivitäten** und in den verschiedenen **sozialen Netzen**, oder eben **autodidaktisch**. Nur

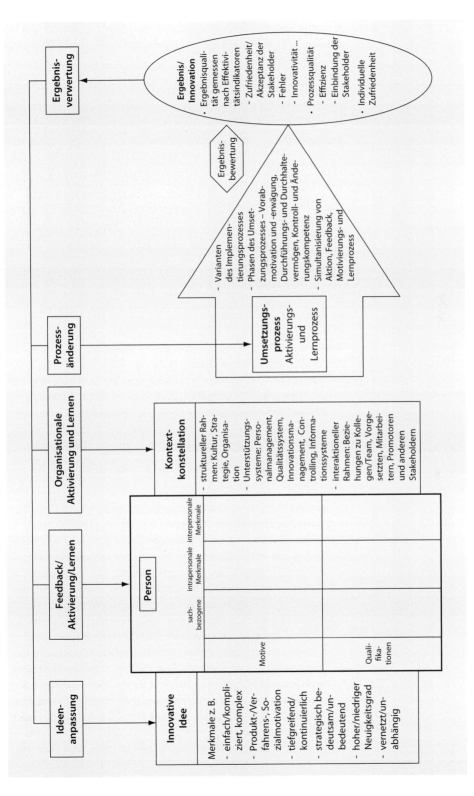

Abb. 10.4 Dimensionen der Umsetzungskompetenz – ein Referenzrahmen zur relationalen Kompetenzanalyse. (Wunderer & Bruch, 2000, S. 82)

»zählen« tun sie nicht oder kaum und v. a. wird der Zuwachs an Können, an Kompetenz und Qualifikation nicht auch formell festgestellt und kreditiert. Die Gesamtheit der in den intentionalen Lernprozessen aber auch in den praktischen Lebenserfahrungen und Aktivitäten erworbenen Fähigkeiten, Kenntnissen und Einstellungen wird in diesem Modell als **Ressourcen** bezeichnet. **Kompetenzen** sind in dem Ansatz von Kadishi **Kombinationen** von Ressourcen, und **Qualifikationen** sind **Kompetenzbündel**, die durchaus überprüft, evaluiert und formell anerkannt werden können – unabhängig der »Orte«, an denen sie schrittweise erworben worden sind (vgl. dazu z. B. Bildungsinitiative CH-Q, 1999).

Schlüsselkompetenzen sind verinnerlichte und demzufolge stabilisierte **Lösungsmuster**, relativ situationsunabhängig und nicht nur aufgabenspezifisch. Sie sind **Metakompetenzen,** in dem sie **kompetenzgenerierend** sind und setzen Lernprozesse (Bewältigungsstrategien) in Gang, welche auch das notwendige **Sachwissen** zu erwerben verstehen (Kadishi, 2001, S. 56–58).

■■ **Kompetenzen … und kein Ende?**

Kompetenz-Trias: Effizienz, Innovation, Kontext

Das Begriffskonzept »Kompetenz« hat neben einigem Schall und Rauch tatsächlich 3 neue Akzente gesetzt oder wenn man will, 3 an sich bekannte Sachverhalte neu akzentuiert:

1. Das Streben nach Kompetenz ist ein im Menschen **organismisch** angelegtes Streben nach **Wirksamkeit.** Nur extrem ungünstige Kontextbedingungen oder pathologische Wirkfaktoren können dieses Streben auslöschen. Sich kompetent verhalten ist **lustvoll** (vgl. die Konzepte »Funktionslust« von Karl Bühler, 1918; 1930). Und es ist lustvoll, sich als kompetent zu **erleben** (vgl. u. a. Schutz, 1955).

2. Kompetenz ist **innovativ** und gerade nicht bloß Routine auf einem sehr hohen Niveau. Das gibt dem kompetenten Verhalten einen Zug von »Unruhe«, »Experimentieren«, »Neugierde«, »Antizipation«, »Variationsneigung«. Wäre dem nicht so, bliebe Kompetenz auf Routine beschränkt und würde sie sich bald im Sinkflug befinden (vgl. die in ▶ Kap. 13.2, These 2 erwähnte »Competency trap«, die Kompetenz-Falle die paradoxer Weise Lernen und Entwicklung verhindert). Analog zu Beobachtungen in der Hochbegabtenforschung, wonach Hochbegabte öfters auch »schwache« schulische Leistungen erbringen (weil z. B. unterfordert oder irritiert), sind auch Kompetenzträger in Organisationen nicht immer nur brillant und total verlässlich funktionierend; sie können sich z. B. in »Tüftelei« verlieren oder in einem zu hohen Anspruchsniveau. Die Führung kompetenter Mitarbeitender kann eine besondere Herausforderung für das Management sein!

3. Es gibt keinen Kompetenzkanon allgemein gültiger Art oder für eine bestimmte Funktion bzw. Position! Solche Anforderungsaspekte werden besser durch die sog. **Qualifikationen** beschrieben.

Kompetenzanforderungen sind **kontextspezifisch** (also auf bestimmte Kontexte, z. B. Märkte, oder auf eine konkrete Unternehmung bzw. Institution bezogen) und sie sind **strategisch** weil zukunftsorientiert. Das heißt, **wie** und **wohin** wird sich oder soll sich eine Organisation, Profession, Funktion, Position, etc. **entwickeln**? Kompetenzmanagement heißt, das **qualitative Potenzial** auch mengenmäßig zu entwickeln, welches für die Erreichung der **strategischen Ziele** der Organisation (Institution) notwendig ist.

In diesen 3 (neuen) Akzentsetzungen einer schon immer geführten Debatte um materielle und formale Ziele der Betrieblichen Aus- und Weiterbildung liegt das große **heuristische Potenzial** des Konzepts »Kompetenz« und nicht in den begriffsscholastischen Definitionen und Diskussionen um Kompetenzen und ihre Klassifikationssysteme. Dieser neue, frische Blick auf »alte« Fragestellungen ermöglicht auch einen »bleibenden« Erkenntnisgewinn und Fortschritt in der wirtschafts- bzw. managementpädagogischen Praxis.

Es ist aber nicht zu erwarten, dass der Kompetenzbegriff das Schlusswort sein wird. Also, »what's next«? Es fällt auf, dass einige neuere Ansätze auch da wo sie den Begriff Kompetenz verwenden, einen hoch komplexen Sachverhalt meinen, der den Kompetenzbegriff transzendiert, ja eigentlich sprengt und eigentlich mehr eine Kodierung für politische, institutionelle, unternehmerische »Governance« (Regierungsleistung) ist. Beispiele dafür sind u. a. Wunderer und Bruchs »**Umsetzungskompetenz**«, Diagnose und Förderung in Theorie und Unternehmenspraxis (2000). In der Tat, was ist das zentrale Erfolgskriterium jeder Form von Regierung (Governance) in allen Segmenten der Gesellschaft anders als deren Umsetzungskompetenz? Und woran entzündet sich die oft sehr berechtigte Kritik, wenn nicht an der mangelnden Umsetzungskompetenz, was, etwas gröber ausgedrückt, auch **Versagen** genannt wird?

Oder der sehr produktive Ansatz von Hausammann: »Personal Governance als unverzichtbarer Teil der Corporate Governance und Unternehmensführung« (2007). Der Autor verwendet in seinem Buch den Begriff »Kompetenz« zwar nicht in einer privilegierten Weise, aber es ist völlig evident, dass »Personal Governance« eine **Meta-Kompetenz** ist, welche sich auf die 7 in seinem Buch beschriebenen Kompetenzfelder konstituiert.

In unseren eigenen beratenden, assessierenden und andragogischen Tätigkeiten lassen wir uns gerne anregen durch ein im Angelsächsischen gebräuchlichen Konzept: der »**Capability**«.

Was kommt nach der Kompetenz-Welle?

Capability als Befähigung, Vermögen und Potenzial

» Dieser englische Begriff hat eine interessante Etymologie. Aus dem lat. **capere**, nehmen, fasse und **capax**, Fassungsvermögen, würdig i. S. von ebenbürtig, befähigt zu …. wird französisch **capable** bzw. **Capacité**, engl. **Capability** bzw. **capacious** bzw. **capable**. Als **heu-**

◘ **Tab. 10.5** Was ist »Capability«? (Aus Eck, Jöri & Vogt, 2007)

Capability (pl. Capabilities) als Befähigung – Vermögen – Potenzial ist das spezifische Zusammenwirken von		
Wissen Inhalte (Umfang) und Methoden, um zu Wissen zu kommen (Wissenstaxonomie)	**Skills** Fertigkeiten, Techniken, Handhabung von Instrumenten	**Kompetenzen** Beherrschung von Regeln und Bewältigung von Schwierigkeiten in komplexen Bereichen, z. B. Sprachkompetenz, emotionale Kompetenz, Rollenkompetenz
Beruhend auf raum-zeitlichen Voraussetzungen wie **Situation – Rahmenbedingungen – Motivation**		

ristisches **Schema** für die Ermittlung, Analyse und Beschreibung sog. Anforderungen dient die Systematik (in ◘ Tab. 10.5).

Das Konzept der Capability geht mehr vom **Ergebnis** und dem **Volumen** (Ausmaß, Ressourcen) aus und definiert so die **Performanz** (Leistungsvermögen), in qualitativer, quantitativer und zeitlicher Hinsicht. Es fokussiert nicht so sehr die Einzelperson sondern die **Interaktionen** innerhalb eines Ganzen, um ein bestimmtes Resultat zu erreichen. Außerdem ist dieses Konzept nicht auf bestimmte (präskriptive) Art und Weise, ein Problem zu lösen, fixiert, sondern ist offen für sehr unterschiedliche Qualifikationen, z. B. auch sog. **Vintage-Qualifikationen** (D. Mertens, 1977), d. h. die Fähigkeit, fehlende oder unzureichend vorhandene Qualifikationen, Ressourcen etc. durch **andere Qualifikationen**, Ressourcen zu kompensieren. Vgl. die Ausdrucksweise **se débrouiller**, sich behelfen. (Aus Eck, Jöri & Vogt, 2007, S. 47–48) **《**

»Through-put«-Modalitäten

Das begriffliche Konzept der Capability ist außerdem nicht nur auf »Output-Performanz« fixiert. Gerade in Organisationen (Gremien, Gruppen) ist es wesentlich, sich für die **»Through-put«-Modalitäten** zu interessieren, obwohl oder gerade weil sie für das obere Management eine »Blackbox« darstellen. Wie **bewältigen** Personen, Gruppen z. B. Stress, Spannungen, besondere Schwierigkeiten? Diese Fragen des **»copings«** und des **»containements«** berühren das Thema der Resilienz (Belastbarkeit, Widerstandsfähigkeit, Verarbeitungsfähigkeit), welche zunehmend ein Schwerpunkt der klinischen und sozialpsychologischen Forschung ist.

▪ ▪ Zusammenfassung

Der Begriff Kompetenz und seine Inhalte sind eine wichtige Ergänzung und Weiterentwicklung der schon lange eingeführten Begriffe wie Wissen – Können (Fähigkeiten) – Qualifikationen – Anforderungen – usw. Die etwas inflative und unreflektierte Verwendung des Begriffs Kompetenz zu erarbeiten, welches auf das konkrete Anwendungsfeld ausgerichtet ist. Das heuristische Potenzial des Kompetenzbegriffs kommt im Quadrat der Faktoren, welche Kompetenz konstruieren (◨ Abb. 10.1) zum Tragen und in der Perspektive, das Kompetenz ein strategisches und innovatives Element in der Bewältigung zukünftiger (d. h. noch nicht im Detail bekannter) Herausforderungen darstellt. Kompetenzen als Lern-, Trainings- und Erfahrungsziel können nicht einfach aus einem bestehenden Kompetenzenkanon abgerufen werden, sondern müssen aufgrund sorgfältiger Analysen und Extrapolationen erarbeitet werden. Dazu gibt dieser Beitrag einige methodische Hinweise. Bezüglich des Erwerbs, des Lernens von Kompetenzen im Rahmen des HRM ▶ Kap. 13 in diesem Band.

10.2   Anforderungsanalyse durchführen

Jack Rietiker

Die Anforderungsanalyse kann als eine Möglichkeit der Entwicklung von Kompetenzen betrachtet werden. Sie ermöglicht die systematische Erfassung der Faktoren, welche Kompetenzen konstruieren (◨ Abb. 10.1). Umfassend gesprochen geht es bei jeder Tätigkeit um das:

- **Was** – Was für Aufgaben soll der Stelleninhaber erledigten?
- **Wie** – Wie sollen diese Aufgaben ausgeführt werden?
- **Womit** – Welche Hilfsmittel braucht man für die Bewältigung der Aufgabe?

❯ Eine Anforderungsanalyse ist ein strukturiertes, systematisches Vorgehen bei der Sammlung und Analyse von Informationen über einen Arbeitsplatz. Sie liefert eine detaillierte Auflistung der relevanten Arbeitsplatzelemente und endet idealerweise in einer schriftlich dokumentierten Zusammenfassung der Ergebnisse.

Anforderungsanalysen sollten für jede Stelle erstellt werden, weil im Rollengefüge einer jeden Organisation die spezifischen Anforderungen auf eine Funktion, resp. Stelle treffen. Verschiedene Verfahren ermöglichen die systematische Anforderungsanalyse. Hierzu seien einige erwähnt.

für jede Funktion die spezifischen Anforderungen

Tagebuch/Selbstbeschreibungen Führen eines »Tagebuches« durch den Stelleninhaber, in dem er alle anfallenden Tätigkeiten und Vorgänge und den jeweiligen Zeitbedarf notiert. Entscheidend ist die Fähigkeit und Bereitschaft zur akkuraten und realitätsgetreuen Selbstauskunft.

Tagebuch und Selbstbeschreibung

Beobachtungen Beobachten des Stelleninhabers bei der Ausübung seiner Tätigkeit, möglicherweise in strukturierter Form mit Videounterstützung. Der Einsatz ist auf eher manuelle Arbeitsplätze mit einem hohen Anteil an beobachtbaren Arbeitsvorgängen beschränkt. Die Methode ist anfällig für den »Hawthorn-Effekt« (der

Beobachtungsbogen

Stelleninhaber kann sich aufgrund der Beobachtungssituation anders verhalten als sonst).

Interviews und Gespräche

Interviews/Gespräche Durchführen von Interviews (einzeln oder in der Gruppe) mit Stelleninhabern, Vorgesetzten, Experten und anderen Personen, die eine präzise Vorstellung von der Tätigkeit haben. Hier gibt es eine weite Spanne von sehr unsystematischen und offenen Vorgehensweisen bis hin zu strukturierten Interviews und Fragebögen.

Fragebogen

Fragebogen Schriftliche Befragung von Stelleninhabern, Vorgesetzten und anderen Personen. Die Auswertung wird erleichtert, doch ist die Tiefe der Informationen nicht immer unbedingt gegeben.

Aktenstudium

Aktenstudium Analyse vorhandener Informationen zur Stelle, etwa Organisationshandbücher, Stellenanzeigen etc., wodurch zwar eher der Status Quo festgeschrieben und eine Neubewertung der Anforderungen und Inhalte einer Position verhindert wird.

Ausübung der Tätigkeit

Ausübung Eigenes Ausüben der Tätigkeiten in der zu analysierenden Stelle, um die Inhalte und Aufgaben aus eigener Anschauung kennenzulernen, wobei dies naturgemäß auf relativ einfach zu erlernende Tätigkeiten beschränkt ist.

**»Critical Incident Technique«
zur Anforderungsanalyse**

Zu diesen verschiedenen Verfahren sind Techniken vorhanden wie die **»Critical Incident Technique« (CIT)**. Die CIT wurde erstmals von Flanagan (1954) beschrieben und ist eine Methode, die eine flexible Vorgehensweise zur direkten Beobachtung menschlicher Verhaltensweisen erlaubt. Damit wird diese Verhaltensweise auf die Nützlichkeit bei der Lösung praktischer Problemstellungen überprüft und übergreifende psychologische Prinzipien daraus abgeleitet. Sie war damals konzipiert um herauszufinden, in welcher Weise sich effiziente von ineffizienter Arbeit im Militär unterscheidet. Ein »Critical Incident« ist ein in der Vergangenheit aufgetretenes, ungewöhnliches, seltenes oder einmaliges Ereignis, dessen erfolgreiche oder fehlgeschlagene Bearbeitung durch den Stelleninhaber bedeutsame Auswirkungen auf dessen Arbeitsleistung hatte. Ein solches Ereignis ist beschrieben durch:

- einen Beginn, ein Ende und ein Ergebnis,
- unerwartetes und seltenes Auftreten sowie
- einen signifikanten Effekt auf die Arbeitsleistung in der zu beschreibenden Position.

Die CTI basiert auf einer sehr unstrukturierten, interaktiven Befragung und Diskussion, aber kann zu ausgesprochen detaillierten und aufschlussreichen Einblicken in eine Position führen. Die Interviews werden typischerweise mit den Stelleninhabern oder Vorgesetzten durchgeführt und sind insbesondere nützlich für verhaltensorientierte Interviews und die Entwicklung von Fallstudien für »Assessment«-Übungen. Konkret geht es also um die Ermittlung von Handlungen, die so prägnant und bedeutsam sind (erfolgskritische Situationen), dass sie Aussagen über die Kompetenz einer Person ermöglichen.

Checkliste: Vorgehen bei einer CIT

1. Welche Ereignisse waren im letzten Jahr in der zu besetzenden Stelle erfolgsentscheidend?
2. Wann, wodurch werden auf dieser Stelle die Tore geschossen?
3. Welches sind die Frustrationsquellen dieser Stelle?

Es sollte darauf geachtet werden, dass bei einer Situationsbeschreibung immer die folgenden 3 Punkte komplett sind:

a. Situationsbeschreibung: Situation, Hintergrund, Beteiligte, Thema oder Aufgabe
b. Verhaltensbeschreibung:
   - Wie verhält sich ein erfolgreicher Stelleninhaber in der jeweiligen Situation?
   - Wie verhält sich ein weniger erfolgreicher Stelleninhaber in der Situation?
c. Verhaltenskonsequenzen: Ergebnis des Verhaltens

jedes Ereignis wird beschrieben durch eine Schilderung der Situation, des Verhaltens und der Konsequenzen

---

Aus den gewonnenen Informationen lassen sich Anforderungskriterien formulieren, welche sich aus Fähigkeiten, Fertigkeiten und Eigenschaften zusammensetzen. Je präziser die Anforderungskriterien definiert werden, desto gezielter und erfolgreicher kann später die Eignungsdiagnostik erfolgen.

❯ **Eine Anforderungsanalyse ist im Allgemeinen eine zwingende Voraussetzung für eine gute Eignungsdiagnostik. Jede Eignungsdiagnostik ist nur so gut wie die Anforderungsanalyse, die ihr vorausgeht.**

Wo möglich sollten verschiedene Vorgehen der Anforderungsanalyse kombiniert werden, was die Qualität erhöht (Multi-Methoden-Ansatz), da jede Methode ihre spezifischen Defizite hat. Selbst wenn gut definierte und bewährte Anforderungsprofile für die zu besetzende Stelle vorliegen, sollte nicht darauf verzichtet werden, die Fragen nach neu entstandenen oder neu erkannten spezifischen Anforderungen zu stellen.

Multimethodenansatz zur Erhöhung der Qualität der Anforderungsanalyse

Eine weitere interessante Möglichkeit einer Anforderungsanalyse stellt das »**Occupational Information Network**«, kurz **O*NET** dar (Peterson et al., 1999; ◨ Abb. 10.5). Hierbei werden verschiedene Zugänge zu den Tätigkeitsanforderungen angeboten. Bezeichnet werden diese von den Autoren als »Fenster auf die Erfordernisse«.

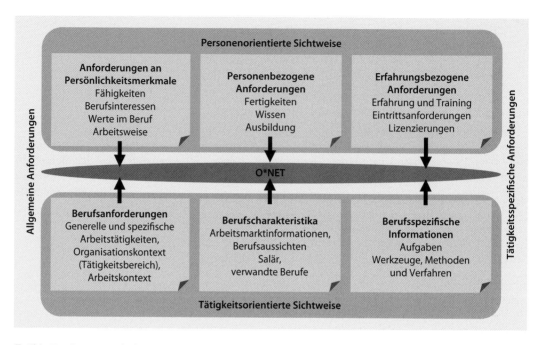

□ Abb. 10.5 Occupational Information Network (O*NET). (Peterson et al., 1999; Übersetzung des Autors – Jack Rietiker)

10.2.1 Operationalisierung und Diagnostik von Kompetenzen

Gemeinsamkeiten in der Kompetenzdefinition

Aus den Darstellungen von C. D. Eck sowie weiteren Autoren lässt sich erkennen, dass in den letzten Jahren Überlegungen zu einer gemeinsamen Definition von Kompetenz angestellt wurden. Einig ist man sich darüber, dass Kompetenzen theoretische Konstrukte sind. Weiter sind folgende übereinstimmende Sichtweisen/Grundmerkmale festzustellen:

- Kompetenz geht über Kognition (Wissen) hinaus. Berufliche Handlungskompetenz ist definiert als die »Integration kognitiver, emotional-motivationaler, volitiver und sozialer Aspekte des menschlichen Handelns in der Arbeitssituation« (Birkhan, 2008).
- Kompetenz als Selbstorganisationsfähigkeit des Menschen, d. h. Kompetenzen umschreiben nicht primär spezifische Fähigkeiten oder Fertigkeiten, die in bestimmten Situationen eingesetzt werden können, sondern die grundlegende Fähigkeit, Wissen situationsgerecht in Handlungen umzusetzen, die zur Entwicklung, Innovation oder Problemlösung beitragen.
- Kompetenz als Handlungsressource.

❯ Jede Kompetenz besteht aus den Elementen **Fähigkeiten,**
Interessen, Stil, Motive, Fertigkeiten, Qualifikationen, Wis-
sen, Erfahrung sowie emotionale Dispositionen. Erst die
Verknüpfungen der Elemente mit der Handlungsmotivation
und Handlungsfähigkeit – abhängig von den Situationsvariablen – werden zu Kompetenzen, die zur Problemlösung
oder Innovation eingesetzt werden können. Kompetenzen
sind demnach »Meta-Fähigkeiten«, die selbst gesteuertes
Handeln ermöglichen und die verändert werden können.
Fertigkeiten bezeichnen spezifische, aufgabenbezogene
Kompetenzen.

Kompetenz äußert sich also in der Bewältigung von Handlungssitu-
ationen und ist ein einmaliges Merkmal auf individueller Ebene. Das
Handeln basiert dabei auf der subjektiven Situationswahrnehmung.
Die Person gibt der Situation subjektiv eine Bedeutung und bestimmt
damit, welche Kompetenzdimension in welcher Ausprägung für die
Bewältigung erforderlich ist. Ein weiteres Merkmal von Kompetenzen
ist die Veränderbarkeit durch das Individuum selber sowie auch Dritte. Bei der Veränderung wird die Vorbereitung auf mögliche Hand-
lungssituationen angestrebt. Es kann zu Kompetenzverlust kommen,
wenn sie nicht genutzt werden. Was bedeuten diese Ausführungen für
die Personaldiagnostik?

Zugänglichkeit der Kompeten-
zen für die Personaldiagnostik

- Kompetenzen sind ausschließlich im Handlungskontext beob-
  achtbar.
- Kompetenzen müssen in unterschiedlichen Kontexten ermittelt
  werden.
- Kompetenzen können nur über Umwege (z. B. über das Verhalten) oder über Selbstauskünfte der Personen zugänglich gemacht
  werden.
- Kompetenzen sollen über wiederholte Erfassungen zu verschiedenen Zeitpunkten erschlossen werden um damit Kompetenz-
  verläufe aufzuzeigen.

Eine objektive Kompetenzmessung wird damit wohl kaum erreichbar
sein und entspricht nicht dem Konzept von Kompetenzen. Dies heißt
aber nicht, dass vom theoretischen Konstrukt »Kompetenz« Abstand
genommen werden soll. Vielmehr umfasst dieses die Faktoren, welche den Kompetenzbegriff konstituieren und für die Anforderungen
der Arbeitswelt elementar sind. Dies setzt voraus, dass Kompetenzen durch Verhaltensindikatoren operationalisiert werden müssen
(◘ Abb. 10.6).

Zusammenfassung

- Die Anforderungsanalyse ist ein Instrument zur Kompetenzentwicklung, wobei die »Critical Incident Technique« eine der bekanntesten Techniken darstellt.

Negatives Verhalten	1	2	3	4	5	Positives Verhalten
Lässt andere den Verlauf des Gespräches steuern						Prägt und beeinflusst den Gesprächsverlauf aktiv
Äußert sich negativ und zeigt wenig Engagement und Begeisterung						Zeigt eine positive und engagierte Einstellung
Spricht mit seinen Argumenten die Emotionen der anderen nicht an						Benutzt Argumente, die die Emotionen des Gegenübers ansprechen

◼ **Abb. 10.6** Operationalisierung durch Verhaltensbeschreibung am Beispiel der Verhandlungskompetenz (Bewertungsformular)

▬ Zu einer Situationsbeschreibung gehören auch die Schilderung des Verhaltens und deren Konsequenzen.

▬ Kompetenzen müssen über Verhaltensindikatoren operationalisiert werden.

Literatur

Abeles, N. (1994). Competency in Psychology. In R. J. Corsini (Ed.), *Encyclopedia of Psychology, Vol. 1* (pp. 275–276). London: Wiley.

Allinson, C. W. & Hayes, J. (1988). Cognitive style and the theory and practice of individual and collective learning in organizations. *Human Relations, 51* (7), 847–871 (dort weitere Literaturhinweise).

Becker, A., Brauner, E. & Duschek, S. (2006). Transaktives Wissen, Kompetenzen und Wettbewerbsvorteile. Der Akteur als strategischer Faktor. In G. Schreyögg & P. Conrad (Hrsg.), *Managementforschung (Bd. 16): Management von Kompetenz* (S. 201–230). Wiesbaden: Gabler + VS Verlag.

Bergmann, B. (1996). Lernen im Prozess der Arbeit. In QUEM (Hrsg.), *Kompetenzentwicklung »96«: Strukturwandel und Trends in der betrieblichen Weiterbildung.* Münster: Waxmann.

Bergmann, B. (1999). *Training für den Arbeitsprozess – Entwicklung und Evaluation aufgaben- und zielgruppenspezifischer Trainigsprogramme.* Zürich: Vdf.

Bildungsinitiative CH-Q. (Hrsg.). (1999). *Schweizerisches Qualifikationsprogramm zur Berufslaufbahn, Schweizerisches Qualifikationsbuch.* Zürich.

Birkhan, G. (2008). Eignungsdiagnostik und Psychodynamik. In W. Sarges & D. Scheffer (Hrsg.), *Innovative Ansätze für die Eignungsdiagnostik* (S. 373–383). Göttingen: Hogrefe.

Bleis, C. & Helpup, A. (2009). *Management. Die Kernkompetenzen.* München: Oldenburg.

Bohnenkamp, H., Dirks, W. & Knab, D. (Hrsg.). (1966). *Empfehlungen und Gutachten des Deutschen Ausschusses für das Erziehungs- und Bildungswesen 1953–1965.* Stuttgart: Klett.

Bühler, K. (1918). *Die geistige Entwicklung des Kindes* (3. Aufl., 1930). Jena: Fischer.

Bunk, G. P. (1994). Kompetenzvermittlung in der beruflichen Aus- und Weiterbildung in Deutschland. *Europäische Zeitschrift für Berufsbildung, 1,* 9–15.

DUDEN. (2003). *Das große Fremdwörterbuch* (3. Aufl.). Mannheim: Bibliographisches Institut & Brockhaus AG

Eck, C. D. (1990). Rollencoaching als Supervision. In G. Fatzer & C. D. Eck (Hrsg.), *Supervision und Beratung – ein Handbuch* (S. 209–248). Köln: Humanistische Psychologie.

Eck, C. D. (1997). Wissen – ein neues Paradigma des Managements. Wissensmanagement und Lernfähigkeit der Organisation als Schlüsselkompetenz des Managements. *Die Unternehmung, 51* (3), S. 155–179.

Eck, C. D. (2006). Kennzeichen des Lebendigen und das Energiemodell (LOCE) als konzeptueller Hintergrund beraterischer Interventionen. In S. Bächtold & K. Supersaxo (Hrsg.), *Dynamische Urteilsbildung* (S. 201–226; insbes. S. 205–210: Kennzeichen des Lebendigen). Bern: Haupt.

Eck, C. D. (2007). Führung – Leadership. Thesen und Hypothesen zu einem Irrlicht der Praxis und Theorie der Organisationsgestaltung. In R. Ballreich, M. W. Fröse & H. Piber (Hrsg.), *Organisationsentwicklung und Konfliktmanagement* (S. 9–41). Bern: Haupt.

Eck, C. D., Jöri, H. & Vogt. M. (2007). *Assessement-Center* (2. Aufl., 2010). Heidelberg: Springer.

Erpenbeck, J. & Heyse, V. (1999). *Die Kompetenzbiographie. Strategien der Kompetenzentwicklung durch selbstorganisiertes Lernen und multimediale Kommunikation* (Edition QUEM, Bd. 18). Münster: Waxmann.

Erpenbeck, J. & Rosenstiel, L. von. (2007). *Handbuch Kompetenzmessung. Erkennen, verstehen und bewerten von Kompetenzen in der betrieblichen, pädagogischen und psychologischen Praxis* (2. Aufl.). Stuttgart: Schäffer-Poeschel.

Flanagan, J. C. (1954). The critical incident technique. *Psychological Bulletin, 51*, 327–359.

Flavell, J. H. (1979). *Kognitive Entwicklung* (amerik. Orig. 1977). Stuttgart: Klett.

Flavell, J. H., Miller, P. H. & Miller, S. A. (2002). *Cognitive Development* (4. Aufl.). Upper saddle River, NY: Prentice Hall.

Foucault, M. (1992). *Was ist Kritik?* (franz. Orig. 1990). Berlin: Merve.

Freud, S. (1915). *Triebe und Triebschicksale* (GW Bd. 10, S. 210–232). Frankfurt/M.: Fischer-Verlag.

Gehlen, A. (1940). *Der Mensch. Seine Natur und seine Stellung in der Welt* (7. Aufl., 1962). Frankfurt/M.: Suhrkamp.

Gessler, M. (2006). Das Kompetenzmodell. In R. Bröckermann & M. Müller-Vorbrüggen (Hrsg.), *Handbuch Personalentwicklung* (S. 23–41). Stuttgart: Schäffer-Poeschel.

Habermas, J. (1968). *Erkenntnis und Interesse* (NA: 2008). Hamburg: Meiner.

Habermas, J. (1972). Notizen zum Begriff der Rollenkompetenz. In J. Habermas (Hrsg.), *Kultur und Kritik* (S. 195–231). Frankfurt/M.: Suhrkamp.

Hausammann, F. (2007). *Personal Governance als unverzichtbarer Teil der Corporate Governance und Unternehmensführung.* Bern: Haupt.

Jetter, W. (1996). *Effiziente Personalauswahl.* Stuttgart: Schäffer-Poeschel.

Kadishi, B. (Hrsg.). (2001). *Schlüsselkompetenzen wirksam erfassen. Personalselektion ohne Diskriminierung* (Bd. 8, Führungspraxis). Altstätten: Tobler.

Kanning, U. P. (2005). *Soziale Kompetenzen. Entstehung, Diagnose und Förderung.* Göttingen: Hogrefe.

Kanungo, B. & Misra, S. (1992). Managerial resourcefulness: a reconceptualisation of management skills. *Human Relations, 45 (12)*, 1311–1332.

Kasper, H. & Mühlbacher, J. (2004). Konturierung zukünftiger Management Kompetenzen. In H. Kasper (Hrsg.), *Strategien realisieren – Organisationen mobilisieren* (S. 299–317). Wien: Linde Verlag.

Kasper, H. & Mühlbacher, J. (2006). Strategische Aufgaben- und Kompetenzverteilung von Management. In G. Schreyögg & P. Conrad (Hrsg.), *Management von Kompetenz* (S. 231–253). Wiesbaden: Gabler.

Kauffeld, S. (2006). *Kompetenzen messen, bewerten, entwickeln. Ein prozessanalytischer Ansatz für Gruppen.* Stuttgart: Schäffer-Poeschel.

Kurz, R. & Bartram, D. (2002). Competency and individual performance: Modelling the world of work. In I. T. Robinson, M. Callinan & D. Bartram (Eds.), *Organizational Effectiveness: The Role of Psychology* (pp. 227–255). London: Wiley.

Lang-von Wins, T., Triebel, C., Buchner, U. G. & Sandor, A. (2008). *Potenzialbeurteilung. Diagnostische Kompetenz entwickeln – die Personalauswahl optimieren.* Heidelberg: Springer.

Luoma, M. (2006). A Play of Four Arenas: How Complexity Can Serve Management Development. *Management Learning, 37* (1), pp. 101–124.

Marquard, O. (1981). *Abschied vom Prinzipiellen* (darin »Inkompetenzkompensationskompetenz«, S. 23–38). Stuttgart: Reclam.

Marquard, O. (2000). *Philosophie des Stattdessen* (darin »homo compensator«, S. 11–29 und »Kompensationstüchtigkeit«, S. 55–59). Stuttgart: Reclam.

Mertens, D. (1977). Schlüsselqualifikationen. In H. Siebert (Hrsg.), *Begründungen gegenwärtiger Erwachsenenbildung.* Braunschweig: Westermann.

Millon, T. (2003). Evolution: A Generative Source for Conceptualizing the Attributes of Personality. In B. Irving & B. Weiner (Ed. In Chief), *Handbook of Psychology*, Vol. 5, T. Millon & M. J. Lerner (Eds.), Personality and social psychology (S. 3–30). London: Wiley.

Münch, J. (2002). Bildungspolitik. In R. Arnold (Hrsg.), *Grundlagen der Berufs- und Erwachsenenbildung* (Bd. 28). Hohengehren: Schneider.

Peterson, N., Mumford, M., Borman, W., Jeanneret, P. & Fleishman, E. (1999). *An occupational information system for the 21st century. The development of O*NET.* Washington, DC: American Psychological Association.

Plessner, H. (1928). *Die Stufen des Organischen und der Mensch. Einleitung in die philosophische Anthropologie* (Bd. 4 der GS, 1981). Frankfurt/M.: Suhrkamp.

Robertson, I. T., Callinan, M. & Bartram, D. (Eds.). (2002). *Organizational Effectiveness. The Role of Psychology.* London: Wiley.

Sarges, W. (2006). Competencies statt Anforderungen – nur alter Wein in neuen Schläuchen? In H. C. Riekhof (Hrsg.), *Strategien der Personalentwicklung* (6. Aufl., S. 133–148). Wiesbaden: Gabler.

Sartre, J. P. (1991). *Das Sein und das Nichts. Versuch einer phänomenologischen Ontologie* (franz. Orig. 1943). Hamburg: Rowohlt.

Schuler, H. (2006). Arbeits- und Anforderungsanalyse. In H. Schuler (Hrsg.), *Lehrbuch der Personalpsychologie* (2. Aufl., S. 45–48). Göttingen: Hogrefe.

Schutz, W. C. (1955). What makes groups productive? *Human Relations, 8*, 429–465.

Staudt, E. & Kriegsmann, B. (2002). Weiterbildung. Ein Mythos zerbricht (nicht so leicht!). In E. Staudt et al. (Hrsg.), *Kompetenzentwicklung und Innovation. Die Rolle der Kompetenz bei Organisations-, Unternehmens- und Regionalentwicklung* (S. 71–125). Münster: Waxmann.

Treier, M. (2009). *Personalpsychologie im Unternehmen*. München: Oldenburg.

White, R. W. (1959). Motivation reconsidered: The concept of competence. *Psychological Review, 66,* 297–333.

Wunderer, R. & Bruch, H. (2000). *Umsetzungskompetenz. Diagnose und Förderung in Theorie und Unternehmenspraxis*. München: Vahlen.

10

Auswahl von Personal

Jack Rietiker

Dem heutigen Trend zur Wissenschaftlichkeit ist auch die Personalauswahl unterlegen. So plädiert die wissenschaftliche Personalauswahl – charakterisiert durch rational-objektive Grundsätze – für den Einsatz von standardisierten und validen Instrumenten wie Tests oder Persönlichkeitsfragebogen. In Anbetracht der dynamischen Arbeitsgesellschaft, verschiedener Einflüsse auf das Verhalten des Individuums sowie Wahrnehmungs- und Beurteilungsfehlern stellt sich die Frage, inwieweit die wissenschaftliche Personalauswahl dem eigenen Anspruch genügen kann. Dagegen steht die Anwenderpraxis durch den HR-Verantwortlichen, welche durch die erfahrungsbasiert-intuitive Urteilsbildung gekennzeichnet ist. Der folgende Beitrag geht auf diesen Diskurs ein und plädiert für ein Zusammenfügen zwischen beiden Extremen. Dies bedeutet einerseits, dass der adäquate Einsatz von standardisierten Methoden durchaus sinnvoll ist, andererseits aber auch, dass die Handlungs- und Beurteilungskompetenz des HR-Verantwortlichen gestärkt werden muss. Mit dem Interview als »Königsweg« der Personalauswahl wird diesem Ansatz Rechnung getragen. Vor allem werden psychologische Aspekte betrachtet und nicht der Personalauswahl-Prozess oder verschiedene Instrumente dargelegt.

11.1 Der Begriff Personaldiagnostik

Diagnostik beinhaltet Erkennen, Unterscheiden und Beurteilen von Merkmalen

Die Personalauswahl ist ein Aufgabenfeld der Personaldiagnostik. Der Begriff Diagnostik leitet sich ab aus dem griechisch-lateinischen »diagnostikein« und kann übersetzt werden als »gründlich erkennen, Merkmale unterscheiden und Beurteilungen vornehmen«. Einerseits ist es die Lehre und der Vorgang der Beurteilung, andererseits die Gesamtheit der Grundsätze, Regeln und Vorschriften von Methoden zur Erstellung von Diagnosen. Die psychologische Diagnostik umfasst weiter das systematische Sammeln und Aufbereiten von Informationen mit dem Ziel, Entscheidungen und daraus resultierende Handlungen zu begründen, zu kontrollieren und zu optimieren. Man gewinnt dadurch psychologische Charakteristika von Merkmalsträgern und integriert Daten zu einem Urteil (Diagnose, Prognose). Dabei sind die Merkmalsträger Einzelpersonen, Personengruppen, Institutionen, Situationen, Gegenstände etc. Im beruflichen Kontext, d. h. der Personaldiagnostik – auch Eignungsdiagnostik genannt – beinhaltet dies 4 Aufgabenfelder (Kanning, 2004; ◘ Abb. 11.1).

Personaldiagnostik kann Fehlentscheidungen reduzieren

Obschon Thema dieses Beitrages die Personalauswahl ist, gelten viele der darin behandelten Inhalte auch für die anderen Aufgabenfelder. Bei der Personalauswahl soll die Personaldiagnostik helfen, Fehlentscheidungen zu reduzieren, denn diese haben tief greifende Konsequenzen, sowohl in menschlicher wie auch in wirtschaftlicher Hinsicht:

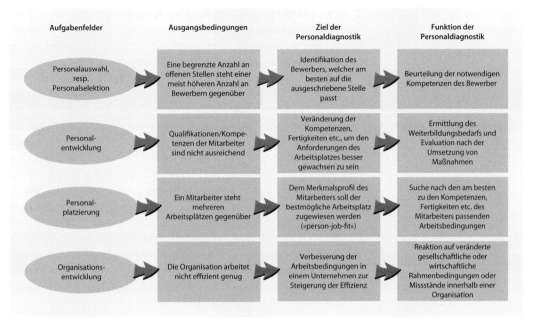

Aufgabenfelder	Ausgangsbedingungen	Ziel der Personaldiagnostik	Funktion der Personaldiagnostik
Personalauswahl, resp. Personalselektion	Eine begrenzte Anzahl an offenen Stellen steht einer meist höheren Anzahl an Bewerbern gegenüber	Identifikation des Bewerbers, welcher am besten auf die ausgeschriebene Stelle passt	Beurteilung der notwendigen Kompetenzen des Bewerber
Personal- entwicklung	Qualifikationen/Kompetenzen der Mitarbeiter sind nicht ausreichend	Veränderung der Kompetenzen, Fertigkeiten etc., um den Anforderungen des Arbeitsplatzes besser gewachsen zu sein	Ermittlung des Weiterbildungsbedarfs und Evaluation nach der Umsetzung von Maßnahmen
Personal- platzierung	Ein Mitarbeiter steht mehreren Arbeitsplätzen gegenüber	Dem Merkmalsprofil des Mitarbeiters soll der bestmögliche Arbeitsplatz zugewiesen werden (»person-job-fit«)	Suche nach den am besten zu den Kompetenzen, Fertigkeiten etc. des Mitarbeiters passenden Arbeitsbedingungen
Organisations- entwicklung	Die Organisation arbeitet nicht effizient genug	Verbesserung der Arbeitsbedingungen in einem Unternehmen zur Steigerung der Effizienz	Reaktion auf veränderte gesellschaftliche oder wirtschaftliche Rahmenbedingungen oder Missstände innerhalb einer Organisation

Abb. 11.1 Aufgabenfelder der Personaldiagnostik. (Nach Kanning, 2004)

- **Für den Arbeitnehmer**: Unzufriedenheit, Frustration, Demotivierung, innere Kündigung, erhöhte Belastung durch die Arbeitssituation, Über-/Unterforderung etc.
- **Für die Organisation**: Belastetes Arbeitsklima, hoher finanzieller Aufwand (bis zu 3 Jahresgehälter je nach Funktion und Stelle) durch Einarbeitung oder Fluktuationen etc.

Dabei sind Möglichkeiten für die Korrektur einer Fehlbesetzung oftmals beschränkt. In einer Arbeitsmarktsituation, wo Organisationen diejenigen Bewerber auslesen können, welche alle über die gewünschten Kompetenzen verfügen, benötigt man kein anspruchsvolles Personalauswahlverfahren. Jeder zusätzliche Aufwand würde unnötige Kosten verursachen. Leider findet sich in der Realität diese Situation kaum mehr. Viel eher ist es so, dass aus einer Vielzahl von Bewerbern die Person ausgewählt werden muss, die am ehesten über die gewünschten Qualifikationen verfügt. Dazu wird die Personaldiagnostik benötigt, als Analyse der Übereinstimmung zwischen der beruflichen Tätigkeit einerseits und des Kandidaten andererseits. Dabei liegt der Schwerpunkt bei der Beurteilung des Auswahlverfahrens darauf, wie gut das Verfahren die spätere berufliche Leistung einer Person vorhersagen kann. Doch, wie gut kann sie dies wirklich? Wie adäquat ist sie in der heutigen Arbeitswelt noch? Fragen, auf die im Folgenden eingegangen wird.

Konsequenzen bei Fehleinstellungen

sinnvoller Einsatz der Personaldiagnostik

11.2   Grenzen der wissenschaftlichen Personalauswahl

11.2.1   Dynamik der Arbeitsgesellschaft und Auswirkungen auf die Personaldiagnostik

Veränderung des psychologischen Vertrags durch die dynamische Arbeitsgesellschaft

Komplexität und Dynamik in Wirtschaft und Gesellschaft nehmen zu, wie etwa die weltweite Vernetzung internationaler Märkte, der demographische Wandel, der Umbruch von Industrie- zu Dienstleistungs- und Wissensgesellschaften, ferner veränderte Wertvorstellungen und Lebensläufe der Individuen. Damit haben sich einerseits die Anforderungen an das Personal in den letzten Jahren stark verändert, andererseits auch der psychologische Vertrag. Dieser beschreibt – jenseits der formalen und juristischen Verträge – die Beziehung zwischen Organisation und Arbeitnehmer und zeigt sich in gegenseitigen Erwartungen und Angeboten. Ungeachtet der Diversität und Kontextbezogenheit (Branche, Firmengröße, Kultur, Firmenstandort) sind Mitarbeiter durch folgende Faktoren und Trends herausgefordert:

- Wachsende Komplexität der Probleme (Vielzahl von Variablen, Interdependenzen, Restriktionen des Lösungsspielraums etc.),
- zunehmende Ungewissheit(en) durch raschere Veränderungen, Neuanfang, Neuausrichtung, Kurzfristigkeit, Instabilität,
- größere Anforderungen an die Wettbewerbsfähigkeit in Bezug auf Qualität, Kosten, Zeit und
- verstärkt wahrgenommene Ambiguität (Mehrdeutigkeit, »Unbehagen«) weil:
  - Der Kreis der »Stakeholders« größer wird und diese sich stärker einbringen.
  - Es »the-one-best-way«, d. h. die fraglos »richtige« Lösung bzw. Methode immer weniger gibt.

Tests als statische Methoden

Für das Individuum, für welches die Arbeit nicht nur das Mittel zur Einkommenssicherung darstellt, sondern einen zentralen Stellenwert im gesellschaftlichen und individuellen Leben hat, sind dies bedeutende Veränderungen. Dies gilt auch für die Personaldiagnostik. Können Tests, die meistens statisch angelegt sind, diese Komplexität und Dynamisierung der Arbeitswelt überhaupt abbilden? Bei der Personalauswahl stehen auf beiden Seiten immer Individuen im Mittelpunkt, der Bewerber und der Beurteiler. Und diese Individualität kann nicht ausgeschlossen werden und somit gibt es auch keinen »richtigen« Weg in der Identifikation von geeigneten Mitarbeitern.

> ❯ Die richtige Methode der Personaldiagnostik gibt es nicht (mehr). Vielmehr soll der Personaldiagnostik-Prozess den kulturellen Gegebenheiten und Möglichkeiten der Organisation angepasst werden.

Lang-von Wins (2000) hat in einem Forschungsprojekt festgestellt, dass die wissenschaftlich begründete Personaldiagnostik sich wenig an den Bedürfnissen der Anwender, hier der HR-Verantwortlichen, orientiert. Vielmehr stellt sie ein Methodendiktat auf und berücksichtigt die organisationalen Bedingungen der Praxis zu wenig. Das »Mindmap« (◘ Abb. 11.2) stellt die verschiedenen Blickwinkel und Anforderungen an die Personaldiagnostik dar.

wissenschaftliche Personaldiagnostik ist wenig anwenderorientiert

11.2.2 Wissenschaftlich orientierte Personalauswahl als Statusermittlung

Bei der Personalauswahl wird ein aktueller Status ermittelt, d. h. wie der momentane »Person-Environment Fit« aussieht. Durch die Dynamik der Arbeitswelt lässt sich hingegen kaum eine verlässliche Aussage darüber machen, wie die Person mit sich verändernden Arbeitsanforderungen umgehen wird. Ebenso wenig wie dem Umstand, mit statusorientierten eignungsdiagnostischen Mitteln die Entwicklung eines Individuums vorherzusagen. Eine (wissenschaftlich) gut durchgeführte Eignungsdiagnostik wird also bestenfalls eine Aussage über eine momentane Übereinstimmung zwischen Person und Tätigkeit, resp. Organisation machen. Sie wird aber vermutlich wenig Auskunft darüber geben können, wie sich die Person verhalten wird, wenn sich die Tätigkeitsanforderungen verändern werden. Was heißt dies nun für die Personalauswahl, resp. die Vorhersage möglichen Verhaltens einer Person, wenn die Anforderungen für die Zukunft unklar und wenig definierbar sind?

wissenschaftliche Personalauswahl ermittelt Status

Ein weiterer Aspekt, welcher gegen eine wissenschaftliche Eignungsdiagnostik spricht, ist der Umstand, dass Verantwortliche der Personalauswahl – wie alle Menschen – dazu neigen Personen sympathisch zu finden, die ihnen selbst ähnlich sind, und die sie damit für kompetent halten. Statt von den Kompetenzen auszugehen, werden dann häufig Kriterien definiert, die sich implizit daran orientieren, welchen Bewerber man gerne einstellen möchte. Dies geschieht auf der Basis von **Sympathie** und **Ähnlichkeit**. Was passiert nun? In der scheinbar objektiven Personalselektion werden trotz hoch wissenschaftlichen Fragebogen und Tests Entscheide getroffen, die höchst subjektiv sind. Methodendiktate und hoch wissenschaftliche Anforderungen an Instrumente können diesem Umstand nicht genügen, so wenig wie der Personalauswahl-Prozess angepasst auf die Dynamik der Arbeitsgesellschaft und den kulturellen Anforderungen der Organisation, d. h. der Berücksichtigung organisationaler Gesichtspunkte.

Subjektivität während des Personalauswahlprozesses

Für die HR-Verantwortlichen stellen sich in der Personalauswahl i.d.R. 3 Aufgaben/Fragen (Birkhan, 2008):

3 Aufgaben in der Personalauswahl

1. **Erklärung eines Verhaltens**: Woran liegt es, dass ein Mitarbeiter einer bestimmten Arbeitssituation ein Verhalten zeigt/eine Leistung erbringt, und in einer anderen nicht?

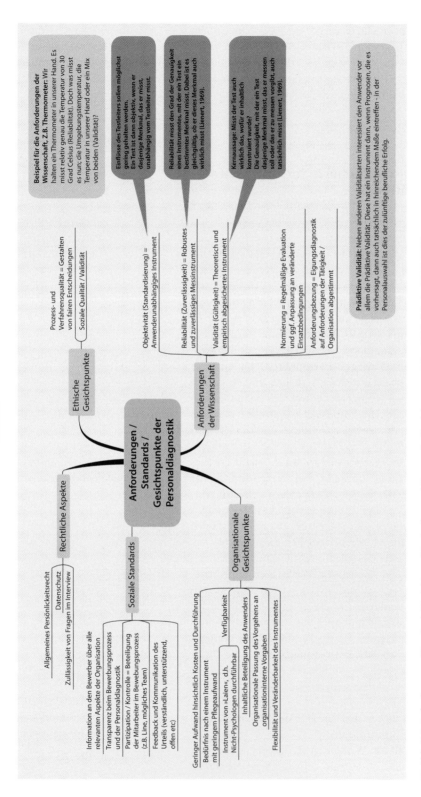

Beispiel für die Anforderungen der Wissenschaft, z.B. Thermometer: Wir halten ein Thermometer in unserer Hand. Es misst relativ genau die Temperatur von 30 Grad Celsius (Reliabilität). Doch was misst es nun; die Umgebungstemperatur, die Temperatur in unserer Hand oder ein Mix von beiden (Validität)?

Einflüsse des Testleiters sollen möglichst gering gehalten werden. Ein Test ist dann objektiv, wenn er dasjenige Merkmal, das er misst, unabhängig vom Testleiter misst.

Reliabilität misst den Grad der Genauigkeit eines Instrumentes, mit der ein Test ein bestimmtes Merkmal misst. Dabei ist es gleichgültig, ob er dieses Merkmal auch wirklich misst (Lienert, 1969).

Kernaussage: Misst der Test auch wirklich das, wofür er inhaltlich konstruiert wurde? Die Genauigkeit, mit der ein Test dasjenige Merkmal misst, das er messen soll oder das er zu messen vorgibt, auch tatsächlich misst (Lienert, 1969).

Prozess- und Verfahrensqualität = Gestalten von fairen Entscheidungen

Soziale Qualität / Validität

Objektivität (Standardisierung) = Anwenderunabhängiges Instrument

Reliabilität (Zuverlässigkeit) = Robustes und zuverlässiges Messinstrument

Validität (Gültigkeit) = Theoretisch und empirisch abgesichertes Instrument

Normierung = Regelmäßige Evaluation und ggf. Anpassung an veränderte Einsatzbedingungen

Anforderungsbezung = Eigungsdiagnostik auf Anforderungen der Tätigkeit / Organisation abgestimmt

Ethische Gesichtspunkte

Rechtliche Aspekte

Anforderungen / Standards / Gesichtspunkte der Personaldiagnostik

Anforderungen der Wissenschaft

Soziale Standards

Organisationale Gesichtspunkte

Allgemeines Persönlickeitrecht

Datenschutz

Zulässigkeit von Fragen im Interview

Information an den Bewerber über alle relevanten Aspekte der Organisation

Transparenz beim Bewerbungsprozess und der Personaldiagnostik

Partizipation / Kontrolle = Beteiligung der Mitarbeiter im Bewerbungsprozess (z.B. Line, mögliches Team)

Feedback und Kommunikation des Urteils (verständlich, unterstützend, offen etc)

Geringer Aufwand hinsichtlich Kosten und Durchführung

Bedürfnis nach einem Instrument mit geringem Pflegeaufwand

Verfügbarkeit

Instrument von »Laien«, d.h. Nicht-Psychologen durchführbar

Inhaltliche Beteiligung des Anwenders

Organisationale Passung des Vorgehens an organisationsinterne Vorgaben

Flexibilität und Veränderbarkeit des Instrumentes

11

Prädiktive Validität: Neben anderen Validitätsarten interessiert den Anwender vor allem die Prädiktive Validität. Diese hat ein Instrument dann, wenn Prognosen, die es vorhersagt, dann auch tatsächlich in hinreichendem Maße eintreffen - in der Personalauswahl ist dies der zukünftige berufliche Erfolg.

◘ **Abb. 11.2** Anforderungen/Standards/Gesichtspunkte der Personaldiagnostik. (Nach Lang-von Wins, 2000; Schuler, 2000; 2002)

2. **Prognose eines Verhaltens**: Wird ein Mitarbeiter in einer bestimmten Anforderungssituation das zukünftig geforderte Verhalten zeigen, resp. Leistung erbringen?

3. **Prognose der Veränderbarkeit**: Kann ein Mitarbeiter nach einer befristeten Lernphase sein Verhalten anpassen bzw. die gewünschte Leitung erbringen?

Den Personaldiagnostiker interessiert am meisten die Frage nach der Prognose des Verhaltens, resp. der zukünftige Wert der Arbeitsleistung. Dazu hat der Praktiker viele **Validitätsstudien** zu personaldiagnostischen Instrumenten und Verfahren vorliegen, welche jeweils unzählige Korrelationen (Zusammenhänge) aufzeigen. Die Instrumente und Verfahren befinden sich heute auf einem hohen wissenschaftlichen Standard. Vor allem Testkonstrukteure liefern Begründungen dafür, warum ein bestimmtes Merkmal gemessen wird. Sie bemühen sich dann auch gleich darum, die empirische Validierung ihrer Instrumente mitzuliefern. Aber hier liegt genau das Problem. In der Differenziellen Psychologie werden eklektische, statistische Daten gesammelt, welche Informationen über Interdependenzen, aber wenig Aussagen über kausale Abhängigkeiten geben (Birkan, 2008).

Mit solchen Modellen sind Beschreibungswerkzeuge für psychische Dispositionen geschaffen worden, die sehr ökonomisch und einfach sind. Nur erklären und prognostizieren diese wenig das individuelle Verhalten und – in der Personaldiagnostik – den beruflichen Erfolg. Klassische **Persönlichkeitsfragebogen** oder allgemeine **Fähigkeitstests** messen meistens theoretische Konstrukte, die nur mit erheblichem Aufwand interpretiert werden können und relativ ungenau auf die Stellenanforderungen passen. Zudem können sie weiche Faktoren der Organisationskultur sowie der internen Gruppen- und Arbeitsmentalität nicht erfassen (Kleebaur, 2007).

> hohe Validitätsstudien als trügerische Sicherheit

> Spannungsfeld Einfachheit – Komplexität

11.2.3 Situationsabhängiges Verhalten des Individuums

Einem 3. und für den Autor wichtigsten Umstand der Problematik von psychometrischen Verfahren liegt in der situationsabhängigen Verhaltensweise von Menschen (◘ Abb. 11.3).

▪▪ Umwelt und Individuum beeinflussen das Verhalten

Gründe für Verhaltensweisen von Menschen sind geprägt von einem Zusammenspiel von unzähligen Faktoren wie etwa Persönlichkeitsmerkmale, Situationsvariable, Emotionen, Motivation etc. (◘ Abb. 11.3). Obschon sich in einem 2-dimensionalen Modell Dynamik nur begrenzt darstellen lässt, ist die individuelle Verhaltensweise durch eine hohe intra- und interpsychische Interaktion bedingt und sollte demnach in der Eignungsdiagnostik entsprechend gewürdigt werden. Personaldiagnostische Verfahren hingegen basieren oftmals

> Umwelt und Individuum beeinflussen die Verhaltensweisen

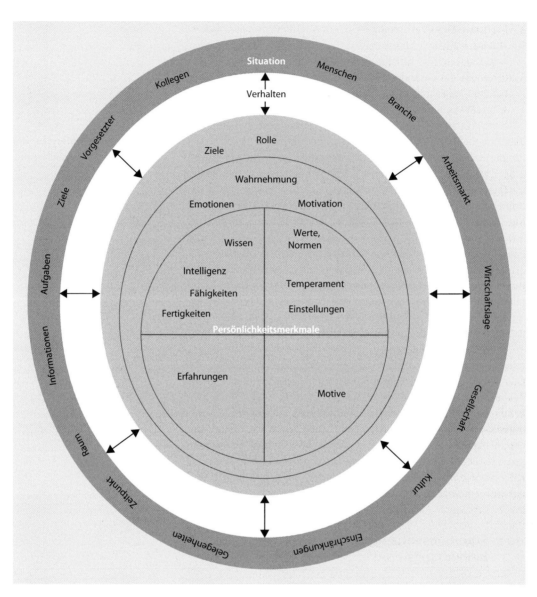

◘ **Abb. 11.3** Situationskontext des Verhaltens

auf statischen Modellen und betrachten nur einzelne Aspekte wie beispielsweise Persönlichkeitsmerkmale, Motivation, Fähigkeiten etc. Verfahren, die diese messen, gibt es unzählige, wie die Handbücher von Kanning und Holling (2002) sowie Sarges und Wottawa (2004) eindrücklich zeigen. Und statische Tests geben nur bedingt Auskunft über zukünftige, mögliche Verhaltensweisen. Daher sollten **dynamische Theorien** als Erklärungsmodelle menschlichen Verhaltens beigezogen werden wie beispielsweise die Feldtheorie von Kurt Lewin (Birkhan, 2008). Diese besagt, dass das Verhalten eine Funktion von

Merkmalen der Person und Umwelt ist, wobei diese wechselseitig voneinander abhängig sind.

Verhalten $= f$ (Persönlichkeit, Umwelt) kurz: $V = f(P, U)$.

Mit den detaillierteren Erkenntnissen aus dem Modell (■ Abb. 11.3) kann diese Gleichung erweitert werden zu:

$V = f(P, U)$; wobei gilt:

$P = \Sigma$(Werte, Motive, Erfahrungen, Fähigkeiten, Emotionen …) und

$U =$ Situation 1, Situation 2, Situation 3, …, Situation i sowie

$P, U = f(P, U; \text{Zeit})$.

Birkhan hat zudem noch den Zeitaspekt eingebracht, d. h. dass sich die Systeme Persönlichkeit und Umwelt durch die Intra- und Interwechselwirkungen über die Zeit verändern. Es ist möglich, eignungsdiagnostische Fragestellungen mit Theorien aus Teilsystemen zu bedienen. Allerdings wird es dann dem HR-Verantwortlichen kaum gelingen, ausreichend Antworten auf die Fragen der Erklärung und Prognose des Verhaltens und seiner Veränderbarkeit zu erhalten.

11.2.4 Selbstbeschreibung versus Fremdbeschreibung

Die meisten Tests und Fragebogen verwenden den Ansatz der Selbstbeschreibung, obschon Fremdbeschreibungen durchschnittlich eine höhere prognostische Validität aufweisen (Schuler, 2006). Dies spricht v. a. für personaldiagnostische Verfahren, welche auf Verhaltenskriterien basieren und die Stimulusseite aktivieren. Das sind Arbeitsproben, Simulationen wie Rollenspiel, Postkorb, Präsentationen, »Business Cases«, Gruppendiskussionen etc., aber auch Interviews. Sie tragen der Tatsache Rechnung, dass die Wirksamkeit vieler Persönlichkeitsmerkmale situationsabhängig ist. Unter anderen hat Birkhan (2008) die folgenden Vorschläge von Autoren zusammengetragen, welche in Organisationen relativ einfach umzusetzen sind.

Einsatz von verhaltensbasierten Methoden

- Systematische Anforderungsanalysen nach der »Critical-Incident«-Methode oder »Occupational Information Network« (Peterson, Mumford, Borman, Jeanneret & Fleishman, 1999; ▶ Kap. 10.2).
- Zusammenführen von basalen Persönlichkeitsmerkmalen zu Kompetenzen (Sarges, 2001), welche komplexen, aufgabenbezogenen Handlungsfeldern entsprechen: z. B. Dienstleistungsorientierung, Prozesskompetenz, Macherqualitäten (▶ Kap. 10.1).
- Simulationen von Strukturmerkmalen typischer Anforderungssituationen: »Assessment Center«.
- Verbesserung der Interviewmethode: Verhaltensorientierte Fragen, d. h. systematische, kritische Exploration der Selbsteinschätzung anhand der Kriterien bzw. in Schlüsselsituationen.
- Verwendung dialektischer Modelle, beispielsweise das Wertequadrat oder Circumplex-Modell, etc.

Darum wird auf das Interview als »Königsweg« in der Personalauswahl im ▶ Abschn. 11.4 (vgl. ▶ Kap. 16) eingegangen.

11.3 Herausforderungen der Wahrnehmung und Beurteilung

11.3.1 Wissenschaftliche und erfahrungsbasiert-intuitive Personalauswahl

Die Beurteilung von Menschen in der Personalauswahl lässt sich nach Kleebaur (2007) auf 3 Möglichkeiten bewerkstelligen; der wissenschaftlichen, der erfahrungsbasiert-intuitiven oder einer Kombination beider. Die wissenschaftliche Beurteilung, charakterisiert durch rational-objektive Grundsätze, bietet Vorteile:

- Vereinfachung und Objektivierung des Beurteilungsprozesses durch standardisierte Vorgehensweisen,
- Transparenz des Urteils durch klare Entscheidungsmaßstäbe,
- Vergleichsmöglichkeiten,
- Vermeidung störender Situationsvariablen und
- Reduzierung kognitiver Urteilsverzerrungen.

3 Möglichkeiten der Beurteilung von Menschen in der Personalauswahl

Wie oben beschrieben, lassen sich die hohen wissenschaftlichen Ansprüche kaum in die Praxis umsetzen. Kleebaur (2007, S. 80 ff.) hat das Konzept des objektivierenden und subjektivierenden Arbeitshandelns von Böhle, Pfeiffer und Sevsay-Tegethoff (2004) auf die Personalauswahl übertragen und ein ganzheitliches Bild der Einflussfaktoren auf die Beurteilung von Bewerbenden geschaffen (■ Tab. 11.1).

Jeder Wahrnehmungs- und Beurteilungsprozess wird durch exogene und endogene Faktoren beeinflusst. Somit kann keine rein wissenschaftliche Personalauswahl stattfinden, sondern sie ist mit der erfahrungsbasiert-intuitiven Personalauswahl verschränkt.

Beeinflussung der Wahrnehmung und Beurteilung durch exogene Faktoren

Exogene Faktoren sind in der ■ Abb. 11.3 entsprechend der Situation zu finden, d. h. äußere Faktoren beeinflussen die Wahrnehmung und Beurteilung des HR-Verantwortlichen. Für Kleebaur (2007, S. 95) sind dies einerseits Zeit-, Raum- und mikropolitische Dimensionen (Tageszeit, Dauer; Helligkeit, Größe, Temperatur; Einstellungsdringlichkeit, »Hiring quotas« etc.) sowie Vorinformationen (Lebenslauf, Referenzen etc.), andererseits die Wahrnehmung des Bewerbers. Diese wird beeinflusst durch die äußere Erscheinung wie Kleidung, Geschlecht oder Alter, dem verbalen und nonverbalen Verhalten sowie den Inhalt der Aussagen. Wohl gibt es Tipps und Tricks, zu finden in verschiedenen Ratgebern, zur Kontrolle dieser Faktoren. Es versteht sich aber von selber, dass eine personaldiagnostische Situation nie vollständig vorherseh- und planbar ist und somit von der Kontrollierbarkeit der exogenen Faktoren in der Praxis abzusehen ist, ja, diese

◻ Tab. 11.1 Konzept der wissenschaftlichen und erfahrungsbasiert-intuitiven Personalauswahl. (Nach Kleebaur, 2007, S. 85)

Arbeitshandeln, beschrieben durch	Objektiv, resp. wissenschaftliche Personalauswahl	Subjektiv, resp. erfahrungsbasiert-intuitive Personalauswahl
Sinnliche Wahrnehmung	Objektive Wahrnehmung verbaler und nonverbaler Äußerungen des Bewerbers	Einsatz aller Sinne, Fähigkeit zu Perspektivenwechsel, Einsatz sinnlicher Intuition (Bauchgefühl)
Denken	Rationale Beurteilung anhand expliziter Kriterien und kognitiver Modelle, analytisches Denken	Erfahrungswissen, Intuition, vernetztes, assoziatives Denken
Vorgehen	Verwendung standardisierter personaldiagnostischer Instrumente und Verfahrensweisen	Flexibles Eingehen auf den Bewerber, situative Fragen, Umsetzen von »Geistesblitzen« und kreativen Ideen
Beziehung	Distanzierte Beziehung zum Bewerber	Versuch einer teilhabenden Einfühlung in den Bewerber (Verständnis und Empathie)

wird weder erreicht noch ist sie anzustreben. Der Bewerber soll ja auch aufgrund seiner Authentizität und als potenzieller Mitarbeiter richtig beurteilt werden.

Noch weniger kontrollier- und beeinflussbar sind die endogenen Faktoren, d. h. die Faktoren, welche die Wahrnehmung- und Urteilsfähigkeit des HR-Verantwortlichen im personaldiagnostischen Prozess bewirken. Es sind Faktoren, die im Modell (◻ Abb. 11.3) im Innern des Beurteilers zu finden sind. Kleebaur (2007, S. 95) beschreibt diese als subjektive Gegebenheiten auf Seiten des Beurteilers, die da sind:

endogene Faktoren bei der Wahrnehmung und Beurteilung

- Kompetenz hinsichtlich Personaldiagnostik,
- Fach- und Erfahrungswissen über die allgemeine Organisation, deren Kultur und die positionsspezifischen Anforderungen,
- Erwartungen und Fragen an den Bewerber (Hypothesen),
- mentale Modelle (Stereotype, Typisierung, Kategorisierung, implizite Persönlichkeitstheorien, etc.),
- Denkmodelle und Umgang mit Urteilsverzerrungen,
- Intuition und Empathie,
- emotionale Intelligenz,
- Persönlichkeit und Selbstkonzept sowie
- Stimmung, Stress.

Mentale Modelle sind Vorstellungen wie Bilder, Annahmen oder Geschichten vom Gegenüber, Organisationen sowie allen Aspekten der Welt, also auch Wertvorstellungen, Anschauungen und Persönlich-

mentale Modelle (Stereotypen, Typisierung etc.) und Intuition

keitstheorien. Sie zeichnen sich durch eine gegenüber der Wirklichkeit reduzierte Komplexität aus, dienen der Steuerung von Wahrnehmung und Verhalten und geben dem HR-Verantwortlichen Orientierungshilfe. Nach Kleebaur (2007, S. 99) sind erfahrungsbasierte, mentale Modelle »eng verbunden mit handlungsleitenden Orientierungsgefühlen (vgl. Heller, 1981) und führen letztlich zur intuitiven Verhaltenssteuerung und Entscheidungsfindung«. Dies beschreibt also das sog. **Bauchgefühl**. Die Intuition lässt das Individuum oftmals richtig entscheiden, obschon dies objektiv nicht so wäre – und auch umgekehrt. Die Intuition kann aus der Personalbeurteilung nicht ausgeschaltet werden, sondern sie soll als eine wichtige Grundlage für Entscheidungen genommen werden, denn sie ergänzt die »objektive« Wahrnehmung und Beurteilung. Durch die Intuition neigt der Beurteiler dazu, neben den vorgegebenen Anforderungsdimensionen und Kompetenzen noch weitere für die Übereinstimmung in eine Organisation, resp. deren Kultur, dem Team und Vorgesetzten relevante Verhaltensweisen zu berücksichtigen.

systematische Untersuchungsfehler

Die bisherigen Ausführungen zeigen, dass die Personenwahrnehmung und -beurteilung komplexe Prozesse sind, wo Erfahrung, Motive, Temperament, Fähigkeiten, Emotionen, Intuition, mentale Modelle, aber auch äußere Bedingungen auf den Beurteiler einwirken. Der kognitive Wahrnehmungs- und Beurteilungsprozess ist deswegen sehr anfällig für **subjektive Verzerrungen**. Darum sucht die wissenschaftlich orientierte Personaldiagnostik nach Möglichkeiten, diese auszuschalten oder möglichst zu verringern. Nachfolgend werden aus der detaillierten Sammlung von Kanning (1999), ergänzt durch den Autor, einige der zufälligen oder systematischen, im Laufe der Datenerhebung bzw. des Interviews auftretenden Messfehler bzw. Wahrnehmungs- und Beurteilungsfehler dargestellt. Systematische Untersuchungsfehler zeigen im psychologischen Experiment oder im Interview eine bestimmte gleichbleibende Tendenz, zufällige hingegen bleiben während der Diagnose – in der Personalauswahl während des Bewerbungsgesprächs – nicht konstant und sind im hohen Maße von der aktuellen Situation abhängig. Die wichtigsten systematischen Untersuchungsfehler bei der Persönlichkeitsbeurteilung werden im Folgenden erläutert. Sie gelten auch für die Wahrnehmung und Beurteilung von Bewerbungsunterlagen.

11.3.2 Fehler bei der Wahrnehmung

Reizaufnahme ist begrenzt und individuell gesteuert

Wahrnehmungssubjektivität Physiologische und psychologische Faktoren beeinflussen die Wahrnehmungsselektion, denn der Mensch hat eine begrenzte Informationsaufnahmekapazität. Die Auswahl der Reize ist geprägt durch Interessen, Einstellungen, Emotionen, Motivation, Situationsvariablen etc. (▫ Abb. 11.3). Die

Wahrnehmungsselektion wird oft auch mit einem Flaschenhals verglichen; ein Eimer mit Wasser wird über eine geöffnete Flasche geleert, wobei der überwiegende Teil des Wassers nicht in der Flasche landet. Zentrale Einflussfaktoren der Wahrnehmungssubjektivität sind einerseits in der Situation (Reizintensität, -eindeutigkeit und -kontext) andererseits innerhalb der Person (Funktion der Wahrnehmungsorgane, Aufmerksamkeit, Gewöhnung sowie wahrnehmungsrelevante Gedächtnisinhalte) zu finden (Kanning, 1999).

> ❯ Wahrnehmung ist immer subjektiv, denn das Individuum nimmt v. a. wahr, was es will. Es ergänzt fehlende Informationen so, wie es für ihn Sinn macht und lässt sich von seinen Präferenzen und Erwartungen sowie von der Reihenfolge und von Auffälligkeiten leiten.

11.3.3 Fehler bei der Ursachenzuschreibung

Fundamentaler Attributionsfehler Der fundamentale Attributionsfehler beschreibt das Phänomen, dass Menschen die Tendenz haben, Ursachen für eine Verhaltensweise eines anderen Menschen primär in dessen Persönlichkeitsmerkmalen zu suchen. Die Einflüsse der Situation, resp. Umgebung werden dabei in ihrer Bedeutung unterschätzt. Dabei suchen Menschen meist nach einer einzigen Erklärung für ein Verhalten, obschon oft mehrere Ursachen gleichzeitig wirken (Kanning, 1999). Das Vorstellungsgespräch beispielsweise ist eine Ausnahmesituation, womit die Bewerber unterschiedlich zurechtkommen. Die Übertragbarkeit auf die spätere Arbeitssituation ist damit beschränkt.

fundamentaler Fehler bei der Ursachenzuschreibung

11.3.4 Fehler bei der Informationsverarbeitung

Hypothesentheorie Diese sagt aus, dass der Beurteiler beinahe immer mit Erwartungen und Hypothesen, die aus Vorinformationen und Gewohnheiten resultieren, in eine Situation hineingeht. In der konkreten Situation geht es dann darum, die Hypothesen mit den Informationen der Realität zu vergleichen. Dieser Prozess bezieht sich nicht nur auf die Wahrnehmung, sondern auch auf die anschließende Interpretation und Beurteilung. Bei diesem Vergleich kommt es zu Verzerrungen in der Wahrnehmung und Beurteilung der Realität, wenn sich die Hypothesen mit der Realität nicht vollständig decken. Ein besonderes Problem entsteht, wenn die verzerrte Wahrnehmung der Realität bestätigend auf eine objektiv falsche Hypothese wirkt. Weitere Informationsverarbeitungsfehler sind:

Realitätsvergleich mit der Hypothese

Informationen am Anfang und Ende	**»Primacy-Recency«-Effekt** Informationen, die ganz am Anfang oder am Ende eines Prozesses stehen, bleiben am längsten haften. Dies gilt sowohl für ein Interview wie auch die Reihenfolge von Bewerbenden.
Unterscheidungsschwierigkeit bei ähnlichen Informationen	**Interferenz-Effekt** Dieser beschreibt die Unterscheidungsschwierigkeit bei der Aufnahme von vielen ähnlichen Informationen, wenn keine detaillierten Aufzeichnungen eines Interviews existieren. Die Gefahr besteht, Informationen den falschen Personen zuzuschreiben.
einmal getroffene Entscheide werden kaum umgestoßen	**Kognitive Dissonanz** Diese bezieht sich auf die Art der Verarbeitung relevanter Informationen nach einer Entscheidung. Die kognitive Dissonanz besagt, dass nach einer einmal getroffenen Beurteilung die weiteren Informationen entsprechend der Entscheidung des Beurteilers ausgewählt werden und diejenigen Informationen erfasst werden, welche die Entscheidung als richtig erscheinen lassen. Gegenteilige Informationen werden abgewehrt oder nicht beachtet. Versuche haben gezeigt, dass es für ein Umkippen eines negativen Eindruckes mindestens 9 positive Informationseinheiten braucht.

11.3.5 Fehler bei der Beurteilung

Einfluss des sozialen Umfeldes auf die Beurteilung	**Sozialer Einfluss** Das individuelle Verhalten und die Beurteilung werden durch die aktuelle Situation, den sozialen Kontext beeinflusst. Dabei spielt beispielsweise die Gruppe (**»Group-think-Phänomene«**) oder auch der Autoritätengehorsam eine große Rolle, wie die Milgram-Experimente gezeigt haben (Milgram, 1988). Diese Beurteilungstendenz ist beispielsweise bei Gruppenentscheiden in Selektionsprozessen eine Gefahr. Zur gleichen Zeit ist das Individuum auch Beeinflusser der Situation, d. h. der Beobachter oder Beurteiler in einem Interview beeinflusst das Verhalten der zu bewertenden Person, ob er will oder nicht. Erwähnenswert ist da der **Rosenthal-Effekt (Pygmalion-Effekt)**. Durch die theoretischen Annahmen (Hypothesen) und Erwartungen eines Versuchsleiters oder Interviewers werden die psychologischen Untersuchungen (Interview, Experiment, Test) im Sinne einer sich selbst erfüllenden Prophezeiung (Selffulfilling Prophecy) beeinflusst, d. h. die Wahrscheinlichkeit eines bestimmten Verhaltens eines Menschen nimmt zu, wenn eben dieses Verhalten von seiner Umgebung erwartet wird (Versuchsleiter-Artefakte; Untersuchungsfehler auf Grund der Erwartungen des Versuchsleiters).
Einfluss der Emotionen	**Emotionen** Emotionen beeinflussen die kognitiven Prozesse stark (◘ Abb. 11.3). Dabei wird der Beobachter seine aktuelle Befindlichkeit als Information in die Beurteilung einfließen lassen. So wird eine Situation (und somit auch der Bewerber) tendenziell positiver be-

urteilt, welche von positiven Emotionen begleitet ist (Sympathie und Antipathie).

Reduktionistische Personenbeurteilung Die Beurteilung einer Person findet häufig anhand einzelner oder sehr weniger Verhaltensweisen (Persönlichkeitsmerkmalen) statt. Diese sind nicht von inhaltlich begründeten Kriterien geleitet, sondern durch Attribute geleitet, wie beispielsweise solche, die:

- Als Erstes zur Kenntnis genommen werden, d. h. zuerst aufgenommene Informationen (»Priming«-Effekt).
- In irgendeiner Weise besonders hervorstechend sind.
- Den Erwartungen des Beobachters entsprechen (Erwartungs-Effekt aufgrund von Hypothesen).
- In Übereinstimmung mit den Bedürfnissen des Beobachters stehen.
- Visuell wahrnehmbar sind (z. B. physische Attraktivität einer Person).
- Bestimmten sozialen Gruppen zugehörig sind (soziale Kategorisierung, bzw. Stereotypisierung).

Eine Extremform der reduktionistischen Personenbeurteilung ist der **Halo-Effekt**. Dabei bildet ein als positiv oder negativ eingeschätztes Verhalten (Persönlichkeitsmerkmal) die Grundlage der Einschätzung weiterer Verhaltensweisen, resp. Persönlichkeitsmerkmale (Tendenz zur Übergeneralisierung und Typisierung). Eine zentrale Verhaltensweise, resp. Eigenschaft strahlt auf weitere, nicht beobachtete Eigenschaften aus und beeinflusst die Gesamtbeurteilung.

11.3.6 Bewertungsfehler

Kontrast-Effekt Damit sind Verzerrungen eines Urteils über einen Menschen in positiver oder negativer Richtung aufgrund vorausgegangener positiver oder negativer Urteile bei anderen Beurteilten gemeint.

Tendenz zur Mitte Diese vermeidet eine normabweichende Beurteilung eines Kandidaten (Vermeidung von Extremwerten). Mit einer durchschnittlichen Beurteilung liegt man am wenigsten falsch, ist die Begründung dazu. Und statistisch gesehen liegen auch die meisten Menschen im »Durchschnitt«.

Milde-Effekt (»generosity-error«) Mit dem Milde-Effekt wird die Verharmlosung negativen Verhaltens des Beurteilten beschrieben im Sinne einer Gegensteuerung zu befürchteten Tendenzen einer zu harten oder ungerechten Persönlichkeitsbeurteilung.

Attribute leiten die Personalbeurteilung

Halo-Effekt als Extremform

Kontrast-Effekt

Tendenz zur Mitte

Verharmlosung negativen Verhaltens

ähnliche Beurteilung von logisch zusammenhängenden Kriterien

Logischer Fehler Entsteht durch ähnliche Beurteilung von denjenigen Verhaltensweisen und Persönlichkeitsmerkmalen oder Kompetenzen, die »logisch« zusammengehören. Hat jemand beispielsweise eine hohe Kommunikationskompetenz, wird ihm auch Verhandlungsgeschick zugeschrieben.

> ❯ Menschen neigen dazu, Urteile so zu fällen, dass sie ihren Erwartungen und Vermutungen bezüglich der Zusammenhänge, der Beziehung zu den Gesprächspartnern, der momentanen Stimmung und von besonders hervorstechenden Merkmalen entsprechen. Dabei schließen sie von einem Merkmal auf das andere, von ihrer Sympathie/Antipathie auf sachliche Merkmale und von einem Verhalten auf dessen Ursache. Dabei erklären sie das Verhalten nicht situationsbedingt, sondern als konstantes Persönlichkeitsmerkmal, basierend auf Absichten (Motiven) und Eigenschaften.

objektivere Entscheidungen durch verschiedene Beurteiler

Die Auflistung zeigt, dass eine Objektivität in der Personalbeurteilung nie erreicht werden kann. Entscheidungen müssen aber in jedem Falle nachvollziehbar und transparent sein für die Weiterentwicklung des Beurteilers und einer lernenden Organisation. Objektivere Entscheidungen entstehen dadurch, dass Eindrücke von verschiedenen Personen miteinander kombiniert und ausgetauscht werden. Nach Lang-von Wins, Triebel, Buchner und Sandor (2008) soll sich die Objektivität der Personalauswahl hierauf konzentrieren und den Fokus weniger auf Instrumente und Verfahren bei der Personalauswahl legen, sondern auf die Person, die die Eignungsdiagnostik durchführt, obschon uns die vielen Handbücher und Verfahren etwas anderes suggerieren.

Befähigung des Beurteilers in der Personalauswahl

Ziel der professionellen Personalauswahl sollte es vielmehr sein, das eigene Urteil systematisch zu überprüfen; durch selbstkritisches Hinterfragen und durch Vergleiche mit dem Urteil anderer Beobachter sowie später dann mit der Entwicklung der Mitarbeiter. Kollegen mit unterschiedlichem Erfahrungsschatz können in die Bewerberauswahl miteinbezogen werden. So findet ein Lerneffekt auf allen Ebenen statt. Lernen versteht sich dabei im Sinne von Selbstwahrnehmung, Selbstreflexion (selbstkritisches Hinterfragen) und Selbststeuerung. Oder wie es Marquard (1973) treffend mit der »**Inkompetenz-Kompetensationskompetenz**« beschrieben hat; der Kompetenz des Beurteilers, die Inkompetenz von objektiven Beurteilungen kompensieren zu können. Etwas konkreter bedeutet dies für den Personaldiagnostiker einen bewussteren Umgang mit den Wahrnehmungs- und Urteilstendenzen, denn ihre Wirkung lässt sich nicht grundsätzlich aufheben. Vielmehr soll der Beurteiler seine erfahrungsbasiert-intuitive Handlungskompetenz weiter entwickeln und den Mut zur Integration der Intuition in den Personalauswahlentscheid aufbringen. Und wo kann nicht besser mit der Intuition gearbeitet werden als im Interview?

11.4   Das Interview als »Königsweg« in der Personalauswahl

Im Einstellungsinterview kann am besten auf die Individualität eines jeden Bewerbers eingegangen werden. Der Interviewer kann das Gespräch lenken, auf Informationen und Verhaltensweisen reagieren und Themen vertiefen oder auf ein anderes ausweichen. Dadurch ist es sehr flexibel in der Durchführung und sehr ökonomisch. So verwundert es nicht, dass das Einstellungsinterview beinahe in 100% aller Personalauswahlprozesse eingesetzt wird (vgl. z. B. Kleebaur, 2004; Hossiep, 1996). Unterschieden wird das Interview nach seiner Struktur, d. h. von geringfügig strukturiert bis hoch strukturiert. Eine hohe Strukturierung entspricht eher dem wissenschaftlichen Ansatz der Vorgehensweise im Interview. So haben auch viele Studien den strukturierten Interviewmethoden eine höhere prognostische Validität nachgewiesen (Lang-von Wins et al., 2008). Dennoch plädiert der Autor auf eine Kombination von wissenschaftlichem Ansatz und intuitiv-erfahrungsbasierter Vorgehensweise. Das bedeutet, dass ein einheitlicher Ablauf des Einstellungsinterviews vorgegeben ist, die Kompetenzen nach dem verhaltensorientierten Ansatz ermittelt werden, sonst aber ein dialogisch-explorativer Zugang zum Bewerber gesucht wird. Damit bekommt das Erfahrungswissen und die Intuition des Interviewers große Bedeutung. Ziel ist es, die Persönlichkeitsmerkmale des Bewerbers zu erfassen. Dies gelingt nicht durch standardisierte Fragen, denn darauf folgen oft standardisierte Antworten, sondern durch die Haltung, welche der Interviewer einnimmt. So ist es notwendig, dass er wirklich daran interessiert ist, was der Bewerber erzählt. Durch eine offene und freundschaftliche Gesprächsatmosphäre erreicht man zudem eine Öffnung des Bewerbers, wodurch wiederum die Glaubwürdigkeit seiner Antworten erhöht wird (Kleebaur, 2007, S. 125). Wichtige Voraussetzung dafür ist eine hohe Situations- und Handlungskompetenz des Interviewers (s. oben).

Mögliche Strukturelemente eines kombinierten wissenschaftlichen und erfahrungsbasiert-intuitiven Ansatzes zeigt die ◻ Tab. 11.2 auf. Einige Elemente sind aus dem »Multimodalen Interview« von Schuler (2002) entnommen. Das Vorgehen kann natürlich in der Praxis frei angewendet werden.

Das **verhaltensorientierte Interview** (»Behaviour Description Interview«) wurde von Janz, Hellervik & Gilmore (1986) entwickelt. Es gilt als die am weitesten verbreitete Methode, welche sich am Grundsatz der biographieorientierten Verfahren anlehnt. Dabei gilt die Prämisse, dass die beste Vorhersage über zukünftiges Verhalten das vergangene Verhalten darstellt. Es wird also das Verhalten des Bewerbers in vergangenen, echten Situationen abgefragt (◻ Abb. 11.4). Damit wird ersichtlich, wie er mit bestimmten Situationen umgegangen ist und was die Resultate daraus waren.

Wenn es also beispielsweise um die Konfliktfähigkeit geht, sollte nicht danach gefragt werden, wie er Konflikte löst. Denn dann wer-

Interview als Kombination von wissenschaftlicher und intuitiv-erfahrungsbasierter Vorgehensweise

Haltung des Interviewers im Interview

»Multimodales Interview«

verhaltensorientierter Teil im Einstellungsinterview

⬛ **Tab. 11.2** Ablauf und Inhalte eines Einstellungsinterviews. (Teilweise nach Schuler, 2002)

Strukturelement	Inhalte	Ziele	Ansatz
Gesprächsbeginn	Begrüßung, Vorstellung und Gesprächseröffnung Gesprächsziel, -zeitrahmen und -ablauf erläutern	Offene und freundliche Gesprächsatmosphäre schaffen, dadurch Öffnung des Bewerbers	Intuitiv (auf angenehme Gesprächsbedingungen achten – Raum, Klima etc.)
Selbstvorstellung des Bewerbers und freies Gespräch	Darlegung der Gründe, warum sich der Bewerber auf die ausgeschriebene Stelle beworben hat Offene Fragen stellen, um möglichst viele Informationen zu generieren	Informationen erhalten zu persönlichem und beruflichem Hintergrund, aktuelle Situation, Erwartungen für die Zukunft Abgleich mit den Anforderungskriterien der Tätigkeit (richtig/passend oder falsch/unpassend)	Intuitiv (allgemeiner Eindruck)
Berufsinteressen und Organisationswahl	Fragen zu Berufswahl, Berufsinteressen, Organisationswahl, Bewerbung und ggf. Fachwissen	Motive des Bewerbers kennen Passung im Sinne des »Person-Organization Fit«	Intuitiv
Realistische Tätigkeitsinformation	Ausgewogene, bedarfsgerechte Informationen für den Bewerber über die Tätigkeit, den Arbeitsplatz und das Unternehmen	Bewerber erhält ein möglichst ganzheitliches Bild	Intuitiv
Verhaltensorientierte Fragen	Mögliches Verhalten in künftigen Problemsituationen innerhalb der Organisation überprüfen	Kompetenzen des Bewerbers ermitteln	Wissenschaftlich (Beurteilung nach verhaltensverankerten Einstufungsskalen)
Gesprächsabschluss	Offene Fragen und weiteres Vorgehen klären Bedanken für das Gespräch	Gutes Image und Professionalität vermitteln	Intuitiv

11

Verhaltensdreieck am Beispiel Konfliktfähigkeit

den oft theoretische Ausführungen mitgeteilt. Besser fragt man nach konkreten Situationen, in denen er Konflikte lösen musste oder Teil von Konflikten war.

Häufig nennt der Bewerber nur einzelne Elemente des Verhaltensdreiecks. Es ist Aufgabe des Interviewers, dieses mittels gezielter Fragen zu vervollständigen. Erzählt ein Bewerber beispielsweise von einer Lösung eines Konfliktes, dann interessiert v. a., was genau der Konfliktinhalt war, wie er den Konflikt gelöst hat, was das Ergebnis war etc. Es interessieren auch negative Situationsbeispiele, also beispielsweise Konfliktsituationen, die er nicht lösen konnte. Interessant ist dann der Aspekt, was er daraus gelernt hat und in Zukunft anders machen würde. Zu Frageformen und Fragetechniken gibt es ausführliche Literatur (vgl. Steiger & Lippmann, 2008).

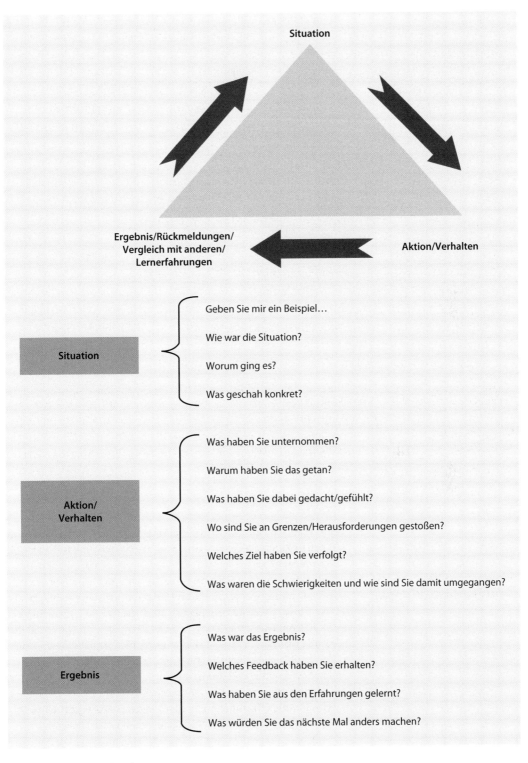

Situation

Ergebnis/Rückmeldungen/
Vergleich mit anderen/
Lernerfahrungen

Aktion/Verhalten

Situation

Geben Sie mir ein Beispiel…

Wie war die Situation?

Worum ging es?

Was geschah konkret?

**Aktion/
Verhalten**

Was haben Sie unternommen?

Warum haben Sie das getan?

Was haben Sie dabei gedacht/gefühlt?

Wo sind Sie an Grenzen/Herausforderungen gestoßen?

Welches Ziel haben Sie verfolgt?

Was waren die Schwierigkeiten und wie sind Sie damit umgegangen?

Ergebnis

Was war das Ergebnis?

Welches Feedback haben Sie erhalten?

Was haben Sie aus den Erfahrungen gelernt?

Was würden Sie das nächste Mal anders machen?

▣ Abb. 11.4 Verhaltensdreieck

Beispiel

Beispiel aus der Kompetenz Konfliktfähigkeit

Bitte erzählen sie mir von einer Situation, in der sie Teil eines Konfliktes waren?

— Was war der Konflikt?
— Wie haben sie sich in dieser Situation verhalten?
— Wie haben sie den Konflikt gelöst?
— Was waren die Reaktionen der anderen?
— Was haben sie daraus gelernt?
— Was würden sie anders machen? Warum?

Beschreiben sie mir doch eine Situation, wo sie mit einem besonders aggressiven Kunden oder Mitarbeiter umgehen mussten.

— Warum war er/sie aufgebracht?
— Wie haben sie sich dabei gefühlt?
— Was war das Ergebnis?
— Was haben sie daraus gelernt?
— Würden sie jetzt etwas anders machen? Warum?

Wenn mehrere Interviewer zusammen ein Interview führen, gilt es, einige Punkte zu berücksichtigen. Wichtig ist, dass alle Beteiligten die Kompetenzen und auch deren Operationalisierung kennen. Das Gruppeninterview muss im Vorfeld klar strukturiert werden, also wer welche Gesprächsanteile und welche Fragen stellt. Empfohlen wird, dass ein Interviewer die Moderation übernimmt sowie Gesprächseröffnung und -abschluss gestaltet. Notizen zum verbalen und nonverbalen Verhalten des Bewerbers sollen aber unbedingt alle Interviewer machen. Die folgende Checkliste stellt eine Hilfestellung für das Einstellungsinterview dar (▶ Checkliste: Zu beachtende Elemente für das Einstellungsinterview).

Zusammenfassung

— Integration von wissenschaftlicher und erfahrungsbasiert-intuitiver Personalauswahl, d. h. nicht nur auf Intuition achten und sich nicht nur auf die scheinbar hohe Genauigkeit von Tests und Fragebogen verlassen – sich der Grenzen von wissenschaftlichen Verfahren bewusst werden.
— HR-Verantwortlicher soll wieder stärker die Rolle des Persönlichkeitsbeurteilers übernehmen und seine Handlungs- und Beurteilungskompetenz stärken.
— Situative Faktoren beeinflussen das Verhalten weit stärker als allgemein angenommen. Deshalb den Bewerber als Mensch im Hier und Jetzt in den Mittelpunkt stellen.
— Der Interviewer muss sich bewusst sein, dass seine persönlichen Kenntnisse, Erfahrungen, Vorlieben, Werte, Einstellungen, Motive etc. die aus dem Selektionsinterview oder Beurteilungsinterview gewonnen Ergebnisse in hohem Maße beeinflussen.
— Grenzen der Langzeitprognosen wegen Veränderung der Arbeitsbedingungen und sonstigen Lebensumstände berücksichtigen.

Checkliste: Zu beachtende Elemente für das Einstellungsinterview

- **Vorbereitung**
  - Bei allen Beteiligten Klarheit schaffen über den Personalauswahlprozess
  - Kollegen mit unterschiedlichem Erfahrungsschatz in die Bewerberauswahl miteinbeziehen (Lerneffekt)
  - Das Anforderungsprofil (Kompetenzen) erstellen, alle Interviewer kennen es
  - Fragenkatalog für den verhaltensorientierten Teil des Interviews erstellen
  - Durchführungsort bestimmen (ruhige und störungsfreie Atmosphäre)
  - Bewerber und andere Interviewer über Termin und Ort des Interviews informieren
  - Bewerbungsunterlagen studieren (alle)
  - Klarheit über das weitere Vorgehen im Personalauswahlprozess schaffen

- **Gesprächseröffnung**
  - Begrüßung, Bewerber warm werden lassen (Small Talk)
  - Sich und andere Anwesende kurz vorstellen (Name, Funktion, Rolle im Interview)
  - Gesprächsziel, -zeitrahmen und -ablauf erläutern (schriftliche Darstellung für Bewerber kann hilfreich sein) inklusive verhaltensorientierter Teil
  - Gesprächsregeln darlegen wie:
    - Unterbrechungen durch Interviewer (wenn angekündigt ist dies erlaubt)
    - Notizen machen, damit nach dem Interview noch möglichst viele Informationen vorhanden sind (nie-mand kann alles im Kopf behalten)
  - Vertrauen schaffen durch verbales und nonverbales Verhalten

- **Auswahl an Fragen**
  - Selbstvorstellung des Bewerbers (Gesprächsleiter: »Bitte erzählen sie von ihrer beruflichen Entwicklung, sodass wir ein Bild davon bekommen, wo bei ihnen besonders wichtige Stationen lagen, wo Wendepunkte waren, und wo der rote Faden durchzieht, der sie hierher geführt hat?«)
  - »Person-Organization Fit« (Organisationales »Commitment«), d. h. Erwartungen an die Unternehmung?
  - »Person-Group Fit« (Zufriedenheit mit Teammitgliedern), d. h. Erwartungen an das Team?
  - »Person-Supervisor Fit« (Zufriedenheit mit dem Vorgesetzten), d. h. Erwartungen an den Vorgesetzten?
  - »Person-Job Fit« (Arbeitszufriedenheit): »Was sind für sie wichtige Bedingungen in der Arbeit, die erfüllt sein müssen, damit sie Freude daran haben?«
  - Vorbereitete Fragen aus dem Interviewleitfaden stellen für das verhaltensorientierte Interview:
    - Verhaltensdreieck durcharbeiten für jedes Beispiel
    - Vorgegebene Fragen benützen, aber auch Folgefragen stellen, konkretisieren, nachhaken
    - Zu allen Anforderungskriterien mehrere Beispiele erfragen
    - Dabei Wertschätzung (Anerkennung, Verständnis, Ermunterung) für den Bewerber zeigen
    - Wenn keine Beispiele aus Arbeitswelt, dann z. B. aus Freizeit, Ausbildung, Vereinstätigkeit
    - Nach positiven und negativen Beispielen fragen
    - Nicht nur an Fragekatalog festhalten, wenn Informationen auftauchen, die vertieft eruiert werden sollten
  - Generell offene Fragen stellen (»W«-Fragen) und zusammenfassen
  - An Grundsätzen festhalten: »Wer fragt, der führt.« Dem Bewerber gehört der größte Gesprächsanteil

- **Hinweise zum Mitschreiben während des Interviews**
  - Selektives Aufschreiben vermeiden, d. h. zu jedem Zeitpunkt des Interviews möglichst alle Verhaltensweisen notieren
  - Sicherstellen, dass genügend Evidenzen für das nachfolgende Evaluieren der Verhaltensweisen zu den Kompetenzen bestehen
  - Nur beobachten und aufschreiben, nicht interpretieren

- **Gesprächsabschluss**
  - Offene Fragen und/oder vom Bewerber benötigte Informationen abklären

- Weiteres Vorgehen festlegen (Nächste Schritte, Entscheidungsfrist, Information, Treffen von Vereinbarungen etc.)
- Danken für das Gespräch

- **Direkt nach dem Gespräch**
- Notizen vervollständigen und zusammenfassen
- Anfang und Ende des Interviews nicht bewerten (erster Eindruck, »Recency«-Effekt)
- Wissenschaftlicher Ansatz (verhaltensorientierter Teil):
    - Notizen bewerten aufgrund der Hinweise für die Ausprägung einer bestimmten Kompetenz
    - In den Notizen nach positiven und negativen Indikatoren für die Kompetenz suchen

- Bewertungsformular (► Kap. 10.2) ausfüllen mit Fragen wie: »Was für ein Verhalten hätte der Kandidat in der Situation zeigen können?« oder: »Überwiegen positive oder negative Verhaltensindikatoren?«
- Erfahrungsbasiert-intuitiver Ansatz:
    - Erfahrungswissen und Intuition in die Beurteilung integrieren
    - Fair bleiben (möglicher Fehlerquellen bewusst sein und diese wenn möglich eingrenzen)
    - Bei mehreren Interviewern den Eindruck vergleichen und Gesamtbeurteilung erstellen

- »Follow up« mit dem Bewerber sicherstellen

- **Lernmöglichkeit für den Interviewer**
- Evaluierung des Gespräches durch selbstkritisches Hinterfragen und Feedback von anderen Interviewern (Selbstwahrnehmung, -reflexion und -steuerung)
- Reflexion der eigenen Rolle und der eigenen Impuls-Leitfragen:
    - Was ging gut im Interview, was weniger?
    - Worauf möchte ich beim nächsten Interview achten?
- Systematischer späterer Vergleich der Beurteilung mit der tatsächlichen beruflichen Entwicklung (Verhalten) der Mitarbeiter

Literatur

Birkhan, G. (2008). Eignungsdiagnostik und Psychodynamik. In W. Sarges & D. Scheffer (Hrsg.), *Innovative Ansätze für die Eignungsdiagnostik* (S. 373–383). Göttingen: Hogrefe.

Böhle, F., Pfeiffer, S. & Sevsay-Tegethoff, N. (Hrsg.). (2004). *Die Bewältigung des Unplanbaren*. Wiesbaden: Verlag für Sozialwissenschaften.

Eck, C. D., Jöri, H. & Vogt, M. (2007). *Assessment-Center*. Heidelberg: Springer.

Heller, A. (1981). *Theorie der Gefühle*. Hamburg: VSA-Verlag.

Hossiep, R. (1996). Psychologische Tests – die vernachlässigte Dimension in Assessment Centern. In W. Sarges (Hrsg.) (2001), *Weiterentwicklung der Assessment Center-Methode* (S. 53–67). Göttingen: Verlag für angewandte Psychologie.

Janz, T., Hellervik, L. & Gilmore, D. C. (1986). *Behavior Description Interviewing*. Newton, MA: Allyn & Bacon.

Kanning, U. P. (2004). *Standards der Personaldiagnostik*. Berlin: Beuth.

Kanning, U. P. (2005). *Soziale Kompetenzen: Entstehung, Diagnose und Förderung*. Göttingen: Hogrefe.

Kanning, U. P. & Holling, H. (2002). *Handbuch personaldiagnostischer Instrumente*. Göttingen: Hogrefe.

Kanning, U. W. (1999). *Die Psychologie der Personenbeurteilung*. Göttingen: Hogrefe.

Kleebaur, C. (2004). Erfahrung ist Trumpf. *Personal, 7/8*, 57–59.

Kleebaur, C. (2007). *Personalauswahl zwischen Anspruch und Wirklichkeit. Wissenschaftliche Personaldiagnostik vs erfahrungsbasiert-intuitive Urteilsfindung*. München und Mering: Hampp.

Lang-von Wins, T. (2000). Probleme und Perspektiven der betrieblichen Potenzialbeurteilung. In L. v. Rosenstiel & T. Lang-von Wins (Hrsg.), *Perspektiven der Potenzialbeurteilung* (S. 155–179). Göttingen: Verlag für angewandte Psychologie.

Lang-von Wins, T., Triebel, C., Buchner, U. G. & Sandor, A. (2008). *Potenzialbeurteilung. Diagnostische Kompetenz entwickeln – die Personalauswahl optimieren*. Heidelberg: Springer.

Marquard, O. (1973). Inkompetenzkompensationskompetenz? Über Kompetenz und Inkompetenz der Philosophie. In H. M. Baumgartner, O. Höffe & Ch. Wild (Hrsg.), *Philosophie – Gesellschaft – Planung*. Kolloquium, Hermann Krings zum 60. Geburtstag. Bayerisches Staatsinstitut für Hochschulforschung und Hochschulplanung, München 1974, S. 114–125 (Vortrag in München am 28. September 1973).

Milgram, S. (1988). *Das Milgram-Experiment. Zur Gehorsamsbereitschaft gegenüber Autorität*. Reinbek: Rowohlt.

Peterson, N., Mumford, M., Borman, W., Jeanneret, P. & Fleishman, E. (1999). *An occupational information system for the 21st century. The development of O*NET*. Washington, DC: American Psychological Association.

Sarges, W. (Hrsg.). (2001). *Weiterentwicklung der Assessment Center-Methode* (2. erw. u. überarb. Aufl.). Göttingen: Hogrefe.

Sarges, W. (2009). Warum Assessment Center häufig zu kurz greifen und zudem meist das Falsche zu messen versuchen. *Zeitschrift für Arbeits- und Organisationspsychologie, 53, 2,* 79–82.

Sarges, W. & Scheffer, D. (Hrsg.). (2008). *Innovative Ansätze für die Eignungsdiagnostik*. Göttingen: Hogrefe.

Sarges, W. & Wottawa, H. (Hrsg.). (2004). *Handbuch wirtschaftspsychologischer Testverfahren*. Bd. 1: personalpsychologische Instrumente. Lengerich: Pabst.

Schuler, H. (2000). *Psychologische Personalauswahl* (3. Aufl.). Göttingen: Hogrefe.

Schuler, H. (2002). *Das Einstellungsinterview*. Göttingen: Hogrefe.

Schuler, H. (2006). Stand und Perspektiven der Personalpsychologie. *Zeitschrift für Arbeits- und Organisationspsychologie, 50, 4,* 176–188.

Steiger, Th. & Lippmann, E. (Hrsg.). (2008). *Handbuch Angewandte Psychologie für Führungskräfte. Führungskompetenzen und Führungswissen* (3. vollständig überarbeitete und erweiterte Auflage). Heidelberg: Springer.

Beurteilungs- und Feedbackprozesse

Jack Rietiker und Elke Winkler

12.1   Psychologie in Beurteilungs- und Feedbackprozessen

Jack Rietiker

Menschen haben in Organisationen einen eigentümlichen Status, der durchaus als zwiespältig bezeichnet werden kann. Einerseits bilden und tragen sie die Organisation, andererseits ist diese gleichzeitig die mächtige Gegenspielerin. Es werden Rollen festgelegt, Spielregeln vorgeschrieben, Erfolgskriterien bestimmt und Sanktionen verfügt. Individuen, welche als Organisationsmitglieder aufgenommen werden möchten, müssen nicht nur die gewünschten Kompetenzen mitbringen, sondern dürfen auch nicht den Eindruck erwecken, zu sehr im Widerspruch zu den in der Organisation geltenden Werte und Normen zu stehen. Gerade dieser eigentümliche Status sowie die permanenten Veränderungen der organisationalen Wirklichkeit machen Rückmeldungen interessant. In Zeiten von Unsicherheit und Krisen ist Feedback von allen Seiten eine immens wichtige Ressource etwa für Strategie- oder Verhaltensänderungen. Doch wird diese Möglichkeit der Rückkoppelungsschleifen wirklich auch immer ausgeschöpft? Ist nicht das schlechte Funktionieren bzw. Fehlen solcher Feedback- und Beurteilungsprozesse der Grund vieler Probleme in Organisationen oder Branchen?

Feedback als Fehlerkorrektur

Der Begriff Feedback tauchte erstmals Ende der 40er-Jahre des letzten Jahrhunderts in der Kybernetik auf. Feedback dient dabei primär der »Fehlerkorrektur« in den Feedbackschleifen, die als Informationskanäle zur Regelung des »Inputs« genutzt werden. Dabei wird der »Output« in einem System in ein Signal übersetzt, das damit den »Input« kontrollieren kann. Ein typisches kybernetisches System ist beispielsweise eine durch einen Thermostat geregelte Klimaanlage am Arbeitsplatz, wobei der Thermostat den Istwert eines Thermometers mit dem Sollwert – also der gewünschten Temperatur im Büro – vergleicht. Eine Diskrepanz zwischen diesen beiden Werten veranlasst den Thermostaten dazu, die Heizung oder Kühlung so zu regulieren, dass der Istwert den Sollwert anstrebt. Inspiriert von der Kybernetik erkannte Wiener (1948; 1972) die Bedeutsamkeit der Feedbackschleifen auch für menschliches Lernen, wodurch der Begriff Feedback in zahlreiche andere Bereiche übertragen wurde, beispielsweise in die Systemtheorie und Psychologie.

Im Folgenden werden psychologische Aspekte bei interpersonellen und organisationalen Feedbackprozessen betrachtet.

■ ■ Psychologie bei interpersonellen Feedbackprozessen

Bei interpersonellem Feedback steht die beabsichtigte verbale Rückmeldung an eine Person im Vordergrund, d. h. wie ihr Verhalten oder Auswirkungen ihres Verhaltens erlebt oder wahrgenommen wurden (Oberhoff, 1978). Im Kontext der Organisation bekommt das Individuum v. a. Rückmeldungen über Leistung, Arbeitsausführung und Ergebnis.

◘ Tab. 12.1 Einige mögliche psychologische Effekte in interpersonellen Feedbackprozessen

Dimensionen	Ausprägungen	Mögliche Einflüsse und psychologische Effekte
Feedback-Form	Mündlich, schriftlich	Setting (öffentlich, anonym, Zweiergespräch etc.) Situative Befindlichkeiten des Senders und Empfängers Unzureichende und/oder mehrdeutige Rückmeldungen Zeitliche Perspektive (Abstand, Häufigkeit)
Empfänger	Mensch	Wahrnehmung ist immer subjektiv (es gibt keine bloße Abbildung der Realität) Glaubwürdigkeit des Feedbackgebers (Kompetenz, Vertrauenswürdigkeit etc.) Form des Feedbacks (Art der Rückmeldung) beeinflusst die Akzeptanz und Effektivität Konsistenz Selbst-/Fremdbild: – Abwehrreaktionen wegen Gesichtsverlust oder Selbstkonzeptbedrohung (Selbstwertgefühl) – Annahme und Integration ins Selbstkonzept
Sender	Vorgesetzte, Kollegen, Kunden etc.	Wahrnehmungsfehler beim Beobachten von Verhalten (da subjektiv und selektiv) Machtverhältnisse (Position) Empathie, Echtheit, bewertendes Feedback (emotional) Ähnlichkeit von Einstellungen, Werten und Überzeugungen Konsistenz des Fremdbildes
Inhalte	Verhalten, Leistung, Arbeitsausführung, Zielerreichung	Keine »objektive« Übermittlung von Verhalten möglich, da sie von Einstellungen, Erfahrungen, Gefühlen, Beziehung zwischen Sender und Empfänger, Ausdrucksvermögen etc. abhängig ist (4 Seiten einer Botschaft nach Schulz v. Thun, 1981) Interpretationsspielräume und unklare Bezugssysteme lassen keinen irrtumsfreien Soll-Ist-Vergleich zu

Liste nicht abschließend.

Interpersonelles Feedback

Interpersonelles Feedback ist eine interpersonelle Kommunikationssituation (Feedbackform), in der eine Person (Empfänger) durch eine andere Person (Sender) Rückmeldungen (Feedbackinhalte) zu ihrem Verhalten oder ihrer Leistung bekommt.

Dies lässt erahnen, dass in eine solche Kommunikationssituation viele psychologische Effekte hineinspielen (◘ Tab. 12.1).

Weitere psychologische Einflüsse sind die des sozialen Vergleichs, der Attributionstheorie und der kontrolltheoretischen Konzepte. Zusammenfassend können einige Aspekte hervorgehoben werden (Jöns, 2005):

- **Bewusste und auch unbewusste Suche nach Feedback**: Die Interpretation und Verarbeitung der Informationen folgt bei unbewussten Prozessen mehr der eigenen Vorstellung als den »objektiven« Rückmeldungen (Taylor, Fisher & Ilgen, 1990).

bewusste und unbewusste Feedbacksuche

persönliche Theorien

      – **Wahrnehmung und Verarbeitung basierend auf persönlichen (impliziten) Theorien**: Untersucht wird der Zusammenhang zwischen dem eigenen Verhalten, der eigenen Leistung und den Reaktionen anderer Personen. Die Feedbackinformationen müssen umso deutlicher sein, je geringer die individuelle Akzeptanz bezüglich eines Zusammenhangs ist. Erst dann werden sie auch wahrgenommen.

Vergleiche als Interpretationshilfe

      – **Interpretation von Informationen aus der Umwelt aufgrund von Vergleichen**: Verglichen wird zwischen (internalisierten) Werten, Normen, Standards etc. und Informationen an Kollegen (Konsensus) sowie gleichem und verändertem Verhalten zu verschiedenen Zeiten (Konsistenz und Distinktion).

■ ■ Psychologie in Feedbackprozessen im soziotechnischen System Organisation

Feedback in Organisationen dient der Rückmeldung auf die zentrale Leistungsaufgabe einer Organisation bzw. Organisationseinheit, der »Primary Task« (▶ Abb. 4.2). Um Abweichungen zu der »Primary Task«, bzw. den Sollwerten festzustellen, braucht es ein gut funktionierendes Feedbacksystem. Diese Umweltsignale wie beispielsweise Veränderungen von Absatzmärkten, Kundenbedürfnissen oder Gesetzen werden selektiert und verarbeitet. Im Idealfall lernt die Organisation aus den Informationen. Lernprozesse können auf 2 Arten ablaufen (Argyris & Schön, 1996; 1999):

**»single-loop«
und »double-loop« learning**

      – »single-loop learning« (adaptives Lernen) und
      – »double-loop learning« (generatives Lernen).

**Abwehrreaktionen schützen
»Single-loop«-Lernen**

Lernen im Sinne des »single-loop« ist oben anhand des Thermostaten erläutert worden. Für ein Unternehmen bedeutet dies Anpassung an zuvor definierte Unternehmensziele, d. h. eine Veränderung zwischen Ist und Soll. Werte oder Grundausrichtungen werden dabei nicht verändert. Das »Double-loop«-Lernen hingegen ermöglicht die Anpassung an veränderte Gegebenheiten durch kritisches Hinterfragen der Annahmen und daraus Anpassung der Ziele, was Veränderungsbereitschaft erfordert. Trotzdem ist es offensichtlich, dass »**Double-loop«-Lernen** anzustreben ist. Individuelle Abwehrreaktionen bremsen »Double-loop«-Lernen (Kirchler, 2008) und setzen sich verstärkt auf organisationaler Ebene fort.

■ ■ Reaktionen auf Feedback

**4 Abwehrreaktionen auf die
gegen außen vertretene
Handlungstheorie**

Feedback betrifft schlussendlich Menschen, egal ob auf interpersoneller oder organisationaler Ebene. Menschen verfügen über 2 Handlungstheorien, nämlich diejenige, welche sie nach außen hin vertreten und eine Zweite, nach der sie sich wirklich verhalten. Wird eine Situation bedrohlich, etwa in einem Feedback, klaffen beide Theorien auseinander und es werden Abwehrreaktionen ausgelöst. Diese stützen die gegen außen vertretene Handlungstheorie, nämlich durch **defensives Denken**. Dabei sagen Menschen nicht, was sie denken und sind damit nicht angreifbar. Sie können aber auch **negative Gefühle negieren**, denn diese zu zeigen, würde persönlich als Schwäche erlebt. Sie schützen damit sich und auch ihre Kommunikationspartner. Information werden so abstrakt ausgedrückt oder zurückgehalten, dass sie widersprüchlich interpretiert werden können. Eine 3. Abwehrreaktion ist gekennzeichnet durch Widersprüche zwischen individuellem Verhalten und Erleben, die durch **widersprüchliche Botschaften und Tabuisierung dieser Widersprüche** zum Ausdruck kommen. Solche individuelle Reaktionen sind Hilflosigkeit, Resignation und Zynismus. Durch die Wechselseitigkeit »Individuum und Organisation« werden diese **Reaktionen verstärkt und durch die Organisation gestützt**.

Reaktionen auf Feedback können **emotional, kognitiv oder verhaltensorientiert** sein. Die emotionale Reaktion wird im Wesentlichen durch das Vorzeichen des Feedbacks und der subjektiven Bewertung der Feedbackquelle beeinflusst. Bei den kognitiven Reaktionen spielen Attributionsprozesse eine zentrale Rolle, d. h. also der Zuschreibung von Ursache und Wirkung von Handlungen und Vorgängen. Verhaltensorientierte Reaktionen können sich einerseits im Arbeitsverhalten, andererseits in Reaktionen auf das Feedbacksystem manifestieren. Bei Reaktionen im Bereich des Arbeitsverhaltens arbeiten Menschen je nach Feedback mehr, gleich viel oder weniger, oder sie ändern die Verhaltensstrategie. Argumente, defensive Bemerkungen, reaktantes Verhalten oder Verweigerung gegenüber Autoritäten können weitere Verhaltensweisen sein um die Selbstkontrolle zu bewahren. Bei ungerecht empfundenem Beurteilungssystem, verbunden mit wichtigen Belohnungen, oder bei mehrheitlich negativer Beurteilung treten solche Reaktionen vermehrt auf.

> **affektive, kognitive und verhaltensorientierte Reaktionen auf Feedback**

■ ■ **Ein gängiges Instrument zur Unterstützung von Feedbackprozessen**

Ein psychologisches Modell, welches Feedbackprozesse unterstützen kann, ist das »JoHari-Fenster«, benannt nach den amerikanischen Sozialpsychologen Joseph (Jo) Luft und Harry (Hari) Ingham (1955). Es zielt auf die Darstellung der Unterschiede zwischen Fremd- und Selbstwahrnehmung und stellt die Veränderung der Selbstwahrnehmung im Verlauf eines Selbstreflexionsprozesses dar. Ziel dabei ist, sich der Außenwirkung des eigenen Verhaltens bewusst zu werden. Die 4 Bereiche des JoHari-Fensters sind:

> **JoHari-Fenster**

- Freies Handeln/öffentlicher Bereich (mir und allen anderen bekannt),
- »Blinder Fleck« (mir nicht bekannt, den anderen bekannt),
- Bereich des Verbergens/Geheimnis (mir bekannt, den anderen nicht bekannt) und
- Bereich des Unbewussten (mir und allen anderen nicht bekannt).

Feedback erlaubt es dem Menschen, blinde Flecken aufzudecken und ggf. zu verkleinern. Dabei wird auf die Wirkung von unbedachten und unbewussten Gewohnheiten und Verhaltensweisen, Vorurteilen oder Zu- und Abneigungen hingewiesen. Dasselbe gilt für die Ebene der Organisation: Feedbackprozesse können Teile des »Schattens« in Organisationen aufdecken.

> ❯ Feedback stellt eine wichtige Lernquelle für zukünftiges Verhalten dar. Sie kann die Basis der Bereitschaft für verändertes Verhalten von Mitarbeitenden darstellen und auch als spezielle Form organisationaler Unterstützung für innovatives Verhalten und die Implementierung neuer Ideen angesehen werden.

Zusammenfassung
- Interpersonelles Feedback sind Kommunikationssituationen, in denen verschiedene psychologische Phänomene auftreten.
- Wahrnehmung, Verarbeitung und Interpretation von Informationen aus der Umwelt unterliegen verschiedenen Fehlerquellen.
- Veränderungen in der Umwelt können Organisationen nur durch »Double-loop«-Lernen aufnehmen.
- Feedback kann emotionale, kognitive und/oder verhaltensorientierte Reaktionen hervorrufen.
- Feedbackprozesse unterstützen das Aufdecken »blinder Flecken« im JoHari-Fenster.

12.2   Feedbackprozesse als Beitrag eines systematischen Performance Managements

Elke Winkler

Die langfristige und nachhaltige Wirkung einer leistungsförderlichen Organisationskultur hängt entscheidend davon ab, inwieweit Maßnahmen und Ablaufprozesse transparent und nachvollziehbar gestaltet sowie die Kriterien, durch die Leistung gemessen wird, einheitlich aufgebaut sind. Noch entscheidender für eine leistungsförderliche Organisationskultur sind die Menschen, die Leistung erst möglich werden lassen: Wie wird die Kultur gelebt und von den Beteiligten entsprechend der sich häufig schnell verändernden Gegebenheiten weiterentwickelt? Fragen der Akzeptanz, Fairness, Offenheit und anforderungsgerechter Bewertungen kommen ins Spiel. Dies stellt hohe Anforderungen an eine Feedback-Kultur, die auf der Ziel- und Ergebnisorientierung aufbaut, in der konstruktive Kritik möglich ist und bei der gleichzeitig die Wertschätzung und Motivation der Beteiligten im Vordergrund stehen.

12.2.1 Tragen Feedbackprozesse (wirklich) entscheidend zur gesteigerten Leistung in einer Organisation bei?

Oder unter welchen Voraussetzungen tragen Feedbackprozesse in Form von Leistungsbeurteilungs-, Zielvereinbarungs- und Personalentwicklungsmaßnahmen zur gesteigerten Leistungsfähigkeit bei? Die als provokant anmutende Fragestellung der Überschrift soll das Augenmerk auf die Herausforderung richten, die Klippen der praktischen Umsetzung theoretischer Vorüberlegungen beim Thema der Feedbackprozesse aufzuzeigen. Bringt Feedback im Rahmen des »Performance Managements« – verstanden als System zur Steuerung und Regelung von Leistung einer Organisation und der Organisationsmitglieder – über verschiedene Hierarchieebenen hinweg wirklich den Effekt, den ihm in der Literatur zugeschrieben wird (Hilgers, 2008, S. 50 ff)? Oder haben sich die Feedbackmaßnahmen mittlerweile – wenn überhaupt – in der Unternehmenspraxis zu sehr als alljährlicher Standard eingebürgert, ohne dass deren Leistungsfähigkeit selbst explizit in Frage gestellt wird? Grundsätzlich besteht ein wichtiger und in der Literatur immer wieder betonter Faktor für die Leistung und damit den Erfolg einer Organisation in der konsequenten Orientierung an Zielen. Dabei belegen Studien, dass die leistungsfördernde Wirkung von Zielvereinbarungen u. a. entscheidend von der Art der Implementierung und Umsetzung sowie von der konsequenten Unterstützung durch die oberste Organisationsleitung abhängt (Euteneiner & Scheelen, 2006).

> **Orientierung an Zielen**

> ❯ Die Kunst der hohen Leistungsfähigkeit einer Organisation liegt darin, die Führungskultur so zu gestalten, dass Unternehmensziele klar über geeignete Prozesse definiert werden und diese von der Unternehmensspitze über die einzelnen Hierarchieebenen bei dem einzelnen Mitarbeiter verständlich und eindeutig ankommen.

Das schließt ein, dass die definierten Ziele operationalisierbar und praktisch umsetzbar sind, der Grad der Umsetzung bewertbar ist und eine Rückkoppelung zum Aufbau von notwendigen Kompetenzen und neuen oder veränderten Zieldefinitionen besteht. Dies bedeutet auch, dass Führungskräften und Mitarbeitern eine veränderte, nicht selbstverständliche Rolle zukommt, die sie anzunehmen bereit und kompetent sein müssen: Die aktive und diskursive Ausgestaltung von Vorgaben unter Berücksichtigung der sich mitunter schnell verändernden übergeordneten Zielsetzungen.

> **Führungskultur**

> ❯ Das professionelle und regelmäßige Feedback im Rahmen des »Performance Managements« ist die Grundlage dafür, Ziele zu definieren, die Zielerreichungsgrade offenzulegen und Stellung zu erreichen oder auch nicht oder nur begrenzt erreichten Zielen zu beziehen bzw. Mitarbeiter so zu

qualifizieren, dass sie aufgrund ihres Verhaltens und ihrer erweiterten Kompetenzen in der Lage sind, die sich immer wieder verändernden Ziele zu erfüllen.

Optimierungsprozess

Im Rahmen der Zielvereinbarung kann die gemeinsame Richtung im Sinne der übergeordneten Ziele für die Zukunft festgelegt werden, wodurch ein kontinuierlicher Optimierungsprozess stattfinden und eine konstruktive Zusammenarbeit gewährleistet werden kann. Bedeutend ist, transparente Prozesse zu implementieren sowie Vorgesetzte und Mitarbeiter verschiedener Hierarchieebenen zu überzeugen und dazu zu gewinnen, die Zeit für derartige konstruktive und strukturierte Maßnahmen aufzubringen, diese mitarbeiter- und ergebnisorientiert durchzuführen und als Entscheidungsgrundlage zu dokumentieren. Der beschriebene »**Schlüssel zum Erfolg**« stellt sich in der alltäglichen praktischen Einführung und Umsetzung nicht ganz so problemlos dar. Immer wieder zeigen Beispiele in Organisationen, wie heikel es ist, leistungsfördernde Feedbackprozesse in einem vertretbaren Zeitrahmen einzuführen und die erfolgreiche flächendeckende und langfristige Umsetzung zu gewährleisten. Mangelnde Kenntnisse über die vielfältigen kritischen Punkte bei der Implementierung und dadurch häufig verbundene und unmittelbar auftretende, grundsätzliche Akzeptanzprobleme bei Führungskräften und Mitarbeitern können die Sinnhaftigkeit derartiger Projekte sehr schnell in Frage stellen. Und sie scheitern dann umso eher, je mehr die Unterstützung maßgeblicher Entscheidungsträger fehlt. Die Beachtung kritischer Aspekte und die konsequente Vermeidung möglicher negativer Auswirkungen ist äußerst wichtig, da der erneute Beginn einer vormals gescheiterten Einführung von Feedbackprozessen – u. a. aufgrund der dann verstärkten Akzeptanzproblematik – noch größere Anstrengungen für eine erfolgreiche Umsetzung erfordert.

Zielvereinbarung

Jetter (2004) spricht im Rahmen der Leistungserbringung in Organisationen vom »**Management-Menschlichkeits-Dilemma**«, in dem 2 Realitäten in Widerspruch stehen können und in Einklang gebracht werden müssen: Das **Management der Zielvereinbarung** als die eine Realität der analytischen Prinzipien, Strukturen und Sollvorgaben, die für die Orientierung an Zielen unerlässlich sind und die sich z. B. unter anderem im Formularwesen, in klaren Ablaufprozessen und kennzahlenorientierten Vorgaben und Leistungsmessungen widerspiegeln. Und die andere Realität des **Respektes vor den Menschen**, um die es in erster Linie geht, die erst Leistungen möglich werden lassen, das heißt Respekt vor deren Individualität, Qualifikation und Motivation. Dabei wächst mit der Größe von Organisationen der Bedarf an analytischen Vorgaben und Dokumentationen, um der damit verbundenen Komplexität der Informationsgewinnung und Leistungsmessung gerecht werden zu können. Es besteht die Gefahr, dass sehr viel Energie und Zeit in das optimale Management von Feedbackprozessen z. B. mit Hilfe optimaler IT-technischer Unterstützung »controllingmäßig« investiert wird, ohne die Seite der Menschlichkeit in ausreichendem Maße zu berücksichtigen. Beim Einsatz analytischer Instrumente ist daher immer wieder kritisch zu hinterfragen, ob alles was machbar ist auch wirklich zur Erreichung des vorab definierten Zieles sinnvoll bzw. vertretbar ist.

> ❯ Ergänzend zur analytischen Zielorientierung sind die Menschen, das heißt gut qualifizierte, erfahrene und engagierte Fach- und Führungskräfte, die ihr »Geschäft verstehen«, die wissen, was im konkreten Fall zu tun ist und mit Herzblut an die herausfordernden Aufgabenstellungen herangehen eine nicht minder wichtige Voraussetzung für die Leistungsfähigkeit einer Organisation.

Hier sind neben individuellen Faktoren die Machtverhältnisse in Organisationen und das Beziehungsgefüge zwischen Einzelnen und Gruppen wichtige Leistungsdeterminanten (Liepmann, 2000, S. 24). Wie wird etwa Macht ausgeübt, um Ziele mit oder durch Menschen zu erreichen? Sollen Spitzenleistungen ermöglicht werden, ist es wichtig, dass Macht offen, fair, ehrlich und im Sinne des zu erreichenden Ziels angewandt wird. Dieser normative Anspruch entspricht in den weitaus meisten Fällen nicht der Realität in Organisationen. In fataler Weise können individuelle Interessen und Präferenzen dazu beitragen, eine Machtstellung dazu zu nutzen, die Leistung von Mitarbeitern bewusst zu begrenzen und damit den Keim für Spitzenleistungen zu ersticken. So kann beispielsweise die hohe Leistungsbereitschaft und -fähigkeit von Mitarbeitern aus unterschiedlichsten Gründen als ungewollt angesehen werden. Neben der Berücksichtigung von **Aspekten der Macht** ist die **Kooperation** in und zwischen Teams ein entscheidender Faktor für die Leistung: Welche zwischenmenschlichen Faktoren erhöhen oder vermindern die Leistungsbereitschaft der Einzelnen in Teams und damit die Synergien und die Leistung von einzelnen oder mehreren kooperierenden Teams? In gruppendynamischen Analysen lassen sich die synergetischen Effekte in Teams belegen und quantifizieren. Damit sind Aussagen darüber möglich, inwieweit Machtverhältnisse und Beziehungen untereinander für die Erreichung von Zielen eher förderlich oder hinderlich sind. Die Berücksichtigung gruppenspezifischer Aspekte in Feedbackprozessen gewinnt an Bedeutung.

Die Ausführungen zu Feedbackprozessen werden in Anlehnung an die bisherigen Ausführungen in der folgenden Darstellung auf die Aspekte der »managementmäßigen« Zielorientierung und der Menschenorientierung fokussiert.

Synergien

12.2.2 Feedbackprozesse

Auf einen Blick
- Was bedeuten Feedbackprozesse im Rahmen des »Performance Managements«?

> — In welcher Weise können Führungskonzepte gemäß dem »Führen mit Zielen« und einem »Führungsmodell zur bestmöglichen Nutzung von Synergien« zu effektiven Feedbackprozessen und damit zu optimalen Leistungen beitragen?
> — Welche Kriterienkataloge zu Kompetenzen und Verhaltensstilen eignen sich zur Darstellung von Anforderungen und zur Bewertung, ob diese erfüllt werden?
> — Welche weiteren Anforderungen sind bei Feedbackprozessen zu beachten?

■■ Was ist unter einem Feedbackprozess zu verstehen?

reflexive Lernprozesse

Leistungsbeurteilungen in Form von Mitarbeitergesprächen, die von Vorgesetzen der nächsthöheren Hierarchie im eher einseitigen »Top-down«-Ansatz geführt werden, gehen von klassischen Führungskonzepten aus, in denen Ziele vorgegeben, die Erreichung dieser überprüft und daraus Konsequenzen abgeleitet werden. Die zugrunde liegenden Annahmen entsprechen immer weniger den heutigen Ansprüchen an erfolgreiche Organisationen. Diese bedürfen aufgrund der sich schnell verändernden Wettbewerbsbedingungen immer mehr Konzepten kontinuierlicher und reflexiver Lernprozesse, bei denen kompetente, selbstverantwortliche und proaktiv handelnde Organisationsmitglieder den neuen Herausforderungen mit immer wieder veränderten und abgestimmten Strategien zu begegnen in der Lage sind (Lehner, 2006, S. 109). Das impliziert für Feedbackprozesse einen kontinuierlichen **Informationsfluss** zwischen Vorgesetzten und Mitarbeitern, in dem der Abgleich zwischen Selbst- und Fremdsicht des Leistungsverhaltens sowie der vorgegebenen und erreichten Ziele und Maßnahmen unter Berücksichtigung der situativen Gegebenheiten gemeinsam bewertet wird und zu neuen, an die jeweilige Situation angepassten Vereinbarungen führt (Knebel, 2009).

Definition des Feedbackprozesses im Rahmen des »Performance Managements«

Im Folgenden wird der Feedbackprozess im Rahmen des »Performance Managements« definiert als die kontinuierliche und strukturierte Gewinnung sowie der Austausch und Abgleich von Informationen zur:

- Definition von Zielen bezogen auf eine Gesamtorganisation, eine Organisationseinheit oder eine spezielle Aufgabenstellung
- Kaskadenartigen Ableitung und Reflexion von Zielen über Hierarchieebenen hinweg
- Feststellung des Erreichungsgrades des jeweiligen Zieles
- Definition der Kompetenzen und Verhaltensstile, die zur Erreichung derzeitiger oder zukünftiger Ziele notwendig sind

- Feststellung des Grades der erworbenen Kompetenzen und veränderten Verhaltensstile
- Rückkoppelung des Grades der Zielerreichung und der Kompetenzen bzw. des Verhaltens zur ursprünglichen Definition
- Bewertung des Prozesses sowie der Ergebnisse
- Ausrichtung der neuen Ziel- und Kompetenzdefinition auf der Basis bisheriger Erkenntnisse und derzeitiger bzw. zukünftiger Entwicklungen

Die Prozesse können erfolgen:
- Individuell zwischen Führungskraft und Mitarbeiter
- In Teams zwischen einer Führungskraft und mehreren Mitarbeitern bzw. zwischen Mitarbeitern untereinander
- Zwischen mehreren Teams einer oder mehrerer Hierarchien

Feedbackprozesse setzen nach der oben genannten Definition eine Führungskultur voraus, in der das Führen mit Zielen verankert ist. Ziele werden meist nur in Teilen eindeutig, z. B. in Form von absoluten Organisationszahlen, vorgegeben und damit unveränderbar definiert. Durch die Wichtigkeit in Organisationen, aus den vorgegebenen Oberzielen umsetzbare Teilziele abzuleiten, diese immer wieder aktiv neu anzupassen, aus Erfahrungen zu lernen und bei den Möglichkeiten der Zielerreichung unter Umständen neue Wege – auch entgegen anderer Meinungen – zu gehen, setzen die Feedbackprozesse darüber hinaus eine bestimmtes Verständnis im Rahmen der Führung und Zusammenarbeit voraus. Offenheit und Vertrauen sind unabdingbare Grundvoraussetzungen (Hossiep, Bittner & Berndt, 2008). Idealerweise ist offene, konstruktive Kritik bewusst gewollt und wird durchgängig eingesetzt. Denn »die Fähigkeit, Kritik zu üben, setzt Informationen frei und schafft Voraussetzungen für Synergie« (McKee & Carlson, 2003).

konstruktive Kritik

❯ Die Grundlage für optimale Feedbackprozesse ist neben dem Führen mit Zielen eine auf Spitzenleistung fokussierte und Synergien fördernde Führungsstrategie, in der jeder Einzelne Verantwortung für den eigenen Bereich übernimmt sowie daran gemessen wird und ebenfalls die über seinen Bereich hinausgehende Bereiche und das Gesamte im Blick behält.

■■ Führen mit Zielen

Beim Führen mit Zielen werden Handlungen auf bestimmte Ziele ausgerichtet, wobei immer wieder Rückmeldungen zum Erreichungsgrad der Ziele erfolgen. Die Vereinbarung von Zielen erfordert von Führungskräften die bewusste Auseinandersetzung über die einzelnen Aufgabenstellungen in ihrem Verantwortungsbereich. Dies setzt

Organisationsziel

voraus, dass sie darüber Bescheid wissen, welche Ziele erreicht werden müssen, damit sie ihren Bereich erfolgreich im Sinne des Organisationsziels führen können, welche konkreten Aufgaben die einzelnen Mitarbeiter ihres Bereiches zu erfüllen haben, wie viel Zeit die einzelnen Tätigkeiten in etwa beanspruchen und welche von der Führungskraft und den Mitarbeitern nicht beeinflussbaren Faktoren, wie zum Beispiel Abhängigkeiten von anderen Akteuren, zu den jeweiligen Ergebnissen beitragen (Albs, 2005, S. 102 f). Folgende Fragestellungen stehen im Vordergrund:

- Sind die definierten Ziele wesentlich für den Erfolg der Organisation, das heißt, werden auf der jeweiligen Hierarchieebene die »richtigen« Ziele verfolgt?
- Sind die Ziele in dem gegebenen Zeitrahmen, mit den verfügbaren Mitteln und unter Beachtung fördernder oder hemmender Kontextfaktoren erreichbar?
- Ist die Zielerreichung mess- und kontrollierbar?

■ Relevanz der Zielvorgaben

kennzahlenmäßige Zielgrößen

Aus Visionen und Geschäftsstrategien leiten sich Organisationsziele wie etwa »in 5 Jahren Weltmarktführer in einem bestimmten Branchensegment zu werden« oder »sich auf dem osteuropäischen Markt zu etablieren« ab. Diese eher allgemein gehaltenen Ziele werden i.d.R. in kennzahlenmäßige Zielgrößen übersetzt an die nächste Hierarchieebene weitergegeben. In der Praxis größerer Organisationen zeigt sich häufig, dass Führungskräfte und Mitarbeiter die allgemein formulierten Organisationsziele eher kennen als die daraus abgeleiteten konkreteren Ziele des Bereiches, in dem sie tätig sind. **Klarheit** ist ein wichtiger Aspekt der Führung mit Zielen (Schmitz & Billen, 2008, S. 15). Wenn Ziele nicht klar kommuniziert werden, entsteht die Gefahr, dass die Zielvereinbarungen losgelöst von den übergeordneten Zielen erfolgen. In diesem Fall ist die am besten formulierte Definition von Zielen und die Höhe des Zielerreichungsgrades unerheblich. Daraus kann unter Umständen folgen, dass Führungskräfte und Mitarbeiter trotz eines sehr strukturierten, konsequenten und intensiven Leistungsverhaltens kaum zum Organisationserfolg beitragen (können).

■ Erreichbarkeit der Ziele

Über- oder Unterforderung

Standardmäßige Ziele, die auf immer wiederkehrenden Aufgaben basieren und bei denen die Bearbeitungswege weitgehend vorgegeben sind, sind einfacher zu handhaben und schneller zu erreichen als strategische Ziele, deren Erreichung innovative und komplexe, häufig nicht vorab abschätzbare Vorgehensweisen erfordern. Gerade die Erreichung komplexer Ziele hängt dabei entscheidend von der Verfügbarkeit über zeitliche, technische und personelle Ressourcen ab. Unter anderem aus diesem Grund sind keine allgemeinen Aussagen darüber möglich, welche Anzahl an Zielen in einem definierten Zeitraum realistischerweise vereinbart werden soll. Ob Ziele erreich-

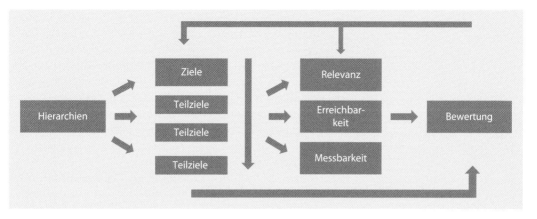

☐ Abb. 12.1 Ziele

bar sind und wie viele Ziele in einem bestimmten Zeitraum erreicht werden können hängt neben der Anzahl an Personen in besonderer Weise von deren Fähigkeiten, Qualifikationen und Motiven ab. Bringen die mit den Zielen betrauten Personen die Voraussetzungen mit, diese zu erreichen oder ist mit einer eher demotivierenden Über- oder Unterforderung zu rechnen?

- **Messbarkeit der Zielerreichungen**

Wurden die erfolgsrelevanten Ziele definiert und steht deren Erreichbarkeit grundsätzlich fest, ist die Hinzuziehung geeigneter Messkriterien ein entscheidender Faktor, um den Erfolg der Maßnahmen kontinuierlich bewerten, kontrollieren und den einzelnen Akteuren zuordnen zu können. Da sich die Messbarkeit von qualitativen und vage formulierten Zielen am schwierigsten gestaltet, zeigen sich hier die ersten Ansatzpunkte: Wenn möglich, sollten Ziele grundsätzlich so spezifisch wie möglich und durch quantifizierbare Bezugspunkte definiert werden. Die Einteilung nach der »**Balanced Scorecard**« kann hierbei auf verschiedenen Hierarchieebenen hilfreich sein, um Ziele nach den Perspektiven Finanzen, Kunden, Prozesse und Mitarbeiter zu gliedern und daraus bestimmte Kennzahlen als Messgrößen abzuleiten (☐ Abb. 12.1).[1]

Messkriterien

- **Zusammenfassung**

Das Führen mit Zielen kann im Rahmen von Feedbackprozessen unter folgenden Voraussetzungen zum gewünschten Organisationserfolg führen:

— Das Organisationsziel ergibt sich aus einer klaren und nachvollziehbaren Geschäftsstrategie bzw. Vision.

---

1   Zu beispielhaften aus der »Balanced Score Card« abgeleiteten Zielgrößen und Kennzahlen s. Jetter (2004).

    ▰ Es werden daraus operationalisierte Ziele und sinnvolle Teilziele auf die nächsten Hierarchieebenen abgeleitet.

    ▰ Es besteht ein Informationsfluss bezüglich der Ziele und der Zielerreichung über alle Hierarchieebenen hinweg.

    ▰ Die jeweiligen Ziele sind relevant, erreich- und messbar.

    ▰ Die Relevanz, Erreichbar- und Messbarkeit der Ziele muss von kompetenten Organisationsmitgliedern bewertet und gegebenenfalls beeinflusst bzw. korrigiert werden können.

    ▰ Die Erreichung von Zielen wird dem betreffenden Organisationsmitglied oder -team zugeschrieben.

    ▰ Die Zielerreichung wirkt motivierend auf Einzelne und Gruppen, da sie mit einem geeigneten materiellen oder immateriellen Anreizsystem verknüpft ist.

■ ■ Führungsmodell zur bestmöglichen Nutzung von Synergien

internationale Organisationen, Führungsmuster

Das konsequente Führen mit Zielen ist im Rahmen der Feedbackprozesse eine wichtige, aber nicht hinreichende Voraussetzung für die optimale Leistungsfähigkeit einer Organisation. Die ergebnisorientierte Vorgabe von Zielen und die alltägliche Bewertung des Leistungsverhaltens von Mitarbeitern sind v. a. in größeren, internationalen Organisationen nicht selbstverständlich. Die komplexen, sich ständig wandelnden Anforderungen, kurze Betriebszugehörigkeiten von Führungskräften ohne die erforderliche organisationsspezifische Erfahrung, eine hohe Anzahl von möglicherweise an verschiedenen Standorten verteilten Mitarbeitern und Zeitknappheit können in nicht seltenen Fällen dazu führen, dass die erfolgsversprechenden Ziele weder in optimaler Weise vorgegeben noch deren Erreichung in geeigneter Weise bewertet werden können. Ein weiterer Punkt besteht in wenig reflektierenden Führungsmuster, in denen in gewohnter Weise und nach bekannten Mustern geführt wird, ohne dass das Führungsverhalten kontinuierlich reflektiert und an die veränderten Anforderungen angepasst wird: »Wir versuchen, das »Falsche« noch professioneller zu machen. Dies geschieht meist in bester Absicht« (Wüthrich, Osmetz & Kaduk, 2009, S. 255). Dadurch kann die Maßgabe zielorientierten Führens in Organisationen trotz des Einsatzes bestmöglicher, unterstützender Tools zu kontraproduktiven, mitunter fatalen Ergebnissen führen, bei denen die Aussagekraft von Kennzahlen kritisch zu sehen ist. Die entscheidende Frage bleibt, wie die Leistungen von Organisationsmitgliedern über Zielvereinbarungen auch trotz der genannten Einschränkungen so gefördert werden, dass diese einen optimalen Beitrag zum Organisationsziel leisten können. Verantwortungsvolle und kompetente Führungskräfte und Mitarbeiter, vollständige Dokumentationen über vorausgegangene Beurteilungen, Zielvereinbarungen und -entwicklungen und der institutionalisierte und strukturierte Austausch von Informationen zwischen Organisationsmitgliedern können einen wertvollen Beitrag zu einer bestmöglichen Zieldefinition und -erreichung über Hierarchien hinweg leisten. Dies setzt ein Führungsmodell voraus, das Antworten zu folgenden Fragestellungen ermöglicht:

- Unter welchen Voraussetzungen werden Organisationsmitglieder dazu motiviert, einen engagierten eigenverantwortlichen Beitrag zur Zieldefinition und -erreichung in Feedbackprozessen zu leisten?
- Wie müssen die Beziehungen zwischen einzelnen Organisationsmitgliedern und in Teams gestaltet sein, dass Synergien genutzt und Feedbackprozesse konstruktiv und zielorientiert erfolgen?
- Wie können in Organisationen das Wissen, die Talente, Fähigkeiten, Motivationen und Erfahrungen von Menschen bestmöglich zur Zielerreichung genutzt werden?

Aus der Vielzahl an Führungstheorien wird im Folgenden das **GRID-Führungsmodell** ausgewählt, da es sich explizit auf die Qualität von Beziehungen auf persönlicher, Team- und Organisationsebene konzentriert und den Anspruch einer messbaren Methode zur Steigerung der Effektivität, Produktivität und Spitzenqualität in Organisationen erhebt (McKee & Carlson, 2003). Im GRID-Modell wird dem offenen Umgang miteinander, der Leistungsbereitschaft, der Eigenverantwortlichkeit, dem Engagement, der konstruktiven Kritik und der diskursiven Auseinandersetzung mit Themen eine entscheidende Rolle zur Erreichung von Spitzenergebnissen beigemessen. In diesem Verständnis wird den Organisationsmitgliedern in motivierender Weise die Verantwortung übertragen und die Kompetenz zugesprochen, sich daran zu beteiligen, Ziele zu definieren und Wege der Zielerreichung aufzuzeigen. Damit kann GRID Ansatzpunkte für eine Führung liefern, die kontinuierliche Vorgaben und Kontrollen durch diskursive, zielführende Auseinandersetzungen ersetzt und deren Effektivität messbar ist. Durch das im Konzept verankerte Verantwortungsbewusstsein und Engagement der Organisationsmitglieder ist eine Vertrauensbasis über Hierarchieebenen möglich, die Antworten auf die oben genannten Fragestellungen zielgerichteten Führens bietet. Entscheidend ist ein Verhalten, das Kontakt mit allen Ebenen der Organisation hält und klare Verantwortlichkeiten übernimmt. Ein Aspekt, der wie bereits erwähnt in Feedbackprozessen eine hohe Bedeutung zukommt. Im GRID-Modell ergeben sich verschiedene Verhaltensstile aus den grundlegenden Konflikten zwischen der Ergebnisorientierung und der Menschenorientierung, die in jeder Zusammenarbeit auftreten.[2]

Zum GRID-Modell wird kritisch angemerkt, es wäre ein zu grobes und zu vereinfachtes Konzept, bei dem situative Faktoren unbeachtet blieben. Trotz der begründeten Kritik eignet es sich durch die

Verantwortungsbewusstsein

---

2   Aus den verschieden hohen Ausprägungen der jeweiligen Ergebnis- und Menschenorientierung ergeben sich insgesamt 81 unterschiedliche Verhaltensstile, von denen sich 7 Profile klar voneinander abgrenzen lassen (zu näheren Angaben s. McKee & Carlson, 2003).

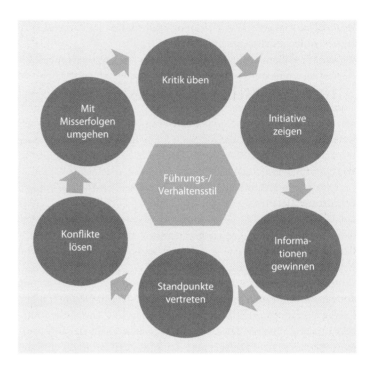

Abb. 12.2 Interaktionselemente

verständliche Darstellungsweise der leistungsbeeinflussenden Verhaltensstile und Interaktionselemente als normatives Modell. Es werden auf der Grundlage von 7 Verhaltens- oder Interaktionselementen verschiedene förderliche Verhaltensweisen dargestellt, die als Handlungsanweisungen für die Nutzung von Synergien und eine optimale Zielerreichung in Feedbackprozessen als geeignet erscheinen.

- **Interaktionselemente für eine optimale Zielerreichung**

wichtigste Komponente

Konstruktive Kritik üben Die Fähigkeit, konstruktive Kritik bewusst zuzulassen, ist nach GRID die wichtigste Komponente für eine erfolgreiche Zusammenarbeit. In Kooperationen, in denen konstruktive Kritik gelebt wird und erwünscht ist, werden eher mehr Alternativen diskutiert und gegeneinander abgewogen (◘ Abb. 12.2).

Initiative zeigen In welcher Weise sich Organisationsmitglieder durch das Einbringen von Alternativen oder das Vorantreiben eines Projektes engagieren, wirkt sich stark auf die Qualität der Prozesse und Ergebnisse aus. Eine niedrige Initiative führt aufgrund der damit verbundenen eingeschränkten Kreativität eher zu suboptimalen Ergebnissen.

Informationen gewinnen Organisationsmitglieder, die über alle notwendigen Informationen verfügen, können Sachlagen kritisch beleuchten und entsprechende Entscheidungen treffen. Sind hingegen zu wenige Informationen verfügbar, besteht eine Tendenz zur Unterstützung von eloquenten aber nicht selten zweifelhaften Meinungsträgern.

Standpunkte vertreten Klare Standpunkte zu vertreten beinhaltet den Anspruch, Stellung zu einer Sachlage auch dann zu beziehen, wenn diese nur von einer Minderheit vertreten wird. Dies ist sinnvoll, wenn der Standpunkt durch Informationen und schlagkräftige Argumente untermauert werden kann.

Entscheidungen treffen Die Qualität einer Entscheidungsfindung ist u. a. abhängig von der Kompetenz und Erfahrung des Entscheiders bzw. der Entscheider. Für eine bestmögliche Entscheidung geht es darum, dass alle wichtigen Aspekte vollständig Berücksichtigung finden.

Konflikte lösen Das Ringen um die bestmögliche Lösung führt zu Synergien, die ohne Konflikte nicht möglich wären und die nach der erfolgreichen Konfliktlösung zu einer von allen Beteiligten akzeptierten Zielerreichung führen können.

Mit Misserfolgen umgehen Fehlschläge einzukalkulieren, aus ihnen zu lernen und das Versagen in eine für die zukünftige Zielerreichung wichtige Lernerfahrung zu transformieren kann zu einer erhöhten Sensibilität gegenüber der Qualität bisheriger und zukünftiger Vorgehensweisen führen (◘ Abb. 12.2).

■ **Zusammenfassung**

Das dargestellte Führungsmodell bietet Ansatzpunkte, Feedbackprozesse auf der Basis verschiedener Interaktionselemente konstruktiv zu gestalten. Inwieweit einzelne Interaktionselemente, wie zum Beispiel das offene Äußern konstruktiver Kritik von Organisationsmitgliedern in der Praxis wirklich durchgängig realisiert wird, hängt entscheidend von der Organisationskultur und der Glaubwürdigkeit der Führungskräfte ab, keine diesbezüglichen Sanktionen zuzulassen. Es werden von den Organisationsmitgliedern aller Hierarchien aktive, kompetente und verantwortliche Verhaltensweisen gefordert. Aufgrund der Kompetenzen und des Engagements aller Beteiligten können bei Zieldefinitionen, Wegen der Zielerreichung und Bewertungen grundsätzlich die Organisationsmitglieder verschiedener Hierarchieebenen miteinbezogen werden. Dadurch ist es für Führungskräfte möglich, die Verantwortung für die Zieldefinition und Zielerreichung zumindest in Teilen an deren Mitarbeiter zu übertragen.

Die Ausführungen ergeben, dass Synergien in den zwischenmenschlichen Beziehungen in Organisationen für ein leistungsorientiertes Handeln unter folgenden Voraussetzungen am besten genutzt werden können:

Hierarchieebene

- Verantwortlichkeiten werden über alle Hierarchieebenen klar definiert und zugeordnet.
- Die Führungskultur lässt eine offene, wertschätzende Kommunikation zwischen den Hierarchieebenen zu.
- Die Kompetenzen und Verhaltensstile der Organisationsmitglieder werden kontinuierlich mit den sich verändernden Anforderungen abgestimmt.
- Die Zusammenarbeit zwischen Führungskräften und Mitarbeitern, in Teams und zwischen Teams erfolgt unter konsequentem Einsatz der oben genannten Interaktionselemente (◘ Abb. 12.2), aus denen bestimmte Führungs- und Verhaltensstile ableitbar sind.
- Die Ausprägung der Interaktionselemente wird immer wieder bewertet.

■ ■ **Kompetenzprofile und Verhaltensstile**

Neben den oben genannten Ausführungen zur geeigneten zielorientierten Führungskultur setzen Feedbackprozesse geeignete Kriterienkataloge voraus, um Leistungen messen und bewerten zu können. Die Vorgaben müssen klar definiert sein: Welche Kompetenzen und welches Verhalten sind für die Erfüllung einer Aufgabenstellung gefordert?

■ **Kompetenzprofile**

Kompetenzen

Zum Abgleich der geforderten und von Mitarbeitern gezeigten Kompetenzen eignet sich eine Einteilung in die gängigen Kompetenzfelder:
- Persönliche Kompetenz,
- soziale Kompetenz,
- Fachkompetenz,
- Methodenkompetenz und
- Führungskompetenz.

Die Kompetenzfelder werden in weitere 4–5 Kriterien untergliedert, deren Bedeutung für eine Aufgabenstellung in einer mehrstufigen Skala festgelegt wird: Das Kompetenzmodell jeder Stelle bietet somit die Vorgaben, auf deren Grundlage die Beurteilung der Leistung eines Mitarbeiters oder eines Teams erfolgen kann.

■ **Verhaltensstile**

Verhaltenstypen

Neben dem Abgleich der Kompetenzen ist eine Darstellung und Bewertung der geforderten und gezeigten Verhaltensstile von Organisationsmitgliedern über die Definition von Verhaltenstypen möglich: Welche Verhaltensausprägung ist für welche Position förderlich oder eher hinderlich? Die Einteilung nach Persönlichkeitstypen z. B. auf der Grundlage des »Insights«-Modells kann als Grundlage dienen (Euteneiner & Scheelen, 2006). Es zeigt 8 Persönlichkeitstypen auf, wie z. B. der »ergebnisorientierte und zielstrebige Direktor«, der

»marktorientierte und unabhängige Motivator«, der »kontaktorientierte und flexible Inspirator« oder der »qualitätsorientierte und präzise Beobachter«.

Durch die konkrete Beschreibung des von den Persönlichkeitstypen bevorzugten Verhaltens lässt sich darstellen, welcher Verhaltensstil für die Erfüllung der Vorgaben einer Aufgabenstellung geeignet ist oder welche Verhaltensstile mehrerer Mitglieder eines Teams zur bestmöglichen Leistung eines Teams erforderlich sind. Gleichzeitig können die Verhaltensstile der Organisationsmitglieder durch Analysen aufgezeigt und mit den Vorgaben abgeglichen werden, sodass entsprechende Schlussfolgerungen zu geeigneten Verhaltensstilen möglich sind.

■■ **Weitere Anforderungen an erfolgreiche Feedbackprozesse**
Ob in der Praxis Feedbackprozesse langfristig und flächendeckend umgesetzt werden, hängt nicht zuletzt von folgenden weiteren Anforderungen ab:

Information In eine umfassende und offene Informationsstrategie gehören Fragen wie etwa, welche Ziele mit Feedbackprozessen verfolgt werden, auf welche Weise geplant ist, mit kritischen Aspekten umzugehen und welche konkreten Maßnahmen und Prozesse und daraus abgeleiteten Ablaufpläne beabsichtigt sind.

offene Informationsstrategie

Dokumentation Dokumentationen und Auswertungsmöglichkeiten tragen dazu bei, dass Fortschritte in der Umsetzung von Teilschritten sowie Entwicklungen und Änderungen aufzeigbar sind. Vor allem in größeren Organisationen bedarf die Komplexität der zu verarbeitenden Daten einer geeigneten IT-technischen Unterstützung, durch die Auswertungen unkompliziert und schnell abgerufen werden können.

Plausibilität und Einfachheit Werden Kriterien und Bewertungsmaßstäbe als kompliziert und aufwändig empfunden, ist eine erhöhte, u. a. motivationsbedingte Fehlerhäufigkeit zu erwarten. Und ist das Prozedere, »wer, was, wann« zu tun hat, eher komplex gestaltet, werden kritische Beteiligte dieses Argument leicht nutzen, um die Prozesse hinauszuzögern, wenn nicht gar zu torpedieren.

Zeitlicher Aufwand Nicht selten wird von Führungskräften das Argument angeführt, der zeitliche Aufwand für Feedbackgespräche sei für den zu erwartenden Effekt zu hoch. Dieses Argument ist v. a. dann nicht zu unterschätzen, wenn Vorgesetzte sehr viele Gespräche zu führen haben und gleichzeitig stark in operativen Aufgaben involviert sind. Daher ist es wichtig, den zeitlichen Aufwand für Feedbackprozesse auf der Basis einer optimalen Vorgehensweise so gering und effektiv wie möglich zu gestalten.

einheitliche Standards

Einheitlichkeit Maßnahmen, Kompetenzmodelle, Bewertungsmaßstäbe und Ablaufprozesse sollten in Organisationen über Hierarchien und Bereiche hinweg durchgängig nach einheitlichen Standards gestaltet sein, um eine einheitliche Denkweise über Feedbackprozesse und eine globale Einsetzbarkeit der Systeme zu ermöglichen.

12.2.3 Ausgewählte Maßnahmen zur Umsetzung von Feedbackprozessen anhand eines Praxisbeispiels

▪▪ Aspekte der Feedbackprozesse

Für die Einführung und Umsetzung wirkungsvoller Feedbackprozesse eignen sich grundsätzlich folgende Maßnahmen (◐ Abb. 12.3):

> **Checkliste: Maßnahmen für die Einführung und Umsetzung wirkungsvoller Feedbackprozesse**
> 1. Trainings zu Feedbackmaßnahmen (Hossiep, Bittner & Berndt, 2008)
> 2. Zielorientierte Managementforen auf verschiedenen Hierarchieebenen, die von kompetenten Führungskräften geführt und von denen die Prozesse und Ergebnisse bewertet werden
> 3. Aufbau eines umfassenden Systems der Feedbackmaßnahmen
> 4. Aufbau eines Dokumentationswesens durch entsprechende IT-unterstützte Systeme
> 5. Aufbau eines geeigneten Prozesses, in dem sich die einzelnen Module optimal ergänzen
>
> Anhand eines Praxisbeispiels werden hiervon ausgehend die folgenden Feedbackmaßnahmen dargestellt, die im vorliegenden Fall aufgrund der zugrunde liegenden einheitlichen Kriterienkataloge und des Einsatzes mehrsprachig anwendbarer Analysen international durchführbar sind:
> — Management Team Audits zur Ermittlung, Bewertung und Rückmeldung der Ziele, der verfügbaren Kompetenzen und der Leistung von Führungskräften in Teams
> — Feedbackgespräche zwischen Führungskräften und Mitarbeitern zum Abgleich der Ziele, Anforderungen, Leistungen und Maßnahmen
> — Assessment Center zum Abgleich der Anforderungen und der auf Kompetenzen und Verhaltensstilen basierenden Leistung von einzelnen Führungskräften oder Mitarbeitern

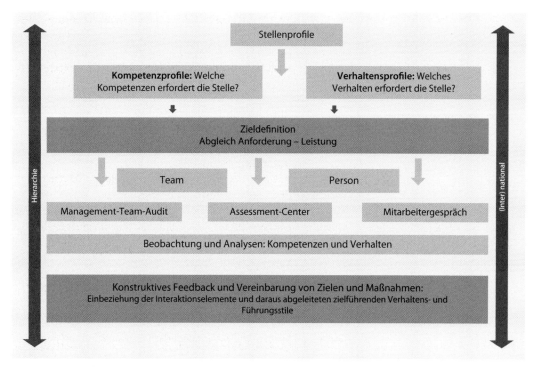

Abb. 12.3 Elemente des Feedbackprozesses im Rahmen des »Performance Managements«

Im vorliegenden Fallbeispiel ist es Ziel, die Maßnahmen zu Feedbackprozessen mit unternehmensinternen Führungstrainings und -programmen eng zu vernetzen und das Thema in einen übergeordneten Zusammenhang zu stellen. Hier ist die Durchführung von »**Leadership-GRID«-Seminaren** hervorzuheben, die in geeigneter Weise die leistungsbezogenen Denk- und Verhaltensmuster unterstützen und aufgrund ihrer internationalen Ausrichtung über Grenzen hinweg einsetzbar sind.

▪▪ Management Team Audit
Ziel des Management Team Audits im vorliegenden Fallbeispiel ist die Ermittlung, Bewertung, Rückmeldung und darauf aufbauende Abgleichung der Kompetenzen und der Leistung der einzelnen Führungskräfte innerhalb deren Teams in Übereinstimmung mit den Zielsetzungen der Organisationseinheit sowie der Gesamtorganisation (▪ Abb. 12.3). Dabei kommt dem gegenseitigen offenen und konstruktiven Feedback zwischen Vorgesetzten und Kollegen eine besondere Bedeutung zu. Im Audit findet Berücksichtigung, dass die Leistung einer Führungskraft und eines Teams ganz erheblich vom Organisationskontext beeinflusst wird. Es werden relevante Leistungsaspekte und -voraussetzungen untersucht, die die

»**Management Team Audit**«

⚊ Verhaltensstile und Kompetenzen der einzelnen Führungskraft, die sich aus deren Fähigkeiten, Eigenschaften und Einstellungen ergeben,
⚊ Führungskultur einschließlich bestehender Zielvereinbarungs- und Beurteilungssysteme,
⚊ Struktur des Teams und Prozesse der Zusammenarbeit, die Einfluss auf die Leistung der einzelnen Führungskräfte sowie der Teamleistung insgesamt haben, betreffen.

Der Erfolg derartiger Audits setzt eine entsprechende offene und wertschätzende Führungskultur zwischen den Beteiligten voraus. Im Vorfeld der Management Team Audits wird mit den beteiligten Führungskräften die Vorgehensweise und Zielsetzung des Verfahrens eingehend besprochen und ein »Commitment« über die Ziele des Audits, die gegenseitige Offenheit und das gegenseitige ehrliche Feedback und die Diskretion, Informationen nicht nach außerhalb weiterzugeben, geschlossen. Jede einzelne Führungskraft führt im Vorfeld 2 internetbasierte Analysen zur Feststellung der Kompetenzen, Einstellungen, Werte und des Verhaltens durch.[3] Die Ergebnisse bilden die Grundlage für ein intensives **Mentoring-Gespräch**: Inwieweit passt das Kompetenzprofil und das Verhalten der Führungskraft mit den an sie gestellten Anforderungen überein? Wo gibt es »gaps«, die es durch geeignete Maßnahmen zu schließen gilt? In darauf aufbauenden **Workshops** werden die Analysen aller Beteiligten gegenseitig offengelegt: Welche Typen treffen aufeinander? Welche förderlichen und hinderlichen Faktoren sind zu erkennen, die die Zusammenarbeit in einem Team oder zwischen Teams entscheidend beeinflussen? Wie können die hinderlichen Faktoren vermindert werden? Jede Führungskraft erhält ein offenes, konstruktives Feedback der Audit-Kollegen mit der Zielsetzung, eine optimale Leistungsfähigkeit des Einzelnen und des gesamten Teams zur Erlangung der Organisationsziele zu erreichen. Gleichzeitig erfolgt ein gegenseitiges Feedback der Führungskräfte der nächst niedrigeren Hierarchieebene. Dabei fließen deren Sichtweisen zu ausgewählten Aspekten der Leistungsfähigkeit der nächsthöheren Hierarchie ein.

Die Ergebnisse des Audits werden in messbare Kennzahlen ausgedrückt und in konkrete Maßnahmen übersetzt. Daraus ergeben sich Fragen wie:

⚊ Welcher Umsatz soll in einem definierten Zeitraum erreicht werden?
⚊ Wie hoch ist der entsprechende kurz- und mittelfristige qualitative und quantitative Personalbedarf?
⚊ Mit welchen konkreten Maßnahmen kann der Personalbedarf gedeckt werden?

»Mentoring«-Gespräch

---

3   Beide Analysen können in verschiedenen Sprachen durchgeführt werden, sodass sie international einsetzbar sind.

Die Ergebnisse der Audits können bei Bedarf Grundlage für die Durchführung von Audits weiterer Hierarchieebenen bilden. In jedem Fall gehen die Ergebnisse in die späteren, kontinuierlichen Feedbackgespräche, die zwischen den beteiligten Führungskräften und deren Vorgesetzten geführt werden, ein. Durch die in den Audits und Feedbackgesprächen zugrunde gelegten übereinstimmenden Kriterien der Kompetenzprofile ergibt sich ein einheitliches Führungsverständnis und es ist möglich, die im Audit erarbeiteten Ergebnisse in die kontinuierliche Führungspraxis zu übernehmen und ständig neu auszurichten.

■ ■ Feedbackgespräche

Im vorliegenden Praxisbeispiel wird die Erstellung und Pflege von Stellenprofilen an die Feedbackgespräche gekoppelt. Konkret bedeutet dies, dass für jedes Feedbackgespräch ein aktuelles Stellenprofil mit den geforderten Kompetenzen vorliegt. Für eine organisationsweite, d. h. internationale Anwendbarkeit gibt es standardisierte Grundprofile, die entsprechend spezieller Ausprägungen einer Stelle im nationalen oder internationalen Bereich angepasst werden können. Damit entspricht das abgeleitete Kompetenzprofil dem »Sollprofil« einer Stelle. Durch die Absprache zwischen Vorgesetztem und Mitarbeiter werden Stellenprofile im Zuge der Feedbackgespräche kontinuierlich angepasst und aktualisiert.

Stellenprofile

Die Feedbackgespräche werden im vorliegenden Praxisbeispiel mindestens einmal jährlich durchgeführt und beinhalten 3 Abschnitte:

- **Beurteilungen**: Abgleich zwischen den Kompetenzprofilen und der tatsächlich wahrgenommenen Leistungen des jeweiligen Mitarbeiters.
- **Zielvereinbarungen**: Bewertung der Erreichung bisheriger Zielvereinbarungen und die Vereinbarung aktueller Ziele auf der Grundlage des Kompetenzprofils sowie aktueller Anforderungen und Entwicklungen.
- **Vereinbarung von (Qualifikations-) Maßnahmen**: Bewertung der Durchführung der vereinbarten, zur Zielerreichung notwendigen (Qualifikations-) Maßnahmen und Vereinbarung der für die Zielerreichung aktuell notwendigen Maßnahmen.[4]

■ ■ Assessment Center

Einzel- und Gruppen-Assessment-Center stellen ergänzenden Maßnahme dar, die sich häufig aus Feedbackgesprächen ergeben. Die Ergebnisse der Assessment Center zeigen Personalentwicklungsmaßnahmen oder Entscheidungshilfen für Stellenbesetzungen auf.

»Assessment«-Center

---

4   Die Stellenwirtschaft und Organisation sowie Dokumentation der Feedbackgespräche erfolgt im vorliegenden Praxisbeispiel mit Hilfe IT-technischer Unterstützung.

In den 1- bis 2-tägigen Assessment Centern wird das Verhalten der Kandidaten von Führungskräften aus der Organisation in Situationen, die der täglichen Aufgabe ähnlich sind, bewertet. Die in den Rollenspielen beinhalteten Anforderungen werden durch die aus den Kompetenzfeldern abgeleiteten Kriterien definiert und bilden die Grundlage für die Bewertung der Beobachter. Ergänzend wird zur Feststellung der Verhaltensstile einzelner Kandidaten eine internetbasierte Analyse durchgeführt. Aus der an Kompetenzfeldern orientierten Beobachtung und der Analyse der Verhaltensstile ergibt sich ein kriterienbasiertes Ergebnis zum erkannten Kompetenz- und Verhaltensprofil für jeden Kandidaten, das den jeweils formulierten Stellenanforderungen gegenübergestellt wird.

Nach jedem Assessment Center erhalten die Kandidaten ein kurzes Feedback aller Beobachter zu den wahrgenommenen Leistungen. Dieses ist Ausgangspunkt für ein späteres intensives Feedbackgespräch. In diesem werden alle Ergebnisse ausführlich mit dem Teilnehmer und dessen Vorgesetzen besprochen, wobei das Potenzial zur Erfüllung derzeitiger oder zukünftiger Anforderungen einer Stelle besondere Berücksichtigung findet.

12.2.4 Unter welchen Voraussetzungen tragen Feedbackprozesse zur gesteigerten Leistungsfähigkeit in Organisationen bei?

Voraussetzungen für Feedbackprozesse

Im vorliegenden Beitrag wurden an leistungsfördernde Feedbackprozesse Anforderungen geknüpft, die nicht als selbstverständlich vorausgesetzt werden können. Zum Beispiel müssen Vorgesetzte trotz kontinuierlicher Veränderungen auf der Grundlage ihrer Fachkompetenz und Erfahrung über die Anforderungen und Aufgaben der Organisation, des Bereiches und der Mitarbeiter Bescheid wissen, klare Ziele setzen und das Leistungsverhalten der Mitarbeiter durchgängig steuern können. Neben geeigneten Instrumenten und strukturierten Prozessen zur Vereinbarung und Bewertung von Zielen (▶ Abschn. 12.2.2 »Führen mit Zielen«) kann der Vorteil von Feedbackprozessen nur dann bestmöglich genutzt werden, wenn darüber hinaus der offenen Kommunikation und der Eigenverantwortlichkeit aller Beteiligten eine hohe Bedeutung zukommt. Dies setzt wiederum eine entsprechend anspruchsvolle Führungskultur voraus (▶ Abschn. 12.2.2, »Führungsmodell zur bestmöglichen Nutzung von Synergien«).

Auf der Grundlage eines Praxisbeispiels wurden im vorliegenden Beitrag ausgewählte, ineinandergreifende und auf einheitlichen Kriterienkatalogen basierende Maßnahmen zur Implementierung und Durchführung der Feedbackprozesse dargestellt (▶ Abschn. 12.2.3): Management Team Audits, Feedbackgespräche und Assessment Center. Bei der Konzeption der beschriebenen Feedbackprozesse wurden dabei folgende Anforderungen zugrunde gelegt:

- Die einzelnen Maßnahmen sollten u. a. durch einheitliche, plausible Kriterienkataloge miteinander verknüpft sein,
- die Einsetzbarkeit im internationalen Kontext sollte durch die mehrsprachige Anwendbarkeit gewährleistet werden und
- die Integration in die Führungskultur sollte durch die bewusste inhaltliche Verknüpfung mit den bestehenden Führungstrainings gewährleistet werden.

Zusammenfassung

Aus den genannten am Fallbeispiel aufgeführten Maßnahmen ist eine sich sukzessive entwickelnde Führungskultur beabsichtigt, in der die Ableitung von Zielen über Hierarchien hinweg und die klare Orientierung an diesen in einem offenen, konstruktiven Feedbackprozess zur Selbstverständlichkeit wird. Dabei gestaltet sich die Entwicklung der Führungskultur und die daraus abzuleitenden leistungsfördernden Maßnahmen zu Feedbackprozessen im internationalen Kontext aufgrund der notwendigen Berücksichtigung interkultureller Aspekte entsprechend komplex. Es stellt sich zum Beispiel die Frage, inwieweit in anderen Ländern offene Feedbackprozesse über Hierarchien hinweg, in denen Aspekte von 360°-Beurteilungen zumindest ansatzweise integriert sind, aufgrund der kulturellen Gegebenheiten grundsätzlich möglich sind.

Bisherige Erfahrungen zeigen, dass Feedbackprozesse v. a. dann eine hohe Akzeptanz erfahren und von den Beteiligten entsprechend leistungssteigernd umgesetzt werden, wenn Ziele anforderungsgerecht definiert sind, eine offene, wertschätzende Kommunikation herrscht und sich die einzelnen Maßnahmen der Feedbackprozesse ohne zu hohen zusätzlichen Aufwand in die bestehende Führungskultur integrieren lassen.

Literatur

Albs, N. (2005). *Wie man Mitarbeiter motiviert*. Berlin: Cornelsen.

Argyris, C. & Schön, D. (1996). *Organizational learning II: Theory, method and practice*. Reading, MA: Addison Wesley.

Argyris, C. & Schön, D. (1999). *Die Lernende Organisation: Grundlagen, Methode, Praxis*. Stuttgart: Campus.

Bungard, W., Müller, K. & Niethammer, C. (2007). *Mitarbeiterbefragung – was dann? MAB und Folgeprozesse erfolgreich gestalten*. Heidelberg: Springer.

Euteneiner, R. & Scheelen, F. (2006). Insights MDI by Scheelen – Verhalten, Werte, Fähigkeiten. In W. Simon (Hrsg.), *Persönlichkeitsmodelle und Persönlichkeitstests* (S. 240–258). Offenbach: Gabal.

Hilgers, D. (2008). *Performance Management*. Wiesbaden: Gabler.

Hossiep, R., Bittner, J. E. & Berndt, W. (2008). *Mitarbeitergespräche*. Göttingen: Hogrefe.

Jetter, W. (2004). *Performance Management*. Stuttgart: Schäffer-Poeschel.

Jöns, I. (2005). Feedbackprozesse in Organisationen: Psychologische Grundmodelle und Forschungsbefunde. In I. Jöns & W. Bungard (Hrsg.), *Feebackinstrumente im Unternehmen. Grundlagen, Gestaltungshinweise, Erfahrungsberichte*. Wiesbaden: Gabler.

Jöns, I. & Bungard, W. (Hrsg.). (2005). *Feebackinstrumente im Unternehmen. Grundlagen, Gestaltungshinweise, Erfahrungsberichte*. Wiesbaden: Gabler.

Kirchler, E. (Hrsg.). (2008). *Arbeits- und Organisationspsychologie* (2. Aufl.). Wien: Facultas.

Knebel, H. (2009). Feedback geben und nehmen. *Personalwirtschaft, 07*, 62–64.

Lehner, F. (2006). *Wissensmanagement*. München: Hanser.

Liepmann, D. (2000). Beurteilungsprozesse in Organisationen: Einige kritische Anmerkungen. In R. Busch (Hrsg.), *Mitarbeitergespräch – Führungskräftefeedback* (S. 21–36). München: Hampp.

Luft, J. & Ingham, H. (1955). *The JoHari Window, a graphic model for interpersonal relations.* Western Training Laboratory in Group Development, August 1955. University of California at Los Angeles, Extension Office.

McKee, K. & Carlson, B. (2003). *Mut zum Wandel* (2. Aufl.). München: Econ.

Oberhoff, B. (1978). *Akzeptanz von interpersonellem Feedback. Eine empirische Untersuchung zu verschiedenen Feedback-Formen.* Unveröff. Dissertation, Westfälischen Wilhelms-Universität Münster.

Schmidt, K.-H. & Kleinbeck, U. (2006). *Führen mit Zielvereinbarung.* Göttingen: Hogrefe.

Schmitz, L. & Billen, B. (2008). *Lösungsorientierte Mitarbeitergespräche* (3. Aufl.). München: Finanzbuch.

Schulz v. Thun, F. (1981). *Miteinander reden 1 – Störungen und Klärungen.* Reinbek b. Hamburg: Rowolt.

Taylor, S., Fisher, C. & Ilgen, D. (1990). Individuals' reactions to performance feedback in organizations: A control theory perspective. In K. M. Rowland & G. R. Ferris (Eds.), *Performance evaluation, goal setting, and feedback* (pp. 81–124). Greenwich, CT: JAI.

Wiener, N. (1948). *Cybernetics or control and communication in the animal and the machine.* Massachusetts Institute of Technology.

Wiener, N. (1950). *The human use of human beings: Cybernetics and Society.* Boston: Houghton Mifflin.

Wiener, N. (1972). *Mensch und Menschmaschine* (4. Aufl.). Frankfurt a. M.: Fischer.

Wüthrich, H. A., Osmetz, D. & Kaduk, S. (2009). *Musterbrecher* (3. Aufl.). Wiesbaden: Gabler.

Personalentwicklung – Human Resource Development – die Funktion, welche Kompetenzen entwickelt und fördert

Claus D. Eck

Die Investitionen und Prozesse der Aus-, Weiter- und Fortbildung, sofern sie einen direkten Bezug zu einer Unternehmung oder Organisation haben, werden heute unter dem Begriff **Personalentwicklung** gefasst. Die **Managemententwicklung** und auch die sog. **Teamentwicklung** sind selbstverständliche Teile der Personalentwicklung (**PE**). Die Unternehmung bzw. Organisation als **Bildungsraum** umfasst aber noch mehr als PE. Die verschiedenen Konzepte und Formen der **Organisationsentwicklung (OE)** und der **Unternehmerentwicklung** initiieren nachhaltige Lernprozesse. Die 2 bekannten psychosozialen und betriebswirtschaftlichen Konzepte »**Lernende Organisation**« (vgl. u. a. Easterby-Smith, Burgoyne & Aranjo, 1999; Kurtz & Pfandenhauser, 2010) und »**Wissensmanagement**« (vgl. u. a. Nonaka & Takeuchi, 1995; Eck, 1997; Romhardt, 2002; Reinmann & Mandl, 2004; Zeuch, 2007) können als Versuch verstanden werden, die intensiven und dauernden Lern- und Bildungsprozesse in einer Organisation unter einer Zentralperspektive zu fassen und zu managen.

Personalentwicklung wird herkömmlicher Weise as eine Teilfunktion der Human-Resource-Management(HRM)-Funktion angesehen und je nach Bedeutung als eine eigene Organisationseinheit (Ausbildungsmanagement) strukturiert oder in die HRM-Stellenorganisation eingegliedert. Die strategische Bedeutung erhält die PE aber nicht so sehr durch die ihr zur Verfügung stehenden **Budgets** oder ihre organisatorische Eingliederung und auch nicht durch die **Managementrhetorik** bezüglich der »Bedeutung des Humankapitals« und der PE. Strategisch ist die PE nur in dem Ausmaß, in dem die Funktion Personalentwicklung selbstverständlicher und evaluierter Bestandteil der **Linienaufgaben aller Stufen** – inkl. des sog. Top Managements – ist und ein konstituierendes Element der sog. Organisationskultur wird. Das heißt, dass die Organisationskultur sich als eine lernende, sich verändernde Kultur versteht, mit einem relativ angstfreien, fehlerfreundlichen **Lernklima**, in welchen Kooperation, Bezogenheit (»relatedness«) höher bewertet werden als Konkurrenz und Rivalität (vgl. Eck, 2010b).

13.1   Was es braucht: Professionalität

Die geforderte Professionalität der PE hat 2 grundlegende Bedeutungen:

Grobanalyse der Systematik der PE

a. Professionalität im engeren Sinne meint die Professionalität der »Professionals«, also der Personen welche als Experten die PE konzipieren, gestalten, realisieren und evaluieren. Dazu benötigen sie eine **Gesamtsicht** des Ausbildungsmanagements an gegebenen Lernorten mit ihren »Treibern« und internen wie externen Partnern (◘ Abb. 13.1).

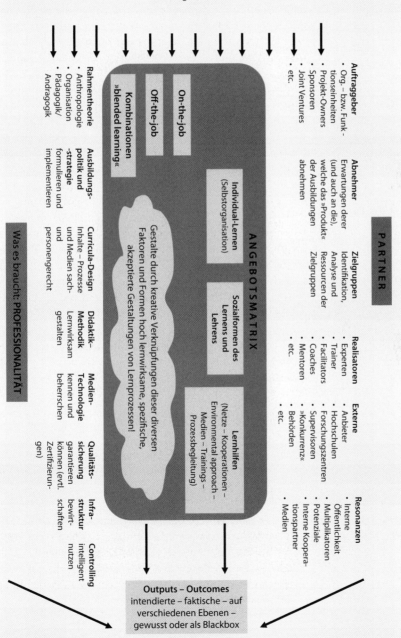

TREIBER

Veränderungsdynamik: Gesellschaft – Märkte – Technologie –
Bildungspolitik – Qualifikationsniveau der Population –
Unternehmensgröße und Struktur – Unternehmensziele und -strategie –
Bereichsstrategien – Bedarf/Bedürfnisse – Geld (Budgets) – Zeit (wann –
wie lange?) – u. a.

Auftraggeber
• Org.– bzw. Funk -
tionseinheiten
• Projekt-Owners
• Sponsoren
• Joint Ventures
• etc.

Abnehmer
Erwartungen derer
(und auch an die),
welche das »Produkt«
der Ausbildungen
abnehmen

PARTNER

Rahmentheorie
»blended learning«
• Anthropologie
• Organisation
• Pädagogik/
Andragogik

Kombinationen
»blended learning«

Off-the-job

On-the-job

Individual-Lernen
(Selbstorganisation)

ANGEBOTSMATRIX

Zielgruppen
Identifikation,
Analyse und
Ressourcen der
Zielgruppen

Realisatoren
• Experten
• Trainer
• Facilitators
• Coaches
• Mentoren
• etc.

Externe
• Anbieter
• Hochschulen
• Forschungszentren
• Supervisoren
• »Konkurrenz«
• Behörden
• etc.

**Ausbildungs-
politik und
-strategie**
formulieren und
implementieren

Curricula-Design
Inhalte – Prozesse
und Medien sach-
und
personengerecht
gestalten

**Sozialformen des
Lernens und
Lehrens**

Gestalte durch kreative Verknüpfungen dieser diversen
Faktoren und Formen hoch lernwirksame, spezifische,
akzeptierte Gestaltungen von Lernprozessen!

Was es braucht: PROFESSIONALITÄT

**Didaktik-
Methodik**
Lernwirksam
beherrschen

**Medien-
Technologie**
kennen und
beherrschen

Lernhilfen
(Netze - Kooperationen –
Medien - Trainings –
Environmental approach –
Prozessbegleitung)

Resonanzen
• Interne
Öffentlichkeit
• Multiplikatoren
• Potenziale
• Interne Koopera-
tionspartner
• Medien

**Qualitäts-
sicherung**
garantieren
können (evtl.
Zertifizierun-
gen)

**Infra-
struktur**
bewirt-
schaften

Controlling
intelligent
nutzen

Outputs – Outcomes
intendierte – faktische – auf
verschiedenen Ebenen –
gewusst oder als Blackbox

◘ **Abb. 13.1** Dynamik des Ausbildungsmanagements

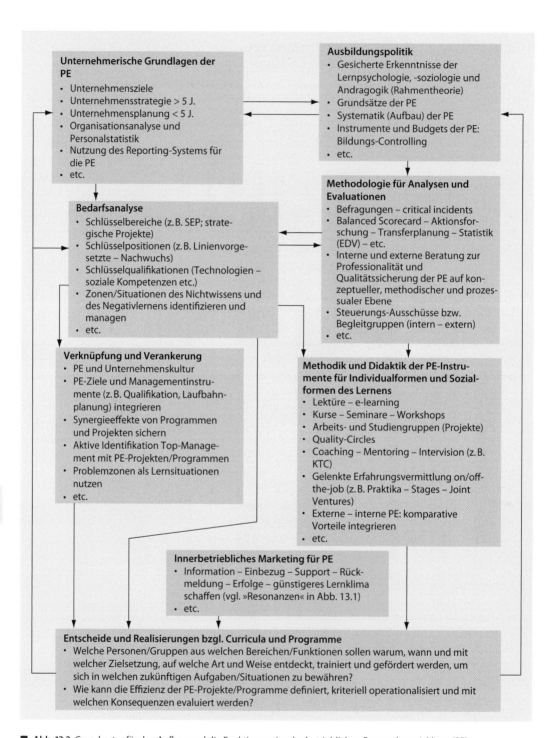

Unternehmerische Grundlagen der PE
- Unternehmensziele
- Unternehmensstrategie > 5 J.
- Unternehmensplanung < 5 J.
- Organisationsanalyse und Personalstatistik
- Nutzung des Reporting-Systems für die PE
- etc.

Ausbildungspolitik
- Gesicherte Erkenntnisse der Lernpsychologie, -soziologie und Andragogik (Rahmentheorie)
- Grundsätze der PE
- Systematik (Aufbau) der PE
- Instrumente und Budgets der PE: Bildungs-Controlling
- etc.

Bedarfsanalyse
- Schlüsselbereiche (z.B. SEP; strategische Projekte)
- Schlüsselpositionen (z.B. Linienvorgesetzte – Nachwuchs)
- Schlüsselqualifikationen (Technologien – soziale Kompetenzen etc.)
- Zonen/Situationen des Nichtwissens und des Negativlernens identifizieren und managen
- etc.

Methodologie für Analysen und Evaluationen
- Befragungen – critical incidents
- Balanced Scorecard – Aktionsforschung – Transferplanung – Statistik (EDV) – etc.
- Interne und externe Beratung zur Professionalität und Qualitätssicherung der PE auf konzeptueller, methodischer und prozessualer Ebene
- Steuerungs-Ausschüsse bzw. Begleitgruppen (intern – extern)
- etc.

Verknüpfung und Verankerung
- PE und Unternehmenskultur
- PE-Ziele und Managementinstrumente (z.B. Qualifikation, Laufbahnplanung) integrieren
- Synergieeffekte von Programmen und Projekten sichern
- Aktive Identifikation Top-Management mit PE-Projekten/Programmen
- Problemzonen als Lernsituationen nutzen
- etc.

Methodik und Didaktik der PE-Instrumente für Individualformen und Sozialformen des Lernens
- Lektüre – e-learning
- Kurse – Seminare – Workshops
- Arbeits- und Studiengruppen (Projekte)
- Quality-Circles
- Coaching – Mentoring – Intervision (z.B. KTC)
- Gelenkte Erfahrungsvermittlung on/off-the-job (z.B. Praktika – Stages – Joint Ventures)
- Externe – interne PE: komparative Vorteile integrieren
- etc.

Innerbetriebliches Marketing für PE
- Information – Einbezug – Support – Rückmeldung – Erfolge – günstigeres Lernklima schaffen (vgl. »Resonanzen« in Abb. 13.1)
- etc.

Entscheide und Realisierungen bzgl. Curricula und Programme
- Welche Personen/Gruppen aus welchen Bereichen/Funktionen sollen warum, wann und mit welcher Zielsetzung, auf welche Art und Weise entdeckt, trainiert und gefördert werden, um sich in welchen zukünftigen Aufgaben/Situationen zu bewähren?
- Wie kann die Effizienz der PE-Projekte/Programme definiert, kriteriell operationalisiert und mit welchen Konsequenzen evaluiert werden?

◻ **Abb. 13.2** Grundraster für den Aufbau und die Funktionsweise der betrieblichen Personalentwicklung (PE)

▣ **Tab. 13.1** Ordnen Sie diese 4 Optionen jedem der Punkte in den Kästchen der Abb. 13.2 zu			
Befriedigend bzw. ausreichend vorhanden bzw. gut funktionierend	Teilweise bzw. nur lokal vorhanden bzw. funktionierend	Nicht vorhanden bzw. unbefriedigend, funktionierend	Entwicklungspotenzial, Ergänzungen notwendig bzw. lokale Modelle, Beispiele die transferiert bzw. generalisiert werden können?

Die notwendige **Systematik** der PE entsteht durch die Bezugnahme auf die und die Verknüpfung und Integration der direkt und indirekt an der PE beteiligten Faktoren (▣ Abb. 13.2). Dieser Raster kann als eine Art Checkliste verwendet werden. Für jeden Punkt in den verschiedenen Kästchen können in Selbst- und Fremdeinschätzungen Fragestellungen beantwortet werden, wie etwa: »Ist dies bei uns (bzw. dort … und dort … vorhanden, optimal genutzt, veränderungsbedürftig?«; ▣ Tab. 13.1). Wenn in dieser Selbst- oder Fremdanalyse nicht nur »angekreuzt«, sondern detailliert beschrieben wird und/oder Beispiele als Illustration gegeben werden und man sich daran erinnert, dass in den obigen Darstellungen das Kürzel »etc.« eine Aufforderung zur Ergänzung und Weiterführung der Gedanken ist, so kann dieser Raster die Grundlage für eine Evaluation der Professionalität und des Entwicklungsbedarfs innerhalb der PE sein.

b. Veröffentlichte Evaluationsstudien zur PE und v. a. der Erfahrungsaustausch der Praktiker der PE thematisieren immer wieder die Diskrepanz zwischen einerseits der häufig vorhandenen und anerkannten hohen Professionalität der PE-Professionals und andererseits der kritischen Einstellung der Linie gegenüber der PE, die als nur teilweise »nützlich«, effizient, allenfalls »nice-to-have« angesehen wird. Diese labile Einschätzung der Notwendigkeit der PE macht diese wenig resistent gegenüber konjunkturellen Schwankungen, seien sie budgetbezogen oder als »buy-in«, d. h. als aktive Partizipation und Unterstützung der PE. Professionalität der PE bedeutet deshalb im weiteren Sinne, ein Konzept der PE zu entwickeln, mit welchen sich die Linie identifiziert und das den Ergebnissen der Lernforschung entspricht (▶ Abschn. 13.2). Die relativ komfortable »Ghettoisierung« der PE als ideale Welt, welche aber wenige oder v. a. spannungsreiche, widersprüchliche Berührungspunkte mit der Praxis aufweist, ist erst dann überwunden, wenn die PE immer selbstverständliches Teilelement des operativen Geschäfts wird.

Das benötigt ein vertieftes Verständnis, was Lernen überhaupt ist, wie und unter welchen Bedingungen es geschieht oder verhindert wird. Gefragt ist eine Psychologie und Soziologie des Lernens und Nichtlernens, welche die Praxis, den Alltag, das Lernklima einer gegebenen Organisation strukturiert.

Professionalität vs. Nutzenstiftung

13.2 Kompetenzentwicklung bedarf eines vertieften Verständnisses vom Lernen und einer intensiven Praxis des Lernens

Wenn nach Erpenbeck (1997, S. 311) das Ziel der Kompetenzentwicklung die »**Handlungsorientierung** und **Handlungsfähigkeit**« ist und damit diese nicht mit Aktionismus verwechselt wird, also immer auch **Reflexion**, kritische Distanz erfordert, so ist klar, dass die Kompetenzentwicklung engstens mit **Lernen** und **Lernprozessen** verbunden ist. Und zwar Lernen als ein prinzipiell nie abgeschlossener reiterativer Prozess. Lernen hat unzählige Anlässe und Motive. Eine der beiden grundlegendsten und nachhaltigsten Motive ist einerseits der »**Wille zur Wahrheit**« (Foucault, 1996, eine Formulierung Nietzsches aufnehmend) und andererseits die Überwindung der **Inkompetenz** (Hilflosigkeit, Abhängigkeit). Lernen ist die Erlösung aus dem Nichtwissen und Nichtkönnen (nach v. Hentig).

20 Leitgedanken bezüglich des Lernens von Erwachsenen

Lernen ist eines der komplexesten Konstrukte der Psychologie. Was konventioneller Weise mit »Lernen« in Verbindung gebracht wird und seinen privilegierten Ort in den Feldern von Erziehung und Bildung hat, deckt nur einen Teil des ubiquitären Phänomens »Lernen« ab.

Es braucht für das Verständnis, die Gestaltung und Organisation der Lernprozesse und Lernorte insbesondere von Erwachsenen, eine **Lerntheorie**, welche nicht nur das tatsächliche, sondern auch das mögliche, potenzielle Lernen thematisiert. Die folgenden 20 thesenartigen Leitgedanken aus der Lernforschung umreißen und erhellen einige der komplexen und interdependenten Prozesse des Lernens von Erwachsenen.

Lernen als Interaktion System – Umwelt

1. Was ist überhaupt **Lernen**? So einfach die Frage scheint, so komplex und schwierig ist die Antwort. Lernen beruht auf und ist immer beeinflusst von biologisch-physiologischen, kognitiven, motivationalen, biographischen, sozialen und kulturellen Faktoren in ihren Wechselwirkungen – und von noch vielem mehr. Betrachtet man Lernen vom **Prozess** und vom **Ergebnis** her, so kann man sich auf folgende Umschreibung einigen: Lernen ist eine **Verhaltensänderung** in der **Zeit** und führt, intendierter Weise, zu einer **Einheit** von **Kognition** (Wissen, als die Fähigkeit zu Unterscheidungen) und **Handeln** (Entscheidungen, Strategien). Dies kann aber immer nur auf der Basis einer interaktiven **Koevolution** (◨ Abb. 13.3) geschehen, denn der Mensch ist keine Monade, sondern ein System. Niemand kann im strengen Wortsinn »nur für sich selbst lernen«. Ein gegebenes Verhalten ist nie nur »originär«, sondern das Ergebnis von Interaktionen. Lernen als **Verhaltensmodifikation** ist deshalb darauf angewiesen, dass nicht nur ein System, sondern auch seine Umwelt »lernt«, d. h. sich verändert, entwickelt. Ist das, auf welche Art und aus welchen Gründen auch immer, konkret nicht möglich, so ist das Lernen blockiert.

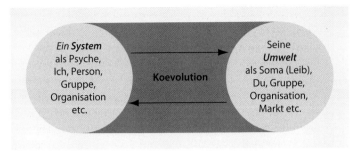

○ **Abb. 13.3** Koevolution

Die notwendige Koevolution steht letztlich im Dienste des **Über-lebens** des Lernenden als Subsystem bzw. seines Zugehörig-keitssystems (Familie, Gruppe, Gender, Organisation, Volk etc.) und dies auf den Ebenen **Existenz – Differenz – Identität**. Das heißt, das »Überleben« (Kontinuität, Entwicklung, Entfaltung) in den Konkretionen: Leben können – anders sein können – sich selbst sein können. Das hat enorme funktionale, psychologische, soziale, kulturelle Implikationen, Voraussetzungen und Folgen. Solange diese koevolutive Einheit (○ Abb. 13.3) sich nicht ergibt, hat kein effektives Lernen stattgefunden. **Koevolution** besagt also, dass Lernen immer die Veränderung des Systems *und* der Umwelt bedeutet. Etwas »anders sehen …« bedeutet, dass es auch »anders ist« (vgl. u. a. die Konzepte des »Konstruktivis-mus«, der »Denkgesetze« – Kant, des »Interaktionismus« – Ber-ger-Luckmann, 1980; Goffmann, 1973 und des »stillschweigenden Denkens« – Bohm, 1998). Von wo auch immer der Primärimpuls als Notwendigkeit, Anstoß, Chance zum Lernen (verändern) kommt, es ist immer eine Interaktion System – Umwelt. Diese Zentralperspektive des Lernens, die Koevolution, ist unerläss-lich für die **Kompetenzentwicklung**. Ohne Koevolution kann es keine Kompetenzentwicklung geben – höchstens ungenutztes Potenzial und das Risiko der Abwanderung besonders quali-fizierter Mitarbeitender (zur Frage der Kompetenzentwicklung ▶ Abschn. 13.4).

2. Da die Interaktion von System und Umwelt dauernd erfolgt, implizert dies auch eine ständige grundlegende **Interpretations-leistung**: »Gibt es (hier, jetzt, für mich, uns) überhaupt etwas zu lernen (zu verändern)?« bzw. »Gibt es (hier, jetzt, für mich, uns) nichts zu lernen (zu verändern)?« Die Feststellung (das Lernen), dass es (hier, jetzt, für mich, uns) »nichts zu lernen (zu verändern) gibt« führt dann folgerichtig zum **Nichtlernen**, d. h. zu Zuständen der Konstanz, Stabilität, Ruhe etc. mit ihren entsprechenden Vorteilen aber auch Risiken. Das ist auch die Gefahr des populären Kompetenz-Modells. Preskill und Torres (1999) nennen sie die »**Competency traps**« (Kompetenz-Fallen). Sich als kompetent erfahren kann dazu führen, zu lernen, dass es hier nichts zu lernen gibt – »es läuft ja alles gut«. Der »Kom-

Lernen ist eine Interpretationsleistung

petenz-Falle« ist zu entgehen, wenn Kompetenz nicht nur als ein Zustand verstanden wird, sondern v. a. als eine charakteristische Neugierde, Experimentierlust und Lernbereitschaft. Wie auch schon I. Kant sagte: »Der Verstand lässt sich durch Fragen beunruhigen« (Aus: »Kritik der reinen Vernunft« – KrV). »Machthaber« sind oft lernbehindert, weil sie nur Fragen zulassen auf die man eine Antwort hat, die also nicht beunruhigen. Dabei wäre v. a. durch Fragen zu lernen, auf die man keine Antwort hat. Auf jeden Fall keine »fertige« Antwort.

Beziehungsqualität beeinflusst die Lernqualität

3. Jedes Lernen ist noch in einem anderen Sinn in allen seinen Phasen und Formen **interaktiv**. Wir lernen »von … durch … bei … mit …« etwas. Das eigentliche Lernen bezieht sich deshalb nicht vorwiegend auf das Speichern vergesslicher **Informationen** (Daten, gespeichertes Wissen etc. = **Oberflächenstruktur**), sondern auf das Lernen bezüglich der grundlegenden **Strukturen** dieser Interaktionen; man könnte auch sagen, das Lernen der **Verhältnisse** (= **Tiefenstruktur** des Lernens). *Das* ist das unmittelbare Lernen! Zu den grundlegendsten und generischen Strukturen der Interaktionen, die wir als Kinder lernten, gehören u. a. die Unterscheidungen: »lebendiges« Objekt – »totes« Objekt; »vertraut« – »fremd« –; »lustvoll« – »schmerzlich«; »erfolgreich« – »vergeblich« usw. Interaktionsstrukturen können symmetrisch oder asymmetrisch sein. Strukturen sind die dem System, der Umwelt *und* den **Interaktionen** zugrunde liegenden **erlebten** Regeln, Muster, Verhältnisse, »Botschaften«, Kräfte, Hypothesen (vgl. z. B. das Lernen der Muttersprache, Kulturtechniken, Sexualität, das implizite Wissen). Formelhaft kann deshalb auch gesagt werden: »Die Form der Lehre ist stets der eigentliche Lehrstoff« (Simon, 1997, S. 153). Vergleiche z. B. auch die klassische autoritäre Devise: »Wer nicht hören will, muss fühlen« oder: »Der Markt zwingt uns …«, oder: »Die Konzernleitung hat beschlossen …« Die so faktisch zum Ausdruck kommende Struktur, dass der Primärimpuls des Lernens nicht von der Sache oder der Person (und ihren Interessen) ausgeht sondern von den »**Verhältnissen**«, bilden eine tiefe Lernspur, die wohl zur Anpassung, zur Leistungssteigerung führen kann. Aber nicht zur **Kompetenz**. So kann z. B. Mitscherlich (1983) sagen: »Je gigantischer die Größe, zu der Institutionen und Marktkonzentrationen heranwachsen, desto nachhaltiger erfährt das Individuum die Lehre von seiner Ohnmacht (Mitscherlich, 1983, S. 560). Eine Lernspur wird noch verstärkt durch die jeweils angewendete Didaktik, Methodik (vgl. das Konzept des »heimlichen Curriculums«). Die **Formen** des Lehrens und Lernens (physisch, materiell, sozial, didaktisch etc.) und die darin zum Ausdruck kommende implizite **Beziehungsdefinition** (z. B. Verachtung, Gleichgültigkeit, Interesse, Wertschätzung, Partnerschaft) sind das eigentlich **Lernwirksame**. Sie »schafft« das sog. Lernklima (vgl. Pkt. 16) und beeinflusst die sog. Motivation zum Lernen (vgl. Pkt. 12). Im

Lernen allgemein und besonders durch das durch die Didaktik (das Lehren) vorgegebene Lernen (Art und Weise) definiert sich der/die Lernende. Lernen, Kompetenzlernen ist immer auch identitätsbildend. Diese Zusammenhänge beschränken sich nicht nur auf die **personalen** Beziehungsstrukturen, sondern erstrecken sich auch auf die **systemischen**. Stichworte dazu sind: Bildungspolitik, Budget (Kürzungen), Curricula (Inhalte, Zeit, Methoden der Vermittlung) etc. (vgl. Pkt. 13).

4. Die koevolutive Interaktion System – Umwelt ist nicht deterministisch (z. B. eindeutige und sog. instruktive Ursache-Wirkung-Effekte), sondern sie ist **dissipativ** (offen, zerstreuend, vielfältig). Man kann die Reaktion (d. h. das Lernen) *nie* wirklich voraussagen (vgl. Eck, 2006, S. 201–226). Alle **Ereignisse** dieser Interaktionen (Informationen, Fakten) wirken zunächst immer nur als **Perturbationen**, deren Wirkung in einer Streubreite von **Störung** und/oder **Anregung** liegt. Ist die Perturbation nicht **anschlussfähig** genug, (ver-) **schließt** sich das System (Abwehr, Widerstand), es geschieht Nichtlernen. Der Störwert war größer als der Nutzwert. Lernen bedeutet also »sich-stören-lassen« (von was oder wem auch immer). Aber nur so weit, dass die **Intensität** der Störung nicht die optimale Lernvoraussetzung, Lernbalance stört, weil sonst die Störungsintensität z. B. Angst auslöst und sich das System »schützt«, verschließt.

damit Lernen nicht nur Störung ist, muss es anschlussfähig gestaltet werden

Von besonderer Bedeutung sind die »learning events«, d. h. die entscheidenden oder auslösenden **Lernanlässe**. Die Lernbiographien zeigen, dass es oft sog. »discontinuos events« sind (z. B. »Sackgassen«, »no-gos«; Cope, 2003), welche innovatives, »higher level« bzw. »deutero learning« induzieren (vgl. Pkt. 8).

Hier ist der Ort, noch eine andere, gängige Vorstellung zu präzisieren bzw. zu relativieren. Üblicherweise wird **Wissen** und **Können** als im Gehirn (bzw. Körper) einer Person zentriert, verankert angesehen (vgl. »Ein kluger Kopf«). Das ist in genauerer Betrachtung zu präzisieren und zu erweitern. Pea (1984), Perkins (1990), Brown (1991) u. a. haben aufgezeigt, dass das Wissen einer Person nicht nur in ihrem eigenen Kopf ist. Persönliche Notizen und Dokumentationen, angestrichene Passagen in Büchern, Informationsquellen verschiedenster Art, PC, berufliche, soziale und persönliche Beziehungsnetzwerke etc. lassen Wissen und Können als ein »distributed knowledge« erkennen. Der persönliche **Wissensraum** mit einem Zentrum, essentielle Regionen (schattiert) und Peripherie sind für z. B. Person X (◘ Abb. 13.4; zu der Unterscheidung »Oberflächenstruktur – Tiefenstruktur« vgl. ◘ Abb. 13.6). In diese Richtung geht auch das von der Beratungsfirma McKinsey entwickelte »Rapid Response Network« (vgl. Romhardt, 1997; 2002).

Das distributive Wissen ist ein zentrales Element des Kompetenzbegriffs. Kompetenzträger ist nicht nur die einzelne Person. Explizites und implizites Wissen hat viele »Speicher« und »Pro-

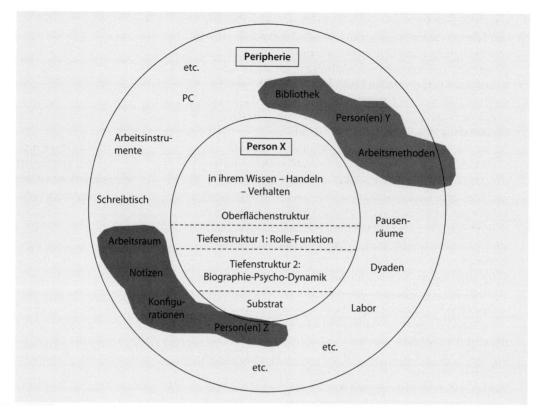

◘ Abb. 13.4 Person X

duzenten«. Anregungen, Hinweise, **Inspirationen** können aus vielen Quellen kommen; nicht nur personale, auch Situationen, Artefakte, Objekte. Kompetenz heißt u. a. sich in Netzwerken distributiven Wissens bewegen und diese nutzen zu können (vgl. auch v. d. Oelsnitz & Graf, 2006).

distributives Wissen

Das Konzept des »**distributiven Wissens**« hat zahlreiche Konsequenzen und Auswirkungen auf unser Verständnis und die Gestaltung von **Lernen** und **Wissen**:

- Lernen/Wissen ist kontextgebunden und interaktiv.
- Die koevolutive Interaktion kann in einer **förderlichen** oder **hinderlichen** System-Umwelt-Beziehung, also in unterschiedlichen Kontexten und Konstellationen, geschehen.
- Lernen/Wissen produzieren – tradieren – zirkulieren lassen etc. sind **Inszenierungen**, die gelingen, »ankommen« oder eben misslingen, ungeeignet sind (vgl. auch Eck, 2003).

❯ Das alles berührt auch Fragen der **Ästhetik** des Wissens und Lernens und der »Leerstellen« des kognitiven Raums; also das Wissen des Nichtwissens (vgl. Zeuch, 2007); es ist eine wichtige Kompetenz, seine Inkompetenz rechtzeitig zu erkennen und entsprechend zu handeln.

5. In biologisch-systemischer Betrachtungsweise sind die hauptsächlichsten Gründe und Formen des **Nichtlernens**:

    — Nichtanschlussfähige Perturbation (vgl. Pkte. 4 und 7).

    — Innere (d. h. psychische) oder äußere Notwendigkeit des Aufbaus und der Erhaltung einer **konstanten Umwelt** (Konvention, Tradition, Stabilität, Kontrolle, Berechenbarkeit, Ängstlichkeit, Überraschungsprophylaxe etc.). Die sachlich begründete Notwendigkeit der »konstanten Umwelt« kann durch interessensgebundene, gruppendynamische und psychodynamische Faktoren aber ungut verstärkt werden (vgl. die einflussreichen Konzepte der »Kognitiven Dissonanz« – Festinger, 1957; des »Group Think« – Janis, 1972) und der »Ambiguitätstoleranz (Frenkel-Brunswik, 1949; Krappmann, 1978; Neubauer, 1986). **Kompetenz** beinhaltet auch eine Einstellung die von einem nur mäßigen Bedürfnis nach Erhalt einer konstanten Umwelt geleitet wird.

    — **Systematischer Ausschluss** von **Informationen**, z. B. durch eine Ideologie (Dogma, Fundamentalismus), aufgrund von Angst (Furcht), Zensur, aber auch von Wissen. Dies lässt nochmals etwas von der Ambivalenz (Gefährlichkeit) des Wissens aufleuchten (vgl. Pkte. 1–3). Paradoxerweise: Wer »viel« weiß, lässt sich durch »neues«, »anderes« Wissen nicht gern verunsichern und dadurch zum Lernen bringen (vgl. »Kompetenz-Falle«).

    — Zu große Unterschiedlichkeit des **kognitiven Stils** des Lehrens und Lernens (Didaktik – Methodik) zu den Erfordernissen einer Aufgabe oder zur beruflichen bzw. kulturellen Tradition (Lerngewohnheiten; vgl. Pkt. 6).

❯ Das erklärt teilweise warum Experten, oberes Management, Politiker an der Macht etc. sich so schwer tun, Neues zu lernen: Sie wissen es doch! Und ihre Umwelt hat die Tendenz, sie in dieser oft irrigen Überzeugung zu bestätigen.

6. Anstelle des tendenziell überbewerteten Intelligenzbegriffs (IQ, »cognitive ability«; Sternberg, 1985) interessiert gegenwärtig mehr der sog. **kognitive Stil** eines Individuums, einer Gruppe oder Organisation.

    Unter kognitivem Stil wird verstanden: Die bevorzugte Art und Weise der Beschaffung, Wahrnehmung (Aufnahme), Verarbeitung, Bewertung und Organisation von **Informationen** und **Handlungen** in Übereinstimmung mit den vorherrschenden mentalen Modellen (»geistige Landkarten«) und den subjektiven Theorien (= Annahmen, wie die Welt oder Teile von ihr sind bzw. funktionieren, sog. Welthypothesen; vgl. die Begriffe »Kultur« bzw. »Denkmuster«, welche sich weitgehend kognitiven Stilen verdanken bzw. kognitive Stile sind).

    Der kognitive Stil von Personen wird, neben den sog. Intelligenzfaktoren, stark von persönlichkeits- und psychody-

Gründe für das Nichtlernen

kognitive Stile

namischen Prozessen bestimmt, von der Lernbiographie, aber *ebenso* stark von soziokulturellen Faktoren: Zeitgeist – Profession – Institutionen – sog. Megatrends (z. B. Globalisierung – Neoliberalismus – Ökologie) etc.

Multikulturelle Organisationen (Gesellschaften) sind besonders herausgefordert durch die Unterschiedlichkeit der kulturell bedingten kognitiven Stile, sodass »Interkulturelle Kompetenz u. a. die Fähigkeit umfasst in und mit unterschiedlichen kognitiven Stilen zu kooperieren« (vgl. »Management of Diversity«).

7. Der für eine Person, Gruppe oder Organisation **typische** kognitive Stil (auch kognitive Strategien genannt) kann **geeignet** bzw. **übereinstimmend** oder aber **ungeeignet** bzw. **konträr** sein zu den

   - **objektiven**, d. h. dem Problem inhärenten Erfordernissen/ Strukturen für eine erfolgreiche Lösung, den
   - **situativen**, kontextuellen Gegebenheiten (Vektor Zeit, Stress, sog. Milieu, Kultur) und den
   - **vorherrschenden** kognitiven Strategien (Stil) der Interaktionspartner (Individuen, Gruppe oder Organisation).

   Es gibt verschiedene Ansätze und Verfahren, die unterschiedlichen kognitiven Stile zu typisieren und zu diagnostizieren (vgl. Kolb, 1976; Allinson & Hayes, 1996; Stanovich, 1999).

nicht nur studieren, sondern reflektieren

8. Die Optimierung des Lernen als individuelle bzw. kollektive **Problemlösungsfähigkeit** erfolgt deswegen nicht nur über »Studieren«, sondern v. a. auch über »Reflektieren« (vgl. Eck, 1997; Dewe, 1999), welches Berührungspunkte mit dem sog. »Double-loop«- bzw. »Deutero-Lernen« (Argyris & Schön, 1978) hat, aber wesentlich grundsätzlicher ist. Diese entscheidende Art des Lernens ist das Lernen, *wie* gelernt wird, bzw. was »auf diese Art« überhaupt gelernt werden kann. Andere Ausdrücke für diesen Sachverhalt sind: »lower-level-learning« bzw. »higher-level-learning« (Fiol & Lyles, 1985). Diese Unterscheidung spiegelt nicht organisatorische Hierarchien, sondern meint das Lernen relativ »einfacher, überschaubarer, gesicherter« Problemlösungen bzw. das Lernen von »hoch komplexen, konflikthaften, unsicheren« Problemlagen. Die Frage ist aber, ob und wie weit in gegebenen Verhältnissen (Umwelten) »Reflektieren« überhaupt erwünscht, zugelassen, gefördert wird. Oder anders formuliert: wie viel »Ambivalenz«, »Unsicherheit« erträgt das System (vgl. Pkt. 5)? Kompetenzlernen ist »higher level learning« und es ist durch die Reflexionsfähigkeit geradezu definiert – sonst wäre es eben (akademischer) »Drill« und nicht Kompetenz.

9. In pädagogisch-didaktischer Betrachtungsweise muss Lernen allgemein und insbesondere das Kompetenzlernen verstanden und gefördert werden als die umfassende **Befähigung** zum

   - »**sachgerechten** Handeln als »Gebrauch«, »Problemlösung«, »coping«, »mastery« (= Objektperspektive; vgl. Winnicott,

1985, »The use of an object« anstelle »Ausnutzung und Zerstörung« eines Objekts, S. 109),

— in Übereinstimmung mit den je gegebenen **situativen** Gegebenheiten (= Kontextperspektive)

— und den **persönlichen Zielsetzungen** (= Autonomie- und Interessensperspektive)

— auf der Basis von **Bewusstseinsbildung** (Unterscheidungen = »Subjektperspektive«; vgl. Eck, 1992).

Wenn diese 4 Perspektiven kongruent sind, gelingt Lernen leichter. Wenn diese Perspektiven aber nicht kongruent sind, sondern konflikthaft, widersprüchlich, kann nur eingeschränkt gelernt werden. Es geschieht entweder eine Art Unterwerfung unter einen »Sachzwang«, eine Autorität, eine Art »Gläubigkeit« oder es entsteht ein tiefes (oft durchaus berechtigtes) Misstrauen gegenüber dem Lernen allgemein bzw. gegenüber dem »was-ich-da-lernen-soll« weil es »widersprüchlich«, inkongruent, entfremdend ist, was wieder Pkt. 3 berührt.

Die obige finale »Definition« von Lernen verbindet »fachlich-objektive«, »psychodynamische« und »wissenssoziologische« Dimensionen. Erst die Verbindung aller 4 Dimensionen der Befähigung ergibt effektives, nachhaltiges Lernen. Faktisch ist dieses oben definierte Lernen aber eher selten, weil es offen, komplexhaft, konflikthaft und deswegen nicht immer erwünscht ist. Das erklärt wiederum, warum so oft nur »partiell« gelernt wird. Bis »man plötzlich draufkommt …« (vgl. Pkt. 8; vgl. auch den Ansatz »Personal Knowledge«, Polanyi, 1962; 2002) und die »Critical Management Education«; (z. B. Perriton & Reynolds, 2004; Elkjaer & Vince, 2009).

10. Der genauen Bestimmung der **Lernaufgabe** (welche Art/en Lernen ist/sind notwendig?) dient die Systematik in ◘ Abb. 13.5. Die klassische Pädagogik/Didaktik favorisiert den Lerntyp: **Reproduktives Lernen** im Modus des **Dazulernens**. Die Bürokratisierungstendenzen jeder (größeren) Organisation erschweren das **innovative** Lernen im Modus des Umlernens, des sog. **transformativen** Lernens. Und immer spielen ideologische, d. h. interessengebundene Faktoren eine wichtige Rolle. Lernen *ist* politisch! Was »muss« gelernt werden? Warum? Was »soll nicht«, »darf nicht« gelernt werden? Warum? Wem nützt Lernen und Nichtlernen? Usw.

Heuristisches bzw. **innovatives** Lernen gelingt am besten in bestimmten, eher kleineren Gruppen; der Anteil der Modi **Verlernen** und **Umlernen** ist faktisch oder erwünschterweise oft größer als der Modus des **Dazulernens**. Das zeigt, dass nicht nur Intelligenzfaktoren für den Lernerfolg wichtig sind, sondern auch sog. Persönlichkeits- und Situationsfaktoren, z. B. Unsicherheit, Ambivalenz zu ertragen und Durchhaltewillen sowie Handlungsfähigkeit trotz existierender Unsicherheit, die sog. **Ambiguitätstoleranz** (vgl. auch Pkt. 5).

eine Annäherung an Lernen
als Begriff und Prozes

unterschiedliche Arten
(Typen) des Lernens
erfordern unterschiedliche
Didaktiken und Methoden

Lerntypus / Lernmodus	Reproduktives Lernen	Heuristisches Lernen	Innovative Lernen
Additiv: Dazulernen (Mehrung)	Kanonisiertes Wissen wird von einem **Zentralspeicher** als »Autorität« (Lehrperson, Buch, Datenbank, Bibliothek) auf **periphere Speicher** übertragen (SchülerIn, StudentIn, Nutzer, Anwender/n)	Gelernt werden Methoden, Verfahren mittels derer Probleme (Aufgaben) einer Lösung zugeführt werden können. Diese Verfahren können bereits erprobt oder experimentell (»trial & error«) sein.	Gelernt wird im Bereich des **Offenen**, mit dem Ziel, das eigene Lernen (bzw. Problemlösen) bewusst zu machen, zu reflektieren und zu optimieren (sog. Deuterolernen) bzw. bewusster »nichtlernen« als z. B. ethisch begründete Lernverweigerungen.
Substraktiv: Verlernen (Vergessen; vgl. Pkt. 14)			
Transformativ: Umlernen (Verändern)			

◘ **Abb. 13.5** Lerntypus

Außerdem ist immer zu unterscheiden: **intentionales** Lernen (gewollt, organisiert, bewusst) und **informelles** Lernen (»nebenbei«, faktisch, »unbewusst«; vgl. Pkt. 3). Diese »Lernarten« können sehr konflikthaft aufeinander treffen, z. B. in dem »Theorie-Praxis-Widerspruch«. Es ist aber darauf hinzuweisen, dass das informelle Lernen die häufig ergiebigere Form des Lernens ist (vgl. das in allen Lebensbereichen so wichtige Konzept **Erfahrung**). Kompetenzlernen zeichnet sich aus durch »ständiges« informelles Lernen was zu einer »Einstellung« führt: Neugierde, Interesse, Probieren, »warum-eigentlich-nicht«, sich-anregenlassen usw.

Lernen kann weder erzwungen noch verhindert werden

11. Niemand kann effektiv zum Lernen **gezwungen** werden! Aber ebenso gilt: niemand kann effektiv am Lernen **gehindert** werden! Jeder Mensch ist in der Lage, zu lernen »wie-der-Hasehier-wirklich-läuft« oder »what-the-name-of-the-game-is« oder »comment-on-se-débrouille« (vgl. Pkt. 2 und 3). Wenn Zwang (Gewalt) als Lehrmethode, schon aus Gründen der Ethik und der Effektivität, ausgeschlossen werden muss, so bleibt die Frage, wie kann Lernen grundsätzlich gefördert werden. Hurrelmanns (2002; 2003) Trias: **Anerkennung** (vs. Entwertung) – **Anregung** (vs. Langeweile bzw. Störung) – **Anleitung** (vs. Drill, Programmierung) ist auch in der Andragogik (Erwachsenenbildung) dafür eine ergiebige Basis.

12. Lernen als Veränderung (vgl. Pkt. 1) wird bestimmt durch das Verhältnis von **Motivation** (Interesse, Neugierde, Engagement etc.) und **Widerstand** (Angst, Gewohnheit, Druck etc.). Lernen geschieht immer in einer **Ambivalenz** von Lernen/Nichtlernen

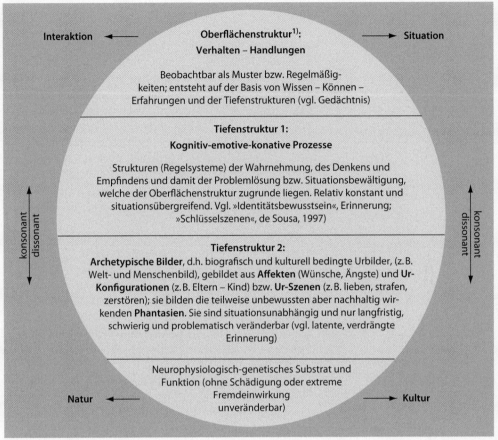

Die Unterscheidung Oberflächenstruktur – Tiefenstruktur stammt ursprünglich aus der Linguistik (N. Chomsky; L. Wittgenstein): Grammatik = Tiefenstruktur; die daraus gebildeten Sätze = Oberflächenstruktur.

Abb. 13.6 Oberflächen- und Tiefenstruktur

– Lernerfolg/Misserfolg etc. Jenes Lernen ist am wahrscheinlichsten und nachhaltigsten, das bzgl. des Lernwegs (Methode) und des Lernergebnisses (z. B. Wissen, Können) mit einer **Lustprämie** (Befriedigung) verbunden ist. Diese Lustprämie ist das Verhältnis von Lust an dem Inhalt, Zweck und Art (Prozess) des Lernens und den Sekundäreffekten des Lernens (z. B. Status, Beziehung, Erlebnisqualität; vgl. das Konzept der sog. intrinsischen und extrinsischen Motivation). Die Lustprämie kann unmittelbar wirksam sein, d. h. im Lernprozess selbst liegen, oder mittelbar, z. B. »Lernen öffnet Perspektiven« (vgl. dazu aber auch Pkt. 17). Auch gibt es eine tiefe **Unlust** gegenüber dem Lernen überhaupt bzw. bezüglich bestimmter Lernfelder und -inhalte. Die Ursachen dafür sind in der Tiefenstruktur 1 + 2 angesiedelt (Lernbiographie; **☐** Abb. 13.6).

Lust ist lernwirksam

**Lernen ist in jeder
Hinsicht eine Zeitfrage**

13. Lernen braucht **Zeit**; je komplexer die zu lernenden Veränderungen sind, desto größer die erforderliche **Geduld** (vgl. Pkt. 1). Bestimmte kognitive Stile (vgl. Pkte. 6 und 7) bringen die notwendige Geduld nicht auf. Es wird dann aber nicht – oder nicht ausreichend – gelernt. Das Lernen bleibt auf der leicht stör- und löschbaren Oberflächenstruktur. Bzw. es wird gelernt, dass es nichts (mehr) zu lernen gibt (vgl. »quick and dirty« oder »es geht auch so«). Ebenso kann aus sog. Kostengründen die für das Lernen notwendige Zeit nicht wirklich eingeräumt werden. Es wird dadurch aber nicht etwa gespart, sondern »vergeudet«; denn es wird dann nämlich nicht bzw. nicht ausreichend gelernt. Die Fehlerquote und der entsprechende Korrekturbedarf sind hoch – nicht nur in der Industrie, sondern auch im Finanzsektor und in der Politik wie 2008 und 2009 plötzlich gelernt werden musste.

Andererseits kann der Lernzeit »die Zeit davonlaufen«. Das heißt, die für das Lernen **notwendige** Zeit und die für das Lernen zur **Verfügung stehende** Zeit ist **diskrepant**.

»Man kann gleich hinzufügen, dass es dabei nicht nur um die Geschwindigkeit der Veränderungsprozesse geht …, sondern natürlich auch um die Zeit, die Ruhe, die Muße, die dem Einzelnen jeweils bleibt, zum Beispiel zum Nachdenken über den Tag hinaus und zur Verständigung darüber mit andern« (Meier, 2000, S. 417).

Wiederum wird dann **nicht** oder **unsicher** gelernt. Dies hat gravierende Folgen auf die Qualität des Lernens und letztlich für die Motivation zum Lernen. Diese lernpsychologischen Diskrepanzerfahrungen führen zu der noch grundlegenderen Diskrepanzerfahrung von Zeit und Selbstbestimmung (Demokratieprojekt – Demokratie nicht nur formal sondern auch inhaltlich verstanden). Ein charakteristisches Element demokratischer Prozesse ist die **Entschleunigung** durch Verfahren, 2-Kammersystem, Reflexion, Rechtsmittel usw. Das kann manche »Treiber« (Akteure) gewaltig irritieren (vgl. Höffe, 2009). Dies stellt eines der größten Krisenpotenziale der sog. Moderne dar (vgl. Pkt. 3). Nämlich der gefährliche Trend einer nur formalen Demokratie – ohne Demokratie, d. h. ohne wirkliche Teilhabe, Teilnahme, Inklusion, Freiheit, usw. für »alle«.

Da Lernen Zeit braucht, besteht die Tendenz, das Lernen, die Lernzeit, ganz oder teilweise in die Privatzeit (sog. Freizeit) zu verlagern. Obwohl doch Lernzeit Arbeitszeit ist; gelernt wird nämlich nicht »im Schlaf«, sondern durch Arbeit. Außerdem ist die biographische Makrostruktur, das Lernen (Studieren) in den ersten 20–25 Jahren des Lebens zu konzentrieren, um dann »arbeiten« (i. S. von Erwerbsarbeit) zu können, schon längst sehr relativiert worden. Lernen und Arbeiten ist ein lebenslanger Prozess.

14. Ohne die Fähigkeit zum **Verlernen** ist jeder Lernfortschritt behindert. Verlernen geschieht einerseits als **Vergessen** (negativ als Speicher- bzw. Reproduktionsschwierigkeit, positiv als Verarbeitung, Neubewertung, Sich-Lösen etc.) und andererseits als »**Entlernen**« (Wissen, d. h. Unterscheidungen, die nicht mehr anschlussfähig und produktiv sind, werden aufgegeben). Dieser Aspekt des Lernens enthält grundsätzliche anthropologische und ethische Aspekte: auf einer biographischen, organisationalen, gesellschaftlichen Ebene, was darf, kann, soll verlernt werden? Und was darf »niemals« verlernt, vergessen werden?

> Lernen braucht Verlernen

15. Lernen geschieht bei jedem Menschen auf **vielfältige** Art (vgl. Pkt. 6) und die **Lernanlässe** (Auslöser) sind sehr verschieden (vgl. Pkt. 11). Beabsichtigtes, systematisches, erwünschtes, geplantes Lernen vs. faktischem, spontanem, zufälligem, unerwünschtem (von wem aus gesehen?) Lernen. Lernen kann deshalb Konflikte lösen aber auch zu Konflikten führen (vgl. Pkte. 3 und 18).

16. Über die Gestaltung der unmittelbaren Lernsituation (Didaktik) hinaus, bestimmt das allgemeine, gesellschaftliche und sektorielle **Lernfeld** und die Qualität der **Arbeits- und Lebenssituation** des/der Lernenden ganz wesentlich die Lernleistung. Es geht dabei einerseits um die Beeinflussung des **Lernklimas** allgemein. Und speziell um einen »new environmental approach«, d. h. die Gestaltung der unmittelbaren **Lernumgebung** (vgl. aus Pkt. 4 das »distributive Wissen«). In diesem Ansatz und dem des sog. »**blended learning**« (vermischtes Lernen) relativiert sich die klassische Unterscheidung »off-the-job-learning« und »on-the-job-learning«. Intelligent und psychoverträglich gut eingesetzt, können elektronische Medien eine wirksame Unterstützung und Gestaltungshilfe sein. Dieser Pkt. 16 konfrontiert nochmals mit Fragen der Lernästhetik.

> Lernkompetenz bedeutet auch haben, was einem zusteht (vgl. ▶ Kap. 10.1.1)

17. Lernen als Veränderung ist grundsätzlich **zukunftsorientiert**. Das gilt in einem verstärkten Sinn für das Lernen von Kompetenzen. Der Philosoph und Theologe Schleiermacher (1768–1834) frug schon, inwieweit es sich rechtfertigen lasse, »einen gegenwärtigen Lebensmoment einem zukünftigen zu opfern«. Lernen als Zweck, Inhalt und Form muss also **zukunftsfähig** sein. Ist das aber immer ausreichend gegeben? Formen und Inhalte von Perspektiven, Hoffnung, Wünsche, Realutopie sind wesentliche psychologische Voraussetzungen zum Lernen. Perspektivenlosigkeit, Aussichtslosigkeit, Resignation, Depression, Gefühl der Sinnlosigkeit etc., sind Verhinderungen des Lernens bzw. fördern das Lernen, dass es – hier und jetzt – für mich/uns nichts (mehr) zu lernen gibt. Das kann »tödlich« sein. Neben der personen- bzw. gruppenzentrierten Zukunftsperspektive gibt es die Zukunftsperspektive der Organisation, Institution und der Gesellschaft. Was muss sich verändern damit diese zukunftsfähig sind? Kompetenz und Kompetenzlernen ist eine Antwort darauf.

> ohne Zukunftsperspektive ist Lernen aussichtslos

nochmals: Beziehungsqualität ist Lernqualität

18. Gelernt werden nie nur **Inhalte**, sondern immer auch **Beziehungsmuster, Werte, Interessen, Einstellungen, Perspektiven** (vgl. Pkt. 3). Dabei muss unterschieden werden (und Lernende tun dies sehr wohl) zwischen der **Rhetorik** des Lernens (wie sie z. B. das Ausbildungsmanagement entwickelt) und den tatsächlichen **Inszenierungen** des Lernens (vgl. Pkte. 13, 16 und 19). Die den vorgegebenen Lernzielen und Lerninhalten in Wahrheit zugrunde liegenden Werte und Perspektiven müssen offengelegt und kritisch reflektiert werden. Der Lerntransfer ist sonst durch offene oder verdeckte Widersprüchlichkeit erschwert bzw. verhindert (vgl. Pkte. 3 und 15). Für die Curriculums-Entwicklung muss die Frage gestellt werden: »Wer bestimmt – und mit welcher Legitimation – über Ziele, Inhalte, Methoden des Lernens?« »Lernen in Freiheit« (Rogers, 1969) ist ein Dauerpostulat der Pädagogik und Andragogik. Aber: Wer will, kann, muss wollen, dass Lernen in Freiheit geschieht (vgl. Pkt. 20)?

was lehrt die persönliche Lernbiographie?

19. Jedes Lernen von Individuen oder Gruppen ist Teil einer allgemeinen und spezifischen Lerngeschichte und geschieht auf je eigene, besondere Weise (vgl. Pkt. 4). Die Berücksichtigung der **Lernbiographie** und die **Individualisierung** der Lernorganisation sind für den Lernerfolg von großer Bedeutung. Ebenso aber auch die Reflexion der Anschlussfähigkeit unterschiedlicher kognitiver Stile (vgl. Pkt. 7) und des Wissens, dass auch Organisationen ihre allgemeine und spezifische Lernkultur und Lernerfahrungen haben. Diese sind im Weiteren eingebettet in kulturelle und zeitgeschichtliche Bedingungen und Traditionen. Andererseits, eine »Überindividualisierung« des Lernens ist aufwandsökonomisch nicht möglich und pädagogisch auch nicht erwünscht. »Erfolgreiches« Lernen erfordert in unserer Gesellschaft die Vertrautheit mit mehreren kognitiven Stilen und manche Adressaten (Personen, Gruppen, Organisation) müssen erst und immer wieder unterstützt werden, zu lernen, wie zu lernen ist. Die fundamentalste Lernhilfe ist, die »Lehre der Ohnmacht« und die Resignation durch die Erfahrung des »es-ist-möglich« und »es-lohnt-sich« zu überwinden.

3 wirksame Inszenierungen des Lernens

20. **Erfahrungsorientiertes** Lernen, **partizipatives** Lernen, **antizipatorisches** Lernen, also Lernen nach dem Modell der **Aktionsforschung** mit seiner Reflexion des Lernens selbst (sog. »double-loop-learning«), sind die andragogisch und methodisch-didaktischen Konzepte, die der Quintessenz der Lernpsychologie für Erwachsene am besten entsprechen und geradezu zwingend sind für die Lerntypen: **Heuristisches Lernen** und **innovatives Lernen** (vgl. Pkt. 10). Diese Arten des Lernens sind die Alternativen zu den verbreiteten – vordergründig eindrücklich effektiven – Arten des Lernens, welche aber oft gewaltige Inszenierungen von Drill und Manipulation darstellen (vgl. Luoma, 2006). Zu dem philosophischen und kulturpsychologischen Hintergrund dieser 20 Thesen vgl. auch Eck (2010c).

13.2.1 Zur Oberflächen- und Tiefenstruktur des Verhaltens

Für das curriculare oder selbst organisierte Lernen muss die Frage beantwortet werden: Auf welchen Ebenen wird gelernt bzw. muss gelernt werden, wenn wirklich etwas gelernt, d. h. verändert werden soll? Die Auseinandersetzung mit dieser Frage kann auch zu Erkenntnissen führen, warum oft so wenig (und mit Widerstand) bzw. anderes, überraschendes gelernt oder das scheinbar Gelernte so rasch wieder gelöscht wird (◘ Abb. 13.6)?

Kritik bzw. Einschränkung (bezüglich der ◘ Abb. 13.6): Die sog. Modelle der Persönlichkeit bzw. Konzepte wie »Subjekt« – »Ich« usw. gehen von einem solistischen, autonomen Zentrum aus. Nicht nur, dass Menschen hochgradig interaktiv agieren, sondern die scheinbar so klar umrissenen Einheiten wie Person – Subjekt – Ich werden in gegebenen kulturellen Kontexten gemeinsam konstruiert (▶ Abschn. 13.2, Pkt. 1–4). Und dabei spielen kollektive (Gruppen, Organisationen, Institutionen etc.) und historisch-kulturelle Kontexte eine wichtige Rolle. Auch ist der fundamentale Aspekt der personalen Beziehung von Lehren und Lernen von … mit … etc. in dieser Darstellung nur implizit präsent.

jede Erkenntnis ist perspektivisch – muss also durch andere Perspektiven ergänzt werden

13.3 Organisationen als komplexe adaptive Systeme (CAS)

Die Rahmentheorie bezüglich einer Organisation (Unternehmung) als einem privilegiertem Ort des Lernens entscheidet auch darüber, *wie* Lernen (Veränderung, Entwicklung, Bildung) in einer Organisation verstanden, definiert und gestaltet wird. Die klassischen, betriebswirtschaftlich orientierten Rahmentheorien der Organisation sind **reduktionistisch-analytisch**; sie sind an der Analyse und Gestaltung der einzelnen Komponenten und Funktionen der Organisation interessiert.

Unter dem Einfluss der Soziologie und Psychologie (und auch der Biologie) sind seit einiger Zeit Rahmentheorien entstanden, die **systemisch** sind, d. h. sie betrachten eine Organisation als ein sich weitgehend selbst steuerndes System, dessen vitale, konstituierende Funktion die **System-Umwelt-Relation** ist.

CAS: »Complex Adaptive Systems«

Es ist dies eine andere Sicht der Organisation. Die Gesamtorganisation, aber auch jede ihrer organisatorischen bzw. funktionalen Einheiten und selbstverständlich auch Individuen oder Gruppen werden als komplexe adaptive (anpassungsfähige) Systeme (CAS) verstanden.

⊡ Tab. 13.2 Fünf Charakteristiken einer Organisation als komplexes adaptives System (CAS)	
»**Connectivity**« (Verbindung, Zu-sammenhang, Ver-netzung)	Der Sachverhalt der Komplexität (lat. complexus) ist durch Verflechtungen gekennzeichnet. Die Verflochtenheit produziert Effekte, die oft nur sehr schwer voraussagbar oder zu rekons-truieren sind. Das Ganze ist mehr und v. a. anders als die Summe seiner Teile. »Diversity« zulassen, Interaktionen studieren und optimieren sind 2 wesentliche Aspekte der Analyse und Lösung von Situationen und Problemen
»**Co-evolution**« (▶ Abschn. 13.2, Pkt. 1)	Aus der Verflochtenheit ergibt sich, dass die Subsysteme im positiven wie im negativen Sin-ne von jeder Veränderung affiziert sind. Kein System kann stabil sein/bleiben, wenn sich nur ein oder einige wenige Subsysteme auf Kosten eines oder einiger anderer entwickeln. Dies ist das eigentliche Anliegen von »Empowerment« im emanzipatorischen Sinne. Das Ganze muss sich verändern, entwickeln – gelingt dies nicht, so labilisiert sich das System
»**Reinforcing Cycles**« (Verstärkerschleifen, Feedback)	Es gibt »dämpfendes«, d. h. korrigierendes und »aufschaukelndes«, d. h. verstärkendes Feedback. Soziale Systeme neigen häufig zu »aufschaukelndem« Feedback (Schneeball → Lawine; Mücke → Elefant, Kettenreaktion). Verstärkerschleifen sind zeitlich (Anfang – Ende), lokal (wo – wer) und medial (durch was) schwierig einzugrenzen. Man muss »überall« mit ihnen rechnen (vgl. manifeste latente Relationen, Probleme)
»**Non-linearity and Sensitivity to initial Conditions**« (Nichtlinearität und Empfindsamkeit für Ausgangslage)	Prozesse und Wirkungen im CAS sind dissipativ (verzweigt, gestreut; vgl. »Kleine Ursache, große Wirkung« aber auch: »Große Anstrengung, geringe Wirkung«). Da aus den oben skizzierten Grundcharakteristiken CAS nicht lückenlos gesteuert werden können, konzen-triert sich die Managementaufgabe auf das Schaffen günstiger, optimaler Ausgangslagen (Ressourcen, Motivation, Support etc.). Manager werden mehr zu »Ermöglichern« und weniger zu »Machern«
»**Self-organisation**«	In CAS gibt es viel weniger Zwang und Machtmittel und v. a. Automatismen, als die Manage-mentillusion oft annimmt. CAS reagieren relativ autonom, spontan bzw. nach ihrer inneren Dynamik. Zu fördern sind also geeignetes, differenziertes Feedback, Selbstkontrolle und Selbstkorrektur, d. h. Lerngelegenheiten

In der Literatur kommt auch die Bezeichnung »complex evolving systems« vor, so z. B. in den Publikationen der »London School of Economics« (vgl. Luoma, 2006, S. 101–123); der Sache nach handelt es sich aber um die gleichen oder sehr vergleichbare Aspekte.

Grundcharakteristika von CAS

CAS sind gekennzeichnet durch 5, sich teilweise berührende Grundcharakteristiken (⊡ Tab. 13.2).

Zu der Heuristik des CAS-Modells passt sehr gut das bekannte Modell von Senge (1990; dt. 1992) das wir hier nochmals in unserer Übersetzung/Bearbeitung wiedergeben (⊡ Abb. 13.7).

Das Modell von P. Senge betrifft die gesamte sog. »lernende Or-ganisation« und ist im Grunde ein Modell der Intellektualität, eine Art intellektuelle Tugendethik. Das Modell CAS beschreibt mehr die Dynamik der Systeme. Wie kann nun **CAS, PE** und **MD** in Beziehung zueinander gesetzt werden?

Zunächst eine Definition von **MD** als Teil der PE:

》 MD is defined as an intentional future-oriented activity, which utilizes both formal and informal learning experience in order to grow an organization's managerial expertise, and which continually both shapes and get shaped by the organizational context in which it takes place. (Luoma, 2006, S. 105) **《**

13

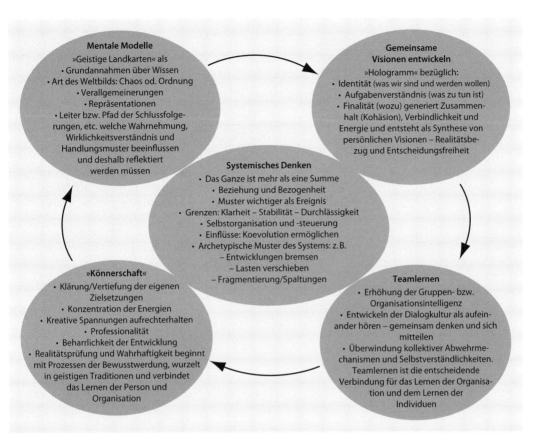

Mentale Modelle
»Geistige Landkarten« als
· Grundannahmen über Wissen
· Art des Weltbilds: Chaos od. Ordnung
· Verallgemeinerungen
· Repräsentationen
· Leiter bzw. Pfad der Schlussfolgerungen, etc. welche Wahrnehmung, Wirklichkeitsverständnis und Handlungsmuster beeinflussen und deshalb reflektiert werden müssen

Gemeinsame Visionen entwickeln
»Hologramm« bezüglich:
· Identität (was wir sind und werden wollen)
· Aufgabenverständnis (was zu tun ist)
· Finalität (wozu) generiert Zusammenhalt (Kohäsion), Verbindlichkeit und Energie und entsteht als Synthese von persönlichen Visionen – Realitätsbezug und Entscheidungsfreiheit

Systemisches Denken
· Das Ganze ist mehr als eine Summe
· Beziehung und Bezogenheit
· Muster wichtiger als Ereignis
· Grenzen: Klarheit – Stabilität – Durchlässigkeit
· Selbstorganisation und -steuerung
· Einflüsse: Koevolution ermöglichen
· Archetypische Muster des Systems: z. B.
  – Entwicklungen bremsen
  – Lasten verschieben
  – Fragmentierung/Spaltungen

»Könnerschaft«
· Klärung/Vertiefung der eigenen Zielsetzungen
· Konzentration der Energien
· Kreative Spannungen aufrechterhalten
· Professionalität
· Beharrlichkeit der Entwicklung
· Realitätsprüfung und Wahrhaftigkeit beginnt mit Prozessen der Bewusstwerdung, wurzelt in geistigen Traditionen und verbindet das Lernen der Person und Organisation

Teamlernen
· Erhöhung der Gruppen- bzw. Organisationsintelligenz
· Entwickeln der Dialogkultur als aufeinander hören – gemeinsam denken und sich mitteilen
· Überwindung kollektiver Abwehrmechanismen und Selbstverständlichkeiten. Teamlernen ist die entscheidende Verbindung für das Lernen der Organisation und dem Lernen der Individuen

◘ Abb. 13.7 Fünf Dimensionen des Lernens von Organisationen

In der Perspektive von **Lernen** und **Entwicklung** ist die zentrale Aufgabe des Managements (bzw. der Führung):

— ständige Erneuerung des **Potenzials** (Ressourcen) durch Veränderung, d. h. Lernen, Wachsen, Entwicklung sowie

— eine klare **strategische Ausrichtung** (gemeinsam) zu finden und zu implementieren.

13.4 Arbeiten mit Kompetenzen als zentrale Aufgabe der PE: Kompetenzen Erkennen und Entwickeln

Die Grundlage von **Kompetent-sein** (wie übrigens auch von Bildung) ist, etwas wirklich **verstehen** bzw. **verstanden** haben. Dies erfordert immer auch Reflektieren, nicht nur Studieren (▶ Abschn. 13.2, Pkt. 8). Die Überbetonung von »tools«, Instrumenten, Techniken, einzelnen Methoden birgt die Gefahr in sich, dass (nur) angewendet wird, was man nicht wirklich verstanden hat. Anwendungen ohne gründlich verstanden zu haben – oder nur auf dem Niveau von Gebrauchsanweisungen der »Trainer-Kits« – lassen alles offen: Indikation – Adaption – Steuerung – Grenzen erkennen – Evaluation. Und an Stelle des »anything goes« tritt die peinliche Feststellung »nothing works«.

Verstehen-wollen und Verstanden-haben als Basis von Kompetent-sein

Verstehen-wollen und Verstanden-haben bedeutet jedoch Arbeit. Die Arbeit des Verstehens kann Komplexität reduzieren, aber auch erhöhen.

Um sowohl der **Theorie** (Konzept, Erklärung, Unterscheidung, Präzisierung) Genüge zu tun, als auch sich den Erfordernissen der **Praxis** (Methodik, Praktikabilität, Nutzen) zu stellen, haben wir ein **6-Schritte-Modell** der Arbeit mit Kompetenzen entwickelt (zur begrifflichen Grundlage des Konzepts **Kompetenz** vgl. ▶ Kap. 10.1).

13.4.1 Sechs Arbeitsschritte um das Kompetenzkonzept für die eigene Organisation fruchtbar zu machen

Den 6 folgenden Schritten (oder Arbeitsphasen) liegen 3 Zentralperspektiven zu Grunde. Ausgegangen wird

3 zentrale Perspektiven auf dem Weg zum Kompetenzkonzept

1. von der »**Welt der Arbeit**« (Kurz & Bartram, 2002; ◘ Abb. 13.9) ein Modell, welches die grundlegenden Strukturen der Arbeitswelt wie sie für alle Organisationsmitglieder relevant ist, abbildet. Das Modell dieser Autoren umfasst zwar nicht alle relevanten Dimensionen; so fehlt z. B. die wichtige Dimension des **Preises**, d. h. der Kompensationen, Kosten für Leistungen. Aber für ein Kompetenzmodell ist dies ein grundlegendes Raster und wurde auch dafür entwickelt;

2. von einem nicht nur auf das **Individuum** (Personen) beschränkten Verständnis von »**Kompetenzträger**«. Wie ▶ Abb. 10.2 zeigte, werden Kompetenzen als unterschiedlich **verortet** angesehen. Und es gibt immer verschiedene Kategorien von Kompetenzträgern, deren Interaktionsdynamik (Unterstützung, Verstärkung, Synergie oder Neutralisierung, Spannung, Blockierung) Aufmerksamkeit zu schenken ist;

3. von einem **Prozess-Modell** der Kompetenz. Die Entwicklung, Entstehung, Förderung und Nutzung aber auch die Erschwernis von Kompetenzentstehung wird als ein »**Input-Throughput-Output-Prozess**« verstanden (◘ Abb. 13.8), der durch einige Besonderheiten gekennzeichnet ist.

▪ ▪ Kompetenz von Personen und Teams als »Input-Output-Prozess«
Was also ist Kompetenz? Wie entsteht sie tatsächlich, »bildet« sich? Warum ist die Leistung, das Verhalten einer Person mehr oder weniger kompetent als die Leistung, das Verhalten einer anderen Person? Die ▶ Abb. 10.1 und die ◘ Abb. 13.8 zeigen als Antwort auf diese u. a. Fragen, dass Kompetenz das Verhältnis meint von **4 Faktorenbündeln (Person – Aufgabe – Kontext – Organisation)** in ihrer Beschaf-

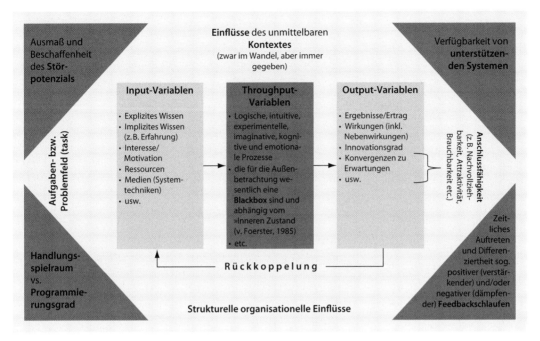

□ Abb. 13.8 Einflüsse des Kontextes

fenheit, deren zahlreiche Variablen als ein »Input-Output-Prozess« zu verstehen sind. Kompetenz darf also nicht nur von der **Person** (oder Team, »task force«, Arbeitsgruppe) oder dem **Ergebnis** (»output«) her definiert und analysiert werden. Kompetenz ist ein **Prozess**, der wie jeder Prozess – trotz allem »**process-engeneering**« – ein **störungsanfälliger**, nichtlinearer, dissipativer, **offener, optimierbarer** Prozess bleibt. Die Umwandlung von »**Input**« in einen »**Output**« geschieht in und durch das »**Throughput**«-System mit seinen Variablen. In Prozessen der »**Soft-factors**« (Personen, Gruppen, Beziehungen, Kultur usw.) ist das »Throughput«-System im Wesentlichen eine **Blackbox**, trotz empirischer Teilbefunde, und immer abhängig vom »**Inneren Zustand**« des Systems (vgl. dazu v. Foerster, 1985). **Kompetenz-Management** muss deshalb von einem **anthropologischen** und einem **systemischen** Postulat ausgehen, um angemessen und effektiv zu sein:

Kompetenz als Prozess

— **Bezüglich des Menschen**: Seine Nichtdeterminiertheit, hohe Plastizität (Formbarkeit) der organismischen Funktionen, Kompensations- und Substitutionsmöglichkeiten (vgl. die sog. »Vintage«-Qualifikationen), Spontanität und Autonomie, Tendenz zur Homöostasis und Selbstverwirklichung, und dass der Mensch nie nur auf eine Zweck-Mittel-Relation reduziert werden darf, sondern ein Selbstzweck (»Zweck in sich selbst«, I. Kant) ist. Er stellt einen **Wert** dar, der nicht auf einen Preis (Kosten) reduziert werden darf.

anthropologisches Postulat des Kompetenz-Managements

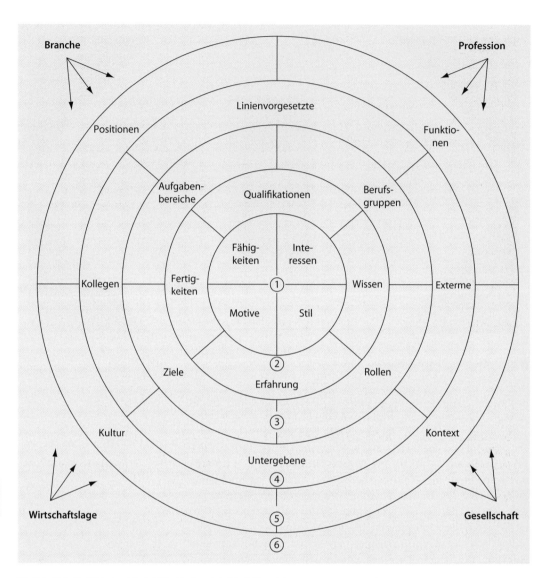

☐ **Abb. 13.9** Die Welt der Arbeit (»World of work«). (Nach Kurz & Bartram, 2002, S. 241; übersetzt und ergänzt vom Autor).
1 Personales Zentrum, *2* erworbene Befähigung, *3* Aufgabenfeld, *4* soziale Kontakte, *5* organisatorischer Rahmen, *6* Dynamik des Umfeldes

systemisches Postulat des Kompetenz-Managements

— **Bezüglich des Systems**: Offene, d. h. lebende Systeme, haben eine starke Tendenz zum **selbstinitiierten** Handeln (Selbstorganisation, Selbstprogrammierung, Autopoiese), zur **Äquifinalität** (unterschiedliche Voraussetzungen, »Ursachen«, können zu gleichen oder ähnlichen Ergebnissen führen) und **Äquikausalität** (gleiche, ähnliche Voraussetzungen, »Ursachen« können zu unterschiedlichen Wirkungen führen) und zur **Selbstreferenz**, d. h. die Fähigkeit eines Systems, durch Selbstbeobachtung Prozesse und Rückkoppelungen als ihm selbst zugehörig zu erken-

◨ **Tab. 13.3** Sechs Arbeitsschritte zur organisations- und funktionsspezifischen Operationalisierung des Modells »Kompetenzaufbau«

I.

Was zu tun ist	Erarbeiten eines **gemeinsamen Verständnisses** von Kompetenz bezogen auf die (d. h. »für uns«) relevanten Funktionen (Rollen), Positionen, Personen, Märkte, Technologien etc.
	Welches sind unsere Motive, Auslöser, Zwänge, erhofften »benefits«, sich mit der Kompetenzfrage systematisch zu befassen?
	Erarbeiten einer transparenten Kompetenz-Systematik (wenn auch vorerst nur hypothetisch, provisorisch), damit »alle-vom-gleichen-reden«. Wie **überprüfen** (»testen«, verifizieren) wir unsere Kompetenz-Hypothesen?
	Reduktion von Kompetenz-Listen auf Meta-Kompetenzen (»generic competencies«), denn: detaillierte Kompetenz-Listen landen bei »skills« – was man doch eigentlich vermeiden wollte – etc.
Hinweise auf geeignete Methoden	»Strategic Conversation« (v. d. Heijden, 1997; Schwarz, 1996), Trendanalysen, Strategisches Marketing, Unternehmensziele, Unternehmensstrategien, Unternehmensteilstrategien (◨ Abb. 13.2); Analyse der Curricula von externen, evtl. internationalen Institutionen der Aus- und Weiterbildung, »Benchmarking« etc.
	Formulierung von Hypothesen, Indikatoren und deren »Testing« bzw. Verifikation, Validierung

II.

Was zu tun ist	Wenn dies (Ergebnisse von I) die **zukünftigen Kompetenzanforderungen** sind, was bedeutet dies dann für unsere **HRM/HRD**-Politiken und -Praktiken – für unsere Organisationspolitik, Führungspolitik etc.? Mit anderen Worten: Wo sind wir anschlussfähig für zukünftige Entwicklungen und Anforderungen? *Wo* ergibt sich und bzgl. *was* ein Veränderungsbedarf?
	Interaktionsdynamik: Wenn sich am Punkt X Kompetenzveränderungen ergeben, welche Auswirkungen hat das auf das Kompetenzniveau der Schnittstellen Y oder Z (z. B. Vorgesetzte). Sind unsere Vorgesetzten in der Lage kompetentere Mitarbeitende zu führen bzw. zu integrieren? Welche evtl. Unterstützung wäre wo sinnvoll?
Hinweise auf geeignete Methoden	Expertenbefragung, 360°-Feedback (der v. a. Rückmeldungen von außen ermöglicht), »Critical incidents«, Literaturstudium etc.
	Immer wieder die Frage: »Woher wissen wir das wirklich?« Quellenvielfalt, Gefahr des »Group-Think-Phänomens« (Janis, 1972)

III.

Was zu tun ist	Evaluation und/oder »Assessment« der **vorhandenen** Kompetenzen – des **Kompetenzpotenzials** – der offensichtlichen bzw. mutmaßlichen »Gaps« (Delta) von IST – SOLL
	Pool-Bildung als strategische Ressourcen-Reserve (aber mit großer Vorsicht, da »Pools« sehr unerwünschte Nebeneffekte haben können). Gestaltungsprinzip bzgl. »Pools«: *Keine* Pool-Bildung *ohne* unmittelbare Veränderung eines Teils der Aufgabeninhalte (»Testing«) für die »Pool-member«! etc.
Hinweise auf geeignete Methoden	Vgl. die im »Handbuch Kompetenzmessung« von Erpenbeck und v. Rosenstiel (2007) beschriebenen ca. 60 Methoden und Instrumente der »Kompetenzmessung« oder: Handbücher für AC bzw. DC (z. B. Eck, Jöri & Vogt, 2007), aber auch moderne Verfahren der Beurteilung von Mitarbeitenden (vgl. u. a. Eck, 2010a) – »Critical-incidents«-Methodik
	Transferevaluation bzgl. der Relevanz und des »Impact« (unserer) PE-Maßnahmen auf die Kompetenzentwicklung – und zwar **empirisch**, nicht nur postulatorisch!
	Vorsicht bzgl. »Objektivitätsfimmel« und »Messillusionen«. Eine methodisch vertretbare Beurteilung und Bewertung (»appraisal«) ist besser, fairer, ergiebiger als illusionäre Messresultate, die über wenig bis keine Validität bzgl. der Außenkriterien aufweisen

◻ Tab. 13.3 Fortsetzung

IV.	
Was zu tun ist	Erarbeiten von **Programmen** (und deren Support und Evaluation) für die Kompetenzentwicklung: Finalität, Zielsetzung (und deren Begründung), Zielgruppen (Adressaten), Curriculare Inhalte, Sicherstellung der **Koordination** in der und durch die Linie (vgl. Eck, 2010b), d. h. verantwortlicher Einbezug der Linie und der Management-Circles; Indikationskriterien des optimalen »Matching«-Programms, Adressaten etc.
Hinweise auf geeignete Methoden	Kriterien für Wahl: Externe Beschaffung – interne Entwicklung; Angebotsmatrix (◻ Abb. 13.1); Training »on-the-job« bzw. »off-the-job«; »blended learning«; »environmental approach«, Coaching, Mentoring usw. Indikationskriterien für die einzelnen Methoden, Zeitpläne, Budgets, Bildungscontrolling
V.	
Was zu tun ist	Es kann je nach der Problemstellung und Komplexität sinnvoll sein bei den Schritten **II–IV** eine **Differenzierung** nach den Kompetenzträgern (▶ Abb. 10.2) vorzunehmen

– Personen (als Funktionsträger bzw. Schlüsselpersonen)	Wo zeigt sich bzgl. Kompetenzentwicklung (und -erhaltung) ein Interventions- bzw. Investitionsbedarf?
– Dyaden (Konfiguration!)	
– Gruppen, (Teams, Gremien)	Wo und wie ansetzen? Evtl. »strategische Allianzen« bzgl. Kompetenzentwicklung prüfen!
– Organisation (Institution)	
– Profession (Berufsgruppen)	
– oder andere	

	Und nochmals sei auf die **Interaktionsdynamik** hingewiesen. Kompetenzentwicklung, Kompetenzveränderung, Kompetenzverlagerung geschieht nicht isoliert, sondern tangiert mehrere Schnittstellen. Diese müssen mit einbezogen werden (vgl. ▶ Abschn. 13.2, These 1 der 20 Thesen aus den Ergebnissen der Lernforschung). Anspruchsvollere oder auch nur »andere« Kompetenzen innerhalb einer Arbeitsgruppe erfordern auch Kompetenzentwicklung bei deren Vorgesetzten. Es ist nicht untypisch, dass die Kompetenzentwicklung des sog. Mittleren Managements als die eigentlichen Fachkader, die Kompetenzentwicklung ihrer Vorgesetzten, also des Oberen Managements, (weit) hinter sich lassen. Und selbstverständlich gibt es auch den umgekehrten Fall
VI.	
Was zu tun ist	**Evaluation** der Kompetenzentwicklung
	– Woran erkennen wir, welchen nachweislichen Beitrag das **Linienmanagement** (Koordination, Durchsetzung!) und die **Aktivitäten der Schritte I–V** zum notwendigen Kompetenzmanagement leisten bzw. geleistet haben?
	– Wo ist was befriedigend? Wo und wie bedarf es weiterer Optimierungen in **Analyse** (I–III) und **Realisierung** (III–VI)?
Hinweise auf geeignete Methoden	»Management-Audits«, »HRM-Audits«, strategisches Controlling, externe Begutachtung (fachwissenschaftlich, aber auch durch wichtige »key accounts«/Schlüsselpartner) etc.

nen und nicht als von Außeneinflüssen induziert (▶ Abschn. 13.2, Pkte. 1 und 4).

Jede der Bezeichnungen in den konzentrischen Kreisen der ◻ Abb. 13.9 sind Kategorien; sie können weiter aufgeschlüsselt und aufgrund verschiedener Modelle analysiert werden und sie sind interaktiv. Die Bezeichnungen z. B. auf der Achse Interessen – Berufsgruppen – Funktionen haben eine gewisse Konvergenz zum Modell der »Karriere-Anker« von Schein (1990).

Die Darstellung der 6 Arbeitsschritte (◘ Tab. 13.3) folgt zwar einem auf das Wesentliche reduzierten Fließdiagramm, aber es ist evident, dass die einzelnen Schritte (bzw. Phasen) **Verzweigungen, Schleifen** benötigen und immer wieder **rekursiv** durchlaufen werden müssen. Auch sind in dieser Darstellung die Fragen der optimalen **Organisation** eines solchen **Projektes** und v. a. die wichtige Frage, welcher interner und externer **Personenkreis** als Ressourcen und in welcher Rolle, in welcher Phase wie beigezogen werden soll, sowie die technischen Fragen des Rückgriffs auf bestehende Dokumentationen und Datenbanken nicht eigens spezifiziert.

> ❯ Eine systematische Auseinandersetzung mit der herausfordernden Thematik »Kompetenz« anhand dieser (oder einer anderen Methodologie) wird es der Personalentwicklung als Teil des HRM ermöglichen, einen professionellen, zielgerichteten und strategischeren Beitrag zur Unternehmensentwicklung zu leisten – was letztlich die Legitimation von HRM und HRD darstellt.

Zusammenfassung

Personalentwicklung ist der Oberbegriff für die unternehmerischen Anstrengungen, über das Potenzial an Kompetenzen zu verfügen, welche für die Erreichung der Ziele und Strategien der Unternehmung einen entscheidenden Beitrag leisten. Dies wird allerdings nur möglich sein, wenn die Unternehmung PE (bzw. MD usw.) nicht einfach als Auftrag an das HRM delegiert. Die Organisationslogik und Funktionslogik des Managements ist eine wesentlich andere als die Professionslogik des HRM. Kompetenzentwicklung in einer Unternehmung beginnt deshalb mit der Kompetenzentwicklung des HRM selbst! Gefragt ist eine ausgeprägte Professionalität des HRM. Diese kann nicht nur aus einer technisch versierten »Dienstfertigkeit« gegenüber dem Management bestehen. Zur Professionalität gehört, in Kenntnis der komplexen Prozesse des Lernens und Nichtlernens (▶ Abschn. 13.2) einerseits und der Organisation als ein CAS (▶ Abschn. 13.3), andererseits ein organisations- und funktionsspezifisches Modell des Aufbaus von Kompetenzen zu entwickeln und implementieren. Methodische Hinweise dazu finden sich u. a. in der ◘ Tab. 13.2. Strategischer Partner der Linie kann das HRM nur unter der Voraussetzung sein, dass es ihm gelingt, in einer »Zweisprachigkeit der Logiken« kompetent zu wirken. Das heißt, eine fruchtbare, konstruktive Synthese innerhalb des permanenten Spannungsfeldes von Organisationslogik und Professionslogik der Human Ressourcen zu entwickeln. Personalentwicklung in ihren konkreten Ausprägungen wie ME, TE, OE usw. ist der Ort, an dem diese Synthese herbei zu führen ist und zu gelingen hat.

Literatur

Allinson, C. W. & Hayes, J. (1996). Cognitive style and the theory and practice of individual and collective learning in organizations. *Human Relations, 51* (7), 847–871 (dort weitere Literaturhinweise).

Argyris, C. & Schön, D. A. (1978). *Organizational learning: A theory fo action perspective.* Reading, MA: Addison-Wesley.

Berger, P. & Luckmann, T. (1980). *Die gesellschaftliche Konstruktion der Wirklichkeit.* Frankfurt: Fischer.

Bohm, D. (1998/USA 1996). *Der Dialog. Das offene Gespräch am Ende der Diskussionen.* Stuttgart: Klett-Cotta.

Brown, A. L., Brown, J. S. & Dugnid, P. (1991). Organizational Learning and Communities-of-Practice: Toward a Unified View of Working, Learning, and Innovation. *Organization Science, 2* (1), 40–57.

Cope, J. (2003). Entrepreneurial Learning and Critical Reflection: Discontinuos Events as Triggers for »Higher-Level-Learning«. *Management Learning, 34* (4), 429–450.

Dewe, B. (1999). *Lernen zwischen Vergewisserung und Ungewissheit. Reflexives Handeln in der Erwachsenenbildung.* Opladen: Leske & Budrich.

Easterby-Smith, M., Burgoyne, J. & Aranjo, L. (Eds.). (1999). *Organzational Learning and the Learning Organzation.* London: Sage.

Eck, C. D. (1992). Vorwort. In H. Brühwiler (Hrsg.), *Methoden der ganzheitlichen Jugend- und Erwachsenenbildung* (S. 11–13). Opladen: Leske & Budrich.

Eck, C. D. (1997). Wissen – ein neues Paradigma des Managements. *Die Unternehmung, 50* (3), 155–179.

Eck, C. D. (2003). *Die Inszenierung von Beratung und Entwicklung. Zur Dramaturgie psychosozialer Interventionen in Organisationen* (2. Aufl.). Zürich: IAP.

Eck, C. D. (2006). Kennzeichen des Lebendigen und das Energiemodell (LOCE) als konzeptueller Hintergrund beraterischer Interventionen. In S. Bächtold & K. Supersaxo (Hrsg.), *Dynamische Urteilsbildung* (S. 201–226; insbes. S. 205–210: Kennzeichen des Lebendigen). Bern: Haupt.

Eck, C. D. (2010a). Die Beurteilung von Mitarbeitenden. In P. Bechtel, D. Friedrich & A. Kenes (Hrsg.), *Mitarbeiter im Gesundheitswesen motivieren, führen, coachen* (im Druck). Heidelberg: Springer.

Eck, C. D. (2010b). Management-Entwicklung als strategischer Prozess. In Ch. Negri (Hrsg.), *Angewandte Psychologie im Ausbildungsmanagement* (im Druck). Heidelberg: Springer.

Eck, C. D. (2010c). *Klugheit – Freimut – Eingreifendes Denken. Ein Beitrag zur Stilbildung in der Management-Entwicklung.* Zürich: ZHAW–IAP.

Eck, C. D., Jöri, H. & Vogt, M. (2007). *Assessment-Center* (2. Aufl. 2010). Heidelberg: Springer.

Elkjaer, B. & Vince, R. (Eds.). (2009). Teaching from Critical Perspectives. *Management Learning, 40* (1), 5–101.

Erpenbeck, J. (1997). Selbstgesteuertes, selbstorganisiertes Lernen. In QUEM (Hrsg.), *Kompetenzentwicklung 97* (S. 309–362). Münster, New York: Waxmann.

Erpenbeck, J. & Rosenstiel, L. v. (2007). *Handbuch Kompetenzmessung. Erkennen, verstehen und bewerten von Kompetenzen in der betrieblichen, pädagogischen und psychologischen Praxis* (2. Aufl.) Stuttgart: Schäffer-Poeschel.

Festinger, L. (1957). *A theory oft cognitive dissonance.* Stanford, CA: Stanford University Press.

Fiol, C. M. & Lyles, M. A. (1985). Organizational learning. *Academy of Management Review, 10* (4), 803–813.

Foerster, H. v. (1985). *Sicht und Einsicht. Versuche zu einer operativen Erkenntnistheorie.* Braunschweig: Vieweg.

Foucault, M. (1996). *Diskurs und Wahrheit. Berkley-Vorlesungen 1983.* Berlin: Merve.

Frenkel-Brunswick, E. (1949). Intolerance of ambiguity as an emotional and perceptional personel variable. *Journal of Personality, 18,* 108–143.

Goffmann, E. (1973). *Interaktion.* München: Piper.

Heijden, K. v. d. (1997). *Scenaris – the art of strategic conversation* (3. Aufl.). Chichester: Wiley.

Höffe, O. (2009). *Ist die Demokratie zukunftsfähig?* München: Beck.

Hurrelmann, K. (2002). *Einführung in die Sozialisationsforschung* (5. Aufl.). Weinheim: Juventa.

Hurrelmann, K. (2003). *Lebensphase Jugend* (7. Aufl.). Weinheim: Juventa.

Janis, J. L. (1972). *Victims of Group Think.* Barton: Houghton Mifflin.

Kolb, D. A. (1976). *Experientical Learning: Experience as the Source of Learning and Development.* Englewood Cliffs: Prentice Hall.

Krappmann, L. (1978). *Soziologische Dimensionen der Identität.* Stuttgart: Klett-Cotta.

Kurtz, T. & Pfadenhauser, M. (Hrsg.). (2010). *Soziologie der Kompetenz.* Wiesbaden: VS-Verlag Sozialwissenschaft.

Kurz, R. & Bartram, D. (2002). Competency and individual performance: Modelling the world of work. In I. T. Robinson, M. Callinan & D. Bartram (Eds.), *Organizational Effectiveness: The Role of Psychology* (pp. 227–255). London: Wiley.

Luoma, M. (2006). A Play of Four Arenas: How Complexity Can Serve Management Development. *Management Learning, 37* (1), 101–124.

Meier, C. (2000). Die Zeit, der die Zeit davonläuft. *Merkur Nr. 613, 54* (5), 415–426.

Mitscherlich, A. (1983). *Gesammelte Schriften Bd. V: Sozialpsychologie 3: Vom Protest zum Leistungsverfall* (S. 558–577). Frankfurt/M: Suhrkamp.

Neubauer, W. F. (1986). Implizite Führungstheorien und Führungserfahrungen bei Vorgesetzten. In K. Daumelang & J. Sauer (Hrsg.), *Aspekte psychologischer Forschung* (FS für E. Roth, S. 75–90). Göttingen: Hogrefe.

Nonaka, I. & Takeuchi, H. (1995). *The Knowledge-Creating Company: How Japanese Companies Create the Dynamics of Innovation*. Oxford: Oxford University Press.

Oelsnitz, D. v. d. & Graf, A. (2006). Inhalt und Aufbau interorganisationaler Kooperationskompetenz. Eine Konstruktbestimmung. In G. Schreyögg & P. Conrad (Hrsg.), *Management von Kompetenz* (S. 83–120). Wiesbaden: Gabler & VS-Verlag.

Pea, R. (1984). Practice of Distributed Intelligence and Designs for Education. In G. Salomon (Ed.), *Distributed Cognition* (pp. 47–87). Cambridge: Cambridge University Press.

Perkins, D. (1990). *Person plus: a distributed view of thinking and learning*. Boston, MA: AERA.

Perriton, L. & Reynolds, M. (2004). Critical Management Education: From Pedagogy of possibility to Pedagogy of Refusal? *Management Learning, 35* (1), 61–77.

Polanyi, M. (2002). *Personal Knowledge. Towards al post-critical philosophy* (2. Aufl. 1962; Nachdruck 2002). London: Rowledge.

Preskill, H. & Torres, R. (1999). The role of Evaluative Enquiry in Creating Learning Organizations. In M. Esterby-Smith, J. Burgoyne & L. Avanjo (Eds.), *Organzational Learning and the Learning Organization* (pp. 92–114). London: Sage.

Reinmann, G. & Mandl, H. (Hrsg.). (2004). *Psychologie des Wissensmanagement. Perspektiven, Theorien und Methoden*. Göttingen: Hogrefe.

Rogers, C. R. (1969; dt. 1972). *Freedom to learn*. Ohio: Merill Publishing.

Romhardt, K. (1997). Interne und externe Wissenstransparenz als Ausgangspunkt für organisatorische Innovation. In F. Heideloff & T. Radel (Hrsg.), *Organisation von Innovation* (S. 80–89). München-Mering: Hampp.

Romhardt, K. (2002). *Wissensgemeinschaften: Orte lebendigen Wissensmanagements. Dynamik – Entwicklung – Gestaltungsmöglichkeiten*. Zürich: Versus.

Schein, E. H. (1990). *Career Anchors*. San Diego: Pfeiffer.

Schwarz, P. (1996). *The art of the long view. Planing for the future in the uncertain world* (2. Aufl.). Chichester: Wiley.

Senge, P. K. (1990; Dtsch. 1992). *The Fifth Discipline: The Art and Practice of The Learning Organization*. New York: Doubleday.

Simon, F. B. (1997). *Die Kunst, nicht zu lernen. Und andere Paradoxien in Psychotherapie, Management und Politik*. Heidelberg: Auer-Verlag.

Sousa, R. de. (1997). *Die Rationalität des Gefühls* (amerik. Orig. 1987). Frankfurt/M.: Suhrkamp.

Stanovich, K. E. (1999). *Who is rational? Studies Mahwah of individual differences in reasoning*. London: LEA-Publishers.

Sternberg, R. J. (1985). *Beyond IQ: A triarchic theory of human intelligence*. New York: Cambridge University Press.

Winnicott, D. W. (1971; 1985; 3. Aufl.). *Vom Spiel zur Kreativität*. Stuttgart: Klett-Cotta.

Wunderer, R. & Bruch, H. (2000). *Umsetzungskompetenz. Diagnose und Förderung in Theorie und Unternehmenspraxis*. München: Vahlen.

Zeuch, A. (2007). *Management von Nichtwissen im Unternehmen*. Heidelberg: Carl-Auer.

Laufbahngestaltung und Talent-Management

Marc Schreiber und Jack Rietiker

14.1   Gestaltung von Laufbahnen – Grundlagen und Anwendung in Organisationen

Marc Schreiber

Im vorliegenden Kapitel werden zentrale Konzepte aus der Laufbahnpsychologie und konkrete Anwendungsmöglichkeiten für Organisationen dargestellt. Im Zentrum steht dabei die Entwicklung und Ausgestaltung von beruflichen Identitäten innerhalb einer Organisation. Die berufliche Identität ist im Kontext des beruflichen Selbstbildes und der beruflichen Umwelt, in welcher sich eine Person befindet, zu sehen und spiegelt die vorherrschende Unternehmenskultur wider. Es wird die Frage aufgeworfen, was ein erfolgreiches Human Resource Management (HRM) in der heutigen Arbeitswelt, in welcher Unberechenbarkeit und Unplanbarkeit vorherrscht, beinhalten kann. 2 Arten von Laufbahntheorien liefern dabei wichtige Anhaltspunkte, die v. a. in der Personalentwicklung von Nutzen sind: Einerseits werden Laufbahntheorien präsentiert, die sich mit einzelnen Facetten des beruflichen Selbstbildes (Berufsinteressen, Karriereanker) auseinandersetzen und zu deren Erfassung konkrete Instrumente zur Verfügung stehen. Die Instrumente helfen einer Organisation, das berufliche Selbstbild der Mitarbeitenden zu erfassen, zu antizipieren und auch sinnvoll zu gestalten. Andererseits werden Theorien präsentiert, die sich auf Laufbahnprozesse zur Entwicklung und Ausgestaltung einer beruflichen Identität beziehen (Entscheidungsprozesse, sozialkognitive Prozesse). Anhand dieser Theorien lassen sich berufliche Übergänge strukturieren und veranschaulichen.

Die Ausgestaltung von beruflichen Laufbahnen ist ein Thema, welches nicht nur für Individuen, sondern auch für Organisationen (vertreten durch die Führungskräfte und die Personalabteilung) von großer Relevanz ist.

Die Personen versuchen, sich selbst als Berufsmenschen zu positionieren mit dem Ziel, aus ihrer Rolle und aus der täglichen Arbeit Zufriedenheit und Sinnhaftigkeit zu schöpfen, die für den Lebensunterhalt nötigen finanziellen Mittel zu verdienen und eine berufliche Identität auszugestalten.

Organisationen sind auf eine Unternehmensstrategie ausgerichtet und haben spezifische Unternehmensziele zu erreichen. Dafür werden Personen mit bestimmten Kompetenzen gesucht, welche die Anforderungen an bestimmte Positionen erfüllen und in eine bestehende oder angestrebte Unternehmenskultur passen.

Wenn man die deutsch- und englischsprachige Literatur zu Laufbahntheorien betrachtet, so stellt man fest, dass sich bis heute kein übergeordnetes Modell der beruflichen Laufbahn etabliert hat (Läge & Hirschi, 2008). Busshoff hat die berufliche Laufbahn als eine Abfolge von Übergängen im Kontext der beruflichen Entwicklung und der Ausgestaltung einer beruflichen Identität beschrieben (Busshoff, 1998). Die Übergänge sind zum Teil vorgegeben und müssen von der betroffenen Person unmittelbar bewältigt werden (z. B. bei einer Kün-

14

Individuen möchten ihre berufliche Identität ausgestalten Organisationen möchten ihre Unternehmensziele erreichen

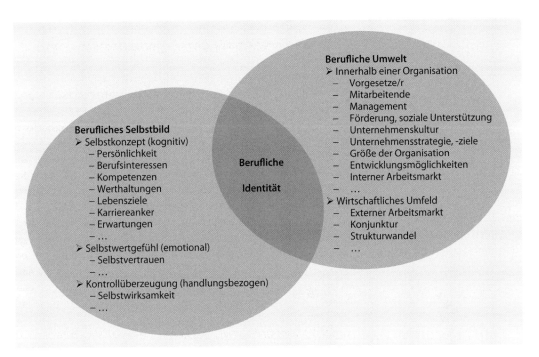

Berufliches Selbstbild
➢ Selbstkonzept (kognitiv)
  – Persönlichkeit
  – Berufsinteressen
  – Kompetenzen
  – Werthaltungen
  – Lebensziele
  – Karriereanker
  – Erwartungen
  – ...
➢ Selbstwertgefühl (emotional)
  – Selbstvertrauen
  – ...
➢ Kontrollüberzeugung (handlungsbezogen)
  – Selbstwirksamkeit
  – ...

Berufliche

Identität

Berufliche Umwelt
➢ Innerhalb einer Organisation
  – Vorgesetze/r
  – Mitarbeitende
  – Management
  – Förderung, soziale Unterstützung
  – Unternehmenskultur
  – Unternehmensstrategie, -ziele
  – Größe der Organisation
  – Entwicklungsmöglichkeiten
  – Interner Arbeitsmarkt
  – ...
➢ Wirtschaftliches Umfeld
  – Externer Arbeitsmarkt
  – Konjunktur
  – Strukturwandel
  – ...

◧ **Abb. 14.1** Berufliche Identität als ständige Interaktion zwischen beruflichem Selbstbild und beruflicher Umwelt

digung durch den Arbeitgeber). Andere Übergänge werden von der betroffenen Person selbst initiiert (z. B. ein interner Stellenwechsel oder der Besuch einer Weiterbildung mit dem Ziel einer beruflichen Neuorientierung). In der Folge werden die Komponenten der beruflichen Identität beschrieben.

14.1.1 Berufliches Selbstbild und berufliche Umwelt als Komponenten der beruflichen Identität

Die Identität einer Person entwickelt sich aufgrund einer ständigen Interaktion zwischen der Person und ihrer Umwelt (Hausser, 1995). Personen nehmen neben der Rolle in der Familie, in der Freizeit oder beim Ausüben eines Hobbys auch eine Rolle als arbeitender (oder nicht arbeitender) Mensch ein. Bei der beruflichen Identität steht das berufliche Selbstbild einer Person in einer Wechselwirkung mit den Erfahrungen, welche die Person in der Berufswelt macht (◧ Abb. 14.1). Die berufliche Umwelt beinhaltet die Organisation, in welcher eine Person beschäftigt ist, aber auch den gesamten volkswirtschaftlichen Kontext. Bei der Ausübung einer beruflichen Tätigkeit trifft das Selbstbild einer Person auf die Erwartungen und Haltungen der Organisation (Management, Vorgesetzte, Mitarbeitende, Personalabteilung). Dabei wird das gezeichnete Selbstbild einer Person bestärkt oder in Frage gestellt.

das berufliche Selbstbild einer Person trifft auf die Erwartungen und Haltungen der Organisation

---
Berufliches Selbstbild

Das berufliche Selbstbild kann anhand einer kognitiven Komponente (Selbstkonzept, z. B. Berufsinteressen), einer emotionalen Komponente (Selbstwertgefühl, z. B. Selbstvertrauen) und einer handlungsbezogenen Komponente (Kontrollüberzeugung, z. B. Selbstwirksamkeit) erfasst werden (◘ Abb. 14.1).

Wenn eine Person erkennt, dass die ausgeübte Tätigkeit die eigenen Lebensziele und Berufsinteressen abdeckt, dann führt dies zu einer Bestärkung und Verfestigung der beruflichen Identität – berufliches Selbstbild und berufliche Umwelt sind im Einklang.

berufliche Übergänge tangieren die berufliche Identität

Berufliche Übergänge innerhalb von Organisationen oder auch zwischen Organisationen prägen den Lebenslauf des Menschen und tangieren immer in irgendeiner Form die berufliche Identität.

❯ Für **Individuen** geht es im Prozess der beruflichen Entwicklung darum, eine gute Passung zwischen dem beruflichen Selbstbild und ihrer beruflichen Umwelt aufrecht zu erhalten oder herzustellen und dadurch die berufliche Identität auszugestalten. Für **Organisationen** geht es darum, die gesetzten Unternehmensziele zu erreichen. Dabei sind die Organisationen auf zufriedene und leistungsfähige Mitarbeitende angewiesen. Für die Organisationen macht es deshalb Sinn, sich mit dem beruflichen Selbstbild der Mitarbeitenden auseinanderzusetzen und dieses auf die Unternehmenskultur abzustimmen.

Laufbahntheorien liefern konkrete Anhaltspunkte für das HRM, insbesondere für die Personalentwicklung

Über die Laufbahnen und beruflichen Identitäten ihrer Mitarbeitenden signalisieren die Organisationen der Außenwelt, was für eine Unternehmenskultur sie vertreten. Im Hinblick auf zufriedene und leistungsfähige Mitarbeitende können Laufbahntheorien für Organisationen konkrete Anhaltspunkte dafür liefern, wie die Mitarbeitenden optimal begleitet, eingesetzt und gefördert werden können.

Laufbahnen gestalten sich nicht nur aufgrund der Bedürfnisse von Individuen und Organisationen. Sie werden auch sehr stark vom wirtschaftlichen Umfeld mitbestimmt.

14.1.2 Anforderungen des wirtschaftlichen Umfeldes

Strukturwandel im Zuge einer globalisierten Wirtschaft verändert den Arbeitsmarkt

Das wirtschaftliche Umfeld, wie es sich zu Beginn des 21. Jahrhunderts präsentiert, ist geprägt vom Strukturwandel im Zuge einer globalisierten Wirtschaft und von großen Konjunkturschwankungen (Strahm, 1997). Der Arbeitsmarkt zeichnet sich aus durch Unsicherheit und Unplanbarkeit.

langfristige Bindung versus flexibler Einsatz der Arbeitskräfte

Organisationen befinden sich in einem Dilemma: Einerseits möchten sie gut ausgebildete Fachkräfte langfristig an sich binden, damit sie qualitativ hochwertige Dienstleistungen oder Produkte über einen gewissen Zeitraum zuverlässig anbieten können. Andererseits möchten sie ihre Arbeitskräfte flexibel und je nach Bedarf einsetzen, um in auftragsarmen Phasen Personalkosten schnell reduzieren zu können.

Diese entgegengesetzten »Treiber« von Unternehmensentscheidungen können zu absurd anmutenden Situationen führen, wie z. B. dem gleichzeitigen Initiieren von Projekten zum Personalabbau einerseits und zur Bindung der Mitarbeitenden andererseits.

Individuen können nicht mehr wie früher mit einer Lebensstelle rechnen – sie sind gezwungen, sich immer wieder neu zu bewähren. Laufbahnen, die unerwartete Wendungen nehmen und individuell ausgestaltet werden, sind immer häufiger zu beobachten. Weil die Lebensstelle innerhalb einer Organisation nicht mehr unbedingt realisierbar ist, wird die Hemmschwelle tiefer, aus eigenem Antrieb neue Wege zu beschreiten und verschiedene Möglichkeiten auf den Arbeitsmarkt zu explorieren. In einem System mit ständigen Veränderungen ergeben sich immer wieder interessante Chancen und Herausforderungen, auch wenn man einmal einen Weg beschritten hat, welchen man wieder verlassen möchte. Vermehrt wird dabei auch versucht, mit der Arbeit nicht nur den Lebensunterhalt zu bestreiten, sondern daraus auch Sinnhaftigkeit oder gar einen Lebenssinn abzuleiten. Für Individuen ist die zunehmende Unsicherheit dadurch nicht nur mit Gefahren, sondern auch mit großen Chancen verbunden.

> ❯ **Aufgrund der Dynamik auf dem Arbeitsmarkt werden nachhaltige Arbeitsbeziehungen nicht mehr unbedingt über unbefristete Arbeitsverträge, sondern über gut fortschreitende Projekte und über gegenseitiges Vertrauen und Wertschätzung erreicht.**

Es stellt sich die Frage, wodurch sich im soeben beschriebenen Kontext ein erfolgreiches HRM auszeichnet. Das Identifizieren von fachlichen und überfachlichen Kompetenzen der Mitarbeitenden und deren Förderung im Hinblick auf die Unternehmensziele, resp. die Unternehmensstrategie ist ein zentraler Bestandteil (▶ Kap. 11).

Zudem kann sich das HRM auszeichnen, indem es sich mit den beruflichen Identitäten seiner Mitarbeitenden auseinandersetzt und diese im Hinblick auf eine bestehende oder angestrebte Unternehmenskultur fördert (▶ Kap. 6).

Die in der Folge beschriebenen Laufbahntheorien geben einen Anhaltspunkt dafür, wie sich Organisationen mit dem beruflichen Selbstbild ihrer Mitarbeitenden systematisch auseinandersetzen (▶ Abschn. 14.1.3) und wie Prozesse der Ausgestaltung einer beruflichen Identität begleitet werden können (▶ Abschn. 14.1.4).

Chancen und Gefahren für Individuen als Arbeitnehmer

fachliche und überfachliche Kompetenzen werden im Hinblick auf die Unternehmensziele gefördert

berufliche Identitäten werden im Hinblick auf die Unternehmenskultur gefördert

14.1.3 Laufbahntheorien zu einzelnen Facetten des beruflichen Selbstbildes

▪▪ Berufsinteressen

Person-Umwelt-Passungsprozess

Die Person-Umwelt-Passungstheorie der Berufswahl von John Holland kann Laufbahnverhalten erklären (Holland, 1997; ◻ Abb. 14.2a, b). Bei der Theorie geht es grundsätzlich um die Frage, was für persönliche und umweltbedingte Charakteristiken zu zufriedenstellenden Karriereentscheidungen und dadurch auch zu einer optimalen Leistungsfähigkeit im Beruf führen.

Der Passungsprozess wird anhand der beruflichen Interessen als Teil des beruflichen Selbstbildes beschrieben (berufliches Selbstkonzept, ◻ Abb. 14.1). Dabei werden 6 Dimensionen unterschieden (Rolfs & Schuler, 2002):

Die 6 Dimensionen der beruflichen Interessen

1. **Praktisch-technische Interessen (»realistic« – R):** Personen mit praktisch-technischen Interessen bevorzugen Tätigkeiten, die ein besonderes Maß an Kraft, Koordination und Handgeschicklichkeit erfordern und zu konkreten, sichtbaren Ergebnissen führen

2. **Wissenschaftliche Interessen (»investigative« – I):** Personen mit wissenschaftlichen Interessen bevorzugen Aktivitäten, in denen sie sich mit physikalischen, biologischen und kulturellen Phänomenen durch systematische Beobachtung und Forschung auseinandersetzen können

3. **Künstlerisch-sprachliche Interessen (»artistic« – A):** Personen mit künstlerisch-sprachlichen Interessen präferieren offene und unstrukturierte Aktivitäten, die eine künstlerische Selbstdarstellung oder die Schaffung kreativer Produkte erlauben

4. **Soziale Interessen (»social« – S):** Personen mit sozialen Interessen streben nach Tätigkeiten und Situationen, in denen sie sich mit anderen Menschen in Unterricht, Lehre, Ausbildung, Versorgung oder Pflege befassen können

5. **Unternehmerische Interessen (»enterpricing« – E):** Personen mit unternehmerischen Interessen suchen Tätigkeiten und Situationen, in denen sie andere durch Sprache oder andere Mittel beeinflussen oder führen können

6. **Konventionelle Interessen (»conventional« – C):** Personen mit konventionellen Interessen erstreben Tätigkeiten, in denen der Umgang mit Informationen nach vorgegebenen Regeln im Vordergrund steht, z. B. das Anlegen von Aufzeichnungen oder Dokumentationen

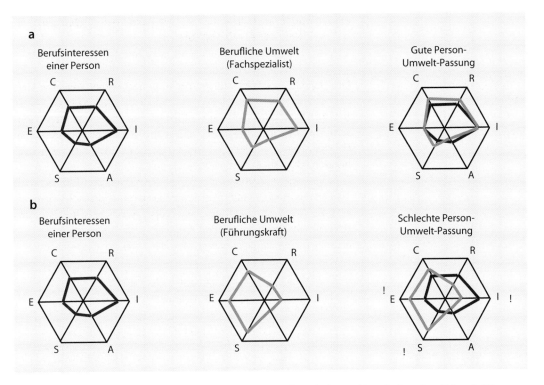

□ **Abb. 14.2a, b** Die Person-Umwelt-Passung. **a** Bei Eintritt in eine Organisation und **b** nach einem beruflichen Aufstieg. (Nach Holland, 1997)

Anhand der 6 Dimensionen können Personen sehr vielfältig beschrieben werden. Nebst den beruflichen Interessen einer Person kann auch deren berufliche Umwelt – also beispielsweise eine konkrete Position innerhalb einer Organisation – entlang dieser 6 Dimensionen charakterisiert werden. Die berufliche Umwelt zeichnet sich dabei durch die beruflichen Tätigkeiten und durch die Personen, die darin beschäftigt sind, aus (□ Abb. 14.2a, b).

Die Theorie der Passung besagt, dass sich Personen eine berufliche Umwelt suchen, die bezüglich der auszuführenden Tätigkeiten und auch bezüglich der Personen, die sie in dem Umfeld antreffen, ihrem Interessens-Typ entspricht. Auf diese Weise können sie ihre beruflichen Interessen verwirklichen. Man spricht dann von einer guten Person-Umwelt-Passung, welche die Grundlage für eine sinnvolle berufliche Entwicklung ist und sich in einer hohen Arbeitszufriedenheit und Arbeitsproduktivität widerspiegelt (Riketta, 2008).

eine gute Person-Umwelt-Passung führt zu Arbeitszufriedenheit und Arbeitsproduktivität

□ Abb. 14.2a, b beinhaltet ein Beispiel aus der Praxis, welches häufig anzutreffen ist, wenn Fachspezialisten zu Führungskräften werden:

Beispiel

Eine Person mit stark ausgeprägten wissenschaftlichen Interessen (I) sucht sich ein berufliches Umfeld, welches sich durch die wissenschaftliche Komponente charakterisieren lässt, in welcher also viele Tätigkeiten einen Bezug zur Wissenschaft und viele Personen wissenschaftliche Interessen aufweisen (z. B. in der Marktforschung). Die *Situation a* bildet eine kongruente Interessenstruktur ab, die beim Eintritt in eine Organisation als Fachspezialist häufig gegeben ist. Berufliche Entwicklungen innerhalb von Organisationen führen oft zu beträchtlichen Veränderungen der beruflichen Umwelt. So bringen zusätzliche oder andere Aufgaben (z. B. fachliche oder personelle Führungsaufgaben) völlig neue Tätigkeiten mit sich, die unter Umständen nicht mehr kongruent mit den beruflichen Interessen einer Person sind. Gleichzeitig verändert sich beim beruflichen Aufstieg auch die Peer-Gruppe; sie setzt sich neu – vorwiegend aus Führungskräften mit entsprechenden Aufgaben und Interessen – zusammen. Die *Situation b* stellt eine solche veränderte Situation dar. Bei gleich bleibenden Interessen einer Person verändert sich das berufliche Umfeld in Richtung S (andere Menschen unterstützen) und E (andere Menschen führen). Gleichzeitig nimmt der Anteil an wissenschaftlichen Tätigkeiten (I) drastisch ab, weil die operativen Aufgaben zugunsten der Führungsaufgaben und der strategischen Aufgaben weichen. Die Folge daraus ist, dass die berufliche Umwelt nicht mehr der Interessenstruktur der Person entspricht.

Explorix zur Erfassung der Berufsinteressen einer Person – Explojob zur Erfassung der beruflichen Umwelt

Sowohl für die Erfassung der Berufsinteressen einer Person (**Explorix**; Jörin, Stoll, Bergmann & Eder, 2006) als auch für die Erfassung der beruflichen Umwelt (**Explojob**; Jörin Fux & Stoll, 2006) wurden psychometrische Instrumente entwickelt, die sehr einfach einsetzbar sind.

Grundlage für Personalentwicklungsentscheide

Mit den beiden Instrumenten können Übereinstimmungen und Diskrepanzen zwischen Personen und deren aktuellen oder möglichen zukünftigen beruflichen Umwelten abgebildet werden. Dadurch wird einerseits eine Grundlage für Personalentwicklungsentscheide geschaffen.

Dokumentation der Eigenheiten spezifischer Positionen

Andererseits sind Profile von beruflichen Umwelten innerhalb einer Organisation von Nutzen, weil sie systematisch die Merkmale und Eigenheiten von spezifischen Positionen aufzeigen und dokumentieren. Das Wissen um diese Eigenheiten hilft einer Organisation bei der Rekrutierung von neuen Mitarbeitenden.

berufliche Interessen können sich auch »on-the-job« entwickeln

Die Interessenstruktur einer Person wird als relativ zeitstabil angesehen. Dennoch sollte berücksichtigt werden, dass sich berufliche Interessen auch »on-the-job« und über konkrete Erfahrungen entwickeln können (▶ Abschn. 14.1.4, »Sozialkognitive Laufbahnprozesse«).

Eine vorübergehend schlechte Person-Umwelt-Passung kann dabei ein wichtiger Bestandteil eines beruflichen Überganges sein. Gerade im Zusammenhang mit einem beruflichen Aufstieg sollten bei Personalentwicklungsentscheiden zusätzlich zu den Berufsinteressen auch andere Komponenten des beruflichen Selbstbildes (z. B. Karriereanker) einbezogen werden.

14

■ ■ **Karriereanker**

Edgar Schein hat das Konzept der Karriereanker oder -orientierungen entwickelt (Schein, 2004). Diese wurden zum besseren Verständnis von Managerkarrieren entwickelt und beziehen sich wie die Berufsinteressen auf das berufsbezogene Selbstkonzept als Teil des beruflichen Selbstbildes (◘ Abb. 14.1). Die Karriereanker sind eine sinnvolle Ergänzung zu den beruflichen Interessen.

Schein geht davon aus, dass die Entscheidungen, die eine Person bei beruflichen Übergängen trifft, immer wieder auf einen zentralen Karriereanker zurückgeführt werden können. Dieser Karriereanker zeigt die berufliche Grundorientierung auf und erklärt, weshalb eine Person ihre individuelle Laufbahn verfolgt. In der Folge sind die 8 Karriereanker beschrieben:

> **Karriereanker beziehen sich auf »Kompetenzen«, »Berufsinteressen« und »Lebensziele« sowie »Werthaltungen«**

Die 8 Karriereanker

1. **Technisch-funktionale Kompetenz:** Personen, die vorwiegend den Anker der technisch-funktionalen Kompetenz verfolgen, bringen eine große Faszination für den Inhalt ihrer Arbeit mit. Das primäre Interesse liegt in der technischen oder fachlichen Weiterbildung. Management-Aufgaben werden als zu politisch und entsprechend weniger erstrebenswert wahrgenommen

2. **General Management:** Personen, die vorwiegend den Anker des »General Management« verfolgen, bringen eine große Faszination mit für Analysen, Problemlösungen und das Führen von Menschen oder Projekten. Sie haben die Fähigkeit, mit nur bruchstückhaften Informationen logische Entscheidungen treffen zu können. In ihrem beruflichen Handeln orientieren sie sich stark an Prestige

3. **Sicherheit und Stabilität:** Personen, die vorwiegend den Anker der Sicherheit und Stabilität verfolgen, suchen Arbeitsplatzsicherheit und die Bindung an ihre Organisation. Dabei übernehmen sie deren Kultur und Werte. Sie sind keine Anhänger von Umstrukturierungen

4. **Unternehmerische Kreativität:** Personen, die vorwiegend den Anker der unternehmerischen Kreativität verfolgen, schaffen gerne etwas Neues (z. B. ihre eigene Organisation) und initiieren dafür Projekte. Sie sind schnell gelangweilt und bewegen sich gerne in Organisationen, in denen keine fixen Strukturen etabliert sind

5. **Autonomie und Unabhängigkeit:** Personen, die vorwiegend den Anker der Autonomie und Unabhängigkeit verfolgen, sind hauptsächlich motiviert durch ein Arbeitsumfeld, welches ihnen individuelle Freiheiten zugesteht. Sie möchten

ihren Tagesablauf selbst gestalten und gehen dafür auch Kompromisse ein, wenn es um den beruflichen Aufstieg geht

6. **Dienst oder Hingabe für eine Idee oder Sache:** Personen, die vorwiegend den Anker Dienst oder Hingabe für eine Idee oder Sache verfolgen, möchten die Welt verändern. Dabei spielen persönliche Werte oder der soziale Gedanke eine wichtige Rolle. Entsprechend werden auch Stellen gesucht, in welchen die persönlichen Werte verwirklicht werden können

7. **Totale Herausforderung:** Personen, die vorwiegend den Anker der totalen Herausforderung verfolgen, fühlen sich herausgefordert durch schwierige Situationen, die gemeistert werden müssen. Sie definieren ihre Arbeit als täglichen Kampf, den sie um jeden Preis gewinnen möchten. Das Hineinversetzen in das Gegenüber bereitet ihnen eher Schwierigkeiten

8. **Lebensstilintegration:** Personen, die vorwiegend den Anker der Lebensstilintegration verfolgen, sind primär dadurch motiviert, Beruf und Freizeit verbinden zu können. Für sie spielen Familienfragen eine wichtige Rolle

Fragebogen und Interview zur Erfassung der Karriereanker

Eine optimale berufliche Entwicklung ist dann möglich, wenn diese mit dem zentralen Karriereanker einer Person im Einklang ist. Zur Erfassung der Karriereanker wurde ein Verfahren entwickelt, bestehend aus einem kurzen und praktisch anwendbaren Fragebogen und einem längeren Interview (Schein, 2004).

Grundlage für Personalentwicklungsentscheide

Mit Hilfe des Verfahrens werden die bisweilen unbewussten oder verborgenen Karriereanker ins Bewusstsein gerückt und sie können dadurch als Grundlage für Personalentwicklungsentscheide verwendet werden.

Hinweis auf die Unternehmenskultur

Eine Auseinandersetzung mit den Karriereankern hilft den Mitarbeitenden bei der Erfassung und Ausgestaltung ihrer beruflichen Identität. Zudem liefert sie der Organisation einen wichtigen Hinweis auf die Unternehmenskultur, indem sie Informationen über »Kompetenzen«, »Berufsinteressen und Lebensziele« und »Werthaltungen« ihrer Mitarbeitenden bereitstellt.

Schein rät Organisationen, flexible Karrierewege, Anreiz- und Vergütungsstrukturen zu schaffen, um dadurch Personen mit unterschiedlichen Karriereankern Rechnung tragen zu können.

> Der Einsatz psychometrischer Instrumente zur Erfassung des beruflichen Selbstbildes ist nur bedingt zu Selektionszwecken möglich. Die Fragebögen sind grundsätzlich durchschaubar und deswegen anfällig für bewusste Verfälschungen (z. B. wenn ein Mitarbeitender versucht, bestimmte Facetten seines beruflichen Selbstbildes zu kaschieren, weil er diese als hinderlich für seine Karriere betrachtet).

In einem wertschätzenden und auf Vertrauen basierenden Umfeld können die Verfahren jedoch sehr gut in der Personalentwicklung eingesetzt werden.

Nach der Beschreibung der beruflichen Interessen und der Karriereanker als Facetten des beruflichen Selbstbildes werden in der Folge 2 Laufbahntheorien präsentiert, die berufliche Übergänge unter dem Aspekt von Laufbahnprozessen beleuchten.

14.1.4 Theorien unter dem Aspekt von Laufbahnprozessen zur Ausgestaltung der beruflichen Identität

■ ■ Entscheidungsprozesse

In der Entscheidungsforschung beschäftigt man sich mit Situationen, in denen eine Person sich aufgrund ihrer Präferenzen zwischen mindestens 2 Möglichkeiten oder Optionen entscheidet (Jungermann, Pfister & Fischer, 1998). Man hat sich in der Vergangenheit sehr stark auf ökonomische Überlegungen (Konzept des »homo oeconomicus«) abgestützt und diese mit wahrscheinlichkeitstheoretischen Argumenten angereichert.

> ❯ Gegenstand der psychologischen Entscheidungstheorie ist das tatsächliche menschliche Verhalten in Entscheidungssituationen, wie z. B. bei Laufbahnentscheidungen.

Jede Entscheidungssituation kann anhand von Komponenten beschrieben werden. Die Komponenten bilden einen Rahmen, innerhalb dessen man die Situation einteilen und strukturieren kann. In der Folge sind die wichtigsten Komponenten von Entscheidungsproblemen aufgeführt. Zur Veranschaulichung wird für jede Komponente ein Beispiel einer innerbetrieblichen Laufbahnentscheidung aufgeführt.

psychologische Entscheidungstheorie für die Laufbahnentscheidung

---

Komponenten von Entscheidungssituationen

1. **Möglichkeiten/Optionen/Alternativen**
   - Möglichkeiten/Optionen/Alternativen sind Objekte, Handlungen, Regeln oder Strategien, zwischen denen gewählt werden kann. Manchmal sind Möglichkeiten bereits vorgegeben, manchmal müssen sie erst gesucht oder entwickelt werden. In gewissen Entscheidungssituationen stellt der Status quo auch eine Möglichkeit dar, die gewählt werden kann
   - Beispiel von 2 Möglichkeiten bei einer innerbetrieblichen Laufbahnentscheidung:
     - Wahl für bestehende Stelle (Status quo) oder für eine Stelle in einer anderen Abteilung

2. **Ereignisse**
   — Ereignisse sind Vorkommnisse und Sachverhalte, auf die man bei einer Entscheidung keinen Einfluss hat, welche den Ausgang der Entscheidung aber beeinflussen können. Solche Ereignisse können die Entscheidungssituation sehr unsicher machen
   — Beispiel eines Ereignisses bei einer innerbetrieblichen Laufbahnentscheidung:
      — Auflösung einer Abteilung infolge einer Restrukturierung

3. **Konsequenzen**
   — Konsequenzen sind Zustände, die sich als Folge der Wahl einer Möglichkeit ergeben können. Oft werden Entscheidungen wegen ihren Konsequenzen getroffen, d. h. man erhofft sich bestimmte Konsequenzen, wenn man eine Entscheidung trifft
   — Beispiel einer Konsequenz bei einer innerbetrieblichen Laufbahnentscheidung:
      — Führungsaufgaben, die mit einer neuen Position verbunden sind

4. **Ziele**
   — Aufgrund von abstrakten (z. B. erfolgreich sein) oder konkreten Zielen (z. B. hohes Einkommen, interessante Tätigkeit) wird der Möglichkeitsraum bezüglich der Kriterien, die in einer Entscheidungssituation wichtig sind, eingegrenzt
   — Beispiel eines Ziels bei einer innerbetrieblichen Laufbahnentscheidung:
      — Position mit viel Prestige oder Lohn erreichen oder halten

14

Durch diese Strukturierung kann man eine Entscheidungssituation und dadurch auch den Prozess der Entscheidungsfindung sehr stark vereinfachen. Bei Laufbahnentscheidungen müssen oft verschiedene Möglichkeiten aufgrund unterschiedlicher Ziele beurteilt werden. Zusätzlich sind die Konsequenzen der verschiedenen Möglichkeiten oft sehr schwierig abzuschätzen und Ereignisse, die nicht beeinflusst werden können, spielen eine wichtige Rolle (z. B. Entwicklungen auf dem Arbeitsmarkt).

Dabei sind nicht immer genügend zeitliche, finanzielle, motivationale oder kognitive Ressourcen vorhanden, um über alle Möglichkeiten die nötigen Informationen zusammenzutragen und aufgrund rationaler Kriterien zu bewerten.

Bewertungskriterien (Konsequenz oder Ziel)	Option A: Führungsposition		Option B: Position ohne Führungsaufgabe	
	Persönlicher Nutzen (0–100)	Realisierungs-wahrscheinlich keit (0–1)	Persönlicher Nutzen (0–100)	Realisierungs-wahrscheinlich keit (0–1)
Einfluss in der Unternehmung	80	0,65	40	1
Lohn	95	0,65	30	1
Prestigereiche Position	65	0,65	55	1
Arbeitszeit	20	0,65	35	1
Führen von Mitarbeitenden	80	0,65	15	1
Zeit für die Familie	15	0,65	95	1
Gesamtnutzen	355	0,65	270	1
Erwartungsnutzen (Gesamtnutzen × Realisie-rungswahrscheinlichkeit)	230,75		270	

Abb. 14.3 Bewertungskriterien zweier Optionen einer Laufbahnentscheidung

> Die Notwendigkeit, komplexe Entscheidungsprobleme im Alltag zu vereinfachen, führt dazu, dass Menschen bei solchen Entscheidungsproblemen einfache Entscheidungsregeln – sog. Entscheidungsheuristiken – anwenden oder sogar »aus dem Bauch heraus entscheiden«.

Entscheidungsheuristiken sind an die begrenzte kognitive Kapazität angepasste einfache Entscheidungsregeln, die die Art und Weise beschreiben, wie man sich zwischen 2 oder mehreren Möglichkeiten entscheidet. In der Folge werden 3 Entscheidungsregeln näher betrachtet, wobei die 1., die Erwartungsnutzenregel, dem rationalen Vorgehen entspricht. Die 2 weiteren Regeln, die **Eliminations**- und die »**Satisficing**«-**Regel** sind als Regeln zu betrachten, die komplexe Entscheidungsprozesse vereinfachen und deshalb in der Praxis von Nutzen sind.

Das Erwartungsnutzen-Modell nach Pitz und Harren beschreibt einen Prozess, bei dem jede Möglichkeit anhand eines Kriterienkataloges analysiert und ein Gesamtnutzen sowie eine Realisierungswahrscheinlichkeit bestimmt wird (Pitz & Harren, 1980). Es wird angenommen, dass sich gute Entscheiderinnen und Entscheider für diejenige Möglichkeit entscheiden, welche den höchsten Erwartungsnutzen erreicht.

Im Beispiel in Abb. 14.3 würde Option B (Position ohne Führungsaufgabe) gewählt, weil diese aufgrund der Realisierungswahrscheinlichkeit von 1 einen Erwartungsnutzen von 270 erreicht. Der Erwartungsnutzen

Erwartungsnutzenregel: Erwartungsnutzen = Gesamtnutzen × Realisierungswahrscheinlichkeit

Eliminationsregel: Reduktion bei vielen Möglichkeiten

Beispiel

der Option A (Führungsposition) beträgt aufgrund der geringeren Realisierungswahrscheinlichkeit nur 231. Wäre die Realisierungswahrscheinlichkeit der beiden Optionen gleich hoch, so würde Option A aufgrund des höheren Gesamtnutzens gewählt werden.

In Alltagsentscheidungen ist es aufgrund der Komplexität nicht immer möglich, Gesamtnutzen und Realisierungswahrscheinlichkeiten für alle Möglichkeiten zu berechnen. Tversky (1972) hat ein Entscheidungsmodell entwickelt, bei welchem alle Entscheidungsmöglichkeiten gleichzeitig anhand eines einzigen Kriteriums beurteilt werden (z. B. Arbeitszeit). Möglichkeiten, die ein Kriterium nicht erfüllen, werden direkt ausgeschlossen (**Eliminations-Modell**).

Beispiel

Angenommen, eine Person nimmt nur Optionen in die engere Auswahl, die beim Kriterium Arbeitszeit einen persönlichen Nutzen von mindestens 30 erreichen. Aus ◙ Abb. 14.3 geht hervor, dass unter dieser Voraussetzung Option A (Führungsposition) nicht mehr weiter in Betracht gezogen wird und somit nur noch Option B (Position ohne Führungsaufgabe) zur Auswahl steht und auch gewählt wird. Auf eine Führungsposition wird aufgrund der längeren Arbeitszeiten verzichtet.

Mit einem solchen Vorgehen kann eine große Anzahl von Möglichkeiten relativ schnell auf eine überschaubare Anzahl reduziert werden. Im Kontext von beruflichen Übergängen kann die Eliminationsregel beispielsweise nützlich sein, wenn man in der Weiterbildungslandschaft nach einer geeigneten Weiterbildung sucht. Anhand wichtiger Kriterien (wie z. B. Kursdauer, -kosten, -sprache oder Durchführungsort) kann auch eine große Anzahl an Möglichkeiten relativ schnell auf ein paar wenige eingeschränkt werden. Die verbleibenden Möglichkeiten können dann im Detail evaluiert werden.

»Satisficing«-Regel: Optimale versus befriedigende Option

Mit den beiden bisher besprochenen Entscheidungsregeln wird das ökonomische Konzept der Nutzenmaximierung verfolgt und die optimale Option angestrebt. Mit der **»Satisficing«-Regel** wird eine befriedigende – im Gegensatz zur optimalen – Option gesucht. Gemäß dieser Regel werden verschiedene Möglichkeiten der Reihe nach geprüft, bis eine Möglichkeit gefunden wird, die auf allen wichtigen Kriterien zufriedenstellende Werte erreicht und deswegen definitiv gewählt wird. Die Möglichkeiten werden dabei nicht explizit miteinander verglichen (Jungermann, Pfister & Fischer, 1998).

Im Kontext von beruflichen Übergängen entspricht die »Satisficing«-Regel oft der Realität: Man bekommt ein Stellenangebot und hat eine bestimmte Zeit, um sich zu entscheiden. Dabei kann man zu einem bestimmten Zeitpunkt nicht unbedingt zwischen mehreren Angeboten auswählen, sondern man muss sich bei der einen Möglichkeit überlegen, ob sie als Ganze zufriedenstellend ist oder nicht.

■ ■ Sozialkognitive Laufbahnprozesse

Die sozialkognitive Laufbahntheorie basiert auf der sozialen Lerntheorie von Bandura (Lent, Brown & Hackett, 2002). Die 3 zentralen und auf das berufliche Selbstbild einer Person bezogenen Konzepte sind die berufsbezogene **Selbstwirksamkeitserwartung**, die berufsbezogene **Konsequenzerwartung** und die **persönlichen Ziele**, welche in einem komplexen Zusammenspiel einen Einfluss auf die berufliche Laufbahn haben.

Die berufliche Selbstwirksamkeitserwartung bezieht sich auf die subjektive Verfügbarkeit einer Handlung (kann ich das?), während die berufliche Konsequenzerwartung Zusammenhänge zwischen einer Handlung und dem Ergebnis repräsentiert (was passiert, wenn ich das mache?). Sowohl Selbstwirksamkeits- als auch Konsequenzerwartungen zählen zu den Kontrollüberzeugungen und werden über Lernerfahrungen erworben (◘ Abb. 14.1). Sie beeinflussen das Setzen und Erreichen von leistungsorientierten Karrierezielen, insbesondere beim Überwinden von Schwierigkeiten bei der Zielerreichung (Schwarzer, 1994).

Gemäß Bandura wirken die Lernerfahrungen über konkrete persönliche Erfahrungen (z. B. erfolgreicher Projektabschluss), über das Beobachten von anderen (z. B. einer Person aus dem Management), über soziale Unterstützung (z. B. Unterstützung durch Vorgesetzte) und über physiologische Reaktionen (z. B. Herzklopfen, Schweißausbruch; Bandura, 1986).

berufliche Selbstwirksamkeits- und Konsequenzerwartung

❯ Die sozialkognitive Laufbahntheorie besagt, dass Selbstwirksamkeits- und Konsequenzerwartungen einen beträchtlichen Einfluss auf die Entwicklung von Interessen haben, weil Personen vorwiegend dort ihre Interessen und Aktivitäten entwickeln, wo sie sich selbst als kompetent wahrnehmen (◘ Abb. 14.4).

Zielgerichtete Aktivitäten (resp. Verhalten) und die anschließende Kontrolle der Zielerreichung führen zu Erfolgs- oder Misserfolgserfahrungen (Lernerfahrung). Erfolgserfahrungen wiederum sind eine der wichtigsten Quellen von Selbstwirksamkeits- und Konsequenzerwartungen und haben dadurch wieder einen Einfluss auf die Entwicklung der Berufsinteressen. Auf diese Weise können sich »on-the-job« Selbstwirksamkeitserwartungen und als Folge davon auch Interessen entwickeln, die nötig sind, um einen Karrieresprung machen zu können. Beispielsweise kann positive Führungserfahrung in einem Projekt die unternehmerischen Interessen einer Person wecken und dazu führen, dass sich diese erfolgreich in Richtung einer Führungskraft entwickelt.

persönliche Ziele

Nebst den beruflichen Interessen haben natürlich auch die persönlichen Ziele (z. B. Führungsposition erreichen) einen Einfluss auf das Verhalten (z. B. Führungskurs besuchen).

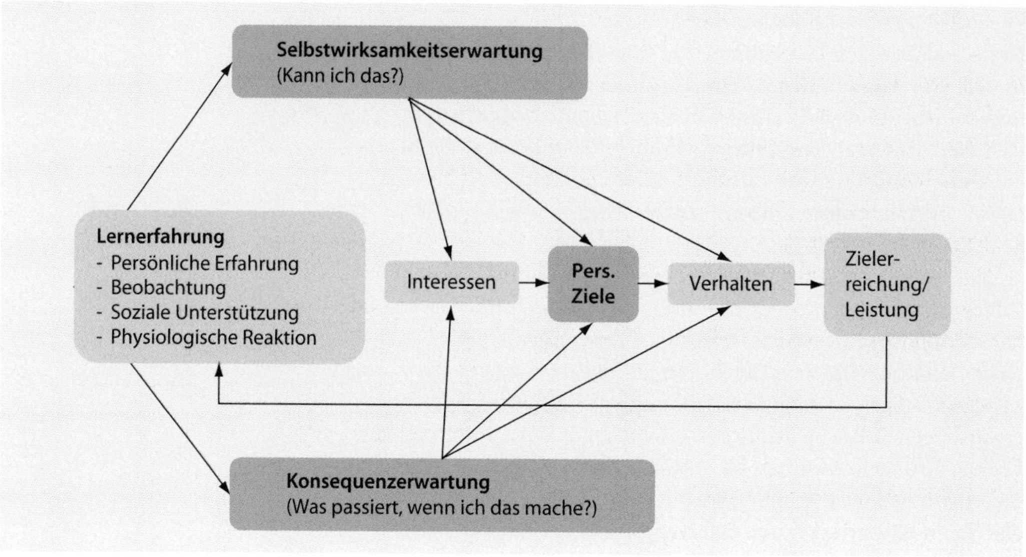

Abb. 14.4 Vereinfachte Darstellung der sozialkognitiven Laufbahntheorie. (Nach Lent et al., 2002)

Es wird postuliert, dass Personen grundsätzlich diejenigen Karriereziele anstreben, welche kongruent sind mit ihren Interessen und Karriereorientierungen. Allerdings entspricht eine freie Wahl nicht unbedingt der Realität – v. a. in Zeiten einer Rezession ist die berufliche Laufbahn für viele mit zahlreichen Restriktionen des beruflichen Umfeldes verbunden. Aber aus der Umwelt werden auch immer wieder neue Möglichkeiten und Chancen an eine Person herangetragen.

günstige Lernumgebungen sind wichtig für eine erfolgreiche Personalentwicklung

Die sozialkognitive Laufbahntheorie bringt die Wichtigkeit günstiger Lernumgebungen und der damit verbundenen Förderung von Selbstwirksamkeits- und Konsequenzerwartungen zum Ausdruck. Eine günstige Lernumgebung im Hinblick auf die Entwicklung und Ausgestaltung der beruflichen Identität beinhaltet die Berücksichtigung der Berufsinteressen und Karriereorientierungen der Mitarbeitenden sowie der Unternehmensziele und der Unternehmenskultur einer Organisation. Dabei spielt die Möglichkeit, konkrete persönliche Erfahrungen machen zu können (z. B. in Projektarbeit), genauso eine Rolle wie das Beobachten von Vorbildern innerhalb einer Organisation und betriebsinterne Feedbackprozesse im Sinne der sozialen Unterstützung, welche auf einem Klima des Vertrauens und der gegenseitigen Wertschätzung basieren (z. B. »Mentoring«, 360°-Feedback).

Zusammenfassung

— Laufbahnfragen sind im Zusammenhang mit der Ausgestaltung einer beruflichen Identität zu sehen, wobei diese immer bezogen ist auf eine Person in einem spezifischen beruflichen Umfeld. Im

Rahmen der Personalentwicklung macht eine Auseinandersetzung mit der beruflichen Identität der Mitarbeitenden Sinn.

▬ Das berufliche Selbstbild einer Person wird laufend aktualisiert über die Erfahrungen, die eine Person in ihrem Berufsalltag macht. Über psychometrische Verfahren und im Gespräch kann das berufliche Selbstbild einer Person im Sinne von Berufsinteressen oder Karriereankern systematisch abgeholt werden.

▬ Nachhaltige Arbeitsbeziehungen bedingen, dass das berufliche Selbstbild einer Person und die Unternehmenskultur im Einklang sind.

▬ Die Ausgestaltung der beruflichen Identität kann mit Hilfe von Prozessmodellen aus der Laufbahnpsychologie veranschaulicht und unterstützt werden.

14.2 Talent-Management

Jack Rietiker

Das wichtigste Kapital, die wertvollste Ressource für Organisationen sind die Mitarbeitenden. Vor allem solche mit besonderen Talenten sind ein Erfolgsfaktor von entscheidender Bedeutung im Wettbewerb. Mitarbeitende mit hohem Leistungspotenzial und hoher Motivation sind unabdingbar für ein Unternehmen, will es seine Ziele erreichen. Ein systematisches Talent-Management (TM) ist eine Personalentwicklungsstrategie, mit der talentierte Mitarbeitende entdeckt, gefördert, frühzeitig auf neue (Führungs-) Aufgaben vorbereitet und somit an die Organisation gebunden werden können. Eine erfolgreiche Implementierung einer TM-Strategie hängt wesentlich vom Engagement und »Commitment« des Managements ab und muss mit der Unternehmensstrategie abgeglichen sein. Dieser ganzheitliche Ansatz mit den wichtigsten Prozessen und Instrumenten wird in diesem Kapitel vorgestellt.

Im Buch »The War for Talent« haben Chambers, Foulon, Handfield-Jones, Hankin & Michaels III. (1997; zit. nach Oberli, 2007) das Thema TM vor 10 Jahren untersucht, und es ist heute aktueller denn je. So hat eine Studie der »Boston Consulting Group« (2007, www.bcg. de) gezeigt, dass Talente managen mit Abstand diejenige Aufgabe mit der größten zukünftigen Bedeutung für das HRM ist. Die demographische Entwicklung und die damit knapper werdenden Ressourcen auf dem Arbeitsmarkt verschärfen die personelle Situation von Unternehmen. Die Generation Y, also die nach 1980 Geborenen, hat andere Wertvorstellungen als frühere Jahrgänge: Sie sind flexibel, schätzen einen ausgewogenen Lebensstil und zögern nicht, Unternehmen zwecks Weiterentwicklung zu wechseln. Talente werden von Konkurrenten abgeworben. Diese Ausgangslage schärft das Bewusstsein der Notwendigkeit, talentierte Mitarbeitende zu identifizieren, zu entwickeln und zu behalten. Doch was ist TM überhaupt? Dieser Frage nachzugehen ist wichtig, denn in der Praxis geistern unzählige

Talent-Management als Antwort auf den veränderten psychologischen Vertrag

TM-Ansätze, -Konzepte und unterschiedliche Meinungen herum, was Talente sind. Oftmals werden den Begriffen »Performance«-Management und Vergütungsstrategien, Nachfolgeplanung etc. das Etikett TM angehängt, und das bedeutet dann so viel wie: »Alter Wein in neuen Schläuchen«. Oder es werden darunter verschiedene »e-Recruiting«-Strategien und -Konzepte verstanden. Durch Softwarelösungen werden solche Konzepte und Strategien umgesetzt und diese dienen dann auch zum Bewältigen von Bewerbungsfluten auf ausgeschriebene Stellen. Ein ganzheitlicher und nachhaltiger TM-Ansatz ist dieses Vorgehen nicht.

14.2.1 Der Begriff Talent

Talente haben besondere Leistungsvoraussetzungen und Fähigkeiten

Ursprünglich war das »Talent« eine babylonische Maßeinheit des Gewichts und wurde später zu einer Währungseinheit. Auch in der Bibel, im Gleichnis von den Talenten, hat der Begriff Talent eine wichtige Bedeutung[1]. Dieses Gleichnis weist aber auf die zweite Interpretation des Begriffs Talent hin, die der Begabung. Dabei verfügt eine Person über »ein von Gott anvertrautes Gut«, das die Verpflichtung oder Verantwortung enthält, es zu nutzen oder zu vermehren (Von Dewitz, 2006). Obschon es nicht mehr der ursprünglichen Bedeutung des Begriffs entspricht, wird heute von einem Talent gesprochen, wenn eine Person eine besondere Leistungsvoraussetzung oder überdurchschnittliche Fähigkeiten besitzt, als geistige und/oder körperliche und oft auch angeborene Begabung auf einem oder mehreren Gebieten.

In Organisationen löst der Begriff »Talent« die Bezeichnung »wertvolle (potentielle) Mitarbeitende« ab, ein Trend, der vom angloamerikanischen in den deutschen Sprachgebrauch übergreift. Weiter bezeichnet Talent eine bestimmte Zielgruppe innerhalb des Arbeitskräftepotenzials. Wie oben beschrieben, können Talente durch 2 Charakteristiken definiert werden: Eine gewisse Veranlagung (Potenzial/Begabung) und einen Willen (Tatendrang), dieses Talent zu nutzen, zu vermehren und einzusetzen (Von Dewitz, 2006). Daraus definiert Von Dewitz Talente im betriebswirtschaftlichen Umfeld folgendermaßen (S. 238):

Talente

Talente besitzen wettbewerbsrelevantes Leistungspotenzial (wie unternehmerisches, kreatives bzw. innovatives und kooperatives Potenzial) sowie eine hohe Leistungsmotivation und damit das Leistungsvermögen und die (potentielle) Bereitschaft über die begrenzte Sicht auf ihre eigene Aufgabe hinaus, einen wertvollen Beitrag für das betreffende Unternehmen zu leisten. Die Bezeich-

---

1 Matthäus 25, Vers 28–30 (Von Dewitz, 2006).

> nung »Talente« definiert damit Menschen, die für das betreffende Unternehmen von Wert sind oder sein können und bezieht sich damit auch explizit auf talentierte Menschen, die (noch) nicht im Unternehmen tätig sind.

14.2.2 Talent-Management als Organisationsentwicklung

Management soll hier als ein Prozess betrachtet werden, bei dem durch aktives Handeln unter Nutzung von (potentiellen) Leistungsträgern als Ressource und strategischer Erfolgsfaktor die erwünschten und geplanten Ergebnisse erreicht werden sollen, was die Wettbewerbsfähigkeit der Organisation verbessert. Durch das TM sollen also talentierte Mitarbeitende »an der Hand geführt« (aus dem Lateinischen »manum agere« für Management) werden mit dem Ziel, diese in der Organisation zu behalten. Von Dewitz (2006) beschreibt TM als die Ausarbeitung eines leistungsstarken Arbeitsverhältnisses, auf dessen Grundlage Beziehungen zu den Talenten einer Organisation langfristig aufgebaut, nachhaltig gefestigt und gestaltet werden. Talente müssen daher in Funktionen bzw. Positionen versetzt werden, wo sie ihre individuell beste Leistung innerhalb ihrer Aufgabe für das gesamte Unternehmen erbringen können. Weiter impliziert TM für die Organisation eine Identifizierung und Segmentierung der Talente, was eine individuelle Förderung zu Höchstleistungen ermöglicht. Somit geht TM weiter als die sog. Karriere- und Nachfolgeplanung, bei der es nach Becker (2005) um die gedankliche Vorwegnahme einer Stellenfolge aus Unternehmens- und aus Mitarbeitendensicht geht. Die Karriereplanung dient der Sicherung der Stellenbesetzung – durch die Nachfolgeplanung – und persönlichen Entfaltung der Mitarbeitenden.

> ❯ TM ist Personalentwicklung in einem breiter gefassten Kontext. Es beinhaltet nicht nur die klassische Ausbildung und Förderung der Mitarbeitenden, sondern stellt zusätzlich eine Organisationsentwicklung dar.

TM entspricht einer Organisationsentwicklung

14.2.3 Vision und Strategie des Talent-Managements

TM ist ein unternehmensweiter Ansatz und keine klassische Funktion des HRM. Vielmehr ist sie eine unternehmerische Disziplin, eine Vision, welche in das Organisationsleitbild und in die Unternehmensstrategie integriert sein muss. Sie wirkt damit nachhaltig und nicht im luftleeren Raum, was Engagement für die Förderung von Talenten in der Unternehmung generiert. Damit ist TM ein Führungsinstrument

Vorgesetzte sind Talent-Manager

und die Talent-Manager sind die Führungskräfte (Rüttinger, 2006; Oberli, 2007).

Die TM-Einführung gleicht einem Veränderungsprozess und wirkt in der gesamten Organisation. Wie bei jedem Change Prozess heißt dies, dem TM gebührende Aufmerksamkeit zu schenken und Führungskräfte zu sensibilisieren, resp. Betroffene zu Beteiligten machen.

14.2.4 Einführung eines Talent-Managements

Die Einführungsschritte eines TM in eine Organisation lehnen sich an die Ausführungen von Putlitz, Komm und Putzer (2009) sowie Rüttinger (2006) an.

▪▪ TM-Strategie entwickeln

Kompetenzmodell als Beurteilungsbasis für talentierte Mitarbeitende

Die Entwicklung einer TM-Strategie bedingt eine enge Zusammenarbeit zwischen Geschäftsleitung, Geschäftsbereichen und HRM. Als Erstes gibt die strategische Ausrichtung einer Organisation die Entwicklung einer TM-Strategie vor, was als Nächstes die Analyse des Organisationskontextes, der Vision und Geschäftsstrategie voraussetzt, also eine **Anforderungsanalyse**. Hieraus lassen sich die zukünftigen und erfolgskritischen Kompetenzen ableiten. Wie bei der Beurteilung von allen Mitarbeitenden gilt auch für die Talente: Keine Personalbeurteilung ohne Anforderungsanalyse. Das Kompetenzmodell, resp. dessen Operationalisierung, stellt die Basis für die Entdeckung, Identifizierung, Rekrutierung, Weiterentwicklung und Bewertung der Talente dar. Es versteht sich von selbst, dass die gelebte Kultur in einer Organisation die entscheidenden Hinweise darüber liefert, wie ein TM eingeführt werden soll.

▪▪ Prozesse und Instrumente zum TM einführen

Die Prozesse und Instrumente halten sich stark an den Mitarbeitenden-Lebenszyklus in der Organisation.

▪ Talente ansprechen, anziehen und identifizieren

Talentsuche in der eigenen Organisation

Eine attraktive Arbeitgebermarke, ein umfassendes »Employer Branding«, ist die wichtigste Voraussetzung um Talente anzuziehen und zu behalten. Zukünftige Mitarbeitende wählen eine Organisationen anhand des Images, einer interessanten und abwechslungsreichen Tätigkeit und den Entwicklungsmöglichkeiten. An dieser Stelle wird nicht weiter auf das Thema »Employer Branding« sowie die externe Rekrutierung von Talenten eingegangen, sondern auf das ▶ Kap. 11 hingewiesen. Durch die demographische Entwicklung, den »War for Talents«, werden es v. a. KMU immer schwerer haben, Führungskräfte am Arbeitsmarkt zu rekrutieren (Thomas, 2003). Die Antwort für solche Unternehmen ist die Suche nach Leistungstragenden in den eigenen Reihen. Auch kennen diese die Unternehmenskultur und -or-

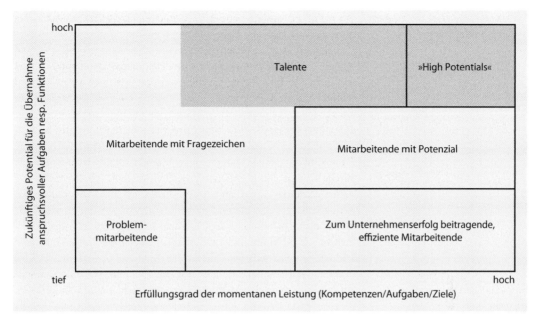

Abb. 14.5 Personalportfolio

ganisation, die Dienstleistungen, Produkte etc. bestens und benötigen eine kürzere Einarbeitungszeit. Damit kann ebenfalls das Risiko von Fehlbesetzungen reduziert werden, denn bei internen Talenten sind mehr Informationen über diese Person vorhanden als bei externen. Diese Aspekte gelten natürlich ebenso für große Unternehmen.

Bei der Identifikation von Talenten ist es unabdingbar, dass für alle Mitarbeitende transparent wird, was als Talent gilt und was darunter zu verstehen ist. Als Nächstes müssen Beurteilungskriterien erarbeitet und kommuniziert werden sowie die Prozesse zur Identifizierung von Talenten definiert sein. Im Zentrum steht die Evaluierung der Leistung und des Potenzials jedes Mitarbeitenden durch den Vorgesetzten. Die Basis für die Einschätzung ist das Beobachten bei der Arbeit in verschiedenen Kontexten wie Präsentationen, Meetings, Mitarbeitendengesprächen etc. Weitere Beurteilungsinstrumente sind **360-Grad-Beurteilungen** oder »**Development Center**« (DC). Dabei ist wichtig, dass nicht nur ein Ausschnitt über die Dauer eines DCs für die Identifikation eines Talentes betrachtet wird, sondern das Verhalten und die Performance über einen längeren Zeitraum. Wie bei jeder Diagnose ist deren Einbettung in die Rahmenbedingungen (das »Vorher« und das »Nachher«) relevant. Zur Einordnung aller Mitarbeitenden wird ein **Personalportfolio** verwendet (Abb. 14.5). Hohen Stellenwert bekommt dabei die Beurteilungskalibrierung bereichsübergreifend auf der Führungsebene, wo auch Entwicklungsmaßnahmen und mögliche Karriereschritte festgelegt werden. Hier geht es ums Gesamtwohl der Organisation, nicht ums das Festhalten von talentierten Mitarbeitende zwecks Eigeninteressen des Vorgesetzten.

Instrumente zur Identifikation der talentierten Mitarbeitenden

TM als strategisches Instrument des Personaleinsatzes

»High Potentials« sind Mitarbeitende, die durch ein besonderes Engagement und eine hohe Leistungserfüllung Potenzial für weitere Tätigkeiten, resp. Funktionen ausweisen und dies auch selber wollen. »High Potentials« gibt es also nicht viele in einer Organisation. Dies gilt auch für Talente, welche die Anforderungen der gegenwärtigen Tätigkeit noch nicht ganz erfüllen, vielleicht weil sie zu wenig oder nicht richtig gefordert sind. Mitarbeitende mit Potenzial erfüllen oder übertreffen die gegenwärtigen Anforderungen. Weiter ist vielleicht erkennbar, dass sie in wenigen Jahren eine Funktion in einer nächsthöheren Ebene übernehmen können, wenn auch dazu noch einige Kompetenzen entwickelt werden müssen, wie beispielsweise Führungsstärke. Im gesamten TM dürfen die zum Unternehmenserfolg beitragenden, effizienten Mitarbeitenden bei der Personalentwicklung nicht vernachlässigt werden. Ohne sie könnte das Unternehmen nicht funktionieren, obschon sie wichtige Kompetenzen für die nächste Ebene nicht haben oder selber nicht weiter aufsteigen wollen. Bei den Mitarbeitenden mit Fragezeichen geht es darum, sich zu fragen, warum diese sich nicht entsprechend entwickeln konnten. Gab es keine Gelegenheiten (Umfeld, Vorgesetzte etc.) dazu, fehlen Motivation, Fähigkeiten oder soziale Kompetenz?

transparente und offene Kommunikation der Beurteilung

Beim ganzen Prozess ist die transparente und offene Kommunikation wichtig, also auch die Positionierung der Mitarbeitenden im Personalportfolio. Durch diese kann anschaulich aufgezeigt werden, dass es nur wenig Talente gibt, hingegen die meisten Mitarbeitenden einen wesentlichen Beitrag zum Unternehmenserfolg leisten. TM heißt auch, Talente von den Personen zu unterscheiden, welchen man diese Potenziale nicht oder nicht im gleichen Umfange zutraut. Die Transparenz der Entscheidung zieht dennoch einerseits die Freude der Ausgewählten nach sich, andererseits auch die Zurücksetzung der Nichtausgewählten (Thomas, 2003). Hierzu braucht es Feedback und Gespräche des Vorgesetzten mit allen Mitarbeitenden, um Ärger, Demotivation oder Widerstand vorzubeugen. Die Freude der Ausgewählten kann aber in Ernüchterung umschlagen, wenn das TM nicht das Erwartete bewirkt.

■ **Talente entwickeln**

Instrumente für die Entwicklung talentierter Mitarbeitender

Mit der Talentidentifizierung werden auch gleich die Entwicklungsmaßnahmen definiert. Dabei eignen sich primär Trainingsmöglichkeiten »on«- und »near-the-job« wie beispielsweise Jobrotation, Workshops, Projektgruppen oder Coaching. Dadurch finden die Talente sehr gute Transfermöglichkeiten zwischen Theorie und Praxis, können ihr Netzwerk erweitern, bekommen kollegiales Feedback etc. Ein weiteres nützliches Instrument stellt das Mentoring durch Geschäftsleitungsmitglieder dar, womit zugleich das »Commitment« der GL gestärkt wird. Voraussetzung, dass das TM nicht ein Lippenbekenntnis bleibt, sind Tätigkeiten mit Wachstumspotenzialen und interner Durchlässigkeit von Rollen und Funktionen sowie gelebter Kultur von GL und Linie.

❯ Mit einem systematischen TM könnten die Mitarbeitenden dort eingesetzt werden, wo sie ihre Tätigkeit als optimale Herausforderung erleben und ihr vorhandenes Wissen effektiv im Unternehmen einsetzen können, statt dass man sie an die Konkurrenz verliert. Kosten und Produktivitätsverluste von Einarbeitungszeiten werden somit umgangen.

■ **Talente halten und engagieren**

Wesentliche Voraussetzungen beim Halten von Talenten in der Organisation sind:

- Perspektiven (Entwicklungsmöglichkeiten, flexible Nachfolgeplanung),
- Vorgesetzte, welche ein motivierendes Umfeld und Handlungsspielraum zulassen müssen,
- Mobilisierung und Rotation innerhalb der Organisation, damit Talente verschiedene Aufgaben und Funktionen übernehmen können und so eine umfassende Perspektive der Organisation erhalten und
- Etablierung spezieller Projekte oder Förderprogramme.

Voraussetzungen für das Halten von Talenten

■■ **TM in der Organisation verankern**

TM soll in der Organisation das Ziel verfolgen, die richtige Einstellung bei den Mitarbeitenden zu erzeugen und dies im Denken und Handeln verankern (Putlitz et al., 2009). Dies muss durch offene, transparente und überzeugende Kommunikation geschehen sowie v. a. durch Vorgesetzte als Vorbilder, denn diese sorgen für ein motivierendes Umfeld, identifizieren Talente, geben Feedback zur Leistung, fördern und entwickeln talentierte Mitarbeitende durch herausfordernde Aufgaben und Tätigkeiten, sind interessiert an der Weiterentwicklung etc. – also durch die Instrumente und Prozesse des TMs.

Aufgaben der Vorgesetzten als Talent-Manager

In der Rolle des strategischen Partners (▶ Kap. 4) obliegt dem HR-Verantwortlichen die Implementierung und Umsetzung des TM-Ansatzes in der Organisation, was, wie beschrieben, einer Veränderung der Organisationskultur entspricht. Dabei berät und unterstützt der HR-Verantwortliche die Linie bei der Umsetzung des TMs sowie bei Entwicklungsmaßnahmen der talentierten Mitarbeitenden. Das Personalmanagement hat weitere Verantwortlichkeiten wie die Entwicklung der Instrumente und die Steuerung des operativen Prozesses, so auch der Moderation der bereichsübergreifenden **Beurteilungskalibrierung**. Damit sorgen die HR-Verantwortlichen für eine Konsistenz bei der Beurteilung der Mitarbeitenden und gewährleisten damit eine gewisse Objektivität.

Rolle und Aufgaben des HR-Verantwortlichen im TM

Gelungene TM-Implementierung

Als Beispiel für eine gelungene TM-Implementierung kann hierbei das Vorgehen eines international tätigen Unternehmens in der Haut- und Schönheitspflege betrachtet werden. Global wurde eine TM-Strategie festgelegt und als »roll-out« in den lokalen Gruppengesellschaf-

Beispiel

ten umgesetzt in enger Zusammenarbeit mit den lokalen HR-Verantwortlichen. In Trainings, zusammen mit einem externen Partner,
wurden weltweit alle Führungskräfte in den Themen Leistungs- und
Verhaltensbeurteilung, Identifizieren und Entwicklung von Talenten
(inklusive Realisieren von Maßnahmenplänen), motivierende Gesprächsführung und Feedback geschult sowie die konsistente Implementierung des TM-Prozesses sichergestellt. Ein wichtiger Bestandteil
des TM-Prozesses ist die Leistungs- und Verhaltensbeurteilung mit
weltweit gleichen Kriterien, basierend auf dem Kompetenzmodell der
Unternehmung. Der alljährliche »Assessment«-Prozess basiert auf den
folgenden Hauptschritten:

1. **Mitarbeitendenbeurteilungsgespräch**: Leistungsbeurteilung über
   Ziele, Hauptaufgaben und Kompetenzen; Vereinbarung über zukünftige Ziele und Hauptaufgaben.
2. **Beurteilungskalibrierung in der Geschäftsleitung**: Diskussion und
   Einigung über die Talente, Validierung der Potenzialbeurteilung.
3. **Feedbackgespräch**: Klares, faires und wertschätzendes Feedback
   über die Resultate, resp. die Einteilung im unternehmensspezifischen
   Personalportfolio, der Mitarbeitenden durch den Vorgesetzten.
4. **Talent-Pool-Eingabe:** Resultate werden durch das HRM in den globalen Talent-Pool eingespeist.

Das bedeutet, dass jedes Jahr eine neue Mitarbeitendeneinschätzung
in Bezug auf das Personalportfolio getroffen werden muss. Wichtige Erfolgsfaktoren der Implementierung sind die standardisierten Prozesse
und Instrumente des TMs, ein Kompetenzmodell und die transparente
und offene Kommunikation (▶ Checkliste: Einführung eines TM).

Zusammenfassung

— TM bedeutet nichts anderes, als Strukturen zu schaffen, die es
  Menschen ermöglichen, Herausforderungen zu finden. Dies muss
  von der Organisation kommuniziert werden. Damit schafft die
  Unternehmung die Voraussetzung, mit den Talenten zusammen
  eine gemeinsame Zukunft zu planen.
— TM erlaubt eine Optimierung des Personaleinsatzes sowie eine
  zweckvollere Führungskräfterekrutierung.
— Die erfolgreiche Identifizierung und Entwicklung von Talenten
  bedeutet neben der effektiveren internen Führungskräfterekrutierung gleichzeitig eine Optimierung des Personaleinsatzes, da
  die Mitarbeitenden ihren Potenzialen entsprechend eingesetzt
  werden.
— Talentierten Mitarbeitenden können berufliche Perspektiven
  geboten werden und es wird das Signal ausgesendet, dass auf
  Talente gezählt wird und sie gefördert werden, beruflich und
  persönlich.
— Eine erfolgreiche Implementierung einer TM-Strategie hängt wesentlich vom Engagement und »Commitment« der Führung ab.

Checkliste: Einführung eines TM

- **TM-Strategie entwickeln**
  - Ist das »Commitment« der Geschäftsleitung vorhanden?
  - Weiß die Geschäftsleitung um ihre Rollenmodellfunktion, das heißt ihrer aktiven Beteiligung an der Identifikation und Entwicklung von Talenten?
  - Ist die Organisationskultur bereit für die Implementierung eines TMs mit allen Facetten?
  - Sind die Systeme und Prozesse im HRM auf die Business-Strategie abgestimmt?
  - Ist sichergestellt, dass die Umsetzung des TMs mit der Business-Strategie verknüpft ist (z. B. kritische Jobs)?
  - Sind genügend Ressourcen für die Implementierung eines TMs vorhanden?
  - Besteht Klarheit darüber, welche Ziele bei der TM-Strategie erreicht werden sollen?
  - Ist die gesamte Belegschaft über die Einführung eines TMs informiert?

- **Prozesse und Instrumente für das TM einführen**
  a. Talente ansprechen, anziehen und identifizieren:
  - Hat die Organisation einen klaren »Employer brand« auf dem Markt? Wie positioniert sie sich?
  - Ist die Organisation attraktiv für Talente (Image der Organisation, Weiterentwicklungsmöglichkeiten, interessante Tätigkeiten, Handlungsspielraum)?
  - Ist klar definiert, was im Unternehmen als Talent gilt?
  - Sind Prozesse entwickelt, um Talente, speziell »ungeschliffene Diamanten«, frühzeitig zu identifizieren?
  - Ist eine Anforderungsanalyse erstellt und besteht ein Kompetenzmodell?
  - Sind die Kriterien zur Beurteilung von Mitarbeitenden erarbeitet und allen kommuniziert?
  - Ist der Prozess für alle Beteiligten offen und klar?

  b. Talente entwickeln
  - Sind »On-the-job«- und »Near-the-job«-Entwicklungsmaßnahmen und breite Aufgabenspektren für Talente vorhanden?
  - Ist die interne Durchlässigkeit von Rollen und Funktionen gewährleistet?
  - Sind Mentoren in der Führungsetage bestimmt?
  - Weiß man, in welche Entwicklungsmaßnahmen investiert werden soll?

  c. Talente halten und engagieren
  - Gibt es eine flexible Nachfolgeplanung?
  - Sind Perspektiven, resp. Entwicklungsmöglichkeiten vorhanden?
  - Können Talente mit einem motivierenden Umfeld und genügend Handlungsspielraum rechnen?
  - Sind Prozesse eingeführt, wo talentierte Mitarbeitende ihr Potenzial proaktiv in Leistung umsetzen können?
  - Ist die Mobilität und Rotation innerhalb der Organisation gewährleistet?
  - Sind spezielle Projekte oder Förderprogramme etabliert?

- **TM in der Organisation verankern**
  - Ist die Rollenaufteilung HRM – Linie klar definiert?
  - Wissen alle Beteiligten, HRM und Linie, ihre Aufgaben und Verantwortlichkeiten?
  - Sind sich die Vorgesetzten ihrer Vorbildfunktion und der Hauptverantwortung als Talent-Manager bewusst?
  - Wird ständig überprüft, ob alle Prozesse und Maßnahmen greifen und noch aktuell sind?

- Die Organisation braucht als Voraussetzung für ein erfolgreiches TM das Wissen um die erfolgskritischen Kompetenzen. Basis dazu ist eine gute Anforderungsanalyse, abgeleitet aus der Vision, dem Leitbild und der Strategie sowie den entsprechenden Zielen des Unternehmens.

- Die Einführung eines TMs ist ein langwieriger Veränderungsprozess und bindet Ressourcen.
- Kommunikation kann nie umfassend genug sein, v. a. nicht in einem Veränderungsprozess dieses Ausmaßes. Fehlende oder nicht transparente Kommunikation erschwert oder verunmöglicht die Einführung von neuen Instrumenten oder Maßnahmen. Nicht transparente Entscheidungen – v. a. bei der Identifizierung von Talenten – führt zu einem Vertrauensbruch bei allen Beteiligten.

Literatur

Bandura, A. (1986). *Social foundations of thought and action: A social cognitive theory*. Englewood Cliffs, NY: Prentice Hall.

Becker, M. (2005). Personalentwicklung. Bildung, Förderung und Organisationsentwicklung in Theorie und Praxis (4., aktual. und überarb. Aufl.). Stuttgart: Schäffer-Poeschel.

Busshoff, L. (1998). Berufsberatung als Unterstützung von Übergängen in der beruflichen Entwicklung. In R. Zihlmann (Hrsg.), *Berufswahl in Theorie und Praxis* (S. 9–84). Zürich: Sabe.

Chambers, E. G., Foulon, M., Handfield-Jones, H., Hankin, S. M. & Michaels, E. G. III (1997). The War for Talent. In McKinsey (Hrsg.), *The McKinsey Quarterly, 1998, 3*.

Hausser, K. (1995). *Identitätspsychologie*. Berlin: Springer.

Holland, J. L. (1997). *Making vocational choices: A theory of vocational personalities and work environments* (3rd ed.). Odessa FL: Psychological Assessment Resources.

Jörin, S., Stoll, F., Bergmann, C. & Eder, F. (2006). *EXPLORIX – das Werkzeug zur Berufswahl und Laufbahnplanung* (3. Aufl.). Bern: Huber.

Jörin Fux, S. & Stoll, F. (2006). *EXPLOJOB. Das Werkzeug zur Beschreibung von Berufsanforderungen und -tätigkeiten*. Bern: Huber.

Jungermann, H., Pfister, H. R. & Fischer, K. (1998). *Die Psychologie der Entscheidung*. Berlin: Spektrum Akademischer Verlag.

Läge, D. & Hirschi, A. (Hrsg.). (2008). *Berufliche Übergänge. Psychologische Grundlagen der Berufs-, Studien- und Laufbahnberatung*. Zürich: LIT-Verlag.

Lent, R. W., Brown, S. D. & Hackett, G. (2002). Social Cognitive Career Theory. In D. Brown (Ed.), *Career Choice and Development* (pp. 255–311). San Francisco: Jossey-Bass.

Oberli, S. H. (2007). Mit professionellem Talent-Management zum Erfolg. *IO new management, 1–2*, 38–40.

Pitz, G. F. & Harren, V. A. (1980). An analysis of career decision making from the point of view of information processing and decision theory. *Journal of Vocational Behavior, 16*, 320–346.

Putlitz, J., Komm, A. & Putzer, L. (2009). Führungskräfte als Talent-Manager. In W. Jäger & A. Lukasczyk (Hrsg.), *Talent Management. Strategien, Umsetzung, Perspektiven*. Köln: Luchterhand.

Riketta, M. (2008). The causal relation between job attitudes and performance: A meta-analysis of panel studies. *Journal of Applied Psychology, 93* (2), 472–481.

Rolfs, H. & Schuler, H. (2002). Berufliche Interessenkongruenz und das Erleben im Studium. *Zeitschrift für Arbeits- und Organisationspsychologie, 46* (3), 137–149.

Rüttinger, R. (2006). Talent Management. Strategien für Mitarbeiter, Manager und Organisationen. In E. Crisand & G. Raab. (Hrsg.), *Arbeitshefte Führungspsychologie,*

58. Frankfurt am Main: Recht und Wirtschaft.

Schein, E. H. (2004). *Karriereanker. Die verborgenen Muster in ihrer beruflichen Entwicklung*. Darmstadt: Lanzenberger Dr. Looss Stadelmann.

Schwarzer, R. (1994). Optimistische Kompetenzerwartung: Zur Erfassung einer personalen Bewältigungsressource. *Diagnostica, 40* (2), 105–123.

Strack, R., Caye, J.-M., Leicht, M., Villis, U., Böhm, H. & McDonnell, M. (2007). *The Future of HR in Europe – Key Challenges Through 2015*. Düsseldorf: Boston Consulting Group.

Strahm, R. (1997). *Arbeit und Sozialstaat*. Zürich: Werd Verlag.

Thom, N. & Zaugg, R. J. (Hrsg.). (2008). Moderne Personalentwicklung. *Mitarbeiterpotenziale erkennen, entwickeln und fördern* (3., aktualisierte Auflage). Wiesbaden: Gabler.

Thomas, M. (2003). *Internes Headhunting. Talente entdecken – Führungskräfte entwickeln*. Leonberg: Rosenberger.

Tversky, A. (1972). Elimination by aspects: A theory of choice. *Psychological Review, 79*, 281–299.

Von Dewitz, A. (2006). *Die Gestaltung eines leistungsstarken Arbeitsverhältnisses durch »Talent-relationship-Management«: ein praxisorientiertes Konzept für mittelständische Unternehmen*. Aachen: Shaker.

Trennung vom Unternehmen

Hanna Aschenbrenner

Trennungsprozesse sind – egal, ob im privaten Bereich oder im beruflichen Umfeld – stets mit starken Emotionen wie Schmerz, Angst, Wut und Trauer verbunden. Im Gegensatz zur Privatsphäre sind starke Emotionen im beruflichen Kontext »unerwünscht«. Ungeachtet, ob der Mitarbeitende oder die Organisation kündigt, sind Trennungen für alle Beteiligten belastend. In Zeiten von Restrukturierungen und stetigen Veränderungen sind sie ein fester Bestandteil des Betriebsalltags. Unternehmen »bauen um« und trennen sich von Mitarbeitenden, weil sie sich einen wirtschaftlichen Nutzen versprechen. Nicht immer werden die betriebswirtschaftlichen Zielsetzungen erfüllt. Mitunter ist ein schlecht gestalteter Trennungsprozess mit Schuld am Verfehlen der Ziele. Ein professionelles Trennungsmanagement gehört zu den Kernkompetenzen des Human Resource Managements (HRM). Dieses Kapitel handelt von den vielfältigen Rollen, die das HRM in den verschiedenen Phasen des Trennungsprozesses wahrnehmen muss und zeigt die Verantwortung des HRM bei der Gestaltung einer ganzheitlichen Trennungskultur auf. Der Fokus liegt auf strukturellen und psychologischen Aspekten, juristische und finanzielle Belange werden nicht behandelt.

15.1   Trennungsmanagement – eine Kernkompetenz des HRM

Das Thema Personalfreisetzung wurde in der Fachliteratur lange Zeit unter betriebswirtschaftlichen Kosten-Nutzen-Überlegungen oder juristischen Gesichtspunkten abgehandelt. Die »menschliche Seite des Personalabbaus« (Kets de Vries & Balazs, 1996) findet in der Fachwelt erst spät Beachtung, als die Betriebswirte mit Erstaunen feststellen, dass viele Restrukturierungsprozesse nicht die erwünschten Ergebnisse erzielen. Im deutschsprachigen Raum stellt Andrzejewski (2002) den Trennungsprozess umfassend dar. Er appelliert v. a. an die Verantwortung des Managements und der Führungskräfte und misst dem HRM keine strategische Verantwortung bei.

unterschiedlichste Rollenerwartungen

Dabei gehört aus Sicht der Autorin ein professionell gestaltetes Trennungsmanagement zu den Kernkompetenzen des HRM. In Trennungssituationen treffen unterschiedlichste Rollenerwartungen aufeinander, denen das HRM gerecht werden muss: die Geschäftsleitung erwartet **Beratung** und **Unterstützung** beim gesamten Veränderungsprozess und die Übernahme des Teilprojekts **Personalabbau**. Die Vorgesetzten erwarten handfeste Hilfestellung und Begleitung beim Durchführen der erforderlichen **Kündigungen**, die Personalvertreter wollen sozialverträgliche Lösungen, die betroffenen Mitarbeitenden eine faire **Behandlung** und die verbleibende Belegschaft erhofft sich Zugeständnisse betreffend **Arbeitsplatzsicherheit**. Die Personalverantwortlichen selbst wollen diesen Erwartungen gerecht werden, dabei »neutral« bleiben und mit ihrer Arbeit dazu beitragen, dass Trennungen möglichst wenig Wellen werfen.

Bei der Trennung von Mitarbeitenden ist das HRM im Sinne des Ulrich-Modells (▶ Kap. 4) in allen Rollen gefordert: Als strategisch ausgerichteter »**Business-Partner**« zeichnet es verantwortlich für die Etablierung einer Trennungskultur im Unternehmen. Als »**funktionaler Experte**« steuert und kontrolliert es den ganzen Trennungsprozess inklusive Informations- und Kommunikationsaufgaben (▶ Abschn. 15.3). Als »**Entwickler des Humankapitals**« coacht und unterstützt es die Führungskräfte bei der Durchführung der Trennungsgespräche (▶ Abschn. 15.4) und als »**Fürsprecher der Mitarbeiter**« vertritt es die Interessen der Betroffen und entwickelt Betreuungs- und Entwicklungsmaßnahmen für die »Zurückgebliebenen« (▶ Abschn. 15.5 und 15.6).

Ein professionelles Trennungsmanagement führt schließlich zu der von Andrzejewski (2008) geforderten **Trennungskultur**, die er wie folgt umschreibt:

» Die Summe aller Regeln und Maßnahmen, die Trennungen und Veränderungen im Unternehmen fair und professionell machen. Trennungskultur ist manifest, wenn Trennungen und Veränderungen mit möglichst geringen Verletzungen der Persönlichkeit aller Beteiligten einhergehen. (Andrzejewski, 2008, S. 37) **«**

Trennungskultur beginnt bei der antizipativen **Personalfreisetzungsplanung** (Kausch, 2006, S. 13) und nicht erst dann, wenn Personal abgebaut werden muss. Als strategischer Business-Partner hat das HRM die Aufgabe, durch rechtzeitige Nutzung natürlicher Fluktuation, Qualifizierungsmaßnahmen und interne Personaltransfers der reaktiven Personalfreisetzung entgegen zu wirken. Grundsätzlich muss bei jeder betriebs- und personenbedingten Kündigung der Fairness halber überprüft werden, ob im Unternehmen nicht andere Einsatzmöglichkeiten bestehen.

antizipative und reaktive Personalfreisetzungsplanung

■ ■ **Arten von Trennung**

In wirtschaftlich prosperierenden Zeiten kündigen Arbeitnehmer weitaus häufiger als umgekehrt. Die Kündigung durch den Mitarbeitenden steht nicht im Fokus dieses Kapitels, ebenso wenig wie eine Trennung infolge Erreichung des Rentenalters. Viele Aspekte, die in diesem Kapitel unter dem Gesichtspunkt der betriebsbedingten Auflösung des Arbeitsvertrages durch das Unternehmen beschrieben werden, gelten sowohl für die Kündigung durch den Mitarbeitenden, als auch für ordentliche personenbedingte Kündigungen, für Änderungskündigungen, Aufhebungsverträge und zum Teil auch für fristlose Entlassungen.

■ ■ **Trennungsgründe**

Unternehmen trennen sich von ihren Mitarbeitern, weil sie sich durch Produktivitätssteigerung Wettbewerbsvorteile verschaffen wollen oder Kosten senken müssen, um zu überleben. Personalabbau hat

planbare und nicht planbare Kosten

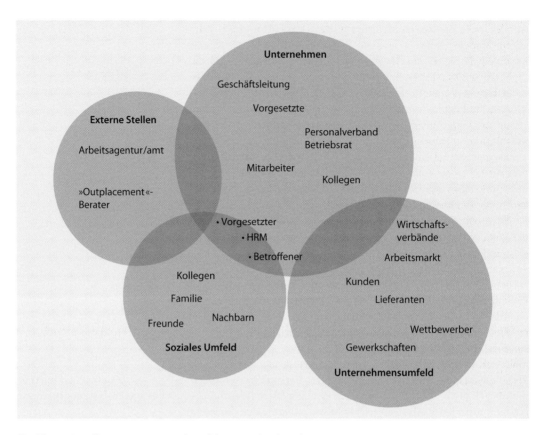

Abb. 15.1 Betroffenes Gesamtsystem. (In Anlehnung an Reinl, 1993)

immer seinen Preis, wobei die materiellen, planbaren Kosten i.d.R. nur die Spitze des Eisbergs darstellen. Unruhe und Demotivation unter der Belegschaft, Verunsicherung am Markt, Vertrauensverluste bei Schlüsselmitarbeitenden und Kunden sowie teure Prozesskosten stellen die weitaus größeren unkalkulierbaren Kosten dar.

15.2 Trennungsprozess im Überblick

Betrachtet man eine Trennung aus Gesamtsystemsicht wie in ◻ Abb. 15.1, zeigt sich, wie komplex dies ist. Trennungen betreffen bei weitem nicht nur Vorgesetzte, Betroffene und HRM.

Um bei größeren Restrukturierungsprozessen allen Beteiligten gerecht zu werden, braucht es einen sehr sorgfältig geplanten und gut gesteuerten Gesamtprozess. Das HRM nimmt in den einzelnen Phasen unterschiedlichen Rollen ein, die im Folgenden beschrieben werden:

Entscheidungsphase   Die **Entscheidungsphase** erfolgt auf Geschäftsleitungsebene. Hier wird entschieden, ob überhaupt ein Personalabbau erforderlich ist oder nicht. Als Business-Partner ist das HRM für folgende Aufgaben verantwortlich:

- Überprüfen und Vorschlagen von Alternativen zum Personalabbau wie Kurzarbeit, Teilzeitbeschäftigung, Arbeitszeitflexibilisierung, Urlaubsgestaltung, Einstellungsstopp, »Outsourcing«. Eine ausführliche Zusammenstellung dieser antizipativen Freisetzungsinstrumente findet sich bei Dobberphul (2008).
- Budgetierung der anfallenden Trennungskosten (z. B. Abfindungen, »Outplacement«- und andere Beratungskosten, Bleibeprämien, interne Workshops, Sozialplankosten). Zweckmäßige Checklisten hat Ledergerber (2009) publiziert.
- Design des Veränderungsprozesses; Andrzejewski schlägt die Etablierung eines »Trennungs-Komitees« (Andrzejewski, 2008, S. 120) vor, das den Gesamtprozess steuert und kontrolliert.
- Erstellen des internen und externen Kommunikationskonzeptes.
- Planung von »Outplacement«-Maßnahmen (Gruppe oder einzeln) sowie
- Planung von Programmen für die »Verbleibenden«.

In dieser Phase ist höchste Geheimhaltung angesagt. Eine frühe Hinzuziehung des Betriebsrats und der Arbeitnehmervertreter wird empfohlen. Ist der Entscheid gefällt, kann mit der Arbeit der nächsten Phase begonnen werden.

Hinzuziehung des Betriebsrats

15.3   Rolle des HRM in der Vorbereitungsphase

■ ■ Kommunikation/Information

Kommunikationsbedarf besteht mit Blick auf ◘ Abb. 15.1 in den Feldern Unternehmen, Unternehmensumfeld und relevante externe Stellen. Das Kommunikationskonzept gibt Auskunft

- **wer** (Geschäftsleitung, HR-Leitung, Kommunikationsverantwortliche, Vorgesetzte),
- **wen** (Führungskräfte, Mitarbeitende, Wirtschaftsverbände, Sozialpartner, Arbeitsagentur, Kunden, Lieferanten, Banken, andere Geschäftspartner, Presse),
- **wann** (Zeitplan) und
- **wie** (Genauer Wortlaut und Form – schriftlich, mündlich) informiert.

Die Ausarbeitung des Kommunikationskonzeptes gehört zum Aufgabenbereich des HRM in Zusammenarbeit mit dem Kommunikationsbeauftragten.

> **❯ Eine absolut perfekte Koordination des Informationsablaufes und eine eindeutige Sprachregelung sind hierbei zwingend erforderlich!**

Wenn Mitarbeitende aus der Presse erfahren, dass z. B. ihre Zweigstelle geschlossen wird, so ist diese Panne unverzeihbar und wirft ein schlechtes Licht auf Geschäftsleitung und HRM.

■ ■ Trennungspaket

Ziele von Vorgesetzten und Betroffenen

Die Ausgestaltung des »Trennungspakets«, wie Andrzjeweski (2008) das Abfindungsangebot nennt, gibt Rückschlüsse über die Trennungskultur des Unternehmens. Für die Geschäftsleitung steht im Vordergrund, dass Trennungen »schnell, sauber und preiswert« (Andrzjeweski, 2008, S. 141) über die Bühne gehen. Die betroffenen Mitarbeitenden wollen ihr Gesicht wahren, ihren materiellen Besitzstand sichern und möglichst rasch eine neuen Arbeitsplatz finden.

Sozialplan

Bei größerem Personalabbau handeln Geschäftsleitung, vertreten durch den Personalvorstand, mit ihren Sozialpartnern im **Sozialplan** das Trennungsangebot aus. Mögliche Angebote sind:

- Verlängerung der vertraglichen Kündigungsfrist,
- Gehaltsfortzahlung/Boni,
- Übernahme der Prämien der Altersvorsorge,
- finanzielle Abfindung,
- Verzicht auf Rückzahlung von Weiterbildungskosten und anderen Darlehen,
- Übernahme der Umzugskosten,
- Wegentschädigung bei längerem Arbeitsweg,
- Aufhebung des Wettbewerbsverbots,
- »Outplacement«/»Newplacement«,
- Weiterbildungsmöglichkeiten,
- weitere Nutzung betrieblicher Sonderleistungen wie Personalrestaurant, Shop usw. sowie
- Freistellung für Jobsuche.

Jaeger (2001) kritisiert, dass traditionelle Sozialpläne vorwiegend materiell ausgerichtet sind und der Weiterentwicklung zu wenig Rechnung getragen wird. Zukunftsorientierte Trennungspakete sollten großzügige **Freistellungsangebote** für die Stellensuche, **Beratungsdienstleistungen** für die Neuorientierung und **Weiterbildungsangebote**, die die Arbeitsmarktfähigkeit verbessern, beinhalten. Wie eine Studie von Kausch (2006) belegt, werden Beratungsdienstleistungen wie »Out«- bzw. »Newplacements« immer häufiger angeboten, während Weiterbildungsangebote noch wenig verbreitet sind.

■ ■ Gerechtigkeitsperspektive bei der Auswahl der Betroffenen

Auswahlkriterien

Die Auswahl der Betroffenen ist ein besonders heikler Punkt im ganzen Trennungsprozess und für Vorgesetzte enorm schwierig. Einerseits sollen soziale Aspekte und langjährige Beziehungen beachtet werden und andererseits steht die Zukunft des Unternehmens auf dem Spiel. Bei diesem Prozessschritt muss das HRM Auswahlkriterien zur Verfügung stellen, die von der Mehrheit der Belegschaft als gerecht empfunden werden.

15

Kieselbach (2001) unterscheidet dabei zwischen Verteil-, Verfahrens- und Interaktionsgerechtigkeit.

Unter **Verteilgerechtigkeit** versteht er die Auswahl nach folgenden Kriterien:

1. Auswahl aufgrund der Effizienz (d. h. man wählt diejenigen Mitarbeitenden aus, von denen man glaubt, dass sie zukünftige Anforderungen erfüllen werden),
2. Auswahl aufgrund individueller Bedürfnisse (z. B. familiäre Verhältnisse, Alter, Gesundheit, Vermittelbarkeit) und
3. Auswahl aufgrund erworbener persönlicher Verdienste (z. B. Patente). Dieses Auswahlkriterium findet sich v. a. in den paternalistischen Strukturen.

Sozialpläne beinhalten häufig die beiden letztgenannten Kriterien, die oft im Widerspruch zur Auswahl der Effizienz stehen. Unternehmen können aber nur bestehen, wenn sie ihre Leistungsträger nicht verlieren. Diesem Dilemma wird mit der Anwendung der Verfahrens- und Interaktionsgerechtigkeit begegnet.

> **Verfahrensgerechtigkeit**
>
> Verfahrensgerechtigkeit besteht, wenn der Auswahl- bzw. Entscheidungsprozess transparent ist, wenn darauf Einfluss ausgeübt wird und dieser kontrolliert werden kann (z. B. in den deutschen Mitbestimmungsgesetzen).

> **Interaktionsgerechtigkeit**
>
> Unter Interaktionsgerechtigkeit wird die Art und Weise verstanden, wie Menschen (Betroffene und nicht unmittelbar Betroffene) im Trennungsprozess behandelt werden. Wie fair und respektvoll mit den Betroffenen umgegangen wird, ist ein wichtiger Einflussfaktor auf die Reaktionen der Verbleibenden (▶ Abschn. 15.6).

15.4 Rolle des HRM beim Trennungsgespräch

Das Trennungsgespräch ist nach Lippmann (2008, S. 284) ein »Schlechte-Nachricht-Gespräch«, das einer eigenen Dramaturgie folgt. Ziel des Gesprächs ist, die Trennung mit wertschätzender Grundhaltung klar und unmissverständlich zu kommunizieren und sicherzustellen, dass der Betroffene die Botschaft auch wirklich verstanden hat. Das Führen dieser Gespräche ist für Vorgesetze immer schwierig und mit Ängsten verbunden (Andrzejewski, 2008, S. 72 ff), was keine gute Voraussetzung für eine souveräne Gesprächsführung ist.

Verteilgerechtigkeit

Verfahrensgerechtigkeit

Interaktionsgerechtigkeit

Schlechte-Nachricht-Gespräch

Aufgabe des HRM ist, die Vorgesetzten auf dieses Gespräch vorzubereiten und beim Trennungsgespräch die vertraglichen und abwicklungsrelevanten Punkte zu vertreten.

Einer personenbedingten Kündigung gehen protokollierte Mitarbeiter- und/oder Maßnahmengespräche voraus, auf die beim Trennungsgespräch Bezug genommen wird, sodass die Kündigung nicht aus heiterem Himmel erfolgt. Ist ein größerer Personalabbau durch die Geschäftsleitung angekündigt, erfährt der Mitarbeitende erst im Trennungsgespräch, dass er betroffen ist.

■ ■ **Vorbereitung des Trennungsgesprächs mit dem Vorgesetzten**

Reaktionstypen

Andrzjeweski (2008, S. 215) unterscheidet 3 Reaktionsmuster bei Vorgesetzten, auf die bei der Vorbereitung eingegangen werden kann: Verdrängen, Konfrontieren, Konsens-Suchen.

Verdrängung ist eine Form der Abwehr von eigenen Gefühlen.

Verdränger

»**Verdränger**« funktionieren nach außen oft rational: »Kündigen gehört zum Job«. Im vorbereiteten Coaching kann die Komplexität und Emotionalität des bevorstehenden Gesprächs aufgezeigt werden. Für Vorgesetzte dieses Typs ist es oft erleichternd, mit einem Coach über ihre Ängste und Gefühle sprechen zu können.

Konfrontierer

»**Konfrontierer**« sehen sich als Problemlöser und verstecken ihre Unsicherheit hinter einer besonders harten Schale. Sie laufen Gefahr, beim Gespräch unnötig Geschirr zu zerschlagen. Hier empfiehlt es sich, die Grundeinstellung des Vorgesetzten zur Trennungsthematik zu überdenken, die Haltung von Geschäftsleitung und HRM deutlich zu machen und das Gespräch im Rollenspiel zu üben.

Konsens-Sucher

»**Konsens-Sucher**« sind einfühlsame, mitarbeiterorientierte Vorgesetzte, die ihre Betroffenheit gut äußern können. Sie »leiden« buchstäblich mit. Bei diesen Vorgesetzten besteht die Gefahr, dass sie die Trennungsbotschaft nicht klar und unmissverständlich kundtun und Hoffnung erwecken, wo es keine gibt. In der Vorbereitung empfiehlt es sich, die ersten Sätze des Gesprächs aufzuschreiben, einzuüben und die Verhandlung von Trennungskonditionen dem HRM zu überlassen.

Was im Weiteren zur Vorbereitung gehört, ist in folgender Checkliste aufgeführt:

Checkliste zur Vorbereitung des Tennungsgesprächs
- Personalakte sichten (besondere Abmachungen, Weiterbildungsvereinbarungen, Darlehen usw.)
- Kündigungsbrief oder Aufhebungsvertrag vorbereiten
- Trennungspaket (Verhandlungsspielraum klären)
- Unterlagen zum Abgeben (Sozialplan, besondere Vereinbarungen, Adressen von Stellenvermittlern, Arbeitsamt bzw. -agentur)
- Sprachregelung skizzieren (Begründung der Trennung)

- Rollenverteilung Vorgesetzter – HRM beim Gespräch festlegen
- Gesprächsinhalte drehbuchartig skizzieren (Eröffnungssatz, Begründung, Trennungspaket)
- Raum und Zeitpunkt festlegen
- Weitere Schritte und Maßnahmen vorsehen (»Outplacement«, Coaching)
- (Zwischen-) Zeugnis erstellen

■ ■ **Gesprächsverlauf**

Das HRM muss am Trennungsgespräch aus verschiedenen Gründen teilnehmen:

- Das HRM regelt, wie bei jeder ordentlichen Kündigung, sämtliche rechtlichen und administrativen Belange.
- Die Teilnehme des HRM ist für Vorgesetzte wie Mitarbeitende unterstützend und entlastend zugleich. Eine neutrale 3. Person verhindert oftmals unnötige Eskalation.
- Das HRM kann im Streitfall als Zeuge aussagen.

❯ **Die Vielschichtigkeit der Rolle des HRM als gleichzeitiger Anwalt der Mitarbeitenden und Vertreter der Organisation tritt gerade bei diesem Gespräch deutlich zu Tage. Diesem Dilemma kann nur begegnet werden, wenn sich das HRM dieser Zwickmühle bewusst ist. Das HRM muss als Anwalt der Organisation deren Anliegen (Trennung) sachlich und bestimmt vertreten und dabei dem Betroffenen mit wertschätzender und fairer Haltung begegnen.**

Zwickmühle für HRM

15.5 Reaktionen der Betroffenen

Der Verlust des Arbeitsplatzes bedroht die Identität vieler Betroffener und verletzt das Selbstwertgefühl, was starke emotionale Reaktionen auslöst bis hin zu psychischer oder physischer Erkrankung. Die emotionalen Reaktionen bei Verlusterlebnissen sind von vielen Forschern (z. B. Bowlby, 1969; Kübler-Ross, 1969; Mayrhofer, 1989) als relativ gut vorhersehbare Abfolge von Gefühlen beschrieben worden: Widerspruch, Verzweiflung und Loslösung. Mayrhofer (1989) und Fischer (2001) geben einen umfassenden Überblick über alle Phasen-Modelle.

Die »**Achterbahn der Gefühle**« beginnt vor der Kündigung, wenn mit zunehmender Gerüchteküche die Verunsicherung steigt. Ein erster Tiefpunkt wird durch das Schockerlebnis der ausgesprochenen Kündigung erreicht. Eine häufige Widerstandreaktion darauf ist das »Nicht-Wahrhaben-Wollen«, das sich emotional in Wut und Zorn ausdrückt. Auf diese heftigen Reaktionen folgt häufig eine Phase von Selbstzweifel und Mutlosigkeit bis zur depressiven Verstimmung. Erst

emotionale Reaktionen auf Verlusterlebnisse

Phasen des Trennungsprozesses

wenn die Kündigung innerlich akzeptiert ist, kann der Betroffene vom Bestehenden loslassen und sich aktiv mit der Zukunft auseinandersetzten. Durch eine intensive Begleitung in diesem Trauerprozess können die Wechselbäder der Gefühle minimiert werden, was die Aussicht auf ein rasches Wiederfinden der Leistungsfähigkeit und damit die Chancen auf dem Arbeitsmarkt erhöht.

Bewältigungsstrategien

Menschen bewältigen den Verlust des Arbeitsplatzes unterschiedlich, abhängig von ihrer Persönlichkeit und ihrer Situation. Je nachdem, wie rasch es gelingt, sich aus der Verzweiflung (Bowlby, 1969) zu lösen und in die Zukunft zu blicken, haben Kets de Vries und Balazs (1996) 4 am häufigsten auftretende Reaktionsmuster beschrieben:

anpassungsfähiger Typ

Anpassungsfähige finden sich meistens in der Kategorie der hoch qualifizierten Mitarbeitenden, die schnell wieder eine Stelle finden und mit neuen Aufgaben ihr Selbstvertrauen und ihre Motivation zurückgewinnen (Stellenvermittlung als Unterstützung; Kets de Vries & Balazs, 1996, S. 9 ff).

kreativer Typ

Kreative erleben den (erzwungenen) Neuanfang als Chance, v. a. dann, wenn sie am alten Arbeitsort zuletzt wenig Herausforderung erlebt und aus Bequemlichkeit verharrt haben. Vielfach sind es Menschen im mittleren Alter, die sich nach der Kündigung erstmals mit ihren eigentlichen Wünschen und Zielen auseinandersetzen und nochmals etwas Neues wagen. Bei diesem Typ kann eine Karriereberatung den Findungsprozess beschleunigen.

deprimierter Typ

Viele Betroffene reagieren auf den Kündigungsschock mit starker **depressiver Verstimmung**. Dies sind v. a. jene, die ihr Selbstwertgefühl aus ihrer Berufsrolle ziehen und sich stark mit der Firma identifizieren. Sie wollen die Kündigung nicht wahrhaben und setzen sich nicht mit der neuen Realität auseinander. Wenn Menschen mit diesem Reaktionsmuster nicht unterstützt werden, ist ihre physische und psychische Konstitution ernsthaft gefährdet.

verärgerter Typ

Ärger als Reaktion auf eine Entlassung ist verständlich. Menschen können ihren Ärger nach innen (Depression) oder nach außen richten. **Verärgerte** richten ihre Wut nach außen und Gewalt (verbal oder tatsächlich) ist das Ventil ihrer Aggression. Bei diesem Reaktionstyp ist eine professionelle Unterstützung unbedingt indiziert, damit sich die Aggression nicht in tätlichen Angriffen gegen ihr Umfeld oder die Organisation (Sabotageakte) richtet und vorhandene Energie in einen Neuanfang investiert werden kann.

15

15.6 Rolle des HRM im Umgang mit den Verbleibenden

■ ■ **Reaktionen der Verbleibenden**
Trennungsprozesse teilen die Belegschaft in 2 Gruppen: Betroffene und Verbleibende. Während sich HRM, Führungskräfte und Sozialpartner intensiv um die Betroffenen kümmerten, blieb die Gruppe der Verbleibenden lange Zeit unbeachtet. Erstmals hat Brockner (1988)

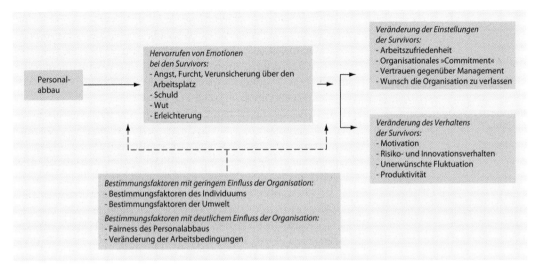

☐ **Abb. 15.2** Strukturelles Modell der Survivor-Reaktionen. (Weiss & Udris, 2001)

im angelsächsischen Sprachraum die Reaktionen der Verbleibenden als »**Survivor-Syndrom**« beschrieben. Er geht dabei von einem strukturellen Modell aus (☐ Abb. 15.2).

Das Modell stellt dar, dass beim Personalabbau auch die Verbleibenden emotional reagieren. Das verändert ihre Einstellungen, was sich wiederum auf ihr Verhalten am Arbeitsplatz auswirkt. Die emotionalen Reaktionen werden durch Bestimmungsfaktoren von geringem oder deutlichem Einfluss der Organisation geprägt. Trennungsmanagement und damit der Handlungsbedarf des HRM setzt dort ein, wo Einfluss genommen werden kann. Berner (1999) untersucht in seiner Dissertation, welche Einflussfaktoren welche Reaktionen auslösen.

❯ **Ziel eines professionellen Trennungsmanagements muss sein, die Einflussfaktoren so zu gestalten, dass die Reaktionen der Verbleibenden gegenüber dem Personalabbau so wenig negativ wie möglich ausfallen.**

Die **emotionalen Reaktionen** der Verbleibenden sind verständlich, schließlich müssen auch sie sich von vertrauten Kollegen oder Vorgesetzten trennen. Nach Brockner (zit. in Berner, 1999, S. 59 ff.) fördert Angst und Verunsicherung die psychologische Entfremdung von der Arbeit, was sich in tieferem »Commitment« zur Organisation und tieferer Arbeitszufriedenheit (**Einstellung**) niederschlägt. Dies äußert sich auf der **Verhaltensebene** in geringerem Arbeitseinsatz, größeren Fehlzeiten und höheren Fluktuationsraten. Die fehlende Motivation (innere Kündigung) kann oft Jahre nach einem Personalabbau noch festgestellt werden (Berner, 1999, S. 76 ff). Bei anhaltender Arbeitsunsicherheit verlassen jene Verbleibenden, denen sich eine Gelegenheit bietet, die Unternehmung. Und dies sind oft die Leistungsträger,

Reaktionen der Verbleibenden

die die Organisation dringend für die Zukunftssicherung bräuchte. Schuldgefühle gegenüber den Betroffenen können durch transparente Entscheidungsprozesse (▶ Abschn. 15.3) verringert werden. Wut richtet sich i.d.R. gegen Personen im obersten Management und deren hohe Entlohnung. Auch dies kann zur Senkung des eigenen Inputs oder auch zum Verlassen der Organisation führen.

Emotionen der Verbleibenden

Die veränderten Einstellungen nach einem Personalabbau gegenüber Organisation und Management stehen in engem Bezug zum **psychologischen Vertrag**. Beim Personalabbau werden die ungeschriebenen Erwartungen des traditionellen psychologischen Vertrages: »Job security in return for hard work and loyality« (Grothe, 1999, S. 30) durch die Organisation missachtet und der Vertrag quasi einseitig gekündigt. Je mehr Vertrauen die Verbleibenden vor dem Personalabbau hatten, desto stärker empfinden sie die Verletzung (Berner, 1999, S. 73).

Bestimmungsfaktoren mit geringem Einfluss der Organisation liegen beim Individuum oder bei der Umwelt (Alter, persönlichkeitsbedingte Faktoren wie pessimistische Grundhaltung, tiefe Selbstachtung, besondere Nähe zum Betroffenen, Situation auf dem Arbeitsmarkt usw.).

Einflussfaktoren der Organisation

Wichtig für die Etablierung einer Trennungskultur sind schließlich die **Bestimmungsfaktoren mit deutlichem Einfluss der Organisation**. Für Brockner (zit. in Berner, 1999, S. 86 ff) sind die wahrgenommene Fairness des Personalabbaus und die wahrgenommene Veränderung der Arbeitsbedingungen entscheidend in Bezug auf die Reaktionen von Verbleibenden: Die wahrgenommene Fairness steht in unmittelbarem Zusammenhang mit den Gerechtigkeitsdimensionen (▶ Abschn. 15.3).

veränderte Arbeitsbedingungen

Durch Personalrestrukturierung können sich für die Betroffen auch deren Arbeitsbedingungen (Karrierechancen, Arbeitsplatzsicherheit, Lohn, Verantwortlichkeit, Arbeitsinhalte) verändern. Wenn dies als Verschlechterung wahrgenommen wird, reagieren Verbleibende negativ. Das Management und das HRM sind also gefordert, die Arbeitsbedingungen für diese Gruppe so zu gestalten, dass sie positiv wahrgenommen werden.

▪▪ Maßnahmen für die Verbleibenden

Von professionellem Trennungsmanagement kann nur gesprochen werden, wenn die Zielgruppe der Verbleibenden im gesamten Prozess mit berücksichtigt wird. Führungskräfte, die mit der Ausrichtung der Organisation auf die Zukunft betraut sind oder diese Rolle sogar neu wahrnehmen, haben oft wenig Verständnis für den Trauerprozess, den die Verbleibenden durchmachen. Das HRM muss Vorgesetzte im Umgang mit den Verbleibenden sensibilisieren und unterstützen. Gespräche mit den Verbleibenden müssen ebenfalls so rasch als möglich nach Ankündigung des Personalabbaus stattfinden. Neben Einzelgesprächen empfiehlt es sich auch, mit betroffenen Arbeitsteams

Workshops durchzuführen, die durch das HRM organisiert und gemeinsam mit den Vorgesetzten moderiert werden. Die Ziele sind:

- Erwecken von Verständnis für die mit der Veränderung einhergehende Ungewissheit,
- Würdigung und Betrauern des Vergangenen (Abschiedsritual) und
- Fähigkeiten entwickeln, in die Zukunft zu blicken.

Der Blick in die Zukunft heißt auch, einen neuen psychologischen Vertrag zu etablieren.

■ ■ Der neue psychologische Vertrag

Nach Raeder und Grothe (2005) beinhaltet der neue psychologische Vertrag infolge der Arbeitsflexibilisierung eine verstärkte **Eigenverantwortung** der Mitarbeitenden. Diese Eigenverantwortung sei in den wenigsten Firmen explizit ausformuliert. Relativ gut umgesetzt werde die vertraglich festgelegte Eigenverantwortung in Bezug auf Arbeitstätigkeit und zeitliche Flexibilität. Defizite bestünden hinsichtlich des geforderten Erhalts der Arbeitsmarktfähigkeit. Wenn Mitarbeitende dafür mitverantwortlich gemacht würden, müsse dieser Vertragspunkt explizit gemacht und entsprechende Entwicklungsmöglichkeiten angeboten werden (Raeder & Grothe, 2005, S. 217).

Die Umsetzung des »neuen psychologischen Vertrages« ist ein zentraler Baustein auf dem Wege zur Trennungskultur. Dies bedeutet für das HRM, Maßnahmen zur Förderung der Eigenverantwortung des Mitarbeitenden allen Anspruchsgruppen zugänglich zu machen. Dazu gehören zum Beispiel flexible Arbeitszeitmodelle, Maßnahmen der Arbeitsgestaltung, Möglichkeiten zur stetigen Kompetenzentwicklung und kontinuierliche Laufbahnplanung (Raeder & Grothe, S. 218).

Diese Förderungsmaßnahmen zu eigenverantwortlichem Denken und Handeln stellen nicht nur einen wichtigen Beitrag zur Trennungskultur dar, sondern sind letztlich unabdingbare Elemente der Unternehmenskultur.

Zusammenfassung

Die Gestaltung des Trennungsprozesses von Mitarbeitenden ist ein zentraler Baustein der Unternehmenskultur und gehört zu den Kernkompetenzen des HRM. Trennungsprozesse sind komplex, v. a. wenn es sich dabei um größere Personalabbaumaßnahmen handelt. Sie erfordern nicht nur ein professionelles Projektmanagement, sondern auch einen sensitiven Umgang mit den betroffenen Menschen. Die vielfältigen Rollenerwartungen an das HRM werden im Trennungsprozess besonders deutlich: als strategischer Partner kann das HRM durch kluge Personalplanung dazu beitragen, Personalabbau zu verhindern. Ist dieser trotzdem unabdingbar, ist das HRM als funktionaler Experte für die Steuerung des Gesamtprozesses verantwortlich. Als Fürsprecher der Mitarbeitenden gilt es, faire Lösungen auszuhandeln.

Als Entwickler des Humankapitals müssen Führungskräfte und Verbleibende während des Trennungsprozesses begleitet werden. Und letztlich spielt die Umsetzung des neuen psychologischen Vertrags bei der Etablierung einer Trennungskultur eine zentrale Rolle.

Literatur

Andrzejewski, L. (2002). *Trennungskultur*. Neuwied. Luchterhand.

Andrzejewski, L. (2008). *Trennungs-Kultur und Mitarbeiterbindung* (3. Aufl.). Köln: Luchterhand.

Berner, S. (1999). *Reaktionen der Verbleibenden auf einen Personalabbau.* Dissertation an der Universität St. Gallen.

Bowlby, J. (1969). *Attachment and Loss.* New York: Basic Books.

Brockner, J. (1988). The effects of work layoffs and survivors: Research, Theory, and Practice. *Research in Organizational Behavior, 10,* S. 213–255.

Dobberphul, I. (2008). *Personalfreisetzung – professionell und verantwortungsvoll.* Saarbrücken: VDM.

Fischer, C. (2001). *Outplacement – Abschied und Neubeginn. Wirkfaktoren in der Outplacementberatung.* Berlin: Dissertation an der Freien Universität Berlin.

Grothe, G. (1999). Der neue psychologische Vertrag. *Persorama, 4,* 30–33.

Jaeger, M. (2001). Personalabbau human gestalten. *Personalwirtschaft, 5,* S. 30–32.

Kausch, D. (2006). *Zukunftstrends im Trennungsmanagement.* Saarbrücken: VDM.

Kets de Vries, M. & Balazs, K. (1996). Die menschliche Seite des Personalabbaus. *Organisationsentwicklung, 4,* S. 4–18.

Kieselbach, T. (2001). Wenn Beschäftigte entlassen werden. Beruflichen Transitionen unter einer Gerechtigkeitsperspektive. *Wirtschaftspsychologie, 1,* S. 37–50.

Kübler-Ross, E. (1969). *On death and dying.* New York: Collier.

Ledergerber, K. (2009). *Trennungsmanagement – fair, verantwortungsbewusst und konstruktiv.* Zürich: Praxium-Verlag.

Lippmann, E. (2008). Gesprächsführung. In T. Steiger & E. Lippmann (Hrsg.), *Handbuch Angewandte Psychologie für Führungskräfte* (3. Aufl., Bd. II, S. 284). Heidelberg: Springer.

Mayrhofer, W. (1989). *Trennung von der Organisation: Vom Outplacement zur Trennungsberatung.* Wiesbaden: Deutscher Universitäts-Verlag.

Raeder, S. & Grothe, G. (2005). Eigenverantwortung als Element eines neuen psychologischen Vertrages. *Gruppendynamik und Organisationsberatung, 36* (2), S. 207–219.

Steiger, T. & Lippmann, E. (Hrsg.). (2008). *Handbuch Angewandte Psychologie für Führungskräfte* (3. Aufl., Bd. II). Heidelberg: Springer.

Weiss, V. & Udris, I. (2001). Downsizing und Survivors. *Arbeit, 10* (2), S. 103–121.

15

Rollengestaltung in speziellen Feldern

Human Resource Management als Kooperationspartner der Führungskräfte

Daniela Eberhardt und Philipp Ott

Führungskräfte sind dafür verantwortlich, in der Zusammenarbeit mit anderen Personen Ziele der Organisation in einer sich verändernden Unternehmensumwelt zu erreichen. Diese Führungsverantwortung gegenüber Mitarbeitenden wie auch Organisation wird einerseits durch eine Gestaltung der Beziehung zu den Mitarbeitenden wahrgenommen. Andererseits hat eine Führungskraft die Möglichkeit, die verhaltensregelnden Systeme und Abläufe im Unternehmen zu beeinflussen und mit zu gestalten.

16.1   Einleitung

HRM und Linienvorgesetzte brauchen ein gemeinsames unternehmensweites Verständnis

Das Human Resource Management (HRM) versteht sich nach Ulrich (1996; 1999) als Mitgestalter der Unternehmenszukunft. In Bezug auf die Gestaltung der Beziehung von Unternehmen zu den Mitarbeitenden teilt sich das HRM die Verantwortung mit den Führungskräften und den Mitarbeitenden selbst, die für ihre Anliegen und die des Unternehmens auch in Eigenverantwortung handeln.

Für die Wahrnehmung dieser gemeinsamen Verantwortung gegenüber den Mitarbeitenden braucht es ein gemeinsames unternehmensweites Verständnis darüber, welches Menschenbild dem Handeln zugrunde liegt, wie Rollen zwischen HRM und Linienmanagement (kurz Linie genannt) aufgeteilt sind, wer welche Kompetenzen bei der Bewältigung der vielfältigen Aufgaben einbringen kann und formal hat. So werden z. B. Führungsprozesse und -systeme im HRM gestaltet und gesamtheitlich verantwortet, die Mitarbeitergespräche werden dann aber von Führungskräften geführt, die verhaltens- und entwicklungsrelevanten Dimensionen besprochen, bewertet und im Alltag begleitet und unterstützt. Ein weiteres Beispiel wäre, dass Mitarbeitende beim HRM schwierige Aspekte in der Zusammenarbeit mit den Führungskräften einbringen; die Konfliktklärung liegt schlussendlich – auch mit externer Unterstützung – bei den beiden Personen Führungskraft und Mitarbeitende/r.

Damit HRM als Kooperationspartner agieren kann, braucht es ein Grundverständnis zum Thema Führung. In unserem Beitrag möchten wir auch die im HRM weniger bekannten Ansprüche und Möglichkeiten der Führung intensiver beleuchten und damit die Basis für eine adäquate Rollenklärung und Zusammenarbeit von HRM und Linie legen.

16.2   Führung einordnen und verstehen können

Führung ist ein universelles Phänomen

Führung ist ein universelles Phänomen. Es tritt in Erscheinung, wenn 2 oder mehr Personen miteinander in eine Interaktion treten. Normalerweise findet diese Interaktion im Zusammenhang mit Tätigkeiten in Organisationen statt. Oftmals ist Führung jedoch auch außerhalb von Organisationen, in der Freizeit oder im Privatleben zu beobachten. In diesem Beitrag betrachten wir Führung ausschließlich aus der Perspektive von Organisationen. Führung ist eines der am meisten empirisch untersuchten Forschungsgebiete der Psychologie (Bass, 2007a, S. 15).

Zunächst definieren wir den Begriff Führung, der als gemeinsames Verständnis in diesem Beitrag gelten soll. Die derzeitige Debatte um Führung und Führungsstile ist am besten durch eine historische Betrachtung der Entwicklung heute oftmals parallel existierender Führungsstile zu verstehen. Die jeweils vorherrschenden Führungsparadigmen basieren maßgeblich auf dem in diesem Zusammenhang vorherrschenden Menschenbild.

16.2.1 Zum Begriff der Führung

Zahlreiche Definitionen von Führung wurden erstellt. Diese fokussieren unterschiedlichste Inhalte, sind oftmals unscharf formuliert oder grenzen sich von anderen Themen der Sozialforschung zu wenig ab. Trotzdem erkennt Bass (2007a, S. 16) 11 Merkmale, die in unterschiedlichen Führungsdefinitionen immer wieder genannt werden. Diese geben eine gute Übersicht, mit welchen Inhalten sich das Konstrukt Führung beschäftigt:

Inhalte des Konstruktes Führung

> **Checkliste: Inhalte des Konstruktes Führung**
> - Die Führungsperson steht im Mittelpunkt des sozialen Gruppenprozesses
> - Führungsdefinitionen erwähnen die Persönlichkeit der Führungsperson und ihre Auswirkungen
> - Das Einverständnis der geführten Personen wird durch eine spezielle Fähigkeit der Führungsperson erreicht
> - Die Führungsperson übt Einfluss auf die involvierten Personen aus
> - Führung kann auf der Handlungs- oder Verhaltensebene beschrieben werden
> - Die Führungsperson überzeugt die Mitarbeitenden, die Fähigkeit des Überzeugens ist angesprochen
> - In der Führung ist eine spezielle Machtkonstellation zu beobachten
> - Die eigentliche Führung dient als Instrument, die Unternehmensziele zu erreichen
> - Führung ist das Resultat der Interaktion der beteiligten Personen
> - Unterschiedliche Rollen charakterisieren Führungsperson und Mitarbeitende
> - Führung dient dazu, Strukturen aufzubauen und zu entwickeln

Diese Merkmale zeigen auf, dass es bei der Führung um Aspekte der Führungskraft, ihre Persönlichkeit, spezielle Fähigkeiten, ihr Handeln und Einfluss auf involvierte Personen, Hierarchiegefälle in Form von unterschiedlichen Rollen sowie um Ziele und Strukturierung geht. Die unterschiedlichsten Aspekte sind damit erwähnt, die interdisziplinäre Forschungs- und Anwendungsgebiete betreffen.

Eine für uns zentrale Definition von Führung lehnt sich an die von Weibler in Weibler und Laaser (2002) an:

> **Führung**
>
> Führung ist demnach der eigene sozial-akzeptierte Einfluss auf andere, der bei diesen ein bestimmtes Verhalten (oder eine Verhaltensänderung) auslöst, um ein bestimmtes Ergebnis oder Ziel zu erreichen.

Aus dieser Beschreibung geht v. a. der Aspekt der Zuschreibung durch die Mitarbeitenden hervor und der sozialen Akzeptanz. Führung in diesem Sinne unterscheidet sich von einer reinen Positionsautorität, die eine Akzeptanz durch die Geführten unberücksichtigt lässt.

16.2.2 Führung und Führungsstile – historische Entwicklung und neuere Ansätze

Epochen der Führungsforschung

Die systematische Betrachtungsweise mit dem Konstrukt Führung begann Ende des 19. und Anfang des 20. Jahrhunderts. Gemäß Pierce und Newstrom (2008, S. 7) zitierte Stogdill 1948 mehr als 100 Autoren, die sich ab 1904 mit Führung wissenschaftlich auseinandersetzten. In den folgenden Jahrzehnten hat sich die Anzahl der publizierten Arbeiten ständig erhöht. Diese Arbeiten können in verschiedene inhaltliche Epochen eingeteilt werden.

Als eigentlicher Wegbereiter wird oftmals der amerikanische Ingenieur Frederick Winslow Taylor genannt. Er beschäftigte sich um die Jahrhundertwende des 19. und 20. Jahrhunderts intensiv mit Fragen von betrieblichen Arbeitsrationalisierungen, um die Arbeitskraft der Mitarbeitenden maximal nutzen zu können. Stets suchte er den optimalen Weg zur Arbeitsgestaltung (Lück, 2004, S. 25–30). Seine experimentellen Vorgehensweisen, z. B. Verkürzung der Arbeitszeiten oder Änderung des Arbeitsprozesses, führten oftmals zu höherer Produktivität. Seine Betrachtungsweise der Arbeit hatte eine Zerstückelung der Arbeitsaufgaben zur Folge, die wiederum zu monotonen Arbeitseinheiten führte (Kanning, 2007, S. 30). Mitarbeitende mit weniger hohen Produktionszahlen wurden durch leistungsfähigere ersetzt. Damit wurde der Mitarbeitende zur Manipuliermasse, da Festanstellungen zur damaligen Zeit unüblich waren (Steiger & Lippmann, 2008, S. 7). Der leistungsbezogene Lohn kann als Konsequenz der Taylorstudien bezeichnet werden. Die zeitliche Phase der Taylor-Studien wird auch als Taylorismus verstanden. Dem Taylorismus lag ein **mechanistisches Menschenbild** zu Grunde. Fließbandarbeit kann als Synonym für diesen mechanistischen Ansatz bezeichnet werden.

Während der 1. Hälfte des letzten Jahrhunderts dominierte der Ansatz der Eigenschaftstheorien.

Eigenschaftstheorien

Die vorherrschende Meinung bestand darin, dass Führungskräfte mit besonderen individuellen Qualitäten ausgestattet sind, welche die Voraussetzung für eine erfolgreiche Führung darstellen. Die Vorstellung von Führungshelden mit dem **richtigen Eigenschaftenmix** dominierte die Führungspraxis. Das Menschenbild von besonders qualifizierten Führern, die fast Übermenschliches leisten konnten, schwang in dieser Epoche unterschwellig mit. Sämtliche Ansätze, welche sich Eigenschaften der Führungskräfte als Hauptargument für den Führungserfolg bedienten, wurden in diesem Eigenschaftsansatz, auch »Great Man Theory« genannt, zusammengefasst. Besonders schwierig zu verstehen ist der Eigenschaftsansatz für Personen, welche die erforderlichen Eigenschaften in ihrem Persönlichkeitsrepertoire nicht bieten können, denn Eigenschaften werden nach Neuberger (2002, S. 226) als Persönlichkeitsmerkmale bezeichnet, die zeitlich stabil, übersituativ und universell sind. Damit sind sie nur langfristig, wenn überhaupt zu entwickeln und zu verändern. Deutliche empirische Zusammenhänge zwischen allgemeinen Führungsmerkmalen und Erfolgskriterien konnten isoliert betrachtet empirisch nicht nachgewiesen werden. Die mittels Fähigkeits- oder Persönlichkeitstests bestimmten Eigenschaften fungierten in der Folge nicht länger als alleinige universelle Kriterien für den Führungserfolg. Im Speziellen ist jedoch gemäß von Rosenstiel (2006, S. 365) auf die höhere Aussagekraft von kombinierten Eigenschaften bezüglich Erfolgskriterien hinzuweisen. Führungserfolg nur mit Fähigkeits- oder Persönlichkeitseigenschaften erklären zu wollen ist heute überholt (Steiger & Lippmann, 2008, S. 41). Sie gänzlich zu vernachlässigen würde auf der anderen Seite zu kurz greifen.

Der Fokus der Führungsthematik verlagerte sich ab den 30er-Jahren des 20. Jahrhunderts von den Führungseigenschaften zum **Führungsverhalten**.

autokratischer, demokratischer und »Laissez-faire«-Führungsstil

Forscher beschäftigen sich mit der Frage nach dem optimalen typischen Verhalten von Führungspersonen, das reproduzierbar und somit den Führungserfolg herbeiführte oder zumindest seine Voraussetzung schaffte. Der Begriff des Führungsstils war geboren. Lewin, Lippitt und White (1939) unterschieden den autokratischen, demokratischen und »Laissez-faire«-Führungsstil. Im Anschluss an ihre Arbeit setzte eine umfassende Forschungstätigkeit ein.

Einen wichtigen Meilenstein stellten die von der Universität Ohio initiierten Untersuchungen dar. Mittels Fragebogenerhebungen zur Beschreibung des Führungsverhaltens konnten 2 unabhängige Dimensionen empirisch aufgezeigt werden:

<ul>
<li>Die **Aufgabenstrukturierung** oder Leistungsorientierung (engl.: »initiating structure«) und</li>
<li>die **Mitarbeiterorientierung** oder Rücksichtnahme (engl.: »consideration«).</li>
</ul>

Während Mitarbeiterorientierung häufig mit Arbeitszufriedenheit aber kaum signifikant mit Leistungskriterien korreliert, zeigt die Aufgabenstrukturierung in mehreren aber nicht allen Untersuchungen Korrelationen mit den Leistungskriterien.

situative Führung

Während Tannenbaum (1969) die Aufgabenstrukturierung und Mitarbeiterorientierung auf einem Kontinuum abbildete, präsentierten Blake und Mouton (1964) eine 2-dimensionale Lösung mit frei kombinierbaren Ausprägungen. Bis heute ist ihr Führungsstil-Gitter weit verbreitet, da es plausible und gut verständliche Aussagen über das beobachtbare Führungsverhalten macht. Sich auf das Führungsverhalten zu beschränken wird dem komplexen Gegenstand der Führung jedoch nicht gerecht. Der Führungsstil als alleiniger Faktor für die Erklärung des Führungserfolgs greift wie schon beim eigenschaftstheoretischen Ansatz zu kurz. Unberücksichtigt bleiben die **Rahmenbedingungen** der Situation. Je nach situativen Anforderungen kann ein bestimmter Führungsstil die Erfolgswahrscheinlichkeit erhöhen. Der Zusammenhang zwischen Führungsstil und Führungserfolg konnte empirisch nicht bestätigt werden (Steiger & Lippmann, 2008, S. 43).

Fiedler (1967) sowie Hersey und Blanchard (1987) als prominenteste Vertreter des situativen Ansatzes setzen den Führungsstil in Bezug zur Führungssituation. Der situative Ansatz ist als eigentliche Weiterentwicklung des eignungstheoretischen Ansatzes sowie des Verhaltensansatzes zu verstehen. Die zentrale Fragestellung lautete, welcher Führungsstil unter welchen situativen Rahmenbedingungen der optimale ist. Um eine Situation zu beschreiben wurden z. B. der Einfluss der Führungsperson, die Art der Aufgabe, die Beziehungen zwischen Führungsperson und Mitarbeitenden sowie die Charakterisierung der Teammitglieder berücksichtigt. Schließlich bleibt der situative Ansatz deterministisch und erklärt den Führungserfolg zu wenig, auch wenn mehrere Faktoren berücksichtigt werden.

transformationale Führung

In den letzten 15 Jahren setzte sich die transformationale Führung ins Zentrum der Betrachtungsweise. Besonders fokussiert sie sich auf die Dimensionen **Charisma, inspirierende Vision, intellektuelle Stimulierung und individuelle Wertschätzung**. Mit dieser Ausrichtung fördert die transformationale Führung besonders Innovationen in der Gruppe oder in Organisationen (Guldin, 2006, S. 319).

Mitarbeitende können sich besser entwickeln, sie setzen sich höhere Ziele, ohne ihre individuellen Partialinteressen ins Zentrum zu setzen. Das ist die Konsequenz eines veränderten Führungsverhaltens, das die Mitarbeitenden zu einem Erlebnis von Größe, Stärke und Erfolg führen (von Rosenstiel, 2006, S. 371). Führungskräfte, die sich der transformationalen Führung verpflichtet fühlen, lassen erweiterte

Interessen oder Bedürfnisse ihrer Mitarbeitenden zu. Sie sind im Bild, ob ihre Mitarbeitenden Support benötigen, fungieren auch ebenso als Mentor und unterstützen individuelle Entwicklungen. Diese Führungskräfte vermitteln oft neue Betrachtungsweisen von bestehenden Problemen und betonen die Wichtigkeit von rationalen Problemlösungen (Bass, 2007b, S. 304).

Wie die Schwerpunkte in der Führungsentwicklung auch gesetzt werden: Der Zusammenhang zwischen Führungskraft und Zufriedenheit sowie Leistung der Mitarbeitenden ist in zahlreichen Untersuchungen dokumentiert (Bass, 2007a, S. 8).

> **Trotz neuerer Modellvorstellungen wie der transformationalen Führung existiert eine Pluralität an Möglichkeiten zur Gestaltung von Führung und Führungsstil, die sehr intensiv auf nahezu alle Modellvorstellungen der hier im historischen Kontext skizzierten Modelle basiert.**

16.3 Tätigkeiten in der Linie und im HRM

16.3.1 Tätigkeiten der Führungspersonen

Was tun Führungspersonen eigentlich? Die empirischen Erkenntnisse weisen in eine andere Richtung, als unvoreingenommene Beobachter vermuten könnten. Von Rosenstiel (2006, S. 361) unterscheidet 8 Bereiche von Führungshandeln:

Was tun Führungspersonen eigentlich?

Checkliste: 8 Bereiche von Führungshandeln
1. Etwa 2/3 der Arbeitszeit kommunizieren Führungskräfte. Der Anteil steigt zudem noch an, wenn kommunikative Tätigkeiten wie Lesen und Schreiben dazu gezählt werden
2. Das Führungshandeln ist stark fragmentiert. Einzelne Arbeitsepisoden lösen sich häufig ab
3. Störungen von außen unterbrechen die Arbeitsepisoden
4. Die Tätigkeiten sind oftmals nicht geplant
5. Zeit für Reflexionen ist knapp
6. Meistens wird innerhalb der Linie kommuniziert, häufig mit Personen der gleichen Führungsebene, oder mit externen Partnern
7. Die Kontakte dienen der Stärkung der Netzwerkbildung und der Mikropolitik
8. Reaktionen erfolgen weniger auf offizielle oder schriftlich vorliegende Informationen, als vielmehr auf informelle, spekulative oder sogar gerüchteartige

Erst in der vertieften Klassifikation der Kommunikation taucht das HRM auf. Luthans und Rosenkrantz (1995; zit. nach v. Rosenstiel, 2006, S. 361) erwähnen neben der Routinekommunikation, der traditionellen Managementfunktionen und der Beziehungspflege im Bereich der HRM-Kommunikation die Inhalte Motivation, Disziplinierung, Belohnung, Bestrafung, Konfliktmanagement, Personaleinsatz und Personalentwicklung. Aufgrund der inhaltlichen Zuordnung ist jedoch davon auszugehen, dass diese Art von Kommunikation von den Führungskräften und nicht vom HRM, trotz der entsprechenden Bezeichnung, praktiziert wird.

3 Ebenen von Führungstätigkeiten

Steiger & Lippmann (2008, S. 116 f.) unterscheiden 3 Ebenen von Führungstätigkeiten, die im Sinne des oben formulierten systemischen Ansatzes zwischen Führungspersonen und Mitarbeitenden ablaufen: Die strukturelle, instrumentelle und prozessuale oder interaktionelle Ebene.

- Die **strukturelle Ebene** ist langfristig ausgerichtet. Sie organisiert die personellen Ressourcen innerhalb der Gesamtorganisation in Form einer Aufbau- oder Ablauforganisation.
- Die **instrumentelle Ebene** ist mittelfristig konzipiert und zielt mittels zentralen Maßnahmen wie Delegation, Führen durch Zielvereinbarung, Information, Ressourcenplanung, Qualifikation, systematische Personalentwicklung und Leistungsanreizen auf die Erhöhung der Wirksamkeit der Mitarbeitenden innerhalb ihres Aufgabenbereichs.
- Schließlich fokussieren sich die **prozessualen oder interaktionellen Führungstätigkeiten** auf kurzfristige und spontane Maßnahmen wie Interventionen in Problemlösungsprozessen, in der Beziehungsgestaltung, in der Anerkennung oder Kritik, im Feedback geben, Teamentwicklung, der Ausgestaltung von Veränderungsprozessen und in Konfliktkonventionen.

Die Führungskräfte bezwecken mit diesen Interventionen die Optimierung des Arbeits- und Beziehungsverhaltens ihrer Mitarbeitenden.

16.3.2 Tätigkeiten des HRM

Aufgaben des HRM

Das HRM hat eine Vielzahl an Aufgaben wahrzunehmen. Die traditionellen Aufgaben der Personalverwaltung mit den Themen Entlohnung, Sozialversicherung und Betreuung wurden in den letzten Jahren immer umfangreicher und sind in der Vielzahl ihrer Facetten Gegenstand dieses Herausgeberbandes. Entsprechend kurz werden sie hier genannt. Tichy, Fombrun und Devanna (1982) oder Devanna, Fombrun und Tichy (1981) haben mit dem **Michigan-Konzept** (▶ Kap. 2.5) als Teilfunktionen des HRM Personalauswahl, Leistungsbeurteilung, Belohnung/Anreize und Personalentwicklung postuliert.

Dieser Leistungskatalog wurde kontinuierlich ausgedehnt und so findet sich z. B. bei Armstrong (2006) die HR-Strategie und der Aufbau der Organisationskultur, die Organisationsgestaltung und –entwicklung, die HR-Planung, Personalselektion, Talentmanagement, »Performance Management«, Personalentwicklung und organisationales Lernen, Entlohnung, institutionelle Mitarbeiterbeziehungen (z. B. Zusammenarbeit mit Gewerkschaften und Interessenverbänden), Gesundheit, Sicherheit etc. **Personalmarketing** umfasst die gesamte Personalselektion mit der nachhaltigen Eingliederung in die Organisation (Moser & Zempel, 2006) und gehört demzufolge ebenfalls in das Tätigkeitsfeld des HRM. Noch nicht genannt ist hier das Ausgliedern von Mitarbeitenden aus der Organisation oder dem Berufsleben, beispielsweise nach Erreichen ihres Pensionsalters.

erweiterter
Leistungskatalog

16.4 Rollenverständnis von Führungspersonen und HRM

In einem Unternehmen werden – aufbauend auf den Werthaltungen des Unternehmens (Unternehmenskultur), der Organisationsstruktur und den zu erledigenden Aufgaben – verschiedene Funktionen unterschieden. Den jeweiligen Stelleninhabern (im HRM oder in einer Linienfunktion) werden von anderen Personen innerhalb und auch außerhalb der Organisation Erwartungen entgegengebracht, wie sie der Rolle als Führungskraft oder als HR-Verantwortliche/r etc. gerecht werden sollten. In einem komplexen Prozess der **Rollenübernahme** findet zwischen der Organisation und der Person eine Klärung statt, wie diese Rolle ausgestaltet werden kann (vgl. hierzu Steiger, 2008, S. 46 ff.). Obwohl in der Literatur das Rollenkonzept zweifelsohne eine systemische Betrachtung fordert, fokussiert sich die intensive Betrachtung auf eine spezifische Funktion im Unternehmen, z. B. die Konkretisierung der Rollenanforderungen an Führungskräfte oder an HR-Verantwortliche. Da die Verantwortung für das Thema »Gestaltung der Beziehung zu den Mitarbeitenden« neben den Mitarbeitenden selbst ein abgestimmtes Vorgehen der Führungskräfte und HR-Verantwortlichen erfordert, sind diese rollenspezifischen Betrachtungen aufeinander abzustimmen und spezielle Klärungen zwischen diesen beiden (Teil-) Verantwortungsbereichen vorzunehmen. Steiger (2008) hat den Begriff der Rolle definiert als Set oder Kombination an Erwartungen die verschiedene Personen an einen Positions- oder Stelleninhaber haben.

» Jemand übt also eine Rolle aus, spielt eine Rolle, wird Rollenträger, indem er als Rollenempfänger den Ansprüchen bzw. Erwartungen anderer gerecht wird und sich den Erwartungen gemäß verhält. (Steiger, 2008, S. 48). **«**

rollentheoretische
Betrachtungsweise

Dabei sind die Rollen immer als komplementär zu bezeichnen, ohne einen Rollensender gibt es keinen Rollenempfänger. Und um diese Klärung geht es im **Dreiecksverhältnis**: Mitarbeitende, HRM und Führungskraft.

Klärungsbedarf

Exemplarisch wird in den folgenden Ausführungen auf je ein Rollenmodell der Führung und des HRM eingegangen und Klärungsbedarf für die gemeinsame Wahrnehmung der Rolle »Personalmanagement« aufgezeigt.

Die Ausgestaltung der Führungsrollen führt zu einem Klärungsbedarf mit dem HRM, sind doch Facetten dieser Rollen auch im HRM angesiedelt. Zum Beispiel werden im HRM Informationsprozesse für die Mitarbeitenden gestaltet, Ressourcen mit Blick auf die individuelle Entwicklung teilweise vereinheitlicht oder in Form von Programmen verfügbar gemacht.

16.4.1 Führungsrollen

Rollen der Führungskräfte

Bereits etwas älter ist der Ansatz von Mintzberg (1973), der wesentliche Rollen der Führungskräfte beschrieb. Er hat mit seinen Untersuchungen das Thema Führungsrolle geprägt und sein Modell ist immer noch zentral, wenn es darum geht, die verschiedenen Facetten der Führungsrolle zu systematisieren und strukturieren. Er unterscheidet insgesamt 10 Führungsrollen, die er in 3 übergeordnete Rollen, die **interpersonellen** (Repräsentant, Leader, Koordinator), die **informationellen** (Informationssammler, Informationsverteiler, Sprecher) und die **Entscheidungsrollen** (Unternehmer, Krisenmanager, »Ressourcenzuteiler«, Verhandlungsführer) zusammenfasst. Eine interpersonelle Rolle, der »Leader« widmet sich spezifisch der Motivation und Anleitung von Mitarbeitenden, alle anderen haben aber auch direkten oder indirekten Einfluss auf die mitarbeiterbezogene Dimension der Führung. Beispielhaft sei die informationelle Rolle des »Informationsverteilers« genannt, aus der heraus die Mitarbeitenden z. B. umfassend und »levelgerecht« informiert und damit ins Unternehmensgeschehen integriert werden. Der »Ressourcenzuteiler« als Entscheidungsrolle ermöglicht in bestimmten Unternehmensbereichen Wachstum und Entwicklung und zwangsläufig damit an anderen Stellen nicht. Der »Unternehmer« leitet Innovation und Wandel ein und erfordert damit in der Folge bestimmtes Interesse, Know-how und Verhalten der Mitarbeitenden.

16.4.2 Rollen des HRM

Rollen des HRM

Ulrich (1996; 1999) hat die Rollen des HRM definiert und systematisiert. In neueren Arbeiten (Ulrich & Brockbank, 2005) hat er diese HR-Rollenmodelle nochmals neu systematisiert und bezeichnet. Da die ursprüngliche Einordnung sehr prägnant und praxisnah ist beziehen wir unsere weitergehenden Ausführungen auf diese Zuordnungen und Bezeichnungen. Ulrich (1996; 1999) fordert vom HRM, Partner bei der Strategieumsetzung, wirkliche Verwaltungsexperten, Verfechter von Mitarbeiteranliegen und »Change Agents« zu werden. Der **Verwaltungsexperte** sorgt mit einem reibungslosen Ablauf in der Personaladministration für eine Entlastung der Linienfunktion und bedarf in der Praxis kaum der Rollenklärung.

Als **Verfechter von Mitarbeiteranliegen** soll das HRM zum Wohle des Unternehmens und der Beschäftigten beitragen, als **strategischer Partner** die strategischen Planungen mitgestalten und umsetzen und als »**Change Agent**« Handlungsbeauftragter für den kontinuierlichen Wandel, die Kultur und die Abläufe im Unternehmen gestalten. Alle diese »neuen« Rollen greifen auch in den Verantwortungsbereich der Führung und erfordern eine Klärung zwischen HRM und Linienmanagement wie die gemeinsame Verantwortung wahrgenommen werden kann (▶ Kap. 4).

16.4.3 Die Rollen des HRM in Kooperation mit der Linie

Die Geschichte des HRM geht aus der Personaladministration hervor. Die Erwartungen an Führungskräfte sind i.d.R. vielfältig, decken im Normalfall aus der Sicht der Mitarbeitenden aber auch eher Themen ab, die direkt mit der Gestaltung der Mitarbeitendenbeziehung im engeren Sinne in Verbindung gebracht werden (z. B. Offenheit, Fairness im Umgang, kann motivieren). Klärungsbedürftig sind die sog. »neuen« Rollen des HRM, die häufig in Zeiten der Veränderung auch für die Führungskräfte an Bedeutung zugenommen haben.

Ulrich (1996; 1999) sieht die Rolle des HRM darin, sich zum »**Anwalt« der Beschäftigten** und deren Interessen in der Unternehmensführung einzubringen, als Stimme des Mitarbeitenden wird das HRM in dieser Rolle zunächst zum »Sparring Partner« der Linie.

»Anwalt« der Beschäftigten

> ❯ Die Rolle »sich zum Verfechter von Mitarbeiterinteressen« zu machen, kann hierbei zu einem Interessenkonflikt führen, v. a., wenn auf Seiten des HRM oder der Führungspersonen die Balance zwischen Erreichen der Unternehmensziele und Mitarbeiterorientierung verloren geht.

Ulrich fordert deshalb, dass das HRM neben der Interessenvertretung gleichzeitig dafür sorgt, dass der Beitrag der Beschäftigten und ihre Fähigkeiten gesteigert und die Ergebnisse erhöht werden. Ähnliche Vorstellungen finden sich bei Tyson (1985), der die HR-Verantwortlichen als Business-Partner gemeinsam mit der Linie für den Erfolg des Geschäftsfeldes verantwortlich macht. In einer Rollenklärung zwischen der Linie und dem HRM ist genau dieser Spannungsbogen zwischen »Anwalt der Mitarbeitenden« und »**Business-Partner**« zu thematisieren und im Einzelfall ist immer wieder auf die richtige Ba-

◘ Tab. 16.1 Zentrale Fragen der Rollenklärung von HRM und Linie

	Strategischer Partner	»Change Agent«	Verfechter von Mitarbeiteranliegen
Zentraler Anspruch	Unternehmensstrategie mit HR (und HR-Strategie) verbinden	Business-Transformation/ Unternehmenswandel unterstützen	Anwalt der Interessen der Beschäftigten sein
Zentrale Klärungsfrage	Welche Rolle hat das HRM in der Entwicklung und Umsetzung der Unternehmensstrategie?	Welche Rolle hat das HRM in der Gestaltung der »Change Architektur« und in der Prozessbegleitung?	Welche Rolle hat das HRM im Interessenskonflikt?
Möglichkeiten der Konkretisierung	Felder der Zusammenarbeit aufzeigen Zuständigkeiten klären		

lance zu achten (◘ Tab. 16.1). Ein typisches praktisches Beispiel sind übergeordnete Regelungen zum Umfang bezahlter Weiterbildung etc.

strategischer Partner der Linie

❯❯ **Als strategischer Partner der Linie ist das HRM gefordert, die Konsequenzen dieser Ansprüche für die Mitarbeitenden herauszuarbeiten und Handlungsfelder für die Umsetzung der strategischen Ziele aufzuzeigen (oder im Idealfall aus dieser Kenntnis heraus die Unternehmensstrategie mit zu beeinflussen).**

Das HRM kennt die Arbeitsmärkte, aus denen sich die Mitarbeitenden rekrutieren und kann aufzeigen, welchen Ansprüchen das Unternehmen gerecht werden muss, wenn es sich aufgrund der strategischen Zielsetzungen z. B. für bestimmte Personengruppen interessiert. Als Beispiel sei ein strategisches Führungsziel »**Innovationsführerschaft**« genannt, das als Zielgruppe auf dem Arbeitsmarkt Spezialisten/innen und Forscher/innen anspricht. In der Umsetzung braucht es dann innovationsförderliche Strukturen, Anreizsysteme für eine entsprechende Führungskultur. In einer Rollenklärung sollte z. B. geklärt werden, ob das HRM aufgrund seiner Fachkompetenz für die Gestaltung der Prozesse, Hilfsmittel sowie das »Employer Branding« und die Führungspersonen für die Arbeitsgestaltung, die Kommunikation in der Arbeitsgruppe etc. zuständig sind.

»Change Agent«

❯❯ **In der Rolle des »Change Agent« ist das HRM ein Handlungsbeauftragter für den kontinuierlichen Wandel. Gerade diese Rolle kommt auch den Führungspersonen zu, sie sind gefordert, die Richtung vorzugeben, den Wandel vorzuleben und entsprechende Verhaltensweisen zu unterstützen.**

In einer **Rollenklärung** ist zu definieren, wie die gemeinsame Verantwortung für das »Change Management« wahrgenommen werden kann. So schlägt Ulrich vor, dass das HRM die Abläufe und Kultur des Unternehmens so gestaltet, dass im Unternehmen Veränderungen und Wandel proaktiv gestaltet werden können. Die Kulturentwicklung eines Unternehmens ist vielfältig und auch das Linienmanagement ist gefordert, z. B. innovative Ideen zuzulassen, Freiräume einzuräumen etc. Während das HRM nach Ulrich (1996; 1999) die »Change Architektur« und die Prozessbegleitung übernehmen sollte, unterscheidet Caldwell (2001) für die Rolle des »Change Agents« weitere Dimensionen. Je nach Art des Veränderungsprozesses wird von den »HR-Professionals« gefordert, dass diese »change champions«, »change adaptors«, »change consultants« oder »change synergists« sind. Armstrong (2006) setzt die Rolle der »HR-Change-Agents« mit denen von externen Managementberatern gleich. Das mag für den Prozess der Beratung übereinstimmen (Analyse, Diagnose, Implementation, Kontrolle als Beispiel für einen Beratungsprozess). Eine Rollenklärung umfasst aber auch eine systemische Betrachtung und Klärung der Fragen der Vertraulichkeit, der Thematik, dass der Berater/die Beraterin intern arbeitet. Aufgrund bestimmter konkurrierender Ziele und Abhängigkeiten müssen die Rollen entsprechend geklärt werden. Denkbar ist auch, dass das Linienmanagement die »Change Architektur« definiert. Um sicherzustellen, dass der Prozess abgestimmt und verankert ist, sind vor einem solchen Prozess genau diese Rollenvorstellungen zu diskutieren und zu klären. In die Rollenklärung gehört auch eine klare Abgrenzung von Führungsaufgaben und entscheidungen, die im »Changeprozess« getroffen werden und nicht an das HRM übergehen dürfen (⬤ Tab. 16.1).

Ausdifferenzierung des Change Agents

Zusammenfassung: Führung verstehen und Rollenklarheit schaffen

Wenn wir die Modellvorstellungen von Führung, die Führungsstildebatte und die empirische Realität von Führungspersonen integrativ betrachten, wird klar, dass Führung

- kontextgebunden und immer im Gesamtsystem zu betrachten ist,
- auf Annahmen basiert, wie der Mensch funktioniert (und diese Annahmen hat die Führungskraft und stecken in der Unternehmenskultur),
- von der Führungskraft erfordert, dass sie in der Lage ist, die Situation und die Person einzuschätzen, d. h. diagnostische Fähigkeiten besitzt,
- ihr Verhalten entsprechend anpassen kann, d. h. ein breites Handlungsrepertoire besitzt und
- dabei als Person überzeugt, d. h. ihr Führung schlussendlich zugeschrieben wird und
- diesen Anforderungen in der Realität eines komplexen und stark zerstückelten Arbeitsalltags gerecht wird.

Diese Führungsaufgabe wird unternehmensweit durch die HR-Funktion mitgestaltet und unterstützt. Die Betrachtung der Zusammenarbeit zwischen HRM und Linie erfolgt unter Beachtung dieser Herausforderungen in der Mitarbeiterführung.

Die Schnittstellen zwischen HRM und Linie bedürfen einer Klärung. Zumeist übernimmt das HRM die Verantwortung für die übergeordneten Rahmenbedingungen auf struktureller und instrumenteller Ebene. Die interaktionelle Gestaltung der Mitarbeiterbeziehung liegt im Schwerpunkt bei der Führungskraft. In der Praxis kann die Rollenklärung grundsätzlich strategisch betrachtet und anhand konkreter Aufgaben besprochen und geklärt werden. Schlussendlich liegt es an den jeweiligen Rollenträgern im HRM und in der Linie, diese Rollen verantwortungsvoll auszufüllen, nur dann werden sie ihnen auch von den Mitarbeitenden zugeschrieben und können aktiv gestaltet werden.

Literatur

Armstrong, M. (2006). *Human Resource Management Practice* (10th ed.). London: Kogan-Page.

Bass, B. M. (2007a). Concepts of Leadership. In R. P. Vecchio (Ed.), *Leadership. Understanding the Dynamics of Power and Influence in Organizations* (pp. 3–22). Notre Dame: University of Notre Dame Press.

Bass, B. M. (2007b). From Transactional to Transformational Leadership: Learning to Share the Vision. In R. P. Vecchio (Ed.), *Leadership. Understanding the Dynamics of Power and Influence in Organizations* (pp. 302–317). Notre Dame: University of Notre Dame Press.

Blake, R. R. & Mouton, J. S. (1964). *Verhaltenspsychologie im Betrieb*. Düsseldorf: Econ.

Caldwell, R. (2001). Champions, adapters, consultants and synergists: the new change agents in HRM. *Human Resource Management Journal, 11 (3)*, 39–52.

Devanna, M. A., Fombrun, Ch. & Tichy, N. M. (1981). Human Resource Management: A Strategic Perspective. *Organizational Dynamics, Winter 1981*, 51–67.

Fiedler, F. E. (1967). *A theory of leadership effectiveness*. New York: McGraw Hill.

Guldin, A. (2006). Förderung von Innovationen. In H. Schuler (Hrsg.), *Lehrbuch der Personalpsychologie* (2. überarb. und erw. Aufl.; S. 305–330). Göttingen: Hogrefe.

Hersey, P. & Blanchard, K. H. (1987). *Management of Organizational Behavior. Utilizing Human resources* (5. Aufl.). Englewood Cliffs, NY: Prentice-Hall.

Kanning, U. P. (2007). Geschichte der Arbeits- und Organisationspsychologie. In H. Schuler & K. Sonntag (Hrsg.), *Handbuch der Arbeits- und Organisationspsychologie* (S. 27–34). Göttingen: Hogrefe.

Lewin, K., Lippitt, R. & White, R. K. (1939). Patterns of aggressive behavior in experimentally created social climates. *Journal of Social Psychology, 10*, 271–299.

Lück, H. E. (2004). Geschichte der Organisationspsychologie. In H. Schuler (Hrsg.), *Organisationspsychologie 1 – Grundlagen und Personalpsychologie. Enzyklopädie der Psychologie, Themenbereich D (Serie III, Bd. 3;* S. 17–72). Göttingen: Hogrefe.

Mintzberg, H. (1973). *The nature of managerial work*. New York: Harper & Row.

Moser, K. & Zempel, J. (2006). Personalmarketing. In H. Schuler (Hrsg.), *Lehrbuch der Personalpsychologie* (2. überarb. und erw. Aufl.; S. 69–96). Göttingen: Hogrefe.

Neuberger, O. (2002). *Führen und führen lassen. Ansätze, Ergebnisse und Kritik der Führungsforschung* (6. Aufl.). Stuttgart: Lucius und Lucius.

Pierce, J. L. & Newstrom, J. W. (2008). On the Meaning of Leadership. In J. L. Pierce & J. W. Newstrom (Eds.), *Leaders & the Leadership Process* (5th ed.; pp. 7–11). New York: McGraw-Hill/Irwin.

Steiger, T. (2008). Das Rollenkonzept der Führung. In T. Steiger & E. Lippmann (Hrsg.), *Handbuch angewandte Psychologie für Führungskräfte* (3. Aufl.; S. 35–61). Heidelberg: Springer.

Steiger, T. & Lippmann, E. (2008). *Handbuch angewandte Psychologie für Führungskräfte* (3. Aufl.). Heidelberg: Springer.

Tannenbaum, A. S. (1969). *Social psychology of the work organization*. Belmont: Wadsworth Publishing.

Tichy, N. M., Fombrun, Ch. J. & Devanna, M. A. (1982). Strategic Human Resource Management. *Sloan Management Review, 2*, 47–61.

Tyson, S. (1985). Is this the very model of a modern personell manager. *Personell Management, 26*, 35–39.

Ulrich, D. (1996). *Human Resource Champions. The next Agenda for Adding Value and Delivering Results*. Boston: Harvard Business School Press.

Ulrich, D. (1999). *Das neue Personalwesen: Mitgestalter der Unternehmenszukunft*. München: Hanser.

Ulrich, D. & Brockbank, W. (2005). *The HR Value Proposition*. Boston: Harvard Business School Press.

von Rosenstiel, L. (2006). Führung. In H. Schuler (Hrsg.), *Lehrbuch der Personalpsychologie* (2. überarb. und erw. Aufl.; S. 353–384). Göttingen: Hogrefe.

von Rosenstiel, L., Molt, W. & Rüttinger, B. (1988). *Organisationspsychologie* (7. Aufl.) Stuttgart: Kohlhammer.

Weibler, J. & Laaser, W. (2002). *Personalführung effizient gestalten*, Video. ZFE Zentrum für Fernstudienentwicklung.

Das Human Resource Management in der Beratungsrolle

Birgit Werkmann-Karcher

»Inhouse-Consulting«

»Inhouse-Consulting«, das Erbringen von internen Beratungsdienstleistungen, kann von verschiedenen Funktionen geleistet werden. Aus dem klassischen Dienstleistungsverständnis der Stabsbereiche heraus haben sich z. B. Qualitätsmanagement, Finanzen & Controlling, Informationstechnologie oder Strategie- und Organisationsabteilungen zu internen Beratern entwickelt. Auch das Human Resource Management (HRM) zählt zu den internen Funktionen, die sich der Linie z. B. als Business-Partner oder Consultant explizit beratend zur Seite stellen. Welche Beratungsformen sich dafür anbieten und wie sie handwerklich realisiert werden können, ist Gegenstand dieses Kapitels. Darin werden Beratungsanlässe, Themen und verschiedene Modelle der Beratung beschrieben. Schließlich werden ein idealtypischer Beratungsprozess und Beratungstechniken dargestellt. Die Frage der Fach- (Experten-) versus Prozessberatung wird im Zusammenhang mit Möglichkeiten und Grenzen der Beratung aus der internen Rolle heraus dargestellt.

17.1   Beteiligte in der internen HR-Beratung

In den Funktionsbezeichnungen für HR-Verantwortliche herrscht bunte Vielfalt: Sie heißen HR-Business-Partner, -Consultant, -Advisor, -Manager oder (Bereichs-) Personalleiter und beraten die untere und mittlere Führungsebene in eher operativ wurzelnden HR-Fragen oder die obere Führungsebene in strategischen HR-Themen und Veränderungsprozessen. In diesem Kapitel wird vom Business-Partner stellvertretend für alle anderen Benennungen die Rede sein. Als primärer Kunde gilt immer die Führungskraft aus der Linie. Je nach realisiertem Geschäftsmodell zählen weiter auch die Mitarbeitenden des Betreuungsbereichs dazu, für die die Türen des Business-Partners offen stehen oder eben verschlossen sind. In letzterem Fall besteht dann das Beratungsangebot für Mitarbeitende mehrheitlich aus einer Serviceberatung (Gehalts-, Versicherungs- und Rentenfragen), aus einer Beratung in Beschwerdefällen (Mobbing, sexuelle Belästigung, ungerechte Mitarbeiterbeurteilung) und aus einer Sozialberatung (Sucht-, Krankheits-, Schulden- oder Umfeldproblematiken), die hier nicht explizit beschrieben werden.

17.2   Beratung – Anlässe, Themen, Setting

Die folgende Definition umschreibt das Verständnis von professioneller Beratung, das diesem Kapitel zugrunde liegt:

> **Professionelle Beratung**
>
> Beratung ist eine Dienstleistung eines oder mehrerer Berater (letzeres wird »Beratersystem« genannt) für einen oder mehrere

Kunden (entsprechend »Kundensystem«), das auf einer tragfähigen, kooperativen, für beide Seiten als sinnhaft und zieldienlich erlebten Beratungsbeziehung gründet. Sie richtet sich an Individuen oder Organisation(seinheit)en und fokussiert Themenbereiche im Spannungsfeld Person – Rolle – Organisation – Umfeld. Die vom Kunden bestimmten Anliegen werden so bearbeitet, dass entsprechende Ziele definiert werden und der Kunde für und bei deren Erreichung vom Berater unterstützt wird. Dabei handelt der Berater in einem (meist durch Verträge) definierten Setting auf der Basis eines Beratungskonzepts und ist mit den für das Anliegen erforderlichen Beratungs- sowie evtl. Fach- und Feldkompetenzen ausgestattet. Er gestaltet den Beratungsprozess, die eigene Rolle und das Vorgehen transparent und zieldienlich (vgl. Lippmann, 2008).

In der ursprünglichen Bedeutung ist Beraten gleichgesetzt mit Überlegen, Bedenken, schließlich mit Anordnen und mit Erteilen eines Ratschlags. Um einen Ratschlag zu erteilen oder auch mit anderen Mitteln zu beraten, braucht es einen Kontakt zwischen mindestens 2 Personen, wobei es eine »ratlose« Person geben muss, deren deklarierte Ratlosigkeit die Beratung begründet. Sie ist Kunde und sieht sich einem Berater gegenüber, der etwas anzubieten hat. In der klassischen Variante ist dies tatsächlich der Rat, den er aus einem Mehr an Wissen schöpft und gegen Geld zur Verfügung stellt. Wir werden unter dem Begriff **»Expertenberatung«** darauf zurückkommen. Für Fragestellungen, die in der Problemdefinition unscharf und nicht mit eindeutigen Lösungen beantwortbar sind, hat sich ein anderes Modell der Beratung bewährt, **»Prozessberatung«** genannt (▶ Abschn. 17.3).

Beratungsanlass

Nun ist Ratlosigkeit als Beratungsanlass ein weites Feld, das eingegrenzt und geordnet werden kann. Wenn wir beim Bild der Führungskräfte als Ratsuchende bleiben, kann man zunächst einmal folgende Anlässe und Themen gruppieren (◘ Tab. 17.1).

Die Anlässe und Themen sind unterschiedlich stark mit Rolle und Person verknüpft, mit steigender Tendenz von Tabellenanfang zu Tabellenende. So kann in Projektthemen – »How to manage the **outside**« – eher beraten werden, ohne die spezifischen Verhaltensweisen, Denkmuster und Gefühle des Kunden selbst zu thematisieren. Was nicht gleichbedeutend ist mit einer Empfehlung, es so bzw. *nur* so zu tun. Aber es kann funktionieren, denn der Beratungsanlass liegt »im Außen«, und dort kann man gemeinsam mit dem Kunden daran arbeiten. Wenn dagegen der Beratungsanlass im Kunden selbst liegt, es also um »How to manage the **inside**« geht, muss zwangsläufig über Grundannahmen, Gefühle, Werte, Verhalten und seine Wirkungen gesprochen werden. Dann wird die Beratungsbeziehung dichter, näher, es wird persönlich. Unter welchen Bedingungen eine solche Nähe in internen Beratungsbeziehungen angeboten werden sollte und auch

◘ **Tab. 17.1** Anlässe und Themen für Führungskräfteberatung

Anlässe	Themen
Komplexe Führungsaufgabe (wiederkehrend)	Vorgehensplanung, -steuerung und -optimierung bei wiederkehrenden Aufgabenstellungen *(z. B. bzgl. HRM: Aufarbeitung von Klimabefragungen, Performance-Management-Prozess)*
Komplexe Führungsaufgabe im Kontext von Veränderung	Standortbestimmung/Diagnose; Vorgehensplanung/ Prozessdesign; Maßnahmenumsetzung bei komplexen und neuartigen Aufgabenstellungen *(z. B. bzgl. HRM: Strategieumsetzung, Organisationsveränderung und »Change Management«)*
Schwierige Führungssituationen	Bearbeiten von schwierigen, herausfordernden, belastenden Führungssituationen, Entscheidungskonflikten *(z. B. bzgl. HRM: Konflikte in der Abteilung, hohe Fluktuation im Bereich, Schlüsselperson mit extremen Leistungsschwankungen)*
Qualifikationsbedarf	Erweitern des Wissens- und/oder Verhaltensrepertoires in bestimmten Themen und Methoden: – im Umgang mit anderen (z. B. Gestaltung von Gesprächen, Verhandlungen) – mit sich selbst in der Arbeit
Neue/veränderte Führungsrolle	Führungsrolle und Anforderungen relevanter anderer reflektieren; Rollenkonflikte erkennen und lösen; Rolle kongruent und wirksam gestalten
Rückmeldungsbedarf über Außenwirkung	Prüfen und Erweitern des Selbstbilds durch Feedback; Erhöhen der Bewusstheit für Wirkung eigenen Verhaltens auf andere
Berufliche Krisen, Belastungsreaktionen	Bearbeitung persönlicher Sinn-, Identitäts-, Berufs- und Lebensplanungsfragen im Kontext der Organisationsrolle, persönlich belastender Ereignisse, Krisen (Arbeitskrisen)

gesucht wird, ist gut zu überlegen. In diese Überlegungen muss die Erfahrung darüber einbezogen werden, dass sich in den »Outside«-Perspektiven auch – vielleicht beratungsrelevantes – »Inside« zeigt.

Settings der Beratung

Mit den Führungsstufen werden die Inhalte variieren, die zu den Beratungsanlässen gehören und berichtet werden. Mit den Inhalten variieren auch die Größe des Kundensystems und die dann erforderliche Form der Beratung. Der Business-Partner als interner Berater wird sich also bei verschiedenen Beratungsanlässen fragen, wer zum Kundensystem gehört und in welchen Formen oder Settings der Beratung gearbeitet werden müsste, damit die Beratung wirkungsvoll sein kann.

Beispiel

1. Drei bislang autonom operierende IT-Abteilungen einer Organisation sollen auf Prozess- und Instrumentenebene synchronisiert und auf struktureller Ebene zentralisiert werden. Das Projekt ist anspruchsvoll und erfordert die Kooperation vieler. Der Projekterfolg ist politisch sehr bedeutsam. Die verantwortliche IT-Leiterin hat

einen klaren Projektfahrplan und vor einigen Aufgaben besonderen Respekt. Sie möchte einen Besprechungstermin, um die Möglichkeiten weiterer Unterstützung professionell abzuklären.

2. Ein Bereichsleiter möchte für eines seiner Teams besondere Unterstützung. Nach einer Periode hoher Fluktuation hat sich das Team inklusive Teamleitung nahezu rundderneuert. Der Bereichsleiter sieht in der Integration von neuen und alten Teammitgliedern und in der gemeinsamen Ausrichtung auf die Teamziele die beiden vorrangigen Herausforderungen. Er möchte eine Beratung darüber, wie diese Herausforderungen optimal zu bewältigen sind.

3. Ein Projektmanager hat sich intern auf eine Stelle mit höherer Verantwortung beworben und wurde abgelehnt. Die Ablehnungsgründe sind ihm bekannt, wenn auch nicht gänzlich nachvollziehbar. Er möchte einen Beratungstermin um herauszufinden, was er tun muss, um nächstes Mal erfolgreich zu sein.

Im 1. Beispiel präsentiert sich zunächst nur eine Person mit dem Anliegen nach Unterstützung. Damit ihr Projekt gelingen kann, ist aber der Einbezug vieler weiterer betroffener Personen notwendig, deren Interessen, Meinungen und Ideen für eine wirkliche Kooperation zu berücksichtigen sind. Das Kundensystem besteht also aus weit mehr als nur einer Person, und es ist eine Aufgabe in der Beratung, das Kundensystem zu erfassen und hinsichtlich der Interessen zu ordnen. Die Beratungsform ist die der Organisationsberatung, und im Kontext der Veränderung geht es um »**Change Management**«. Gefragt ist typischerweise die Arbeit mit verschiedenen Gruppierungen und Ebenen. Daraus ergibt sich die Notwendigkeit eines planerischen Überbaus (Prozessarchitektur, Beratungsdesign) für die effektive Steuerung der einzelnen Beratungssituationen. Auf welcher Ebene der Business-Partner hier seine Beratung ansiedelt und begrenzt, ist eine Frage persönlicher Kompetenzen und Präferenzen wie auch des HR-Geschäftsmodells.

> **Organisationsberatung**

Im 2. Beispiel geht es um die Arbeitsfähigkeit eines Teams als Subsystem innerhalb der Gesamtorganisation. Zum Kundensystem gehören neben dem Bereichsleiter zunächst das Team und dessen Leitung. Der Bereichsleiter kann als Einzelperson darin beraten werden, wie das Team seine Herausforderungen – unter anderem auch durch Unterstützung des Bereichsleiters – bewältigen kann. Sinnvollerweise wird aber das Team inklusive Leitung direkt beratend darin unterstützt, zusammenzufinden und die Teamziele gemeinsam zu verstehen, um sich auf deren Erreichung optimal ausrichten zu können. Das wird im Setting **Teamentwicklung** geschehen, das in ▶ Kap. 19 beschrieben wird.

> **Teamentwicklung**

Im 3. Beispiel verweist die Anfrage auf eine Einzelberatung, die aus einem irritierenden Feedback resultiert, das verarbeitet werden will. Während Einzelberatung allgemein jedes Setting der Beratung zwischen 2 Personen beschreibt, grenzt der Begriff **Coaching** die Zielgruppe und Zielfelder der Beratung ein (vgl. Lippmann, 2009):

> **Einzelberatung, Coaching**

> **Coaching** wird hier als Einzelberatung von Rollenträgern in Organisationen im Themenbereich Person – Rolle – Organisation und Arbeit verstanden.
> **Organisationsberatung** ist die Beratung einer Organisation (seinheit) in der Entwicklung von Strategie, Struktur und/oder Kultur. **Organisationsentwicklung** beachtet bestimmte Prinzipien wie Partizipation, rollende Planung, Langfristigkeit in der Begleitung von Entwicklungsprozessen der Organisation (seinheit), die ihrerseits wiederum auf Strategie, Struktur, Kultur bezogen sind.
> »**Change Management**« befasst sich ebenfalls mit Strategie, Struktur, Kultur, fokussiert in beratender Hinsicht aber erfolgversprechende Vorgehensweisen im Veränderungsprozess.
> **Teamentwicklung** ist eine Variante der Organisationsentwicklung, die sich auf das Team konzentriert und es unter Beachtung seiner Einbettung im System darin unterstützt, seine Ziele zu verstehen und zu erreichen und dabei unterstützende Formen der Zusammenarbeit zu entwickeln.

Während im Coaching der Kunde also von Anfang an klar bezeichnet ist, ist dies bei der Organisationsberatung zu Anfang oft nicht so klar. Die Eintrittspforte wird aber immer eine einzelne anfragende Person sein, und im Szenario, das diesem Kapitel zugrunde liegt, ist es die Führungskraft, die vom Business-Partner betreut wird.

17.3   Beratungsmodelle

Es gibt verschiedene Modelle von Beratung, die in ihren Voraussetzungen variieren. Sie beschreiben Grundannahmen, Verantwortlichkeiten, Aufgaben oder Verhaltensweisen von Beratern. Sie zeigen die Vielfalt an Wahlmöglichkeiten, die sich aufgrund persönlicher Stilpräferenzen sowie verschiedener Beratungsanlässe und -themen eröffnen.

17.3.1   Beratungsmodelle nach Schein

Eine klassische Unterscheidung in 3 Grundmodelle von Beratung geht zurück auf Ed Schein (2003, urspr. 1969), (◻ Tab. 17.2).

Man kann alle 3 Modelle in der Einzel- wie auch in der Organisationsberatung realisieren. Die Vorannahmen, auf deren Basis man operiert, sind letztlich entscheidend: im Experten- und im Arzt-Patienten-Modell wird die Last des Problems von den Schultern des

Experten-,
Arzt-Patient-,
Prozessberatung

> **Tab. 17.2** Drei Beratungsmodelle. (Nach Schein, 2003)

	Expertenmodell	Arzt-Patienten-Modell	Prozessberatung
Leitgedanke	Kunde weiß genau, was das Problem ist, wie die geeignete Lösung aussieht und welche Lösungsstrategie er verfolgen möchte. Diese lässt er vom Experten durchführen, der ihm dafür sein Expertenwissen und seine Zeit zur Verfügung stellt	Der Kunde kann beschreiben, dass und wo der Schuh drückt, aber er weiß nicht, warum und hat auch keine Lösungsidee. Der Berater liefert ihm die richtige Diagnose und die Lösung	Der Kunde hat ein Problem, und der Berater hilft ihm dabei, die Ereignisse im internen und externen Umfeld besser wahrzunehmen, zu verstehen, darauf zu reagieren und Strategien für Lösungen zu entwickeln. Die Verantwortung für Problem und Lösung bleibt beim Kunden
Voraussetzung	Problem ist vom Kunden richtig diagnostiziert und dem Experten deutlich klargemacht worden. Problemlösung wird beim dafür geeigneten Experten abgerufen. Die Konsequenzen dessen, dass der Berater die Lösungsstrategie eigenständig und losgebunden umsetzt, sind dem Kunden klar	Der Bereich der Beschwerden ist vom Kunden richtig eingegrenzt worden. Genaue Auskünfte für den Diagnoseprozess sind erhältlich und werden auch preisgegeben. Diagnose und empfohlene Maßnahmen werden verstanden. Kunde ist fähig und gewillt, die Maßnahmen umzusetzen	Kunde hat ein Anliegen/ Problemempfinden, weiß aber nicht, was genau verbessert werden kann und wie. Das Problem ist unscharf und unklar, die Lösung ebenso. Kunde kann und will sich am Diagnose- und Lösungsprozess beteiligen und dabei lernen, das nächste Problem selbst zu diagnostizieren und zu lösen. Für ggf. benötigte Fachexpertise können Experten beigezogen werden
Beispiel	GL plant die Implementierung einer Erfolgsbeteiligung und beauftragt HRM, eine »Bestpractice«-Lösung auf der Basis eines Branchen-«Benchmarks« zu entwickeln	GL beauftragt HRM, in einem Problembereich eine Analyse der Führungseffektivität und MA-Zufriedenheit durchzuführen und ihr die Resultate und Empfehlungen für Verbesserungen vorzulegen	GL beauftragt HR, eine Strategieumsetzung mit Auswirkung auf Struktur und Kultur so zu unterstützen, dass Leistungseinbrüche möglichst vermieden werden können

Kunden genommen und beim Berater aufgeladen. Die Prozessberatung belässt das Problem beim Kunden.

> Das Modell **Prozessberatung** wird von der Überzeugung getragen, dass Wissen für die Problemlösung nicht transferiert werden muss, sondern bereits im System bzw. beim Kunden vorhanden ist. Dort wird es aber nicht wahrgenommen, weil blinde Flecken die Lösung verdecken oder bestimmte Denkschemata Problem erhaltend wirken, aber nicht aus eigener Kraft durchbrochen werden können.

Der Beitrag der Prozessberatung besteht dann darin, den Kunden zu Meta-Reflexion anzuregen, die ihm erlaubt oder auch zumutet, seine Grundannahmen in Frage zu stellen. Damit eröffnet sich

»Single-loop«-Lernen
»Double-loop«-Lernen

der Weg vom sog. »Single-loop«-Lernen, wie es im Experten- oder Arzt-Patient-Modell stattfindet, hin zum »Double-loop«-Lernen (vgl. Argyris, 2004). Beim »Single-loop«-Lernen geht es darum, ein Problem zu lösen, indem man den Fehler entdeckt und korrigiert und damit entweder etwas wieder zurechtrückt oder eine Lücke durch Neues überbrückt. Welche zugrunde liegenden Annahmen, Prinzipien und Werte zur Entstehung des Problems beigetragen haben, steht außerhalb der Betrachtung. »Double-loop«-Lernen setzt voraus, nach den Grundannahmen und Werthaltungen zu fragen, die zur Problementstehung beigetragen haben. Derlei Erkenntnisse können auch auf andere Konstellationen übertragen werden, womit die Lernfähigkeit des Kunden gestärkt und gleichermaßen das Angewiesensein auf den Berater reduziert wird.

17.3.2 Beratungsmodelle nach Lippitt und Lippitt

In einer weiteren, auf Lippitt und Lippitt (1999) zurückgehenden Unterscheidung von Beratungsstilen werden Beraterrollen entlang der Achse »direktives – nondirektives Beraterverhalten« angeordnet (◘ Abb. 17.1).

Das Ausmaß der Aktivität, die vom Kunden bzw. Berater ausgeht, ist in dieser Rollentypologie das unterscheidende Merkmal. In diesem Verständnis wird nicht eine einzige Rolle dauerhaft realisiert, sondern sie können je nach persönlicher Kompetenz, Beratungsphase und Kundenbedürfnis immer wieder gewechselt werden. Gleichwohl wird es Vorlieben geben, die sich auf eine bestimmte Bandbreite des Spektrums reduzieren lassen. Betrachten wir einige dieser Beraterrollen näher:

Anwaltsrolle, Experte,
Mitarbeiter an
Problemlösungen,
Prozessberater, Beobachter

Die **Anwaltsrolle** als Beraterrolle ist die des absichtsvoll beeinflussenden Beraters, sei es bezogen auf Inhalt oder Prozess. Es mag Situationen geben, in denen eine so offensichtliche Beeinflussung auch indiziert ist. So kann es vorübergehend Sinn machen, das Kundensystem deutlich zu beeinflussen, wenn es äußerst destabilisiert und aufgrund dessen zu keiner Handlung oder Entscheidung fähig ist. Krisen gehen mit derlei Begleiterscheinungen einher und sind Kandidaten für das Vorfinden dieser Beraterrolle. Die Herausforderung liegt dann wie bei jedem anderen Rollenwechsel darin, nach einer so direktiven Rollengestaltung wieder andere Verantwortungsverteilungen einzuführen. Der **Experte** macht prozessbezogene und inhaltliche Vorschläge. Mit Letzterem ist Zurückhaltung angebracht. Inhaltliche Vorschläge sind Ratschläge, die Kunden manchmal verzweifelt suchen, weil es so entlastend ist, wenn der Experte sagt, wie man es richtig macht. Handelt der Berater über die Zeit immer aus dieser Rolle heraus, bauen sich aber einige Probleme auf: der Kunde durchläuft keinen Lernprozess bei der Problembearbeitung. Weiter wird der Kunde – auch wenn er das »eigentlich« so wollte – in seiner Problemlösungsfähigkeit und auch -verantwortung nicht gewürdigt.

Beobachter	Prozess-berater	Fakten-ermittler	Erkenner von Alternativen	Mitarbeiter an Problem-lösungen	Trainer	Experte	Anwalt
Stellt Fragen, die zum Überlegen anregen	Beobachtet Prozesse der Problemlösung und gibt Feedback	Sammelt Daten zur Erhellung von Sachverhalten und regt zur Interpretation der Daten an	Sucht nach Alternativen und Hilfsmitteln für den Klienten und hilft ihm, Konsequenzen einzuschätzen	Schlägt Handlungs-möglichkeiten vor und entscheidet mit	Trainiert	Prüft, überdenkt und liefert grund-legende Ent-scheidungen oder praktische Anweisungen	Schlägt Ver-fahrensweisen vor, überredet oder lenkt den Problem-lösungs-prozess

Nondirektives Beraterverhalten
Aktivität beim Klienten

Direktives Beraterverhalten
Aktivität beim Berater

◻ **Abb. 17.1** Beraterrollen. (Nach Lippitt & Lippitt, 1999)

Im weiteren Verlauf werden sich die Ratschläge des Experten als nicht hundertprozentig treffsicher herausstellen. Das ist der desillusionierende Moment, in dem der Berater Vorwürfe bekommt und vielleicht sogar seinen Auftrag verliert. Falls es sich um einen sehr höflichen Kunden handelt, wird es keine Vorwürfe geben, sondern die Beratungsbeziehung wird sich verändern. Der Berater wird den Entzug der zugeschriebenen Expertenmacht bzw. den sublimen Widerstand gegen die nächsten Interventionen spüren. Beratung braucht also auch andere Rollen, von denen der **Mitarbeiter an Problemlösungen** eine sehr ausgeglichene Aktivität auf beiden Seiten beinhaltet. Der Berater regt Ideen und Interpretationen an, arbeitet und entscheidet in den verschiedenen Phasen kollegial mit. Der Kunde kann dadurch Zeit und Mittel sparen. Die passive Variante in den sichtbaren Problemlösungsaktivitäten spielt auch hier der **Prozessberater**: er sammelt Informationen und arbeitet mit dem Kunden an der Erweiterung dessen Wahrnehmungs-, Interpretations- und Problemlösungsfähigkeiten, die er durch das Verarbeiten des Feedbacks in der gemeinsamen Diagnosephase stärkt. Der **Berater als Beobachter** arbeitet nur mit dem Mittel der Beobachtung und der darauf basierenden reflektierenden Fragen an den Kunden. Diese Beratungsrolle setzt allerdings die Bereitschaft des Kunden voraus, sich Beobachtung und mitlaufender Beurteilung vertrauensvoll auszusetzen.

17.3.3 Wie soll der Business-Partner beraten?

Schein (2003, S. 38) empfiehlt, eine Beratung immer im Prozessberatungsmodus zu beginnen, bis genügend Informationen gesammelt

Beginn im Prozessberatungsmodus

gut definierte Probleme, schlecht definierte Probleme

sind, um die am besten geeignete Beratungsrolle zu wählen. Für Probleme vom Typus »gut definiert« (klare Ausgangslage, Problem definierbar, Ziel klar, Lösung klar) ist Expertenberatung sinnvoll. Ein klar definiertes Problem bei fehlender Lösung wiederum spricht für das Arzt-Patienten-Modell. Sobald aber Probleme vom Typus »schlecht definiert« vorliegen (unklare Ausgangslage, undefiniertes Problem, evtl. unscharfes Ziel und fehlende Lösung), ist der Prozessberatung klar der Vorzug zu geben.

Übertragen auf die HR-Bratungsthemen bedeutet dies, dass man grundsätzlich mit einer Mischung verschiedener Problemtypen selbst innerhalb eines Beratungsauftrags rechnen muss. Je operativer die Fragen ans HRM werden, desto stärker wird Expertenberatung gesucht, die nicht durch Prozessberatung ersetzt werden kann (Bsp.: Wie bekommen wir einen ukrainischen Professor am schnellsten unter Vertrag, wenn er seinen Arbeitsort in der Schweiz und seine Wohnort in Frankreich haben wird?).

Pendelbewegungen

Sutrich und Schindelbeck (2005, S. 279) glauben, dass eine Person zumindest in einfacheren Veränderungsprojekten beide Beratungsmodelle durch einen schnellen Fokuswechsel integrieren kann. Man muss dazu lernen, die beiden Kompetenzen zu verbinden. Gefragt sind also die bewussten Pendelbewegungen zwischen den Schein'schen Modellen bzw. den Lippitt'schen Stilen, die es auszuprobieren und zu üben gilt. Dieses Pendeln zwischen geringerer und stärkerer Direktivität eröffnet zwar erst die Palette aller Möglichkeiten, ist aber auch äußerst herausfordernd und anstrengend. Es setzt klares Rollenbewusstsein und mithin hohe Reflexionsfähigkeit beim Business-Partner und die Möglichkeit zur Metareflexion beider Beteiligten über den Beratungsverlauf voraus. Grundlage dafür ist die Klärung der Aufgaben- und Verantwortungsteilung in der Kontraktphase (▶ Abschn. 17.4.2).

17.4   Phasen eines Beratungsprozesses

Ablauf einer Beratung

Unabhängig von den realisierten Beratungsformen oder -rollen kann man Beratung idealtypisch in einem Ablauf beschreiben, der sich von der 1. Kontaktaufnahme bis zum Abschluss der Beratung vollzieht und in Phasen beschreiben lässt. In internen Beratungsmandaten verwischen die Phasen oder werden anfangs auch gerne einmal übersprungen, wenn und weil man sich bereits kennt. Dabei wird unterschätzt, wie wichtig es für den Erfolg der Beratung ist, die Anfangsphasen inhaltlich sauber abzuarbeiten.

Der Beratungsprozess (◘ Tab. 17.3) wird in Anlehnung an Lippitt & Lippitt (1999) dargestellt.

Diese Phasen in der hier beschriebenen Segmentierung werden v. a. in Organisationsberatungsverläufen zu finden sein. In Einzelberatungen/Coachings hingegen besteht die Diagnose oftmals aus einem wunschfokussierten Vergleich zwischen Ist und Ideal, was be-

17

◧ Tab. 17.3 Phasen eines Beratungsprozesses. (In Anlehnung an Lippitt & Lippitt, 1999)

Phase	Inhalte
1) Kontakt und Sondierung	Kennenlernen und Feststellen grundsätzlicher Arbeitsfähigkeit miteinander (»Joining«) Verständnis der Ausgangslage/Hintergrund des Beratungsanlasses Erste Problem- und Zielformulierungen
2) Kontrakt	Formulieren des Kontrakts: Vereinbarung über Beratungsziel und Verantwortlichkeiten sowie Kontextbedingungen (Geld, Zeit, Ort) zwischen beauftragendem Kunden und Berater
3) Diagnose	Situationsanalyse (Datensammlung) Daten-Rückspiegelung und –Interpretation Evtl. Re-Formulierung der Zielsetzung Erarbeiten von Interventionsvorschlägen Vereinbaren nächster Schritte (Intervention)
4) Intervention	Durchführung der aus der Diagnose abgeleiteten Maßnahmen
5) Erfolgskontrolle und Stabilisierung	Einsetzen von Varianten der Erfolgskontrolle in der Zielerreichung (ggf. zurück zu Diagnose) Entwickeln von Ideen oder Plänen zur Sicherung des Erreichten Planung der Zeitpunkte für periodische Überprüfungen
6) Auswertung und Abschluss	Auswertung der Arbeit und Zusammenarbeit/»lessons learned« Markanter Abschluss

Kompetenz- und lösungsorientierte Beratung

In diesem Beratungsansatz (vgl. Schmidt, 2005) wird auf eine Trennung zwischen Diagnose und Intervention durch rasche Zielfokussierung verzichtet (»*Was wäre ein gutes Ergebnis, woran würden Sie merken, dass die Entwicklung stattgefunden hat, für die Sie diese Beratung einsetzen?*«). In der Regel folgt dann automatisch eine Schilderung des Problemerlebens (»*Ja, es ist so, ich suche Beratung, weil …*«), das gewürdigt werden will, bevor man wieder Bilder eines erwünschten idealen Zielzustandes belebt. Aus der Ausarbeitung des Zielbildes kann über das Erinnern von Ausnahmen (*als es einmal so war wie gewünscht*) oder das Fokussieren auf Lösungserleben (*wie es – detailliert beschrieben – wäre, wenn ….*) die Lösung entwickelt werden. Der Übergang zur Intervention ist hier fließend, und veränderte Zielsetzungen als »Nebenprodukt« eines Erkenntnisprozesses haben in solchen Beratungsansätzen problemlos ihren Platz.

reits eine äußerst hilfreiche Intervention sein mag. Dies wird im Exkurs zur lösungsorientierten Beratung dargestellt (▶ Kompetenz- und lösungsorientierte Beratung).

17.4.1 Kontakt

Typischerweise kommt eine telefonische oder schriftliche Bitte um Kontaktaufnahme vom Kunden, die bereits einige Stichworte zum Anliegen enthält. Der Berater wird im Kontakt mit dem Kunden klären, worum es geht, wann ein Sondierungsgespräch möglich sein wird und wer daran allenfalls noch teilnehmen wird. Er wird sich auch überlegen, was er über relevante Ereignisse und die Kultur in diesem Bereich weiß und was für ihn wichtig sein wird zu beachten und zu erfragen, wenn das Sondierungsgespräch folgt.

> **Checkliste: Vorbereitungsfragen an den Berater vor dem Sondierungsgespräch**
> 1. Was weiß ich bereits über den Kunden und sein Umfeld? Was bedeutet mir dieses Vorwissen? Was wird dadurch für mich leichter, was wird schwieriger, und worauf achte ich?
> 2. Was sind meine unverzichtbaren Bedingungen, damit ich gut beraten kann? Was werde ich aufgrund dessen im Sondierungsgespräch ansprechen?
> 3. Was sind weitere Wunschbedingungen, für die ich sorgen möchte?
> 4. Was kann ich anbieten?
> 5. Was werde ich nicht anbieten und nicht übernehmen?
> 6. Welche frühere »lesson learned« fällt mir hier ein – warum auch immer ….

Die Kontaktphase kann aber auch umgekehrt stattfinden: der Business-Partner sieht aufgrund seines Kenntnisstands (z. B. aus der Analyse von Austrittsgründen) oder bevorstehender Aufgaben im Bereich Beratungsbedarf, den er dann verkaufen muss. In diesem Fall wird er den Kontakt initiieren und ein Sondierungsgespräch anregen. Er

muss ein **Argumentarium** zusammenstellen, um dem potenziellen Auftraggeber

- verständlich zu machen, wieso er ihm eine Beratung anbietet: worin sieht der Berater eine Herausforderung oder ein Problem, und wie kann er dieses Problem so schildern, dass der potenzielle Auftraggeber nicht in eine Abwehrhaltung gerät?
- klar zu unterbreiten, was er anbieten kann unter welchen Voraussetzungen: worin besteht die Beratung, an wen richtet sie sich, wer müsste welchen Einsatz bringen, und wer würde welche Verantwortung tragen?
- deutlich zu machen, wie dieses Angebot dem potenziellen Auftraggeber zum Vorteil wird: welche Ergebnisse können auf jeden Fall/im günstigsten Fall in Aussicht gestellt werden, was ist der Vorteil gegenüber dem Nichtstun in dieser Sache (und auch hier: wie kann das dargestellt werden, ohne Abwehr aufgrund drohenden Gesichtsverlustes zu erzeugen)?

In beiden Fällen folgt das Sondierungsgespräch, in dem die Ausgangslage betrachtet, die vorläufige Problemdefinition des Kundensystems (Auftraggeber plus ggf. weitere Kunden) und das gewünschte Ziel erhoben werden. Natürlich wird auch beidseitig geprüft, ob man »miteinander kann« – wobei in interner Beratung die gegenseitige Wahl unter insofern erschwerten Bedingungen stattfindet, als man sich nicht mit fadenscheinigen Gründen voneinander trennen kann. Der Berater wird weiter ein mögliches Vorgehen zur Diagnosestellung vorschlagen und man wird vielleicht nochmals zusammenkommen, um bei komplexen Aufgaben über einen unterdessen erarbeiteten Vorgehensvorschlag erneut oder in erweiterter Besetzung zu verhandeln.

Ausgangslage betrachten

17.4.2 Kontrakt

Die Ergebnisse der Sondierung werden meist per **Beratungskontrakt** festgehalten. Ein Beispiel findet sich in ◘ Tab. 17.4.

Bei umfassenden Beratungen mit ausgeprägtem Projektmanagementcharakter müssen derlei Kontrakte mitunter noch detaillierter ausgearbeitet werden (z. B. Vetter, 2008). Umgekehrt kann es auch ein Novum in der Organisation sein, für Beratungen überhaupt schriftliche Vereinbarungen zu erstellen. Empfehlenswert ist es auf jeden Fall, die in den einzelnen Rubriken aufgeworfenen Fragen so weit möglich zu klären und das Ergebnis schriftlich festzuhalten. Das kann auch weniger formgebunden durch eine Ergebnis-E-Mail an den Auftraggeber mit der Zusammenfassung der wichtigsten im Kontraktgespräch vereinbarten Punkte geschehen.

Wichtig ist weiter die Klärung über die **Zusammensetzung des Kundensystems**. Im Coaching ist z. B. eine einzige Person Kunde und, falls sie entsprechende Budgetverantwortung hat, auch ihr eigener Auftraggeber. Sie gilt als **Primärkunde** (vgl. Schein, 2003), der das Problem identifiziert hat, dem es gehört und der folglich für dessen Lösung bezahlt. Im »Contracting« ist es wichtig, mit dem Primärkunden die Beauftragung zu klären und mindestens Rahmenziele zu vereinbaren. Wenn weitere Kunden dazu kommen, wie z. B. die Teammitglieder aus Eingangsbeispiel 2, muss auch mit ihnen ein Kontrakt geschlossen werden, und zwar auf inhaltlicher Ebene. Eine sinnstiftende inhaltliche Arbeitsvereinbarung mit anwesenden Beteiligten ist eine notwendige Voraussetzung für gelingende Beratung. Dazu bedarf es transparent kommunizierbarer Rahmenziele.

Beratungskontrakt

Primärkunde

☐ **Tab. 17.4** Beispiel eines schriftlichen Beratungskontrakts

Beratungsvereinbarung zwischen und	Auftraggeber/in .... Berater/in ....
Ausgangslage bzw. Beratungsanlass	
Ziel(e), Erfolgskriterien und geschätzter Zeitaufwand	
Verantwortlichkeiten Berater/in, Auftraggeber/in	
Aufgaben/Vorgehen (wer, was, bis wann)	
Rückkoppelung von Ergebnissen (wer an wen, wann und wie) und Vertraulichkeitsregelung	
Kosten	
Datum, Unterschriften	Auftraggeber/in Berater/in

17.4.3 Diagnose: Datensammlung, Rückspiegelung und Interpretation

Datensammlung und –analyse

Eine Diagnose der Ausgangslage bzw. des Problems zu generieren, bedeutet in sozialen Systemen nichts anderes als eine Datensammlung und -analyse vorzunehmen. Das kann auf 3 Arten stattfinden:
- Befragung schriftlich (mittels Fragebögen, psychologische Testverfahren) oder mündlich (Einzel- oder Gruppeninterviews),
- Beobachtung (z. B. einer Sitzung) oder
- Dokumentenanalyse (Zusammenstellung und Durchsicht relevanter Unterlagen wie z. B. Kennzahlen, Statistiken, Broschüren).

Je nach Beratungsanliegen ist es für die Diagnose nötig, dass der Berater das Kundensystem über seinen primären Kunden hinaus erweitert. Dann ist es wichtig zu beachten, dass daraus resultierende Interessen und Ansprüche für die Beteiligung an weiteren Schritten geklärt werden.

Während der Berater die Datenanalyse im Falle einer schriftlichen Befragung alleine aufbereiten kann, sollte er aber die Interpretation der Daten gemeinsam mit dem Kunden vornehmen. Sonst besteht die Gefahr, wie es im Experten- und im Arzt-Patienten-Modell geschehen kann, dass die Bedeutung und Schlussfolgerung aus den Daten für den Berater sonnenklar ist, vom Kunden aber nicht nachvollzogen und daher offen oder verdeckt abgelehnt wird.

Der Kunde weiß also, wofür Daten erhoben werden, und kann die rückgespiegelten Daten unter Anleitung des Beraters in Bezug auf Zielsetzung und Problemdefinition interpretieren. Aufgabe und Mehrwert des Beraters in diesem Prozess ist neben der Moderation die Beobachtung und Rückmeldung seiner Eindrücke. Das kann er fragend (»Wie kam es, dass …?«) oder konfrontierend (»Sie haben …!«) tun.

Diagnoseprozess

Der **Diagnoseprozess** kann mit verschiedenen Methoden und Techniken gestaltet werden, wiederum in Abhängigkeit der Zielsetzung und der Größe des Kundensystems (▶ Abschn. 17.5). Die im Beratungsablauf idealtypische Trennung zwischen Diagnose und Intervention verwischt in der Praxis häufig. Schein (2003) weist darauf hin, dass in der Prozessberatungsphilosophie jede Diagnose bereits eine Intervention darstellt. Daraus ist nicht abzuleiten, dass man sich nicht um das Sammeln von Information zur Benennung eines Problems kümmern sollte. Vielmehr muss die Schlussfolgerung darin bestehen, nicht zu erwarten, dass erst nach Abschluss einer Diagnose Veränderung passieren kann oder darf.

❯ Oft liegt ein entscheidender Beitrag zu einer Problemlösung in der Konfrontation mit diagnostischen Eindrücken.

17.4.4 Intervention

Die Interventionsphase muss nicht zwingend als eigenständige Phase markant in Erscheinung treten. Hier wird das stattfinden, was aufgrund der Diagnose und der Lösungsideen empfehlenswert erscheint.

Beispiel

Der Projektmanager aus dem Anfangsbeispiel wurde an einen externen Coach vermittelt. Ein 360°-Feedback hatte zuvor gezeigt, dass er seine Entscheidungsfähigkeit und -sicherheit verbessern sollte. Dazu bieten sich eine Reihe an Interventionen an. Zum Beispiel im Gespräch mit den Mitteln des Fragens, Beobachtens und des konfrontierenden Feedbacks Entscheidungssituationen »von draußen« durcharbeiten (Ist vs. Ideal); Entscheidungstechniken besprechen; selbst erlebte Beispiele für ein gutes Maß dieser Qualitäten suchen; relevante Glaubenssätze und Antreiber aufspüren, für innere Prozesse sensibilisieren usw. Für **das Team** aus dem Anfangsbeispiel, das in der Integration von neuen und alten Mitgliedern unterstützt und stabilisiert werden soll, hat die Problemdiagnose ergeben, dass ein verlangsamtes Reagieren der Bereichsleitung auf prozedurale Verbesserungsvorschläge des Teams zu einer hohen Resignation und daher einem hohen Wechsel der Zusammensetzung geführt haben. In der Interventionsphase wird man sich also um zweierlei kümmern: Einerseits setzen sich die neuen und alten Mitglieder in einem »Start-up-Workshop« mit ihren Personen, ihren beruflichen Geschichten, ihren Zielen und Erwartungen an das neue Team und die Leitung auseinander. Zusätzlich wird parallel ein Verbesserungsprozess ausgearbeitet, an dem auch die Bereichsleitung mitwirkt. **Die IT-Leiterin**, die eine Begleitung in einem »Changeprojekt« suchte, hat in der Diagnosephase eine Kräftefeldanalyse des Projekts vorgenommen und aufgrund dessen gesehen, dass sie einige »Stakeholder« noch intensiver anbinden muss.

Die beratenden Interventionen beschränken sich auf die Einzelberatung, in der Projektverlauf und schwierige Führungssituationen fortlaufend reflektiert werden. Methodisch werden kurze Rollenspiele für die Führungssituationen und allgemein Interventionen durch Nachfragen, Bestätigen und Unterstützen eingesetzt.

Wirkung erzeugen

Unter beratenden Interventionen – also dem beratenden Handeln, mit dem die Wirkung erzeugt werden soll – finden sich verschiedenste Methoden und Instrumente, von denen einige in ▶ Abschn. 17.5 sowie in ▶ Kap. 7 und ▶ Kap. 19 dargestellt werden.

17.4.5 Erfolgskontrolle und Stabilisierung

Die Erfolgskontrolle steht am Ende der Realisierung vereinbarter Maßnahmen oder einer vereinbarten Sitzungsanzahl. Sie bereitet das Kundensystem darauf vor, dass die Unterstützung zu Ende geht und noch ein »last call« für bisher nicht gelöste oder versäumte Aufgaben möglich ist. Hier kommt dem schriftlichen Beratungskontrakt wieder hohe Bedeutung zu: Was an Zielsetzungen und Erfolgskriterien vereinbart und vielleicht nach der Diagnose nochmals reformuliert wurde, wird nun das Prüfkriterium dafür sein zu fragen: Ist alles erreicht, sind wir fertig?

17.4.6 Auswertung und Abschluss

Inhalt und Prozess, Zusammenarbeit

Die Auswertung der Arbeit bezieht sich primär auf Inhalt und Prozess sowie Zusammenarbeit und benötigt einen der Beratungsaufgabe, -dauer und -intensität angemessenen Umfang. Häufig werden Abschluss- und Abschiedsrituale durchgeführt, ob dies nun eine formgebundene oder formlose Feier ist oder eine Sitzung mit besonderen Inhalten, die das Vollziehen von Abschied, das Beenden einer nicht ganz gewöhnlichen Arbeitsbeziehung markieren.

Auswertung

Für interne Berater – und jetzt kommen wir wieder auf die Business-Partner-Rolle zurück – ist es im Hinblick auf ihre Rollengestaltung unerlässlich, für eine sorgfältige und umfassende Form von Auswertung zu sorgen, die

- dem Kundensystem lernträchtige Erkenntnisse für die Zukunft verschafft (*Was habe ich erreicht, was habe ich über mich erfahren, was nehme ich mit in meinen Arbeitsalltag?*),
- den Business-Partner als internen Berater mit Erkenntnissen versorgt über:
  - seine hilfreichen und weniger hilfreichen Beiträge (*Was hat mir besonders geholfen, was weniger?*),
  - erfüllte und unerfüllte Erwartungen (*Welche Erwartungen wurden erfüllt, welche nicht?*) sowie

– Anregungen für Verbesserungen im Zusammenspiel zwischen Berater und Kunde (*Wie effektiv war unsere Kooperation, wie klar waren die Rollen und Verantwortlichkeiten aufgeteilt, wie offen konnten wir sein?*).

17.5 Beratungsmethoden und Interventionen

Basisrepertoire

Jedes absichtsvolle Dazwischengehen des Beraters in der Beratung ist eine Intervention; und das trifft selbst auf Sitzen und Schweigen zu. Zu den wesentlichen Methoden des Intervenierens zählen das **aktive Zuhören** und das **Stellen der richtigen Fragen**. Sie bilden das Basisrepertoire, mit dem ein Beratungszyklus im Wesentlichen gestaltet werden kann. Auch vorgefertigte Beratungsinstrumente, Tools und Techniken wie z. B. die **SOFT**- bzw. **SWOT-Analyse**[1] bestehen ihrerseits ebenso aus relevanten Fragekategorien und vorgeplanten Abläufen zur Erhebung und Verarbeitung der Antworten.

❯ Mit **Fragen** erschüttert man immer das schnelle, vorgefertigte, automatische Denken und leitet Suchprozesse ein, die entweder zu Bestätigung und größerer Gewissheit oder zu Veränderungen des Denkens oder Fühlens oder Verhaltens führen.

Eine Übersicht über einige Methoden des Intervenierens ist in ◘ Tab. 17.5 dargestellt.

17.6 HRM in der Beratungsrolle: Möglichkeiten und Grenzen

Beratungsmodell bzw. Beraterstile

Bleibt schließlich zu fragen: Welche Möglichkeiten für ein wirkungsvolles internes Consulting durch den Business-Partner für Linie und Business sind noch auszuschöpfen und wo liegen Grenzen? Dazu gibt es 3 relevante Gesichtspunkte.

Der 1. Punkt betrifft das Beratungsmodell bzw. die Beraterstile, die Erfolg versprechend sind. Es wurde bereits festgestellt, dass die Experten- (Fach-) Beratung bei gut definierten Problemen funktioniert, während bei schlecht definierten Problemen die Prozessberatung angezeigt ist (▶ Abschn. 17.3.1). Nun steht es dem Berater nicht völlig frei, je nach Problemart das passende Rollenmodell zu wählen. Er muss seine Rolle in Interaktion mit dem Kunden gestalten, d. h. dieser muss im gewählten Modell auch mitspielen und sich darin gut beraten fühlen. Der Kunde sieht den HR-Berater aber erst einmal

---

1   »**S**atisfiers«, »**O**ppotunities«, »**F**aults«, »**T**hreats« aus persönlicher und sachlicher Sicht, bezogen auf eine Situation/Problemstellung (vgl. Eck, 2003) oder in der neueren Wortlaut: »**S**trengths«, »**W**eaknesses«, »**O**pportunities«, »**T**hreats«.

◨ **Tab. 17.5** Methoden des Intervenierens. (Nach Looss, 1997; Schein, 2003, S. 67)

Intervention	Beschreibung/*Wirkung*
Beobachten	Beobachtende Teilnahme an einer Sitzung oder anderem Anlass mit anschließender Rückmeldung *Rückspiegelung und Konfrontation mit einer Außensicht zu allem, was auffällt (förderlich/hinderlich) oder zu zuvor festgelegten Beobachtungskriterien*
Aktives Zuhören	Genau hinhören, was der Kunde sagt und wie er es sagt Das Gehörte als Zusammenfassung dem Kunden wiedervorlegen und ihn zur Stellungnahme einladen (»Ich habe Sie so verstanden … trifft es das?«) *Verzögerung der üblichen Kommunikationsgeschwindigkeit, Überprüfen eigener Gedankengänge, ins Nachdenken geraten*
Fragen stellen	**Tatsachen erfragen, Konkretisieren:** Wer, wann, wie, erzählen Sie! (W-Fragen) **Bedeutung klären:** Was meinen Sie damit, wenn Sie von XY sprechen? **Erklärungen erfragen:** Was glauben Sie, woran das liegt? **Annahmen über Reaktionen anderer erfragen:** Was glauben Sie, denkt X darüber, dass …? (zirkuläre Fragen) **Optionen eröffnen, Befürchtungen erhellen:** Angenommen, Sie würden … tun, was würde dann passieren? Was müsste geschehen, damit …? (Hypothetische Fragen) **Zustände quantifizieren und einordnen:** Auf einer Skala von 0–100, wie schlimm … /wie viel erreicht/wann ausreichend? (Skalierungsfragen) **Differenzierungen anregen:** Wer will/befürchtet/sieht das … am meisten, wer am wenigsten? (Rangreihenfragen) **Konfrontierend fragen:** Warum haben Sie nicht … getan? *Erfragen von Faktischem bis hin zu Hinterfragen bestehender Überzeugungen und vermeintlicher Gewissheiten* *Bewusstmachen der Fakten bzw. der Überzeugungen, die dann auch geprüft werden können*
Unterstützen	Bestätigen, Anteil nehmen, Mitfühlen, Erlaubnis geben *Emotionale Unterstützung*
Konfrontieren	Feedback geben Auf Widersprüche aufmerksam machen Unterschiedlichkeit entgegensetzen und herausfordern *Selbstbilder und Sichtweisen in Frage stellen, irritieren*
Erklären, Informieren	Wissen weitergeben Instruieren Neue Denkmodelle zur Verfügung stellen *Etwas Neues hinzugeben, das den Blick und das Handlungsrepertoire erweitert*
Vorschlagen	Hausaufgaben, Übungen Empfehlungen geben Ratschläge erteilen *Den Kunden beeinflussen, ihm aufs Pferd helfen*
Gestalten lassen	Bilder oder Skulpturen des derzeitigen Situationserlebens/der gewünschten Situation *Erweitern oder Vertiefen von Verständnis einer Situation, einer Einschätzung, eines Wunschs durch Aktivierung und Einbezug nichtrationaler Prozesse*

17

◘ Tab. 17.5 Fortsetzung

Intervention	Beschreibung/*Wirkung*
Spielen lassen	Rollenspiele *Probehandeln, Trainieren für Alltagssituationen; Erweitern des Verständnisses für Interaktionspartner (bei Perspektivenübernahme)* Erlebnisaktivierende Übungen für Gruppen (z. B. Konstruktionsaufgaben drinnen und draußen, Kommunikationsaufgaben) *Erkennen, Erleben, relevant und besprechbar Machen des Gruppenfunktionierens in einer Aufgabenbearbeitung* *Ableiten von Lernerkenntnissen für den Alltag, manchmal auch Einüben günstigerer Verhaltensmuster in der Wiederholung*

Für eine umfassendere Darstellung der Methoden: Lippmann (2009).

als Experten, der Wissen besitzt und Ratschläge geben kann. Da die **Expertenrolle** immer auch eine mitlaufende Rolle sein wird, ist es eine große Herausforderung für den HR-Berater, für sich zu klären und dem anderen zu vermitteln, warum und wie er in manchen Anliegen glaubt, auf andere Weise wirkungsvoller beraten zu können und was dies im Vorgehen für Unterschiede darstellt. Es ist nicht nur eine Frage der Kompetenz, was der HR-Berater beratend zu leisten vermag, sondern auch eine Frage der Authentizität, wie weit er sich aus der Fachberater- in die Prozessberaterrolle experimentierend hinein wagt und sich dazwischen hin und her bewegt. Schließlich sind die Umgangsregeln in der Expertenberatung nahezu identisch und daher kompatibel mit den sonstigen geschäftlichen Umgangsroutinen, was für die **Prozessberatung** nicht zutrifft. Hier steht der Kunde sehr viel länger und intensiver im Fokus der Aufmerksamkeit, die übliche Ausgeglichenheit (Reziprozität) im Geben und Nehmen wird schon alleine in zeitlicher Hinsicht durchbrochen. Der Kunde enthüllt sich in seinen Themen, während der Berater sich nicht enthüllt. Das macht beraterisch Sinn, weil es sonst zu einer Konfusion des Settings Beratung käme. Wenn man aber im Organisationsalltag in anderen Konstellationen mit dem Berater zusammentrifft, mag genau dieser Unterschied irritieren und Unbehagen hervorrufen. Je persönlichkeitsnäher die Beratungsthemen sind, desto eher ist damit zu rechnen. Deshalb ist eine Begrenzung auf bestimmte Beratungsanlässe auch sinnvoll (◘ Tab. 17.1), die umso höher anzusetzen ist, je häufiger die sonstigen alltäglichen Berufskontakte sind.

Damit kommen wir zum 2. Punkt, der vom Berater geforderten **Neutralität**, die sicherstellen soll, dass er frei ist für die Wahrnehmung der Interessen seines Kunden, weil weder eigene noch Drittinteressen ihn besetzen.

Darüber verfügt der interne Berater aus dem HRM nicht in jedem Fall, denn

— er ist gebunden an die Überwachung von Richtlinien und Regelungen, die oft genug aus seinem eigenen Bereich stammen oder unter dessen Federführung entwickelt wurden (»Code of Conduct«/Verhaltensrichtlinien, Führungsgrundsätze usw.),

- er ist in der Hierarchie eingeordnet und pflegt mitunter dieselben Berichtswege,
- er hat Aufgaben zu lösen, für die er die Überzeugung und Kooperation der Linie und des Top Managements braucht und
- er ist selbst Teil der Organisation und ihrer Kultur und insofern einerseits besonders kenntnisreich, andererseits besonders blind.

Von der Basis gemeinsamer guter Absichten und Ziele für die Organisation oder den Teilbereich kann man ausgehen. Neutralitätsgrenzen ergeben sich erst und nur dann, wenn der Kunde ein Vorgehen oder eine Lösung favorisiert, die dem Business-Partner schlecht oder gar schädlich für die Organisation erscheint. Eine Grenze ist auch dann erreicht, wenn er ein eigenes Interesse in diesem Thema verfolgt, sei es aufgrund von eigener Positionierung, anderweitiger Loyalitäten, Schutz bestimmter Personen usw.

Diskretion
Schließlich können auch Diskretionsfragen relevant werden, wenn man über Informationen verfügt, die nicht in die Beratung hinein oder aus ihr heraus gehören. Dann ist zu entscheiden: Was darf oder muss mitgeteilt werden, wo ist Schweigen geboten, und angesichts welchen Drucks ist seine Aufrechterhaltung zu rechtfertigen?

Weder die Erwartung von Expertenberatung noch potenzielle Neutralitäts- oder Diskretionsdilemmata sollen hier als Argument dienen, die interne HR-Beratung auf reine Expertenratschläge zu begrenzen. Dazu liegt zu viel hilfreiches Potenzial in der Breite der Beratungsstile. Vielmehr zeigt sich darin die dauerhafte Notwendigkeit, in der Beratung genau zu prüfen, in welchen Themen man aufgrund welcher Arbeitsbeziehung und eigener Interessenslage nach welchem Modus beraten kann, und mit der Erfahrung zu lernen. Wo die Grenze gezogen wird, verschwindet Beratungsbedarf nicht, sondern muss andernorts erbracht werden.

17.6.1 Einbezug externer Berater

Wenn die Grenzen der internen Beratungsmöglichkeiten erreicht sind, sei es aus kapazitäts- oder rollenbezogenen Überlegungen, wird die Suche nach externen Beratungsdienstleistern auf dem freien Markt Aufgabe des Business-Partners oder allenfalls der Kompetenzzentren sein, sofern die Organisation nicht bereits entsprechende Kooperationen pflegt.

Aufgaben beim Beizug externer Berater
Mit dem Beizug eines externen Beraters verändern sich nun die **Aufgaben des Business-Partners** in dieser Beratung und umfassen:

- Unterstützung der Führungskraft bei der Formulierung der Anforderungen an den externen Berater.

- Unterstützung bei der Suche (Empfehlungen in HR-Netzwerken, Branchennetzwerken) und Auswahl (gemeinsames Sondierungsgespräch).
- Vereinbarung des Zusammenspiels zwischen externem Berater, verantwortlicher Führungskraft und BP und ggf. weiteren Beteiligten; Festlegen der Kommunikationswege und der primären Kontaktpersonen – Sorgen für einen Kontrakt, in dem all dies geregelt wird.
- Interne Stimmungen und Stimmen zur Beratung nützen, um sie mit den Kontraktpartnern zu besprechen und zu verwerten.
- Sicherstellen, dass die Beratung abgeschlossen und evaluiert wird.
- Aufnehmen/ggf. Übernehmen offen gebliebener Aufgaben zu späteren Zeitpunkten.

▪▪ Literaturtipps

❯ Für eine umfassendere Einführung in das **Feld der Beratung** sind den **Literaturhinweisen** Vorschläge zu entnehmen.

Für ein detailliertes Verständnis von Einzelberatung/**Coaching** sei verwiesen auf Lippmann (2009).

Empfehlenswert für das Verständnis von **Organisationsberatung** ist: Glasl, Kalcher und Piber (2005).

Zusammenfassung

In diesem Kapitel wurden Anlässe für Linien-Beratung dargestellt. Da die Lösungen für die Beratungsanliegen zu Beginn oft unklar sind, muss mit verschiedenen Beratungsstilen gearbeitet werden. Es gibt nicht die eine typisierte HR-Beratung, sondern eine Anzahl an Empfehlungen, Hinweisen und Instrumenten, die jeweils individuell kombiniert werden müssen. Es gibt auch nicht nur ein Bild vom HR-Business-Partner als Berater, sondern verschiedenste Bilder. Sie resultieren aus Kombinationen des HR-Rollen- und Geschäftsmodells, der internen Kooperationspartner (Beratungsbedarf und Vertrauen in die internen Berater) und den Umgangsweisen des Business-Partners mit möglichen Begrenzungen durch den internen Beraterstatus.

Literatur

Argyris, Ch. (2004). *Reasons and Rationalizations: The Limits to Organizational Knowledge*. New York: Oxford University Press.

Glasl, F., Kalcher, T. & Piber, H. (Hrsg.). (2005). *Professionelle Prozessberatung*. Bern: Haupt Verlag.

Lippitt, G. & Lippitt, R. (1999). *Beratung als Prozess. Was Berater und ihre Kunden wissen sollten* (3. Aufl.). Leonberg: Rosenberger Fachverlag.

Lippmann, E. (2008). Beratung und Coaching im Einzel- und Gruppensetting. In Th. Steiger & E. Lippmann (Hrsg.), *Handbuch Angewandte Psychologie für Führungskräfte* (3. Aufl., S. 3–22). Heidelberg: Springer.

Lippmann, E. (Hrsg.). (2009). *Coaching. Angewandte Psychologie für die Beratungspraxis* (2. Aufl.). Berlin, Heidelberg: Springer.

Looss, W. (1997). *Unter vier Augen. Coaching für Manager* (4. Aufl.). Landsberg: Verlag Moderne Industrie.

Schein, E. (2003). *Prozessberatung für die Organisation der Zukunft* (2. Aufl.). Köln: EHP.

Schmidt, G. (2005). *Einführung in die hypnosystemische Beratung und Therapie*. Heidelberg: Carl-Auer-Verlag.

Sutrich, O. & Schindlbeck, U. (2005). Es gibt viel zu tun – wer packt mit an? Nachhaltige Beratung als Verbindung von Fach- und Prozessexpertise im Beratungsprozess. In G. Fatzer (Hrsg.), *Gute Beratung von Organisationen. Auf dem Weg zu einer Beratungswissenschaft* (S. 269–301). Bergisch Gladbach: EHP.

Vetter, H. (2008). Projektmanagement. In Th. Steiger & E. Lippmann (Hrsg.), *Handbuch Angewandte Psychologie für Führungskräfte* (3. Aufl.). Heidelberg: Springer.

17

Human Resource Management im Konfliktmanagement

Birgit Werkmann-Karcher

Konfliktmanagement in Organisationen ist Führungsaufgabe. Dennoch richten sich ans Human Resource Management (HRM) vielfältige Erwartungen: Die Konfliktbeteiligten suchen dort Schutz und Gerechtigkeit außerhalb ihres Konfliktsystems, die Linie sucht Unterstützung im Beruhigen und Entschärfen destruktiver Kräfte, und die Organisation sucht die Kompetenz, den Konflikt unbeschadet in Image und Kosten beenden und derlei Störfälle zukünftig verhindern zu können. In diesem Kapitel werden Grundlagen über Konfliktentstehung und -dynamik skizziert und ein Diagnosemodell für die Orientierung in Konflikten vorgestellt. Schließlich werden mögliche Rollen des HRM im Konfliktmanagement und Ansatzpunkte für die Prävention von Konflikten beschrieben. Ausgeklammert wird der Beitrag des HRM in der Vertretung von Unternehmensinteressen bei Verhandlungen mit Sozialpartnern.

18.1 Grundlagen über Konflikte

18.1.1 Definitionen und Ursachen

Konfliktpotenzial, Abhängigkeiten, begrenzte Menge an Ressourcen

Organisationen beinhalten in ihrer Anlage hinreichend **Konfliktpotenzial**: Sie funktionieren arbeitsteilig und fordern daher Kooperation verschiedenster Formen zwischen verschiedenen Personen. Das schafft Abhängigkeiten, was eine Bedingung für Konfliktentstehung darstellt. Sie verteilen eine begrenzte Menge an Produktionsressourcen (Budget, Personal, Arbeitsmittel, Infrastruktur) und individuell attraktiven Gütern (Geld, soziale Anerkennung, interessante Arbeit, Positionen, Prestige) nach Kriterien, die nicht zwingend jedem Gerechtigkeitsempfinden entsprechen mögen. Weiter sind Organisationen Veränderungen (Fusionen, Restrukturierungen) unterworfen, die wiederum über einen erhöhten Anpassungsdruck konfliktpotenzierend wirken. Dieses Potenzial tragen auch zunehmende Diversität in globalisierten Organisationswelten, Missverständnis erhöhende mediale Kommunikation und teambasierte Organisationsformen anstelle traditioneller Befehlsorganisationen (vgl. De Dreu & Gelfand, 2008, S. 4).

Veränderungen, erhöhter Anpassungsdruck, Diversität, mediale Kommunikation, teambasierte Organisationsformen

Verschiedene Konfliktdefinitionen beschreiben im Kern die wahrgenommene Unvereinbarkeit der Handlungswünsche mindestens zweier Personen – so auch die Folgende:

Sozialer Konflikt

Ein sozialer Konflikt ist eine Interaktion zwischen Aktoren (Individuen, Gruppen, Interaktionen usw.), wobei wenigstens ein Aktor eine Differenz bzw. Unvereinbarkeit im Wahrnehmen und im Denken und im Fühlen und im Wollen mit dem anderen Aktor (oder den Aktoren) in der Art erlebt, dass beim Verwirklichen dessen, was der Aktor denkt, fühlt und will, eine Beeinträchtigung durch einen anderen Aktor (oder die anderen Aktoren) erfolgt (Glasl, 2004, S. 17).

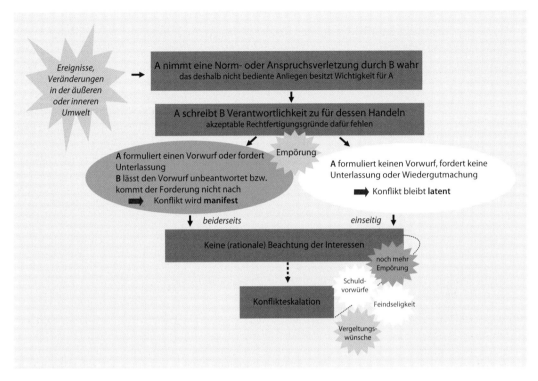

Abb. 18.1 Gerechtigkeitskonflikte als Norm- und Anspruchsverletzung

Konfliktarten

Es stellt sich die Frage nach den Quellen, aus denen sich die Einschränkungen ergeben, die zu Konflikten werden können. Zu nennen sind hier die häufigsten Konfliktarten (vgl. Rüttinger & Sauer, 2000):

- **Ziel- oder Wertekonflikte**: Personen oder Gruppen verfolgen miteinander inkompatible Ziele oder arbeiten auf der Basis inkompatibler Werte

- **Bewertungskonflikte**: Unterschiedliche Bewertungen von Sachverhalten führen zu unterschiedlichen Vorgehens- oder Entscheidungspräferenzen, was oft mit Informationsdifferenzen zu erklären ist.

- **Verteilungskonflikte**: Knappheit begehrter Ressourcen führt zu Zuteilungsentscheidungen; nicht transparente, faire oder stringente Verfahren und Systeme können Konflikt verursachend sein.

- **Beziehungskonflikte**: Persönliche Antipathie, erlebte Abwertung, Kränkung, Zurückweisung liegen vor; evtl. auch unterschiedliche Ansprüche an die Beziehung und faires Beziehungsverhalten (▶ Der Gerechtigkeitskonflikt und das Konzept der Norm- bzw. Anspruchsverletzung).

Der Gerechtigkeitskonflikt und das Konzept der Norm- bzw. Anspruchsverletzung

Viele Konflikte lassen sich mit dem folgenden Konzept von Montada und Kals (2007) erklären: Darin wird letztlich jeder Konflikt in seiner Tiefenstruktur als Beziehungskonflikt begriffen, der eng verbunden ist mit einer Verletzung subjektiver Gerechtigkeits- bzw. Anspruchsnormen. Erlebt eine Partei[1] eine Ungerechtigkeit, wird ein Konflikt heiß und von der Empörung vorangetrieben (◼ Abb. 18.1).

Folgt man diesem Ansatz, dann ist das Erforschen der subjektiven Gerechtigkeitsvorstellungen zentral in der Konfliktbearbeitung. Da wir dazu tendieren zu glauben, die Welt sei objektiv so, wie man sie selbst sieht, glauben wir auch, jeder andere müsse sie so sehen und verstehen (»Naiver Realismus«, Robinson, Keltner, Ward & Ross, 1995). Ergo glauben wir auch gerne, unsere Normen (»*Man muss immer …, darf nie …; korrektes Verhalten ist, wenn* ….«) seien Common Sense und die Ansprüche an die Welt (»*… und deshalb steht es mir zu, …*.«) seien es auch. Folglich besteht eine Intervention in der Konfliktbearbeitung darin, Grundlage und Angemessenheit der angelegten Normen und Ansprüche zu hinterfragen. Eine andere Intervention liegt im Auffinden von guten Gründen für das Norm verletzende Handeln der anderen Partei; eine direkte Lösung liegt in der Bitte um Verzeihung oder dem Ausdruck echten Bedauerns durch die andere Partei.

Fürs HRM relevant ist die Frage, wann der Austausch zwischen Personen und Organisationen als gerecht empfunden wird. Die Gerechtigkeitstheorie (Adams & Freedman, 1976) besagt, dass das Empfinden von Ungerechtigkeit einen Spannungszustand hervorruft, den man versucht zu reduzieren. Basis für Gerechtigkeitsempfinden ist ein Vergleich mit anderen Personen, der auf dem Verhältnis zwischen Ergebnis und Beitrag basiert (~ Outcome : Input, übertragen auf den Arbeitskontext: Bezahlung und immaterielle Anerkennung : Engagement, Fähigkeiten, Erfahrungen). Wenn das Verhältnis dem der Vergleichspersonen entspricht, wird Gerechtigkeit empfunden, andernfalls wird Ungerechtigkeit empfunden – ein Spannungsgefühl, das durch geeignete Handlungen reduziert oder besser noch beseitigt werden will.

Alternative Gerechtigkeitsprinzipien, die in manchen sozialen Kontexten zur Geltung kommen, sind das Prinzip der Bedürftigkeit (wer mehr braucht, soll mehr bekommen) oder das Prinzip der Gleichheit (alle bekommen gleich viel).

Gerechtigkeit hat verschiedene Dimensionen:
- **Distributive** (Verteilungs-) **Gerechtigkeit**: Wahrgenommene Fairness der Ergebnisse einer Verteilung (Güter, Geld, Positionen, Chancen, Risiken, Gewinne, Verluste).
- **Interaktionale Gerechtigkeit**: Wahrgenommene Fairness im Verhalten der Akteure.
- **Prozedurale** (Verfahrens-) **Gerechtigkeit**: wahrgenommene Anwendung fairer Verfahren zur Erzielung von Entscheidungen (z. B. Konsistenz in der Verfahrensschritten, Möglichkeit auf Revision).

Die Investition in Herstellung und Vermittlung von Gerechtigkeit, z. B. in organisationalen Bewertungs- und Verteilungssystemen, ist zentral in der Konfliktprävention. Studien machen deutlich, dass in Organisationen wahrgenommene Gerechtigkeit mit Zufriedenheit einhergeht. Speziell prozedurale Gerechtigkeit ist mit »Commitment« und Vertrauen verbunden, und wo distributive und prozedurale Gerechtigkeit festgestellt werden, findet man mehr freiwilliges Arbeitsengagement (»OCB«; Cohen-Carash & Spector, 2001). Umgekehrt finden sich Zusammenhänge zwischen interaktionaler Ungerechtigkeit und Vergeltungshandlungen, während distributiver Ungerechtigkeit eher durch das Wiederherstellen von Beitragsgleichheit begegnet wird. So genannte Sabotageakte sind schwerer, je größer das Empfinden von distributiver, interaktionaler plus prozeduraler Ungerechtigkeit ist (Ambrose, Seabright & Schminke, 2002).

1 Mit »Partei« wird in Konflikten mindestens eine bzw. all die Personen verstanden, die dieselbe Position in einem strittigen Thema einnehmen. Mit Drittpartei werden die Person(en) bezeichnet, die ohne eigene inhaltliche Positionierung in der Sache zwischen den beiden Konfliktparteien vermitteln, durch welche Strategie auch immer.

18.1.2 Konfliktwirkungen

Veränderungen

Konflikte werden mit ungünstigen Wirkungen assoziiert. Zwar beinhalten sie Chancen auf Entwicklung, wenn es gelingt, die darin enthaltenen Themen (»Issues«) zu entpersonifizieren und zu bearbeiten (vgl. Glasl, 2007). Zunächst aber einmal sind eine Reihe markanter Veränderungen im Empfinden, Denken und Verhalten der Konfliktparteien zu verzeichnen (vgl. Glasl, 2008):

- **Wahrnehmungen:** selektiv, vereinfacht, Vorurteil bestätigend (man sieht, was man sehen will)
- **Denken und Erinnern:** pauschal, simplifiziert, schwarz-weiß, verzerrt zum eigenen Vorteil
- **Fühlen:** Wut, Angst, Unsicherheit, Verlust der Empathie für Gegenseite
- **Wollen:** einseitig, fixiert auf starre Positionen
- **Verhalten:** Ausdruck wird einseitiger, ärmer, Verhaltensabsicht und -wirkung driften auseinander

Die neuropsychologische Erklärung für diese Veränderungen findet sich im erhöhten »Arousal«, das der Stressorkonflikt erzeugt und das flexibles und kreatives Denken stört. Aus dieser sog. Informationsverarbeitungsperspektive erklären Dreu und Weingart (2003) eine Reihe an Studienergebnissen in Teams. Darin unterschied man zwischen Aufgabenkonflikten (z. B. über Verteilung von Ressourcen, über Vorgehensweisen, über Beurteilung und Interpretation von Fakten) und Beziehungskonflikten (z. B. über persönlichen Geschmack und Stil, über Werte) und fand, dass

- Aufgaben- und Beziehungskonflikte die Teamleistung stören, und dies mehr bei komplexen neuartigen Aufgaben als bei einfachen Aufgaben.
- Beziehungskonflikte für die Mitgliederzufriedenheit schädlicher sind als Aufgabenkonflikte.
- Bei einem hohen Maß an Offenheit, Vertrauen und psychologischer Sicherheit im Team Aufgabenkonflikte dann doch einige günstige Effekte (z. B. bessere Informationsverwertung) auf Leistung haben können.

❯ Wenn man sich vor Augen führt, dass das Involviertsein in Konflikte ein Stressor ist, werden auch die Ambivalenzen in den Aussagen über Konflikte leichter erklärbar. Aus der Beobachterperspektive können Konflikte begrüßenswert erscheinen, weil sie Impulse für neue Entwicklungen setzen; aus der Erlebnisperspektive bleibt es ein Stressor, der sich zunächst einmal der eigenen Kontrolle entzieht und deshalb eine Zumutung darstellt.

Stressorkonflikt

18.1.3 Konfliktverlauf und -symptome

Konflikte resultieren aus Differenzen, die zunehmend als Polaritäten wahrgenommen werden, bis sich schließlich Wahrnehmen und Erleben der Parteien auf die Unvereinbarkeit konzentrieren. Einer

Ausweitungsdynamik

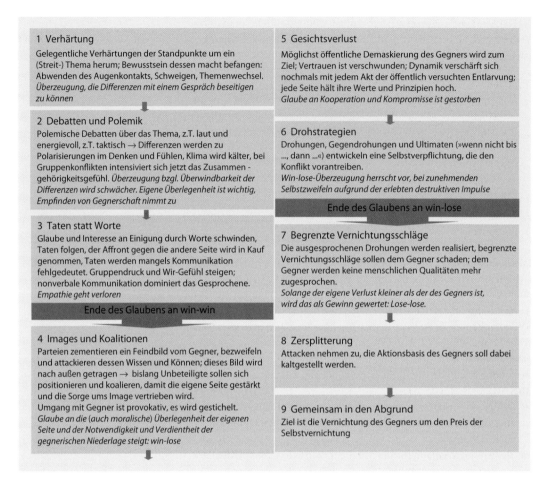

1 Verhärtung
Gelegentliche Verhärtungen der Standpunkte um ein (Streit-) Thema herum; Bewusstsein dessen macht befangen: Abwenden des Augenkontakts, Schweigen, Themenwechsel.
Überzeugung, die Differenzen mit einem Gespräch beseitigen zu können

2 Debatten und Polemik
Polemische Debatten über das Thema, z.T. laut und energievoll, z.T. taktisch → Differenzen werden zu Polarisierungen im Denken und Fühlen, Klima wird kälter, bei Gruppenkonflikten intensiviert sich jetzt das Zusammengehörigkeitsgefühl. *Überzeugung bzgl. Überwindbarkeit der Differenzen wird schwächer. Eigene Überlegenheit ist wichtig, Empfinden von Gegnerschaft nimmt zu*

3 Taten statt Worte
Glaube und Interesse an Einigung durch Worte schwinden, Taten folgen, der Affront gegen die andere Seite wird in Kauf genommen, Taten werden mangels Kommunikation fehlgedeutet. Gruppendruck und Wir-Gefühl steigen; nonverbale Kommunikation dominiert das Gesprochene. *Empathie geht verloren*

Ende des Glaubens an win-win

4 Images und Koalitionen
Parteien zementieren ein Feindbild vom Gegner, bezweifeln und attackieren dessen Wissen und Können; dieses Bild wird nach außen getragen → bislang Unbeteiligte sollen sich positionieren und koalieren, damit die eigene Seite gestärkt und die Sorge ums Image vertrieben wird.
Umgang mit Gegner ist provokativ, es wird gestichelt. *Glaube an die (auch moralische) Überlegenheit der eigenen Seite und der Notwendigkeit und Verdientheit der gegnerischen Niederlage steigt: win-lose*

5 Gesichtsverlust
Möglichst öffentliche Demaskierung des Gegners wird zum Ziel; Vertrauen ist verschwunden; Dynamik verschärft sich nochmals mit jedem Akt der öffentlich versuchten Entlarvung; jede Seite hält ihre Werte und Prinzipien hoch.
Glaube an Kooperation und Kompromisse ist gestorben

6 Drohstrategien
Drohungen, Gegendrohungen und Ultimaten (»wenn nicht bis ..., dann ...«) entwickeln eine Selbstverpflichtung, die den Konflikt vorantreiben.
Win-lose-Überzeugung herrscht vor, bei zunehmenden Selbstzweifeln aufgrund der erlebten destruktiven Impulse

Ende des Glaubens an win-lose

7 Begrenzte Vernichtungsschläge
Die ausgesprochenen Drohungen werden realisiert, begrenzte Vernichtungsschläge sollen dem Gegner schaden; dem Gegner werden keine menschlichen Qualitäten mehr zugesprochen.
Solange der eigene Verlust kleiner als der des Gegners ist, wird das als Gewinn gewertet: Lose-lose.

8 Zersplitterung
Attacken nehmen zu, die Aktionsbasis des Gegners soll dabei kaltgestellt werden.

9 Gemeinsam in den Abgrund
Ziel ist die Vernichtung des Gegners um den Preis der Selbstvernichtung

Abb. 18.2 Modell der Konflikteskalation. (Nach Glasl, 2004)

Ausweitungsdynamik folgend, werden Streitpunkte komplexer (und dennoch simplifiziert gehandhabt) und die Anzahl beteiligter Personen größer, der Konflikt eskaliert und wird zunehmend schwerer zu handhaben (Abb. 18.2).

frühe Konfliktsymptome

Frühe Konfliktsymptome sind auf der Kommunikationsebene zu beobachten: Erste kurze Verkrampfungen zu Beginn werden unwillkürlich körperlich ausgedrückt durch Abwenden des Augenkontakts, abweisende Körperhaltung, wenig Modulation in der Stimme. Ab Stufe 2 wird nonverbal absichtsvoll Ablehnung demonstriert; der kopfschüttelnde unverhohlen verächtliche Blick zum Himmel zählt genauso dazu wie der zunehmend unhöfliche Ton; in der kälteren Austragungsform wird Widerspruch eher leise vor sich hin gemurmelt. Im Laufe der Eskalation werden die Symptome deutlicher: abfällige Äußerungen gegen die andere Partei, Einnahmeversuche für die eigene Person oder Partei, Ausweichmanöver bei drohender gemeinsamer Aufgabenausübung usw.

Nun verläuft die Eskalationsdynamik in Organisationen nicht ungebremst: So haben Konflikte zwischen Hierarchiestufen die Tendenz zu erkalten, weil sich ein voll entfaltetes Austragen aufgrund unterschiedlicher Machtausstattungen von vornherein verbietet. Erkaltete Konflikte bleiben bestehen und erzeugen ihre Wirkung im Verfolgen von Verhinderungszielen (*Ich will verhindern, dass der Andere etwas erreicht*). Heiß werden Konflikte dort ausgetragen, wo es der Kultur entspricht und man die andere Seite überzeugen will. Dann geht es um Erreichungsziele (*Ich will für mich/meine Ideen Durchsetzung erreichen*), in denen explosivere Energie steckt als in Verhinderungszielen. Konflikte können sich auch dann nicht weiter entfalten, wenn in der Organisation ein Eingreifen beschlossen wird (Machteingriff). Dies ist oft verbunden mit der Trennung der beiden Parteien durch Kündigung einer Seite bzw. einer Gallionsfigur der Parteien.

Im folgenden Beispiel wird eine Konfliktentwicklung mit heißen und kalten Zonen beschrieben:

Ein großer Bereich in der stationären Gesundheitsversorgung wird seit langer Zeit sehr patriarchalisch geleitet. Nun steht ein Chefwechsel an, der vom Großteil der Mitarbeitenden als Chance der Modernisierung begrüßt wird. Der neue Chef erntet viele Lorbeeren, da er moderne Konzepte vorstellt und einen diskursfreudigen Umgangsstil pflegt. Er redet mit Vielen über Vieles. Leiser Unmut entwickelt sich, als die ersten neuen Ideen umgesetzt werden und zu einem ungeordneten Durcheinander führen, nachdem Jahre alles sehr geordnet war. Mitarbeitende beginnen sich bei ihren Teamleitungen über Chaos und unhaltbare Zustände zu beschweren. Die Teamleitungen, mehrheitlich selbst skeptisch und nun alarmiert, versuchen im Dialog mit dem neuen – immer seltener präsenten – Chef eine Verlangsamung der Umsetzung, bessere Planung, mehr Einbezug und Zeit für nötige Nachqualifikation angesichts neuer Anforderungen zu erreichen. Dieser will davon nichts hören, zu groß ist seine Verpflichtung seinen eigenen verlautbarten Plänen gegenüber (*bis hierher: Auftauchen eines strittigen Themas – Veränderungsgeschwindigkeit –, Stufe 1*). Er setzt auf spontane Überzeugungsdialoge und stabilisiert dadurch eine Schar von Anhängern, der bald eine ebenso große Schar an Skeptikern gegenüber steht (*Parteien positionieren sich*). In Bereichssitzungen ist ein zunehmend gespanntes Klima zu spüren, Diskussionen werden in kämpferischem Tonfall geführt und dienen der Beweisführung, dass die Veränderungen zu schnell und unausgereift vorangebracht werden (*Stufe 2*). Dass der Chef von diesen Argumenten scheinbar unberührt bleibt, obwohl er sie hört, bringt die Skeptiker immer mehr auf. Sie diskutieren untereinander die mentale Gesundheit des Chefs und die Frage, ob denn nicht ein Notstopp eingeleitet werden solle, damit der Schaden begrenzt werden könne (*Stufe 3*). Auch innerhalb der Teams werden die Positionen ausgetragen, zunehmend hitzig in manchen Teams. Zwischen einem direkten Mitarbeitenden und dem Chef gibt es große Auseinandersetzungen über die Arbeitsgeschwindigkeit, die sich für den Chef zur Loyalitätsfrage ausweiten (*Ausweitung und Simplifizierung der Streitpunkte*). Der

erkaltete Konflikte, heiße Konflikte, Verhinderungsziele, Erreichungsziele

Beispiel

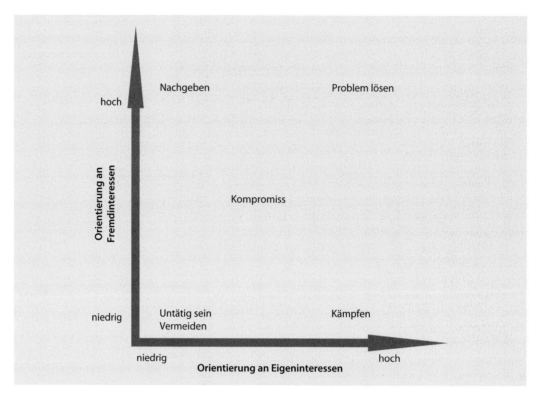

□ **Abb. 18.3** Konfliktstile im »Dual-Concern«-Modell. (In Anlehnung an Pruitt & Rubin, 1986, S. 29)

Mitarbeitende hat Angst vor Jobverlust und sucht das Gespräch mit der nächst höheren Stelle, die seinem Chef aber den Rücken stärkt. Das ängstigt und verbittert ihn; er erzählt vielen davon und findet auch Verbündete (*Stufe 4*), die sich aus verschiedenem Kalkül heraus alle einig sind, dass der Chef, vielleicht sogar der nächst höhere Chef mit ihm, gehen sollten (*Ausweitung der Personen*). Dies geschieht erst Jahre später, der Konflikt erkaltet auf verschiedenen Stufen. Späte Interventionen können den Konflikt nur noch eindämmen.

18.1.4 Konfliktstile

Jeder Mensch hat eine Grundhaltung gegenüber Konflikten, die als Konfliktstil bezeichnet wird. Pruitt und Rubin (1986) beschreiben ihn im Feld zweier grundlegender Interessensorientierungen (□ Abb. 18.3).

Eigeninteressenorientierung, Fremdinteressenorientierung

Je nach Kombination von Eigeninteressenorientierung und Fremdinteressenorientierung resultieren 4 grundsätzliche Konfliktstile und ein weiterer Stil, der Kompromiss-Stil. Ob der bevorzugte Stil in Konflikten zu realisieren versucht wird, hängt neben den eigenen Präferenzen auch von einem strategischen Kalkül ab. So ist es z. B. weniger Erfolg versprechend, einen Konflikt mit dem eigenen

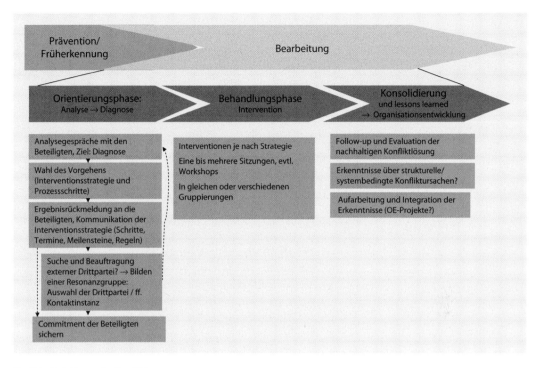

Abb. 18.4 Phasen im Konfliktmanagement

Vorgesetzten im Kampfstil zu führen, als sich gegen den eigenen Kollegen kämpferisch durchzusetzen. Oder es ist attraktiver, auf Kampf zu verzichten, wenn Anreize für Kooperation gesetzt werden.

18.2 Konfliktmanagement in Organisationen aus der Perspektive des HRM

Das Verständnis von Konfliktmanagement reicht von situativer Konfliktbearbeitung dort, wo es gerade nötig ist, bis hin zum systematischen, planvollen Management des potenziellen Störfalls.

> **Ein Konfliktmanagementsystem beinhaltet Ansätze und Verfahren zur**
> - Prävention und Früherkennung,
> - unkomplizierten und effektiven Bearbeitung sowie
> - Umsetzung der »lessons learned« in dauerhafte Verbesserungen.

Das Ziel von Konfliktmanagementsystemen ist nicht die konfliktfreie Organisation. Vielmehr ist das Ziel die konfliktfeste Organisation (Glasl, 2008, S. 10), die sensibel für Spannungen und Differenzen ist, sie konstruktiv bearbeiten kann und in der Lage ist, aus ihnen zu lernen. Im Konfliktmanagement lassen sich folgende Phasen unterteilen (Abb. 18.4); die HR-Beiträge werden im Folgenden beschrieben.

konfliktfeste Organisation

18.2.1 Konfliktprävention

Ansätze und Verfahren zur Konfliktprävention und Früherkennung von Konflikten gibt es in großer Anzahl. Fast alle liegen gänzlich im Aufgabenbereich des HRM.

Checkliste: Ansatzpunkte zur Förderung der Konfliktfestigkeit

- **Personalselektion:** Kooperationsfähigkeit und Verträglichkeit in der Personalselektion als Anforderungskriterien generell prüfen und das erforderliche Maß je Stelle differenzieren; bei Teamarbeit unbedingt Einbezug des Teams in späterer Phase der Selektion
- **Arbeitsorganisation/Job Design:** Für klare Rollen sorgen; Prozessabhängigkeiten in Qualität und Zeit, Tempo reduzieren
- **Personalentwicklung/Management Development:** Individuelle Konfliktfestigkeit (via Persönlichkeitsentwicklung) und Konfliktmanagementkompetenzen (Umgang mit Diversität und Differenz, mit Verteilungsaufgaben und Gerechtigkeit; Ansätze des Verhandelns in eigener Sache und durch Drittparteienunterstützung, Indikationen für Machteingriffe usw.) fokussieren
- **Bewertungs-, Anreiz- und Belohnungssysteme (inkl. Systeme der Arbeits[zeit]erfassung):** Auf Transparenz und Gerechtigkeitsprinzipien in Verteilung, Interaktion und Verfahren achten; auf Konsistenz der Anreiz- und Belohnungsrichtung achten
- **Organisationskulturwerte** wie Offenheit, Vertrauen, Kooperation fördern
- Etablieren von **Signalverfahren** zur Früherkennung von Konflikten:
  - Regelmäßige Auswertungen von Personalkennzahlen (Fluktuation, Absenzen)
  - Regelmäßige Klimabefragungen fürs Monitoring
  - Regelmäßige Vorgesetztenbeurteilungen
  - Regelmäßige aufgaben- und kooperationsbezogene Team-Workshops und -Sitzungen für gemeinsame und geklärte Ziele, geklärte Rollen, Prozessreflexionen, Feedbacks zur Zusammenarbeit, gemeinsame Qualifizierung
  - Abteilungs- oder Bereichs-Workshops für Reflexion und Identifikation von Herausforderungen und potenziellen Problemen
- Etablieren von **niedrigschwelligen Beschwerdeverfahren:** Briefkasten, Kommissionen, Ombudsmann

18.2.2 Konfliktbearbeitung

Grundsätzlich ist Konfliktmanagement Führungsaufgabe. Dennoch gibt es in der Prävention und Früherkennung viele Ansatzpunkte, die eindeutig vom HRM für die gesamte Organisation entwickelt und geführt werden sollten. Auch in der Konfliktbearbeitung spielt das HRM eine Rolle. Sie ist allerdings nicht hinreichend geklärt. Aber man kann sie zu sortieren versuchen:

Zunächst einmal richten sich Erwartungen an das HRM als Regel hütende Instanz. In Konflikten, die mit dem Erleben von Ungerechtigkeit bzw. Regelverletzung einhergehen, entsteht immer eine Schutzerwartung an die Instanz, die im jeweiligen System fürs Einhalten von Regeln zuständig ist (vgl. Montada & Kals, 2007). Das HRM ist eine solche und muss in Beschwerdefällen mit gravierenden Vorwürfen (Drohungen oder Überschreitungen von legalen oder intern gesetzten Grenzen im Umgang mit anderen Mitarbeitenden) auch zuallererst aus dieser Rolle heraus direktiv, schnell und bei Bedarf unter Einsatz präventiv schützender Sofortmaßnahmen handeln, aufklären und lösen. Nachbearbeitung und konsolidierende Maßnahmen folgen erst dann. Auch in Konflikten, in denen derartige Vorwürfe nicht im Raum stehen, wird ein Blick aus dieser Rolle immer Aufgabe des HRM bleiben. Die **Schutzmachtfunktion** hat auch ihre Schattenseiten: ebenso wie Führungskräfte ist auch das HRM ein begehrter Koalitionspartner, den jede Konfliktpartei gerne auf der eigenen Seite wüsste. Mit der Affinität zu heldenhaften Retter-Handlungen wächst die Gefahr früher Vereinnahmung. Dem kann man mit eingeübter Allparteilichkeit und erfragender Haltung am besten gegensteuern.

Die weiteren Rollen, die das HRM übernehmen kann, setzen eine gründliche inhaltliche Orientierung im Konflikt voraus. Wenn der Konflikt mit Hilfe einer externen Drittpartei behandelt werden muss, kann das HRM eine **Brückenbauerfunktion** zwischen Organisation und externer Drittpartei ausüben. Wenn der Konflikt von den Beteiligten in Selbsthilfe bzw. mit der Führungskraft als Moderator bearbeitet werden kann, kann die Rolle des **Konfliktberaters/Konfliktcoachs** übernommen werden. In niedrig eskalierten Konflikten ist unter bestimmten Bedingungen auch ein Einsatz als Konfliktmoderator vorstellbar.

Regel hütende Instanz

Brückenbauerfunktion, Konfliktberater/ Konfliktcoach, Konfliktmoderator in niedrig eskalierten Konflikten

- Bei **Konfliktberatung** wird in einem oder mehreren Einzelgesprächen mit den Beteiligten oder Verantwortlichen eine Übersicht über den Konflikt geschaffen. Zielsetzung: Ideen über hilfreiche Lösungsstrategien generieren.
- Ein **Konfliktcoaching** ist ähnlich wie Konfliktberatung, aber hierbei wird dauerhaft bis hin zur Lösung *eine* bestimmte Person bzw. Partei darin beraten und unterstützt, wie sie aus

ihrer Rolle heraus eine für sie bestmögliche Konfliktlösung herbeiführen kann.
— Unter **Konfliktmoderation** wird ein Vermittlungsansatz verstanden, bei dem die sachbezogene Gesprächsmoderation bei einer Drittpartei liegt. Ziel: Konfliktthemen (»Issues«) benennen, bearbeiten, lösen.
— Unter **Mediation** wird ebenfalls ein Vermittlungsansatz verstanden, bei dem die Drittpartei in einem definierten Ablauf unter bestimmten Regeln mit den Parteien an der Klärung deren Interessen und Entwicklung einer Konfliktlösung arbeitet (entspricht in ◘ Abb. 18.6 der Moderation oder Prozessberatung).

Welche Rolle oder Rollenabfolge gewählt wird, ist abhängig von einigen Faktoren, die in der Orientierungsphase erhellt werden.

▪ ▪ Orientierungsphase

Möglicherweise beginnt diese Phase mit der Führungskraft, die sich an ihren HR-Verantwortlichen, fortan wieder Business-Partner genannt, wendet. Sie bemerkt, dass in ihrem Bereich Spannungen vorliegen oder sie selbst Teil der Reibereien ist (▶ Schwieriges Szenario).

Konfliktberatung

Die 1. und zentralste Aufgabe des Business-Partners in der Konfliktberatung ist es, die Führungskraft darin zu unterstützen, sich **Orientierung** zu **verschaffen**, um wirkungsvolle Interventionen für die Konfliktbehandlung zu entwickeln.

Methodisch hilfreich ist folgendes Vorgehen:
— Die Führungskraft soll das Konfliktsystem auf Flipchart oder einzelne Pinkarten aufzeichnen (beteiligte Personen; ihre Gruppierung zueinander, ihre Themen) und
— Fragen aus der Checkliste (z. T. mutmaßlich) beantworten (bzw. man versucht es gemeinsam),
— falls sie selbst involviert ist: Perspektivenwechsel v. a. bei den Fragen nach »Issues«, Einstellungen und Interessen und mögliche Lösungen anregen (»*Was glauben Sie, könnte X für ein berechtigtes Interesse haben?*«) ▶ Checkliste: Diagnose von Konflikten. (Nach Glasl, 2004).

Diese Analyse führt zu einem 1. Überblick über die Lage und zu Ideen für nächste Schritte.

Eine **1. Intervention** zur Verbreiterung der Informationsbasis besteht darin, systematische Analysegespräche mit den Beteiligten zu führen. In der weiteren Konfliktberatung kann der Business-Partner die Führungskraft auf diese Gespräche vorbereiten. Er kann sich ggf. auch an den Gesprächen beteiligen, wobei die Massivität dieses Aufgebots dann durch die entsprechende Schwere des Konflikts gerecht-

18

Schwieriges Szenario

Das Szenario von sich beklagendem(n) Mitarbeitenden und diesbezüglich noch ahnungsloser Führungskraft stellt eine besonders schwierigere Konstellation dar, die unweigerlich ein Dilemma erzeugt. Einerseits gibt es Probleme, die aufgenommen werden müssen und gelöst werden sollten, andererseits setzt dies die Offenlegung der erlebten Spannung oder zumindest der thematischen Differenzen voraus. Das ist von hierarchisch unterstellten Mitarbeitenden aus Angst vor Repressionen oft nicht gewollt – es sei denn, es gibt eine Repressionsverhinderungsgarantie, die es nur geben kann, indem man die Führungskraft schwächt, d. h. ihrer Repressionsmacht enthebt. Eine solche Schwächung wird man nur riskieren, wenn die Anschuldigungen gravierend sind (Übergriffe, Drogen, Betrug). Dann werden sie aufgenommen und untersucht, gemäß festgelegter Umgangsweisen mit derlei Verstößen und oft unter Wahrung der Anonymität. Bei weniger handfesten Beschwerden dagegen besteht die Herausforderung für den HR-Verantwortlichen darin, zuzuhören, die Erwartungen des oder der Mitarbeitenden an ihn zu klären und mit den Bedingungen und Grenzen der eigenen Handlungsmöglichkeiten zu konfrontieren. Man kann über Selbsthilfestrategien sprechen, die in Richtung Selbstmanagement zur besseren Selbstbehauptung gehen oder auf Wege zielen, wie das Konflikthafte thematisierbar gemacht werden kann. Am Ende sollte transparent sein, was das HR leisten kann und wird und was nicht.

Checkliste: Diagnose von Konflikten. (Nach Glasl, 2004)

- **»Issues« (Themen)**
  - Um welche (Streit-) Themen geht es wem, und was sind die Kernpunkte?

- **Konfliktverlauf und Dynamik**
  - Wie kam es dazu? Was spielt sich derzeit ab? Was ist bereits passiert? Gab es Wendepunkte?
  - Auf welcher Stufe scheint der Konflikt aus wessen Perspektive jetzt zu stehen?
  - Wird heiß (viele laute Konfrontationen) oder kalt (Kontaktvermeidung und eisiges Schweigen) gestritten?

- **Beteiligte Parteien**
  - Wer ist beteiligt (Einzelpersonen, Gruppen, Abteilungen?) und Exponenten?

- Wie groß ist die soziale Arena: Personen innerhalb einer Gruppe/Team (Mikro), mehrere Gruppen, Abteilungen, Bereiche (Meso) oder die Organisation bzw. weite Teile mit Wirkung in die Öffentlichkeit (Makro)?

- **Beziehungen zwischen den Parteien**
  - Wie stehen die Parteien formal in der Hierarchie und informell zueinander?
  - Wie sehen sie sich und was halten sie voneinander?

- **Einstellungen der Parteien**
  - Worauf wollen die Parteien hinaus, was sind ihre Interessen und Ziele?
  - Welches strategische Kalkül haben sie: Wer ist interessiert an einer Lösung, wer nicht? Wer hat was zu verlieren? Was glauben die Parteien, was mit ihnen passiert, wenn sie so weitermachen wie bisher?

- Welche Reichweite hat der Konflikt: Handelt es sich um Friktionen (»A ist okay, aber wie er X, Y macht, ist nicht akzeptabel«), Positionskämpfe (»A ist auf dieser Position nicht akzeptabel«) oder Systemveränderungskonflikte (»Diese Regelung, dieses Verfahren in unserem System ist nicht akzeptabel«)?

- **Mögliche Lösungen**
  - Was wurde bisher versucht, was ist gescheitert und warum?
  - Welche Handlungsmöglichkeiten stehen zur Verfügung? Welche Risiken sind damit verbunden? Welche Lösungen sind derzeit denkbar?

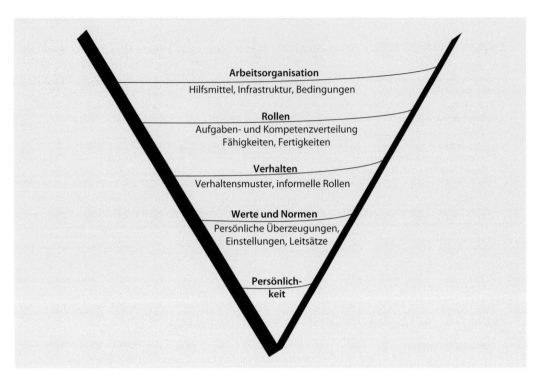

Arbeitsorganisation
Hilfsmittel, Infrastruktur, Bedingungen

Rollen
Aufgaben- und Kompetenzverteilung
Fähigkeiten, Fertigkeiten

Verhalten
Verhaltensmuster, informelle Rollen

Werte und Normen
Persönliche Überzeugungen,
Einstellungen, Leitsätze

**Persönlich-
keit**

◼ **Abb. 18.5** Schichtenmodell zur Bearbeitung von Konflikten. (Schmidt & Berg, 2004)

fertigt sein muss. Die Checkliste muss nicht in jedem Punkt direkt abgefragt werden, sondern man sollte sich auf die Themen, Interessen und Vorstellungen einer guten Lösung konzentrieren. Wenn diese Analysegespräche getrennt geführt werden – was bei Ungewissheit über die jeweiligen Sichtweisen besser ist –, muss zeitnah ein gemeinsames Rückmeldegespräch folgen, in dem die Eindrücke zusammengefasst und nächste Schritte besprochen werden. Dieses Gespräch bildet den Übergang zur weiteren Konfliktbehandlung sein und sollte mit maximaler Klarheit und hinreichendem »Commitment« der Beteiligten enden.

Schreyögg (2002, S. 95) warnt Führungskräfte davor, eine solche Diagnose in einer größeren Gruppe vorzunehmen, weil der Konflikt durch taktische und polarisierende Kommunikation eine größere Chance auf Ausweitung als Verbesserung hätte. In diesem Fall wäre ein Gespräch mit Delegierten der Parteien vorzuziehen.

Eine weitere Einschränkung ist aus dem **Schichtenmodell** abzuleiten (Schmidt & Berg, 2004; ◼ Abb. 18.5). Demnach entstammen Konfliktthemen unterschiedlichen Schichten, und in der Bearbeitung sollte man nicht tiefer als erforderlich ansetzen. Sind Themen aus tieferen Schichten zu erwarten, werden sie der Führungskraft gegenüber nicht enthüllt werden. In derlei Fällen empfiehlt sich bereits für Diagnosegespräche der Beizug eines externen Beraters.

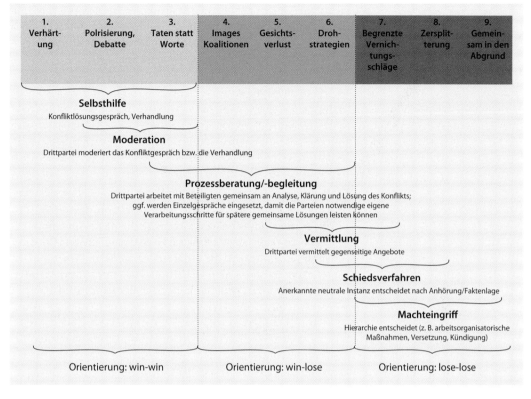

| 1. Verhärtung | 2. Polrisierung, Debatte | 3. Taten statt Worte | 4. Images Koalitionen | 5. Gesichtsverlust | 6. Drohstrategien | 7. Begrenzte Vernichtungsschläge | 8. Zersplitterung | 9. Gemeinsam in den Abgrund |

Selbsthilfe
Konfliktlösungsgespräch, Verhandlung

Moderation
Drittpartei moderiert das Konfliktgespräch bzw. die Verhandlung

Prozessberatung/-begleitung
Drittpartei arbeitet mit Beteiligten gemeinsam an Analyse, Klärung und Lösung des Konflikts;
ggf. werden Einzelgespräche eingesetzt, damit die Parteien notwendige eigene
Verarbeitungsschritte für spätere gemeinsame Lösungen leisten können

Vermittlung
Drittpartei vermittelt gegenseitige Angebote

Schiedsverfahren
Anerkannte neutrale Instanz entscheidet nach Anhörung/Faktenlage

Machteingriff
Hierarchie entscheidet (z. B. arbeitsorganisatorische
Maßnahmen, Versetzung, Kündigung)

Orientierung: win-win   Orientierung: win-lose   Orientierung: lose-lose

Abb. 18.6 Wahl der Konfliktbearbeitungsstrategie nach Eskalationsphasen. (In Anlehnung an Glasl, 2008, S. 138)

Am Ende der Orientierungsphase steht die Diagnose in Form einer **Charakterisierung des Konflikts** und damit die Frage: Wie weiter? Manchmal stellt man fest, dass beide Seiten plötzlich lieber aufeinander zugehen als noch weiterhin der Beobachtung und Behandlung zu unterstehen. Dann bleibt zu prüfen, ob das zu einer stabilen Lösung führt. Ansonsten verspricht in frühen Phasen Konfliktmoderation durch eine (auch interne) Drittperson Erfolg. Ab Stufe 3 werden aufwändigere Verfahren wie Prozessberatung bzw. Mediation, Vermittlung oder Schiedsverfahren empfohlen, die an externe Drittparteien mit spezieller Kompetenz und glaubhafter Neutralität gegenüber den Parteien gebunden sind (**■** Abb. 18.6). Der endgültige **Machteingriff** durch die Hierarchie ist ab Stufe 7 absolute Notwendigkeit, erfolgt aber aus verschiedenen Gründen (Zweifel am Erfolg anderer Strategien, Zeitdruck, bereits gefällte Trennungsabsichten usw.) und in milderen Formen (z. B. Trennung der Aufgabengebiete) oft sehr viel früher.

externe Drittpartei

Schreyögg (2002, S. 113) vertritt die Ansicht, dass sich Führungskräfte depotenzieren, wenn sie externe Berater zur Lösung ihrer Konflikte holen und es deshalb eine gute Begründung braucht. Sie führt an: Eigenes Involviertsein, persönlichkeitsnahe Streitthemen oder Konflikte über Organisationsbereiche hinweg. Gerade letztere Kon-

eigenes Involviertsein, persönlichkeitsnahe Streitthemen, Konflikte über Organisationsbereiche

stellation lässt sich mit internen Moderatoren aus Komplexitäts- und Neutralitätsgründen nicht bewältigen, und Machteingriffe schließlich sind nur in kleinen überschaubaren Einheiten eine relativ wirkungssichere, wenn auch nicht ideale Option (◘ Abb. 18.6).

▪▪ Behandlungsphase

Brückenbauerfunktion

Wenn sich nach der bisherigen Konfliktberatung gute Gründe für die Beauftragung einer externen Drittpartei ergeben, liegt der Beitrag des Business-Partners in der Brückenbauerfunktion: Wie bei anderen Beratungsanlässen auch, muss externe Beratung nämlich erst einmal gesucht, bewertet und ins Haus geholt werden.

> **In diesen Aktivitäten ist das HRM i.d.R. erfahrener als die Linie. Insofern liegt ein klarer Mehrwert darin, dass HRM dafür sorgt, dass Konflikte systematisch und kompetent behandelt werden und dass am Ende Ergebnisse und Erkenntnisse wieder in die Organisation zurückfließen, wo sie als »lessons learned« zu Verbesserungen von Systemen, Strukturen oder Prozessen verwertet werden können.**

In Abstimmung mit der verantwortlichen Führungskraft beinhaltet dies speziell bei Konflikten als Beratungsanlass:

- Eine Beteiligung der Parteien in der Auswahl der externen Beratung, weil sonst die Austragung über die Qualifikation der Drittpartei läuft. Es ist daher ratsam, eine Delegiertengruppe einzusetzen, die unter Leitung des Business-Partners und paritätisch besetzt zusammen mit dem/den Führungsverantwortlichen über die Auswahl entscheidet.
- Eine transparente Kommunikation über einen klaren Termin-Fahrplan mit Meilensteinen, zu denen die Evaluation erfolgt und ein Abbruch möglich ist.
- Klare Regeln hinsichtlich erlaubter Kommunikationswege, damit Konflikte in den geplanten Bahnen und nicht daneben ausgetragen werden.
- Sicherstellen der Verbindung zwischen externer Drittpartei und interner Kontaktstelle, des Informationsrückflusses und einer soliden Auswertung.

Konfliktcoach, Inhalte

Wenn der Konflikt nicht durch eine externe Drittpartei bearbeitet wird, ist die Lösung oder Beilegung des Konflikts Aufgabe der Führungskraft. Der Beitrag des Business-Partners liegt dann im gezielten Konfliktcoaching der Linie im Sinne einer Beratung in speziellen Führungssituationen. Denn selbst für erfahrene Führungskräfte bleibt es eine Herausforderung, sich im Dickicht eines Mitarbeiter- oder Teamkonflikts zu bewegen.

Leitfragen Konfliktmoderation

Zu den **Inhalten eines Konfliktcoachings** zählen (► Checkliste: Leitfragen in der Konfliktbehandlung):

- Reflexion über die Fortschritte in der Konfliktbehandlung bis hin zur Konsolidierung,

Checkliste: Leitfragen in der Konfliktbehandlung

- **Bei Selbsthilfestrategie der Beteiligten**
  - Wie erkennt die Führungskraft, ob der Konflikt nun gelöst ist?
  - Welche Folgegespräche mit welchen Inhalten führt sie mit den Beteiligten?
  - Welche Schwächen haben sich im Konfliktthema gezeigt?
  - Wie werden sie aufgearbeitet?

- **Bei Interventionsstrategien durch die Führungskraft**
  - Wählt sie die Konfliktmoderation?
  - Verfügt sie nach Maßgabe der Orientierungsgespräche über genügend Offenheit hinsichtlich möglicher Lösungen?
  - Ist sie entschlossen, eigene inhaltliche Vorstellungen in der Schwebe zu halten, und hat sie dafür gute Gründe?
  - Traut sie den Beteiligten und sich als Moderator die Kompetenz zu hinreichend konstruktiven Gesprächen in dieser Sache zu, und

kann sie die benötigte Zeit dafür einräumen?
  - Wie wird dann die Moderation (Sitzung, Workshop) angekündigt, soll sie problem- oder lösungsorientiert benannt werden?
  - Wie viel Form ist nötig (lose Gesprächsmoderation oder stark strukturierende Moderationstechnik)?
  - Wie werden Ergebnisse dokumentiert?
  - Wann ist Weiterarbeit möglich?
  - Wie wird Verbindlichkeit hergestellt?
  - Was ist das »Worst-case-Szenario«, und was wird aus dem Hut gezaubert, wenn es eintritt?
  - Gibt es Indikationen für den Einsatz der Machtstrategie, z. B.: Müssen Konfliktparteien schnellst möglich vorübergehend im Arbeitseinsatz voneinander getrennt werden, damit Beruhigung eintreten kann?
    - Wenn ja, auf welcher Grundlage wird entschieden, wie diese Trennung ausgestaltet wird?

- Wie lange wird sie befristet?
  - Was passiert nach diesem Not-Stopp an Weiterbearbeitung: wer arbeitet mit wem an welchem Thema, was wird gemeinsam bearbeitet?
  - Wie wird diese Maßnahme kommuniziert?
  - Gibt es Indikationen für eine Machtstrategie mit dem Inhalt Abmahnung und Kündigung?
    - Welche Faktenbasis liegt vor?
    - Sind alle anderen Möglichkeiten wirklich ausgeschöpft?
    - Wie kann diese Trennung fair gestaltet werden?
    - Wie wird die Führungskraft diese Trennung sachlich organisieren, angemessen kommunizieren und auf der persönlichen Ebene gestalten?
    - Wie werden die Konfliktüberreste nach der Trennung aufgeräumt?
    - Welche »lessons learned« zeigen sich hier?

- Auswahl und Vergewisserung über nächste Bearbeitungsschritte sowie
- Vermitteln und evtl. auch Ausprobieren von Techniken.

Wenn konfliktäre Streitthemen die Arbeitsorganisation oder -rollen berühren (◘ Abb. 18.5) oder sich um verschiedene Einschätzungen von der richtigen und besten Ausrichtung, Schwerpunktsetzung, Vorgehensweise, Wertebasis ranken, hat eine Moderation zum Aufnehmen und Erhellen der Sichtweisen und Entwicklung einer tragfähigen Haltung oder wenigstens einer vereinbarten Umgangsweise mit den Differenzen gute Chancen. Im nächsten Abschnitt (► Schritte in der Konfliktmoderation) ist der typische Ablauf einer Konfliktmoderation skizziert. Angrenzend dazu gibt es auch die Möglichkeit, sich abzeichnende inhaltliche Differenzen sehr früh in themenbezo-

Machtstrategie

Schritte in der Konfliktmoderation

1. **Problemsicht:**
   - Auslegen aller Themen, die strittig sind/zu Spannungen führen/behindern,
   - Anhören aller Sichtweisen auf diese Themen,
   - Erforschen und Erhellen der Interessen hinter den Sichtweisen.

2. **Lösungssicht:**
   - Ideen zum Umgang mit den Interessen suchen,
   - Kriterien für eine gute Lösung gemeinsam festlegen und Lösungsbeiträge entwickeln.

3. **Umsetzung:**
   - Ausgewählte Lösung (sbeiträge) verbindlich machen.

Dieser Dreischritt wird sich selten in einer Sitzung vollziehen lassen, und selten wird er ungestört nach Plan funktionieren. Er kann nur als Leitplanke für moderationserfahrene Führungskräfte dienen. Im Konfliktcoaching kann aber der Moderationsablauf detailliert vorbereitet werden, sodass nicht nur die Fragestellungen zu den einzelnen Schritten, sondern auch – gerade bei mehreren beteiligten Personen oder Teams – die jeweiligen Arbeitstechniken und Sozialformen (also: schriftlich oder mündlich, einzeln oder in Kleingruppen, spontan im Plenum oder nach Vorbereitung) geplant sind.

Wenn sich die Führungskraft z. B. bei komplexen Moderationen nicht selbst als Moderator auf diesem Terrain betätigen möchte, besteht die Möglichkeit, den Business-Partner oder HR-Spezialisten damit zu beauftragen. Ihre Präsenz bei der Moderation ist dennoch erforderlich. Im Minimum muss sie zu Beginn den Moderationsauftrag begründen und die Zielsetzung benennen und am Ende die Ergebnisse entgegennehmen und einen Ausblick geben; die Variante dazu ist die offene Teilnahme der Führungskraft in ihrer Rolle.

Für intensivere Vorbereitungen auf Konfliktmoderationen seien der Klassiker der Moderationstechnik »Moderations Methode« von Klebert, Schrader & Straub (2006) und – für interne Linien- und HR-Moderatoren mit entsprechender Vorsicht bei sehr emotionsbezogenen Techniken – die »Konfliktmoderation« von A. Redlich (2004) empfohlen.

genen Workshops als Teamentwicklungsmaßnahme zu bearbeiten (▶ Kap. 19).

Nachhaltigkeit sichern

■■ **Konsolidierungsphase**

In die Konsolidierungsphase gehören Follow-up-Gespräche oder Workshops zur Auswertung und Stabilisierung des Erreichten sowie Prävention neuer Konflikte. Außerdem ist es wichtig, die Nachhaltigkeit der Investition in Konfliktbearbeitung dadurch zu sichern, dass man die Konflikt verursachenden oder potenzierenden Probleme der Organisation bilanziert und an der Verbesserung arbeitet.

Falls sich während der Bearbeitung oder später zeigt, dass es keine tragfähige Lösung mit allen Beteiligten gibt, wird es zu einer Trennung kommen. Was diesbezüglich zu beachten ist, ist in ▶ Kap. 15 beschrieben.

Zusammenfassung

Konflikte als Phänomene in Organisationen wurden beschrieben und hinsichtlich der darin enthaltenen Aufgaben beleuchtet. Ein umfassendes Aufgabenfeld fürs HRM besteht aufgrund seiner Querschnittsfunktion in der Prävention von Konflikten. Dazu zählen die Entwicklung von Verhaltens- und Führungsrichtlinien und das Überwachen dieser und anderer rechtlicher Regelungen, aber auch alle Fördermaßnahmen für eine konfliktfeste Organisations-, Führungs- und Teamkultur. Mit der Entwicklung und Pflege von Bewertungs- und Belohnungssystemen, die für Gerechtigkeit stehen, wird ein weiterer Präventionsbeitrag erbracht. In der Bearbeitung akuter Konflikte sind mehrere Aufgaben möglich; sie variieren je nach Inhalt und Schwere des Konflikts, Positionierung der verantwortlichen Führungskraft im Konflikt und HR-Positionierung. Eine Unterteilung in die Rollen des Konfliktberaters oder Konfliktcoachs der Linie, des Brückenbauers und der Regelhütenden Instanz wurde dargestellt.

Literatur

Adams, J. S. & Freedman, S. (1976). Equity theory revisited: Comments and annotated bibliography. In L. Berkowitz & E. Walster (Hrsg.), *Advances in Experimental Social Psychology* (pp. 43–90). New York.

Ambrose, M. L., Seabright, M. A. & Schminke, M. (2002). Sabotage in the workplace: The role of organizational justice. *Organizational Behavior and Human Decision Processes, 89* (1), 947–965.

Cohen-Carash, Y. & Ppector, P. E. (2001). The role of justice in organizations: a meta-analysis. *Organizational Behavior and Human Decision Processes, 86* (2), 278–321.

De Dreu, C. K. W., Giebels, E. & Van de Vliert, E. (1998). Social motives and trust in integrative negotiation: The distributive effects of punitive capability. *Journal of Applied Psychology, 83,* 408–422.

De Dreu, C. K. W. & Weingart, L. R. (2003). Task versus relationship conflict, team performance and team effectiveness: A meta-analysis. *Journal of Applied Psychology, 88,* 741–749.

De Dreu, C. K. W. & Gelfand, M. J. (2008). Conflict in the workplace: sources, functions and dynamics across multiple levels of analysis. In C. K. W. De Dreu & M. J. Gelfand (Hrsg.), *The psychology of conflict and conflict management in organizations* (pp. 3–54). New York: Taylor & Francis.

Glasl, F. (2004). *Konfliktmanagement* (8. Aufl.). Bern: Haupt Verlag.

Glasl, F. (2007). *Konflikt, Krise, Katharsis und die Verwandlung des Doppelgängers.* Stuttgart: VfG.

Glasl, F. (2008). *Selbsthilfe in Konflikten* (5. Aufl.). Bern: Haupt Verlag.

Klebert, K., Schrader, E. & Straub, W. G. (2006). *Moderations Methode: Das Standardwerk.* Hamburg: Windmühle-Verlag.

Montada, L. & Kals, E. (2007). *Mediation. Lehrbuch für Psychologen und Juristen* (2. Aufl.). Weinheim: PVU.

Pruitt, D. G. & Rubin, J. Z. (1986). *Social conflict: Escalation, stalemate and settlement.* New York: Mc Graw Hill.

Redlich, A. (2004). *Konflikt Moderation.* Hamburg: Windmühle-Verlag.

Robinson, R. J., Keltner, D., Ward, A. & Ross, L. (1995). Actual versus assumed differences in construal: »naive realism« in intergroup perception and conflict. *Journal of Personality and Social Psychology, 68* (3), 404–417.

Rüttinger, B. & Sauer, J. (2000). *Konflikt und Konflikt lösen* (3. Aufl.). Leonberg: Rosenberger Fachverlag.

Schmidt, E. R. & Berg, H. G. (2004). *Beraten mit Kontakt.* Offenbach: GABAL-Verlag.

Schreyögg, A. (2002). *Konfliktcoaching. Anleitung für den Coach.* Frankfurt: Campus-Verlag.

Gruppen und Teams in Organisationen

Gisela Ullmann-Jungfer und Birgit Werkmann-Karcher

Gruppen und Teams sind Subsysteme innerhalb einer Organisation, in denen Leistung erbracht und koordiniert wird. Die Art und Weise, in der dies geschieht, folgt einigen Grundprinzipien, die den allgemeinen Verhaltensweisen von Menschen in Gruppen zugrunde liegen. Sie werden in ▶ Abschn. 19.1 beschrieben. ▶ Abschn. 19.2 fokussiert Ansätze, organisationale Gruppen in ihrer Arbeitsfähigkeit gezielt zu unterstützen. Diesbezügliche Aufgabenfelder des Human Resource Managements (HRM) werden beschrieben.

19.1   Grundlagen über Gruppen und Teams

Kräfte in Gruppen
Förderung der Dialogfähigkeit

Lewin entdeckte 1946 eher zufällig die erstaunlichen Möglichkeiten gemeinsamen Lernens in einer Gruppe. Innerhalb seiner Seminare am »Massachusetts Institute of Technology« (MIT) veranstaltete er mit Frauen und Männern unterschiedlichen Alters aus verschiedenen Nationen und Berufen Seminare, in denen sich die Teilnehmer über ihre Wertvorstellungen, Normen und persönlichen Haltungen auseinandersetzten. Am Ende des Seminars tauschte sich Lewin jeweils mit seinen Kollegen und Kolleginnen sowie den Beobachtenden darüber aus, welche Erfahrungen in Gruppen gemacht wurden und hielt diese in schriftlichen Protokollen fest. Diese Erkenntnisse erwiesen sich als so wertvoll und interessant, dass die Teilnehmer, nachdem sie von diesen Sitzungen erfahren hatten, bei der anschließenden Reflektion mit dabei sein wollten, um zu lernen (Marrow, 1977). Damals wie heute ging es um individuelle Lernprozesse, die eine bedeutsame Veränderung in der Qualität der Interaktion und der Beziehungen in einer Gruppe auslösen. Für Lewin waren die gegenseitigen und immer wieder wechselnden Beziehungen und Abhängigkeiten der Gruppenmitglieder untereinander, die er als **Interdependenz** bezeichnete, der Grund, warum er von **Gruppendynamik** sprach. Dynamis meint im griechischen das Aufeinanderprallen von Kräften, Sich-Entfernen und Wieder-Neu-Finden, immer wieder neue Konstellationen suchen. Lewin versuchte mit seinen Forschungen in Gruppen diese Kräfte zu erkennen, sich wiederholende Merkmale zu beschreiben, um genauere Vorhersagen über das Verhalten in und von Gruppen machen zu können. Ausgangspunkt seiner Beobachtungen war nicht die Gleichheit, sondern die Verschiedenheit im Verhalten seiner Teilnehmenden. In seiner Feldtheorie (die er an mathematische und physikalische Theorien anlehnt) definiert er das als Feld als den gesamten physikalischen Raum, indem verschiedene Elemente gleichzeitig bestehen und die sich als voneinander abhängig begreifen. Gemeinsam in einem Raum den Dialog untereinander aufzubauen und zu entwickeln, erfordert bestimmte soziale Fähigkeiten. Mitglieder einer Gruppe sollen eigene Bedürfnisse, Gefühle und Wahrnehmungen zulassen und sie benennen können. Auch in heiklen, konflikthaften Situationen ist es hilfreich, persönliche Interessen vertreten zu können und die Wahrnehmungen, Gefühle und Bedürfnisse anderer zu

19

erkennen und sie im eigenen Handeln mit zu berücksichtigen. Daraus wurden später die **Kompetenzen** für die Leitung und Steuerung von Gruppen und Teams in Organisationen entwickelt:

- Fundierte Selbst- und Fremdwahrnehmung,
- emotionale Belastbarkeit und Ausdrucksfähigkeit,
- Rollenflexibilität,
- Prozessdiagnose und Steuerungskompetenz.

Zusätzlich hatte sich gezeigt, dass Menschen, die in Gruppen miteinander arbeiten sich über gemeinsame Normen, Regeln und Strukturen auseinandersetzen müssen, damit sie miteinander arbeitsfähig werden. Das führt zu einer Erweiterung der Lernebenen, es geht nicht mehr nur um individuelle Lernprozesse, sondern auch um einen **Gruppenlernprozess**.

❯ So lässt sich daraus folgern, dass gruppendynamische Lernprozesse eine Möglichkeit darstellen, um Mitglieder von sozialen Systemen gemeinsam zu höherem Bewusstsein und zu größerer Handlungskompetenz zu bringen.

Die Bezeichnung des Austauschs von Wahrnehmungen in einem gemeinsamen System als Rückkoppelung (Feedback) wird dem Kybernetiker Norbert Wiener zugeschrieben, der genauso wie Lewin Gestalttheoretiker war. Diese Rückkoppelungsschleifen werden zu einem wichtigen Steuerungselement in Arbeits-, Projektgruppen und Teams. Sie unterstützen die Reflektion der klassischen Themen wie Kooperation, Kommunikation sowie der Entwicklung angemessener Normen und Spielregeln (vgl. Antons, 2000). Bedeutsam ist dabei die Betonung auf der partnerschaftlichen Kommunikation, die gleichzeitig die Verschiedenheit und Unterschiedlichkeit betont. Dieser wichtige Aspekt wird aktuell im »**Diversity**«-**Management** für Teamentwicklungen in Organisationen explizit benannt.

Schulung von Reflexion

❯❯ Diversity bedeutet für uns die Vielfalt von Unterschieden und Ähnlichkeiten bei Individuen, Gruppen und Teams, Organisationen und in der Gesellschaft. (Lüthi & Oberpriller 2009, S. 15) ❮❮

Organisationen werden als **soziotechnische Systeme** verstanden (▶ Kap. 4).

Jede, Jeder, der bereits in und mit Teams und Gruppen gearbeitet hat, kann ein Lied von der Vielfalt und Unterschiedlichkeit der Teilnehmenden singen. Oft schlägt die Verschiedenheit nach anfänglicher Begeisterung in Missmut und Ärger um. Damit Verschiedenheit ein Potenzial bleibt, dass in Organisationen genutzt und gezielt für kreative Lösungen und Verhaltensweisen eingesetzt werden kann, setzt es eine ernsthafte und beherzte Auseinandersetzung bei allen Beteiligten voraus. Was im Einzelnen dazu benötigt wird, soll nun beschrieben werden.

Umgang mit Unterschiedlichkeit

19.1.1 Definition von Gruppe und Team

Den größten Teil unseres Lebens verbringen wir in Gruppen; gemeinsames Erleben, Lernen, Planen, Kreieren und Gestalten sind wichtige Prozesse in unserem Leben. Sei es am Arbeitsplatz oder in privaten, persönlichen Konstellationen.

Merkmale

Wenn wir von einer **arbeitsfähigen Gruppe** sprechen, so lassen sich i.d.R. folgende Merkmale erkennen:

- 3–25 Personen (darüber hinaus ist es eine Großgruppe),
- gemeinsame, regelmäßig gestaltete Zeit,
- verbindliche Aufgaben/Ziele,
- gemeinsame Normen und Einstellungen,
- geregelte Kommunikation und Interaktion,
- geklärte Rollen und Funktionen.

Gruppe

Unter einer Gruppe verstehen wir eine soziale Einheit von Personen, die in bestimmten Rollen und Statusbeziehungen zueinander stehen. Diese soziale Einheit hat eine gewisse Lebensdauer und die Personen der sozialen Einheit haben gemeinsame Normen und Werte herausgebildet, die ihr Handeln innerhalb der Gruppe steuern.

Nach König und Schattenhofer (2006, S. 15) sind besonders die Auseinandersetzungen der Gruppenmitglieder über die Normen und inneren Einstellungen notwendig, damit die Kommunikation und die Interaktion darauf aufbauend funktionieren können. Andere Autoren wie Hofstätter (1971) und Sader (2008) erweitern diese Definition noch um die Aspekte der bewussten Versammlung und Kommunikation innerhalb der Gruppe sowie dem Wissen, dass sich Gruppenmitglieder einer Gruppe sich auch selber als zur Gruppe zugehörig beschreiben und verhalten. Gruppen entstehen damit durch ein gemeinsames Ziel; die Mitglieder kennen sich i.d.R. nicht vorher. Wir unterscheiden zwischen geschlossenen und offenen Gruppen; geschlossene Gruppen können während der Dauer einer Gruppe keine neuen Mitglieder bekommen, in halb offenen ist dies unter bestimmten Vereinbarungen möglich. Therapeutische Gruppen sind z. T. geschlossen, um den Mitgliedern das Erreichen der Ziele zu erleichtern. Arbeitsgruppen sind i.d.R. halb offene Systeme, da häufig Mitglieder aus unterschiedlichen betrieblichen Gründen die Gruppe vorzeitig verlassen oder sich neu integrieren. In der neueren Forschung ist der Unterschied zwischen Team und Gruppe nicht mehr so evident.

geschlossene und offene Gruppen

19

> **Team**
>
> Das Team ist demnach eine kleinere Systemeinheit innerhalb einer Organisationsstruktur mit einer Aufgabe, an der gemeinsam gearbeitet wird. Hinzu kommen eine starke Kommunikation unter den Mitgliedern, tragfähige Beziehungen und eine relative Autonomie innerhalb der Organisation.

Teams sind halb offene Gruppen, die über eine bestimmte Dauer eine gemeinsame Aufgabe bewältigen sollen. Teammitglieder haben i.d.R. keine gegenseitige Wahlmöglichkeit, sondern befinden sich auf Grund ihrer Fach- und Sozialkompetenzen im Team. Innerhalb der Organisationen gibt es Teams, die innerhalb einer Organisationseinheit angesiedelt sind, oft werden auch bereichsübergreifend oder an den Nahtstellen Teams für spezielle Aufgaben zusammengestellt.

Unterschied
Gruppe und Team

19.1.2 Aufgaben und Ziele in Gruppen und Teams

Für Ulich (2005) ist der Zusammenhalt und die Arbeitsfähigkeit einer Gruppe in hohem Maß davon abhängig, ob die Gruppe eine gemeinsame Aufgabe hat und für diese auch selber Verantwortung und Kontrolle zur Zielerreichung übernimmt. Teams, die zwar über gute emotionale Beziehungen verfügen, jedoch keine gemeinsame Aufgabe haben, erweisen sich als weniger tragfähig. Viele Teams erweisen sich bei näherer Betrachtung als Pseudo- oder Imageteams, die sich dann über die fehlende Teamidentität wundern. Arbeitsgruppen aus unterschiedlichen Organisationseinheiten eines Betriebes bleiben daher oft Gruppen mit unklar definierten Zielen, fehlender Selbstorganisation und Verantwortung (◘ Abb. 19.1). Greift das Management zusätzlich mit unterschiedlich wechselnden Vorgaben ein, bleiben die Erfolge aus.

19.1.3 Gruppenphasen und Gruppenprozesse

Bevor Menschen in Gruppen oder Teams funktionieren und miteinander arbeiten können, erfordert dies Klärung, Differenzierung und Auseinandersetzung. Die Gruppen- oder Teamleitung sind dabei für die Steuerung dieses Klärungsprozesses verantwortlich. Dieser Prozess durchläuft bestimmte Phasen, die jeweils abhängig vom Thema, von der Aufgabe, vom Grad der Vertrautheit der Gruppen- und Teammitglieder unterschiedlich intensiv verlaufen. Können Gruppen bereits auf frühere, konstruktive Erfahrungen in der Zusammenarbeit zurückgreifen, so verläuft die Klärungsphase weniger lang und dicht. Kritische Vorerfahrungen oder auch Vorurteile verlängern diese Phase eindeutig. In jedem Fall können die einzelnen Abschnitte in der Zusammenarbeit nicht übersprungen werden; auch in gut

Steuerung der Prozesse

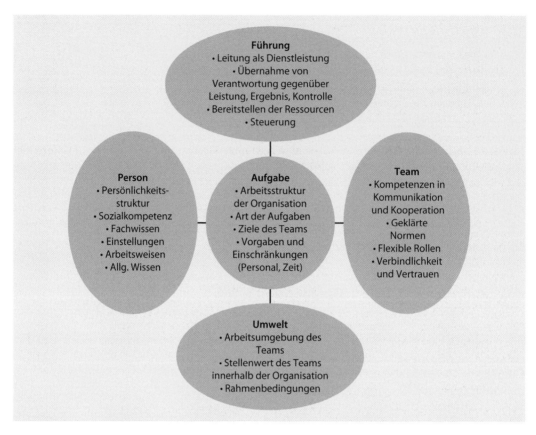

Abb. 19.1 Dimensionen der Teamarbeit. (Tannenbaum et al., 1992, zit. nach Scholz & Kimpel, 2006)

Entwicklungsphasen

funktionierenden Projektgruppen braucht es eine für alle verbindliche Klärung der Ziele, der Arbeitsstrategie, der Methoden und der Reflektionsschleifen. Gruppen durchlaufen somit bestimmte Phasen, die gut erkennbar sind. Es gibt verschiedene Modelle, um die Phasen in Gruppen und Teams näher zu kennzeichnen. Tuckman (1965, zit. nach Scholz & Kimpel, 2006) hat **4 Phasen für Gruppen** in seiner Teamentwicklungsuhr benannt:

- Phase 1: »Forming« (Orientierung),
- Phase 2: »Storming« (Auseinandersetzung, Klärung der Rollen, des Einflusses und der Nähe/Distanz),
- Phase 3: »Norming« (Neuorganisation) und
- Phase 4: »Performing« (Höchstleistung).

In den letzten Jahren haben u. a. Antons (2000) und Schattenhofer (2006) betont, dass es noch eine **5. Phase** gibt, die der Auflösung und des Abschieds einer Gruppe. Bevor die einzelnen Phasen beschrieben werden, soll besonders darauf hingewiesen werden, dass alle Phasen in einander übergreifend stattfinden, und viele Gruppen in bestimmten Situationen Teile früherer Phasen aufgreifen und eine erneute Klärung stattfindet (Tab. 19.1).

Tab. 19.1 Gruppendynamik. (Nach König & Schattenhofer, 2006)

Aufgaben der Leitung/ Moderation der Gruppe	Ziele der Gruppe	Ziele der einzelnen Teilnehmer (TN) in der Gruppe
1. Phase: Orientierung		
Orientierung geben, Rahmen und Aufgaben bekannt geben. Kontakt unter den TN ermöglichen. Balance zwischen vorgegebener Struktur und offenem Prozess	Kennenlernen der TN, Kontaktaufnahme, beginnende Positionierung der Einzelnen. Führungsversuche, denen oft noch nicht gefolgt wird	Persönliche Orientierung, Neugier, Interesse. Welche Rolle, welche Position, Aufgabe kann, muss, will ich in dieser Gruppe haben?
2. Phase: Auseinandersetzung		
Klare Vorgaben und Ziele erleichtern die Auseinandersetzung innerhalb der Gruppe/des Teams. Unterschiedliche Sichtweisen bis hin zu Konflikten müssen gefördert werden, um eine gemeinsame Arbeitsbasis zu erreichen. Leitung unterstützt und verdeutlicht mit klärenden Fragen den Prozess der Gruppe. Feedbackprozesse initiieren	Verschiedene Ideen zur Zielerreichung dienen zur Rollen- und Normenklärung um Positionsdifferenzierung zu ermöglichen. Interesse, Freude auch Ärger über die Vielfalt in der Gruppe. Unmut über das Nichtvorwärtskommen, das Sich-Einigen-Müssen. Erste Anzeichen von Rollenzuschreibungen und Mustern werden erkennbar	Persönliche Ideen und Vorschläge einbringen, Kompetenzen werden sichtbar. Freude, Erleichterung bei Akzeptanz von Vorschlägen, Enttäuschung, Verärgerung bei der Ablehnung guter Ideen. Erkenntnisgewinn, dass dieses Hin und Her notwendig und typisch für diese Phase ist. Erste Feedbackschleifen zur Erkennung der Muster in der Kommunikation und Interaktion
3. Phase: Neuorganisation		
Präsenz in der Leitungsrolle. Viele Aufgaben werden von Gruppenmitgliedern übernommen. Gesamtüberblick für den Prozess und das Ziel behalten	Unterstützung und Anerkennung für das Arbeitsvorgehen, Wertschätzung und Vertrauen, Feedback als konstruktive Hilfe. Gegenseitige Sicherheit in den Interaktionen, gemeinsame Normen lassen vorhandene Unterschiede weniger wichtig erscheinen	Erleichterung und Freude über die erreichten Teilziele, Nähe, Vertrauen, Arbeitsfähigkeit. Akzeptanz von Andersartigkeit, Geduld im Umgang miteinander, biografische Erlebnisse können neu bewertet werden
4. Phase: Höchstleistung		
Ressourcen der Gruppe nutzen und ausbauen. Dosierte Steuerung, Anerkennung und Wertschätzung vertiefen	Konstante, gute Arbeitsfähigkeit, adäquater Umgang mit Unterschieden, regelmäßiges Feedback	Nähe- und Distanzbedürfnisse können gestaltet werden. Die Rollenflexibilität begünstigt die Zusammenarbeit. Positionen verlieren an Bedeutung
5. Phase: Auflösung, Abschied		
Abschluss sorgfältig planen, entsprechend der Dauer und der Bedeutung der Gruppe	Abschluss und Neuorientierung, Gruppenmitglieder erleben den Abschluss verschieden, dementsprechend unterschiedliche Handlungen	Integration der gemachten Erfahrungen, Auswertung der Rollen, Positionen. Zukunftsplanung für die Arbeit in Gruppen

Gruppenprozesse sind **interpersonelle Prozesse**, sie haben ihren Ursprung in der Bildung von Meinungen und Einstellungen von verschiedenen Personen, die miteinander leben und damit auch voneinander abhängig sind. Diese wechselseitige Bezogenheit finden wir auch in der Gestaltung und Umsetzung in den beruflichen Arbeits- und Aufgabenrollen. Die einzelne Person kann ohne die Beziehungen, die sie oder er zu den Kolleginnen und Kollegen aufgebaut hat, nicht wirklich verstanden werden. Jede einzelne Person wächst und reift mit Hilfe seiner Umwelt, seiner Sozialisation und der damit mitgebrachten Erfahrungen im Umgang von und in Gruppen. Innerhalb der Familie (Familie als primäre Gruppe) später in der Schule, in der Lehre, im Studium, am Arbeitsplatz erleben wir das Wechselspiel zwischen der eigenen Meinung, Rolle, Position und dem Anpassen, Angleichen an andere Gruppenmitglieder. Diese Prozesse lassen sich in verschiedene Ebenen unterteilen. In jedem Gruppenprozess finden wir 3 Arbeitsebenen:

- die **inhaltlich-thematische Ebene**,
- die **Beziehungsebene** und
- die **Beziehungsbedeutungsebene**.

Prozessebenen

Allgemein bekannt ist eines der Grundaxiome von Watzlawick, der daraufhin gewiesen hat, dass der Inhalt der Beziehungsebene den Inhalt der thematischen Ebene dominiert. Die Art und Weise wie Gruppenmitglieder miteinander reden, Beobachtungen und Erkenntnisse austauschen, Vorgehen abstimmen hängt von der »gelungenen Kommunikation« ab. Nachrichten, die gesendet werden, müssen vom Empfänger als kongruent, angemessen und eindeutig verstanden werden, damit der Inhalt aufgenommen werden kann. Funktionierende Kommunikation setzt ihrerseits die Fähigkeit zur Selbst- und Fremdwahrnehmung voraus, dies bedeutet v. a. das Erkennen und Wissen der persönlichen biografischen Muster, der vorhandenen Ressourcen und Lernfelder.

▪▪ Thematische Ebene

Vorgehen und Zielvereinbarung

Zu der thematischen Ebene gehören alle Vorhaben der Gruppenmitglieder das Ziel, die Aufgabe erfüllen zu können: Zielklärung und »Commitment«, Planung, Vereinbarung über das Vorgehen, Erkennen und Verteilen der Ressourcen, Umsetzen und Kontrollieren innerhalb der vorgegebenen Zeit. Alle Handlungen der Beteiligten lassen sich auf dem Hintergrund der Zweckdienlichkeit und der Angemessenheit des Vorgehens sowie der Auswahl der Methoden hinterfragen und prüfen. Die gemeinsame Aufgabe bewirkt Interaktion, Kommunikation und Kooperation. In bestimmten Situationen passieren in einer Gruppe, in einem Team Handlungen, die von außen beobachtet, weder zielführend sind noch sonst einen Sinn in Bezug zur Aufgabe machen.

19

Beispiel

Weshalb werden Vorschläge von Frau Meyer immer akzeptiert, auch wenn sie unpassend für das Ziel erscheinen? Weshalb kann sich der einzige ältere Kollege in der Arbeitsgruppe mit seiner Idee bei seinen jüngeren Kollegen nicht durchsetzten, obwohl dies sein Spezialgebiet ist?

Solche Beobachtungen in der Rolle als Gruppen- oder Teamleitung legen nahe, zumal wenn es wiederholt passiert, dass hier nebst dem sachlichen Aspekt noch ein anderes, zunächst noch nicht sichtbares Thema mitverhandelt wird.

▪▪ Beziehungsebene (soziale Interaktionen)

Reflektion der Beziehung

Der eine Aspekt unserer Nachricht ist das »Was« (vgl. Schulz von Thun), der andere Aspekt beschäftigt sich mit dem »Wie« eine Nachricht, eine Information gesagt wird. Gruppen und Teams arbeiten oft über einen längeren Zeitraum miteinander zusammen. Sie kennen sozusagen die Vorlieben, die persönlichen Stärken und sensiblen Bereiche. Ein Verfahrensvorschlag von einer TN oder einem TN kann inhaltlich noch so gut sein, wenn er als herrischer oder besserwisserischer Ton wahrgenommen wird, hat er kaum eine Chance akzeptiert zu werden. Wenige Teilnehmende haben in der Situation die Kompetenz und die Courage den inhaltlichen Aspekt anzuerkennen und zu unterstützen, über die Art und Weise bzw. den Tonfall eine angemessene Rückmeldung zu machen. Kommen noch Vorerfahrungen dazu, wo betroffene Kolleginnen und Kollegen mit persönlichen Vorschlägen nicht gehört wurden, sich vielleicht sogar abgewertet gefühlt haben, so werden sie schweigen oder mit der Mehrheit der Gruppe den Vorschlag »*als nicht sinnvoll oder nicht durchführbar*« ablehnen. Im schlimmsten Fall wird auf die Floskel: »*ich habe nichts gegen den Vorschlag, aber*« … zurückgegriffen. Nach Schulz von Thun kommen hier 2 Ohren zum Zug: das »**Beziehungsohr**« und das »**Selbstoffenbarungsohr**«. Mit Hilfe der Analyse des »Wie« entschlüsseln die Empfangenden auf Grund der subjektiven Wahrnehmung wie Sie eingeschätzt und wie viel Nähe oder Distanz, wie viel Respekt und Anerkennung gezollt wird und reagieren entsprechend.

▪▪ Beziehungsbedeutungsebene (Übertragung und Gegenübertragung)

Bedeutung der Beziehung

Nicht überprüfte Wahrnehmungen, Übertragungen aus anderen biografischen Kontexten behindern eine gelungene Kommunikation. Besonders in Gruppensituationen werden alte Erlebnisse und Erfahrungen aus früheren biografischen Kontexten wieder wach. Eine unbekannte, neue Situation in einer Gruppe kann frühere Erinnerungen an unangenehme Erlebnisse in Gruppen wachrufen. Die Person befindet sich emotional sozusagen an einem anderen Ort; die Verhaltensweisen, die eingesetzt werden, passen daher auf das frühere Erlebnis und nicht in die aktuelle Arbeitssituation. Gelingt es in der Gruppe die Bedeutung der Ereignisse für die Betroffenen wie für die

Beteiligten den Hintergrund und den Zusammenhang herzustellen, werden neue Ressourcen und Fähigkeiten frei gesetzt.

Beispiel

Frau M. war längere Zeit in einer Arbeitsgruppe still gewesen. Besonders Herr K. fiel durch sein Engagement auf, er hatte die Leitung übernommen ohne die Gruppe direkt zu fragen, ob sie damit einverstanden sei. Als er sich aktiv am Flipchart einbrachte, die Gruppe strikt zu Beiträgen aufforderte, um so die Aufgabe zu lösen, griff ihn Frau M. heftig wegen seiner Art und des Führungsstils an. Sie teilte ihm mit, er solle nicht immer alles an sich reißen und die Gruppe nicht so überfahren. Die Heftigkeit war so stark, dass sich Herr K. setzte und nicht weiter leiten wollte. In der Auswertung dieser Sitzung (im Rahmen einer »Leadership«-Weiterbildung) wurde deutlich, dass bei Frau M. alte Erinnerungen an ihren ersten Chef wach geworden waren. Frau M. berichtete ferner, dass sie diese ihr unklaren Abneigungen gegenüber Herrn K. bereits nach dem 1. Tag der Weiterbildung bei sich wahrgenommen hatte. Die Einteilung in die gleiche Gruppe, hätte sie sogar kurz dazu bewogen zu versuchen in eine andere Gruppe zu wechseln. Sie sei nun sehr erleichtert über die Auflösung, die auch für Herrn K. hilfreiche Feedbacks von den übrigen Teilnehmenden enthielt.

Die Reflektion solcher Übertragungen hängt natürlich von der Art der Gruppe, vom Thema, der Zusammensetzung der Mitglieder und der Bereitschaft und dem Wunsch gemeinsam solche Phänomene bearbeiten zu wollen. In Teamsitzungen ist es hilfreich, eine bestimmte Zeit zur gemeinsamen Reflektion der Arbeitsfähigkeit einzuräumen. Weitergehende Reflektionen und Feedbacks würden ein spezielles Setting, eine Moderation und die Bereitschaft der Beteiligten voraussetzen. In allen beruflichen Arbeitskontexten, in denen diese Reflexionsfähigkeit Teil der alltäglichen Fachkompetenz ist, macht es Sinn die Selbsterfahrung immer wieder zu schulen.

19.1.4 Steuerung von Gruppen und Teams in Organisationen

Selbststeuerung

Arbeitsgruppen und Teams benötigen eine klare Führung oder Steuerung durch eine Teamleitung, diese kann von der Organisation oder durch die Teammitglieder selber bestimmt werden. Die Teamleitung sorgt dafür, dass die vorgebenden Ziele und Aufgaben innerhalb des geplanten Zeitraumes erreicht werden. Diese Leitung muss vom Team akzeptiert sein und mit den notwendigen Leitungskompetenzen und Befugnissen ausgestattet sein. In autonomen Teams benötigt dieser Vorgang oft Zeit und Kraft; dieser Vorgang lohnt sich nur dann, wenn gerade dieser Prozess mit einer externen Leitung gelernt und geübt werden soll. Energiesparender und wirtschaftlicher ist die Einsetzung einer Leitung. Die besonderen Merkmale eines Teams sind die Fähigkeit zur **Selbststeuerung**, das **gemeinsame Prozessdenken** und der **partnerschaftliche Umgang** bei der Nutzung aller vorhandenen Ressourcen. Der Erfolg der Teams ist somit an die vorangegangene Klärung und Auseinandersetzung der Rollen, Arbeitsvorgehen und Spielregeln gekoppelt. Gelingt dieser Prozess (▶ Abschn. 19.2.1 und 19.2.2), so lassen sich tatsächlich erstaunliche Ergebnisse erzielen. Die **Zusammensetzung der Teams** erfolgt nach unterschiedlichen Kriterien:

- freie Kapazität,
- spezifische Fachkenntnisse,
- Zugehörigkeit zu einer Organisationseinheit und auch
- ausgewiesener Sozialkompetenz.

Die erfolgreiche Integration der unterschiedlichen Teamrollen ist in der Startphase besonders wichtig. Sowohl nach Margerison und Mc Cann wie auch nach Belbin (in Haug, 2009) lassen sich erworbene Arbeitsstile, soziale Kompetenzen und Persönlichkeitsmerkmale zu Rollentypen in einem Teammanagementkreis bestimmen. Eine bewusste Unterscheidung in Rollenbeschreibungen wie des Moderators, der »Durchsetzerin«, der »Lückenfinderin«, des Ideengebers können sich in bestimmten Momenten anregend und konstruktiv für ein Team auswirken. Wie alle Typologien dienen auch diese als Anregung und Ausgangspunkt für die gemeinsame Standortbestimmung. Mit Hilfe von Ansprechen, Bewusstmachen und Wertschätzen der unterschiedlichen Stile, Rollen und persönlichen Eigenheiten durch die Teamleitung kann der Prozess beschleunigt werden. Alle Rollen und ihre spezifischen Komponenten werden für erfolgreiche Teamarbeit gebraucht. Eine unterstützende Steuerung achtet darauf, dass möglichst viele Teammitglieder in unterschiedlichen Arbeitsstilen präsent und aktiv sind. Je größer diese Rollenflexibilität ist, desto erfolgreicher kann das Team in und für die Organisation handeln.

Rollenvielfalt im Team

19.2 Teamaufbau und Teamentwicklung

Teams sind also eine Sozialform, in der in Organisationen Arbeit erbracht wird, alternativ zur Einzelarbeit. Menschen sind gerne Teil eines Teams, weil damit ihre sozialen Bedürfnisse befriedigt werden – so beschreibt es das Menschenbild des Arbeitenden als »social man« (▶ Kap. 4), und davon ging man in der Organisationsentwicklung auch aus (French & Bell, 1994, S. 86). In dieser Tradition stehen die (»warmen«) Teams als Gegenwelt zur (»kalten«) hierarchischen Organisation. Schattenhofer (2006, S. 80) nennt dies die erste Bedeutungswelle von Teams. Danach wurden Teams auch als Hilfsmittel für Veränderungen entdeckt: Parallel zur Alltagsarbeit sollten Projektteams notwendige Neuerungen entwickeln, die in bestehenden Strukturen nicht entstehen konnten. In der letzten Welle werden Teams als Rationalisierungsinstrument beschrieben, die Aufgaben schlank und prozessorientiert in variierenden Konstellationen erledigen und sich

Teams als:
– Gegenwelt
– Hilfsmittel für Veränderungen
– Rationalisierungsinstrument

permanente Arbeitsgruppen

Projektteams, Aktionsteams, Management-Teams, virtuelle Teams

weitgehend selbst steuern, kontrollieren, führen und optimieren. Die Anforderungen an Teams sind im Gleichschritt mit der zunehmenden Autonomie gestiegen und müssen oft nebenbei abgearbeitet werden.

Nun ist Team nicht gleich Team. Die permanenten Arbeitsgruppen (»family teams«) sind auf Dauerhaftigkeit angelegt und werden v. a. mit dem Bild relativ selbständiger Teams im Tagesgeschäft assoziiert, umfassen aber auch die themenbezogenen Arbeitsgruppen (z. B. Ethikkommissionen). Deren **Kooperationsnotwendigkeit** kann unterschiedlich hoch sein, abhängig von der Art der Aufgabe und der Arbeitsorganisation. Je mehr gemeinsames Denken, Bilden von Meinung, Entscheiden, Planen und Ausführen in der Teamarbeit benötigt werden, desto stärker ist die gegenseitige Abhängigkeit und damit auch das Konfliktpotenzial, das bei ungünstiger Gruppenzusammensetzung und -entwicklung Leistung und Zufriedenheit hemmen kann. Projektteams können ebenfalls intensivste Kooperation benötigen, aber ihre Lebenszeit jenseits des Alltagsgeschäfts bleibt begrenzt. Zur gegenseitigen Abhängigkeit addiert sich hier die Spiegelung konträrer Linieninteressen als Konfliktpotenzial, je mehr die Projektteambesetzung ein Abbild der Hierarchie ist. Von Projektteams abzugrenzen sind die Aktionsteams, die aus einem Personalpool immer wieder neu für eine immer gleiche Aufgabestellung eingesetzt werden und sich dann auflösen, um später wieder in anderen Zusammensetzungen das Gleiche zu tun (z. B. Operationsteams). Management-Teams nehmen Steuerungs- und Entscheidungsfunktionen wahr. Sie koordinieren ihre Perspektiven im Hinblick auf Entscheidungen für das übergeordnete Ganze. Die Kooperationsnotwendigkeit gilt dem Identifizieren und Bewerten relevanter Informationen und der Entscheidungsfindung. Das Konfliktpotenzial liegt in divergierenden Einzelinteressen und stärkerer Identifikation mit dem untergeordneten als mit dem übergeordneten Ganzen. Virtuelle Teams entsprechen je nach Aufgabenstellung Projektteams oder permanenten Arbeitsgruppen. Ihre Kooperation ist primär elektronisch vermittelt und stellt deshalb die zusätzliche Herausforderung bereit, einen hoch verbindlichen Umgang mit den Kommunikationsmedien zu vereinbaren und nach Möglichkeit Kohäsion fördernde »Face-to-face«-Kontakterlebnisse zu organisieren.

Teamarbeit als Zukunftsmodell

Was die Frage betrifft, ob Teamarbeit überhaupt ein Zukunftsmodell ist, prognostiziert Wimmer (2006, S. 174) einen dauerhaften Bedarf der Organisationen an Teams bzw. »teamförmigen Kooperations- und Koordinationsmechanismen«. Er ergibt sich letztlich aus den sehr viel komplexer gewordenen Organisationsformen im Rahmen von Dezentralisierung, Flexibilisierung, Internationalisierung, um nur einige Stichwörter zu nennen. All dies verweist nicht auf ein traditionelles Management entlang der Befehlshierarchie, sondern vielmehr auf teambasierte Selbstorganisation und Aushandlung. Es lohnt sich also, Bedingungen von Leistungsfähigkeit eines Teams unter die Lupe zu nehmen und nach Möglichkeiten zu suchen, diese zu unterstützen.

19

Insofern sind fürs HRM folgende Fragen relevant:

- Wie kann man Teams und deren Kontext so gestalten, dass Teamarbeit effektiv wird?
- Wie kann man Teams in ihrer Leistungsfähigkeit optimal unterstützen?

Die 1. Frage führt in einen Themenbereich, der hier in Anlehnung an Kauffeld (2001) »Team Designing« genannt wird. Die 2. Frage führt zum »Team Building« (Teamentwicklung) und meint all die unterstützenden Interventionen, die der Entfaltung von Leistungsfähigkeit und Zufriedenheit dienen.

19.2.1 Team Designing

Der Aufbau eines Teams wird bestimmt von Fragen: der idealen Anzahl an Mitgliedern, der idealen Kombination von Wissen, Fertigkeiten und Fähigkeiten, der idealen Führung für dieses Team und der benötigten finanziellen und infrastrukturellen Ausstattung. 2 Aspekte sollen hier näher beleuchtet werden.

▪▪ Beschaffenheit der Teamaufgabe

Van Dick und West (2005) weisen darauf hin, dass Teams ebenso wie Individuen intrinsisch motivierende Aufgaben brauchen, die dem Anspruch nach Ganzheitlichkeit, Sinnhaftigkeit, Bedeutsamkeit der Aufgaben und Autonomie in der Ausführung sowie Feedback über das Ergebnis genügen. Weiter sollte die Möglichkeit zur Selbstorganisation in der Aufgabenerfüllung bestehen. Führung widerspricht diesem Anspruch nicht, sondern stellt sich koordinierend und Ergebnis sichernd in den Dienst der Gruppe. Um schließlich auch Beitragsgerechtigkeit innerhalb eines Teams sicher zu stellen, müssen Einzelbeiträge sichtbar und identifizierbar bleiben, und sie sollten relevant für die Gesamtaufgabe sein können.

Ganzheitlichkeit, Sinnhaftigkeit, Bedeutsamkeit der Aufgaben, Autonomie, Feedback

▪▪ Die ideale Zusammensetzung des Teams

Aus der Selektionsperspektive leitet sich die Frage nach Persönlichkeitseigenschaften ab, die Individuen zu guten Teammitgliedern machen. Dies wird derzeit häufig über die »Big-five«-Persönlichkeitsfaktoren untersucht. Dabei zeigen sich über verschiedene Studien Extraversion und Verträglichkeit als bedeutsame Faktoren für Gruppenleistung, und auch Gewissenhaftigkeit sowie emotionale Stabilität scheinen eine Rolle zu spielen (vgl. Muck, 2006). Nun sind aber die individuellen Persönlichkeitseigenschaften nur einer von sehr vielen Faktoren, die am Ende über eine Gruppenleistung entscheiden. Deshalb bleibt die praktische Relevanz dieser Erkenntnisse eingeschränkt.

Persönlichkeitseigenschaften

Ob eine homogene oder heterogene Teamzusammensetzung hinsichtlich Alter, Geschlecht, Erfahrungen, Fähigkeiten günstiger für die

homogene oder heterogene Teamzusammensetzung

**Diversität in
Informations-,
Werte- und
Leistungsniveaus**

Leistung ist, wird mit Verweis auf die Art der Aufgabe uneinheitlich beantwortet. Es liegen aber Untersuchungen vor (Jehn, Northcraft & Neale, 1999), die eine positive Wirkung von **Informationsdiversität** und eine negative Wirkung von **Wertediversität** auf die Gruppenleistung belegen. Wertediversität führt dazu, dass Mitglieder weniger zufrieden sind, weniger »Commitment« für die Gruppe entwickeln und weniger gerne Teil davon bleiben möchten.

Weiter ist in Gruppen mit heterogenen Leistungsniveaus die Leistungsmotivation aller Teammitglieder höher, je attraktiver sie die Gruppe finden, je größer die Sympathie untereinander, je stärker die Kohäsion und je bedeutsamer die Aufgabe sind (Werth, 2004, S. 283). Die **Leistungsbereitschaft** ist auch dann höher, wenn die Mitglieder sich mit dem Ziel identifizieren und eine hohe Bindung an die Aufgabe entwickeln können, was mit höherem Handlungsspielraum einhergeht (von Rosenstiel, Molt & Rüttinger, 2005, S. 163).

Die resultierende Empfehlung für die Zusammensetzung eines Teams und die Gestaltung der Aufgabe muss also lauten: Sorge für hohe Identifikation mit der Gruppe und mit der Aufgabe! Dies führt weg vom Teamdesigning hin zu den unterstützenden Teaminterventionen.

19.2.2 Team Building

Teams entwickeln sich nach eigenen Gesetzmäßigkeiten von alleine (◘ Tab. 19.1), und dieser Prozess beschreibt eine Bedeutung von Teamentwicklung. Hier steht aber die 2. Bedeutung im Mittelpunkt:

> **Teamentwicklung**
>
> Teamentwicklung umfasst all die qualifizierenden Maßnahmen, die geplant und unter Moderation im Team durchgeführt werden, um dieses in der Entfaltung seiner Leistungsfähigkeit und Zufriedenheit zu unterstützen.

**Team-, Organisations-,
Personalentwicklung**

Teamentwicklung (TE) ist eine Interventionsaktivität aus der klassischen Organisationsentwicklung (vgl. French & Bell, 1994, S. 142; urspr. 1973). Man hat Teams als die Ebene für Verhaltensänderungen ausgemacht, die eine günstige Hebelwirkung auf kulturelle Veränderungen und letztlich verbesserte Problemlösungs- und Erneuerungsfähigkeit der Organisation haben. TE-Maßnahmen werden auch der Personalentwicklung zugerechnet, weil damit Qualifizierung und Kompetenzentwicklung geschieht.

■■ **Anlässe für Teamentwicklung**
In ◘ Tab. 19.2 werden verschiedene Anlässe für Teamentwicklung (vgl. West, 2004) sortiert.

19

◘ Tab. 19.2 Anlässe für Teamentwicklung

Bezeichnung und Dauer	Ausgangslage/Anlass	Ziel	Fokus auf
»Team-Kick-off« oder »Start up«	Start eines neuen Teams	Kennenlernen und Orientierung in der Organisation und Aufgabe unterstützen; guten Start sichern	Orientierung (Personen, Aufgabe, Rollen, Prozesse, Organisation)
»Team-Check« (reguläre Standortbestimmung)	Reguläre ausführliche Auswertung der Teamarbeit (Aufgabenebene, Kooperationsebene)	Gesicherte Reflexion der relevanten Ebenen von Teamarbeit (Aufgabenerfüllung – Kooperation, Kohäsion) und Erkennen von Ansatzpunkten für Verbesserung	Bewertung von Zielerreichung und Aufgabenerfüllung; Reflexion über Zufriedenheit mit Arbeit, Klima, Unterstützung, Rollen, Prozesse, Führung
Diagnose-Workshop	Leistung und/oder Klima haben sich verschlechtert; Unzufriedenheiten häufen sich bzw. Klärungs- und Unterstützungsbedarf wird deklariert	Herausfinden, was problematisch ist, wo Verbesserungsbedarf liegt	Situationsreflexion – befriedigende und unbefriedigende Faktoren hinsichtlich der Aufgabe und der Zusammenarbeit
Problemlösungs-Workshop	Herausforderung/Problem in der Aufgabenerfüllung oder Kooperationsbeziehung ist erkannt und soll aufgrund benötigter Zeit und erhoffter Atmosphäre außerhalb alltäglicher Kommunikationsstrukturen behandelt werden	Problem mit geeigneten Maßnahmen lösen bzw. die gegebene Aufgabenstellung abarbeiten	Je nach Anlass: Klärung oder Entwicklung auf der Ebene Aufgaben- und Selbstverständnis, Strategie, Ziele, Rollen, Abläufen, Umgangsweisen, Regelungen und Qualitäten

Die Anlässe unterscheiden sich auch auf der Achse »Proaktivität – Reaktivität«. Ein Team-Neustart ist eine proaktiv unterstützende Maßnahme, die nicht auf einem Problem aufsetzt und u. a. dafür eingesetzt wird, dass so schnell auch keines entsteht. Ähnlich ist es beim »Team-Check«. Entgegengesetzt dazu sind all die Anlässe, die auf Spannungen und Unzufriedenheiten gründen. Sie sind mit Gruppenmoderationstechniken alleine nicht zu handhaben, sondern erfordern Prozesskompetenz.

proaktive und reaktive Anlässe

Das Vorgehen innerhalb einer Teamentwicklung orientiert sich an den Phasen einer Beratung (▶ Kap. 17).

▪ ▪ Kontakt und Kontrakt

Die 1. Aufgabe nach der Kontaktaufnahme ist das Schließen der Arbeitsvereinbarung zwischen Berater, Teamleitung, Team und dem Auftraggeber, der das Geld bereitstellt und sich dafür etwas erhofft. Dazu müssen die verschiedenen Ziele ausgetauscht, verstanden und für hinreichend übereinstimmend gehalten werden. Hierfür wird der HR-Verantwortliche vielleicht erste Abklärungen über den genauen Bedarfshintergrund selbst vornehmen, vielleicht auch den Auftraggeber sensibilisieren und für den Auftrag gewinnen, allenfalls Kontakt zu einem externen Berater herstellen und für einen klaren tragfähigen Kontrakt sorgen. Es wird Vorgespräche zwischen Auftraggeber, Teamleiter und Berater geben. Idealerweise gibt es auch eine Besprechung mit dem Team oder Delegierten aus dem Team, sodass dort vorhandene Erwartungen, Bedingungen und Wünsche unter Beachtung der Rahmenbedingungen geklärt werden können. Wenn dieses Vorgehen nicht realisiert werden kann oder es um eine »Start-up«-Maßnahme für ein neu zusammengestelltes Team geht, ist mindestens ein Anschreiben mit Informationen zu den Zielen der 1. Sitzung und einigen vorbereitenden Fragen zu empfehlen.

Regelung der Teilnahmebedingung

Beteiligt an einer Teamentwicklung ist neben allen Teammitgliedern und dem Berater (in Teamentwicklungs-Workshops oft Moderator genannt) üblicherweise auch die zum Team gehörige Führungskraft. In der Regelung der Teilnahmebedingung ist bereits die Frage nach Gruppenzugehörigkeit enthalten. Die lässt sich aber nicht immer gut klären, bevor es eigentlich losgeht. Deshalb gilt die Empfehlung: im Zweifelsfall lieber großzügig zur 1. Sitzung einladen und dort die Zielsetzungen und den dafür benötigten Teilnehmerkreis nochmals überprüfen: Wer nicht glaubt, fürs Erreichen der anvisierten Ziele dabei sein zu müssen und dabei keinen Widerspruch erntet, sollte nicht zur Teilnahme gezwungen werden. Es mag stattdessen durchaus klärend wirken zu erkennen, dass bestimmte Konstruktionen von Team nicht für alle Zielsetzungen tragen. Wenn die Teamentwicklung kontinuierlich angelegt ist, braucht man verbindliche Teilnahmeregelungen. Bewährt hat sich das Prinzip, Krankheit und Ferien als legitimen Grund fürs Fehlen zu betrachten und den Informationsfluss in diesen Fällen zu klären.

■ ■ Diagnose in der Teamentwicklung

Teamentwicklung wurzelt in der Organisationsentwicklung, wovon der typischerweise angewandte Aktionsforschungszyklus aus gemeinsamer Selbsterforschung durch Datensammlung und Datenfeedback (~ Diagnose) und gemeinsam geplanter Handlungen zur Verbesserung (~ Gespräche, Übungen, Problemlösungen/Entscheidungen) zeugt.

Aktionsforschungszyklus: Datensammlung, Datenfeedback, Handlungsplanung

Ein 1. Schritt liegt also in einer gemeinsam vorzunehmenden Diagnose, die auf die Zielsetzung der TE angepasst sehr breit oder ganz spezifisch sein kann.

Für die Erhebung, spätestens aber für die Ordnung der Daten sind Denkmodelle hilfreich, die das komplexe Teamgeschehen in Faktoren aufzuschlüsseln helfen. Hierfür eignen sich z. B. die Dimensionen der Teamarbeit (◨ Abb. 19.1). Alternativ kann man auch mit dem Modellverständnis eines Teams als soziotechnisches System (▶ Kap. 4) arbeiten (◨ Abb. 19.2).

diagnostische Methoden

Zu den diagnostischen Methoden zählen alle Verfahren, mit denen Daten über das Team erhoben werden:

— Interviews (einzeln oder in der Gruppe),

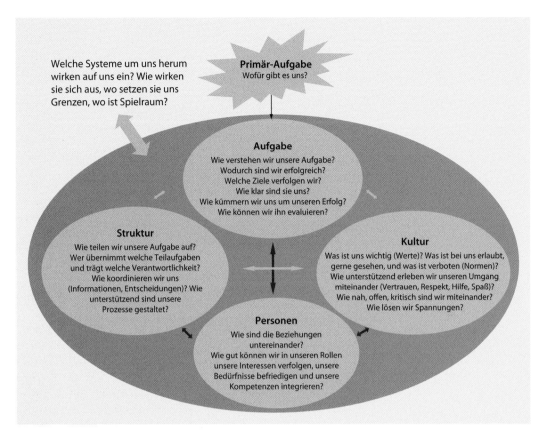

Abb. 19.2 Teamdiagnose nach dem soziotechnischen Systemverständnis

- kognitiv-analytische Verfahren zur Situationsanalyse (SWOT, Kräftefeld),
- gestaltende, Erlebnis aktivierende Verfahren (die Teamsituation bzw. das Team malen, symbolisieren oder soziometrisch stellen; Übungen »indoor« oder »outdoor«) oder
- Fragebogen (mit Fokus auf Teamerfolgsfaktoren oder auf individuelle funktionale Rollen, Stilpräferenzen bzw. Persönlichkeitstypen).

Hier wird man sich an der Kultur der Kunden orientieren und mit ihr kompatibel oder bewusst unterschiedlich vorgehen. Wenn das Messen von Wirkung eine hohe Bedeutung hat, macht der Einsatz von quantitativen Fragebogenverfahren den Unterschied zwischen Vorher und Nachher sichtbar. Ein Beispiel für ein Verfahren dieser Art ist das **Team-Klima-Inventar** (vgl. van Dick & West, 2005), mit dem die Teamerfolgsdimensionen Aufgabenorientierung, Vision, Unterstützung für Innovation und partizipative Sicherheit gemessen werden.

Andere Testverfahren wie z. B. der populäre »**Myers Briggs Type Indicator**« (MBTI) erheben individuelle Eigenschaften oder Präfe-

Fragebogen

◘ **Tab. 19.3** Design eines Diagnose-Workshops (3 h–1 Tag, je nach Ausführlichkeit und Gruppengröße)	
Ziele: **Stärken und Schwächen in der Arbeit (aufgaben- und kooperationsbezogen) identifizieren. Veränderungsbereitschaft/-notwendigkeit klären**	
Begrüßung, Anlass/Ziel und Vorgehen	Wofür sind wir heute hier? Was ist das Ziel dieses Workshops? Was behandeln wir in welcher Abfolge/Form? Resonanz, Fragen und Wünsche
Einzelarbeit, evtl. Kleingruppen: Was läuft gut, was weniger gut in – unserer Arbeit – in der Art, wie wir dabei kooperieren?	*Alternativ:* Worin unterstützen und ergänzen wir uns, worin hindern wir uns? Was unterstützt und stärkt mich persönlich in meiner Arbeit; was stört oder hindert mich, meine Arbeit optimal zu verrichten?
Sammeln, thematisch ordnen und bewerten	Was für ein Bild ergibt sich? Was bedeutet uns das? Was wollen wir beibehalten? Was wollen wir anders haben?
Festlegen der Veränderungsziele und -Maßnahmen	Wohin wollen wir in dem Thema? Woran merken (messen) wir, dass wir dort sind? Wie müssten wir (wer mit wem) miteinander umgehen, was müssten wir neu machen, damit wir am gewünschten Punkt in der gewünschten Weise ankommen?
Auswertung, Abschluss	Zufriedenheit mit Zielerreichung und Zusammenarbeit Ausblick (wie es nun weitergeht) und Abschluss

renzen und resultieren in Typenbeschreibungen. Diagnostische Typisierungen dieser Art, wie sie auch bei Fragebögen zu funktionalen Rollen (z. B. die Teamrollen nach Belbin) vorgenommen werden, können einerseits helfen, das Verständnis für individuelle Unterschiede und Eigenheiten zu verbessern. Manchmal werden dann problematische Interaktionsmuster besser verstanden und sind dadurch Veränderungen zugänglicher. Gleichzeitig verfestigen sich aber derlei Kategorisierungen gerne, weshalb der Einsatz solcher Tests gut überlegt sein sollte.

> ❯ **Für den Aufgabenbezug in einer TE erzielt man dann einen Erkenntnisgewinn, wenn die Bedeutung der im Team stark und schwach repräsentierten Präferenzen für die Aufgabenbewältigung reflektiert wird.**

Übungen

Diagnostisches Material ergibt sich auch aus der Durchführung von »Indoor«- oder »Outdoor«-Übungen. Das Team kommt in Aktion, und dabei zeigen sich Handlungsmuster, die im Bezug auf den Arbeitsalltag ausgewertet und verbessert werden können. Der zeitliche Bedarf für die Reflexion und den Transfer aus den Übungen sind hoch und müssen eingeplant werden, damit die Übungen am Ende nicht quer zum Ziel stehen bleiben.

Bei Verzicht auf vorgefertigte Diagnoseinstrumente kann das Team in einer Diagnose »von Hand« angeleitet werden. In ◘ Tab. 19.3 wird ein Workshopdesign beschrieben, in dem mit einer kognitiven Situationsanalyse gearbeitet wird.

19

Das folgende Beispiel beschreibt den Einsatz eines gestaltenden Verfahrens in der Diagnosephase.

Beispiel

Ein Team war unzufrieden mit seiner Position innerhalb der Organisationseinheit; die Beziehungen zu anderen Teams und zur Gesamtleitung wurden unbefriedigend erlebt. Für eine Bestandsaufnahme der Situation zeichnete jedes Teammitglied das Bild des Teams in dieser Organisationseinheit. Nachdem alle Bilder betrachtet worden waren, wählte das Team für die Weiterarbeit eines aus, das einen Esel mit verbundenen Augen zeigte, der von einem Sklaventreiber weg von den grünen Wiesen hinein in eine Wüste geführt wurde. Der Esel stand als Symbol fürs Team, der Sklaventreiber für die Gesamtleitung. Aus diesem Bild konnte das Team einige Selbsterkenntnisse, aber auch konkrete Zielsetzungen für den Weg hinaus aus der Wüste entwickeln. Das Bild vom Esel mit verbundenen Augen war zum Anti-Bild avanciert, das in der Folge für einige erstaunliche Veränderungen gut war.

Ein Diagnose-Workshop steht zwar selten für sich alleine. Dennoch kann man erst am Ende des Workshops wissen, zu welchen Empfehlungen über das Inhalt, Intensität und Timing der Folgemaßnahmen man gelangen wird (▶ Beispiel):

Beispiel

Ein Management-Team hatte sich durch einige Konflikte hindurch gekämpft. Die Organisation stand vor einer möglichen Übernahme durch eine weit größere, deren Auswirkungen noch nicht klar abschätzbar waren. Ziel der Teamentwicklung war eine Diagnose, man könnte auch sagen: Selbstvergewisserung, über den Zusammenhalt im Team angesichts der kommenden Herausforderungen. In verschiedenen Übungen – einer Problemanalyse und einer Erlebnis aktivierenden Kooperationsaufgabe »outdoor« – und plenaren Gesprächen im Rahmen eines eintägigen Workshops zeigte sich eine vertrauensvolle, tragfähige Beziehungsebene. Der nächste Workshop wurde erst viele Monate später nach der zu erwartenden Richtungsentscheidung eingeplant.

❯ **Wie auch bei der Beratung allgemein kann auch in der Teamentwicklung nicht klinisch sauber getrennt werden zwischen Diagnose und Maßnahme. Die Diagnose ist bereits eine Intervention, die über Signalwirkung, Selbstbindungskraft, Selbstreflexion und Austausch von Sichtweisen zu Veränderungen führt.**

▪▪ **Interventionen in der Teamentwicklung**
Beckhard (1972) hat 4 bzw. 5 Ebenen beschrieben, die logisch aufeinander folgen und mit der Empfehlung verbunden sind, sie als Bearbeitungshierarchie in der TE zu beachten. So sollte z. B. nicht auf der Prozessebene gearbeitet werden, wenn die Teamziele nicht klar

grundlegendes Interventionsinstrument: Gespräch; Fragen, Aufgabenstellungen, Übungen

▣ Tab. 19.4 Interventionen auf 5 Ebenen	
Ebene des Teamfunktionierens	**Interventionen**
System	Klären der relevanten Umweltbeziehungen innerhalb und außerhalb der Organisation (z. B. mittels bildnerischer Darstellung des Kräftefelds bzw. Beziehungsnetzes des Teams zur Umwelt: wer ist wichtig für unsere Arbeit; wie nah oder fern, unterstützend oder problematisch sind diese Beziehungen) Reflexion der Umgebungsfaktoren, die unterstützen oder limitieren (Infrastruktur, Honorierungssystem, Informationsfluss und übergeordnete Regeln aus der Organisation)
Ziele	Klären und Vereinbaren von Teamzielen und individuellen Zielen als Teamzielbeiträge
Rollen	Verhandeln und Klären von Rollen, z. B. nach dem Modell des Rollenverhandelns nach Harrison (pro TN 1 Flipchart mit Kategorien »Was ich mir wünsche, das du mehr oder neu, weniger oder nicht mehr, weiterhin so wie bisher tust.« Jeder schreibt überall seinen Beitrag → bilaterale freie Aushandlungen)
Prozesse	Klären und Verbessern der Abläufe, in denen die Teamaufgaben bearbeitet und koordiniert werden (Informationen, Entscheidungen, Kontrolle)
Beziehungen	Reflektieren und Verbessern der interpersonellen Beziehungen, z. B. durch Kommunikationsklärungen, Konfliktbearbeitung

Moderations-Know-how, Gruppenprozesssteuerung

sind. Die 5 Ebenen bilden die Kategorien für mögliche Interventionen (▣ Tab. 19.4).

Ein grundlegendes Interventionsinstrument für alle Ebenen ist das Gespräch, das die mitlaufende Selbstreflexion im Team und – genügend Zeit vorausgesetzt – gemeinsames Denken und Verstehen ermöglicht. Fragen spielen wie immer in der Beratung eine wichtige Rolle, des Weiteren auch Aufgabenstellungen und allgemein Übungen, die auf verschiedenen Ebenen Erlebnis und Erkenntnis stimulieren und via Auswertung Veränderung bahnen sollen. Für die Planung und Gestaltung von Teamentwicklungs-Workshops ist Moderations-Know-how wichtig. Je mehr die Thematik von der sachlichen Aufgabenebene weg und hin zu den Rollen und Beziehungen geht; desto notwendiger ist zusätzliche Kompetenz in der Gruppenprozesssteuerung (▶ Spezielle Kompetenz: Workshopdesign und -moderation).

Befragung, »Debriefing«

■ ■ **Auswertung, Konsolidierung, Abschluss**

Zunächst wird eine Auswertung am Ende des Workshops stattfinden. Man kann verabreden, etwas später eine Transfer unterstützende Erinnerung zu versenden (z. B. den Brief an sich selbst oder ein ausgewähltes Bild, in dem Vorsätze oder Stärken zur Erinnerung gebracht werden). Nach Abschluss der Beratung kann man eine schriftliche Befragung durchführen, die dem Team als Erinnerung, dem Berater als Feedback und der Organisation als Qualitätskontrolle dienen mag. Auf jeden Fall sollte im Nachgang ein telefonisches oder besser persönliches »Debriefing« zwischen den Kontraktpartnern erfolgen, in dem Zielerreichung und Wirkung bewertet und die Notwendigkeit

Spezielle Kompetenz: Workshopdesign und -moderation

Ein Workshop wie z. B. in ◘ Tab. 19.3 skizziert braucht einen Moderator. Er sorgt für die Programmplanung (Design) und die situativen Anpassungen in der Durchführung. Innerhalb der einzelnen Schritte gibt es immer wieder Varianten, wie Fragen bearbeitet, Antworten zusammengeführt und Entscheidungen getroffen werden können. Dieses Moderationstechnik-Know-how ist eine unverzichtbare Kompetenz in der Arbeit mit Gruppen. Wer mit wem welche Fragestellungen austauschen soll und wer dabei oder hinterher zuhört, wann genug geredet und eher getan werden sollte, welches Arbeitserlebnis sinnvoll eingesetzt werden könnte (bzw. als »Outdoor«- oder »Indoor«-Aktivität), und was daraus lernträchtig für den Alltag gemacht werden könnte – all dies sind Fragen, die in die Planung eines Designs und in die Moderation einfließen.

Ideen und Anregungen finden sich z. B. bei Klebert, Schrader und Straub (2006). Für Anregungen zu Teamübungen: Gellert und Nowak (2010) sowie Lüthi und Oberpriller (2009).

von Folge- oder Ergänzungsmaßnahmen eingeschätzt werden können.

19.2.3 Aufgaben des HRM in der Unterstützung von Teams

Die Aufgaben, die das HRM im Zusammenhang mit Teamarbeit hat, können unterteilt werden in die Unterstützung aus der Beratungsrolle heraus (► Kap. 17) und das Gestalten organisationaler Rahmenbedingungen bis hin zu den HR-Prozessen (► Checkliste: Aufgaben des HRM in der Unterstützung von Teams).

Gestalten organisatorischer Rahmenbedingungen

Zusammenfassung

Gruppen und Teams in Organisationen sind eine zentrale Organisationsform, die viel verspricht. Das synergetische Potenzial macht sie als betriebliche Ressource aus wirtschaftlichem Kalkül interessant; die Unmöglichkeit zahlreicher Problemlösungen in Einzelarbeit macht sie zur Notwendigkeit; dem Einzelnen mag sie Zugehörigkeit, Unterstützung und Solidarität in ökonomisierten Arbeitswelten bedeuten. Teamarbeit kann vieles einlösen, aber nicht bedingungslos. Teams funktionieren nach bestimmten Prinzipien und können in ihrem Zusammenspiel unterstützt werden. Sie setzen Investitionen zeitlicher Art zur Systempflege voraus. Die Aufgabenfelder des HRM in Teamarbeit und Teamentwicklung wurden dargestellt.

Checkliste: Aufgaben des HRM in der Unterstützung von Teams

- **Für Unterstützung von Teamarbeit und Teams in der Organisation sorgen**
  - Van Dick und West (2005) weisen darauf hin, dass Teams in ihrem Entwicklungspotenzial von der organisationalen Unterstützung, dem herrschenden Klima für Teamarbeit befördert oder limitiert werden. Deshalb ist es wichtig sicherzustellen, dass Teams von der Organisation die nötige Unterstützung (Infrastruktur, Informationen, sonstiges), Zielklarheit und Anerkennung für ihre Arbeit erhalten

- **Individuen zentrierte HR-Prozesse an Teambelange adaptieren**
  1. Rekrutierung:
     - Wenn in dauerhaften Arbeitsgruppen Mitglieder gehen, ist dies eine Chance fürs verbleibende Team zu bilanzieren (Standort), welche Stärken und Schwächen sie in der letzten Zeit in ihrer Arbeit festgestellt haben, mit welchen Schwierigkeiten sie konfrontiert waren und inwiefern daraus spezifische Anforderungen und Wünsche an das neu zu rekrutierende Teammitglied resultieren. Dabei geht es um fachliche Aspekte wie auch um gruppenprozessbezogene; für Letztere kann man sich an Teamrollen orientieren
  2. Selektion:
     - Im Selektionsprozess muss das Team repräsentiert sein. Je früher und kompletter es darin vertreten ist, desto stärker wird es sich verpflichtet füh-

len, das ausgewählte neue Mitglied dann schnell, gut und fair zu integrieren. Zumindest zu Beginn des Selektionsprozesses (Worauf wird aus Leitungs- und Teamsicht jetzt Wert gelegt?) und zum Ende hin (Wer wird also ausgewählt?) sollte breite Beteiligung realisierbar sein; Teamdelegierte können in großen Teams bei den Zwischenschritten eine praktikable Alternative darstellen. Wichtig ist allerdings bei Beteiligungen jeglicher Art, dass die geäußerte Meinung in der Folge auch erkennbar berücksichtigt werden muss, sonst erzeugt man damit nur Ärger

  3. Beurteilung:
     - Teammitglieder können die Kompetenzen ihrer Kollegen oft besser als die Teamleitung einschätzen. Während das 4-Augen-Mitarbeitergespräch trotz Teamarbeit eine meist sehr geschätzte Form von individualisierter Zuwendung, Beurteilung, Anerkennung, Förderung und Entwicklungsperspektivenentwurf bleibt, sollte eine Teambeurteilung im Sinne eines Feedbacks über relevante und erlebbare Kompetenzen in der Teamarbeit ergänzend dazu kommen

  4. Honorierung:
     - Einzelleistungen bleiben auch im Teamkontext eine wichtige Leistungsebene. Es wird oft auf die Gefahr des »sozialen Faulenzens« hingewiesen, d. h. die Tendenz,

eigene Leistungsbeiträge zu reduzieren, wenn sie innerhalb der Gruppenleistung nicht mehr identifizierbar sind. Sichtbarmachung und Belohnung von Einzelleistungen wirken dem entgegen. Daneben ist aber auch eine Honorierung der Teamleistung als Ganzes notwendig. Damit werden Anreize gesetzt, über Einzelleistung hinaus verbunden zu denken und zu handeln – was aber nur Sinn macht, wenn Teamarbeit auch mehr als organisatorisch zusammengefasste Einzelarbeit ist oder sein soll. Das Entgelt- und Anreizsystem sollte also auf Teamarbeit abgestimmt werden, wobei das Verhältnis zwischen Einzelleistung und teambasierter Honorierung der Natur der Teamaufgabe Rechnung tragen muss

  5. Training:
     - Bei Personalentwicklungsmaßnahmen sollte der individuelle Entwicklungsplan auch im Lichte des Team-Kompetenzportfolios und im Lichte der Verteilungsgerechtigkeit geprüft werden, bei Teams mit langfristiger Perspektive umso mehr. Zusätzlich zur individuellen Qualifizierung profitieren gerade permanente Arbeitsgruppen stark von einer gemeinsamen fachlichen Qualifizierung: Sie bildet eine Klammer ums Team, bietet sich für gemeinsame Sprache und Verständnis von zentralen Konzepten

Tab. 19.5 Fahrplan für Teamselbstreflexionen

Häufigkeit	Bezeichnung	Agenda
1×/Jahr extern (1–1,5 Tage)	Teamstandort (»Team-Check«)	*Rückblick aufs letzte Jahr*: Ergebniszufriedenheit; Hochs und Tiefs (individuell und auf Team gesehen) *Ausblick aufs kommende Jahr*: Maßnahmen, um uns fürs Kommende fit zu machen/um manche Dinge dieses Jahr besser zu machen (unsere »lessons learned«)
12×/Jahr intern am Rande von Teamsitzungen (½ h)	Zwischenbilanz	*Wie läuft es aktuell*: Wie gut schaffen wir derzeit unsere Arbeit? Wie gut gehen wir dabei miteinander um? Gibt es irgendwas, das vermisst wird, das stört oder ärgert? Gibt es etwas, das wir ändern sollten?
Variabel/nach Bedarf in Veränderungsphasen	»Kick-off« und fortlaufende Folge von Sitzungen/Workshops für sachliche Projektinformation und -kommunikation einerseits, für reflexionsbezogenen Austausch zur Verarbeitung der Veränderung (+/−) und Auffangen von Problemen und Störungen andererseits	

an und bereitet so den Boden für gehaltvolle fachliche Auseinandersetzung und Weiterentwicklung. Qualifizierung in teamarbeitsrelevanten Themen (Kommunikation, Entscheidung, Konflikt usw.) ist ein drittes Feld, das in Teamentwicklungsmaßnahmen ideal bedient werden kann

- **Den Motor zum Laufen bringen**
  - Für niedrigschwellige Unterstützung bei Teamaufbau und weiterentwicklung sowie bei Krisen und Konflikten sorgen:
    - Hierzu gehört einerseits das Informieren über die Existenz von Unterstützungsmöglichkeiten jenseits der Alltagsroutine. Das lässt sich gut in internen Führungsseminaren platzieren, und der Business Partner kann dies im Bedarfsfall auch bilateral vorschlagen. Und schließlich sollte die Angebotspalette an spezifischen Teamunterstützungsinstrumenten klare Aussagen treffen über Anlässe/Ziele, Umfang und Bedingungen der Inanspruchnahme sowie Zugangswege

- **Den Motor am Laufen halten**
  - Selbstreflexion von Teams zum Standard erklären:
    - Kontinuierliche Selbstreflexion eines Teams dient der Pflege und Weiterentwicklung der fachlichen Arbeit und der Zusammenarbeit. Darin zu investieren ist notwendige Bedingung für den Systemerhalt. Teams und ihre Leitungen sollten wissen, in welchem Umfang ihnen dafür Ressourcen zur Verfügung stehen. Die Notwendigkeit ist je nach Aufgabeninhalt eine andere, aber für eine grobe Orientierung empfiehlt sich der »Fahrplan« aus ◻ Tab. 19.5 (vgl. Doppler & Lauterburg, 2008)

Literatur

Antons, K. (2000). *Praxis der Gruppendy-namik*. Göttingen: Hogrefe Verlag.

Beckhard, R. (1972). Optimizing team-building efforts. *Journal of Contemporary Business, 1*, 23–32.

Doppler, K. & Lauterburg, Ch. (2008). *Change Management. Den Unternehmenswandel gestalten* (12. Aufl.). Frankfurt: Campus Verlag.

French, W. L. & Bell, C. H. (1994). *Organisationsentwicklung* (4. Aufl.). Bern: Haupt Verlag.

Gellert, M. & Nowak, C. (2010). *Teamarbeit – Teamentwicklung – Teamberatung. Ein Praxisbuch zur Arbeit in und mit Teams mit zahlreichen Checklisten, Übungen und Modellen* (4. Aufl.). Meezen: Limmer Verlag.

Haug, C. V. (2009). *Erfolgreich im Team. Praxisnahe Anregungen für effizientes Teamcoaching und Projektarbeit*. München: Deutscher Taschenbuch Verlag.

Hofstätter, G. (1971). *Gruppendynamik. Kritik der Massenpsychologie*. Hamburg: Rowohlt Verlag.

Jehn, K. A., Northcraft, G. B. & Neale, M. A. (1999). Why Differences Make a Difference: A Field study of Diversity, Conflict and Performance in workgroups. *Administrative Science Quarterly, 44*, 741–763.

Kauffeld, S. (2001). *Teamdiagnose*. Göttingen: Verlag für angewandte Psychologie.

Klebert, U., Schrader, E. & Straub, W. G. (2006). *ModerationsMethode: Das Standardwerk* (3. Aufl.). Hamburg: Windmühle Verlag.

König, O. & Schattenhofer, K. (2006). *Einführung in die Gruppendynamik*. Heidelberg: Carl Auer Systeme.

Lüthi, E. & Oberpriller, H. (2009). *Teamentwicklung mit Diversity Management*. Bern: Haupt Verlag.

Marrow, A. J. (1977). *Kurt Lewin – Leben und Werk*. Stuttgart: Klett.

Muck, P. M. (2006). Persönlichkeit und berufsbezogenes Sozialverhalten. In H. Schuler (Hrsg.), *Lehrbuch der Personalpsychologie* (2. Aufl., S. 527–579). Göttingen: Hogrefe.

Rosenstiel, L. v., Molt, W. & Rüttinger, B. (2005). *Organisationspsychologie* (9. Aufl.). Stuttgart: Kohlhammer.

Sader, M. (2008). *Psychologie der Gruppe*. Weinheim: Juventa.

Schattenhofer, K. (2006). Teamarbeit jenseits der Idealisierung – eine Untersuchung. In C. Edding & W. Kraus (Hrsg.), *Ist der Gruppe noch zu helfen? Gruppendynamik und Individualisierung* (S. 77–93). Opladen: Verlag Barbara Budrich.

Scholz, D. & Kimpel, B. (2006). *Teammonitoring als Schlüsselvariable im Prozessmodell der selbstregulierten Teamarbeit*. Norderstedt: Grein.

Titscher, S. & Stamm, M. (200?). *Erfolgreiche Teams. Teams richtig einsetzen, Fördern und Führen*. Wien: Linde-Verlag.

Ulich, E. (2005). *Arbeitspsychologie. Das Handbuch für die Arbeitswelt*. Zürich: Vdf Hochschulverlag.

Van Dick, R. & West, M. A. (2005). *Teamwork, Teamdiagnose, Teamentwicklung*. Göttingen: Hogrefe Verlag.

Werth, L. (2004). *Psychologie für die Wirtschaft. Grundlagen und Anwendungen*. Heidelberg: Spektrum Akademischer Verlag.

West, M. A. (2004). *Effective teamwork: practical lessons from organizational research* (2nd ed.). Leicester: BPS Blackwell.

Wimmer, R. (2006). Der Stellenwert des Teams in der aktuellen Dynamik von Organisationen. In C. Edding & W. Kraus (Hrsg.), *Ist der Gruppe noch zu helfen? Gruppendynamik und Individualisierung* (S. 169–191). Opladen: Verlag Barbara Budrich.

19

Ausblick

Herausforderung Demografie und Wandel der Arbeitsgesellschaft

Jürgen Deller und Peter Kolb

In diesem Kapitel werden dem Leser Auswirkungen des demografischen Wandels auf das Management von Humanressourcen und mögliche Antworten auf demografiebedingte Herausforderungen nähergebracht. Zentrale Handlungsfelder des Demografie-Managements werden dem Leser ebenso geschildert wie konkrete Handlungsansätze. Das Kapitel schließt mit einem Ausblick auf die Zukunft der Arbeit und einer kurzen Zusammenfassung.

Engpässe an qualifizierten Mitarbeitern

Die Bevölkerung der EU (27 Nationen) wird zunehmend älter (Giannakouris, 2008). Während der Anteil der Personen zwischen 20 und 59 Jahren in Europa stetig zurückgeht, werden durchweg Zuwächse in der Gruppe der älteren Bevölkerung (60 Jahre und älter) erwartet (Commission of the European Communities, 2008). Dass diese Verschiebung weitreichende sozialpolitische Konsequenzen für den Arbeitsmarkt sowie Renten- und Gesundheitssysteme mit sich bringt, liegt in der Natur der Sache.

alternde Belegschaften und Jugendfixierung in der Personalpolitik

Für den Arbeitsmarkt bedeutet der demografische Wandel, dass voraussichtlich Engpässe an qualifiziertem Personal entstehen und dem Arbeitsmarkt insgesamt weniger junge Nachwuchskräfte zur Verfügung stehen werden. Gleichzeitig nähern sich mehr Mitarbeiter dem Ruhestandsalter. In Deutschland wird vor diesem Hintergrund ein akuter Fachkräftemangel ab dem Jahr 2015 erwartet (Schreyer & Gaworek, 2007). Das Institut der deutschen Wirtschaft (IW, 2007) berechnete bereits für das Jahr 2006 einen volkswirtschaftlichen Schaden von 18,5 Milliarden Euro aufgrund unbesetzter Stellen.

Neben den Herausforderungen bei der Rekrutierung qualifizierten Personals führt die demografische Entwicklung dazu, dass Belegschaften insgesamt altern. Ältere Mitarbeiter werden langfristig eine immer stärkere Rolle bei der Leistungserbringung in Organisationen spielen, in Zukunft auch über das bislang realisierte Rentenalter hinaus. Sie werden, teilweise auch in der Rente, am Arbeitsmarkt die Versorgungslücke an notwendigem Personal kompensieren. Die Grundhaltung der heutigen Personalpolitik scheint allerdings zumeist noch von einer Jugendzentrierung geprägt zu sein.

demografischer Wandel als Chance

❯ **Der demografische Wandel stellt Organisationen vor große Herausforderungen. Die erfolgreiche Begegnung dieser Entwicklung macht in den meisten Fällen eine umfassende Weiterentwicklung und Anpassung von Personalmanagement und -führung erforderlich.**

Die demografische Entwicklung ist eine wichtige Einflussgröße auf den zukünftigen wirtschaftlichen Erfolg von Organisationen. Eine frühzeitige Einstellung von Personalführung und betrieblichem Personalmanagement auf die neue Situation kann als Chance angesehen werden, die Innovations- und Wettbewerbsfähigkeit von Organisationen langfristig zu sichern.

Fokus der Betrachtung dieses Beitrags sind Mitarbeiter aus dem sog. **»White-collar«-Bereich**. Dieser umfasst Arbeiten, die überwiegend von Bürotätigkeiten geprägt sind. Eine ausführlichere Darstellung des Gegenstandes dieses Kapitels findet sich bei Deller, Kern, Hausmann und Diederichs (2008).

20.1 Anforderungen an Führung und Personalmanagement

Eine erfolgreiche Reaktion auf die demografische Herausforderung wird in den meisten Fällen tief greifende Anpassungen und Weiterentwicklungen bei Führungskräften und im Management von Personal implizieren. Organisationen stehen vor der Aufgabe, sich auf einen Mangel an jungen Nachwuchskräften und auf älter werdende Belegschaften einzustellen. In der Regel bedeutet dies ein Umdenken im Führungshandeln und die strategische Neuausrichtung des Personalmanagements. Für das **Miteinander der Generationen** sind ein respektvoller Umgang und die Anerkennung der Stärken des anderen entscheidend. Die Wertschätzung des Potenzials Älterer und die Bearbeitung von Altersstereotypen nehmen dabei eine zentrale Rolle ein. Eine vorherrschende Jugendfixierung in der Personalpolitik sollte hinterfragt werden.

Umdenken und strategische Neuausrichtung

Aufgrund der in der Vergangenheit häufig praktizierten Frühverrentungen Älterer scheint im Umgang mit älteren Mitarbeitern allerdings oft die Erfahrung zu fehlen. Laut einer repräsentativen Studie des Instituts für Arbeitsmarkt- und Berufsforschung (IAB) haben 41% der deutschen Unternehmen eigenen Angaben zufolge keine Erfahrungen im Umgang mit über 50-jährigen Mitarbeitern (v. Eckhardstein, 2004). In besonderem Maße sei in diesem Zusammenhang auch die Sensibilisierung von Führungskräften zu nennen, deren Erfolg in Zukunft mehr und mehr von älteren Mitarbeitern abhängen wird.

Ältere sind heute leistungsfähiger als je zuvor (APA Working Group on the Older Adult, 1998; Lehr & Kruse, 2006). Da Ältere in Zukunft auch länger in Organisationen verbleiben werden, werden neue Anforderungen an Gesundheitsförderung, Arbeitsplatzgestaltung und Arbeitsorganisation gestellt. Das Wohlbefinden und die Gesundheit von Mitarbeitern sind entscheidende Bausteine zur langfristigen Sicherung ihrer Arbeitsfähigkeit. Themen wie »**Ergonomie am Arbeitsplatz**« und eine auf die Bedürfnisse der Mitarbeiter abgestimmte Arbeitsgestaltung rücken in den Vordergrund.

Gesundheitsförderung und Qualifizierung

Für den Erhalt der Qualifikation von Mitarbeitern über das gesamte Erwerbsleben ist die lebenslange Förderung von Mitarbeitern eine wichtige Voraussetzung. Auf diese Weise kann die Leistungsfähigkeit der Mitarbeiter bis zum Ende des Erwerbslebens positiv mitgestaltet werden.

Individualisierung und Humanisierung von Arbeit

Aufgrund der geringeren Zahl an qualifizierten Nachwuchskräften gewinnt die **Bindung von Mitarbeitern** an Bedeutung. Nur wenn qualifizierte Mitarbeiter auch in Organisationen verbleiben, können Mangelsituationen an qualifizierten Bewerbern erfolgreich

intergenerativer Wissenstransfer

kompensiert werden. Schlüssel zur erfolgreichen Bindung qualifizierten Personals an die Organisation ist die Ausrichtung der Arbeit an den individuellen Bedürfnissen der Mitarbeiter. Dies schließt beispielsweise die Flexibilisierung von Arbeitsort und -zeit mit ein. Darüber hinaus kann eine derartige Individualisierung von Arbeit auch dazu dienen, den Übergang in die Rente flexibler zu gestalten und weiterhin motivierten Mitarbeitern Möglichkeiten einer flexiblen Weiterbeschäftigung im Rentenalter zu ermöglichen. Auf diese Weise kann die Tätigkeit bedürfnis- und lebenslagengerecht für Mitarbeiter gestaltet werden. In diesem Zusammenhang sei auch auf die Humanisierung von Arbeit verwiesen. Humanisierung bedeutet die Etablierung von persönlichkeitsförderlichen, ausführbaren, schädigungsfreien, zumutbaren, wertschätzenden und abwechslungsreichen Tätigkeiten (Deller et al., 2008; für einen kurzen Überblick vgl. Gebert & v. Rosenstiel, 2002).

Die Umsetzung einer vorausschauenden **Nachfolgeplanung** sowie **kompetenten Wissensmanagements** sind weitere entscheidende Aspekte für den nachhaltigen Erfolg einer Organisation. Die Fortsetzung der in den letzten Jahren häufig praktizierten vorzeitigen Freisetzung älterer Mitarbeiter birgt das Risiko des Verlusts von erfolgskritischem Erfahrungswissen. Insgesamt gilt, dass sowohl Ältere als auch Jüngere vom gegenseitigen Wissensaustausch profitieren können. So kann z. B. auch das aktuelle Wissen eines jungen Universitätsabsolventen wertvoll für einen älteren Kollegen sein.

nachhaltiges Personalmanagement

❯ Mit dem Wandel der Arbeitsgesellschaft gehen auch wesentliche Veränderungen der Anforderungen an Personalführung und Personalmanagement einher. Themen wie lebenslanges Lernen, eine gesundheitsförderliche Gestaltung von Arbeit, eine Humanisierung und Individualisierung von Arbeit sowie intergenerativer Wissenstransfer gewinnen an Bedeutung.

Zur Bewältigung der genannten Herausforderungen kann es keine allgemein gültige Lösung geben. Vielmehr sind individuelle Lösungen für Organisationen gefragt. Ansätze, die eine nachhaltige Ableitung von Maßnahmen zur Sicherung des langfristigen Erfolgs einer Organisation sicherstellen, müssen in den Vordergrund rücken. Die demografischen Entwicklungen können nur mittels einer nachhaltigen Führung, unterstützt durch ein professionelles Personalmanagement, erfolgreich angegangen werden. Darunter verstehen wir eine sozial verantwortliche und wirtschaftlich sinnvolle Rekrutierung, Entwicklung, Bindung und Freisetzung von Mitarbeitern (vgl. Thom & Zaugg, 2004).

Demografie-Management als Veränderungsprozess

(Nicht nur) Beim Demografie-Management ist es entscheidend, Mitarbeiter aller Altersgruppen gemäß ihrer individuellen Möglichkeiten zu betrachten. Die alleinige Einstellung des Fokus auf eine spezielle Altersgruppe könnte ein Gefühl der **Vernachlässigung** bei den anderen Altersgruppen auslösen. Ein angemessenes Vorgehen bei der

Implementierung von Maßnahmen ist ein entscheidender Faktor für nachhaltige Führung und Personalmanagement in Organisationen. Dadurch ist sicher gestellt, dass nicht nur die Arbeitsfähigkeit und Motivation einer Altersgruppe berücksichtigt wird.

Nur ein nachhaltiger und systematisch angelegter »Change-Management«-Prozess kann als Rahmen für die erfolgreiche Begegnung des demografischen Wandels dienen. Nach Bewusstmachung der demografiebedingten Herausforderungen muss mittels umfassender Analysen der unternehmensspezifische Handlungsbedarf abgeleitet werden. Erst danach können konkrete Handlungsoptionen identifiziert, Maßnahmen abgeleitet und eingeführt werden. Der Einbezug und eine stetige Information aller Beteiligten sind für den Prozesserfolg ebenso entscheidend wie die fortlaufende Evaluation des Projekts. Zur Darlegung eines umfassenden Veränderungsprozesses und zur Vertiefung der einzelnen Prozessschritte sei auf Deller et al. (2008) verwiesen.

Mittels konkreter Veränderungsmaßnahmen sollen die Ziele des Veränderungsprozesses erreicht werden. In diesem Zusammenhang eröffnen sich Führungskräften und Personalmanagern mehrere mögliche Handlungsfelder.

20.2 Handlungsfelder im Demografie-Management

Im Folgenden werden Handlungsfelder zum Management alternder Belegschaften dargestellt. Im Vordergrund steht die Beleuchtung unterschiedlicher Handlungsansätze, mit denen demografiebedingten Entwicklungen wirkungsvoll begegnet werden kann. Zur Vertiefung möglicher Ansätze in den einzelnen Handlungsfeldern und zur Darlegung konkreter Praxisbeispiele sei auf Deller et al. (2008) verwiesen.

▪▪ Handlungsfeld Personalbeschaffung

Ziel der Personalbeschaffung ist die Bereitstellung der erforderlichen Mitarbeiter in der erforderlichen Anzahl (quantitativer Aspekt) mit der erforderlichen Qualifikation (qualitativer Aspekt) zum notwendigen Zeitpunkt (Bröckermann, 1997). Aufgrund des demografischen Wandels stellen sowohl die Sicherstellung des quantitativen als auch des qualitativen Personalbestands zukünftige Herausforderungen dar. Bereits heute in einigen Bereichen vorzufindende Engpässe an qualifizierten Mitarbeitern werden sich durch ein geringeres Arbeitskräfteangebot in Zukunft noch verschärfen. Wird der Rückgang an Erwerbspersonen nicht durch andere Größen, wie beispielsweise den technischen Fortschritt, einen früheren Eintritt in das Arbeitsleben, eine Erhöhung der Frauenerwerbstätigkeit oder die Einstellung ausländischer Fachkräfte ausgeglichen, erscheint ein Fachkräftemangel wahrscheinlich.

qualitativer und quantitativer Personalbestand

❯ **Der demografische Wandel lässt Maßnahmen erforderlich werden, die in Zukunft einen quantitativ und qualitativ angemessenen Personalbestand sicherstellen.**

Zur Deckung des Personalbedarfs gibt es mit der internen und externen Personalbeschaffung 2 Möglichkeiten:

- Die **organisationsinterne Personalbeschaffung** hat die Vorteile, kostengünstiger als eine externe Beschaffung zu sein. Zudem kennen die Arbeitskräfte die Organisation bereits.
- Allerdings können **Externe** mit ihrem Wissen und Hintergrund neue Impulse in Organisationen bringen, wodurch Betriebsblindheit vermieden wird (Bröckermann, 1997).

frühzeitige Kontaktaufnahme und Einstellung Älterer

Im Rahmen einer externen Personalbeschaffung besteht die Möglichkeit, frühzeitig Kontakt zu jungen und gut qualifizierten Berufseinsteigern aufzunehmen. Dies kann beispielsweise durch Kooperationen mit Schulen und Universitäten, Betriebsbesichtigungen für Schüler, Auszeichnungen für herausragende Leistungen im Bachelor oder das Anbieten von Praktikumsplätzen erfolgen. Auch sollten bei der Rekrutierung von Personal erfahrene Ältere Berücksichtigung finden. Hierzu sind neue Wege zu erschließen (Deller & Waszak, 2005).

■ ■ Handlungsfeld Personalentlohnung

Berufsjahressprünge und Senioritätsentlohnung

Mit längerer Berufserfahrung beziehen Beschäftigte im Allgemeinen ein deutlich höheres Einkommen (Bellmann, 1986). Bei einem unverändert angewandten System würden in Zukunft aufgrund alternder Belegschaften in Zukunft mehr Mitarbeiter automatisch höheren Entgeltklassen zugeordnet. Gerade die finanzielle Mehrbelastung bei der Beschäftigung Älterer war in der Vergangenheit oftmals ein Argument für die Trennung von älteren Mitarbeitern. Zudem schafft das Senioritätsprinzip Einstellungsbarrieren für Ältere, da diese schlichtweg »teurer« sind als ein vergleichbar qualifizierter jüngerer Bewerber. Überdies kann das Senioritätsprinzip bei Jüngeren ein Gefühl von Ungerechtigkeit auslösen, wenn diese für die gleiche Arbeit niedriger entlohnt werden.

leistungs- und erfolgsorientierte Entgelte

So genannte **variable Vergütungssysteme** versprechen mehr Gerechtigkeit in der Entlohnung. Neben einem fixen Basisgehalt wird ein variabler Teil der Vergütung an die individuelle Leistung der Mitarbeiter gekoppelt. Dies geschieht mittels individueller oder teamspezifischer Zielvereinbarungen. Während ein fest kalkulierbares Grundgehalt finanzielle Sicherheit garantiert, kann die Aussicht auf eine monetäre Belohnung der individuellen Arbeit zusätzlich als Leistungsanreiz fungieren.

❯ **Leistungsorientierte Vergütungssysteme bieten daher die Möglichkeit, das Dilemma um die Bezahlung von durchaus wertgeschätzter, aber wenig messbarer Erfahrung zu umgehen und sich auf die tatsächliche letztendliche Leistungserbringung zu konzentrieren.**

■■ Handlungsfeld Personalführung

Ziel der Personalführung ist die Ausrichtung des Verhaltens von Mitarbeitern auf die Organisationsziele (Olfert, 2005). Dabei ist es die Aufgabe der Führungskraft, Mitarbeiter bei der Erreichung angestrebter Ziele zu unterstützen. Da Führungskräfte als wesentliche Treiber von Veränderungsprozessen fungieren, ist ihre Rolle bei der Begegnung der demografischen Herausforderung essenziell. Um ihrer Aufgabe gerecht zu werden, müssen sich Führungskräfte intensiv mit dem Thema alternder Belegschaften auseinandersetzen. Führungskräfte sollten wissen, was der demografische Wandel für ihren Verantwortungsbereich bedeutet. Nur dann kann auch das Potenzial älterer Mitarbeiter vollständig genutzt werden. Eine sensibilisierte und vorurteilsfreie Führungskraft kann die individuellen Stärken und Schwächen älterer Mitarbeiter besser erkennen und berücksichtigen.

> Sensibilisierung von Führungskräften

Aufgabe der Führungskraft ist es außerdem, Mitarbeiter zu entwickeln und zu fördern. In diesem Zusammenhang ist auch das Aufzeigen von Entwicklungsperspektiven für die eigenen Mitarbeiter, beispielsweise im Rahmen des Mitarbeitergesprächs zu nennen. Für Arbeitnehmer ab dem 55. Lebensjahr sind Mitarbeitergespräche im Unternehmen häufig nicht mehr verpflichtend (Hempel, Kordey & Maaß, 2006). Im Blick auf eine verlängerte Lebensarbeitszeit ist dieses Vorgehen jedoch nicht mehr zeitgemäß. Denn Mitarbeiter im Alter von 55 Jahren werden bis zum regulären Renteneintritt noch bis zu 12 Jahre im Unternehmen verbleiben. Eine Fortführung des Mitarbeitergesprächs bis zum Renteneintritt ist daher geboten, um auch weiterhin mit Mitarbeitern über mögliche Entwicklungsmöglichkeiten und die Bedeutung ihrer Leistung für die Organisation zu sprechen.

> Aufzeigen von Entwicklungsperspektiven

■■ Handlungsfeld Personalentwicklung

Personalentwicklung ist die notwendige Voraussetzung zur langfristigen Sicherung der Innovationsfähigkeit einer Organisation. Vor dem Hintergrund alternder Belegschaften wird die Personalentwicklung vor besondere Herausforderungen gestellt. Zielsetzung ist der Erhalt bzw. die Verbesserung der Qualifikation von Mitarbeitern. Eine Weiterqualifikation von Personal ist jedoch nicht nur für Ältere, sondern für alle Mitarbeiter wichtig. Für den Erhalt der geistigen Flexibilität und der Qualifikation von Mitarbeitern ist ein lebenslanges Lernen notwendig. Allerdings ist in Organisationen gerade bei älteren Mitarbeitern oftmals eine geringe Weiterbildungsbeteiligung anzutreffen. An diesem Punkt muss eine gezielte Weiterbildung aller Altersgruppen ansetzen. Auf diese Weise kann die geistige Flexibilität von Mitarbeitern über das gesamte Erwerbsleben hinweg sichergestellt werden.

> lebenslanges Lernen

❯ **Wichtigste Aufgabe einer demografisch sensiblen Personalentwicklung ist es daher, die Lern- und Veränderungsfähigkeit älter werdender Belegschaften zu erhalten und**

zu fördern. Dies kann insbesondere durch kontinuierliche Weiterbildung und Motivation zur Weiterentwicklung erreicht werden.

■■ **Handlungsfeld Personalaustritt**

vorzeitiger Arbeitsmarktaustritt

In Deutschland wurden viele ältere Arbeitnehmer in den letzten Jahren vorzeitig mittels Vorruhestands- und Altersteilzeitregelungen aus dem Erwerbsleben in den Ruhestand geschickt. Bei Nutzung dieser staatlich geförderten Mittel stand ein sozialverträglicher Personalabbau im Vordergrund, um Entlassungen zu vermeiden. Vor dem Hintergrund der demografischen Entwicklung ist die vorzeitige Ausgliederung Älterer allerdings äußerst fragwürdig. In Zeiten, in denen junge Fachkräfte immer knapper und Belegschaften immer älter werden, werden zunehmend ältere Mitarbeiter eine Möglichkeit für Organisationen bieten, diese Engpässe zu kompensieren. Angesichts alternder Belegschaften werden Organisationen die Potenziale älterer Arbeitnehmer längst möglich nutzen.

Die gängige Praxis einer vorzeitigen Verrentung hat zur Entwicklung einer Erwartungshaltung auf Seiten der Mitarbeiter geführt, vor dem offiziellen Renteneintrittsalter in Rente gehen zu können (Buck, Kistler & Mendius, 2002). Zur nachhaltigen Veränderung dieser Erwartung ist eine rechtzeitige Kommunikation notwendig, dass ein vorzeitiger Renteneintritt wie bisher im Regelfall nicht mehr möglich ist.

Flexibilisierung des Übergangs in den Ruhestand

Dennoch ist eine Flexibilisierung des Übergangs in den Ruhestand unbedingt notwendig, da nicht jeder Mitarbeiter bis zum gesetzlichen Rentenalter arbeiten kann oder möchte (z. B. aus gesundheitlichen Gründen). Dauer und Art der weiteren Berufsausübung bis zum Eintritt in die Rente sollten daher individuell mit Mitarbeitern abgestimmt werden. Die Möglichkeit eines gleitenden Übergangs in die Rente – im ursprünglichen Sinne der Altersteilzeit – sollte Mitarbeitern weiterhin gegeben sein. Des Weiteren sollte auch eine Beschäftigung von immer noch motivierten und leistungsfähigen Mitarbeitern über das gesetzliche Rentenalter hinaus in Erwägung gezogen werden. Von beiden Möglichkeiten profitieren Arbeitnehmer wie Organisationen gleichermaßen. Arbeitnehmern bietet sich die Möglichkeit, den Zeitpunkt des Renteneintritts flexibel und individuell zu planen. Zudem können sich Arbeitnehmer bei einem gleitenden Übergang in die Rente besser an die neue Lebenssituation gewöhnen und die Gestaltung ihres neuen Lebensabschnitts planen. Organisationen bieten flexible Regelungen die Möglichkeit, erfahrene Mitarbeiter länger in der Organisation zu halten, von deren Wissen und Arbeitskraft zu profitieren, vorausschauender zu planen und erfolgskritisches Wissen besser sichern zu können.

■■ **Handlungsfeld Wissensmanagement**

Wissensverlusten vorbeugen

Das Wissen der Mitarbeiter bildet die Grundlage für die Zukunftsfähigkeit von Organisationen. Wissensmanagement ist deshalb nicht nur vor dem Hintergrund des demografischen Wandels nötig. Aufgrund alternder Belegschaften und bevorstehender Verrentungswellen gewinnen Strategien zur Bewahrung erfolgskritischen Wissens allerdings weiter an Bedeutung.

In diesem Zusammenhang sind systematische Vorgehensweisen für eine gezielte Förderung der Wissensübermittlung nötig. Beim Wissenstransfer wird Wissen von einem Mitarbeiter auf einen anderen übertragen, beim Wissensaustausch erfolgt die Übertragung beidseitig zwischen den Mitarbeitern. Bei der Einarbeitung neuer Mitarbeiter können Paten- und Mentorenmodelle den Wissenstransfer fördern. Der Pate bzw. Mentor gibt hier sein Wissen an den neuen Kollegen weiter. Ein intergenerativer Wissensaustausch hingegen kann beispielsweise in altersgemischten Teams erfolgen. Auch ist die Bildung von Lern-Tandems möglich, in denen Mitarbeiter in gleichberechtigter Weise voneinander lernen.

▪▪ Handlungsfeld Arbeitsgestaltung
Zentrale Anforderungen an Führung und Personalmanagement in Zeiten des demografischen Wandels sind der Erhalt und Ausbau der Leistungsfähigkeit und Motivation von Mitarbeitern. In diesem Zusammenhang nehmen eine lernförderliche Arbeitsgestaltung und die Orientierung der Arbeit an den individuellen Bedürfnissen der Mitarbeiter eine entscheidende Stellung ein. Während eine lernförderliche Arbeitsgestaltung durch eine entsprechende Organisation der Arbeitsinhalte erreicht werden kann, lässt sich die Motivation der Mitarbeiter durch eine entsprechende Flexibilisierung von Arbeitsort und Arbeitszeit steigern.

Für einen bestmöglichen Erhalt der körperlichen und geistigen Leistungsfähigkeit der Mitarbeiter sollte Arbeit inhaltlich so gestaltet sein, dass Mitarbeiter kontinuierlich gefördert und gefordert werden. Zudem ist im Blick auf die Zufriedenheit von Mitarbeitern die Gestaltung des Arbeitsortes von großer Wichtigkeit. Die Möglichkeit einer **Telearbeit** von zu Hause aus ermöglicht eine flexible Einstellung auf die persönlichen Bedürfnisse der Mitarbeiter. Sowohl in Zeiten der Familiengründung als auch bei Verpflichtungen zur Pflege von Angehörigen kann Telearbeit zu einer besseren Vereinbarkeit von Arbeit und Privatleben und letztlich zu einer höheren Mitarbeiterzufriedenheit beitragen. Analog zur Flexibilisierung des Arbeitsortes sind Modelle zur Flexibilisierung der Arbeitszeit zu nennen. Neben der Dauer der Arbeitszeit können auch die Verteilung und die Lage der Arbeitszeit variiert werden (Beermann, 2007). In diesem Zusammenhang tritt die Flexibilisierung der Lebensarbeitszeit in den Vordergrund. Durch die Einführung von **Lebensarbeitszeitkonten** in Form von Langzeitkonten soll es Mitarbeitern ermöglicht werden, dass lebenszyklisch unterschiedliche Zeitbedürfnisse und -präferenzen berücksichtigt werden können (Deutscher Bundestag, 2002; Seitz, 2004). Durch ein Ansparen von Zeitguthaben können Lebensarbeitszeitkonten auch einen flexiblen Übergang in die Rente ermöglichen.

Wissenstransfer und Wissensaustausch

lernförderliche und flexible Arbeitsgestaltung

20

▪▪ Handlungsfeld Gesundheitsförderung

Das Wohlbefinden und die Gesundheit von Mitarbeitern sind entscheidende Bausteine zur langfristigen Sicherung ihrer Arbeitsfähigkeit. Da die Unterschiedlichkeit in der Arbeitsfähigkeit pro Altersgruppe mit steigendem Alter zunimmt (Ilmarinen & Tempel, 2002), kommt angesichts alternder Belegschaften der Gesundheitsförderung von Mitarbeitern eine wachsende Bedeutung zu. Schließlich stellt die Arbeitsfähigkeit der Mitarbeiter die Basis für Produktivität und Leistungsfähigkeit einer Organisation dar.

❯ Die Gesundheitsförderung sollte im Sinne einer präventiven und vorausschauenden Gesunderhaltung von Mitarbeitern als Erweiterung des klassischen Arbeitsschutzes angesehen werden.

Ergonomie und betriebliches Gesundheitsmanagement

Die Arbeitsbedingungen und der individuelle Lebensstil beeinflussen den Gesundheitszustand von Mitarbeitern (Menges, 2000). Auch Büroarbeit ist keine belastungsarme Tätigkeit. Gegenstand der Ergonomie ist die optimale Gestaltung der Arbeitsorganisation, Arbeitsumgebung und der Arbeitsmittel. Um körperlichen Belastungen entgegenzuwirken, sind **ergonomisch gestaltete Arbeitsplätze** daher zentral. Neben der Anpassung der Arbeit nach ergonomischen Kriterien können präventive Maßnahmen zur **Bewegungsförderung** einen wesentlichen Beitrag zum Erhalt der körperlichen Leistungsfähigkeit leisten und Muskel-Skelett-Beschwerden begrenzen oder sogar vermeiden (Enterprise for Health, 2003). Durch betriebliche Gesundheitsmanagementprogramme kann die körperliche Aktivität von Mitarbeitern und somit deren Gesunderhaltung gefördert werden.

20.3   Zukunft der Arbeit

Arbeit im Wandel

Werden die demografischen Entwicklungen in die Zukunft fortgeschrieben, zeigt sich das Bild einer veränderten Arbeitswelt. Starre Arbeitsmuster und Karrierewege sowie einseitige Tätigkeitsprofile werden zunehmend neuen, flexiblen und individuellen Arbeitsstrukturen Platz machen. Jugendzentrierte Belegschaftsstrukturen werden ebenso der Vergangenheit angehören wie eine großflächige Verrentung von Personal weit vor dem gesetzlichen Renteneintrittsalter.

Allerdings bedeutet der Wandel der Arbeitsgesellschaft auch, dass Organisationen umfassende Anpassungen in Führung und Personalmanagement vornehmen müssen. Nur mit gut qualifizierten, motivierten, leistungsfähigen und der Organisation verbundenen Mitarbeitern kann die Wettbewerbs- und Innovationsfähigkeit langfristig erhalten werden. Eine längst mögliche Beschäftigung älterer Arbeitnehmer ist in manchen Bereichen entscheidend für die erfolgreiche Begegnung des demografischen Wandels. Neben einer möglichst langen Aktivität älteren Personals bis zum Ruhestandseintritt rückt zudem eine flexible Weiterbeschäftigung aktiver Ruheständler (sog. »**Silver Workers**«) in den Vordergrund (Deller & Maxin, 2008; 2009). Motivierten und gesunden Rentnern individuelle Möglichkeiten einer flexiblen Weiterbeschäftigung anzubieten, verspricht die Aufdeckung eines in Deutschland und Europa bisher kaum genutzten Potenzials an erfahrenen und qualifizierten Arbeitskräften. Die Arbeitszeit wird sich in Zukunft flexibler gestalten. Deshalb werden auch die Grenzen zwischen Arbeit und Ruhestand zunehmend verschwimmen.

> ❯ **Der klassische Personalprozess wird nicht mehr zwingend mit der Erreichung des Renteneintrittsalters enden. Aufgabe wird es in Zukunft sein, Mitarbeiter möglichst lange an Organisationen zu binden – dies schließt auch eine individuelle und flexible Weiterbeschäftigung im Rentenalter mit ein.**

Beschäftigung von »Silver Workers«

Ein weiteres wichtiges Aufgabenfeld in der Bewältigung des demografischen Wandels ist die Sicherstellung einer besseren Vereinbarkeit von Beruf und Familie. Der Bevölkerungswissenschaftler Herwig Birg bringt das Spannungsverhältnis zwischen Berufsleben und Familie auf den Punkt:

> ❯❯ Die Dynamik der Arbeitsmärkte, die wir alle wollen, ist eine Katastrophe für die Stabilitätsbedingungen der Familien. Sie können nicht lebenslange Treue, Bindungsfähigkeit, absolute Verlässlichkeit gegenüber einem Lebenspartner und Kindern praktizieren, wenn Sie gleichzeitig gegenüber dem Arbeitgeber absolute Flexibilität und Mobilität an den Tag legen sollen. (Birg, 2008, S. 8) ❮❮

Oftmals ist die Entscheidung **für die Karriere** mit einer Entscheidung **gegen eine Familie** verbunden. Politik und Arbeitgeber sind angehalten, dieses Spannungsverhältnis zu lösen.

Vereinbarkeit von Familie und Beruf

Eine frühzeitige, systematische und nachhaltige Einstellung auf demografiebedingte Anforderungen dient als Grundlage für die Sicherung der zukünftigen Wettbewerbsfähigkeit von Organisationen. Neben dem evidenten Nutzen für ältere Arbeitnehmer ist ein demografieorientiertes Personalmanagement auch für Mitarbeiter jüngeren und mittleren Alters von Vorteil. Denn von der Perspektive einer lebenslangen Qualifizierung, von Maßnahmen zur Gesunderhaltung sowie von einer Flexibilisierung und Individualisierung von Arbeit profitieren letztlich Mitarbeiter jeden Alters und jeder Lebenslage. Organisationen sind angehalten, vorausschauend und systematisch die Zukunft von Arbeit mitzugestalten.

Vorteile für Mitarbeiter jeden Alters

Zusammenfassung

– Angesichts alternder Belegschaften und eines zu erwartenden Fachkräftemangels stellt der demografische Wandel Organisationen vor große Herausforderungen.

20

- Erforderlich werden ein Umdenken und die strategische Neuausrichtung von Führung und Personalmanagement.
- Starre Erwerbsverläufe werden zunehmend durch flexible Muster der Beschäftigung ersetzt.
- Grenzen zwischen Arbeit, Freizeit und Ruhestand verschwimmen.
- Mittels eines systematischen Veränderungsprozesses kann der demografischen Herausforderung erfolgreich begegnet werden.
- Die Etablierung eines lebenslangen Lernens, die gesundheitsförderliche Gestaltung sowie die Individualisierung und Humanisierung von Arbeit sind entscheidende Eckpfeiler des Demografie-Managements.
- Eine frühzeitige, umfassende und nachhaltige Einstellung auf die demografische Entwicklung sichert die Wettbewerbs- und Innovationsfähigkeit von Organisationen.

Literatur

APA working group on the older adult. (1998). What practitioners should know about working with older adults. *Professional psychology: research and practice, 5*, 413–427.

Beermann, B. (2007). *Arbeitszeitgestaltung im Verlauf des Arbeitslebens. Veranstaltung vom 17.01.2007 aus der Reihe »Gesund und sicher länger arbeiten – 6. IGA-Kolloquium«.* Dresden: Berufsgenossenschaftliches Institut Arbeit und Gesundheit. Abgerufen am 07.02.2007 unter http://www.hvbg.de/d/bgag/veranst/kolloq6/pdf_dateien/beermann.pdf.

Bellmann, L. (1986). *Senioritätsentlohnung, betriebliche Hierarchie und Arbeitsleistung. Eine theoretische und empirische Untersuchung zur Lohnstruktur.* Frankfurt a. M.: Campus.

Birg, H. (2008). »Wir brauchen künftig mehr Solidarität …«: Interview mit dem Bevölkerungswissenschaftler Prof. Dr. Herwig Birg. *Standpunkt – Magazin der Kassenärztlichen Vereinigung Westfalen-Lippe, 1*, 6–9.

Bröckermann, R. (1997). *Personalwirtschaft. Arbeitsbuch für das praxisorientierte Studium.* Köln: Wirtschaftsverlag Bachem.

Buck, H., Kistler, E. & Mendius, H. G. (2002). *Demographischer Wandel in der Arbeitswelt – Chancen für eine innovative Arbeitsgestaltung* (Broschürenreihe: Demographie und Erwerbsarbeit). Stuttgart: IRB Verlag.

Commission of the European Communities. (2008). *Demography report 2008: Meeting social needs in an ageing society.* Brüssel: Herausgeber.

Deller, J. & Waszak, A. (2005). Fachkräfte gewinnen. In S. Adenauer, M. Bursee, J. Deller, F. Lennings, T. Mühlbradt, R. Neuhaus, G. Olesch, H.-D. Schat, R. Schawilye, C. Seitz & A. Waszak (Verf.), *Demographische Analyse und Strategieentwicklung in Unternehmen* (S. 68–74). Köln: Wirtschaftsverlag Bachem.

Deller, J., Kern, S., Hausmann, E. & Diederichs, Y. (2008). *Personalmanagement im demografischen Wandel: Ein Handbuch für den Veränderungsprozess.* Berlin: Springer.

Deller, J. & Maxin, L. M. (2008). »Silver Workers« – Eine explorative Studie zu aktiven Rentnern in Deutschland. *Arbeit, 17,* 166–179.

Deller, J. & Maxin, L. M. (2009). Berufliche Aktivität von Ruheständlern. *Zeitschrift für Gerontologie und Geriatrie, 42* (4), 305–310.

Deutscher Bundestag. (2002). *Schlussbericht der Enquête-Kommission: Demographischer Wandel – Herausforderungen unserer älter werden-den Gesellschaft an den Einzelnen und die Politik.* Berlin: Herausgeber.

Enterprise for Health. (Hrsg.). (2003). *Partnerschaftliche Unternehmenskultur und betriebliche Gesundheitspolitik. Den Bedürfnissen einer alternden Belegschaft Rechnung tragen.* Abgerufen am 06.06.2007 unter http://www.enterprise-for-health.org/index.php?id=6.

Gebert, D. & v. Rosenstiel, L. (2002). *Organisationspsychologie: Person und Organisation* (5. aktual. und erw. Aufl.). Stuttgart: Kohlhammer.

Giannakouris, K. (2008). *Ageing characterises the demographic perspectives of the european societies.* (Statistics in Focus No. 72 / 2008). Luxembourg: Eurostat. Abgerufen am 17.07.2009 unter http://epp.eurostat.ec.europa.eu/cache/ITY_OFFPUB/KS-SF-08-072/EN/KS-SF-08-072-EN.PDF.

Hempel, V., Kordey, N. & Maaß, H. (2006). Das Projekt aktive@work sucht Antworten auf das Altern der Belegschaften. *Personalführung, 3,* 28–37.

Ilmarinen, J. & Tempel, J. (2002). *Arbeitsfähigkeit 2010: Was können wir tun, damit Sie gesund bleiben.* Hamburg: VSA.

Institut der deutschen Wirtschaft (IW). (2007, December 4). *Fachkräftemangel – Mehr als 18 Milliarden*

Euro gehen verloren. Abgerufen am 19.07.2009 unter http://www.presseportal.de/pm/51902/1096254/institut_der_deutschen_wirtschaft_koeln_iw_koeln.

Lehr, U. & Kruse, A. (2006). Verlängerung der Lebensarbeitszeit – eine realistische Perspektive? *Zeitschrift für Arbeits- und Organisationspsychologie, 50,* 240–247.

Menges, U. (2000). *Ältere Mitarbeiter als betriebliches Erfolgspotential.* Köln: Wirtschaftsverlag Bachem.

Olfert, K. (2005). Personalwirtschaft (11. Aufl.). Ludwigshafen a. Rhein: Kiehl.

Schreyer, F. & Gaworek, M. (2007). *Materialsammlung Fachkräftebedarf der Wirtschaft: B Zukünftiger Fachkräftemangel?* Nürnberg: Institut für Arbeitsmarkt- und Berufsforschung (IAB).

Seitz, C. (2004). *Generationenbeziehungen in der Arbeitswelt. Zur Gestaltung intergenerativer Lern- und Arbeitsstrukturen in Organisationen.* Dissertation, Justus Liebig-Universität Gießen. Abgerufen am 29.11.2006 unter geb.uni-giessen.de/geb/volltexte/2004/1646/pdf/SeitzCornelia-2004-07-20.pdf.

Thom, N. & Zaugg, R. J. (2004). Nachhaltiges und innovatives Personalmanagement. Spitzengruppenbefragung in europäischen Unternehmungen und Institutionen. In E. J. Scharz (Hrsg.), *Nachhaltiges Innovationsmanagement* (S. 215–245). Wiesbaden: Gabler.

von Eckhardstein, D. (2004). Demographische Verschiebungen und ihre Bedeutung für das Personalmanagement. *Führung + Organisation, 73,* 128–135.

Arbeit und Gesundheit – Betriebliches Gesundheitsmanagement

Silvia Deplazes und Hansjörg Künzli

Die Anforderungen an die Mitarbeitenden und die daraus erwachsenden Belastungen nehmen zu. Entsprechend steigen die Kosten für Fehlzeiten und gesundheitsbedingte Produktivitätsverluste. Das Medikament gegen diesen Trend heißt Betriebliches Gesundheitsmanagement (BGM). BGM soll sich für die Mitarbeitenden und die Unternehmung lohnen. Diese doppelte Zielsetzung ist allen BGM-Programmen gemeinsam. Die Mitarbeitenden sollen dabei unterstützt werden, ihre Bewältigungsressourcen und ihre Gesundheit zu erhalten und zu stärken. Aus Sicht des Arbeitgebers sollen Kosten für Fehlzeiten gesenkt und die Produktivität der Mitarbeitenden erhalten und erhöht werden. Konkretes gesundheitsrelevantes Verhalten von Mitarbeitenden ist immer vor dem Hintergrund der Verhältnisse zu betrachten. Wirkungsvolles BGM sollte darum auf beiden Ebenen, den Strategien, Strukturen und Prozessen der Organisation und dem Verhalten der Mitarbeitenden ansetzen. Verändern sich die Strukturen, verändert sich auch das Verhalten und umgekehrt. Entsprechend muss BGM zwar »top down« initiiert werden, die Durchführung aber partizipativ erfolgen.

21.1 Gesundheit

Salutogenese

Die Weltgesundheitsorganisation (WHO) definierte Gesundheit bereits im Jahr 1946 als »Zustand vollständigen körperlichen, geistigen und sozialen Wohlbefindens«. Kritische Diskussionen löste die Definition der WHO durch den utopischen Charakter des Adjektivs »vollkommen« und mit dem Begriff »Zustand« aus, der als zu statisch betrachtet wird. Gesundheit wird heute vermehrt als Prozess verstanden, als dynamische Balance zwischen Person und Situation (Faltermaier, 2005). Mit dieser Definition ist es der WHO gelungen den Begriff des Wohlbefindens und damit die erweiterte Gesundheitsperspektive einzuführen. Diese verbindet das »Freisein von Krankheit und Gebrechen« mit der ressourcenorientierten Perspektive, der **Salutogenese**. Antonovsky (1979) hat diesen Paradigmenwechsel später angeregt, als er nicht mehr wie bis dahin der Frage nachging, warum und wie jemand krank wird, sondern, warum und wie es gewissen Menschen gelingt, trotz verschiedener (mikrobiologischer, chemischer, physikalischer, psychologischer, sozialer und kultureller) krankheitserregender Bedingungen gesund zu bleiben. Die WHO (1987) selbst hat ihre Definition 40 Jahre später mit der »Ottawa-Charta zur Gesundheitsförderung« erweitert, die zum aktiven Handeln mit dem Ziel »Gesundheit für alle« aufrief. Das Ziel »allen Menschen ein höheres Maß an Selbstbestimmung über ihre Gesundheit zu ermöglichen und sie damit zur Stärkung ihrer Gesundheit zu befähigen« (WHO, 1987) kann durch Gesundheitsförderung erreicht werden.

Wohlbefinden

Dies scheint umso wichtiger, wenn beachtet wird, dass viele weit verbreitete, chronische Krankheiten auf Risikofaktoren zurückzuführen sind, die sich verändern lassen. Mit anderen Worten, die Krankheiten wären vermeidbar. Den Betroffenen könnte viel Leid und der

Gesellschaft hohe Kosten erspart werden. Experten sind sich deshalb einig, dass die Prävention und Gesundheitsförderung – in Ergänzung zu kurativen Handlungsansätzen – stärker gewichtet werden muss.

21.1.1 Prävention und Gesundheitsförderung

In der Prävention geht es – wie bereits die Wortbedeutung »praevenire« aufzeigt – darum, Krankheit zu verhindern. Dabei werden 3 Zeitpunkte unterschieden:

- Mit **Primärprävention**, werden die Maßnahmen bezeichnet, die vor dem Beginn einer Krankheit ansetzten.
- Die **Sekundärprävention** beschäftigt sich mit der Früherfassung von Krankheit, um ein Fortschreiten zu verhindern.
- **Tertiärprävention** verhindert schwerwiegende Folgen von bereits entwickelten Krankheiten und beschäftigt sich mit der Rückfallprophylaxe (Faltermaier, 2005).

Primär-, Sekundär- und Tertiärprävention

Die Gesundheitsförderung ergänzt die pathogene Perspektive der Prävention mit der salutogenen Perspektive. Wie in der Ottawa-Charta beschrieben fördert sie die Erreichung der Gesundheit. Beide Strategien setzen sowohl bei individuellen, als auch bei umweltbedingten Gesundheitsdeterminanten an. Das heißt, Interventionen setzten einerseits am Verhalten (z. B. Gesundheitsberatung am Arbeitsplatz) oder an den Verhältnissen (z. B. gesundheitsförderliche Arbeitsgestaltung) an.

21.1.2 Setting-Ansatz der Gesundheitsförderung

Mit der Maxime Gesundheit im Alltagskontext herzustellen, entwickelte die WHO in den 80er-Jahren den Setting-Ansatz, und förderte damit die Gesundheitspotenziale, die in jedem Setting stecken. Durch diesen Ansatz wurde die Gesundheitsförderung rasch verbreitet, aber auch die klare Zielorientierung verwässert. »Ein häufig auftretender Ansatz ist es, Settings als organisatorische Basis von Programmen zu nutzen, aber keine grundsätzlichen Veränderungen im Ablauf und der Organisationsform der Settings anzustreben« (Kickbusch, 2004, S. 187), wodurch das Potenzial der Gesundheitsförderung nicht ausgeschöpft wird.

Betrieb als Setting der Gesundheitsförderung

❯ In diesem Sinne sollen auch mit dem BGM nicht losgelöste gesundheitsförderliche Aktivitäten im Betrieb umgesetzt werden, sondern der Arbeitsalltag der Mitarbeitenden so gestaltet werden, dass sie auch langfristig gesund und leistungsfähig bleiben können.

21.2   Gesundheit in der Arbeitswelt

Gesundheit und soziale Schichten

Zwar bietet die Arbeitswelt zahlreiche Gesundheitsrisiken, doch bietet sie auch die Möglichkeit der Selbstentfaltung, der Persönlichkeitsentwicklung und des Wohlbefindens (Bamberg, Ducki & Metz, 1998). Dass Gesundheit und Lebenserwartung über die sozialen Schichten ungleich verteilt sind (Bauer & Jenny, 2007a), kann zu einem großen Teil durch unterschiedliche Arbeitsbedingungen erklärt werden (Bauer, Huber, Jenny, Müller & Hämmig, 2009). Neben den unmittelbaren Einflüssen wirkt sich die Arbeit auch indirekt auf die Gesundheit aus, indem z. B. das Gesundheitsverhalten oder der Lebensstil beeinflusst wird.

immer mehr psychosoziale Belastungen

Entwicklungen in der Arbeitswelt haben zu Veränderungen der Tätigkeitsprofile geführt, was sich letztlich auch auf die **Belastungsfaktoren** ausgewirkt hat. Die Zahl der Mitarbeitenden, die im Dienstleistungssektor arbeiten haben im Gegensatz zu den schwindenden Arbeitsplätzen in der Produktion zugenommen, womit sich die Belastungen von physikalischen, chemischen und biologischen hin zu psychosozialen Belastungen verschoben haben. Die Hälfte der Kosten arbeitsassoziierter Erkrankungen – die sich in der Schweiz jährlich in Milliardenhöhe bewegen – werden durch psychosoziale Faktoren ausgelöst. Allein stressbedingte Erkrankungen lösen jährlich Kosten in Höhe von 4,2 Mrd. Franken aus. 27% der befragten Erwerbstätigen haben in der viel zitierten »Schweizer Stress-Studie« angegeben, sich oft bis sehr oft gestresst zu fühlen und 12% der Befragten sehen ihre Gesundheit dadurch beeinträchtigt (Ramaciotti & Perriard, 2000). Die zunehmende Bedeutung psychosozialer Belastungen in der Arbeitswelt bestätigt sich auch in europaweiten Umfragen (Merlié & Paoli, 2002).

Ressourcen und Belastungen

Mit dem Fokus auf die psychosozialen Aspekte der Arbeit lassen sich die Belastungen und Ressourcen kategorisieren (◘ Tab. 21.1; Bauer & Jenny, 2007b, zit. nach Udris & Frese, 1999; Ulich & Wülser, 2004; Zapf & Semmer, 2004).

21.3   Betriebliches Gesundheitsmanagement

Das Europäische Netzwerk für Betriebliche Gesundheitsförderung (ENWHP, 1997) definiert:

Betriebliche Gesundheitsförderung (BGF)

»BGF umfasst alle gemeinsamen Maßnahmen von Arbeitgebern, Arbeitnehmern und Gesellschaft zur Verbesserung von Gesundheit und Wohlbefinden am Arbeitsplatz. BGF ist eine moderne Unternehmensstrategie und zielt darauf ab, Krankheiten am Arbeitsplatz vorzubeugen (einschließlich arbeitsbedingter Erkrankungen, Arbeitsunfälle, Berufskrankheiten und Stress), Gesund-

◻ Tab. 21.1 Gesundheitsrelevante psychosoziale Belastungen und Ressourcen in der Arbeitswelt

Bereiche der Arbeitswelt	Ressourcen	Belastungen
Arbeitsaufgabe und -organisation	Entscheidungsspielräume, Kontrolle Mitsprachemöglichkeit Offene Kommunikation und Feedback Anforderungsvielfalt Möglichkeiten der Handlungsregulation	Quantitative oder qualitative Überforderung Quantitative oder qualitative Unterforderung
Arbeitszeit	Flexible, individualisierte Arbeitszeitmodelle Ausreichende Regenerationsphasen	Nacht- und Schichtarbeit Lange Arbeitszeiten Arbeit auf Abruf
Soziales Umfeld	Soziale Unterstützung Anerkennung der Leistungen	Konflikte mit Kollegen, Vorgesetzten oder Kunden Mobbing
Berufliche Statuskontrolle	Weiterbildungs- und Karrieremöglichkeiten	Arbeitsplatzunsicherheit Kurzarbeitsverträge
Verhältnis Berufs- und Privatleben	»Work-Life-Balance«	Zeitliche Unvereinbarkeit

> heitspotenziale zu stärken und das Wohlbefinden am Arbeitsplatz zu verbessern«.

Aufgrund der Analyse erfolgreicher BGF-Projekte im europäischen Netzwerk wurden in der Luxemburger Deklaration folgende Prinzipien als zentrale Erfolgsfaktoren der BGF identifiziert:

Prinzipien der BGF

- **Partizipation**: Die gesamte Belegschaft muss einbezogen werden.
- **Integration**: BGF muss bei allen wichtigen Entscheidungen und in allen Unternehmensbereichen berücksichtigt werden.
- **Projektmanagement**: Alle Maßnahmen und Programme müssen systematisch durchgeführt werden: Bedarfsanalyse, Prioritätensetzung, Planung, Ausführung, kontinuierliche Kontrolle und Bewertung der Ergebnisse.
- **Ganzheitlichkeit**: BGF beinhaltet sowohl verhaltens- als auch verhältnisorientierte Maßnahmen. Sie verbindet den Ansatz der Risikoreduktion mit dem des Ausbaus von Schutzfaktoren und Gesundheitspotenzialen.

Neben dem Begriff **Betriebliche Gesundheitsförderung (BGF)** taucht in letzter Zeit vermehrt der Begriff **Betriebliches Gesundheitsmanagement (BGM)** auf. Wird Management als eine Funktion verstanden, die sich mit dem »Gestalten, Lenken (Steuern) und Weiterentwickeln zweckorientierter soziotechnischer Organisationen« (Rüegg-Stürm, 2003, S. 22) beschäftigt, so darf BGM – um dem Begriff gerecht zu werden – nicht ein Programm sein, dass sich neben dem Arbeitsalltag abspielt, sondern muss Teil des bestehenden Managements einer

Betriebliches Gesundheitsmanagement

Organisation werden. BGM ist dann die »gesundheits- und betriebswirtschaftlich orientierte Überprüfung und Optimierung bestehender betrieblicher Strukturen und Prozesse, die direkt oder indirekt auf die Gesundheit der Mitarbeitenden wirken« (Bauer & Jenny, 2007b). Diese Perspektive wird dem beschriebenen Anspruch von Kickbusch (2004) gerecht, das Setting nicht als organisationale Grundlage für gesundheitsförderliche Interventionen zu benutzen, ohne grundsätzliche Reflektion und Anpassung der Abläufe und Organisation der Settings anzustreben. Letztlich ein BGM, dass neben den weit verbreiteten Aktivitäten auf der Verhaltensebene auch die Ebene der Verhältnisse berücksichtigt. Idealerweise werden die beiden sich teilweise bedingenden Ansätze verbunden. Dies lässt sich gut am Beispiel der Muskel- und Skeletterkrankungen zeigen: Diese Erkrankungsform ist einerseits zurückzuführen auf Bewegungsmangel und lang andauernder einseitiger körperlicher Belastung, wie z. B. durch Bildschirmarbeit. Andererseits konnte mehrfach aufgezeigt werden, dass Merkmale wie Aufgabenvollständigkeit und Tätigkeitsspielraum eine bedeutsame Rolle in Bezug auf diese Erkrankung spielen. Maßnahmen wie Rückenschulungen (Verhaltensebene) können ohne Änderung der Arbeitsstrukturen (Verhältnisse) oft nicht zu einer längerfristigen Beschwerdeminderung führen (z. B. Ulich & Wülser, 2004). Westermayer (1998) betont gar, dass verhaltenspräventive Maßnahmen kontraproduktiv wirken können, indem sie strukturstabilisierend wirken und damit die pathogenen Betriebsstrukturen festigen. Somit können sie gar gesundheitsschädigende Wirkung zeigen.

Verhalten und Verhältnisse

Neben der Unterscheidung des Verhaltens und der Verhältnisse hat sich in der Praxis die Differenzierung von gesundheitsorientierten und arbeitsorientierten Maßnahmen bewährt (◘ Tab. 21.2; Bauer & Jenny, 2007b):

gesundheits- und arbeitsorientierte Maßnahmen

- **Gesundheitsorientierte Maßnahmen** werden in Unternehmen direkt mit Gesundheit assoziiert.
- **Arbeitsorientierte Maßnahmen** setzen an den Arbeitsfaktoren, die gemäß der Forschung der Arbeits- und Organisationspsychologie (z. B. Ulich & Wülser, 2004) und »Public Health« (Badura & Hehlmann, 2003) zwar einen starken Einfluss auf die Gesundheit der Mitarbeitenden haben, in Unternehmen jedoch nicht in diesem Zusammenhang gebracht werden.

21.4 Die Umsetzung von BGM

Die Einführung von BGM wird in der Literatur mit systematischen Prozessen beschrieben, die auf den Regeln des Projektmanagements fußen.

Einen guten Einblick in einen solchen systematischen Prozess bietet **KMU-*vital*, ein Programm für gesunde Betriebe. Es wurde entwickelt, um v. a. klein- und mittelgroße Unternehmen bei der Einführung von BGM zu unterstützen. Finanziert durch die Gesundheitsför-

⊡ Tab. 21.2 Ansatzpunkte und Maßnahmenfelder des BGF. (Bauer & Jenny, 2007b)

	Verhalten (kompetente Person)	Verhältnisse (gesunde Organisation)
	Kurse, Flyer, Referate etc. zu	Rahmenbedingungen
Gesundheits-orientierte BGF-Maßnahmen	Bewegung Ernährung Entspannung Rauchen, Sucht »Coping«-Strategien (z. B. Umgang mit psychosozialen Anforderungen) Ergonomisches Arbeiten Arbeitssicherheit (z. B. Umgang mit physikalischen Risiken)	Betriebliches Fitnesscenter Gesundes Kantinenessen Ruheräume Rauchfreies Unternehmen Gesundheits-Leitbild/ -Regelungen Ergonomische Gestaltung des Arbeitsplatzes/ der Arbeitsmittel Arbeitssicherheit (z. B. bauliche Maßnahmen)
Arbeitsorientierte BGF-Maßnahmen	Personalentwicklung und -führung Führungsverhalten Teamfähigkeit Berufliche Qualifikation Arbeitsmarktfähigkeit	Arbeitsgestaltung und -organisation Entscheidungsspielräume Teamarbeit Erweiterung der Arbeitsaufgaben Arbeitsplatzsicherheit Optimierung der Produktionsprozesse

derung Schweiz haben verschiedene Anbietende in Zusammenarbeit mit 10 Betrieben das Programm mit vielen praxisnahen Materialien wie Leitfäden, Analysetools und Präsentationen entwickelt (Bauer & Schmidt, 2008, im Internet frei verfügbar unter www.kmu-*vital*.ch). Bereits für einen ersten Einblick bietet KMU-*vital* Informations- und Grundlagenmaterial. Dieses kann auch mithelfen, die Führung für das Thema zu Sensibilisieren und eine betriebsspezifische Grobplanung zu erstellen.

Als erster Schritt zur Einführung von BGM erfolgt nach intensiver Auftragsklärung ein »Kick-off« mit den Entscheidungstragenden der Organisation. Das Management wird für das Thema sensibilisiert und über die Zusammenhänge von Arbeit, Gesundheit und Leistung informiert. Gleichzeitig wird eine erste Standortbestimmung vorgenommen, Möglichkeiten zur betriebsspezifischen Umsetzung diskutiert und Chancen, aber auch Stolpersteine ausgelotet. Es werden Fragen in Bezug auf den Nutzen und Ressourceneinsatz geklärt und die möglichen Ziele des Projektes gemeinsam erarbeitet. Nach diesem Workshop sollten die Entscheidungstragenden in der Lage sein, sich für oder gegen BGM auszusprechen. Als Erfolgskriterien nennen Lehmann und Deplazes (2008):

»Kick-off«

Checkliste: Erfolgskriterien für das BGM
— **Akzeptanz der Geschäftsleitung:** Die Geschäftsleitung (GL) muss vollumfänglich bereit sein, sich auf den Prozess der BGF einzulassen und damit nicht nur Maßnahmen auf der Ebene des Verhaltens, sondern auch der Verhältnisse zu unterstützen

Erfolgskriterien

21

- **Interessensvertretende:** Von Beginn an müssen die Interessensvertretenden der Belegschaft eingebunden werden
- **Partizipation:** Betroffene werden zu Beteiligten gemacht, d. h. die Mitarbeitenden werden von Beginn weg und während des ganzen Prozesses beteiligt. Es wird davon ausgegangen, dass die Mitarbeitenden durch ihre Erfahrungen die besten Experten für ihre Arbeitstätigkeit sind und dadurch erkennen, wo es Verbesserungspotenzial gibt und wie dieses genutzt werden kann
- **Projektleitung:** Eine Projektleitung, die alle Schritte koordiniert, ist für ein gutes Gelingen unumgänglich. Voraussetzung ist Projektleitungserfahrung, Moderationskenntnisse, ausgeprägte Kommunikationsfähigkeiten und hohe Akzeptanz im Betrieb. Es besteht die Möglichkeit einer internen oder externen Projektleitung. In größeren Betrieben wird der Einsatz einer Steuergruppe angeregt. Externe Anbietende werden auch bei einer internen Projektleitung für spezifische Interventionen empfohlen
- **Information und Kommunikation:** Alle Mitarbeitenden werden fortlaufend informiert, was den Prozess für alle Beteiligten transparent und dadurch verständlich macht
- **Integration der Gesundheitsförderung:** Der Weg zu einem gesundheitsförderlichen Unternehmen braucht einen langen Atem, da es sich um eine Kultur- und Werteentwicklung handelt, welche in die Führungsgrundsätze und somit direkt in die tägliche Zusammenarbeit integriert werden. Das BGF muss deshalb in vorhandene Unternehmensstrukturen integriert werden

»Go«-Entscheid

Der Entscheid für die Einführung von BGM ist sorgfältig und im gesamten Leitungsteam zu treffen, da ohne die vollumfängliche Unterstützung der Leitung BGM – mit allen anfangs teilweise noch nicht absehbaren Entwicklungen – durch diese getragen werden muss. Ist ein »Go-Entscheid« erstmals gefällt, werden die Mitarbeitenden informiert. Vorabinformationen würden Erwartungen wecken, die bei einem Entscheid gegen die Einführung enttäuscht würden. Ab diesem Zeitpunkt werden die Mitarbeitenden laufend über die Einführung informiert. Nach einem »Kick-off« erfolgt als erster betriebsweiter Schritt eine **Analysephase**. Die Analyse kann auf 2 Ebenen erfolgen, einerseits auf der organisationalen, andererseits auf der individuellen Ebene. Erstere kann mit den klassischen Methoden der Organisationsanalyse erfolgen, natürlich mit dem Fokus auf das Wohlbefinden und die Belastungen der Mitarbeitenden. Dazu haben sich in der Praxis zahlreiche Tools etabliert. Im Programm KMU-*vital* erfolgt die Analyse durch schriftliche Mitarbeitenden- und Managementbefragungen in der die Belastungen und subjektiv empfundenen Beanspruchungen, aber auch die Ressourcen in der Organisation erhoben werden. Mindestens alle Mitarbeitenden, die an der Analyse mitwirken – am Besten alle Mitarbeitenden – werden über die Ergebnisse der Analyse informiert.

Auf der individuellen Ebene wird die Analyse mit entsprechenden Elementen ergänzt und mit individuellen Feedbacks verknüpft. Eine ökonomische Variante dieses Vorgehens sieht so aus, dass man allen Mitarbeitern, die einen (z. B. webbasierten) Fragebogen ausgefüllt haben, ein ausführliches und individuelles Feedback zum Zustand ihrer Gesundheit zur Verfügung stellt. Eine wesentlich aufwändigere und teurere Variante besteht darin, den Mitarbeitenden einen durch Fachpersonen ausgeführten **Gesundheitscheck** zu ermöglichen. So erhalten die Mitarbeitenden hochindividuelle Rückmeldungen über ihren Gesundheitszustand. Mit der Analyse verbunden werden i.d.R. Hinweise auf weiterführende Aktivitäten und Angebote zur Verbesserung oder Stabilisierung der eigenen Gesundheit.

> ❯ **Rückmeldungen auf individueller Ebene nehmen Bezug auf das Verhalten der Mitarbeitenden und zeigen damit Handlungsansätze auf. Rückmeldungen auf organisationaler Ebene weisen auf dysfunktionale Organisationsstrukturen hin und müssen auch dort angegangen werden.**

Erkenntnisse auf der Ebene der Organisation bedürfen einer vertieften Analyse und Interpretation. Diese erfolgen in einem oder, je nach Betriebsgröße und -heterogenität, mehreren **Gesundheitszirkeln**. Hier werden konkrete Handlungsansätze und Lösungsmaßnahmen zur Stärkung der Ressourcen und zum Abbau der Belastungen entwickelt. Als »Produkt« resultiert aus dem Zirkel eine **Maßnahmenliste** zu Händen der Geschäftsleitung. Die Maßnahmen können von ganz unterschiedlichem Ausmaß sein, sich nur auf ein Team beziehen, die Abteilung oder gar den gesamten Betrieb betreffen, im Alltag durch die Mitarbeitenden bearbeitet werden, Subprojekte zur Folge haben oder auch mit Unterstützung externer Fachpersonen realisiert werden. Zugrunde liegende Haltung des Zirkels ist, dass die Mitarbeitenden ihren eigenen Arbeitsalltag am Besten kennen und so auch sinnhafte Lösungsvorschläge für Belastungen entwickeln können. In der Literatur werden zwei Arten von Gesundheitszirkeln beschrieben:

Im **Berliner-Modell** bilden Mitarbeitende gleicher Hierarchiestufe die Zirkelgruppe, im **Düsseldorfer-Modell** werden die Teilnehmenden hierarchieübergreifend zusammengestellt. In der Praxis wird oft das Düsseldorfer-Modell angewendet, wo zusätzlich unterschiedliche Berufs- und Funktionsgruppen im Zirkel vertreten werden können. So ist es durchaus möglich, dass im Zirkel ein Mitglied der Geschäftsleitung mit Mitarbeitenden über Belastungen und Ressourcen diskutieren. Dies fördert den Austausch über die bekannten Bereiche und erweitert die Perspektive und letztlich das Verständnis füreinander. Voraussetzung ist eine Kultur, in der auch kritische Voten breit und offen diskutiert werden können. Es darf nicht der Fall sein, dass eine Mitarbeiterin oder ein Mitarbeiter nach einer Zirkelsitzung in Bezug

Gesundheitszirkel

Analyse

Berliner-Modell, Düsseldorfer-Modell

auf das Geschehen im Zirkel mit Folgen zu rechnen hat. Wäre solches zu befürchten, scheint das Berliner-Modell angebrachter, wo unter »seinesgleichen« ein intensiver Austausch möglich ist. Unabhängig von der Form des Zirkels ist die stetige Kommunikation auch über die Zirkelgruppe hinaus ein zentraler Aspekt. Die Praxis zeigt, dass die Mitarbeitenden sowohl ihre tägliche Arbeit als auch die aktuelle Situation und die Möglichkeiten mit dem BGM sehr realistisch einzuschätzen vermögen. Trotzdem ist die stete Kommunikation ein wichtiges Kriterium zum Gelingen des Zirkels. Da (außer zum Abschluss des Zirkels mit dem Top-Management) keine Rückkoppelungsmechanismen eingeplant sind, wären die Vorgesetzten abhängig von Protokollen oder dem direkten Gespräch mit ihren Mitarbeitenden und es scheint unumgänglich, bereits während des gesamten Prozesses Reflexionsschleifen durchzuführen. Auch weil die Umsetzung der im Zirkel erarbeiteten Maßnahmen vollends abhängig von den Führungspersonen (aller Hierarchiestufen) ist. Dies gilt sowohl für organisationsweite Maßnahmen, als auch für team-, abteilungs- oder bereichsweite Maßnahmen.

Der weitere Verlauf des BGM wird durch die Analyse und die Gesundheitszirkel bestimmt. Die Breite der Möglichkeiten wird in ◘ Tab. 21.2 dargestellt.

Bei der Einführung von BGM gilt es, die betriebsspezifischen Eigenschaften zu beachten und die Projekte dementsprechend anzupassen. Die Gefahr der rezeptartigen Anwendung ist, dass die Instrumente korsettartig in den Betrieb integriert werden und zusätzliche sinnvolle Maßnahmen eher behindern als unterstützen (Pelikan, 2007).

betriebsspezifisches Vorgehen   Den beschriebenen Prozess begleitend können durchaus auch gesundheitsförderliche Maßnahmen, die auf der Verhaltensebene lanciert werden (z. B. saisonspezifische Informationsflyer, Fahrradhelm-Aktion etc.), welche zusätzlich sensibilisieren und immer wieder auf das Thema aufmerksam machen. Als hilfreich hat sich auch erwiesen, dem Projekt ein spezifisches Label zu geben, unter welchem die Aktionen angeboten werden. Durch solche Aktivitäten wird das Thema Bestandteil des Betriebsalltags und kann so langsam Bestandteil der Unternehmenskultur werden.

21.5 Case-Management und Fehlzeiten-Management

Fehlzeiten-Management und Case-Management sind sich ergänzende Bausteine des BGM.

Fehlzeiten-Management und Case-Management

Während es beim Fehlzeiten-Management um die flächendeckende Bewirtschaftung, d. h. die systematische Erfassung und Ana-

> lyse aller Fehlzeiten geht, befasst sich Case-Management nur mit
> speziellen Einzelfällen mit Spar- und Integrationspotenzial.

Beide Funktionen können durch interne Stellen oder externe Organisationen wahrgenommen werden.

21.5.1 Fehlzeiten-Management

Unter Fehlzeiten-Management versteht man die systematische Erfassung aller Fehlzeiten sowie die Auswertung und Analyse der erfassten Daten, mit der Absicht Gründe für kurze und lange Abwesenheiten auszumachen und sich abzeichnende Langzeiterkrankungen und chronische Gesundheitsstörungen frühzeitig zu erkennen sowie Maßnahmen zu definieren. Ziel ist immer die Reduktion von unfall- und krankheits- sowie motivationsbedingten Ausfalltagen.

Fehlzeiten sind teuer. Aus einer Gesamtwirtschaftlichen Perspektive gehen der Schweizer Wirtschaft pro Jahr ca. 16 Mrd. Franken verloren. Auch die betriebswirtschaftlichen Kosten sind beträchtlich. Die SUVA schätzt, dass ein Fehltag 600–1.000 Franken an direkten und indirekten Kosten verursacht. Das heißt, dass einer KMU mit 40 Mitarbeitenden und einem durchschnittlichen Krankenstand von 5% (ca. 11 Tage/Jahr) 260.000–440.000 Franken verloren gehen. Dies ohne die Belastungen durch zusätzlichen Stress der anderen Mitarbeitenden und Vorgesetzten zu berücksichtigen.

Wichtige Punkte, die bei der Implementierung des Fehlzeiten-Managements zu beachten sind:

Checkliste: Implementierung des Fehlzeiten-Managements
1. Voraussetzungen schaffen
   - Verminderung der Fehlzeiten als verbindliches Unternehmensziel definieren
   - Führungskräfte auf dieses Ziel verpflichten
   - Instrumente (EDV-Tools) zur Verfügung stellen und Strukturen (Abläufe definieren, Rapportwesen) schaffen
   - Bestimmung der Kosten der Fehlzeiten (Quantifizierung der Ausfalltage; direkte und indirekte Kosten)
2. Fehlzeiten erfassen, Auswerten und Analysieren
   - Art der Fehlzeiten (Krankheit, BU, NBU, EO, Schwangerschaft)
   - Analyse der Gründe (Vorgesetzte, familiäre Gründe, ungenügende Arbeitssicherheit, ungesunde Ernährung, Risikoverhalten, Medikamentenmissbrauch, Drogen etc.)

- Differenzierung nach Häufigkeit (z. B. kurze Abwesenheit, bis 5 Tage; lange Abwesenheit, ab 5 Tage)
- Gesamtvolumen, Beginn – Ende, Häufung nach Jahreszeiten, Abteilungen etc.

3. Fehlzeiten senken
  - Organisationsbezogene Maßnahmen
    - Mitarbeiterrekrutierung
    - Betriebliche Maßnahmen einleiten (► Abschn. 21.4)
    - Arbeitssicherheit verbessern etc.
  - Individuelle Maßnahmen
    - Betreuung während der Abwesenheit
    - Vorbereitung Rückkehr an den Arbeitsplatz
    - Begleitung am Arbeitsplatz

4. Erfolgskontrolle
  - Regelmäßige Kontrolle der Fehlzeiten
  - Maßnahmen auf Wirkung überprüfen

Mit einem gut geführten Fehlzeiten-Management können i.d.R. deutliche Senkungen der Versicherungsprämien und weiterer, indirekter Kosten bewirkt werden.

21.5.2 Case-Management

Case-Management kann als logische Fortsetzung des Fehlzeiten-Managements verstanden werden. Es hilft verunfallten und physisch und psychisch erkrankten Mitarbeitern in komplexen medizinischen, beruflichen und sozialen Situationen, sich wieder in den beruflichen Alltag zu integrieren. Case-Management koordiniert und steuert alle hierzu gehörenden Prozesse und Personen und optimiert den Einsatz der verschiedenen Leistungsanbieter und Fachpersonen. Case-Management soll beiden Beteiligten, Mitarbeitenden und Arbeit gebenden Vorteile bringen. Es soll Mitarbeitende vor der Invalidisierung schützen und dem Arbeitgeber Kosten sparen, welche direkt und indirekt durch den Ausfall der versicherten Person entstehen. Zentral ist der Respekt der Autonomie des Klienten und der schonende Umgang der Ressourcen aller am Prozess beteiligten.

Elemente von Case-Management
- Unterstützung und Begleitung der Mitarbeitenden während der Rehabilitation
- Unterstützung der Mitarbeitenden vor und während der Rückkehr an den Arbeitsplatz
- Individuelle Abklärungen, Planung und individuell angepasstes Vorgehen
- Zur Verfügung stellen eines Ansprechpartners und einer Vertrauensperson für die betroffenen Mitarbeitenden

- Beratung der betroffenen Mitarbeitenden in gesundheitlich, sozial und rechtlich relevanten Fragen
- Anpassung dysfunktionaler, betrieblicher Strukturen (▶ Abschn. 21.4)

Im Case-Management werden Prozesse definiert, die im Bereich der Tertiärprävention ansetzen. Schwerwiegende Folgen von bereits entwickelten Krankheiten, z. B. Invalidisierung, sollen verhindert oder abgemildert werden und die Rückfallgefahr soll möglichst tief gehalten werden. Aufgrund dieser Charakteristika wird Case-Management i.d.R. von betriebsexternen Anbietern mit speziell ausgebildeten Gesundheitsfachleuten wahrgenommen und als eigenständiges Produkt verkauft.

21.5.3 Fazit: Fehlzeiten- und Case-Management

Eine wichtige und anspruchsvolle Aufgabe des Gesundheitsmanagements ist die frühe Erkennung und Erfassung von psychischen und physischen Beeinträchtigungen. Diese Funktion kann u. a. durch das Fehlzeiten-Management wahrgenommen werden. Unfälle und viele Krankheiten sind i.d.R. unmittelbar erkennbar. Anders verhält es sich aber z. B. mit Depressionen und Burnout. Diese und weitere das Wohlbefinden und die Produktivität reduzierende Beeinträchtigungen werden durch das Fehlzeiten-Management häufig gar nicht, oder erst in einem sehr späten, oft zu späten, Stadium erkannt. Mitarbeitende mit solchen Beeinträchtigungen fallen nicht durch Fehlzeiten, sondern, falls überhaupt, durch Überzeiten auf. Gleichzeitig ist ihre Produktivität aber reduziert. Man spricht in diesem Zusammenhang, in Abgrenzung zum Absentismus (Fernbleiben vom Arbeitsplatz) von Präsentismus (Reduktion der Produktivität bei Anwesenheit). Ähnlich verhält es sich mit chronischen Krankheiten wie Herzkreislaufproblemen, Rückenleiden, Diabetes, Multiple Sklerose, Alkohol- und Drogenproblemen und vielen weiteren schweren Beeinträchtigungen. Viele dieser Mitarbeitenden fallen nicht durch Fehlzeiten auf. Sie leiden am Arbeitsplatz und reduzieren in der Folge ihre Produktivität. Häufig trauen sich Mitarbeitende nicht, sich an ihre Vorgesetzten oder das HR zu wenden, weil sie nachteilige Folgen befürchten. Sie verschweigen ihre Krankheit und versuchen, so gut es geht, sich selbst zu helfen. Dies ist eine nur allzu verständliche Vorgehensweise. Für die Organisation wie für die Betroffenen ist sie aber mit Nachteilen verbunden. Die Organisation kann sich nicht frühzeitig darauf einstellen, den Mitarbeitenden passende Strukturen oder Hilfen zur Verfügung zu stellen und die Mitarbeitenden sind allein mit ihrer Problematik, ihren Ängsten und Leiden. Es handelt sich hier um eine Grauzone, die durch die herkömmlichen Instrumente nicht ausgeleuchtet werden kann. Um dem abzuhelfen, muss die Organisation

Absentismus und Präsentismus

entweder ein Vertrauensklima herstellen, sodass sich Mitarbeitende angstfrei an interne Stellen wenden können, oder der Prozess muss so gestaltet sein, dass die Mitarbeitenden zu jeder Zeit vor der Informationsweitergabe an den Arbeitgeber geschützt sind und entsprechende Negativfolgen verhindert werden können. Der Vorteil der 2. Vorgehensweise liegt darin, dass sie leicht und sehr schnell implementiert werden kann. Zu warten bis sich eine Vertrauenskultur einstellt, ist für viele Mitarbeiter nicht möglich.

Zusammenfassung

▬ BGM lohnt sich für die Mitarbeitenden und die Organisation. Es hilft den Mitarbeitenden, ihr individuelles Gesundheitsverhalten zu verbessern und ihre Bewältigungsressourcen zu stärken. Die Organisation spart Versicherungsprämien und profitiert von der erhöhten Produktivität ihrer Mitarbeitenden.

▬ Durch die doppelte Zielsetzung von BGM, der Veränderung der Verhältnisse und des Verhaltens, ist es immer auch Organisationsentwicklung und darf nicht als isolierte, nur auf die Mitarbeitenden oder einzelne Prozesse gerichtete Maßnahme betrachtet werden.

▬ Ohne die Einbindung der Geschäftsleitung sind verhältnisbezogene Maßnahmen nicht oder nur in geringem Ausmaß möglich aber auch ohne Partizipation der Mitarbeitenden wird die Umsetzung scheitern.

▬ Die eigene Gesundheit ist eine intime Angelegenheit. Entsprechend muss der Wahrung der Autonomie und dem Persönlichkeitsschutz der Mitarbeitenden bei allen Prozessen des Gesundheitsmanagements oberste Priorität eingeräumt werden.

Literatur

Antonovsky, A. (1979). *Health, stress and coping*. San Francisco: Jossey-Bass.

Badura, B. & Hehlmann, T. (2003). *Betriebliche Gesundheitspolitik: Der Weg zur gesunden Organisation*. Berlin: Springer.

Bamberg, E., Ducki, A. & Metz, A. M. (1998). Handlungsbedingungen und Grundlagen der betrieblichen Gesundheitsförderung. In E. Bamberg, A. Ducki & A. M. Metz (Hrsg.), *Handbuch Betriebliche Gesundheitsförderung: Arbeits- und organisationspsychologische Methoden und Konzepte* (S. 17–36). Göttingen: Verlag für Angewandte Psychologie.

Bauer, G. F. & Jenny, G. J. (2007a). Development, Implementation and Dissemination of Occupational Health Management (OHM): Putting Salutogenesis into Practice. In J. Houdmont & S. McIntyre (Eds.), *Occupational Health Psychology. European Perspectives on Research, Education and Practice* (pp. 219–250). Castelo da Maia: ISMAI.

Bauer, G. F. & Jenny, G. J. (2007b). Gesundheit in Wirtschaft und Gesellschaft. In K. Moser (Hrsg.), *Lehrbuch Wirtschaftspsychologie* (S. 221–243). Heidelberg: Springer.

Bauer, G. F. & Schmid, M. (2008). *KMU-vital. Ein webbasiertes Programm zur betrieblichen Gesundheitsförderung*. Zürich: vdf.

Bauer, G. F., Huber, C., Jenny, G. J., Müller, F. & Hämmig, O. (2009). Socioeconomic status, working conditions and self-rated health in Switzerland: explaning the gradient in men and women. *International Journal of Public Health, 54*, 23–30.

ENWHP. (1997). *The Luxembourg Declaration on Workplace Health Promotion in the European Union*. Luxembourg: European Network for Workplace Health Promotion.

Faltermaier, T. (2005). *Gesundheitspsychologie*. Stuttgart: Kohlhammer Urban.

Kickbusch, I. (2004). Gesundheitsförderung und Prävention. In F. W. Schwartz, B. Badura, R. Busse, R. Leidl, H. Raspe, J. Siegrist & U. Walter (Hrsg.), *Das Public Health Buch*. München: Urban & Fischer.

Lehmann, K. & Deplazes, S. (2008). Projektmanagement – Ablauf im Unternehmen. In G. F. Bauer & M. Schmid (Hrsg.), *KMU-vital. Ein webbasiertes Programm zur betrieblichen Gesundheitsförderung*. Zürich: vdf.

Merlié, D. & Paoli, P. (2002). *Dritte Europäische Umfrage über die Arbeitsbedingungen 2000*. Luxembourg: European Foundation for the Improvement of Living and Working Conditions.

Pelikan, J. (2007). Gesundheitsförderung durch Organisationsentwicklung. Ein systemtheoretischer Lösungszugang. *Prävention und Gesundheitsförderung, 2*, 74–81.

Ramaciotti, D. & Perriard, J. (2000). *Die Kosten des Stresses in der Schweiz*. Bern: Staatssekretariat für Wirtschaft (SECO).

Rüegg-Stürm, J. (2003). *Das neue St. Galler Management-Modell* (2. Aufl.). Bern: Paul Haupt.

Udris, I. & Frese, M. (1999). Belastung und Beanspruchung. In C. G. Hoyos & D. Frey (Hrsg.), *Arbeits- und Organisationspsychologie* (S. 429–441). Weinheim: Belz.

Ulich, E. & Wülser, M. (2004). *Gesundheitsmanagement im Unternehmen. Arbeitspsychologische Perspektiven*. Wiesbaden: Gabler.

Westermayer, G. (1998). Organisationsentwicklung und betriebliche Gesundheitsförderung. In *Handbuch betriebliche Gesundheitsförderung* (S. 119–132). Göttingen: Verlag für Angewandte Psychologie.

WHO. (1987). *Ottawa charter for health promotion. An international conference on health promotion*. Copenhagen: WHO Office for Europe.

Zapf, D. & Semmer, N. (2004). Stress und Gesundheit in Organisationen. In H. Schuler (Hrsg.), *Organisationspsychologie – Gruppe und Organisation. Enzyklopädie der Psychologie* (Vol. 4, S. 1007–1112). Göttingen: Hogrefe.

Adressen/Links

www.fitimjob-magazin.ch
www.gesundheitsfoerderung.ch
www.kmu-vital.ch
www.suva.ch

Internationales Human Resource Management

Hermann Laßleben

In den letzten Jahrzehnten haben viele Unternehmen nationale Grenzen hinter sich gelassen, um Geschäfte international zu betreiben. Die Entwicklung hin zu multinationalen Unternehmen (MNU) brachte neue Herausforderungen mit sich. Unter anderem sehen sich MNU damit konfrontiert, dass große Teile ihrer Belegschaften in anderen als ihren Stammländern beschäftigt sind (◘ Tab. 22.1). Zugleich hat die fortschreitende Globalisierung in vielen Unternehmen zur Erkenntnis geführt, dass geeignete Mitarbeiter eine unentbehrliche Voraussetzung für eine erfolgreiche Internationalisierung darstellen. Zusammen bedeutet dies, dass in vielen Unternehmen sowohl die Notwendigkeit, als auch die Einsicht gewachsen ist, Human Resource Management (HRM) international zu betreiben.

22.1 Wie unterscheidet sich internationales von nationalem HRM?

Unterschiede zwischen internationalem und nationalem HRM

Grundmodell des IHRM

Um die Herausforderungen des internationalen HRM zu verstehen, ist es sinnvoll sich der Unterschiede zwischen internationalem und nationalem HRM zu vergewissern.

HRM bezieht sich auf alle Aktivitäten einer Organisation, die darauf abzielen, die Humanressourcen effektiv und effizient zu nutzen. Dazu zählen Beschaffung, Auswahl, Entwicklung, Vergütung, und andere mehr. Um zu verstehen, wie sich diese Aktivitäten verändern, wenn das HRM mit internationalen Belegschaften konfrontiert ist, hilft ein Modell von Morgan (1986; ◘ Abb. 22.1):

Das Modell unterscheidet:
- **HRM-Aktivitäten**: Beispielsweise Personalbeschaffung, -entwicklung und -beurteilung.
- **Länder**: Gastland (»Host Country«), Stammland (»Home Country«) und andere Länder (»Other Country«). Im Gastland betreibt ein MNU Niederlassungen oder Produktionsstätten. Im Stammland befindet sich der Unternehmenssitz. Andere Länder können das HRM als Lieferanten von Arbeit oder Kapital beeinflussen.
- **Mitarbeiterkategorien**: Gastlandmitarbeiter (»Host Country Nationals«, HCN), Stammlandmitarbeiter (»Parent Country Nationals«, PCN) und Drittlandmitarbeiter (»Third Country Nationals«, TCN).

höhere Komplexität der HRM Aktivitäten

Die Besonderheiten des internationalen HRM resultieren aus dem Zusammenspiel der Dimensionen: Die grundlegenden Aufgaben sind identisch. Während es das nationale HRM dabei aber vornehmlich mit Mitarbeitern einer Nationalität in einem Land zu tun hat, adressiert das internationale HRM Mitarbeiter unterschiedlicher Nationalitäten in unterschiedlichen Ländern. Dies führt zu einer höheren Komplexität der HRM Aktivitäten (Dowling, Festing & Engle, 2008).

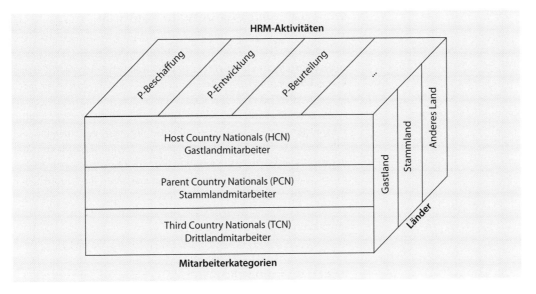

◻ Abb. 22.1 Grundmodell des IHRM

◻ Tab. 22.1 Belegschaftszusammensetzung ausgewählter deutscher Unternehmen. (Die Bosch Gruppe, 2008; Deutsche Bank, 2008; Siemens AG, 2008)

2008	Bosch	Deutsche Bank	Siemens
Mitarbeiter	283.000	80.456	427.000
In Deutschland	114.000	27.942	132.370
Außerhalb Deutschlands	169.000	52.514	294.630

Die Mitarbeiterkategorien entstehen im Zuge der Internationalisierung durch die Mobilität von Arbeitskräften in einem Unternehmen, das über Standorte in mehreren Ländern verfügt: Mitarbeiter werden aus dem Stammland in Auslandsniederlassungen entsandt, um bestimmte Aufgaben wahrzunehmen (PCN), Mitarbeiter werden aus Niederlassungen in ihren Heimatländern für bestimmte Projekte in die Unternehmenszentrale entsandt (HCN), und Mitarbeiter werden aus Niederlassungen in ihren Heimatländern zur Wahrnehmung bestimmter Aufgaben in Niederlassungen in anderen Ländern versetzt (TCN; Briscoe, Schuler & Claus, 2009).

Eine Besonderheit des internationalen HRM besteht darin, dass Mitarbeiter zeitlich befristet in einem anderen als ihrem Heimatland tätig werden. In dem Zusammenhang spricht man von Auslandsentsandten oder »**Expatriates**«. In Bezug auf Gastlandmitarbeiter, die im Stammland tätig werden, spricht man von »**Inpatriates**«, in Bezug auf Entsandte, die nach Ablauf der Entsendung in ihre Heimatorganisation zurückkehren, hat sich der Terminus »**Repatriates**« eingebürgert.

> **Mitarbeiterkategorien: PCN, HCN, TCN**

> **Entsandte**

22.2   Rahmenbedingungen des IHRM

Rahmenbedingungen

Wie das nationale, hat auch das internationale HRM (IHRM) Rahmenbedingungen zu beachten, mit dem Unterschied, dass diese in einem internationalen Umfeld zahlreicher, diverser und meist auch volatiler sind (Edwards & Rees, 2006). Zu den für das IHRM besonders relevanten Kontextaspekten zählen die **rechtlichen Rahmenbedingungen**, die etwa Arbeitszeiten, Kündigungsmöglichkeiten oder Mindestlöhne definieren. Weiter zählen dazu **ökonomische Kontextaspekte**, wie Wirtschaftswachstum, Arbeitslosigkeit, oder Inflation, die etwa Personalbedarf, Rekrutierungschancen oder Gehaltshöhen beeinflussen. Auch das Bildungs- und Erziehungssystem stellt einen relevanten Kontextaspekt dar, von dessen Output etwa die Trainingserfordernisse des MNU abhängen.

22.2.1   Der kulturelle Kontext

Kultur

Weniger offensichtlich ist die Relevanz des kulturellen Kontextes für die Möglichkeiten und Grenzen des HRM. Das hängt damit zusammen, dass Kultur ein subtileres Phänomen als Recht, Wirtschaft oder Bildung ist. Wir sind uns des Einflusses der Kultur im Normalfall nicht bewusst und werden uns der Kulturbasiertheit unseres Verhaltens erst gewahr, wenn wir mit anderen Kulturen konfrontiert sind. Das ist der Fall, wenn HRM über Länder- und Kulturgrenzen hinweg betrieben wird.

Hofstede – vergleichende Kulturforschung

Ohne ausführlich auf das Phänomen Kultur einzugehen, kann man festhalten, dass darunter die tief verwurzelten Werte und Überzeugungen der Angehörigen eines Sozialsystems (Landes) zu verstehen sind, die deren Verhalten nachhaltig prägen. Dementsprechend ist auch das Verhalten der Mitarbeiter in Unternehmen kulturbedingt, und bedingt die Kultur, welche HRM-Praktiken und -Systeme funktionieren und welche nicht (Dowling, Festing & Engle, 2008).

Eine Reihe von Wissenschaftlern, darunter Hall, Hofstede und zuletzt House und Kollegen im Rahmen der GLOBE-Studie (House, Hanges, Javidan, Dorfman & Gupta, 2004), hat sich im Rahmen vergleichender Kulturforschung bemüht, Kulturen zu beschreiben und zu vergleichen. Den meisten Wiederhall im IHRM findet immer noch das Modell von Hofstede. Hofstede erforscht seit den 60er-Jahren Kulturen und ihre Unterschiede. Er entwickelte auf der Grundlage empirischer Studien unter Mitarbeitern von IBM ein Modell zur Beschreibung von Kulturen, das auf **5 Dimensionen** basiert und erhob **Dimensionen** Indizes für Landeskulturen, die es ermöglichen, diese zu vergleichen (Dowling, Festing & Engle, 2008). Die Dimensionen sind:

Machtdistanz Sie gibt an, inwieweit die Mitglieder einer Gesellschaft eine ungleiche Verteilung von Macht akzeptieren und erwarten. Hohe

Tab. 22.2 Kulturvergleich: Deutschland – China. (Aus: www.geert-hofstede.com)

	PDI	IDV	MAS	UAI	LTO
China	80	20	66	30	118
Deutschland	35	67	66	65	31

PDI Machtdistanz, *IDV* Individualismus, *MAS* Maskulinität, *UAI* Unsicherheitsvermeidung, *LTO* Langfristigkeit.

Machtdistanz steht dafür, dass Macht ungleich verteilt ist, geringe Machtdistanz dafür, dass Macht gleichmäßig verteilt ist.

Individualismus versus Kollektivismus Sie geben an, wie die Sozialbeziehungen in einer Gesellschaft geprägt sind. In individualistischen Gesellschaften erwarten die Mitglieder, dass jeder sich um sich selbst kümmert. Selbstbestimmung und Eigenverantwortung sind zentrale Werte. In kollektivistischen Gesellschaften dominiert die Integration in soziale Netze, in denen der Einzelne Solidarität im Tausch gegen Loyalität erfährt.

Maskulinität versus Femininität Sie geben an, welche Werte in einer Gesellschaft den Ausschlag geben. In maskulinen Gesellschaften dominieren Selbstbewusstsein, Konkurrenz und Erfolg. In femininen Gesellschaften werden Bescheidenheit, Fürsorge und Beziehungen geschätzt.

Unsicherheitsvermeidung Sie gibt an, inwieweit die Mitglieder einer Gesellschaft bereit sind Risiken einzugehen oder nach Sicherheit streben. Kulturen mit hoher Unsicherheitsvermeidung schätzen Gesetze, Institutionen und Konformität. Kulturen mit geringer Unsicherheitsvermeidung sind toleranter, veränderbarer und innovativer.

Langfristige versus kurzfristige Ausrichtung Sie geben an, wie groß der zeitliche Planungshorizont einer Gesellschaft ist. In langfristig ausgelegten Kulturen werden Sparsamkeit, Beharrlichkeit und Ausdauer geschätzt. In kurzfristig ausgelegten Kulturen sind Flexibilität, Egoismus und Spaß wichtiger.

Zu jeder Dimension liefert Hofstede Indexwerte für Länder, die Vergleiche ermöglichen. Daraus ergeben sich z. B. die Werte aus ◻ Tab. 22.2 für Deutschland und China.

An dem **Modell von Hofstede** wurde viel Kritik geäußert: Dass Mitarbeiterbefragungen nicht repräsentativ seien, dass Unterschiede innerhalb von Ländern vernachlässigt werden, dass die Items nicht valide seien und dass nicht zwischen Werten und Verhaltensweisen unterschieden wird. Trotzdem wird in Lehrbüchern, Trainings und

Vergleiche

Beratungen immer wieder auf dieses Konzept rekurriert, was nicht zuletzt an seiner Einfachheit und Plausibilität liegen dürfte. So lässt sich unter Rückgriff auf ◘ Tab. 22.2 leicht erklären, weshalb chinesische im Unterschied zu deutschen Mitarbeitern einen patriarchalischen Führungsstil schätzen (PDI-Index), oder weshalb Teamkonzepte im asiatischen Raum leichter implementierbar sind als im westeuropäischen (IDV-Index).

22.2.2 Der organisatorische Kontext

Anforderungen an das IHRM variieren nicht nur mit Unterschieden in den Zielländern. Sie sind auch von der Organisation des MNU abhängig (Dowling, Festing & Engle, 2008).

Internationalisierungsprozess

Meist wird der Prozess der Internationalisierung der Unternehmenstätigkeit als schrittweiser Prozess vorgestellt: Er beginnt mit vereinzelter, dann zunehmender Exportaktivität, die es sinnvoll erscheinen lässt, in wichtigen Auslandsmärkten Vertriebsniederlassungen zu gründen, um die Exportaktivitäten zu unterstützen. Nimmt der Absatz weiter zu, wagt das Unternehmen den Schritt in die Produktion vor Ort, z. B. durch Aufbau eigener Produktionskapazitäten oder Akquisition lokaler Wettbewerber. Zu Beginn werden die internationalen Aktivitäten aus der Stammlandzentrale heraus gesteuert. Mit zunehmendem internationalem Wachstum wird dies schwieriger. Spätestens wenn die internationalen Umsätze die nationalen dominieren, überschreitet das Unternehmen die Grenze zum MNU. Es verliert sein Zentrum. Die nationale Perspektive verliert an Gewicht. Es entsteht ein **internationales Netzwerk**, in dem Ressourcen, Mitarbeiter und Informationen nicht mehr nur unidirektional aus dem Stammland in die Gastländer fließen, sondern multidirektional. Spätestens jetzt benötigt das MNU Manager und Mitarbeiter, die verstehen, dass das Unternehmen »auf der Welt zuhause« ist.

variierende Aufgabenschwerpunkte

Entlang dieser Entwicklung variieren die Aufgabenschwerpunkte des IHRM. Geht es in der 1. Phase darum, den Exportmitarbeitern Trainings in Verhandlungsführung mit Gastlandkunden angedeihen zu lassen, wird der Fokus später, wenn Niederlassungen aufgebaut werden, im Management internationaler Entsendungen liegen. Er wechselt erneut mit der Entstehung eines multinationalen Netzwerkes, das durch das IHRM vorbereitet und begleitet werden muss, indem ein Kader international denkender und handelnder Manager aufgebaut und Systeme etabliert werden, die das MNU personalpolitisch steuerbar machen. Dazu zählt z. B. ein globales Register offener Stellen oder eine global wirkende Personalentwicklung (z. B. »Corporate University«).

22.3 Internationale Personalbeschaffung

Jedes Unternehmen strebt danach, Mitarbeiter in Positionen zu haben, in denen sie optimale Leistungen erbringen. Diese Regel gilt universell. Dennoch gibt es Unterschiede zwischen international und nur national tätigen Unternehmen. Ein Beispiel mag dies verdeutlichen: Nehmen wir an, ein MNU mit Sitz in Deutschland hat in seiner indischen Tochtergesellschaft die Position eines Finanzmanagers zu besetzen. Ihm bieten sich mindestens 3 Möglichkeiten:

a. Es wird ein kompetenter (deutscher) Mitarbeiter der zentralen Finanzabteilung nominiert und als Expatriate in die indische Niederlassung entsandt.

b. Es wird ein qualifizierter Kandidat auf dem internen oder externen lokalen (indischen) Arbeitsmarkt rekrutiert.

c. Oder man sucht nach dem am besten geeigneten Kandidaten, in welchem Winkel des Unternehmens (oder der Erde) auch immer.

Die Option, für die ein MNU sich entscheidet, ist unter anderem abhängig von der verfolgten Personalbeschaffungsstrategie (Vance & Paik, 2006). | **Personalbeschaffungsstrategien**

22.3.1 Personalbeschaffungsstrategien

> **Personalbeschaffungsstrategien**
>
> Auf eine Unterscheidung von Perlmutter (1969) bezugnehmend werden im IHRM ethnozentrische, polyzentrische, geozentrische und regiozentrische Rekrutierungsstrategien unterschieden (Dickmann, Brewster & Sparrow, 2008).

ethnozentrisch

Bei einer ethnozentrischen Rekrutierungsstrategie werden Schlüsselpositionen im Ausland vorzugsweise mit Mitarbeitern aus der Zentrale besetzt, was dazu führt, dass Landesgesellschaften von PCN geführt werden. Das ist sinnvoll in frühen Phasen der Internationalisierung, wenn keine Kenntnisse des lokalen Arbeitsmarktes vorhanden sind, aber auch in späten Phasen, wenn HCN mit entsprechenden Qualifikationen auf den lokalen Arbeitsmärkten nicht erhältlich sind. Es ist auch angebracht, wenn das MNU eine enge Kontrolle sucht. Die Kehrseite ethnozentrischer Rekrutierung ist, dass Aufstiegsmöglichkeiten von HCN beschränkt und die kontinuierliche Entwicklung der Auslandsgesellschaft behindert werden, weil alle paar Jahre neue Top-Manager das Ruder übernehmen.

Bei einer polyzentrischen Rekrutierungsstrategie finden sich vornehmlich HCN in den Führungspositionen von Auslandsgesellschaften. Zentrale und Auslandsgesellschaften sind mehr oder minder

polyzentrisch

geschlossene Gesellschaften. Polyzentrische Rekrutierung kann aufgrund landesrechtlicher Vorschriften erforderlich sein, sie kann aber auch unternehmenspolitisch begründet sein, wenn das MNU als »einheimisches« Unternehmen wahrgenommen werden möchte. Sie umgeht Sprachbarrieren zwischen Führung und Belegschaften von Auslandsgesellschaften, Anpassungsprobleme und teure Entsendungen, und gewährleistet größere Kontinuität in der Führung. Ihre Nachteile bestehen darin, dass sich Klüften zwischen Zentrale und Auslandsgesellschaften ausbilden können, wenn Sprachbarrieren und nationale Loyalitäten Zentrale und Niederlassungen voneinander separieren.

geozentrisch

Bei einer geozentrischen Rekrutierungsstrategie sind Nationalität und Herkunft irrelevant. »The colour of one's passport« zählt nicht. Was zählt sind **Qualifikation** und **Kompetenz**. Dann wird z. B. ein schwedischer Manager mit dem Aufbau einer Niederlassung eines deutschen MNU in Polen betraut, weil er über die besten Voraussetzungen verfügt, dies erfolgreich zu bewerkstelligen. Geozentrische Rekrutierung ermöglicht es dem MNU, ein international zusammengesetztes Managementteam zu entwickeln und inadäquaten Dominanzansprüchen des Ethnozentrismus ebenso entgegenzuwirken wie separatistischen Autonomietendenzen des Polyzentrismus. Allerdings entstehen hohe Trainings- und Umsiedelungskosten. Geozentrische Rekrutierung erfordert ein komplexes Entsendungsmanagement und eine globale Koordination der Stellenbesetzung.

regiozentrisch

Bei einer regiozentrischen Rekrutierungsstrategie werden die Standorte des MNU in geographische Regionen (z. B. Europa, Asien-Pazifik, Nordamerika) gruppiert. Transfers erfolgen innerhalb der Regionen, seltener zwischen den Regionen. Regiozentrische Rekrutierung ermöglicht die Interaktion von PCN- und HCN-Personal in den regionalen Zentralen, wohin PCN aus der Zentrale ebenso entsandt werden wie HCN aus den lokalen Gesellschaften. Sie reflektiert die Sensitivität für lokale Besonderheiten, da die lokalen Gesellschaften primär mit HCN ausgestattet sind. Kritiker bemängeln allerdings, dass die Föderalismusprobleme der polyzentrischen Strategie lediglich auf die Ebene der Regionen transponiert werden.

bewusste Entscheidung

❯ Die Darstellung zeigt, dass jede dieser Strategien Vor- und Nachteile in sich birgt. Ein »one-best-way« ist nicht auszumachen. Abzuraten ist von einem unreflektierten Automatismus. MNU sollten sich bewusst entscheiden, z. B. bei Sanierung eines akquirierten lokalen Unternehmens mit entsandten PCN zu arbeiten, um rasch effiziente Strukturen zu etablieren, oder bei Erschließung eines lokalen Marktes im Konsumgüterbereich HCN in führenden Vertriebs- und Marketingpositionen einzusetzen, um deren Kenntnisse lokaler Besonderheiten zu nutzen (Dowling, Festing & Engle, 2008).

22.3.2 Internationale Entsendungen (»International Assignments«)

Eine Besonderheit des IHRM wurde bereits angesprochen: Internationale Entsendungen – die befristete Abstellung von Mitarbeitern für Tätigkeiten im Ausland.

■■ **Funktionen von Entsendungen**
Internationale Entsendungen können unterschiedlichen Zwecken dienen (Dickmann, Brewster & Sparrow, 2008):

Funktionen internationaler Entsendungen

Stellenbesetzung Entsendungen dienen dazu, Positionen in Auslandsgesellschaften zu besetzen, für die dort kein hinreichend qualifiziertes Personal zu finden ist. Besonders beim Aufbau neuer Standorte ist eine Stellenbesetzung mit Mitarbeitern aus anderen Standorten des MNU häufig unabdingbar.

Managemententwicklung Entsendungen dienen der Entwicklung von Managern und Managementnachwuchs. PCN-Nachwuchskräfte aus der Zentrale erhalten Einblick in die internationalen Aktivitäten des MNU. HCN-Nachwuchskräfte werden in der Zentrale geschult und in die Kultur des Unternehmens eingeführt.

Organisationsentwicklung Entsendungen dienen der Organisationsentwicklung. Oft haben Entsandte aus der Zentrale den Auftrag, Auslandsgesellschaften zu sanieren oder zu kontrollieren. Auch zum Transfer von Wissen, Praktiken oder Technologien kann es sinnvoll sein, diese samt Mitarbeitern zu transferieren.

■■ **Typen von Entsendungen**
So wenig, wie es nur ein Motiv für internationale Entsendungen gibt, so wenig gibt es auch nur einen Entsendungstypus (Dickmann, Brewster & Sparrow, 2008). Wichtiges Kriterium zur Unterscheidung von Entsendungen ist ihre Dauer. Traditionelle Entsendungen erstrecken sich i.d.R. über einen Zeitraum von 1–5 Jahren. Diesbezüglich spricht man von Langzeitentsendungen im Unterschied zu Kurzzeitentsendungen, die zwischen 1 und 3 Monaten, und erweiterten Entsendungen, die bis zu 1 Jahr dauern.

Entsendungstypus:
– Langzeitentsendung
– Kurzzeitentsendung
– erweiterte Entsendung

Um die Kosten und Risiken, die mit traditionellen Entsendungen verbunden sind zu umgehen, aber auch in Reaktion auf **Mobilitätszurückhaltung** der Mitarbeiter, haben sich in den letzten Jahren alternative Entsendungsformen herausgebildet:

alternative Entsendungsformen

Pendler-Entsendungen Darunter versteht man Arrangements, im Rahmen derer Mitarbeiter im Wochen- oder 2-Wochen-Rhythmus zur Arbeitsstelle im Ausland pendeln, während die Familie am Heimatort bleibt.

22

Rotations-Entsendungen Darunter versteht man Arrangements, im Rahmen derer sich Einsätze am Arbeitsplatz im Ausland mit Einsätzen im Inland oder Arbeitsunterbrechungen abwechseln. Auch hier wird der Entsandte nicht von der Familie begleitet.

Vertrags-Entsendungen Darunter versteht man Arrangements, im Rahmen derer Mitarbeiter internationalen Projekten zugeordnet werden. Aufträge werden vertraglich fixiert und flexibel, teils am Auslandsstandort, teils am Heimatstandort erbracht.

Virtuelle Entsendungen Darunter versteht man Arrangements, im Rahmen derer Mitarbeiter Verantwortung für Aufgaben in Auslandsgesellschaften übernehmen, zu deren Wahrnehmung aber nicht umsiedeln, sondern sie vom bisherigen Sitz aus mit Hilfe moderner Kommunikationsmittel sowie häufiger Besuche erledigen.

Diese Arrangements können traditionelle Entsendungen nicht vollständig ersetzen, führen aber zu geringeren Kosten und Risiken und sind für viele Mitarbeiter aus privaten Gründen besser darstellbar.

■ ■ **Scheitern von Entsendungen**

Entsendungsabbruch

Das Hauptrisiko für ein MNU besteht darin, dass eine Entsendung fehlschlägt (Dowling, Festing & Engle, 2008). In einem engen Verständnis kann man das Scheitern einer Entsendung daran festmachen, dass sie vorzeitig abgebrochen wird. Auf Bitten des Entsandten oder auf Betreiben der Gastlandbelegschaft wird der Entsandte vor Ablauf des vereinbarten Zeitraumes abberufen und in seine Herkunftsorganisation (oder eine andere Stelle in der Organisation) versetzt. Die Abberufung ist allerdings nur ein grober Indikator für das Scheitern von Entsendungen: Wenn ein Entsandter die Erwartungen nicht erfüllt, aber bis zum Ende durchhält (und damit noch mehr Schaden anrichtet) wird dies nicht als Scheitern gewertet, wenn man sich nur auf die Abbruchquote stützt. Insofern ist eine ganzheitliche Betrachtung erforderlich, die Minderleistung und Verbleib nach der Entsendung mit einbezieht.

■ **Kosten gescheiterter Entsendungen**

Muss ein Entsandter frühzeitig abberufen und ersetzt werden, entstehen dem MNU gravierende Kosten. Sie lassen sich in direkte und indirekte Kosten unterscheiden:

direkte und indirekte Kosten

- **Direkte Kosten** sind etwa Ausgaben für Flugtickets, Vorbereitungstrainings, Umzugskosten, aber auch Vergütungszuschläge.
- **Indirekte Kosten** sind schwerer zu beziffern, übersteigen aber i.d.R. die direkten Kosten. Sie entstehen durch Verlust von Marktanteilen oder Kunden, Verschlechterung der Beziehungen zu wichtigen Stakeholdern im Gastland oder Beschädigung der Mitarbeitermoral.

Phasen der kulturellen Anpassung

Kulturelle Anpassung wird grafisch oft in Form einer U-Kurve dargestellt (□ Abb. 22.2). Sie gibt typische Phasen der kulturellen Anpassung im Zeitverlauf, basierend auf psychologischen Reaktionen, wieder.

▪ Tourist

Die Anpassung an das neue Umfeld ist zunächst von freudiger Neugier geprägt. Man ist gespannt, fasziniert und fühlt sich als Abenteurer. Wenn dann die Realität Platz greift und Probleme oder Missverständnisse auftreten, setzt eine Abwärtsbewegung (»the party is over«) ein, die zu negativen Bewertungen der Situation und des Landes führt.

▪ Krise

Häufen sich Missverständnisse und Probleme, kann der Abschwung in eine Krise, schlimmstenfalls einen Kulturschock übergehen. Man ist nicht im Stande, kulturell basierte Verhaltensweisen zu entschlüsseln. Man kann die Einheimischen weder verstehen, noch es ihnen Recht machen. Selbst wenn es nicht zu einem Kulturschock kommt, leiden in dieser Phase die Leistungen im Job und nehmen negative Gefühle überhand, verbunden mit dem Bedürfnis, in die vertraute Kultur zurückzukehren.

▪ Erholung

Wird im Scheitelpunkt der Krise nicht »das Handtuch geworfen«, das heißt die Entsendung abgebrochen, tritt für gewöhnlich eine Erholungsphase ein. Nach und nach lernt man mit den Anforderungen der fremden Kultur zu Rande zu kommen, sie zu »lesen«, zu verstehen und sich ihr anzupassen.

▪ Anpassung

Im Laufe der Zeit stabilisieren sich Anpassungsleistungen auf einem gesunden Niveau. Man beginnt die Unterschiede zwischen den Kulturen nicht nur zu verstehen, sondern auch zu würdigen und entwickelt eine Art »Bikulturalität«, das heißt die Fähigkeit, sich in beiden Kulturen sicher zu bewegen.

Der Kurvenverlauf der kulturellen Anpassung ist nicht normativ zu verstehen (□ Abb. 22.2). Er typisiert empirisch beobachtbare Anpassungsverläufe. Individuelle Reaktionen können durchaus abweichen (Dickmann, Brewster & Sparrow, 2008).

▪ Gründe für das Scheitern von Entsendungen

Die Gründe für das Scheitern von Entsendungen sind vielfältig. Sie reichen von mangelnder fachlicher Kompetenz, über die Unfähigkeit mit der größeren Verantwortung zurechtzukommen, bis hin zu **Anpassungsschwierigkeiten** des Entsandten bzw. der begleitenden Familienmitglieder. Empirische Untersuchungen zeigen, dass bei europäischen MNU die missglückte Anpassung der begleitenden Partner der am häufigsten genannte Grund für vorzeitige Abbrüche ist (▶ Phasen der kulturellen Anpassung).

vielfältige Gründe

kulturelle Anpassung

▪▪ Auswahl von Entsandten

Personalauswahlentscheidungen werden in Antizipation künftiger Leistungen getroffen. Solche Prognosen sind immer schwierig und unsicher. Wenn die Leistung in einem fremden Land, einer fremden Kultur zu erbringen ist, wird es besonders schwer, richtige Vorhersagen zu treffen. Falsche Entscheidungen erhöhen das Risiko, dass die Entsendung fehlschlägt. Im Wissen um die Risiken muss der Auswahl geeigneter Mitarbeiter höchste Aufmerksamkeit geschenkt werden. Insbesondere gilt es, Kriterien anzulegen, deren Beobachtung möglichst sichere Erfolgsvorhersagen erlaubt. Wichtige Auswahlkriterien sind (Dowling, Festing & Engle, 2008):

Auswahlkriterien

Fachliche Kompetenz Sie ist eine »conditio sine qua non«. Jeder Entsandte muss die fachlichen Voraussetzungen für den zugedachten Job

22

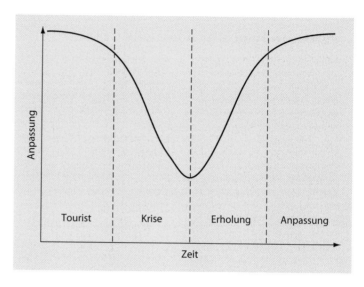

Anpassung

| Tourist | Krise | Erholung | Anpassung |

Zeit

⬛ **Abb. 22.2** Anpassungskurve

erfüllen. In der Praxis wird dieses Kriterium häufig als Einziges verwendet, weil es einfach zu messen ist. Fachliche Eignung alleine ist aber ein schwacher Prädiktor für den Entsendungserfolg.

Interkulturelle Kompetenz Sie ermöglicht es dem Entsandten, in einer fremden Kultur effizient zu operieren. Interkulturelle Kompetenz beinhaltet Empathie, Anpassungsfähigkeit, Diplomatie, positive Einstellung, emotionale Stabilität, persönliche Reife und mehr. Ihre Bedeutung wird in der Praxis zwar erkannt, da sie aber schwer zu messen ist, bleibt sie in Auswahlprozessen häufig außen vor.

Familiäre Anforderungen Familien (Partner) tragen nicht unerheblich zum Gelingen bzw. Scheitern einer Auslandsentsendung bei (▶ »Dual Career Couples« (DCC)). In Anbetracht der Kosten des Scheiterns wären MNU gut beraten, den Familien bereits im Auswahlprozess gebührende Beachtung zu schenken. In der Praxis bleibt die Familie aber meist außen vor, nicht zuletzt wegen der strikten Trennung zwischen beruflicher und privater Sphäre in westlichen Kulturen.

Messprobleme, Zeitprobleme

Sprachliche Anforderungen Sprachbarrieren behindern die Kommunikation. Die grundlegende Beherrschung der Gastlandsprache ist für eine optimale Leistung ebenso wichtig wie die umfassende Beherrschung der Unternehmenssprache. In der Praxis werden Sprachkompetenzen gerne vernachlässigt, weil sie als gestaltbar gelten: »Dann muss der Entsandte die Sprache eben lernen!« Insbesondere, wenn die Unternehmenssprache nicht die Muttersprache ist, sollte deren flüssige Beherrschung als Auswahlkriterium verwendet werden.

»Dual Career Couples«

❱ In der Praxis herrscht breiter Konsens über die Bedeutung dieser Kriterien für die Auswahl von Entsandten. Dennoch werden sie oft nicht – zumindest nicht so umfassend wie nötig – verwendet. Verantwortlich dafür sind

»Dual Career Couples« (DCC)

Unter DCC versteht man Familien, in denen beide Partner Karrieren verfolgen und deren Haushaltseinkommen daher auf 2 Verdiensten basiert. Die gesellschaftliche Entwicklung hin zu DCC stellt eine Herausforderung für das IHRM dar, da Entsendungen i.d.R. die Karriere des (begleitenden) Partners beeinträchtigen, wenn nicht gar durch den Verlust des 2. Einkommens ein gravierendes finanzielles Problem aufwerfen. Wollen MNU nicht riskieren, dass immer mehr qualifizierte Mitarbeiter Entsendungen aus fami-

liären Gründen ablehnen und sie in Folge aus einem eingeschränkten Pool entsendungsbereiter Mitarbeiter schöpfen müssen, müssen sie darauf Antworten finden. Neben alternativen Entsendungsarrangements kommen folgende Lösungsstrategien in Betracht (Briscoe, Schuler & Claus, 2009):
- Unterstützung bei der Stellensuche: Der begleitende Partner wird bei der Suche nach einem adäquaten Job im Gastland unterstützt.

- Beschäftigung im Unternehmen: Dem begleitenden Partner wird ein adäquater Job im eigenen Unternehmen angeboten.
- Nutzung von Netzwerken: Dem begleitenden Partner wird ein adäquater Job bei einem anderen Unternehmen im Gastland vermittelt.
- Karriereförderung: Dem begleitenden Partner werden Kosten für berufliche Qualifikations- und Entwicklungsmaßnahmen erstattet.

- **Messprobleme:** Für einige Prädiktoren fehlen einfache, valide und zuverlässige Mess- und Beobachtungsinstrumente.
- **Zeitprobleme:** Oft müssen Entsandte rasch nominiert werden, um plötzliche Lücken zu schließen, was eine systematische Auswahl behindert.

▪▪ Repatriierung

Internationale Entsendungen sind zeitlich befristet. Nach Ablauf transferiert der Entsandte zurück in die Herkunftsorganisation bzw. auf einen anderen Auslandsposten (konsekutive Entsendung). Die Herausforderungen im Zusammenhang mit der Repatriierung werden meist unterschätzt, weil man fälschlich annimmt, dass diese kein besonderes Problem darstellt. Das Gegenteil ist der Fall. Repatriierungen stellen das IHRM vor Herausforderungen, die durch die Begriffe **Wiedereintrittsschock** und **Abwanderungsrisiko** gekennzeichnet sind. Repatriierung umfasst 4 Phasen (Dowling, Festing & Engle, 2008):

Lösungsstrategien

Herausforderungen werden unterschätzt

4 Phasen der Repatriierung

Vorbereitung Vor Ablauf der Entsendung müssen Vorbereitungsmaßnahmen mit dem Entsandten und seiner Familie getroffen werden. Dazu zählen Gespräche über Karriereperspektiven, Informationen über die neue Position, sowie Checklisten mit Aufgaben, die vor der Abreise zu erledigen sind.

Umzug Dann steht der Umzug an. Hierfür werden meist internationale Umzugsfirmen und spezialisierte Agenturen (»Relocation Agencies«) beauftragt, die sich um alles kümmern.

Übergang Nach der Ankunft im Heimat- oder im neuen Gastland schließt sich eine Übergangsphase an, während der für eine vorläufige

Unterbringung gesorgt und diverse administrative Angelegenheiten (z. B. Anmeldung, Versicherung, Konto) erledigt werden müssen.

Wiedereingliederung Den Abschluss bildet die Wiedereingliederung. Manche Rückkehrer müssen in dieser Phase einen umgekehrten Kulturschock bewältigen. Faktoren, die die Wiedereingliederung beeinflussen, werden in **stellenbezogene** (z. B. Befürchtungen über den weiteren Karriereverlauf) und **soziale** (Wiederbelebung bzw. Wiederaufbau sozialer Netzwerke) **Aspekte** unterschieden.

Entsendungsbereitschaft

Gelingende Repatriierung ist wichtig, wenn das MNU immer genügend kompetente Mitarbeiter für internationale Aufgaben zur Verfügung haben will. Gelingt die Wiedereingliederung nicht, verlassen Entsandte nach der Rückkehr das Unternehmen oder stehen für weitere Entsendungen nicht mehr zur Verfügung. Kommunizieren sie ihre Enttäuschung, wird das auch die Bereitschaft anderer Mitarbeiter negativ beeinflussen, Entsendungen zu übernehmen.

Viele MNU haben die Bedeutung der Repatriierung erkannt und bieten Programme, die Angebote bis hin zur Hilfe beim Aufbau neuer Sozialkontakte enthalten.

Mentoren

❯ Ein Instrument, das die gesamte Entsendung umfassen sollte, ist die Begleitung durch Mentoren. Diese halten Kontakt mit den Entsandten und informieren sie über wichtige Entwicklungen in der Zentrale. Sie vertreten die Interessen der Entsandten und »werfen deren Hut in den Ring«, wenn wichtige Entscheidungen über Positionsvergaben getroffen werden. Ein derartiges Mentoren-System bedarf des systematischen Managements durch das IHRM.

22.4   Internationales Leistungsmanagement

Beurteilung und Feedback

Die Leistungen der Mitarbeiter zu steuern und zu steigern stellt eine Herausforderung für jedes Unternehmen dar, umso mehr wenn die Mitarbeiter über den Globus verteilt operieren. Internationales Leistungsmanagement (»**Performance Management**«) bezeichnet den Prozess, durch den MNU die Leistungen von Mitarbeitern, Auslandsgesellschaften bzw. des gesamten Unternehmens zu messen und zu verbessern suchen (Briscoe, Schuler & Claus, 2009). Leistungsmanagement umfasst Beurteilung und Feedback. Zu beachten ist, dass Leistung nie »als solches«, sondern nur in Bezug auf gesteckte Ziele beurteilt werden kann: Aus den Strategien des MNU müssen Zielvorgaben für Auslandsgesellschaften und daraus Ziele und Erwartungen an die einzelnen Mitarbeiter dieser Organisationen abgeleitet werden. Nur so kann sichergestellt werden, dass das MNU als Ganzes gesteckte Ziele erreicht.

besondere Schwierigkeiten im internationalen Kontext

In MNU treten dabei Schwierigkeiten auf, die in rein nationalen Kontexten nicht anzutreffen sind: Manchmal sind absolute Ergebnisse über Länder hinweg nicht vergleichbar, manchmal erschweren geographische Distanzen die Beobachtung der Leistung, manchmal trägt die unterschiedliche Reife der Gastländer und -märkte dazu bei, dass den einen Ergebnisse »in den Schoß fallen«, die sich andere hart erarbeiten müssen.

Auf die Leistung von Entsandten wirken besondere Einflüsse, die bei der Messung und bei Interventionen zu beachten sind:

Das Vergütungspaket Finanzielle Besserstellung und Karrierechancen sind wichtige Motive bei der Übernahme von Entsendungen. Werden diesbezügliche Erwartungen nicht realisiert, sinken Motivation und Leistungsbereitschaft. Vereinfacht ausgedrückt: Wenn das Vergütungspaket die Erwartungen trifft oder übersteigt, steigt die Leistung, wenn das Vergütungspaket hinter den Erwartungen zurückbleibt, sinkt die Leistung.

Die Aufgabe Die Delegation von Entsandten erfolgt immer mit Blick auf bestimmte Aufgaben. Für eine optimale Leistung müssen die persönlichen Fähigkeiten und Kompetenzen den Anforderungen des Jobs entsprechen. Vereinfacht ausgedrückt: Wenn die Anforderungen der Stelle mit den Kompetenzen des Entsandten übereinstimmen, steigt die Leistung, klafft eine Lücke zwischen Jobanforderungen und Kompetenzprofil, sinkt die Leistung.

Die Unterstützung Nicht selten schwingen Loyalitätserwägungen bei der Übernahme von Entsendungen mit. Man geht, weil man gebraucht wird. In diesen Fällen beeinflusst die Unterstützung durch die Zentrale die Leistung des Entsandten. Im Hintergrund steht der **psychologische Vertrag** – die Erwartung von vertraglich nicht vorgesehenen Gegenleistungen für vertraglich nicht vorgesehene Leistungen. Die Wahrnehmung, dass das Unternehmen den Verpflichtungen nicht nachkommt, schmälert die Motivation und die Leistung. Vereinfacht ausgedrückt: Wenn die Unterstützung durch die Zentrale die Erwartungen trifft oder übersteigt, steigt die Leistung, wenn sie hinter den Erwartungen zurückbleibt, sinkt die Leistung.

Die Anpassung Schwierigkeiten bei der Anpassung an das neue Umfeld beeinflussen ebenfalls die Leistung. Wegen des »Spill-over«-Effekts betrifft das auch die Anpassung der Familienmitglieder. Vereinfacht ausgedrückt: Bei einer raschen und umfassenden Anpassung des Entsandten und seiner Familie an die neue Umgebung steigt die Leistung, bei Anpassungsproblemen sinkt die Leistung.

> ❯ **Entwickler und Anwender von Performance-Management-Systemen müssen sich der besonderen Einflussfaktoren bewusst sein und sie berücksichtigen.**

Einflüsse auf die Leistung

Entsendung als Entwicklung

22.5   Internationale Personalentwicklung

Über ausreichend viele, optimal ausgebildete, international ausgerichtete Mitarbeiter zu verfügen ist eine notwendige Voraussetzung für den Erfolg auf globalen Märkten. Hierzu leistet die internationale Personalentwicklung einen wichtigen Beitrag (Edwards & Rees, 2006).

Entsandte als Entwickler

Ihr Beitrag erstreckt sich nicht nur auf Trainings, durch welche Mitarbeiter auf den Einsatz in Gastländern vorbereitet werden. Vielmehr können Entsendungen selbst als Entwicklungsmaßnahmen verstanden werden, die es Mitarbeitern ermöglichen, internationale Erfahrungen zu sammeln. MNU generieren so Pools international erfahrener **Nachwuchsmanager**, aus denen sie bei der Besetzung von Führungspositionen im In- und Ausland schöpfen können. Zudem sind Entsandte als Personalentwickler tätig, sowohl während der Entsendung, wenn ein Teil ihrer Aufgabe darin besteht, den Gastlandmitarbeitern Wissen zu vermitteln und sie in Technologien, Praktiken und Prozesse einzuführen, als auch nach der Entsendung, wenn sie gewonnenes Wissen über Länder, Leute und Märkte an nachfolgende Entsandte oder Stellen im Unternehmen weitergeben, die mit diesen Ländern in Kooperationsbeziehungen stehen.

Vorbereitung auf Auslandsentsendungen

Eine wichtige Aufgabe der internationalen Personalentwicklung besteht in der Vorbereitung von Mitarbeitern auf Auslandsentsendungen. Optimale Vorbereitung minimiert das Risiko des Scheiterns. Trainings umfassen i.d.R. eine Auswahl folgender Maßnahmen:

Interkulturelle Trainings Um im Gastland effektiv operieren zu können, müssen Entsandte die Kultur des Gastlandes kennen, verstehen und mit ihr umgehen können. Interkulturelle Trainings versuchen Verständnis und Wertschätzung der Gastlandkultur bei den Entsandten zu fördern. Sie können landeskundliche Informationen, Erfahrungsaustausche mit vormaligen Entsandten, Kulturassimilatoren, sowie Sensitivitätstrainings zur Schärfung des Bewusstseins für die Kulturbasiertheit des eigenen Verhaltens beinhalten (Fowler & Mumford, 1995).

Vorabbesuche Vorabbesuche dienen dazu, das Land, in dem man mehrere Jahre seines Lebens verbringen wird, kennenzulernen. Auf Grundlage der gewonnenen Kenntnisse, lassen sich weitere Vorbereitungsmaßnahmen effizient planen und organisieren. Vorabbesuche sind nur dann sinnvoll, wenn der Entsandte mit dem Gastland noch nicht vertraut ist. In diesen Fällen bieten viele MNU Vorabbesuche an, die auch die Familie mit einschließen.

Sprachtrainings Sprachtrainings in der Gastlandsprache, aber auch in der Unternehmenssprache stellen ebenfalls wichtige Trainingsangebote im Vorfeld von Entsendungen dar. Sprachtrainings werden oft nicht nur dem Entsandten, sondern auch dessen Familie angeboten.

Die Fähigkeit, sich in der Sprache des Gastlandes verständigen zu können trägt maßgeblich zur Integration bei. Ferner verbessert sie das Leistungspotenzial des Mitarbeiters, seine Verhandlungsfähigkeit, den Zugang zu wichtigen Informationen über das Gastland, die Politik, den Markt, und seine Führungsfähigkeit.

In der Praxis limitiert besonders die zur Verfügung stehende Zeit die Trainingsmöglichkeiten. Nicht selten werden Auswahlentscheidungen sehr kurzfristig getroffen, sodass zwischen Entscheidung über und Start der Entsendung nur wenig Zeit für Trainings bleibt, zumal der künftige Entsandte während dieser Zeit noch seinen bisherigen Job abschließen und übergeben muss.

22.6 Internationale Vergütung

Die internationale Vergütung ist wegen der verbundenen Kosten und Risiken von großer Bedeutung für MNU (Dowling, Festing & Engle, 2008). Insbesondere die Kosten von Entsendungen wiegen schwer. Sie übersteigen die Kosten analoger Positionen im Inland um Faktor 3–4 und die von Besetzungen mit lokalen Mitarbeitern um Faktor 4–5.

hohe Entsendungskosten

Internationales Vergütungsmanagement bewegt sich im Spannungsfeld von Berücksichtigung lokaler Erfordernisse und Sicherstellung unternehmenseinheitlicher Vergütungsregeln. Es erfordert Wissen über Arbeits- und Steuerrecht in verschiedenen Ländern, bis hin zu Informationen über Wechselkursschwankungen und Inflationseffekte. Die Komplexität der Informationsgrundlagen lässt MNU in dem Bereich auf Dienstleistungen spezialisierter Beratungsunternehmen zurückgreifen.

Komplexität der Informationsgrundlagen

Die wesentlichen Komponenten der Vergütung von Entsandten sind in der Checkliste erläutert (▶ Checkliste: Komponenten der Vergütung).

Komponenten der Vergütung von Entsandten

»Going-Rate«-Ansatz
»Balance-Sheet«-Ansatz

▪▪ Sozialleistungen

Hier entstehen Handlungsbedarfe durch Unterschiede zwischen den Sozialversicherungssystemen (z. B. Renten-, Kranken-, Arbeitslosenversicherung) des Gastlandes und des Herkunftslandes. Es gilt zu entscheiden, ob der Entsandte in den Sozialversicherungssystemen des Herkunftslandes bleiben oder für die Dauer des Aufenthaltes in die Sozialversicherungssysteme des Gastlandes wechseln soll bzw. kann bzw. muss. In dem Fall müssen Leistungen und Kosten verglichen, und nach Lösungen gesucht werden, wie Leistungslücken geschlossen und Kostendifferenzen verteilt werden.

Unterschiede zwischen Sozialversicherungssystemen

Leistungslücken, Kostendifferenzen

▪▪ Steuern

Hier entstehen Handlungsbedarfe, wenn kein Doppelbesteuerungsabkommen zwischen Heimat- und Gastland existiert. Wenn das Einkommen eines Entsandten doppelt (im Heimat- und im Gastland) besteuert wird, muss sich das MNU an der Steuerlast beteiligen. Alles

Steuergleichstellung, Steuerschutz

Checkliste: Komponenten der Vergütung

- **Grundgehalt**

Das Grundgehalt ist die Basis der Vergütung und stellt die Berechnungsgrundlage für weitere Zulagen dar. Zur Festlegung des Grundgehalts bei Entsendungen kann zwischen dem »Going-Rate-« und dem »Balance-Sheet«-Ansatz gewählt werden:

- Beim »Going-Rate«-Ansatz ist das Grundgehalt des Entsandten an die Gehaltsstruktur des Gastlandes gekoppelt. Maßstab ist entweder das Durchschnittsgehalt in ähnlichen Positionen im Gastland oder das Durchschnittsgehalt von Entsandten in ähnlichen Positionen im Gastland
- Beim »Balance-Sheet«-Ansatz ist das Grundgehalt des Entsandten an die Gehaltsstruktur des Herkunftslandes gekoppelt. Die Relationen zu Kollegen im Stammland bleiben während der Entsendung erhalten. Das Grundgehalt des Mitarbeiters wird nicht »angetastet«

- **Mobilitätsprämie (Härtezuschlag)**

In der Regel wird Entsandten ein Zuschlag zum Gehalt als Anreiz zur Entsendungsübernahme und als generelle Entschädigung für mit der Entsendung verbundene Härten gewährt. Mobilitätsprämien belaufen sich auf 5–40% des Grundgehalts

- **Spezielle Zuschüsse**

In der Regel zahlen MNU spezielle Zuschüsse an Entsandte, um diese für internationale Entsendungen zu gewinnen und um deren Lebensstandard im Vergleich zum Herkunftsland zu sichern. Die Zuschüsse betreffen:

1. Lebenshaltungskosten
    - Dieser Zuschuss gleicht Unterschiede in den Ausgaben zur Lebenshaltung zwischen Heimat- und Gastland aus. Die Höhe des Unterschiedes ist schwierig zu bestimmen. MNU greifen auf Informationen spezialisierter Beratungen zurück, die regelmäßig Lebenshaltungskostenunterschiede zwischen Ländern und Städten berechnen

2. Wohnen
    - Dieser Zuschuss gleicht Unterschiede in den Ausgaben für Wohnen zwischen Heimat- und Gastland aus. Die Messlatte ist der Wohnstandard im Heimatland. Der Zuschuss kann als fixe Summe angeboten, oder in Form des Einkommensanteils kalkuliert werden, der im Herkunftsland für Wohnen aufgewendet wurde

3. Heimreisen
    - Dieser Zuschuss deckt die Kosten für 1–2 Heimreisen pro Jahr für den Entsandten und seine Familie ab. Dies soll die Aufrechterhaltung von geschäftlichen, familiären und freundschaftlichen Beziehungen ermöglichen, und damit die spätere Reintegration erleichtern

4. Ausbildung
    - Dieser Zuschuss deckt die Kosten für Studiengebühren, Sprachkurse, aber auch Bücher und Schulmaterial, sowie Gebühren und Transport im Rahmen der Schulausbildung der Kinder ab

5. Umzug
    - Dieser Zuschuss deckt die Kosten für Umzug, Einlagerung, vorläufige Unterbringung, Anschaffung von Haushaltsgeräten, Auto, Kautionen, Provisionen, und anderes mehr ab

6. Partner
    - Dieser Zuschuss muss im Zweifel den Einkommensverlust durch die Aufgabe der Berufstätigkeit des begleitenden Partners (▶ »Dual Career Couples« (DCC)) kompensieren. MNU gehen diesbezüglich aber vermehrt dazu über, den Partnern bei der Findung von Beschäftigungsmöglichkeiten zu helfen

globale Perspektive, personalpolitische Steuerung globaler Netzwerke

andere wäre prohibitiv für die Übernahme einer Entsendung. Handlungsbedarfe entstehen auch, wenn gravierende Unterschiede in der Besteuerung zwischen Herkunfts- und Gastland herrschen. In diesem Fall können MNU zwischen den Vorgehen der Steuergleichstellung und des Steuerschutzes entscheiden. Weil darüber hinaus Unterschiede zwischen direkten und indirekten Steuern, sowie bei Sozialversicherungsbeiträgen zu beachten sind, greifen viele MNU auch hier auf Leistungen spezialisierter internationaler Steuerberatungsfirmen zurück, um Ausgleiche zu berechnen.

Zusammenfassung

In diesem Kapitel wurde versucht einen Überblick über die Herausforderungen und Aufgaben des IHRM zu geben. Ein Großteil der Ausführungen befasste sich mit dem Management internationaler Entsendungen. Dies spiegelt die gegenwärtige Literaturlage wieder. An manchen Stellen ist deutlich geworden, dass die Realität der Entwicklung globaler Unternehmen auch neue personalpolitische Herausforderungen nach sich zieht, die es erfordern, das HRM künftig nicht mehr aus der Stammlandperspektive heraus zu denken, sondern eine globale Perspektive einzunehmen. Dann wird nicht mehr das Entsendungsmanagement im Fokus stehen, sondern die personalpolitische Steuerung globaler Netzwerke, dann wird nicht mehr vom IHRM die Rede sein, sondern vermutlich vom globalen HRM (Vance & Paik, 2006).

Literatur

Briscoe, D., Schuler, R. & Claus, L. (2009). *International Human Resource Management: Policies and Practices for Multinational Enterprises* (3rd ed.). London: Routledge.

Deutsche Bank. (2008). *Geschäftsbericht – Zahlen und Fakten* (geschaeftsbericht.deutsche-bank.de).

Dickmann, M., Brewster, C. & Sparrow, P. (2008). *International Human Resource Management: A European Perspective* (2nd ed.). London: Routledge.

Die Bosch Gruppe. (2008). *Fakten und Zahlen* (www.bosch.com).

Dowling, P., Festing, M. & Engle, A. (2008). *International Human Resource Management: Managing People in a Multinational Context* (5th ed.). London: Thomson.

Edwards, T. & Rees, C. (2006). *International Human Resource Management: Globalization, National Systems and Multinational Companies.* Harlow: Prentice Hall.

Fowler, S. & Mumford, M. (1995). *Intercultural Sourcebook: Cross-Cultural Training Methods* (Vol. 1). Boston: Intercultural Press Inc.

House, R., Hanges, P., Javidan, M., Dorfman, P. & Gupta, V. (2004). *Culture, Leadership, and Organizations: The GLOBE Study of 62 Societies.* London: Sage.

Morgan, P. (1986). International Human Resource Management: Fact or Fiction. *Personnel Administrator, 31* (9), 43–47.

Perlmutter, H. (1969). The Tortuous Evolution of the Multinational Corporation. *Columbia Journal of World Business, 4,* 9–18.

Siemens AG. (2008). *Geschäftsbericht – Unsere Mitarbeiter* (w1.siemens.com/annual/08).

Vance, C. & Paik, Y. (2006). *Managing a Global Workforce: Challenges and Opportunities in International Human Resource Management.* Armonk: M. E. Sharpe.

Stichwortverzeichnis